国学经典文库

图文珍藏版

中国二十大名著

通俗流行小说集锦 经典跨越古今时空

醒世恒言

第十二册

中国名著

［明］冯梦龙◎著

马博◎主编

线装书局

图书在版编目（ＣＩＰ）数据

醒世恒言 / (明) 冯梦龙著. -- 北京：线装书局，
2016.1
　（中国二十大名著 / 马博主编）
　ISBN 978-7-5120-2004-7

　Ⅰ.①醒… Ⅱ.①冯… Ⅲ.①话本小说－小说集－中
国－明代 Ⅳ.①I242.3

　中国版本图书馆CIP数据核字(2015)第255675号

醒世恒言

原　　著：〔明〕冯梦龙
主　　编：马　博
责任编辑：高晓彬
装帧设计：博雅圣轩藏书馆 Boyashengxuan Cangshuguan
出版发行：线装书局
　　　　　地　址：北京市西城区鼓楼西大街41号（100009）
　　　　　电　话：010-64045283（发行部）　64045583（总编室）
　　　　　网　址：www.xzhbc.com
经　　销：新华书店
印　　制：北京彩虹伟业印刷有限公司
开　　本：710mm×1040mm　1/16
印　　张：28
字　　数：340千字
版　　次：2016年1月第1版第1次印刷
印　　数：0001－3000套

定　　价：4980.00元（全二十册）

导读

　　《醒世恒言》，白话短篇小说集，收录了四十篇风格各异的故事。这些故事，有来源于史传的，也有出于历代笔记、小说的，而最多最根本的源头，则直接来自民间传说的故事，来自社会的实际生活。通过这些故事情节和人物形象，从不同的角度、不同的程度上，反映了当时的社会生活、人民的愿望。《醒世恒言》达到了很高的艺术水准，和先前同类作品相比，在写作技巧方面有显著的提高。话本小说原是说书的底本，故事性强，以情节取胜。《醒世恒言》继承话本小说的这种传统，并且又有新的发展。作品的多数故事不是直线展开，而是跌宕起伏，一波三折，以其曲折多变而引人入胜。

目　录

国学经典文库

中国二十大名著

目 录

图文珍藏版

叙

　　六经、国史而外，凡著述皆小说也。而尚理或病于艰深，修词或伤于藻绘，则不足以触里耳而振恒心。此《醒世恒言》四十种，所以继《明言》、《通言》而刻也。明者，取其可以导愚也；通者，取其可以适俗也，恒则习之而不厌，传之而可久。三刻殊名，其义一耳。夫人居恒动作言语不甚相悬。一旦弄酒，则叫号踯躅，视堑如沟，度城如槛。何则？酒浊其神也。然而斟酌有时，虽毕吏部、刘太常未有时时如滥泥者。岂非醒者恒而醉者暂乎？由此推之，惕孺为醒，下石为醉；却呼为醒，食嗟为醉；剖玉为醒，题石为醉。又推之，忠孝为醒，而悖逆为醉；节俭为醒，而淫荡为醉；耳和目章，口顺心贞为醒；而即聋从昧、与顽用嚚为醉。人之恒心，亦可思已。从恒者吉，背恒者凶。心恒心，言恒言，行恒行，入夫妇而不惊，质天地而无怍。下之巫医可怍，而上之善人、君子、圣人亦可见。恒之时义大矣哉！自昔浊乱之世，谓之天醉。天不自醉人醉之，则天不自醒人醒之。以醒天之权与人，而以醒人之权与言。言恒而人恒，人恒而天亦得其恒，万世太平之福，其可量乎？则兹刻者，虽与《康衢》、《击壤》之歌，并传不朽可矣。崇儒之代，不废二教，亦谓导愚适俗，或有藉焉。以二教为儒之辅可也。以《明言》《通言》《恒言》为六经、国史之辅，不亦可乎？若夫淫谈亵语，取快一时，贻秽百世，夫先自醉也，而又以狂药饮之，吾不知视此《三言》者得失何如也？

　　天启丁卯中秋陇西可一居士题于白下之栖霞山房。

第 一 卷

两县令竞义婚孤女

风水人间不可无，也须阴骘两相扶。
时人不解苍天意，枉使身心着意图。

话说近代浙江衢州府，有一人，姓王名奉，哥哥姓王名春，弟兄各生一女：王春的女儿名唤琼英，王奉的叫作琼真。琼英许配本郡一个富家潘百万之子潘华。琼真许配本郡萧别驾之子萧雅。都是自小聘定的。琼英年方十岁，母亲先丧，父亲继殁。那王春临终之时，将女儿琼英托与其弟，嘱咐道："我并无子嗣，只有此女，你把做嫡女看成。待其长成，好好嫁去潘家。你嫂嫂所遗房奁衣饰之类，尽数与之。有潘家原聘财礼置下庄田，就把与他做脂粉之费。莫负吾言！"嘱罢，气绝。殡葬事毕，王奉将侄女琼英接回家中，与女儿琼真做伴。

忽一年元旦，潘华和萧雅不约而同到王奉家来拜年，那潘华生得粉脸朱唇，如美女一般，人都称玉孩童。萧雅一脸麻子，眼眍齆，好似飞天夜叉模样。一美一丑，相形起来，那标致的越觉美玉增辉，那丑陋的越觉泥涂无色。况且潘华衣服炫丽，有心卖富，脱一通换一通。那萧雅是老实人家，不以穿着为事。常言道：佛是金装，人是衣装。世人眼孔浅的多，只有皮相，没有骨相。王家若男若女，若大若小，那一个不欣羡潘小官人美貌，如潘安再出，暗暗地颠唇簸嘴，批点那飞天夜叉之丑。王奉自己也看不过，心上好不快活。

不一日，萧别驾卒于任所，萧雅奔丧，扶柩而回。他虽是个世家，累代清官，家无余积，自别驾死后，日渐消索。潘百万是个暴富，家事日盛一日。王奉忽起一个不良之心，想道："萧家甚穷，女婿又丑。潘家又富，女婿又标致。何不把琼英、琼真暗地兑转，谁人知道。也不教亲生女儿在穷汉家受苦。"主意已定，到临嫁之时，将琼真充做侄女，嫁与潘家；哥哥所遗衣饰庄田之类，都把他去。却将琼英反为己女，嫁与那飞天夜叉为配，自己薄薄备些妆奁嫁送，琼英但凭叔叔做主，敢怒而不敢言。

谁知嫁后，那潘华自恃家富，不习诗书，不务生理，专一嫖赌为事。父亲累训不从，气愤而亡。潘华益无顾忌，日逐与无赖小人，酒食游戏。不上十年，把百万家资败得罄尽，寸土俱无。丈人屡次周济他，如炭中沃雪，全然不济。结末迫于冻馁，瞒着丈人，要引浑家去投靠人家为奴。王奉闻知此信，将女儿琼真接回家中养老，不许女婿上门。潘华流落他乡，不知下落。那萧雅勤苦攻书，后来一举成名，直做到尚书地位；琼英封一品夫人。有诗为证：

目前贫富非为准，久后穷通未可知。
颠倒任君瞒昧做，鬼神昭鉴定无私。

看官,你道为何说这王奉嫁女这一事? 只为世人但顾眼前,不思日后;只要损人利己,岂知人有百算,天只有一算。你心下想得滑碌碌的一条路,天未必随你走哩。还是平日行善为高。今日说一段话本,正与王奉相反,唤作《两县令竞义婚孤女》。这桩故事,出在梁、唐、晋、汉、周五代之季。其时周太祖郭威在位,改元广顺。虽居正统之尊,未就混一之势。四方割据称雄者,还有几处,共是五国三镇。那五国? 周郭威、南汉刘晟、北汉刘旻、南唐李昇、蜀孟知祥。那三镇? 吴越钱镠、湖南周行逢、荆南高季昌。

单说南唐李氏有国,辖下江州地方,内中单表江州德化县一个知县,姓石名璧,原是抚州临川县人氏,流寓建康。四旬之外,丧了夫人,又无儿子,只有八岁亲女月香,和一个养娘随任。那官人为官清正,单吃德化县中一口水。又且听讼明决,雪冤理滞,果然政简刑清,民安盗息。退堂之暇,就抱月香坐于膝上,教他识字,又或叫养娘和他下棋、蹴鞠,百般玩耍,他从旁教导。只为无娘之女,十分爱惜。一日,养娘和月香在庭中蹴那小小球儿为戏。养娘一脚踢起,去得势重了些,那球击地而起,连跳几跳的溜溜滚去,滚入一个地穴里。那地穴约有二三尺深,原是埋缸贮水的所在。养娘手短揽他不着,正待跳下穴中去拾取球儿。石璧道:"且住!"问女儿月香道:"你有甚计较,使球儿自走出来吗?"月香想了一想,便道:"有计了!"即教养娘去提过一桶水来,倾在穴内。那球便浮在水面。再倾一桶,穴中水满,其球随水而出。石璧本是要试女孩儿的聪明,见其取水出球,智意过人,不胜之喜。

闲话休叙。那官人在任不上三年,谁知命里官星不现,飞祸相侵。忽一夜仓中失火,急去救时,已烧损官粮千余石。那时米贵,一石值一贯五百。乱离之际,军粮最重。南唐法度,凡官府破耗军粮至三百石者,即行处斩。只为石璧是个清官,又且火灾天数,非关本官私弊,上官都替他分解保奏。唐主怒犹未息,将本官削职,要他赔偿。估价共该一千五百余两,把家私变卖,未尽其半。石璧被本府软监,追逼不过,郁成一病,数日而死。遗下女儿和养娘二口,少不得着落牙婆官卖,取价偿官。这等苦楚,分明是:

> 屋漏更遭连夜雨,船迟又遇打头风。

却说本县有个百姓,叫作贾昌,昔年被人诬陷,坐假人命事,问成死罪在狱。亏石知县到任,审出冤情,将他释放。贾昌衔保家活命之恩,无从报效。一向在外为商,近日方回。正值石知县身死,即往抚尸恸哭,备办衣衾棺木,与他殡殓。合家挂孝,买地茔葬。又闻得所欠官粮尚多,欲待替他赔补几分,怕钱粮干系,不敢开端惹祸。见说小姐和养娘都着落牙婆官卖,慌忙带了银子,到李牙婆家,问要多少身价。李牙婆取出朱批的官票来看:养娘十六岁,只判得三十两;月香十岁,到判了五十两。却是为何? 月香虽然年小,容貌秀美可爱;养娘不过粗使之婢,故此判价不等。贾昌并无吝啬,身边取出银包,兑足了八十两纹银,交付牙婆,又谢他五两银子,即时领取二人回家。李牙婆把两个身价,交纳官库。地方呈明石知县家财人口变卖都尽。上官只得在别项挪移赔补,不在话下。

却说月香自从父亲死后,没一刻不啼啼哭哭。今日又不认得贾昌是什么人,买他归去,必然落于下贱,一路痛哭不已。养娘道:"小姐,你今番到人家去,不比在老爷身边,只管啼哭,必遭打骂!"月香听说,愈觉悲伤。谁知贾昌一片仁义之心,领到家中,与老婆相见,对老婆说:"此乃恩人石相公的小姐,那一个就是服侍小姐的养娘。我当初若没有恩人,此身死于缧绁。今日见他小姐,如见恩人之面。你可另收拾一间香房,教他两个住下,好茶好饭供待他,不可怠慢。后来倘有亲族来访,那时送还,也尽我一点报效之心。不然之时,待他长成,就本县择个门当户对的人家,一夫一妇，嫁他出去，恩人坟墓也有个亲人看觑。那个养娘依旧教他服侍小姐，等他两个做伴，做些女工，不要他在外答应。"

月香生成伶俐，见贾昌如此吩咐老婆，慌忙上前万福道："奴家卖身在此，为奴为婢，理之当然。蒙恩人抬举，此乃再生之恩。乞受奴一拜，收为义女。"说罢，即忙下跪。贾昌哪里肯要他拜，别转了头，忙教老婆扶起道："小人是老相公的子民，这蝼蚁之命，都出老相公所赐。就是这位养娘，小人也不敢怠慢，何况小姐！小人怎敢妄自尊大。暂时屈在寒家，只当宾客相待。望小姐勿责怠慢，小人夫妻有幸。"月香再三称谢。贾昌又吩咐家中男女，都称为石小姐。那小姐称贾昌夫妇，但呼贾公贾婆，不在话下。

原来贾昌的老婆，素性不甚贤惠。只为看上月香生得清秀乖巧，自己无男无女，有心要收他做个螟蛉女儿。初时甚是欢喜，听说宾客相待，先有三分不耐烦了。却灭不得石知县的恩，没奈何依着丈夫言语，勉强奉承。后来贾昌在外为商，每得好绸好绢，先尽上好的寄与石小姐做衣服穿，比及回家，先问石小姐安否。老婆心下渐渐不平。又过些时，把马脚露出来了。但是贾昌在家，朝饔夕餐，也还成个规矩，口中假意奉承几句。但背了贾昌时，茶不茶，饭不饭，另是一样光景。养娘常叫出外边杂差杂使，不容他一刻空闲。又每日间限定石小姐要做若干女工针指还他。倘手迟脚慢，便去捉鸡骂狗，口里好不干净。正是：

> 人无千日好，花无百日红。

养娘受气不过，禀知小姐。欲待等贾公回家，告诉他一番。月香断然不肯，说道："当初他用钱买我，原不指望他抬举。今日贾婆虽有不到之处，却与贾公无干。你若说他，把贾公这段美情都没了。我与你命薄之人，只索忍耐为上。"忽一日，贾公做客回家，正撞着养娘在外汲水，面庞比前甚是黑瘦了。贾公道："养娘，我只教你服侍小姐，谁要你汲水？且放着水桶，另叫人来担罢。"养娘放了水桶，动了个感伤之念，不觉滴下几点泪来。贾公要盘问时，他把手拭泪，忙忙的奔进去了。贾公心中甚疑。见了老婆，问道："石小姐和养娘没有甚事吗？"老婆回言："没有。"初归之际，事体多头，也就搁过一边。

又过了几日，贾公偶然到近处人家走动，回来不见老婆在房，自往厨下去寻他说话。正撞见养娘从厨下来，也没有托盘，右手拿一大碗饭，左手一只空碗，碗上顶一碟腌菜叶儿。贾公有心闪在隐处看时，养娘走进石小姐房中去了。贾公不省得这饭是谁吃的，一些荤腥也没有，那时不往厨下，竟悄悄地走在石小姐房前，向门缝里张时，只见石小姐将这碟腌菜叶儿过饭。心中大怒，便与老婆闹将起来。老婆道："荤腥尽有，我又不是不舍得与他吃。那丫头自不来担，难道要老娘送进房去不成？"贾公道："我原说过来，石家的养娘，只教他在房中与小姐做伴。我家厨下走使的又不少，谁要他出房担饭！前日那养娘噙着两眼泪在外街汲水，我已疑心，是必家中把他难为了。只为匆忙，不曾细问得。原来你怎地无恩无义！连石小姐都怠慢。见放着许多荤菜，却教他吃白饭，是甚道理？我在家尚然如此，我出外时，可知连饭也没得与他们吃饱。我这番回来，见他们着实黑瘦了。"老婆道："别人家丫头，那要你怎般疼他。养得白白壮壮，你可收用他做小老婆吗？"贾公道："放屁！说的是什么话！你这样不通理的人，我不与你讲嘴。自明日为始，我教当值的每日另买一分肉菜供给他两口，不要在家火中算账，省得夺了你的口食，你又不欢喜。"老婆自家觉得有些不是，口里也含含糊糊地哼了几句，便不言语了。从此贾公吩咐当值的，每日肉菜分做两份。却叫厨下丫头们，各自安排送饭。这几时，好不齐整。正是：

人情若比初相识，到底终无怨恨心。

贾昌因牵挂石小姐，有一年多不出外经营。老婆却也做意修好，相忘于无言。月香在贾公家，一住五年，看看长成。贾昌意思要密访个好主儿，嫁他出去了，方才放心，自家好出门做生理。这也是贾公的心事，背地里自去勾当。晓得老婆不贤，又与他商量怎的。若是凑巧时，赔些妆奁嫁出去了，可不干净，何期姻缘不偶。内中也有缘故：但是出身低微的，贾公又怕辱没了石知县，不肯俯就；但是略有些名目的，那个肯要百姓人家的养娘为妇，所以好事难成。贾公见姻事不就，老婆又和顺了，家中供给又立了常规，舍不得耽搁生意，只得又出外为商。未行数日之前，预先叮咛老婆有十来次，只教好生看待石小姐和养娘两口。又请石小姐出来，再三抚慰，连养娘都用许多好言安放。又吩咐老婆道："他骨气也比你重几百分哩。你切莫慢他。若是不依我言语，我回家时，就不与你认夫妻了！"又唤当值的和厨下丫头，都吩咐遍了，方才出门。

临歧费尽叮咛语，只为当初受德深。

却说贾昌的老婆，一向被老公在家作兴石小姐和养娘，心下好生不乐。没奈何，只得由他。受了一肚子的腌臜昏闷之气。一等老公出门，三日之后，就使起家主母的势来。寻个茶迟饭晏小小不是的题目，先将厨下丫头试法，连打几个巴掌，骂道："贱人，你是我手内用钱讨的，如何恁地托大！你恃了那个小主母的势头，却不用心服侍我？家长在家日，纵容了你。如今他出去了，少不得要还老娘的规矩。除却老娘外，那个该服侍的？要饭吃时，等他自担，不要你们献勤，却耽误老娘的差使！"骂了一回，就乘着热闹中，唤过当直的，吩咐将贾公派下另一分肉菜钱，干折进来，不要买了。当值的不敢不依。且喜月香能甘淡薄，全不介意。又过了些时，忽一日，养娘担洗脸水，迟了些，水已凉了。养娘不合哼了一句。那婆娘听得了，特地叫来发作道："这水不是你担的。别人烧着汤，你便胡乱用些吧。当初在牙婆家，那个烧汤与你洗脸？"养娘耐嘴不住，便回了几句言语道："谁教他们担水烧汤！我又不是不曾担水过的，两只手也会烧火。下次我自担水自烧，不费厨下姐姐们力气便了。"那婆娘提醒了他当初曾担水过这句话，便骂道："小贱人！你们先担得几桶水，便在外面做身做分，哭与家长知道，连累老娘受了百般恧气。今日老娘要讨个账儿。你既说会担水，会烧火，把两件事都交在你身上。每日常用的水，都要你担，不许缺乏。是火，都是你烧。若是难为了柴，老娘却要计较。且等你知心知意的家长回家时，你再啼啼哭哭告诉他便了，也不怕他赶了老娘出去！"月香在房中，听得贾婆发作自家的丫头，慌忙移步上前，万福谢罪，招称许多不是，叫贾婆莫怪。养娘道："果是婢子不是了！只求看小姐面上，不要计较。"那老婆愈加忿怒，便道："什么小姐，小姐！是小姐，不到我家来了。我是个百姓人家，不晓得小姐是什么品级，你动不动把来压老娘。老娘骨气虽轻，不受人压量的。今日要说个明白。就是小姐也说不得费了大钱讨的。少不得老娘是个主母。贾婆也不是你叫的。"月香听得话不投机，含着眼泪，自进房去了。那婆娘吩咐厨中，不许叫"石小姐"，只叫他"月香"名字。又吩咐养娘，只在厨下专管担水烧火，不许进月香房中。月香若要饭吃时，得他自到厨下来取。其夜，又叫丫头搬了养娘的被窝到自己房中。月香坐个更深，不见养娘进来，只得自己闭门而睡。又过几日，那婆娘唤月香出房，却教丫头把他的房门锁了。月香没了房，只得在外面盘旋，夜间就同养娘一铺睡。睡起时，就叫他拿东拿西，役使他起来。在他矮檐下，怎敢不低头。月香无可奈何，只得伏低伏小。那婆娘见月香随顺了，心中暗喜，蓦地开了他房门的锁，把他房中搬得一空。凡丈夫一向寄来的好绸好缎，曾做不曾做得，都迁入自己箱笼，被窝也收起了不还他。月香暗暗叫苦，不敢则声。

忽一日，贾公书信回来，又寄许多东西与石小姐。书中嘱咐老婆："好生看待，不久我便回来。"那婆娘把东西收起，思想道："我把石家两个丫头作贱勾了。丈夫回来，必然厮闹。难道我惧怕老公，重新奉承他起来不成？那老王八把这两个瘦马养着，不知作何结束！他临行之时，说道：'若不依他言语，就不与我做夫妻了。'一定他起了什么不良之心。那月香好副嘴脸，年已长成，倘或有意留他，也不见得。那时我争风吃醋便迟了。人无远虑，必有近忧。一不做，二不休，索性把他两个卖去地方，老王八回来也只一怪，拼得厮闹一场罢了，难道又去赎他回来不成？好计，好计！"正是：

> 眼孔浅时无大量，心田偏处有奸谋。

当下那婆娘吩咐当值的："与我唤那张牙婆到来，我有话说。"不一时，当值的将张婆引到。贾婆教月香和养娘都相见了，却发付他开去。对张婆说道："我家六年前，讨下这两个丫头。如今大的忒大了，小的又娇娇的，做不得生活，都要卖他出去，你与我快寻个主儿。"原来当先官卖之事，是李牙婆经手。此时李婆已死，官私做媒，又推张婆出尖了。张婆道："那年纪小的，正有个好主儿在此，只怕大娘不肯。"贾婆道："有甚不肯？"张婆道："就是本县大尹老爷复姓钟离，名义，寿春人氏，亲生一位小姐，许配德安县高大尹的长公子，在任上行聘的。不日就要来娶亲了。本县嫁妆都已备得十全，只是缺少一个随嫁的养娘。昨日大尹老爷唤老媳妇当官吩咐过了，老媳妇正没处寻。宅上这位小娘子，正中其选。只是异乡之人，怕大娘不舍得与他。"贾婆想道："我正要寻个远方的主顾，来得正好！况且知县相公要了人去，丈夫回来，料也不敢则声。"便道："做官府家的陪嫁，胜似在我家十倍，我有什么不舍得。只是不要亏了我的原价便好。"张婆道："原价许多？"贾婆道："十来岁时，就是五十两讨的，如今饭钱又丢一主在身上了。"张婆道："吃的饭是算不得账。这五十两银子在老媳妇身上。"贾婆道："那一个老丫头也替我觅个人家便好。他两个是一伙儿来的。去了一个，那一个也养不住了。况且年纪一二十之外，又是要老公的时候，留他什么！"张婆道："那个要多少身价？"贾婆道："原是三十两银子讨的。"牙婆道："粗货儿，直不得这许多。若是减得一半，老媳妇倒有个外甥在身边，三十岁了。老媳妇原许下与他娶一房妻小的，因手头不宽展，捱下去。这倒是雌雄一对儿。"贾婆道："既是你的外甥，便让你五两银子。"张婆道："连这小娘子的媒礼在内，让我十两吧。"贾婆道："也不为大事，你且说合起来。"张婆道："老媳妇如今先去回复知县相公。若讲得成时，一手交钱，一手就要交货的。"贾婆道："你今晚还来不？"张婆道："今晚还要与外甥商量，来不及了。明日早来回话。多分两个都要成的。"说罢，别去，不在话下。

却说大尹钟离义到任有一年零三个月了。前任马公，是顶那石大尹的缺。马公升任去后，钟离义又是顶马公的缺。钟离大尹与德安高大尹原是个同乡。高大尹生下二子，长曰高登，年十八岁；次曰高升，年十六岁。这高登便是钟离公的女婿。原来钟离公未曾有子，止生此女，小字瑞枝，年方一十七岁，选定本年十月望日出嫁。此时九月下旬，吉期将近。钟离公吩咐张婆，急切要寻个陪嫁。张婆得了贾婆这头门路，就去回复大尹。大尹道："若是人物好时，就是五十两也不多。明日库上来领价，晚上就要过门的。"张婆道："领相公钧旨。"当晚回家，与外甥赵二商议，有这相应的亲事，要与他完婚。赵二先欢喜了一夜。次早，赵二便去整理衣褶，准备做新郎。张婆到家中,先凑足了二十两身价,随即到县取知县相公钧帖,到库上兑了五十两银子,来到贾家,把这两项银子交付与贾婆,分疏得明明白白。贾婆都收下了。

少顷,县中差两名皂隶,两个轿夫,抬着一顶小轿,到贾家门首停下。贾家初时都不通月香晓得,临期竟打发他上轿。月香正不知教他哪里去,和养娘两个,叫天叫地,放声大哭。贾婆不管三七二十一,和张婆两个,你一推,我一拽,拟他出了大门。张婆方才说明:"小娘子不要啼哭了!你家主母,将你卖与本县知县相公处做小姐的陪嫁。此去好不富贵!官府衙门,不是耍处,事到其间,哭也无益。"月香只得收泪,上轿而去。轿夫抬进后堂,月香见了钟离义,还只万福。张婆在旁道:"这就是老爷了,须下个大礼!"月香只得磕头。立起身来,不觉泪珠满面。张婆教他拭干了泪眼,引入私衙,见了夫人和瑞枝小姐。问其小名,对以"月香"。夫人道:"好个'月香'二字!不必更改,就发他服侍小姐。"钟离公厚赏张婆,不在话下。

> 可怜宦室娇香女,权作闺中使令人。

张婆出衙,已是酉牌时分。再到贾家,只见那养娘正思想小姐,在厨下痛哭。贾婆对他说道:"我今把你嫁与张妈妈的外甥,一夫一妇,比月香到胜几分,莫要悲伤了!"张婆也劝慰了一番。赵二在混堂内洗了个净浴,打扮得帽儿光光,衣衫簇簇,自家提了一碗灯笼前来接亲。张婆就教养娘拜别了贾婆,那养娘原是个大脚,张婆扶着步行到家,与外甥成亲。

话休絮烦。再说月香小姐自那日进了钟离相公衙内,次日,夫人吩咐新来婢子,将中堂打扫。月香领命,携帚而去。钟离义梳洗已毕,打点早衙理事,步出中堂。只见新来婢子呆呆的把着一把扫帚,立于庭中。钟离公暗暗称怪,悄地上前看时,原来庭中有一个土穴,月香对了那穴,汪汪流泪,钟离公不解其故。走入中堂,唤月香上来,问其缘故。月香愈加哀泣,口称不敢。钟离公再三诘问,月香方才收泪而言道:"贱妾幼时,父亲曾于此地教妾蹴球为戏,误落球于此穴。父亲问妾道:'你可有计较,使球自出于穴,不须拾取?'贱妾言云:'有计。'即遣养娘取水灌之,水满球浮,自出穴外。父亲谓妾聪明,不胜之喜。今虽年久,尚然记忆。睹物伤情,不觉哀泣。愿相公俯赐矜怜,勿加罪责!"钟离公大惊道:"汝父姓甚名谁?你幼时如何得到此地?须细细说与我知。"月香道:"妾父姓石名璧,六年间在此作县尹。只为天火烧仓,朝廷将父革职,勒令赔偿。父亲病郁而死。有司将妾和养娘官卖到本县贾公家。贾公向被冤枉,蒙我父活命之恩,故将贱妾甚相看待,抚养至今。因贾公出外为商,其妻不能相容,将妾转卖于此。只此实情,并无欺隐。"

今朝诉出衷肠事，铁石人知也泪垂。

钟离公听罢，正是兔死狐悲，恶伤其类："我与石璧一般是个县尹。他只为遭时不幸，遇了天灾，亲生女儿就沦于下贱。我若不闻不见，倒也罢了；天教他到我衙里。我若不扶持他，同官体面何存！石公在九泉之下，以我为何如人！"当下请夫人上堂，就把月香的来历细细叙明。夫人道："似这等说，他也是个县令之女，岂可贱婢相看。目今女孩儿嫁期又逼，相公何以处之？"钟离公道："今后不要月香服役，可与女孩儿姊妹相称。下官自有处置。"即时修书一封，差人送到亲家高大尹处。高大尹拆书观看，原来是求宽嫁娶之期。书上写道：

婚男嫁女，虽父母之心；舍己成人，乃高明之事。近因小女出阁，预置媵婢月香。见其颜色端丽，举止安详，心窃异之。细访来历，乃知即两任前石县令之女。石公廉吏，因仓火失官丧躯，女亦官卖，转辗售于寒家。同官之女，犹吾女也。此女年已及笄，不唯不可屈为媵婢，且不可使吾女先此女而嫁。仆今急为此女择婚。将以小女薄查嫁之。令郎姻期，少待改卜。特此拜恳，伏唯情谅。钟离义顿首。

高大尹看了道："原来如此！此长者之事，吾奈何使钟离公独擅其美！"即时回书云：

鸾凤之配，虽有佳期；狐兔之悲，岂无同志。在亲翁既以同官之女为女，在不佞宁不以亲翁之心为心？三复示言，令人悲恻。此女廉吏血胤，无惭阀阅。愿亲家即赐为儿妇，以践始期。令爱别选高门，庶几两便。昔蘧伯玉耻独为君子，仆今者愿分亲翁之谊。高原顿首。

使者将回书呈与钟离公看了。钟离公道："高亲家愿娶孤女，虽然义举；但吾女他儿，久已聘定，岂可更改？还是从容待我嫁了石家小姐，然后另备妆奁，以完吾女之事。"当下又写书一封，差人再达高亲家。高公开书读道：

娶无依之女，虽属高情；更已定之婚，终乖正道。小女与令郎，久谐凤卜，准拟鸾鸣。在令郎停妻而娶妻，已违古礼；使小女舍婿而求婿，难免人非。请君三思，必从前议。义惶恐再拜。

高公读毕，叹道："我一时思之不熟，今闻钟离公之言，惭愧无地。我如今有个两尽之道，使钟离公得行其志，而吾亦同享其名；万世而下，以为美谈。"即时复书云：

以女易女，仆之慕谊虽殷；停妻娶妻，君之引礼甚正。仆之次男高升，年方十七，尚未缔姻。令爱归我长儿，石女属我次子。佳儿佳妇，两对良姻。一死一生，千秋高谊。妆奁不须求备，时日且喜和同。伏冀俯从，不须改卜。原惶恐再拜。

钟离公得书，大喜道："如此处分，方为双美。高公义气，真不愧古人，吾当拜其下风矣。"当下即与夫人说知，将一副妆奁，剖为两分，衣服首饰，稍稍增添。二女一般，并无厚薄。到十月往前两日，高公安排两乘花花细轿，笙箫鼓吹，迎接两位新人。钟离公先发了嫁妆去后，随唤出瑞枝、月香两个女儿，教夫人吩咐他为妇之道。二女拜别而行。月香感念钟离公夫妇恩德，十分难舍，号哭上轿。一路趱行，自不必说。到了县中，恰好凑着吉日良时，两对小夫妻，如花如锦，拜堂合卺。高公夫妇欢喜无限。正是：

百年好事从今定，一对姻缘天上来。

再说钟离公嫁女三日之后，夜间忽得一梦，梦见一位官人，幞头象简，立于面前，说道："吾乃月香之父石璧是也。生前为此县大尹，因仓粮失火，赔偿无措，郁郁而亡。上帝察其清廉，悯其无罪，敕封吾为本县城隍之神。月香吾之爱女，蒙君高谊，拔之泥中，成其美眷，此乃阴德之事。吾已奏闻上帝。君命中本无子嗣，上帝以公行善，赐公一子，昌大其门。君当致身高位，安享遐龄。邻县高公与君同心，愿娶孤女，上帝嘉悦，亦赐二子高官厚禄，以酬其德。君当传与世人，广行方便，切不可凌弱暴寡，利己损人。天道昭昭，纤毫洞察。"说罢，再拜。钟离公答拜起身，忽然踏了衣服前幅，跌上一跌，猛然惊醒，乃是一梦。即时说与夫人知道，夫人亦嗟呀不已。

待等天明，钟离公打轿到城隍庙中焚香作礼，捐出俸资百两，命道士重新庙宇，将此事勒碑，广谕众人。又将此梦备细写书，报与高公知道。高公把书与两个儿子看了，各各惊讶。钟离夫人年过四十，忽然得孕生子，取名天赐。后来钟离义归宋，仕至龙图阁大学士，寿享九旬。子天赐，为大宋状元。高登、高升俱仕宋朝，官至卿宰。此是后话。

且说贾昌在客中，不久回来，不见了月香小姐和那养娘。询知其故，与婆娘大闹几场。后来知得钟离相公将月香为女，一同小姐嫁与高门。贾昌无处用情，把银二十两，要赎养娘送还石小姐。那赵二恩爱夫妻，不忍分拆，情愿做一对投靠，张婆也禁他不住。贾昌领了赵二夫妻，直到德安县，禀知大尹高公。高公问了备细，进衙又问媳妇月香，所言相同。遂将赵二夫妻收留，以金帛厚酬贾昌。贾昌不受而归。从此贾昌恼恨老婆无义，立誓不与他相处；另招一婢，生下两男。此亦作善之报也。后人有诗叹云：

人家嫁娶择高门，谁肯周全孤女婚？
试看两公阴德报，皇天不负好心人。

第 二 卷

三孝廉让产立高名

紫荆枝下还家日，花萼楼中合被时。
同气从来兄与弟，千秋羞咏《豆萁诗》。

　　这首诗，为劝人兄弟和顺而作，用着三个故事，看官听在下一一分剖。第一句说："紫荆枝下还家日。"昔时有田氏兄弟三人，从小同居合爨。长的娶妻，叫田大嫂，次的娶妻，叫田二嫂。妯娌和睦，并无闲言。唯第三的年小，随着哥嫂过日。后来长大娶妻，叫田三嫂。那田三嫂为人不贤，恃着自己有些妆奁，看见夫家一锅里煮饭，一桌上吃食，不用私钱，不动私秤，便私房要吃些东西，也不方便。日夜在丈夫面前撺掇："公堂钱库田产，都是伯伯们掌管，一出一入，你全不知道。他是亮里，你是暗里。用一说十，用十说百，哪里晓得！目今虽说同居，到底有个散场。若还家道消乏下来，只苦得你年幼的。依我说，不如早早分析，将财产三分拨开，各人自去营运，不好吗？"田三一时被妻言所惑，认为有理，央亲戚对哥哥说，要分析而居。田大、田二初时不肯，被田三夫妇内外连连催逼，只得依允，将所有房产钱谷之类，三分拨开，分毫不多，分毫不少。只有庭前一棵大紫荆树，积祖传下，极其茂盛，既要析居，这树归着那一个？可惜正在开花之际，也说不得了。田大至公无私，议将此树砍倒，将粗本分为三截，每人各得一截，其余零枝碎叶，论秤分开。商议已妥，只待来日动手。

　　次日天明，田大唤了两个兄弟，同去砍树。到得树边看时，枝枯叶萎，全无生气。田大把手一推，其树应手而倒，根芽俱露。田大住手，向树大哭。两个兄弟道："此树值得什么！兄长何必如此痛惜！"田大道："吾非哭此树也。思我兄弟三人，产于一姓，同爷合母。比这树枝枝叶叶，连根而生，分开不得，根生本，本生枝，枝生叶，所以荣盛。昨日议将此树分为三截，那树不忍活活分离，一夜自家枯死。我兄弟三人若分离了，亦如此树枯死，岂有荣盛之日，吾所以悲哀耳！"田二、田三闻哥哥所言，至情感动："可以人而不如树乎？"遂相抱做一堆，痛哭不已。大家不忍分析，情愿依旧同居合爨。三房妻子听到堂前哭声，出来看时，方知其故。大嫂、二嫂各各欢喜。唯三嫂不愿，口出怨言。田三要将妻逐出，两个哥哥再三劝住。三嫂羞惭，还房自缢而死，此乃自作孽不可活。这话搁过不题。再说田大可惜那棵紫荆树，再来看时，其树无人整理，自然端正，枝枯再活，花萎重新，比前更加烂漫。田大唤两个兄弟来看了，各人嗟讶不已。自此田氏累世同居。有诗为证：

紫荆花下说三田，人合人离花亦然。
同气连枝原不解，家中莫听妇人言。

第二句说:"花萼楼中合被时。"那花萼楼在陕西长安城中,大唐玄宗皇帝所建。玄宗皇帝就是唐明皇。他原是唐家宗室,因为韦氏乱政,武三思专权,明皇起兵诛之,遂即帝位。有五个兄弟,皆封王爵,时号"五王"明皇友爱甚笃,起一座大楼,取《诗经.棠棣》之义,名曰花萼。时时召五王登楼欢宴。又制成大幔,名为"五王帐"。帐中长枕大被,明皇和五王时常同寝其中。有诗为证:

> 羯鼓频敲玉笛催,朱楼宴罢夕阳微。
> 宫人秉烛通宵坐,不信君王夜不归。

第四句说:"千秋羞咏《豆萁诗》。"后汉魏王曹操长子曹丕,篡汉称帝。有弟曹植,字子建,聪明绝世。操生时最所宠爱,几遍欲立为嗣而不果。曹丕衔其旧恨,欲寻事故杀之。一日,召子建问曰:"先帝每夸汝诗才敏捷,朕未曾面试。今限汝七步之内,成诗一首。如若不成,当坐汝欺诳之罪。"子建未及七步,其诗已成,中寓规讽之意。诗曰:

> 煮豆燃豆萁,豆在釜中泣。
> 本是同根生,相煎何太急。

曹丕见诗感泣,遂释前恨。后人有诗为证:

> 从来宠贵起猜疑,七步诗成亦可为。
> 堪叹釜萁仇未已,六朝骨肉尽诛夷。

说话的,为何今日讲这两三个故事?只为自家要说那三孝廉让产立高名。这段话文不比曹丕忌刻,也没子建风流,胜如紫荆花下三田,花萼楼中诸李。随你不和顺的弟兄,听着在下讲这节故事,都要学好起来。正是:

> 要知天下事,须读古人书。

这故事出在东汉光武年间。那时天下又安,万民乐业,朝有梧凤之鸣,野无谷驹之叹。原来汉朝取士之法,不比今时。他不以科目取士,唯凭州郡选举。虽则有博学宏词,贤良方正等科,唯以孝廉为重。孝者,孝弟;廉者,廉洁。孝则忠君,廉则爱民。但是举了孝廉,便得出身做官。若依了今日的事势,州县考个童生,还有几十封荐书。若是举孝廉时,不知多少分上钻刺,依旧是富贵子弟钻去了。孤寒的便有曾参之孝,伯夷之廉,休想扬名显姓。只是汉时法度甚妙:但是举过某人孝廉,其人若果然有才有德,不拘资格,骤然升擢,连举主俱纪录受赏;若所举不得其人,后

日或贪财坏法，轻则罪黜，重则抄没，连举主一同受罪。那荐人的，与所荐之人，休戚相关，不敢胡乱。所以公道大明，朝班清肃。不在话下。

且说会稽郡阳羡县，有一人姓许名武，字长文，十五岁上，父母双亡。虽然遗下些田产童仆，奈门房单微，无人帮助。更兼有两个兄弟，一名许晏，年方九岁，一名许普，年方七岁，都则幼小无知，终日赶着哥哥啼哭。那许武日则躬率童仆，耕田种圃，夜则挑灯读书。但是耕种时，二弟虽未胜耰锄，必使从旁观看。但是读书时，把两个小兄弟，坐于案旁，将句读亲口传授，细细讲解，教以礼让之节，成人之道。稍不率教，辄跪于家庙之前，痛自督责，说自己德行不足，不能化诲，愿父母有灵，启牖二弟，涕泣不已。直待兄弟号泣请罪，方才起身，并不以疾言倨色相加也。室中只用铺陈一副，兄弟三人同睡。如此数年，二弟俱已长成，家事亦渐丰盛。有人劝许武娶妻。许武答道："若娶妻，便当与二弟别居。笃夫妇之爱，而忘手足之情，吾不忍也。"由是昼则同耕，夜则同读，食必同器，宿必同床。乡里传出个大名，都称为"孝弟许武"。又传出几句口号，道是：

> 阳羡许季长，耕读昼夜忙。教诲二弟俱成行，不是长兄是父娘。

时州牧郡守，俱闻其名，交章荐举，朝廷征为议郎。下诏会稽郡，太守奉旨，檄下县令，刻日劝驾。许武迫于君命，料难推阻，吩咐两个兄弟："在家躬耕力学，一如我在家之时，不可懈惰废业，有负先人遗训。"又嘱咐奴仆："俱要小心安分，听两个家主役使，早起夜眠，共扶家业。"嘱咐已毕，收拾行装。不用官府车辆，自己雇了脚力登车，只带一个童儿，望长安进发。不一日，到京朝见受职。

长安城中，闻得孝弟许武之名，争来拜访识荆。此时望重朝班，名闻四野。朝中大臣探听得许武尚未婚娶，多欲以女妻之者。许武心下想道："我兄弟三人，年皆强壮，皆未有妻。我若先娶，殊非为兄之道。况我家世耕读，侥幸备员朝署，便与缙绅大家为婚，那女子自恃家门，未免娇贵之气。不唯坏了我儒素门风，异日我两个兄弟娶了贫贱人家女子，妯娌之间，怎生相处！从来兄弟不睦，多因妇人而起，我不可不防其渐也。"腹中虽如此踌论，却是说不出的话。只得权辞以对，说家中已定下糟糠之妇，不敢停妻再娶，恐被宋弘所笑。众人闻之，愈加敬重。况许武精于经术，朝廷有大政事，公卿不能决，往往来请教他。他引古证今，议论悉中窾要。但是许武所议，众人皆以为确不可易。公卿倚之为重。不数年间，累迁至御史大夫之职。

忽一日，思想二弟在家，力学多年，不见州郡荐举，诚恐怠荒失业，意欲还家省视。遂上疏，其略云：

> 臣以菲才，遭逢圣代，致位通显，未谋报称，敢图暇逸？但古人云："人生百行，孝弟为先。""不孝有三，无后为大。"先父母早背，域兆未修，臣弟二人，学业未立，臣三十未娶。五伦之中，乃缺其三。愿赐臣假，暂归乡里。倘念臣犬马之力，尚可鞭答，奔驰有日。

天子览奏，准给假暂归，命乘传衣锦还乡，复赐黄金二十斤为婚礼之费。许武谢恩辞朝，百官俱于郊外送行。正是：

> 报道锦衣归故里，争夸白屋出公卿。

许武既归，省视先茔已毕，便乃纳还官诰，只推有病，不愿为官。过了些时，从容召二弟至前，询其学业之进退。许晏、许普应答如流，理明词畅。许武心中大喜。

再稽查田宅之数,比前恢廓数倍,皆二弟勤俭之所积也。武于是遍访里中良家女子,先与两个兄弟定亲,自己方才娶妻,续又与二弟婚配。

约莫数月,忽然对二弟说道:"吾闻兄弟有析居之义。今吾与汝,皆已娶妇,田产不薄,理宜各立门户。"二弟唯唯唯命。乃择日治酒,遍召里中父老。三爵已过,乃告以析居之事。因悉召僮仆至前,将所有家财,一一分剖。首取广宅自予,说道:"吾位为贵臣,门宜棨戟,体面不可不肃。汝辈力田耕作,得竹庐茅舍足矣。"又阅田地之籍,凡良田悉归之己,将硗薄者量给二弟。说道:"我宾客众盛,交游日广,非此不足以供吾用。汝辈数口之家,但能力作,只此可无冻馁,吾不欲汝多财以损德也。"又悉取奴仆之壮健伶俐者,说道:"吾出入跟随,非此不足以给使令。汝辈合力耕作,正须此愚蠢者作伴,老弱馈食足矣,不须多人费汝衣食也。"

众父老一向知许武是个孝弟之人,这番分财,定然辞多就少,不想他般般件件,自占便宜。两个小兄弟所得,不及他十分之五,全无谦让之心,大有欺凌之意。众人心中甚是不平。有几个刚直老人气忿不过,径自去了。有个心直口快的,便想要开口,说公道话,与两个小兄弟做乔主张。其中又有个老成的,背地里捏手捏脚,教他莫说。以此罢了。那教他莫说的,也有些见识。他道:"富贵的人,与贫贱的人,不是一般肚肠。许武已做了显官,比不得当初了。常言道:疏不间亲。你我终是外人,怎管得他家事。就是好言相劝,料未必听从,枉费了唇舌,到挑拨他兄弟不和。倘或做兄弟的肯让哥哥,十分之美,你我又怄这闲气则甚!若做兄弟的心上不甘,必然争论。等他争论时节,我们替他做个主张,却不是好!"正是:

> 事非干己休多管,话不投机莫强言。

原来许晏、许普,自从蒙哥哥教诲,知书达礼,全以孝弟为重。见哥哥如此分析,以为理之当然,绝无几微不平的意思。许武分拨已定,众人皆散。许武居中住了正房,其左右小房,许晏、许普各住一边。每日率领家奴下田耕种,暇则读书,时时将疑义叩问哥哥,以此为常。姒娣之间,也与他兄弟三人一般和顺。从此里中父老,人人薄许武之所为,都可怜他两个兄弟。私下议论道:"许武是个假孝廉,许晏、许普才是个真孝廉。他思念父母面上,一体同气,听其教诲,唯唯诺诺,并不违拗,岂不是孝;他又重义轻财,任分多分少,全不争论,岂不是廉。"起初里中传个好名,叫作"孝弟许武",如今抹落了武字,改做"孝弟许家"。把许晏、许普弄出一个大名来。那汉朝清议极重,又传出几句口号,道是:

> 假孝廉,做官员。真孝廉,出口钱。假孝廉,据高轩。真孝廉,守茅檐。假孝廉,富田园。真孝廉,执锄镰。真为玉,假为瓦。瓦登厦,玉抛野。不宜真,只宜假。

那时明帝即位,下诏求贤,令有司访问笃行有学之士,登门礼聘,传驿至京。诏书到会稽郡,郡守分谕各县。县令平昔已知许晏、许普让产不争之事,又值父老公举他真学真廉,行过其兄,就把二人申报本郡。郡守和州牧,皆素闻其名,一同举荐。县令亲到其门,下车投谒,手捧玄纁束帛,备陈天子求贤之意。许晏、许普,谦让不已。许武道:"幼学壮行,君子本分之事。吾弟不可固辞。"二人只得应诏,别了哥嫂,乘传到于长安,朝见天子。拜舞已毕,天子金口玉言,问道:"卿是许武之弟乎?"晏、普叩头应诏。天子又道:"闻卿家有孝弟之名。卿之廉让,有过于兄,朕心嘉悦。"晏、普叩头道:"圣运龙兴,辟门访落,此乃帝王盛典。郡县不以臣晏臣普为不肖,有渎圣聪。臣幼失怙恃,承兄武教训,兢兢自守,耕耘诵读之外,别无他长。

弟等何能及兄武之万一。"天子闻对，嘉其谦德，即日俱拜为内史。不五年间，皆至九卿之位。居官虽不如乃兄赫赫之名，然满朝称为廉让。

忽一日，许武致家书于二弟。二弟拆开看之，书曰：

> 匹夫而膺辟召，仕宦而至九卿，此亦人生之极荣也。二疏有言："知足不辱，知止不殆。"既无出类拔萃之才，宜急流勇退，以避贤路。

晏、普得书，即日同上疏辞官，天子不许。疏三上，天子问宰相宋均道："许晏、许普壮年入仕，备位九卿，朕待之不薄，而屡屡求退，何也？"宋均奏道："晏、普兄弟三人，天性孝友。今许武久居林下，而晏、普并驾天衢，其心或有未安。"天子道："朕并召许武，使兄弟三人同朝辅政何如？"宋均道："臣察晏、普之意，出于至诚。陛下不若姑从所请，以遂其高。异日更下诏征之，或访先朝故事，就近与一大郡，以展其未尽之才，因使便道归省，则陛下好贤之诚，与晏、普友爱之义，两得之矣。"天子准奏，即拜许晏为丹阳郡太守，许普为吴郡太守，各赐黄金二十斤，宽假三月，以尽兄弟之情。许晏、许普谢恩辞朝，公卿俱出郭，到十里长亭，相饯而别。晏、普二人，星夜回到阳羡，拜见了哥哥，将朝廷所赐黄金，尽数献出。许武道："这是圣上恩赐，吾何敢当！"教二弟各自收去。

次日，许武备下三牲祭礼，率领二弟到父母坟茔，拜奠了毕，随即设宴遍召里中父老。许氏三兄弟，都做了大官，虽然他不以富贵骄人，自然声势赫奕。闻他呼唤，尚不敢不来，况且加个"请"字。那时众父老来得愈加整齐。许武手捧酒卮，亲自劝酒。众人都道："长文公与二哥、三哥接风之酒，老汉辈安敢僭先！"比时风俗淳厚，乡党序齿，许武出仕已久，还叫一句"长文公"，那两个兄弟，又下一辈了，虽是九卿之贵，乡尊故旧，依旧称"哥"。许武道："下官此席，专屈诸乡亲下降，有句肺腑之言奉告。必须满饮三杯，方敢奉闻。"众人被劝，只得吃了。许武教两个兄弟次第把盏，各敬一杯。众人饮罢，齐声道："老汉辈承贤昆玉厚爱，借花献佛，也要奉敬。"许武等三人，亦各饮讫。众人道："适才长文公所谕金玉之言，老汉辈拱听已久，愿得示下。"许武叠两个指头，说将出来。言无数句，使听者毛骨悚然。正是：

> 斥鷃不知大鹏，河伯不知海若。
> 圣贤一段苦心，庸夫岂能测度？

许武当时未曾开谈，先流下泪来。吓得众人惊惶无措，两个兄弟慌忙跪下，问道："哥哥何故悲伤？"许武道："我的心事，藏之数年，今日不得不言。"指着晏、普道："只因为你两个名誉未成，使我做违心之事，冒不韪之名，有玷于祖宗，贻笑于乡里，所以流泪。"遂取出一卷册籍，把与众人观看。原来是田地屋宅及历年收敛米粟布帛之数。众人还未晓其意。许武又道："我当初教育两个兄弟，原要他立身修道，扬名显亲。不想我虚名早著，遂先显达。二弟在家，躬耕力学，不得州郡征辟。我欲效古人祁大夫内举不避亲，诚恐不知二弟之学行者，说他因兄而得官，误了终身名节。我故倡为析居之议，将大宅良田，强奴巧婢，悉据为己有。度吾弟素敦爱敬，绝不争竞。吾暂冒贪饕之迹，吾弟方有廉让之名。果蒙乡里公评，荣膺征聘。今位列公卿，官常无玷，吾志已遂矣。这些田房奴婢，都是公共之物，吾岂可一人独享！这几年以来，所收米谷布帛，分毫不敢妄用，尽数开载在那册籍上。今日交你二弟，表为兄的向来心迹，也教众乡尊得知。"

众父老到此，方知许武先年析产一片苦心。自愧见识低微，不能窥测，齐声称叹不已。只有许晏、许普哭倒在地，道："做兄弟的，蒙哥哥教训成人，侥幸得有今日。谁知哥哥如此用心！是弟辈不肖，不能自致青云之上，有累兄长。今日若非兄长自说，弟辈都在梦中。兄长盛德，从古未有。只是弟辈不肖之罪，万分难赎。这些小家财，原是兄长苦挣来的，合该兄长管业。弟辈衣食自足，不消兄长挂念。"许武道："做哥的力田有年，颇知生殖。况且宦情已淡，便当老于耰锄，以终天年。二弟年富力强，方司民社，宜资庄产，以终廉节。"晏、普又道："哥哥为弟辈而自污。弟辈既得名，又欲得利，是天下第一等贪夫了。不唯玷辱了祖宗，亦且玷辱了哥哥。万望哥哥收回册籍，聊减弟辈万一之罪。"

众父老见他兄弟三人交相推让，你不收，我不受，一齐向前劝道："贤昆玉所言，都则一般道理。长文公若独得了这田产，不见得向来成全两位这一段苦心。两位若径受了，又负了令兄长文公这一段美意。依老汉辈愚见，宜作三股均分，无厚无薄，这才见兄友弟恭，各尽其道。"他三个兀自你推我让。那父老中有前番那几个刚直的，挺身向前，厉声说道："吾等适才分处，甚得中庸之道。若再推逊，便是矫情沽誉了。把这册籍来，待老汉与你分剖！"许武弟兄三人，更不敢多言，只得凭他主张。当时将田产配搭三股分开，各自管业。中间大宅，仍旧许武居住。左右屋宇窄狭，以所在粟帛之数补偿晏、普，他日自行改造。其童婢，亦皆分派。众父老都称为公平。

许武等三人施礼作谢，邀入正席饮酒，尽欢而散。许武心中终以前番析产之事为歉，欲将所得良田之半，立为义庄，以赡乡里。许晏、许普闻知，亦各出己产相助。里中人人叹服。又传出几句口号来，道是：

真孝廉，唯许武；谁继之？晏与普。
弟不争，兄不取。作义庄，赡乡里。
呜呼孝廉谁可比！

晏、普感兄之义，又将朝廷所赐黄金，大市牛酒，日日邀里中父老与哥哥会饮。如此三月，假期已满，晏、普不忍与哥哥分别，各要纳还官诰。许武再三劝谕，责以大义，二人只得听从，各携妻小赴任。

却说里中父老，将许武一门孝弟之事，备细申闻郡县。郡县为之奏闻。圣旨命有司旌表其门，称其里为孝弟里。后来三公九卿，交章荐许武德行绝伦，不宜逸之田野。累诏起用，许武只不奉诏。有人问其缘故。许武道："两弟在朝居位之时，吾曾讽以知足知止。我若今日复出应诏，是自食其言了。况方今朝廷之上，是非相激，势利相倾，恐非缙绅之福，不如躬耕乐道之为愈耳。"人皆服其高见。

再说晏、普到任，守其乃兄之教，各以清节自励，大有政声。后闻其兄高致，不肯出仕。弟兄相约，各将印绶纳还，奔回田里，日奉其兄为山水之游，尽老百年而终。许氏子孙昌茂，累代衣冠不绝，至今称为"孝弟许家"云。后人作歌叹道：

今人兄弟多分产，古人兄弟亦分产。
古人分产成弟名，今人分产但嚣争。
古人自污为孝义，今人自污争微利。
孝义名高身并荣，微利相争家共倾。
安得尽居孝弟里，却把阋墙来愧死。

第 三 卷

卖油郎独占花魁

> 年少争夸风月,场中波浪偏多。有钱无貌意难和,有貌无钱不可。　就是有钱有貌,还须着意揣摩。知情识趣俏哥哥,此道谁人赛我。

这首词名为《西江月》,是风月机关中最要之论。常言道:"妓爱俏,妈爱钞。"所以子弟行中,有了潘安般貌,邓通般钱,自然上和下睦,做得烟花寨内的大王,鸳鸯会上的主盟。然虽如此,还有个两字经儿,叫作帮衬。帮者,如鞋之有帮;衬者,如衣之有衬。但凡做小娘的,有一分所长,得人衬贴,就当十分。若有短处,曲意替他遮护,更兼低声下气,送暖偷寒,逢其所喜,避其所讳,以情度情,岂有不爱之理,这叫作帮衬。风月场中,只有会帮衬的最讨便宜,无貌而有貌,无钱而有钱。假如郑元和在卑田院做了乞儿,此时囊箧俱空,容颜非旧,李亚仙于雪天遇之,便动了一个恻隐之心,将绣襦包裹,美食供养,与他做了夫妻。这岂是爱他之钱,恋他之貌?只为郑元和识趣知情,善于帮衬,所以亚仙心中舍他不得。你只看亚仙病中想马板肠汤吃,郑元和就把个五花马杀了,取肠煮汤奉之。只这一节上,亚仙如何不念其情!后来郑元和中了状元,李亚仙封作汴国夫人。莲花落打出万年策,卑田院只做了白玉堂。一床锦被遮盖,风月场中反为美谈。这是:

> 运退黄金失色,时来铁也生光。

话说大宋自太祖开基,太宗嗣位,历传真、仁、英、神、哲,共是七代帝王,都则偃武修文,民安国泰。到了徽宗道君皇帝,信任蔡京、高俅、杨戬、朱勔之徒,大兴苑囿,专务游乐,不以朝政为事。以致万民嗟怨,金虏乘之而起,把花锦般一个世界,弄得七零八落。直至二帝蒙尘,高宗泥马渡江,偏安一隅,天下分为南北,方得休息。其中数十年,百姓受了多少苦楚。正是:

> 甲马丛中立命,刀枪队里为家。
> 杀戮如同戏耍,抢夺便是生涯。

内中单表一人,乃汴梁城外安乐村居住,姓莘,名善,浑家阮氏。夫妻两口,开个六陈铺儿。虽则粜米为生,一应麦、豆、茶、酒、油、盐、杂货,无所不备,家道颇颇得过。年过四旬,只生一女,小名叫作瑶琴。自小生得清秀,更且资性聪明。七岁上,送在村学中读书,日诵千言。十岁时,便能吟诗作赋。曾有《闺情》一绝,为人传诵。诗云:

　　朱帘寂寂下金钩，香鸭沉沉冷画楼。
　　移枕怕惊鸳并宿、挑灯偏惜蕊双头。

　　到十二岁，琴、棋、书、画，无所不通。若提起女工一事，飞针走线，出人意表。此乃天生伶俐，非教习之所能也。莘善因为自家无子，要寻个养女婿，来家靠老。只因女儿灵巧多能，难乎其配。所以求亲者颇多，都不曾许。不幸遇了金虏猖獗，把汴梁城围困，四方勤王之师虽多，宰相主了和议，不许厮杀。以致虏势愈甚，打破了京城，劫迁了二帝。那时城外百姓，一个个亡魂丧胆，携老扶幼，弃家逃命。
　　却说莘善领着浑家阮氏和十二岁的女儿，同一般逃难的，背着包裹，结队而走。

　　忙忙如丧家之犬，急急如漏网之鱼。
　　担渴担饥担劳苦，此行谁是家乡。
　　叫天叫地叫祖宗，唯愿不逢鞑虏。

　　正是：

　　宁为太平犬，莫作乱离人！

　　正行之间，谁想鞑子到不曾遇见，却逢着一阵败残的官兵。他看见许多逃难的百姓，多背得有包裹，假意呐喊道："鞑子来了！"沿路放起一把火来。此时天色将晚，吓得众百姓落荒乱窜，你我不相顾。他就乘机抢掠。若不肯与他，就杀害了。这是乱中生乱，苦上加苦。
　　却说莘氏瑶琴，被乱军冲突，跌了一跤，爬起来，不见了爹娘。不敢叫唤，躲在道旁古墓之中，过了一夜。到天明，出外看时，但见满目风沙，死尸横路。昨日同时避难之人，都不知所往。瑶琴思念父母，痛哭不已。欲待寻访，又不认得路径。只得望南而行，哭一步，捱一步。约莫走了二里之程，心上又苦，腹中又饥。望见土房一所，想必其中有人，欲待求乞些汤饮。及至向前，却是破败的空屋，人口俱逃难去了。瑶琴坐于土墙之下，哀哀而哭。
　　自古道：无巧不成话。恰好有一人从墙下而过。那人姓卜，名乔，正是莘善的近邻。平昔是个游手游食，不守本分，惯吃白食，用白钱的主儿。人都称他是卜大郎。也是被官军冲散了同伙，今日独自而行。听得啼哭之声，慌忙来看。瑶琴自小相认，今日患难之际，举目无亲，见了近邻，分明见了亲人一般，即忙收泪，起身相见。问道："卜大叔，可曾见我爹妈吗？"卜乔心中暗想："昨日被官军抢去包裹，正没盘缠。天生这碗衣饭送来与我，正是奇货可居。"便扯个谎，道："你爹和妈，寻你不见，好生痛苦。如今前面去了。吩咐我道：'倘或见我女儿，千万带了他来，送还了我。'许我厚谢。"瑶琴虽是聪明，正当无可奈何之际，君子可欺以其方，遂全然不疑，随着卜乔便走。正是：

　　情知不是伴，事急且相随。

　　卜乔将随身带的干粮，把些与他吃了，吩咐道："你爹妈连夜走的，若路上不能相遇，直要过江到建康府，方可相会。一路上同行，我权把你当女儿，你权叫我做爹。不然，只道我收留迷失子女，不当稳便。"瑶琴依允。从此陆路同步，水路同舟，爹女相称。到了建康府，路上又闻得金兀术四太子，引兵渡江，眼见得建康不得宁息。又闻得康王即位，已在杭州驻跸，改名临安。遂乘船到润州。过了苏常嘉湖，直到临安地面,暂且饭店中居住。也亏卜乔,自汴京至临安,三千余里,带那莘瑶琴下来。身边藏下些散碎银两,都用尽了,连身上外盖衣服,脱下准了店钱,只剩得莘瑶琴一件活货,欲行出脱。访得西湖上烟花王九妈家要讨养女,遂引九妈到店中,看货还钱。九妈见瑶琴生得标致,讲了财礼五十两。卜乔兑足了银子,将瑶琴送到王家。原来卜乔有智,在王九妈前只说:"瑶琴是我亲生之女,不幸到你门户人家,须是款款的教训,他自然从顺,不要性急。"在瑶琴面前又只说:"九妈是我至亲,权时把你寄顿他家。待我从容访知你爹妈下落,再来领你。"以此,瑶琴欣然而去。

　　可怜绝世聪明女,堕落烟花罗网中。

　　王九妈新讨了瑶琴,将他浑身衣服,换个新鲜,藏于曲楼深处。终日好茶好饭,去将息他,好言好语,去温暖他。瑶琴既来之,则安之。住了几日,不见卜乔回信。思量爹妈,嚅着两行珠泪,问九妈道:"卜大叔怎不来看我?"九妈道:"那个卜大叔?"瑶琴道:"便是引我到你家的那个卜大郎。"九妈道:"他说是你的亲爹。"瑶琴道:"他姓卜,我姓莘。"遂把汴梁逃难,失散了爹妈,中途遇见了卜乔,引到临安,并卜乔哄他的说话,细述一遍。九妈道:"原来恁地,你是个孤身女儿,无脚蟹。我索性与你说明罢:那姓卜的把你卖在我家,得银五十两去了。我们是门户人家,靠着粉头过活。家中虽有三四个养女,并没个出色的。爱你生得齐整,把做个亲女儿相待。待你长成之时,包你穿好吃好,一生受用。"瑶琴听说,方知被卜乔所骗,放声大哭,九妈劝解,良久方止。

　　自此九妈将瑶琴改做王美,一家都称为美娘,教他吹弹歌舞,无不尽善。长成一十四岁,娇艳非常。临安城中,这些富豪公子,慕其容貌,都备着厚礼求见。也有爱清标的,闻得他写作俱高,求诗求字的,日不离门。弄出天大的名声出来,不叫他美娘,叫他做花魁娘子。西湖上子弟编出一只《挂枝儿》,单道那花魁娘子的好处:

　　小娘中,谁似得王美儿的标致,又会写,又会画,又会作诗,吹弹歌舞都余事。常把西湖比西子,就是西子比他也还不如。那个有福的汤着他身儿,也情愿一个死!

　　只因王美有了个盛名,十四岁上,就有人来讲梳弄。一来王美不肯,二来王九妈把女儿做金子看成,见他心中不允,分明奉了一道圣旨,并不敢违拗。又过了一年,王美年方十五。原来门户中梳弄,也有个规矩。十三岁太早,谓之试花。皆因鸨儿爱财,不顾痛苦;那子弟也只博个虚名,不得十分畅快取乐。十四岁谓之开花,此时天癸已至,男施女受,也算当时了。到十五谓之摘花,在平常人家,还算年小,唯有门户人家,以为过时。王美此时未曾梳弄,西湖上子弟又编出一只《挂珠儿》来:

　　王美儿,似木瓜,空好看,十五岁,还不曾与人汤一汤。有名无实成何干?便不是石女,也是二行子的娘。若还有个好好的,羞羞也,如何熬得这些时痒!

　　王九妈听得这些风声,怕坏了门面,来劝女儿接客。王美执意不肯,说道:"要我会客时,除非见了亲生爹妈。他肯做主时,方才使得。"王九妈心里又恼他,又不舍得难为他。捱了好些时,偶然有个金二员外,大富之家,情愿出三百两银子,梳弄美娘。九妈得了这主大财,心生一计,与金二员外商议,若要他成就,除非如此如此。金二员外意会了。

其日八月十五日,只说请王美湖上看潮。请至舟中,三四个帮闲,俱是会中之人,猜拳行令,做好做歉,将美娘灌得烂醉如泥。扶到王九妈家楼中,卧于床上,不省人事。此时天气和暖,又没几层衣服,妈儿亲手服侍,剥得他赤条条,任凭金二员外行事。金二员外那话儿又非兼人之具,轻轻的撑开两股,用些涎沫,送将进去。比及美娘梦中觉痛,醒将转来,已被金二员外要得够了。欲待挣扎,争奈手足俱软,由他轻薄了一回。直待绿暗红飞,方始雨收云散。正是:

> 雨中花蕊方开罢,镜里蛾眉不似前。

五鼓时,美娘酒醒,已知鸨儿用计,破了身子。自怜红颜命薄,遭此强横,起来解手,穿了衣服,自在床边一个斑竹榻上,朝着里壁睡了,暗暗垂泪。金二员外来亲近他时,被他劈头劈脸,抓有几个血痕。金二员外好生没趣。挨得天明,对妈儿说声:"我去也!"妈儿要留他时,已自出门去了。从来梳弄的子弟,早起时,妈儿进房贺喜,行户中都来称庆,还要吃几日喜酒。那子弟多则往一二月,最少也住半月二十日。只有金二员外侵早出门,是从来未有之事。王九妈连叫诧异,披衣起身上楼。只见美娘卧于榻上,满眼流泪。九妈要哄他上行,连声招许多不是。美娘只不开口。九妈只得下楼去了。美娘哭了一日,茶饭不沾。从此托病,不肯下楼,连客也不肯会面了。

九妈心下焦躁。欲待把他凌虐,又恐他烈性不从,反冷了他的心肠,欲待由他,本是要他赚钱,若不接客时,就养到一百岁也没用。踌躇数日,无计可施。忽然想起,有个结义妹子,叫作刘四妈,时常往来。他能言快语,与美娘甚说得着。何不接取他来,下个说词。若得他回心转意,大大的烧个利市。当下叫保儿去请刘四妈到前楼坐下,诉以衷情。刘四妈道:"老身是个女随何,雌陆贾,说得罗汉思情,嫦娥想嫁。这件事都在老身身上。"九妈道:"若得如此,做姐的情愿与你磕头。你多吃杯茶去,免得说话时口干。"刘四妈道:"老身天生这副海口,便说到明日,还不干哩。"

刘四妈吃了几杯茶,转到后楼,只见楼门紧闭,刘四妈轻轻地叩了一下,叫声:"侄女!"美娘听得是四妈声音,便来开门。两个相见了,四妈靠桌朝下而坐,美娘旁坐相陪。四妈看他桌上铺着一幅细绢,才画得个美人的脸儿,还未曾着色。四妈称赞道:"画得好!真是巧手!九阿姐不知怎样造化,偏生遇着你这一个伶俐女儿。又好人物,又好技艺,就是堆上几千两黄金,满临安走遍,可寻出个对儿吗?"美娘道:"休得见笑!今日甚风吹得姨娘到来?"刘四妈道:"老身时常要来看你,只为家务在身,不得空闲。闻得你恭喜梳弄了,今日偷空而来,特特与九阿姐叫喜。"美娘听得提起梳弄二字,满脸通红,低着头不来答应。刘四妈知他害羞,便把椅儿掇上一步,将美娘的手儿牵着,叫声:"我儿!做小娘的,不是个软壳鸡蛋,怎的这般嫩得紧?似你恁地怕羞,如何赚得大主银子?"美娘道:"我要银子做甚?"四妈道:"我儿,你便不要银子,做娘的,看得你长大成人,难道不要出本?自古道,靠山吃山,靠水吃水。九阿姐家有几个粉头,那一个赶得上你的脚跟来?一园瓜,只看得你是个瓜种。九阿姐待你也不比其他。你是聪明伶俐的人,也须识些轻重。闻得你自梳弄之后,一个客也不肯相接,是什么意儿?都像你的意时,一家人口,似蚕一般,那个把桑叶喂他?做娘的抬举你一分,你也要与他争口气儿,莫要反讨众丫头们批点。"

美娘道:"由他批点,怕怎的!"刘四妈道:"阿呀!批点是个小事,你可晓得门户中的行径么"美娘道:"行径便怎的?"刘四妈道:"我们门户人家,吃着女儿,穿着女儿,用着女儿,侥幸讨得一个像样的,分明是大户人家置了一所良田美产。年纪幼小时,巴不得风吹得大。到得梳弄过后,便是田产成熟,日日指望花利到手受用。

前门迎新,后门送旧,张郎送米,李郎送柴,往来热闹,才是个出名的姊妹行家。"美娘道:"羞答答,我不做这样事!"刘四妈掩着口,格的笑了一声,道:"不做这样事,可是由得你的?一家之中,有妈妈做主。做小娘的若不依他教训,动不动一顿皮鞭,打得你不生不死,那时不怕你不走他的路儿。九阿姐一向不难为你,只可惜你聪明标致,从小娇养的,要惜你的廉耻,存你的体面。方才告诉我许多话,说你不识好歹,放着鹅毛不知轻,顶着磨子不知重,心下好生不悦。教老身来劝你。你若执意不从,惹他性起,一时翻过脸来,骂一顿,打一顿,你待走上天去!凡事只怕个起头。若打破了头时,朝一顿,暮一顿,那时熬这些痛苦不过,只得接客。却不把千金声价弄得低微了。还要被姊妹中笑话。依我说,吊桶已自落在他井里,挣不起了。不如千欢万喜,倒在娘的怀里,落得自己快活。"

美娘道:"奴是好人家儿女,误落风尘。倘得姨娘主张从良,胜造九级浮图。若要我倚门献笑,送旧迎新,宁甘一死,绝不情愿。"刘四妈道:"我儿,从良是个有志气的事,怎么说道不该!只是从良也有几等不同。"美娘道:"从良有甚不同之处?"刘四妈道:"有个真从良,有个假从良。有个苦从良,有个乐从良。有个趁好的从良,有个没奈何的从良。有个了从良,有个不了的从良。我儿耐心听我分说:

如何叫作真从良?大凡才子必须佳人,佳人必须才子,方成佳配。然而好事多磨,往往求之不得。幸然两下相逢,你贪我爱,割舍不下。一个愿讨,一个愿嫁。好像捉对的蚕蛾,死也不放。这个谓之真从良。怎么叫作假从良?有等子弟爱着小娘,小娘却不爱那子弟。本心不愿嫁他,只把个嫁字儿哄他心热,撒漫使钱。比及成交,却又推故不就。又有等痴心的子弟,明晓得小娘心肠不对他,偏要娶他回去。拼着一主大钱,动了妈儿的火,不怕小娘不肯。勉强进门,心中不顺,故意不守家规。小则撒泼放肆,大则公然偷汉。人家容留不得,多则一年,少则半载,依旧放他出来,为娼接客。把从良二字,只当个撰钱的题目。这个谓之假从良。

如何叫作苦从良?一般样子弟爱小娘,小娘不爱那子弟,却被他以势凌之。妈儿俱祸,已自许了。做小娘的,身不由主,含泪而行。一入侯门,如海之深,家法又严,抬头不得。半妾半婢,忍死度日。这个谓之苦从良。如何叫作乐从良?做小娘的,正当择人之际,偶然相交个子弟。见他情性温和,家道富足,又且大娘子乐善,无男无女,指望他日过门,与他生育,就有主母之分。以此嫁他,图个日前安逸,日后出身。这个谓之乐从良。

如何叫作趁好的从良?做小娘的,风花雪月,受用已勾,趁这盛名之下,求之者众,任我拣择个十分满意的嫁他,急流勇退,及早回头,不致受人怠慢。这个谓之趁好的从良。如何叫作没奈何的从良?做小娘的,原无从良之急,或因官司逼迫,或因强横欺瞒,又或因债负太多,将来赔偿不起,憋口气,不论好歹,得嫁便嫁,买静求安,藏身之法,这谓之没奈何的从良。

如何叫作了从良?小娘半老之际,风波历尽,刚好遇个老成的孤老,两下志同道合,收绳卷索,白头到老,这个谓之了从良。如何叫作不了的从良?一般你贪我爱,火热的跟他,却是一时之兴,没有个长算。或者尊长不容,或者大娘妒忌,闹了几场,发回妈家,追取原价。又有个家道凋零,养他不活,苦守不过,依旧出来赶趁。这谓之不了的从良。"

美娘道:"如今奴家要从良,还是怎地好?"刘四妈道:"我儿,老身教你个万全之策。"美娘道:"若蒙教导,死不忘恩!"刘四妈道:"从良一事,入门为净。况且你身子已被人捉弄过了,就是今夜嫁人,叫不得个黄花女儿。千错万错,不该落于此地,这就是你命中所招了。做娘的费了一片心机,若不帮他几年,趁过千把银子,怎肯放你出门?还有一件,你便要从良,也须拣个好主儿。这些臭嘴臭脸的,难道就跟他不成?你如今一个客也不接,晓得那个该从,那个不该从?假如你执意不肯接客,做娘的没奈何,寻个肯出钱的主儿,卖你去做妾,这也叫作从良。那主儿或是年老的,或是貌丑的.或是一字不识的村牛,你却不肮脏了一世! 比着把你料在水里,还有扑通的一声响,讨得旁人叫一声可惜。依着老身愚见,还是俯从人愿,凭着做娘的接客。似你恁般才貌.等闲的料也不敢相扳。无非是王孙公子,贵客豪门,也不辱没了你。一来风花雪月,趁着年少受用,二来作成妈儿起个家事,三来使自己也积攒些私房,免得日后求人。过了十年五载,遇个知心着意的,说得来,话得着,那时老身与你做媒,好模好样的嫁去,做娘的也放得你下了。可不两得其便?"

美娘听说,微笑而不言。刘四妈已知美娘心中活动了,便道:"老身句句是好话。你依着老身的话时,后来还要感激我哩。"说罢,起身。王九妈伏于楼门之外,一句句都听得的。美娘送刘四妈出房,劈面撞着了九妈,满面羞惭,缩身进去。

王九妈随着刘四妈,再到前楼坐下。刘四妈道:"侄女十分执意,被老身左说右说,一块硬铁看看溶做热汁。你如今快快寻个付账的主儿,他必然肯就。那时做妹子的再来贺喜。"王九妈连连称谢。是日备饭相待,尽醉而别。后来西湖上子弟们又有只《挂枝儿》,单说那刘四妈说词一节:

> 刘四妈,你的嘴舌儿好不厉害! 便是女随何,雌陆贾,不信有这大才! 说着长,道着短,全没些破败。就是醉梦中,被你说得醒;就是聪明的,被你说得呆。好个烈性的姑姑,也被你说得他心地改。

再说王美娘自听了刘四妈一席话儿,思之有理。以后有客求见,欣然相接。覆账之后,宾客如市。捱三顶五,不得空闲,声价愈重。每一晚白银十两,兀自你争我夺。王九妈赚了若干钱钞,欢喜无限。美娘也留心要拣个知心着意的,急切难得。正是:

> 易求无价宝,难得有情郎。

话分两头。再说临安城清波门里,有个开油店的朱十老,三年前过继一个小厮,也是汴京逃难来的,姓秦名重。母亲早丧,父亲秦良,十三岁上将他卖了,自己在上天竺去做香火。朱十老因年老无嗣,又新死了妈妈,把秦重做亲子看成,改名朱重,在店中学做卖油生意。初时父子坐店甚好,后因十老得了腰痛的病,十眠九坐,劳碌不得。另招个伙计,叫作邢权,在店相帮。

光阴似箭,不觉四年有余。朱重长成一十七岁,生得一表人才,虽然已冠,尚未娶妻。那朱十老家有个使女,叫作兰花,年已二十之外,有心看上了朱小官人,几遍的到下钩子去勾搭他。谁知朱重是个老实人,又且兰花龌龊丑陋,朱重也看不上眼。以此落花有意,流水无情。那兰花见勾搭朱小官人不上,别寻主顾,就去勾搭那伙计邢权。邢权是望四之人,没有老婆,一拍就上。两个暗地偷情,不止一次。反怪朱小官人碍眼,思量寻事赶他出门。邢权与兰花两个,里应外合,使心设计。兰花便在朱十老面前,假意撇清说:"小官人几番调戏,好不老实!"朱十老平时与兰花也有一手,末免有拈酸之意。邢权又将店中卖下的银子藏过,在朱十老面前说道:"朱小官在外赌博,不长进,柜里银子,几次短少,都是他偷去了。"初次朱十老还不信,接连几次,朱十老年老糊涂,没有主意,就唤朱重过来,责骂了一场。

朱重是个聪明的孩子,已知邢权与兰花的计较,欲待分辨,惹起是非不小。万一老者不听,枉做恶人。心生一计,对朱十老道:"店中生意淡薄,不消得二人。如今让邢主管坐店,孩儿情愿挑担子出去卖油。卖得多少,每日纳还,可不是两重生意?"朱十老心下也有许可之意。又被邢权说道:"他不是要挑担出去,几年上偷银子做私房，身边积攒有余了，又怪你不与他定亲，心中怨怅，不愿在此相帮，要讨个出场，自去娶老婆，做人家去。"朱十老叹口气道："我把他做亲儿看成，他却如此歹意！皇天不祐！罢，罢，不是自身骨血，到底粘连不上，由他去吧！"遂将三两银子，把与朱重，打发出门。寒夏衣服和被窝都教他拿去。这也是朱十老好处。朱重料他不肯收留，拜了四拜，大哭而别。正是：

孝己杀身因谤语，申生丧命为谗言。
亲生儿子犹如此，何怪螟岭受枉冤。

原来秦良上天竺做香火，不曾对儿子说知。朱重出了朱十老之门，在众安桥下赁了一间小小房儿，放下被窝等件，买巨锁儿锁了门，便往长街短巷，访求父亲。连走几日，全没消息。没奈何，只得放下。在朱十老家四年，赤心忠良，并无一毫私蓄。只有临行时打发这三两银子，不够本钱，做什么生意好？左思右量，只有油行买卖是熟间。这些油坊多曾与他识熟，还去挑个卖油担子，是个稳足的道路。当下置办了油担家伙，剩下的银两，都交付与油坊取油。那油坊里认得朱小官是个老实好人。况且小小年纪，当初坐店，今朝挑担上街，都因邢伙计挑拨他出来，心中甚是不平，有心扶持他，只拣窨清的上好净油与他，签子上又明让他些。朱重得了这些便宜，自己转卖与人，也放些宽，所以他的油比别人分外容易出脱。每日尽有些利息，又且俭吃俭用，积下东西来，置办些日用家业，及身上衣服之类，并无妄废。心中只有一件事未了，牵挂父亲，思想："向来叫作朱重，谁知我是姓秦！倘或父亲来寻访之时，也没个因由。"遂复姓为秦。说话的，假如上一等人，有前程的，要复本姓，或具札子奏过朝廷，或关白礼部、太学、国学等衙门，将册籍改正，众所共知。一个卖油的，复姓之时，谁人晓得？他有个道理，把盛油的桶儿，一面大大写个秦字，一面写汴梁字，将油桶做个标识，使人一览而知。以此临安市上，晓得他本姓，都呼他为秦卖油。

时值二月天气，不暖不寒，秦重闻知昭庆寺僧人，要起个九昼夜功德，用油必多，遂挑了油担来寺中卖油。那些和尚们也闻知秦卖油之名，他的油比别人又好又贱，单单作成他。所以一连这九日，秦重只在昭庆寺走动。正是：

刻薄不赚钱，忠厚不折本。

这一日是第九日了。秦重在寺出脱了油，挑了空担出寺。其日天气晴明，游人如蚁。秦重绕河而行。遥望十景塘桃红柳绿，湖内画船箫鼓，往来游玩，观之不足，玩之有余。走了一回，身子困倦，转到昭庆寺右边，望个宽处，将担儿放下，坐在一块石上歇脚。近侧有个人家，面湖而住，金漆篱门，里面朱栏内，一丛细竹。未知堂室何如，先见门庭清整。只见里面三四个戴巾的从内而出，一个女娘后面相送。到了门首，两下把手一拱，说声请了，那女娘竟进去了。秦重定睛观之，此女容颜娇丽，体态轻盈，目所未睹，准准的呆了半晌，身子都酥麻了。他原是个老实小官，不知有烟花行径，心中疑惑，正不知是什么人家。

方在凝思之际，只见门内又走出个中年的妈妈，同着一个垂髫的丫鬟，倚门闲看。那妈妈一眼瞧着油担，便道："啊呀！方才要去买油，正好有油担子在这里，何不与他买些？"那丫鬟取了油瓶出来，走到油担子边，叫声："卖油的！"秦重方才知觉，回言道："没有油了！妈妈要用油时，明日送来。"那丫鬟也识得几个字，看见油桶上写个秦字，就对妈妈道："那卖油的姓秦。"妈妈也听得人闲讲，有个秦卖油，做生意甚是忠厚。遂吩咐秦重道："我家每日要油用，你肯挑来时，与你做个主顾。"秦重道:"承妈妈作成,不敢有误。"那妈妈与丫鬟进去了。秦重心中想道:"这妈妈不知是那女娘的什么人?我每日到他家卖油,莫说赚他利息,图个饱看那女娘一回,也是前生福分。"

正欲挑担起身,只见两个轿夫,抬着一顶青绢幔的轿子。后边跟着两个小厮,飞也似跑来。到了其家门首,歇下轿子,那小厮走进里面去了。秦重道:"却又作怪!看他接什么人?"少顷之间,只见两个丫鬟,一个捧着猩红的毡包,一个拿着湘妃竹攒花的拜匣,都交付与轿夫,放在轿座之下。那两个小厮手中,一个抱着琴囊,一个捧着几个手卷,腕上挂碧玉箫一枝,跟着起初的女娘出来。女娘上了轿,轿夫抬起望旧路而去。丫鬟小厮,俱随轿步行。秦重又得亲炙一番,心中愈加疑惑,挑了油担子,洋洋的去。

不过几步,只见临河有一个酒馆。秦重每常不吃酒,今日见了这女娘,心下又欢喜,又气闷,将担子放下,走进酒馆,拣个小座头坐了。酒保问道:"客人还是请客,还是独酌?"秦重道:"有上好的酒,拿来独饮三杯。时新果子一两碟,不用荤菜。"酒保斟酒时,秦重问道:"那边金漆篱门内是什么人家?"酒保道:"这是齐衙内的花园,如今王九妈住下。"秦重道:"方才看见有个小娘子上轿,是什么人?"酒保道:"这是有名的粉头,叫作王美娘,人都称为花魁娘子。他原是汴京人,流落在此。吹弹歌舞,琴棋书画,件件皆精。来往的都是大头儿,要十两放光,才宿一夜哩。可知小可的也近他不得。当初住在涌金门外,因楼房狭窄,齐舍人与他相厚,半载之前,把这花园借与他住。"

秦重听得说是汴京人,触了个乡里之念,心中更有一倍光景。吃了数杯,还了酒钱,挑了担子,一路走,一路的肚中打稿道:"世间有这样美貌的女子,落于娼家,岂不可惜!"又自家暗笑道:"若不落于娼家,我卖油的怎生得见!"又想一回,越发痴起来了,道:"人生一世,草生一秋。若得这等美人搂抱了睡一夜,死也甘心。"又想一回道:"呸!我终日挑这油担子,不过日进分文,怎么想这等非分之事!正是癞蛤蟆在阴沟里想着天鹅肉吃,如何到口!"又想一回道:"他相交的,都是公子王孙。我卖油的,纵有了银子,料他也不肯接我。"又想一回道:"我闻得做老鸨的,专要钱钞。就是个乞儿,有了银子,他也就肯接了,何况我做生意,青青白白之人。若有了银子,怕他不接!只是哪里来这几两银子?"一路上胡思乱想,自言自语。

你道天地间有这等痴人,一个做小经纪的,本钱只有三两,却要把十两银子去嫖那名妓,可不是个春梦!自古道:有志者事竟成。被他千思万想,想出一个计策来。他道:"从明日为始,逐日将本钱扣出,余下的积攒上去。一日积得一分,一年也有三两六钱之数。只消三年,这事便成了。若一日积得二分,只消得年半。若再多得些,一年也不多了。"想来想去,不觉走到家里,开锁进门。只因一路上想着许多闲事,回来看了自家的床铺,惨然无欢,连夜饭也不要吃,便上了床。这一夜翻来覆去,牵挂着美人,哪里睡得着。

> 只因月貌花容,引起心猿意马。

捱到天明,爬起来,就装了油担,煮早饭吃了,锁了门挑着油担子,一径走到王九妈家去。进了门,却不敢直入,舒着头,往里面张望。王九妈恰才起床,还蓬着头,正吩咐保儿买饭菜。秦重认得声音,叫声:"王妈妈。"九妈往外一张,见是秦卖油,笑道:"好忠厚人!果然不失信。"便叫他挑担进来,称了一瓶,约有五斤多重,公道还钱,秦重并不争论。王九妈甚是欢喜,道:"这瓶油,只够我家两日用。但隔一日,你便送来,我不往别处去买了。"秦重应诺,挑担而出。只恨不曾遇见花魁娘子."且喜扳下主顾,少不得一次不见,二次见,二次不见,三次见。只是一件,特为王九妈一家挑这许多路来，不是做生意的勾当。这昭庆寺是顺路。今日寺中虽然不做功德，难道寻常不用油？我且挑担去问他。若扳得各房头做个主顾，只消走钱塘门这一路，那一担油尽勾出脱了。"秦重挑担到寺内问时，原来各房和尚也正想着秦卖油。来得正好，多少不等，各各买他的油。秦重与各房约定，也是间一日便送油来用。这一日是个双日。自此日为始，但是单日，秦重别街道上做买卖；但是双日，就走钱塘门这一路。一出钱塘门，先到王九妈家里，以卖油为名，去看花魁娘子。有一日会见，也有一日不会见。不见时费了一场思想，便见时也只添了一层思想。正是：

天长地久有时尽，此恨此情无尽期。

再说秦重到了王九妈家多次，家中大大小小，没一个不认得是秦卖油。时光迅速，不觉一年有余。日大日小，只拣足色细丝，或积三分，或积二分，再少也积下一分。凑得几钱，又打做大块包。日积月累，有了一大包银子，零星凑集，连自己也不知多少。其日是单日，又值大雨，秦重不出去做买卖。积了这一大包银子，心中也自喜欢。"趁今日空闲，我把他上一上天平，见个数目。"打个油伞，走到对门倾银铺里，借天平兑银。那银匠好不轻薄，想着："卖油的多少银子，要架天平？只把个五两头等子与他，还怕用不着头纽哩。"秦重把银包解开，都是散碎银两。大凡成锭的见少，散碎的就见多。银匠是小辈，眼孔极浅，见了许多银子，别是一番面目，想道："人不可貌相，海水不可斗量。"慌忙架起天平，搬出若大若小许多砝码。秦重尽包而兑，一厘不多，一厘不少，刚刚一十六两之数，上秤便是一斤。秦重心下想道："除去了三两本钱，余下的做一夜花柳之费，还是有余。"又想道："这样散碎银子，怎好出手！拿出来也被人看低了！见成倾银店中方便，何不倾成锭儿，还觉冠冕。"当下兑足十两，倾成一个足色大锭，再把一两八钱，倾成水丝一小锭。剩下四两二钱之数，拈一小块，还了火钱，又将几钱银子，置下镶鞋净袜，新褶了一顶万字头巾。回到家中，把衣服浆洗得干干净净，买几根安息香，薰了又薰。拣个晴明好日，侵早打扮起来。

虽非富贵豪华客，也是风流好后生。

秦重打扮得齐齐整整，取银两藏于袖中，把房门锁了，一径望王九妈家而来，那一时好不高兴。及至到了门首，愧心复萌，想道："时常挑了担子在他家卖油，今日忽地去做嫖客，如何开口？"正是踌躇之际，只听得呀的一声门响，王九妈走将出来。见了秦重，便道："秦小官今日怎的不做生意，打扮得恁般齐楚，往哪里去贵干？"事到其间，秦重只得老着脸，上前作揖。妈妈也不免还礼。秦重道："小可并无别事，专来拜望妈妈。"那鸨儿是老积年，鉴貌辨色，见秦重恁般装束，又说拜望。"一定是看上了我家那个丫头，要嫖一夜，或是会一个房。虽然不是个大势主菩萨，搭在篮里便是菜，提在篮里便是蟹，赚他钱把银子买葱菜，也是好的。"便满脸堆下笑来，道："秦小官拜望老身，必有好处。"秦重道："小可有句不识进退的言语，只是不好启齿。"王九妈道："但说何妨，且请到里面客坐里细讲。"秦重为卖油，虽曾到王家准百次，这客坐里交椅，还不曾与他屁股做个相识。今日是个会面之始。

王九妈到了客坐，不免分宾而坐，对着内里唤茶。少顷，丫鬟托出茶来，看时却是秦卖油，正不知什么缘故，妈妈怎般相待，格格低了头只管笑。王九妈看见，喝道："有甚好笑！对客全没些规矩。"丫鬟止住笑，收了茶杯自去。王九妈方才开言问道："秦小官有甚话，要对老身说？"秦重道："没有别话。要在妈妈宅上请一位姐姐吃杯酒儿。"九妈道:"难道吃寡酒,一定要嫖了。你是个老实人,几时动这风流之兴?"秦重道:"小可的积诚,也非止一日。"九妈道:"我家这几个姐姐,都是你认得的。不知你中意那一位?"秦重道:"别个都不要,单单要与花魁娘子相处一宵。"九妈只道取笑他,就变了脸道:"你出言无度! 莫非奚落老娘吗?"秦重道:"小可是个老实人,岂有虚情。"九妈道:"粪桶也有两个耳朵,你岂不晓得我家美儿的身价! 倒了你卖油的灶,还不够半夜歇钱哩。不如将就拣一个适兴罢。"秦重把头一缩,舌头一伸,道:"怎地好卖弄! 不敢动问,你家花魁娘子一夜歇钱要几千两?"九妈见他说要话,却又回嗔作喜,带笑而言道:"那要许多! 只要得十两敲丝。其他东道杂费,不在其内。"秦重道:"原来如此,不为大事。"袖中摸出这秃秃里一大锭放光细丝银子,递与鸨儿道:"这一锭十两重,足色足数,请妈妈收着。"又摸出一小锭来,也递与鸨儿,又道:"这一小锭,重有二两,相烦备个小东。望妈妈成就小可这件好事,生死不忘,日后再有孝顺。"九妈见了这锭大银,已自不忍释手,又恐怕他一时高兴,日后没了本钱,心中懊悔,也要尽他一句才好。便道:"这十两银子,你做经纪的人,积趱不易,还要三思而行。"秦重道:"小可主意已定,不要你老人家费心。"

　　九妈把这两锭银子收于袖中,道:"是便是了。还有许多烦难哩。"秦重道:"妈妈是一家之主,有甚烦难?"九妈道:"我家美儿,往来的都是王孙公子,富室豪家,真个是'谈笑有鸿儒,往来无白丁。'他岂不认得你是做经纪的秦小官,如何肯接你?"秦重道:"但凭妈妈怎的委曲宛转,成全其事,大恩不敢有忘!"九妈见他十分坚心,眉头一皱,计上心来,扯开笑口道:"老身已替你排下计策,只看你缘法如何。做得成,不要喜;做不成,不要怪。美儿昨日在李学士家陪酒,还未曾回。今日是黄衙内约下游湖。明日是张山人一班清客,邀他作诗社。后日是韩尚书的公子,数日前送下东道在这里。你且到大后日来看。还有句话,这几日你且不要来我家卖油,预先留下个体面。又有句话,你穿着一身的布衣布裳,不像个上等嫖客。再来时,换件绸缎衣服,教这些丫头们认不出你是秦小官,老娘也好与你装谎。"秦重道:"小可一一理会得。"说罢,作别出门,且歇这三日生理,不去卖油。到典铺里买了一件见成半新不旧的绸衣,穿在身上,到街坊闲走,演习斯文模样。正是:

　　　　未识花院行藏,先习孔门规矩。

　　丢过那三日不题。到第四日,起个清早,便到王九妈家去。去得太早,门还未开。意欲转一转再来。这番装扮稀奇,不敢到昭庆寺去,恐怕和尚们批点,且到十景塘散步。良久又踅转来。王九妈家门已开了。那门前却安顿得有轿马,门内有许多仆从,在那里闲坐。秦重虽然老实,心下倒也乖巧,且不进门,悄悄地招那马夫问道:"这轿马是谁家的?"马夫道:"韩府里来接公子的。"秦重已知韩公子夜来留宿,此时还未曾别。重复转身,到一个饭店之中,吃了些见成茶饭,又坐了一回,方才到王家探信。只见门前轿马已自去了。进得门时,王九妈迎着,便道:"老身得罪,今日又不得工夫了。恰才韩公子拉去东庄赏早梅,他是个长嫖,老身不好违拗。闻得说来日还要到灵隐寺,访个棋师赌棋哩。齐衙内又来约过两三次了。这是我家房主,又是辞不得的。他来时,或三日五日的住了去,连老身也定不得个日子。秦小官,你真个要嫖,只索耐心再等几时。不然,前日的尊赐,分毫不动,要便奉还。"秦重道:"只怕妈妈不作成。若还迟,终无失,就是一万年,小可也情愿等着。"九妈道:"怎地时,老身便好张主!"秦重作别,方欲起身,九妈又道:"秦小官人,老身还有句话。你下次若来讨信,不要早了。约莫申牌时分,有客没客,老身把个实信与你。倒是越晏些越好,这是老身的妙用,你休错怪。"秦重连声道:"不敢,不敢!"这一日秦重不曾做买卖。次日,整理油担,挑往别处去生理,不走钱塘门一路。

每日生意做完，傍晚时分就打扮齐整，到王九妈家探信。只是不得工夫，又空走了一月有余。

那一日是十二月十五，大雪方霁，西风过后，积雪成冰，好不寒冷。却喜地下干燥。秦重做了大半日买卖，如前装扮，又去探信。王九妈笑容可掬，迎着道："今日你造化，已是九分九厘了。"秦重道："这一厘是欠着什吗？"九妈道："这一厘吗？正主儿还不在家。"秦重道："可回来吗？"九妈道："今日是俞太尉家赏雪，筵席就备在湖船之内。俞太尉是七十岁的老人家，风月之事，已自没分。原说过黄昏送来。你且到新人房里，吃杯烫风酒，慢慢地等他。"秦重道："烦妈妈引路。"王九妈引着秦重，弯弯曲曲，走过许多房头，到一个所在，不是楼房，却是个平屋三间，甚是高爽。左一间是丫鬟的空房，一般有床榻桌椅之类，却是备官铺的；右一间是花魁娘子卧室，锁着在那里。两旁又有耳房。中间客坐上面，挂一幅名人山水，香几上博山古铜炉，烧着龙涎香饼，两旁书桌，摆设些古玩，壁上贴许多诗稿。秦重愧非文人，不敢细看。心下想道："外房如此整齐，内室铺陈，必然华丽。今夜尽我受用。十两一夜，也不为多！"九妈让秦小官坐于客位，自己主位相陪。

少顷之间，丫鬟掌灯过来，抬下一张八仙桌儿，六碗时新果子，一架攒盒佳肴美酝，未曾到口，香气扑人。九妈执盏相劝道："今日众小女都有客，老身只得自陪，请开怀畅饮几杯。"秦重酒量本不高，况兼正事在心，只吃半杯。吃了一会，便推不饮。九妈道："秦小官想饿了，且用些饭再吃酒。"丫鬟捧着雪花白米饭，一吃一添，放于秦重面前，就是一盏杂和汤。鸨儿量高，不用饭，以酒相陪。秦重吃了一碗，就放箸。九妈道："夜长哩，再请些。"秦重又添了半碗。丫鬟提个行灯来，说："浴汤热了，请客官洗浴。"秦重原是洗过澡来的，不敢推托，只得又到浴堂，肥皂香汤，洗了一遍，重复穿衣入座。九妈命撤去肴盒，用暖锅下酒。此时黄昏已绝，昭庆寺里的钟都撞过了，美娘尚未回来。

　　　玉人何处贪欢耍？等得情郎望眼穿！

常言道：等人心急。秦重不见婊子回家，好生气闷。却被鸨儿夹七夹八，说些风话劝酒。不觉又过了一更天气。只听外面热闹闹的，却是花魁娘子回家。丫鬟先来报了，九妈连忙起身出迎。秦重也离座而立。只见美娘吃得大醉，侍女扶将进来，到于门首，醉眼蒙眬，看见房中灯烛辉煌，杯盘狼藉，立住脚问道："谁在这里吃酒？"九妈道："我儿，便是我向日与你说的那秦小官人。他心中慕你，多时的送过礼来。因你不得工夫，耽搁他一月有余了。你今日幸而得空，做娘的留他在此伴你。"美娘道："临安郡中，并不闻说起有什么秦小官人！我不去接他。"转身便走。九妈双手托开，急忙拦住道："他是个至诚好人，娘不误你。"美娘只得转身，才跨进房门，抬头一看那人，有些面善，一时醉了，急切叫不出来，便道："娘，这个人我认得他的，不是有名称的子弟。接了他，被人笑话。"九妈道："我儿，这是涌金门内开缎铺的秦小官人。当初我们住在涌金门时，想你也曾会过，故此面善。你莫识认错了。做娘的见他来意志诚，一时许了他，不好失信。你看作娘的面上，胡乱留他一晚。做娘的晓得不是了，明日却与你赔礼。"一头说，一头推着美娘的肩头向前。美娘拗妈妈不过，只得进房相见。正是：

　　　千般难出虔婆口，万般难脱虔婆手。
　　　饶君纵有万千般，不如跟着虔婆走。

这些言语，秦重一句句都听得，佯为不闻。美娘万福过了，坐于侧首，仔细看着秦重，好生疑惑，心里甚是不悦，嘿嘿无言。唤丫鬟将热酒来，斟着大盅。鸨儿只道他敬客，却自家一饮而尽。九妈道："我儿醉了，少吃些么！"美儿哪里依他，答应道："我不醉！"一连吃上十来杯。这是酒后之酒，醉中之醉，自觉立脚不住。唤丫鬟开了卧房，点上银钉，也不卸头，也不解带，丽脱了绣鞋，和衣上床，倒身而卧。鸨儿见女儿如此做作，甚不过意。对秦重道："小女平日惯了，他专会使性。今日他心中不知为什么有些不自在，却不干你事，休得见怪！"秦重道："小可岂敢！"鸨儿又劝了秦重几杯酒。秦重再三告止。鸨儿送入卧房，向耳旁吩咐道："那人醉了，放温存些。"又叫道："我儿起来，脱了衣服，好好地睡。"美娘已在梦中，全不答应，鸨儿只得去了。

　　丫鬟收拾了杯盘之类，抹了桌子，叫声："秦小官人，安置吧！"秦重道："有热茶要一壶。"丫鬟泡了一壶浓茶，送进房里，带转房门，自去耳房中安歇。秦重看美娘时，面对里床，睡得正熟，把锦被压于身下。秦重想酒醉之人，必然怕冷，又不敢惊醒他。忽见阑干上又放着一床大红绉丝的锦被，轻轻地取下，盖在美娘身上。把银灯挑得亮亮的，取了这壶热茶，脱鞋上床，捱在美娘身边，左手抱着茶壶在怀，右手搭在美娘身上，眼也不敢闭一闭。正是：

　　　　未曾握雨携云，也算偎香倚玉。

　　却说美娘睡到半夜，醒将转来，自觉酒力不胜，胸中似有满溢之状。爬起来，坐在被窝中，垂着头，只管打干哕。秦重慌忙也坐起来。知他要吐，放下茶壶，用手抚摩其背。良久，美娘喉间忍不住了，说时迟，那时快，美娘放开喉咙便吐。秦重怕污了被窝，把自己道袍的袖子张开，罩在他嘴上。美娘不知所以，尽情一呕，呕毕，还闭着眼，讨茶漱口。秦重下床，将道袍轻轻脱下，放在地平之上，摸茶壶还是暖的。斟上一瓯香喷喷的浓茶，递与美娘。美娘连吃了二碗，胸中虽然略觉豪燥，身子兀自倦怠。仍旧倒下，向里睡去了。秦重脱下道袍，将吐下一袖的腌臜，重重裹着，放于床侧，依然上床，拥抱似初。美娘那一觉直睡到天明方醒。覆身转来，见旁边睡着一人，问道："你是那个？"秦重答道："小可姓秦。"美娘想起夜来之事，恍恍惚惚，不甚记得真了，便道："我夜来好醉！"秦重道："也不甚醉。"又问："可曾吐吗？"秦重道："不曾。"美娘道："这样还好。"又想一想道："我记得曾吐过的，又记得曾吃过茶来，难道做梦不成？"秦重方才说道："是曾吐来。小可见小娘子多了杯酒，也防着要吐，把茶壶暖在怀里。小娘子果然吐后讨茶，小可斟上，蒙小娘子不弃，饮了两瓯。"美娘大惊道："脏巴巴的，吐在哪里？"秦重道："恐怕小娘子污了被褥，是小可把袖子盛了。"美娘道："如今在哪里？"秦重道："连衣服裹着，藏过在那里。"美娘道："可惜坏了你一件衣服。"秦重道："这是小可的衣服，有幸得沾小娘子的余沥。"美娘听说，心下想道："有这般识趣的人！"心里已有四五分欢喜了。

　　此时天色大明，美娘起身，下床小解。看着秦重，猛然想起是秦卖油，遂问道："你实对我说，是什么样人？为何昨夜在此？"秦重道："承花魁娘子下问，小子怎敢妄言。小可实是常来宅上卖油的秦重。"遂将初次看见送客，又看见上轿，心下想慕之极，及积攒嫖钱之事，备细述了一遍。"夜来得亲近小娘子一夜，三生有幸，心满意足。"美娘听说，愈加可怜，道："我昨夜酒醉，不曾招接得你。你干折了许多银子，莫不懊悔？"秦重道："小娘子天上神仙，小可唯恐服侍不周，但不见责，已为万幸。况敢有非意之望！"美娘道："你做经纪的人，积下些银两，何不留下养家？此地不是你来往的。"秦重道："小可单只一身，并无妻小。"美娘顿了一顿，便道："你今日去了，他日还来吗？"秦重道："只这昨宵相亲一夜，以慰生平，岂敢又作痴想！"美娘想道："难得这好人，又忠厚，又老实，又且知情识趣，隐恶扬善，千百中难遇此一人。

可惜是市井之辈,若是衣冠子弟,情愿委身事之。"

正在沉吟之际,丫鬟捧洗脸水进来,又是两碗姜汤。秦重洗了脸,因夜来未曾脱帻,不用梳头,呷了几口姜汤,便要告别。美娘道:"少住不妨,还有话说。"秦重道:"小可仰慕花魁娘子,在旁多站一刻,也是好的。但为人岂不自揣!夜来在此,实是大胆。唯恐他人知道,有玷芳名。还是早些去了安稳。"美娘点了一点头,打发丫鬟出房,忙忙的开了减妆,取出二十两银子,送与秦重道:"昨夜难为了你,这银两权奉为资本,莫对人说。"秦重哪里肯受。美娘道:"我的银子,来路容易。这些须酬你一宵之情,休得固逊。若本钱缺少,异日还有助你之处。那件污秽的衣服,我叫丫鬟澣洗干净了还你吧!"秦重道:"粗衣不烦小娘子费心,小可自会澣洗。只是领赐不当。"美娘道:"说哪里话!"将银子捱在秦重袖内,推他转身。秦重料难推却,只得受了,深深作揖,卷了脱下这件龌龊道袍,走出房门。打从鸨儿房前经过,鸨儿看见,叫声:"妈妈!秦小官去了!"王九妈正在净桶上解手,口中叫道:"秦小官,如何去得恁早?"秦重道:"有些贱事,改日特来称谢!"

不说秦重去了,且说美娘与秦重虽然没点相干,见他一片诚心,去后好不过意。这一日因害酒,辞了客在家将息。千个万个孤老都不想,倒把秦重整整的想了一日。有《挂枝儿》为证:

> 俏冤家,须不是串花家的子弟,你是个做经纪本分人儿,那匡你会温存,能软款,知心知意。料你不是个使性的,料你不是个薄情的。几番待放下思量也,又不觉思量起。

话分两头,再说邢权在朱十老家,与兰花情熟,见朱十老病废在床,全无顾忌。十老发作了几场。两个商量一计策来,俟夜静更深,将店中资本席卷,双双的逃之夭夭,不知去向。次日天明,十老方知。央及邻里,出了个失单,寻访数日,并无动静。深悔当日不合为邢权所惑,逐了朱重。如今日久见人心,闻说朱重,赁居众安桥下,挑担卖油,不如仍旧收拾他回来,老死有靠。只怕他记恨在心。教邻舍好生劝他回家,但记好,莫记恶。秦重一闻此言,即日收拾了家伙,搬回十老家里。相见之间,痛哭了一场。十老将所存囊橐,尽数交付秦重。秦重自家又有二十余两本钱,重整店面,坐柜卖油。因在朱家,仍称朱重,不用秦字。不上一月,十老病重,医治不痊,呜呼哀哉!朱重捶胸大恸,如亲父一般,殡殓成服,七七做了些好事。朱家祖坟在清波门外,朱重举丧安葬,事事成礼。邻里皆称其厚德。事定之后,仍先开铺。

原来这油铺是个老店,从来生意原好;却被邢权刻剥存私,将主顾弄断了多少。今见朱小官在店,谁家不来作成?所以生理比前越盛。朱重单身独自,急切要寻个老成帮手。有个惯做中人的,叫作金中,忽一日引着一个五十余岁的人来。原来那人正是莘善,在汴梁城外安乐村居住。因那年避乱南奔,被官兵冲散了女儿瑶琴,夫妻两口,栖栖惶惶,东逃西窜,胡乱的过了几年。今日闻临安兴旺,南渡人民,大半安插在彼。诚恐女儿流落此地,特来寻访,又没消息。身边盘缠用尽,欠了饭钱,被饭店中终日赶逐,无可奈何。偶然听见金中说起朱家油铺,要寻个卖油帮手。自己曾开过六陈铺子,卖油之事,都则在行。况朱小官原是汴京人,又是乡里,故此央金中引荐而来。朱重问了备细,乡人见乡人,不觉感伤。"既然没处投奔,你老夫妻两口,只住在我身边,只当个乡亲相处,慢慢的访着令爱消息,再作区处。"当下取两贯钱把与莘善,去还了饭钱,连浑家阮氏也领将来,与朱重相见了。收拾一间空房,安顿他老夫妻在内。两口儿也尽心竭力,内外相帮。朱重甚是欢喜。光阴似箭,不觉一年有余。多有人见朱小官年长未娶,家道又好,做人又志诚,情愿白白把女儿送他为妻。朱重因见了花魁娘子,十分容貌,等闲的不看在眼,立心要访求个出色的女子,方才肯成亲。以此日复一日,耽搁下去。正是:

> 曾经沧海难为水,除却巫山不是云。

再说王美娘在九妈家,盛名之下,朝欢暮乐,真个口厌肥甘,身嫌锦绣。然虽如此,每遇不如意之处,或是子弟们任情使性,吃醋挑槽,或自己病中醉后,半夜三更,没人疼热,就想起秦小官人的好处来。只恨无缘再会。也是他桃花运尽,合当变更,一年之后,生出一段事端来。

却说临安城中,有个吴八公子,父亲吴岳,见为福州太守。这吴八公子,新从父亲任上回来,广有金银。平昔间也喜赌钱吃酒,三瓦两舍走动。闻得花魁娘子之名,未曾识面,屡屡遣人来约,欲要嫖他。美娘闻他气质不好,不愿相接,托故推辞,非止一次。那吴八公子也曾和着闲汉们亲到王九妈家几番,都不曾会。其时清明节届,家家扫墓,处处踏青。美娘因连日游春困倦,且是积下许多诗画之债,未曾完得,吩咐家中:"一应客来,都与我辞去。"闭了房门,焚起一炉好香,摆设文房四宝,方欲举笔,只听得外面沸腾,却是吴八公子,领着十余个狠仆,来接美娘游湖。因见鸨儿每次回他,在中堂行凶,打家打伙,直闹到美娘房前。只见房门锁闭。原来妓家有个回客法儿,小娘躲在房内,却把房门反锁,支吾客人,只推不在。那老实的就被他哄过了。吴公子是惯家,这些套子,怎地瞒得。吩咐家人扭断了锁,把房门一脚踢开。美娘躲身不迭,被公子看见,不由分说,教两个家人,左右牵手,从房内直拖出房外来,口中兀目乱嚷乱骂。王九妈欲待上前赔礼解劝,看见势头不好,只得闪过。家中大小,躲得没半个影儿。

吴家狠仆牵着美娘,出了王家大门,不管他弓鞋窄小,望街上飞跑。八公子在后,扬扬得意。直到西湖口,将美娘扶下了湖船,方才放手。美娘十二岁到王家,锦绣中养,珍宝般供养,何曾受恁般凌贱。下了船,对着船头,掩面大哭。吴八公子全不放下面皮,气忿忿的像关云长单刀赴会,一把交椅,朝外而坐,狠仆侍立于旁。一面吩咐开船,一面数一数二的发作一个不住:"小贱人,小娼根!不受人抬举!再哭时,就讨打了!"美娘哪里怕他,哭之不已。船至湖心亭,吴八公子吩咐摆盒在亭子内,自己先上去了,却吩咐家人:"叫那小贱人来陪酒!"美娘抱住了栏杆,哪里肯去,只是号哭。吴八公子也觉没兴。自己吃了几杯淡酒,收拾下船,自来扯美娘。美娘双脚乱跳,哭声愈高。八公子大怒,教狠仆拔去簪珥。美娘蓬着头,跑到船头上,就要投水,被家童们扶住。公子道:"你撒赖便怕你不成!就是死了,也只费得我几两银子,不为大事。只是送你一条性命,也是罪过。你住了啼哭时,我就放你回去,不难为你。"美娘听说放他回去,真个住了哭。八公子吩咐移船到清波门外僻静之处,将美娘绣鞋脱下,去其裹脚,露出一对金莲,如两条玉笋相似。教狠仆扶他上岸,骂道:"小贱人!你有本事,自走回家,我却没人相送。"说罢,一篙子撑开,再向湖中而去。正是:

> 焚琴煮鹤从来有,惜玉怜香几个知!

美娘赤了脚,寸步难行。思想:"自己才貌两全,只为落于风尘,受此轻贱。平昔枉自结识许多王孙贵客,急切用他不着,受了这般凌辱。就是回去,如何做人?倒不如一死为高。只是死得没些名目,枉自享个盛名,到此地位,看着村庄妇人,也胜我十二分。这都是刘四妈这个花嘴,哄我落坑堕堑,致有今日!自古红颜薄命,亦未必如我之甚!"越思越苦,放声大哭。

事有偶然，却好朱重那日到清波门外朱十老的坟上，祭扫过了，打发祭物下船，自己步回，从此经过。闻得哭声，上前看时，虽然蓬头垢面，那玉貌花容，从来无两，如何不认得！吃了一惊，道："花魁娘子，如何这般模样？"美娘哀哭之际，听得声音厮熟，止啼而看，原来正是知情识趣的秦小官。美娘当此之际，如见亲人，不觉倾心吐胆，告诉他一番。朱重心中十分疼痛，亦为之流泪。袖中带得有白绫汗巾一条，约有五尺多长，取出劈半扯开，奉与美娘裹脚，亲手与他拭泪。又与他挽起青丝，再三把好言宽解。等待美娘哭定，忙去唤个暖轿，请美娘坐了，自己步送，直到王九妈家。

九妈不得女儿消息，在四处打探，慌迫之际，见秦小官送女儿回来，分明送一颗夜明珠还他，如何不喜！况且鸨儿一向不见秦重挑油上门，多曾听得人说，他承受了朱家的店业，手头活动，体面又比前不同，自然刮目相待。又见女儿这等模样，问其缘故，已知女儿吃了大苦，全亏了秦小官。深深拜谢，设酒相待。日已向晚，秦重略饮数杯，起身作别。美娘如何肯放，道："我一向有心于你，恨不得你见面。今日定然不放你空去！"鸨儿也来扳留，秦重喜出望外。是夜，美娘吹弹歌舞，曲尽生平之技，奉承秦重。秦重如做了一个游仙好梦，喜得魄荡魂消，手舞足蹈。夜深酒阑，二人相挽就寝。云雨之事，其美满更不必言：

> 一个是足力后生，一个是惯情女子。这边说，三年怀想，费几多，役梦劳魂；那边说一载相思，喜侥幸粘皮贴肉。一个谢前番帮衬，合今番恩上加恩；一个谢今夜总成，比前夜爱中添爱。红粉妓倾翻粉盒，罗帕留痕；卖油郎打泼油瓶，被窝沾湿。可笑村儿干折本，作成小子弄风流。

云雨已罢，美娘道："我有句心腹之言与你说，你休得推托。"秦重道："小娘子若用得着小可时，就赴汤蹈火，亦所不辞，岂有推托之理！"美娘道："我要嫁你！"秦重笑道："小娘子就嫁一万个，也还数不到小可头上，休得取笑，枉自折了小可的食料。"美娘道："这话实是真心，怎说取笑二字！我自十四岁被妈妈灌醉，梳弄过了。此时便要从良。只为未曾相处得人，不辨好歹，恐误了终身大事。以后相处的虽多，都是豪华之辈，酒色之徒，但知买笑追欢的乐意，那有怜香惜玉的真心。看来看去，只有你是个志诚君子，况闻你尚未娶亲。若不嫌我烟花贱质，情愿举案齐眉，白头侍奉。你若不允之时，我就将三尺白罗，死于君前，表白我这片诚心，也强如昨日死于村郎之手，没名没目，惹人笑话。"说罢，呜呜地哭将起来。秦重道："小娘子休得悲伤。小可承小娘子错爱，将天就地，求之不得，岂敢推托。只是小娘子千金声价，小可家贫力薄，如何摆布。也是力不从心了。"美娘道："这却不妨。不瞒你说，我只为从良一事，预先积攒些东西，寄顿在外。赎身之费，一毫不费你心力。"秦重道："就是小娘子自己赎身，平昔住惯了高堂大厦，享用了锦衣玉食，在小可家，如何过活？"美娘道："布衣蔬食，死而无怨。"秦重道："小娘子虽然，只怕妈妈不从！"美娘道："我自有道理。"如此如此，这般这般，两个直说到天明。

原来黄翰林的衙内，韩尚书的公子，齐太尉的舍人，这几个相知的人家，美娘都寄顿得有箱笼。美娘只推要用，陆续取到密地，约下秦重，教他收置在家。然后一乘轿子，抬到刘四妈家，诉以从良之事，刘四妈道："此事老身前日原说过的。只是年纪还早，又不知你要从那一个？"美娘道："姨娘！你莫管是甚人，少不得依着姨娘的言语，是个真从良，乐从良，了从良；不是那不真，不假，不了，不绝的勾当。只要姨娘肯开口时，不愁妈妈不允。做侄女的别没孝顺，只有十两金子，奉与姨娘，胡乱打些钗子；是必在妈妈前做个方便。事成之时，媒礼在外。"刘四妈看见这金子，笑得眼儿没缝，便道："自家儿女，又是美事，如何要你的东西！这金子权时领下，只当与你收藏，此事都在老身身上。只是你的娘，把你当个摇钱之树，等闲也不轻放你出去，怕不要千把银子。那主儿可是肯出手的吗？也得老身见他一见，与他讲通方好。"美娘道："姨娘莫管闲事，只当你侄女自家赎身便了。"刘四妈道："妈妈可晓得你到我家来？"美娘道："不晓得。"四妈道："你且在我家便饭，待老身先到你家，与妈妈讲，讲得通时，然后来报你！"

刘四妈雇乘轿子，抬到王九妈家，九妈相迎入内。刘四妈问起吴八公子之事，九妈告诉了一遍。四妈道："我们行户人家，倒是养成个半低不高的丫头，尽可赚钱，又且安稳。不论什么客就接了，倒是日日不空的。侄女只为声名大了，好似一块鲞鱼落地，蚂蚁儿都要钻他。虽然热闹，却也不得自在。说便许多一夜，也只是个虚名。那些王孙公子来一遍，动不动有几个帮闲，连宵达旦，好不费事。跟随的人又不少，个个要奉承得他到，有些不到之处，口里就出粗哩啳罗哰的骂人，还要暗损你家伙，又不好告诉得他家主，受了若干闷气。况且山人墨客，诗社棋社，少不得一月之内，又有几日官身。这些富贵子弟，你争我夺，依了张家，违了李家，一边喜，少不得一边怪了。就是吴八公子这一个风波，吓杀人的，万一失差，却不连本送了。官宦人家，与他打官司不成！只索忍气吞声。今日还亏着你家香烟高，太平没事，一个霹雳空中过去了。倘然山高水低，悔之无及。妹子闻得吴八公子不怀好意，还要到你家索闹。侄女的性气又不好，不肯奉承人。第一是这一件，乃是个惹祸之本。"九妈道："便是这件，老身好不担忧。就是这八公子，也是有名有称的人，又不是下贱之人。这丫头抵死不肯接他，惹出这场寡气。当初他年纪小时，还听人教训。如今有了个虚名，被这些富贵子弟夸他奖他，惯了他性情，骄了他气质，动不动自作自主。逢着客来，他要接便接。他若不情愿时，便是九牛也休想牵得他转！"刘四妈道："做小娘的略有些身份，都则如此。"

王九妈道："我如今与你商议，倘若有个肯出钱的，不如卖了他去，到得干净，省得终身担着鬼胎过日。"刘四妈道："此言甚妙！卖了他一个，就讨得五六个。若凑巧撞得着相应的，十来个也讨得的。这等便宜事，如何不做！"王九妈道："老身也曾算计过来。那些有势有力的不肯出钱，专要讨人便宜。及至肯出几两银子的，女儿又嫌好道歉，做张做智的不肯。若有好主儿，妹子做媒，作成则个。倘若这丫头不肯时节，还求你掉掇。这丫头做娘的话也不听，只你说得他信，话得他转。"刘四妈呵呵大笑道："做妹子的此来，正为与侄女做媒，你要许多银子便肯放他出门？"九妈道："妹子，你是明理的人，我们这行户中，只有贱买，那有贱卖？况且美儿数年盛名满临安，谁不知他是花魁娘子。难道三百四百，就容他走动？少不得要他千金。"刘四妈道："待妹子去讲，若肯出这个数目，做妹子的便来多口。若合不着时，就不来了。"临行时，又故意问道："侄女今日"王九妈道："不要说起，自从那日吃了吴八公子的亏，怕他还来淘气，终日里抬个轿子，各宅去分诉。前日在齐太尉家，昨日在黄翰林家，今日又不知在那家去了！"刘四妈道："有了你老人家做主，按定了坐盘星，也不容侄女不肯。万一不肯时，做妹子自会劝他。只是寻得主顾来，你却莫要捉班做势。"九妈道："一言既出，并无他说！"九妈送至门首。刘四妈叫声聒噪，上轿去了。这才是：

> 数黑论黄雌陆贾，说长话短女随何。
> 若还都像虔婆口，尺水能兴万丈波。

刘四妈回到家中，与美娘说道："我对你妈妈如此说，这般讲，你妈妈已自肯了。只要银子见面，这事立地便成。"美娘道："银子已曾办下，明日姨娘千万到我家来，玉成其事。不要冷了场，改日又费讲。"四妈道："既然约定，老身自然到宅。"美娘别了刘四妈,回家一字不题。

次日午牌时分,刘四妈果然来了。王九妈问道:"所事如何?"四妈道:"十有八九,只不曾与侄女说过。"四妈来到美娘房中,两下相叫了,讲了一回说话。四妈道:"你的主儿到了不曾?那话儿在哪里?"美娘指着床头道:"在这几只皮箱里。"美娘把五六只皮箱一时都开了,五十两一封,搬出十三四封来,又把些金珠宝玉算价,足勾千金之数。把个刘四妈惊得眼中出火,口内流涎。想道:"小小年纪,这等有肚肠!不知如何设法,积下许多东西?我家这几个粉头,一般接客,赶得着他那里!不要说不会生发,就是有几文钱在荷包里,闲时买瓜子磕,买糖儿吃,两条脚带破了,还要做妈的与他买布哩。偏生九阿姐造化,讨得着,年时赚了若干钱钞,临出门还有这一主大财,又是取诸宫中,不劳余力。"这是心中暗想之语,却不曾说出来。美娘见刘四妈沉吟,只道他作难索谢,慌忙又取出四匹潞绸,两股宝钗,一对凤头玉簪,放在桌上,道:"这几件东西,奉与姨娘为伐柯之敬!"刘四妈欢天喜地,对王九妈说道:"侄女情愿自家赎身,一般身价,并不短少分毫。比着孤老赎身更好。省得闲汉们从中说合,费酒费浆,还要加一加二的谢他!"

王九妈听得说女儿皮箱内有许多东西,倒有个咈然之色。你道却是为何?世间只有鸨儿最狠,做小娘的设法些东西,都送到他手里,才是快活。也有做些私房在箱笼内,鸨儿晓得些风声,专等女儿出门,捵开锁钥,翻箱倒笼取个罄空。只为美娘盛名之下,相交都是大头儿,替做娘的挣得钱钞,又且性格有些古怪,等闲不敢触他。故此卧房里面,鸨儿的脚也不搁进去,谁知他如此有钱。刘四妈见九妈颜色不善,便猜着了,连忙道:"九阿姐,你休得三心两意。这些东西,就是侄女自家积下的,也不是你本分之钱。他若肯花时,也花费了。或是他不长进,把来津贴了得意的孤老,你那里知道!这还是他做家的好处。况且小娘自己手中没有钱钞,临到从良之际,难道赤身赶他出门?少不得头上脚下都要收拾得光鲜,等他好去别人家做人。如今他自家拿得出这些东西,料然一丝一线不费你的心。这一主银子,是你完完全全别在腰胯里的。他就赎身出去,怕不是你女儿。倘然他挣得好时,时朝月节,怕他不来孝顺你。就是嫁了人时,他又没有亲爹亲娘,你也还去做得着他的外婆,受用处正有哩。"只这一套话,说得王九妈心中爽然,当下应允。刘四妈就去搬出银子,一封封兑过,交付与九妈,又把这些金珠宝玉,逐件指物作价。对九妈说道:"这都是做妹子的故意估下他些价钱。若换与人,还便宜得几十两银子。"王九妈虽同是个鸨儿,倒是个老实头,但凭刘四妈说话,无有不纳。

刘四妈见王九妈收了这主东西,便叫王八写了婚书,交付与美儿。美儿道:"趁姨娘在此,奴家就拜别了爹妈出门,借姨娘家住一两日,择吉从良,未知姨娘允否?"刘四妈得了美娘许多谢礼,生怕九妈翻悔,巴不得美娘出了他门,完成一事。便道:"正该如此!"当下美娘收拾了房中自己的梳台拜匣,皮箱铺盖之类。但是鸨儿家中之物,一毫不动。收拾已完,随着四妈出房,拜别了假爹假妈,和那姨娘行中,都相叫了。王九妈一般哭了几声。美娘唤人挑了行李,欣然上轿,同刘四妈到刘家去。四妈出一间幽静的好房,顿下美娘行李,众小娘都来与美娘叫喜。是晚,朱重差莘善到刘四妈家讨信,已知美娘赎身出来。择了吉日,笙箫鼓乐娶亲。刘四妈就做大媒送亲,朱重与花魁娘子花烛洞房,欢喜无限!

> 虽然旧事风流,不减新婚佳趣。

次日,莘善老夫妇请新人相见,各各相认,吃了一惊。问起根由,至亲三口,抱头而哭。朱重方才认得是丈人、丈母。请他上坐,夫妻二人,重新拜见。亲邻闻知,无不骇然。是日,整备筵席,庆贺两重之喜,饮酒尽欢而散。三朝之后,美娘教丈夫备下几副厚礼,分送旧相知各宅,以酬其寄顿箱笼之恩,并报他从良信息。此是美娘有始有终处。王九妈、刘四妈家,各有礼物相送,无不感激。满月之后,美娘将箱笼打开,内中都是黄白之资,吴绫蜀锦,何止百计,共有三千余金,都将钥匙交付丈夫,慢慢地买房置产,整顿家当。油铺生理,都是丈人莘公管理。不上一年,把家业挣得花锦般相似,驱奴使婢,甚有气象。

朱重感谢天地神明保佑之德,发心于各寺庙喜舍合殿油烛一套,供琉璃灯油三个月。斋戒沐浴;亲往拈香礼拜。先从昭庆寺起,其他灵隐、法相、净慈、天竺等寺,以次而行。

就中单说天竺寺,是观音大士的香火,有上天竺、中天竺、下天竺,三处香火俱盛,却是山路,不通舟楫。朱重叫从人挑了一担香烛,三担清油,自己乘轿而往。先到上天竺来,寺僧迎接上殿,老香火秦公点烛添香。此时朱重居移气,养移体,仪容魁岸,非复幼时面目,秦公哪里认得他是儿子。只因油桶上有个大大的秦字,又有汴梁二字,心中甚以为奇。也是天然凑巧,刚刚到上天竺,偏用着这两只油桶。朱重拈香已毕,秦公托出茶盘,主僧奉茶。秦公问道:“不敢动问施主,这油桶上为何有此三字?”朱重听得问声,带着汴梁人的土音,忙问道:“老香火,你问他怎吗? 莫非也是汴梁人吗?”秦公道:“正是。”朱重道:“你姓甚名谁? 为何在此出家? 共有几年了?”秦公把自己姓名乡里,细细告诉:“某年上避兵来此,因无活计,将十三岁的儿子秦重,过继与朱家,如今有八年之远。一向为年老多病,不曾下山问得信息。”朱重一把抱住,放声大哭道:“孩儿便是秦重! 向在朱家挑油买卖,正为要访求父亲下落,故此于油桶上,写汴梁秦三字,做个标识。谁知此地相逢! 真乃天与其便!”众僧见他父子别了八年,今朝重会,各各称奇。朱重这一日,就歇在上天竺,与父亲同宿,各叙情节。

次日,取出中天竺、下天竺两个疏头换过,内中朱重,仍改做秦重,复了本姓。两处烧香礼拜已毕,转到上天竺。要请父亲回家,安乐供养。秦公出家已久,吃素持斋,不愿随儿子回家。秦重道:“父亲别了八年,孩儿有缺侍奉。况孩儿新娶媳妇,也得他拜见公公方是。”秦公只得依允。秦重将轿子让与父亲乘坐,自己步行,直到家中。秦重取出一套新衣,与父亲换了,中堂设坐,同妻莘氏双双参拜。亲家莘公、亲母阮氏,齐来见礼。此日大排筵席,秦公不肯升荤,素酒素食。次日,邻里敛财称贺。一则新婚,二则新娘子家眷团圆,三则父子重逢,四则秦小官归宗复姓:共是四重大喜。一连又吃了几日喜酒。秦公不愿家居,思想上天竺故处清净出家。秦重不敢违亲之志,将银二百两,于上天竺另造净室一所,送父亲到彼居住。其日用供给,按月送去。每十日亲往候问一次。每一季同莘氏往候一次。那秦公活到八十余,端坐而化。遗命葬于本山。此是后话。

却说秦重和莘氏,夫妻偕老,生下两个孩儿,俱读书成名。至今风月中市语,凡夸人善于帮衬,都叫作“秦小官”,又叫“卖油郎”。有诗为证:

　　春来处处百花新,蜂蝶纷纷竞采春。
　　堪爱豪家多子弟,风流不及卖油人。

第 四 卷

灌园叟晚逢仙女

连宵风雨闭柴门,落尽深红只柳存。
欲扫苍苔且停帚,阶前点点是花痕。

这首诗为惜花而作。昔唐时有一处士姓崔,名玄微,平昔好道,不娶妻室,隐于洛东。所居庭院宽敞,遍植花卉竹木。构一室在万花之中,独处于内。童仆都居花外,无故不得辄入。如此三十余年,足迹不出园门。时值春日,院中花木盛开,玄微日夕徜徉其间。一夜,风清月朗,不忍舍花而睡。乘着月色,独步花丛中。忽见月影下一青衣冉冉而来。玄微惊讶道:"这时节那得有女子到此行动?"心下虽然怪异,又想道:"且看他到何处去?"那青衣不往东,不往西,径至玄微面前,深深道个万福。玄微还了礼,问道:"女郎是谁家宅眷?因何深夜至此?"那青衣启一点朱唇,露两行碎玉道:"儿家与处士相近。今与女伴过上东门,访表姨,欲借处士院中暂憩,不知可否?"玄微见来得奇异,欣然许之。青衣称谢,原从旧路转去。

不一时,引一队女子,分花约柳而来,与玄微一一相见。玄微就月下仔细看时,一个个姿容媚丽,体态轻盈,或浓或淡,装束不一。随从女郎,尽皆妖艳,正不知从哪里来的。相见毕,玄微邀进室中,分宾主坐下。开言道:"请问诸位女娘姓氏。今访何姻戚,乃得光降敝园?"一衣绿裳者答道:"妾乃杨氏。"指一穿白的道:"此位李氏。"又指一衣绛服的道:"此位陶氏。"遂逐一指示。最后到一绯衣小女,乃道:"此位姓石,名阿措。我等虽则异姓,俱是同行姊妹。因封家十八姨数日云欲来相看,不见其至。今夕月色甚佳,故与姊妹们同往候之。二来素蒙处士爱重,妾等顺便相谢。

玄微方待酬答,青衣报道:"封家姨至!"众皆惊喜出迎,玄微闪过半边观看。众女子相见毕,说道:"正要来看十八姨;为主人留坐,不意姨至;足见同心。"各向前致礼。十八姨道:"屡欲来看卿等,俱为使命所阻。今乘间至此。"众女道:"如此良夜,请姨宽坐,当以一尊为寿。"遂授旨青衣去取。十八姨问道:"此地可坐否?"杨氏道:"主人甚贤,地极清雅。"十八姨道:"主人安在?"玄微趋出相见。举目看十八姨,体态飘逸,言词泠泠有林下风气。近其旁,不觉寒气侵肌,毛骨悚然。逊入堂中,侍女将桌椅已安排停当。请十八姨居于上席,众女挨次而坐。玄微末位相陪。不一时,众青衣取到酒肴,摆设上来。佳肴异果,罗列满案。酒味醇浓,其甘如饴,俱非人世所有。此时月色倍明,室中照耀,如同白日。满坐芳香,馥馥袭人。宾主酬酢,杯觥交杂。酒至半酣,一红裳女子满斟大觥,送与十八姨道:"儿有一歌,请为歌之。"歌云:

绛衣披拂露盈盈,淡染胭脂一朵轻。

　　自恨红颜留不住，莫怨春风道薄情。

　　歌声清婉，闻者皆凄然。又一白衣女子送酒道："儿亦有一歌。"歌云：

　　皎洁玉颜胜白雪，况乃当年对芳月。
　　沉吟不敢怨春风，自叹容华暗消歇。

　　其音更觉惨切。那十八姨性颇轻佻，却又好酒。多了几杯，渐渐狂放。听了二歌，乃道："值此芳辰美景，宾主正欢，何遽作伤心语！歌旨又深刺干，殊为慢客。须各罚以大觥，当另歌之。"遂手斟一杯递来。酒醉手软，持不甚牢，杯才举起，不想袖在箸上一兜，扑碌的连杯打翻。

　　这酒若翻在别个身上，却也罢了，恰恰里尽泼在阿措身上。阿措年娇貌美，性爱整齐，穿的却是一件大红簇花绯衣。那红衣最忌的是酒，才沾滴点，其色便改，怎经得这一大杯酒！况且阿措也有七八分酒意，见污了衣服，作色道："诸姊妹便有所求，吾不畏尔！"即起身往外就走。十八姨也怒道："小女弄酒，敢与吾为抗耶？"亦拂衣而起。众女子留之不住，齐劝道："阿措年幼，醉后无状，望勿记怀。明日当率来请罪！"相送下阶。十八姨忿忿向东而去。众女子与玄微作别，向花丛中四散行走。

　　玄微欲观其踪迹，随后送之。步急苔滑，一跤跌倒，挣起身来看时，众女子俱不见了。心中想道："是梦却又未曾睡卧。若是鬼，又衣裳楚楚，言语历历。是人，如何又倏然无影？"胡猜乱想，惊疑不定。回入堂中，桌椅依然，摆设杯盘，一毫已无；唯觉余馨满室。虽异其事，料非祸祟，却也无惧。

　　到次晚，又往花中步玩。见诸女子已在，正劝阿措往十八姨处请罪。阿措怒道："何必更恳此老妪？有事只求处士足矣！"众皆喜道："妹言甚善。"齐向玄微道："吾姊妹皆住在处士苑中，每岁多被恶风所挠，居止不安。常求十八姨相庇。昨阿措误触之，此后应难取力。处士倘肯庇护，当有微报耳。"玄微道："某有何力，得庇诸女？"阿措道："但求处士每岁元旦，作一朱幡，上图日月五星之文，立于苑东，吾辈则安然无恙矣。今岁已过，请于此月二十一日元旦，微有东风，即立之，可免本日之难。"玄微道："此乃易事，敢不如命。"齐声谢道："得蒙处士慨允，必不忘德。"言讫而别，其行甚疾，玄微随之不及。忽一阵香风过处，各失所在。

　　玄微欲验其事，次日即制办朱幡。候至廿一日，清早起来，果然东风微拂。急将幡竖立苑东。少顷，狂风振地，飞沙走石，自洛南一路，摧林折树；唯苑中繁花不动。玄微方悟诸女者，皆众花之精也。绯衣名阿措，即安石榴也。封十八姨，乃风神也。到次晚，众女各裹桃李花数斗来谢道："承处士脱某等大难，无以为报。饵此花英，可延年却老。愿长如此卫护某，等亦可致长生。"玄微依其言服之，果然容颜转少，如三十许人，后得道仙去。有诗为证：

　　洛中处士爱栽花，岁岁朱幡绘采茶。
　　学得餐英堪不老，何须更觅枣如瓜。

　　列位莫道小子说风神与花精往来，乃是荒唐之语。那九州四海之中，目所未见，耳所未闻，不载史册，不见经传，奇奇怪怪，跷跷蹊蹊的事，不知有多多少少。就是张华的《博物志》，也不过志其一二；虞世南的行书厨，也包藏不得许多。此等事甚是平常，不足为异。然虽如此，又道是子不语怪，且搁过一边。只那惜花致福，损花折寿，乃见在功德，须不是乱道。列位若不信时，还有一段《灌园叟晚逢仙女》的故事，待小子说与列位看官们听。若平日爱花的，听了自然将花分外珍重。内中或有不惜花的，小子就将这话劝他，惜花起来。虽不能得道成仙，亦可以消闲遣闷。

你道这段话文出在那个朝代？何处地方？就在大宋仁宗年间，江南平江府东门外长乐村中。这村离城只有三里之远。村上有个老者，姓秋名先，原是庄家出身，有数亩田地，一所草房。妈妈水氏已故，别无儿女。那秋先从幼酷好栽花种果，把田业都撇弃了，专于其事。若偶觅得种异花，就是拾着珍宝也没有这般欢喜。随你极紧要的事出外，路上逢着人家有树花儿，不管他家容不容，便赔着笑脸，捱进去求玩。若平常花木，或家里也在正开，还转身得快。倘然是一种名花，家中没有的，虽或有，已开过了，便将正事撇在半边，依依不舍，永日忘归。人都叫他是花痴。或遇见卖花的有株好花，不论身边有钱无钱，一定要买。无钱时便脱身上衣服去解当。也有卖花的知他僻性，故高其价，也只得忍贵买回。又有那破落户晓得他是爱花的，各处寻觅好花折来，把泥假捏个根儿哄他，少不得也买。有恁般奇事！将来种下，依然肯活。日积月累，遂成了一个大园。那园周围编竹为篱，篱上交缠蔷薇、荼蘼、木香、刺梅、木槿、棣棠、金雀，篱边遍下蜀葵、凤仙、鸡冠、秋葵、莺粟等种。更有那金萱、百合、剪春罗、剪秋罗、满地娇、十样锦、美人蕉、山踯躅、高良姜、白蛱蝶、夜落金钱、缠枝牡丹等类，不可枚举。遇开放之时，烂如锦屏。远离数步，尽植名花异卉。一花未谢，一花又开。向阳设两扇柴门，门内一条竹径，两边都结柏屏遮护。转过柏屏，便是三间草堂。房虽草覆，却高爽宽敞，窗槅明亮。堂中挂一幅无名小画，设一张白木卧榻。桌凳之类，色色洁净。打扫得地下无纤毫尘垢。堂后精舍数间，卧室在内。那花卉无所不有，十分繁茂。真个四时不谢，八节长春。但见：

> 梅标清骨，兰挺幽芳。茶呈雅韵，李谢浓妆。杏娇疏雨，菊傲严霜。水仙冰肌玉骨，牡丹国色天香。玉树亭亭阶砌，金莲冉冉池塘。芍药芳姿少比，石榴丽质无双。丹桂飘香月窟，芙蓉冷艳寒江。梨花融融夜月，桃花灼灼朝阳。山茶花宝珠称贵，蜡梅花磬口方香。海棠花西府为上，瑞香花金边最良。玫瑰杜鹃，烂如云锦，绣球郁李，点缀风光。说不尽千般花卉，数不了万种芬芳。

篱门外，正对着一个大湖，名为朝天湖，俗名荷花荡。这湖东连吴淞江，西通震泽，南接庞山湖。湖中景致，四时晴雨皆宜。秋先于岸旁堆土作堤，广植桃柳。每至春时，红绿间发，宛似西湖胜景。沿湖遍插芙蓉，湖中种五色莲花，盛开之日，满湖锦云烂漫，香气袭人，小舟荡桨采菱，歌声泠泠。遇斜风微起，偎船竞渡，纵横如飞。柳下渔人，舣船晒网，也有戏儿的，结网的，醉卧船头的，没水赌胜的，欢笑之音不绝。那赏莲游人，画船箫管鳞集，至黄昏回棹，灯火万点，间以星影萤光，错落难辨。深秋时，霜风初起，枫林渐染黄碧，野岸衰柳芙蓉，杂间白蘋红蓼，掩映水际；芦苇中鸿雁群集，嘹呖干云，哀声动人。隆冬天气，彤云密布，六花飞舞，上下一色。那四时景致，言之不尽。有诗为证：

> 朝天湖畔水连天，不唱渔歌即采莲。
> 小小茅堂花万种，主人日日对花眠。

按下散言。且说秋先每日清晨起来，扫净花底落叶，汲水逐一灌溉，到晚上又浇一番。若有一花将开，不胜欢跃。或暖壶酒儿，或烹瓯茶儿，向花深深作揖，先行浇奠，口称花万岁三声，然后坐于其下，浅斟细嚼。酒酣兴到，随意歌啸。身子倦时，就以石为枕，卧在根旁。自半含至盛开，未尝暂离。如见日色烘烈，乃把棕拂蘸水沃之。遇着月夜，便连宵不寐。倘值了狂风暴雨，即披蓑顶笠，周行花间检视。

遇有欹枝，以竹扶之。虽夜间，还起来巡看几次。若花到谢时，则累日叹息，常至堕泪。又不舍得那些落花，以棕拂轻轻拂来，置于盘中，时尝观玩。直至干枯，装入净瓮。满瓮之日，再用茶酒浇奠，惨然若不忍释。然后亲捧其瓮，深埋长堤之下，谓之"葬花"。倘有花片，被雨打泥污的，必以清水再四涤净，然后送入湖中，谓之"浴花"。

平昔最恨的是攀枝折朵。他也有一段议论，道："凡花一年止开得一度，四时中只占得一时，一时中又只占得数日。他熬过了三时的冷淡，才讨得这数日的风光。看他随风而舞，迎人而笑，如人正当得意之境，忽被摧残，巴此数日甚难，一朝折损甚易，花若能言，岂不嗟叹！况就此数日间，先犹含蕊，后复零残，盛开之时，更无多了。又有蜂采鸟啄虫钻，日炙风吹，雾迷雨打，全仗人去护惜他，却反恣意拗折，于心何忍！且说此花自芽生根，自根生本，强者为干，弱者为枝，一干一枝，不知养成了多少年月。及候至花开，供人清玩，有何不美，定要折他！花一离枝，再不能上枝。枝一去干，再不能附干，如人死不可复生，刑不可复赎，花若能言，岂不悲泣！又想他折花的，不过择其巧干，爱其繁枝，插之瓶中，置之席上，或供宾客片时侑酒之欢，或助婢妾一日梳妆之饰，不思客筵可饱玩于花下，闺妆可借巧于人工。手中折了一枝，鲜花就少了一枝。今年伐了此干，明年便少了此干。何如延其性命，年年岁岁，玩之无穷乎？还有未开之蕊，随花而去，此蕊竟槁灭枝头，与人之童夭何异。又有原非爱玩，趁兴攀折，既折之后，拣择好歹，逢人取讨，即便与之，或随路弃掷，略不顾惜。如人横祸枉死，无处申冤，花若能言。岂不痛恨！"

他有了这段议论，所以生平不折一枝，不伤一蕊。就是别人家园上，他心爱着那一种花儿，宁可终日看玩。假饶那花主人要取一枝一朵来赠他，他连称罪过，决然不要。若有旁人要来折花者，只除他不看见吧了；他若见时，就把言语再三劝止。人若不从其言，他情愿低头下拜，代花乞命。人虽叫他是花痴，多有可怜他一片诚心，因而住手者。他又深深作揖称谢。又有小厮们要折花卖钱的，他便将钱与之，不教折损。或他不在时，被人折损，他来见了损处，必凄然伤感，取泥封之，谓之"医花"。为这件上，所以自己园中不轻易放人游玩。偶有亲戚邻友要看，难好回时，先将此话讲过，才放进去。又恐秽气触花，只许远观，不容亲近。倘有不达时务的，捉空摘了一花一蕊，那老儿便要面红颈赤，大发喉急，下次就打骂他，也不容进去看了。后来人都晓得了他的性子，就一叶儿也不敢摘动。

大凡茂林深树，便是禽鸟的巢穴。有花果处，越发千百为群。如单食果实，到还是小事，偏偏只拣花蕊啄伤。唯有秋先却将米谷置于空处饲之，又向禽鸟祈祝。那禽鸟却也有知觉，每日食饱，在花间低飞轻舞，宛啭娇啼，并不损一朵花蕊，也不食一个果实。故此产的果品最多，却又大而甘美。每熟时就先望空祭了花神，然后敢尝。又遍送左近邻家试新，余下的方鬻，一年到有若干利息。那老者因得了花中之趣，自少至老，五十余年，略无倦怠，筋骨愈觉强健。粗衣淡饭，悠悠自得。有得赢余，就把来周济村中贫乏。自此合村无不敬仰，又呼为秋公。他自称为灌园叟。有诗为证：

　　朝灌园兮暮灌园，灌成园上百花鲜。
　　花开每恨看不足，为爱看园不肯眠。

　　话分两头。却说城中有一人姓张，名委，原是个宦家子弟；为人奸狡诡谲，残忍刻薄，恃了势力，专一欺邻吓舍，扎害良善。触着他的，风波立至，必要弄得那人破家荡产，方才罢手。手下用一班如狼似虎的奴仆，又有几个助恶的无赖子弟，日夜合做一块，到处闯祸生灾，受其害者无数。不想却遇了一个又狠似他的，轻轻捉去，打得个臭死。及至告到官司，又被那人弄了些手脚，反问输了。因妆了幌子，自觉无颜，带了四五个家人，同那一班恶少，暂在庄上遣闷。那庄正在长乐村中，离秋公家不远。一日早饭后，吃得半酣光景，向村中闲走，不觉来到秋公门首。只见篱上花枝鲜媚，四围树木繁翳，齐道："这所在倒也幽雅！是那家的？"家人道："此是种花秋公园上，有名叫作花痴。"张委道："我常闻得说庄边有什么秋老儿，种得异样好花。原来就住在此。我们何不进去看看！"家人道："这老儿有些古怪，不许人看的。"张委道："别人或者不肯，难道我也是这般？快去敲门！"

　　那时园中牡丹盛开，秋公刚刚浇灌完了，正将着一壶酒儿，两碟果品，在花下独酌，自取其乐。饮不上三杯，只听得砰砰的敲门响，放下酒杯，走出来开门一看，见站着五六个人，酒气直冲。秋公料道必是要看花的，便拦住门口，问道："列位有甚事到此？"张委道："你这老儿不认得我吗？我乃城里有名的张衙内。那边张家庄便是我家的。闻得你园中好花甚多，特来游玩。"秋公道："告衙内。老汉也没种甚好花，不过是桃杏之类，都已谢了，如今并没别样花卉。"张委睁起双眼道："这老儿恁般可恶！看看花儿打甚紧，却便回我没有，难道吃了你的？"秋公道："不是老汉说谎，果然没有。"张委哪里肯听，向前叉开手，当胸一挞，秋公站立不牢，踉踉跄跄，直撞过半边。众人一齐拥进。秋公见势头凶恶，只得让他进去，把篱门掩上，随着进来。向花下取过酒果，站在旁边。众人看那四边花草甚多，唯有牡丹最盛。那花不是寻常玉楼春之类，乃五种有名异品。那五种？

　　黄楼子、绿蝴蝶、西瓜瓤、舞青猊、大红狮头。

　　这牡丹乃花中之王，唯洛阳为天下第一。有"姚黄魏紫"名色，一本价值五千。你道因何独盛于洛阳？只为昔日唐朝有个武则天皇后，淫乱无道，宠幸两个官儿，名唤张易之、张昌宗，于冬月之间，要游后苑，写出四句诏来，道：

　　来朝游上苑，火速报春知。
　　百花连夜发，莫待晓风吹。

　　不想武则天原是应运之主，百花不敢违旨，一夜发蕊开花。次日驾幸后苑，只见千红万紫，芳菲满目，单有牡丹花有些志气，不肯奉承女主幸臣，要一根叶儿也没有。则天大怒，遂贬于洛阳。故此洛阳牡丹冠于天下。有一只《玉楼春》词，单赞牡丹花的好处。词云：

　　名花绰约东风里，占断韶华都在此。芳心一片可人怜，春色三分愁雨洗。

玉人尽日恹恹地，猛被笙歌惊破睡。起临妆镜似娇羞，近日伤春输与你。

那花正种在草堂对面，周围以湖石栏之，四边竖个木架子，上覆布幔，遮蔽日色。花本高有丈许，最低亦有六七尺，其花大如丹盘，五色灿烂，光华夺目。众人齐赞："好花！"张委便踏上湖石去嗅那香气。秋先极怪的是这节，乃道："衙内站远些看，莫要上去！"张委恼他不容进来，心下正要寻事，又听了这话，喝道："你那老儿住在我庄边，难道不晓得张衙内名头吗？有恁样好花，故意回说没有。不计较就勾了，还要多言，那见得闻一闻就坏了花？你便这般说，我偏要闻。"遂把花逐朵攀下来，一个鼻子凑在花上去嗅。那秋老在旁，气得敢怒而不敢言。也还道略看一回就去；谁知这厮故意卖弄道："有恁样好花，如何空过？须把酒来赏玩。"吩咐家人快去取。秋公见要取酒来赏，更加烦恼，向前道："所在蜗窄，没有坐处。衙内止看看花儿，酒还到贵庄上去吃。"张委指着地上道："这地下尽好坐。"秋公道："地上龌龊，衙内如何坐得？"张委道："不打紧，少不得有毡条遮衬。"不一时，酒肴取到，铺下毡条，众人团团围坐，猜拳行令，大呼小叫，十分得意。只有秋公骨笃了嘴，坐在一边。

那张委看见花木茂盛，就起个不良之念，思想要吞占他。斜着醉眼，向秋公道："看你这蠢老儿不出，到会种花，却也可取。赏你一杯酒。"秋公哪里有好气答他，气忿忿的道："老汉天性不会饮酒。衙内自请。"张委又道："你这园可卖吗？"秋公见口声来得不好，老大惊讶，答道："这园是老汉的性命，如何舍得卖？"张委道："什么性命不性命！卖与我罢了。你若没去处，一发连身归在我家。又不要做别事，单单替我种些花木，可不好吗？"众人齐道："你这老儿好造化，难得衙内恁般看顾。还不快些谢恩！"秋公看见逐步欺负上来，一发气得手足麻软，也不去理睬他。张委道："这老儿可恶！肯不肯，如何不答应我？"秋公道："说过不卖了，怎的只管问？"张委道："放屁！你若再说句不卖，就写帖儿，送到县里去！"秋公气不过，欲要抢白几句，又想一想，他是有势力的人，却又醉了，怎与他一般样见识？且哄了去再处。忍着气答道："衙内总要买，也须从容一日，岂是一时急骤的事。"众人道："这话也说得是。就都明日吧。"此时都已烂醉，齐立起身，家人收拾家伙先去。秋公恐怕折花，预先在花边防护。那张委真个走向前，便要端上湖石去采。秋先扯住道："衙内，这花虽是微物，但一年间不知费多少工夫，才开得这几朵。不争折损了，深为可惜。况折去不过二三日就谢了，何苦做这样罪过！"张委喝道："胡说！有甚罪过！你明日卖了，便是我家之物。就都折尽，与你何干！"把手去推开，秋公揪住死也不放，道："衙内便杀了老汉，这花绝不与你摘的。"众人道："这老儿其实可恶！衙内采朵花儿，值什么大事，装出许多模样！难道怕你就不摘了？"遂齐走上前乱摘。把那老儿急得叫屈连天，舍了张委，拼命去拦阻。扯了东边，顾不得西首。顷刻间摘下许多。秋老心疼肉痛，骂道："你这班贼男女，无事登门，将我欺负，要这性命何用！"赶向张委身边，撞个满怀。去得势猛，张委又多了几杯酒，把脚不住，翻筋斗跌倒。众人都道："不好了！衙内打坏也！"齐将花撇下，便赶过来，要打秋公。内中有一个老成些的，见秋公年纪已老，恐打出事来，劝住众人，扶起张委。张委因跌了这交，心中转恼，赶上前打得个只蕊不留，撒作遍地，意犹未足，又向花中践踏一回。可惜好花！正是：

老拳毒酒交加下，翠叶娇花一旦休。
好似一番风雨恶，乱红零落没人收。

当下只气得个秋公怆地呼天，满地乱滚。邻家听得秋公园中喧嚷，齐跑进来。看见花枝满地狼藉，众人正在行凶，邻里尽吃一惊，上前劝住。问知其故，内中到有两三个是张委的租户，齐替秋公赔个不是，虚心冷气，送出篱门。张委道："你们对那老贼说，好好把园送我，便饶了他。若说半个不字，须教他仔细着！"恨恨而去。

邻里们见张委醉了，只道酒话，不在心上。复身转来，将秋公扶起，坐在阶沿上，那老儿放声号恸。众邻里劝慰了一番，作别出去，与他带上篱门，一路行走。内中也有怪秋公平日不容看花的，便道："这老官儿真个忒煞古怪，所以有这样事，也得他经一遭儿，警戒下次。"内中又有直道的道："莫说这没天理的话！自古道：种花一年，看花十日。那看的但觉好看，赞声好花罢了，怎得知种花的烦难。只这几朵花，正不知费了许多辛苦，才培植得恁般茂盛，如何怪得他爱惜！"

不题众人。且说秋公不舍得这些残花，走向前将手去捡起来看，见践踏得凋残零落，尘垢沾污，心中凄惨，又哭道："花啊！我一生爱护，从不曾损坏一瓣一叶，哪知今日遭此大难！"正哭之间，只听得背后有人叫道："秋公为何恁般痛哭？"秋公回头看时，乃是一个女子，年约二八，姿容美丽，雅淡梳妆，却不认得是谁家之女。乃收泪问道："小娘子是那家？至此何干？"那女子道："我家住在左近。因闻你园中牡丹花茂盛，特来游玩，不想都已谢了。"秋公提起牡丹二字，不觉又哭起来。女子道："你且说有甚苦情，如此啼哭？"秋公将张委打花之事说出。那女子笑道："原来为此缘故！你可要这花原上枝头吗？"秋公道："小娘子休得取笑！那有落花返枝的理？"女子道："我祖上传得个落花返枝的法术，屡试屡验。"秋公听说，化悲为喜道："小娘子真个有这法术吗？"女子道："怎的不真？"秋公倒身下拜道："若得小娘子施此妙术，老汉无以为报，但每一种花开，便来相请赏玩。"女子道："你且莫拜，去取一碗水来。"秋公慌忙跳起去取水，心下又转道："如何有这样妙法？莫不是见我哭泣，故意取笑？"又想道："这小娘子从不相认，岂有耍我之理。还是真的。"急舀了一碗清水出来。抬头不见了女子，只见那花都已在枝头，地下并无一瓣遗存。起初每本一色，如今却变作红中间紫，淡内添浓，一本五色俱全，比先更觉鲜妍。有诗为证：

> 曾闻湘子将花染，又见仙姬会返枝。
> 信是至诚能动物，愚夫犹自笑花痴。

当下秋公又惊又喜道："不想这小娘子果然有此妙法。"只道还在花丛中，放下水，前来作谢。园中团团寻遍，并不见影。乃道："这小娘子如何就去了？"又想道："必定还在门口，须上去求他，传了这个法儿。"一径赶至门边，那门却又掩着。拽开看时，门首坐着两个老者，就是左近邻家，一个唤作虞公，一个叫作单老，在那里看渔人晒网。见秋公出来，齐立起身拱手道："闻得张衙内在此无理，我们恰往田头，没有来问得。"秋公道："不要说起，受了这班泼男女的怄气。亏着一位小娘子走来，用个妙法，救起许多花朵，不曾谢得他一声，径出来了，二位可看见往那一边去的？"二老闻言，惊讶道："花坏了，有甚法儿救得？这女子去几时了？"秋公道："刚方出来！"二老道："我们坐在此好一回，并没个人走动，那见什么女子？"秋公听说，心下恍悟道："恁般说，莫不这位小娘子是神仙下降？"二老问道："你且说怎的救起花儿？"秋公将女子之事叙了一遍。二老道："有如此奇事！待我们去看看。"

秋公将门拴上，一齐走至花下，看了连声称异道："这定然是个神仙，凡人哪有此法力！"秋公即焚起一炉好香，对天叩谢。二老道："这也是你平日爱花心诚，所以感动神仙下降。明日索性到教张衙内这几个泼男女看看，羞杀了他！"秋公道："莫要！莫要！此等人即如恶犬，远远见了就该避之，岂可还引他来。"二老道："这话也有理。"秋公此时非常欢喜，将先前那瓶酒热将起来，留二老在花下玩赏，至晚而别。二老回去一传，合村人都晓得，明日俱要来看，还恐秋公不许。谁知秋公原是有意思的人，因见神仙下降，遂有出世之念，一夜不寐，坐在花下存想。想至张委这事，忽地开悟道："此皆是我平日心胸褊窄，故外侮得至。若神仙汪洋度量，无所不容，安得有此！"至次早，将园门大开，任人来看。先有几个人进来打探，见秋公对花而坐，但吩咐道："任凭列位观看，切莫要采便了。"众人得了这话，互相传开。那村中男子妇女，无有不至。

按下此处。且说张委至次早，对众人道："昨日反被那老贼撞了一跤，难道轻恕了不成？如今再去要他这园。不肯时，多叫些人从，将花木尽打个稀烂，方出这气！"众人道："这园在衙内庄边，不怕他不肯。只是昨日不该把花都打坏，还留几朵，后日看看便是。"张委道："这也罢了，少不得来年又发。我们快去，莫要使他停留长智。"众人一齐起身，出得庄门，就有人说："秋公园上神仙下降，落下的花，原都上了枝头，却又变做五色。"张委不信道："这老贼有何好处，能感神仙下降？况且不前不后，刚刚我们打坏，神仙就来？难道这神仙是养家的不成？一定是怕我们又去，故此诌这话来央人传说。见得他有神仙护卫，使我们不摆布他。"众人道："衙内之言极是。"

顷刻，到了园门口，见两扇柴门大开，往来男女络绎不绝，都是一般说话。众人道："原来真有这等事！"张委道："莫管他，就是神仙见坐着，这园少不得要的。"弯弯曲曲，转到草堂前，看时，果然话不虚传。这花却也奇怪，见人来看，姿态愈艳，光彩倍生，如对人笑的一般。张委心中虽十分惊讶，那吞占念头，全然不改。看了一回，忽地又起一个恶念，对众人道："我们且去。"齐出了园门。

众人问道："衙内如何不与他要园？"张委道："我想得个好策在此，不消与他说得，这园明日就归于我。"众人道："衙内有何妙策？"张委道："见今贝州王则谋反，专行妖术。枢密府行下文书，普天下军州严禁左道，捕缉妖人。本府见出三千贯赏钱，募人出首。我明日就将落花上枝为由，教张霸到府，首他以妖术惑人。这个老儿熬刑不过，自然招承下狱。这园必定官卖，那时谁个敢买他的？少不得让与我。还有三千贯赏钱哩！"众人道："衙内好计！事不宜迟，就去打点起来。"当时即进城，写下首状。次早，教张霸到平江府出首。这张霸是张委手下第一出尖的人，衙门情熟，故此用他。大尹正在缉访妖人，听说此事，合村男女都见的，不由不信。即差缉捕使臣带领几个做公的，押张霸作眼，前去捕获。张委将银布置停当，让张霸与缉捕使臣先行，自己与众子弟随后也来。

缉捕使臣一径到秋公园上，那老儿还道是看花的，不以为意。众人发一声喊，赶上前一索捆翻。秋公吃这一吓不小。问道："老汉有何罪犯？望列位说个明白。"众人口口声声，骂做妖人反贼，不由分诉，拥出门来。邻里看见，无不失惊，齐上前询问。缉捕使臣道："你们还要问吗？他所犯的事也不小，只怕连村上人都有分哩。"那些愚民，被这大话一吓，心中害怕，尽皆洋洋走开，唯恐累及。只有虞公、单老，同几个平日与秋公相厚的，远远跟来观看。

且说张委俟秋公去后，便与众子弟来锁园门。恐还有人在内，又检点一过，将门锁上，随后赶至府前。缉捕使臣已将秋公解进，跪在月台上，见旁边又跪着一人，却不认得是谁。那些狱卒都得了张委银子，已备下诸般刑具伺候。大尹喝道："你是何处妖人，敢在此地方上将妖术煽惑百姓？有几多党羽？从实招来！"秋公闻言，恰如黑暗中闻个火炮，正不知从何处起的。禀道："小人家世住于长乐村中，并非别处妖人，也不晓得什么妖术。"大尹道："前日你用妖术使落花上枝，还敢抵赖！"秋公见说到花上，情知是张委的缘故。即将张委要占园打花，并仙女下降之事，细诉一遍。不想那大尹性是偏执的，哪里肯信，乃笑道："多少慕仙的，修行至老，尚不能得遇神仙；岂有因你哭，花仙就肯来？既来了，必定也留个名儿，使人晓得，如何又不别而去？这样话哄那个！不消说得，定然是个妖人。快夹起来！"

狱卒们齐声答应，如狼虎一般，蜂拥上来，揪翻秋公，扯腿拽脚，刚要上刑，不想大尹忽然一个头晕,险些儿跌下公座。自觉头目森森,坐身不住。吩咐上了枷扭,发下狱中监禁,明日再审。

狱卒押着,秋公一路哭泣出来。看见张委,道:"张衙内,我与你前日无怨,往日无仇,如何下此毒手,害我性命!"张委也不答应,同了张霸,和那一班恶少,转身就走。虞公、单老,接着秋公,问知其细,乃道:"有这等冤枉的事!不打紧,明日同合村人,具张连名保结,管你无事!"秋公哭道:"但愿得如此,便好。"狱卒喝道:"这死囚还不走!只管哭什么!"秋公含着眼泪进狱。邻里又寻些酒食,送至门上。那狱卒谁个拿与他吃,竟接来自去受用。

到夜间,将他上了囚床,就如活死人一般,手足不能少展。心中苦楚,想道:"不知那位神仙救了这花,却又被那厮借此陷害。神仙呵!你若怜我秋先,亦来救拔性命,情愿弃家入道。"一头正想,只见前日那仙女,冉冉而至。秋公急叫道:"大仙救拔弟子秋先则个!"仙女笑道:"汝欲脱离苦厄吗?"上前把手一指,那枷扭纷纷自落。秋先爬起来,向前叩头道:"请问大仙姓氏。"仙女道:"吾乃瑶池王母座下司花女,怜汝惜花志诚,故令诸花返本。不意反资奸人谗口。然亦汝命中合有此灾,明日当脱。张委损花害人,花神奏闻上帝,已夺其算。助恶党羽,俱降大灾。汝宜笃志修行,数年之后,吾当度汝。"秋先又叩首道:"请问上仙修行之道。"仙子道:"修仙径路甚多,须认本源。汝原以惜花有功,今亦当以花成道。汝但饵百花,自能身轻飞举。"遂教其服食之法。秋先稽首叩谢起来,便不见了仙子。抬头观看,却在狱墙之上,以手招道:"汝亦上来,随我出去。"秋先便向前攀援了一大回,还只到得半墙,甚觉吃力。渐渐至顶,忽听得下边一棒锣声,喊道:"妖人走了,快拿下!"秋公心上惊慌,手酥脚软,倒撞下来,撒然惊觉,原在囚床之上。想起梦中言语,历历分明,料必无事,心中稍宽。正是:

> 但存方寸无私曲,料得神明有主张。

且说张委见大尹已认作妖人,不胜欢喜。乃道:"这老儿许多清奇古怪,今夜且请在囚床上受用一夜,让这园儿与我们乐吧!"众人都道:"前日还是那老儿之物,未曾尽兴。今日是大爷的了,须要尽情欢赏。"张委道:"言之有理!"遂一齐出城,教家人整备酒肴,径至秋公园上,开门进去。那邻里看见是张委,心下虽然不平,却又惧怕,谁敢多口。且说张委同众子弟走至草堂前,只见牡丹枝头一朵不存,原如前日打下时一般,纵横满地,众人都称奇怪。张委道:"看起来,这老贼果系有妖法的。不然,如何半日上倏尔又变了?难道也是神仙打的?"有一个子弟道:"他晓得衙内要赏花,故意弄这法儿来羞我们。"张委道:"他便弄这法儿,我们就赏落花。"当下依原铺设毡条,席地而坐,放开怀抱恣饮,也把两瓶酒赏张霸到一边去吃。看看饮至日色挫西,俱有半酣之意,忽地起一阵大风。那风好厉害!

> 善聚庭前草,能开水上萍。
> 腥闻群虎啸,响合万声松。

那阵风却把地下这些花朵吹得都直竖起来,眨眼间俱变做一尺来长的女子。众人大惊,齐叫道:"怪哉!"言还未毕,那些女子迎风一晃,尽已长大,一个个姿容美丽,衣服华艳,团团立做一大堆。众人因见恁般标致,通看呆了。内中一个红衣女子却又说起话来,道:"吾姊妹居此数十余年,深蒙秋公珍重护惜。何意蓦遭狂奴,俗气熏炽,毒手催残,复又诬陷秋公,谋吞此地。今仇在目前,吾姊妹曷不勠力击之!上报知己之恩,下雪摧残之耻,不亦可乎?"众女郎齐声道:"阿妹之言有理!须速下手,毋使潜遁!"说罢,一齐举袖扑来。那袖似有数尺之长,如风翻乱飘,冷气入骨。众人齐叫有鬼,撇了家伙,往外乱跑。彼此各不相顾。也有被石块打脚的,也有被树枝抓面的,也有跌而复起,起而复跌的,乱了多时,方才收脚,点检人数都在,单不见了张委、张霸二人。此时风已定了,天色已昏。这班子弟各自回家,恰像捡得性命一般,抱头鼠窜而去。

家人喘息定了,方唤几个生力庄客,打起火把,复身去抓寻。直到园上,只听得大梅树下有呻吟之声。举火看时,却是张霸被梅根绊倒,跌破了头,挣扎不起。庄客着两个先扶张霸归去。众人周围走了一遍,但见静悄悄的万籁无声。牡丹棚下,繁花如故,并无零落。草堂中杯盘狼藉,残羹淋漓。众人莫不吐舌称奇。一面收拾家伙,一面重复照看。这园子又不多大,三回五转,毫无踪影。难道是大风吹去了?女鬼吃去了?正不知躲在哪里。延捱了一会,无可奈何,只索回去过夜,再作计较。

方欲出门,只见门外又有一伙人,提着行灯进来。不是别人,却是虞公、单老,闻知众人遇鬼之事,又闻说不见了张委,在园上抓寻,不知是真是假,合着三邻四舍,进园观看。问明了众庄客,方知此事果真,二老惊诧不已。教众庄客且莫回去,"老汉们同列位还去抓寻一遍。"众人又细细照看了一下,正是兴尽而归,叹了口气,齐出园门。二老道:"列位今晚不来了吗?老汉们告过,要把园门落锁。没人看守得,也是我们邻里的干系。"此时庄客们,蛇无头而不行,已不似先前声势了,答应道:"但凭,但凭。"

两边人犹未散,只见一个庄客在东边墙角下叫道:"大爷有了!"众人蜂拥而前。庄客指道:"那槐枝上挂的,不是大爷的软翅纱巾吗?"众人道:"既有了巾儿,人也只在左近。"沿墙照去,不多几步,只叫得声:"苦也!"原来东角转弯处,有个粪窖,窖中一人,两脚朝天,不歪不斜,刚刚倒插在内。庄客认得鞋袜衣服,正是张委。顾不得臭秽,只得上前打捞起来。虞、单二老暗暗念佛,和邻舍们自回。众庄客抬了张委,在湖边洗净。先有人报去庄上。合家大小,哭哭啼啼,准备棺衣入殓,不在话下。其夜,张霸破头伤重,五更时亦死。此乃作恶的见报,正是:

> 两个凶人离世界,一双恶鬼赴阴司。

次日,大尹病愈升堂,正欲吊审秋公之事,只见公差禀道:"原告张霸同家长张委,昨晚都死了。"如此如此,这般这般。大尹大惊,不信有此异事。须臾间,又见里老乡民,共有百十人,连名具呈前事。诉说秋公平日惜花行善,并非妖人。张委设谋陷害,神道报应,前后事情,细细分剖。大尹因昨日头晕一事,亦疑其枉,到此心下豁然,还喜得不曾用刑。即于狱中吊出秋公,当堂释放。又给印信告示,与他园

门张挂,不许闲人侵损他花木,众人叩谢出府。

秋公向邻里作谢,一路同虞、单二老,开了园门,同秋公进去。秋公见牡丹茂盛如初,伤感不已。众人治酒,与秋公压惊。秋公又答席,一连吃了数日酒席。闲话休提。

自此之后,秋公日饵百花,渐渐习惯,遂谢绝了烟火之物。所鬻果实钱钞,悉皆布施。不数年间,发白更熏,颜色转如童子。一日正值八月十五日,丽日当天,万里无瑕,秋公正在花下跌坐,忽然祥风微拂,彩云如蒸,空中音乐嘹亮,异香扑鼻,青鸾白鹤,盘旋翔舞,渐至庭前。云中正立着司花女,两边幢幡宝盖,仙女数人,各奏乐器。秋公看见,扑翻身便拜。司花女道:"秋先,汝功行圆满,吾已奏闻上帝,有旨封汝为护花使者,专管人间百花。令汝拔宅上升。但有爱花惜花的,加之以福,残花毁花的,降之以灾!"秋公向空叩首谢恩讫,随着众仙登云,草堂花木,一齐冉冉升起,向南而去。虞公、单老和那合村上人都看见的,一齐下拜。还见秋公在云中举手谢众人,良久方没。此地遂改名升仙里,又谓之百花村云:

> 园公一片惜花心,道感仙姬下界临。
> 草木同升随拔宅,淮南不用炼黄金。

第 五 卷

大树坡义虎送亲

> 举世芒芒无了休,寄身谁识等浮沤!
> 谋生尽作千年计,公道还当万古留。
> 西下夕阳谁把手? 东流逝水绝回头。
> 世人不解苍天意,恐使身心半夜愁。

这八句诗,奉劝世人,公道存心,天理用事,莫要贪图利己,谋害他人。常言道:使心用心,反害其身。你不存天理,皇天自然不佑。昔有一人,姓韦,名德,乃福建泉州人氏,自幼随着父亲,在绍兴府开个倾银铺儿。那老儿做人公道,利心颇轻;为此主顾甚多,生意尽好。不几年,挣上好些家私。韦德年长,娶了邻近单裁缝的女儿为媳。那单氏到有八九分颜色,本地大户,情愿出百十贯钱讨他做偏房,单裁缝不肯。因见韦家父子本分,手头活动,况又邻居,一夫一妇,遂就了这头亲事。何期婚配之后,单裁缝得病身亡。不上二年,韦老亦病故。韦德与浑家单氏商议,如今举目无亲,不若扶柩还乡。单氏初时不肯,拗丈夫不过,只得顺从。韦德先将店中粗重家伙变卖,打叠行李,雇了一只长路船,择个出行吉日,把父亲灵柩装载,夫妻两口儿下船而行。

原来这艄公,名叫作张稍,不是个善良之辈,惯在河路内做些淘摸生意的。因要做这私房买卖,生怕伙计泄漏,却寻着一个会撑船的哑了做个帮手。今日晓得韦德倾银多年,囊中必然充实。又见单氏生得美丽,自己却没老婆。两件都动了火。下船时就起个不良之心,奈何未得其便。

一日,因风大难行,泊舟于江郎山下。张稍心生一计,只推没柴,要上山砍些乱柴来烧。这山中有大虫,时时出来伤人,定要韦德作伴同去。韦德不知是计,随着张稍而走。张稍故意弯弯曲曲,引到山深之处。四顾无人,正好下手。张稍砍下些丛木在地,却教韦德打捆。韦德低着头,只顾捡柴,不防张稍从后用斧劈来,正中左肩,扑地便倒。重复一斧,向脑袋劈下,血如涌泉,给果了性命。张稍连声道:"干净!干净!来年今日,叫老婆与你做周年。"说罢,把斧头插在腰里,柴也不要了,忙忙的空身飞奔下船。

单氏见张稍独自回来,就问丈夫何在。张舶道:"没造化!遇了大虫,可怜你丈夫被他衔去了。亏我跑得快,脱了虎口。连砍下的柴,也不敢收拾。"单氏闻言,捶胸大哭。张稍解劝道:"这是生辰八字,内注定虎伤,哭也没用!"单氏一头哭,一头想道:"闻得虎遇夜出山,不信白日里就出来伤人。况且两人双双同去,如何偏拣我丈夫吃了?他又全没些损伤,好不奇怪!"便对张稍道:"我丈夫虽然衔去,只怕还挣得脱不死。"张稍道:"猫儿口中,尚且挖不出食,何况于虎!"单氏道:"然虽如此,奴家不曾亲见。就是真个被虎吃了,少不得存几块骨头,烦你引奴家去,捡得回来,也表我夫妻之情。"张稍道:"我怕虎不敢去。"单氏又哀哀地哭将起来。张稍想道:"不引他去走一遍,他心不死。"便道:"娘子,我引你去看,不要哭。"单氏随即上岸,同张稍进山路来。

先前砍柴,是走东路,张稍恐怕妇人看见死尸,却引他从西路走。单氏走一步,哭一步。走了多时,不见虎迹。张稍指东话西,只望单氏倦而思返。谁知他定要见丈夫的骨血,方才指实。张稍见单氏不肯回步,扯个谎,往前一指道:"小娘子,你只管要行,兀的不是大虫来了?"单氏抬头而看,才问一声:"大虫在哪里?"声犹未绝,只听得林中刮喇的一阵怪风,忽地跳出一只吊睛白额虎,不歪不斜,正望着张稍当头扑来。张稍躲闪不及,只叫得一声"啊呀!"被虎一口衔着背皮,跑入深林受用去了。

单氏惊倒在地,半日方醒。眼前不见张稍,已知被大虫衔去。始信山中真个有虎,丈夫被虎吃了,此言不谬。心中害怕,不敢前行。认着旧路,一步步哭将转来。未及出山,只见一个似人非人的东西,从东路直冲出来。单氏只道又是虎,叫道:"我死也!"望后便倒。耳根边忽听得说:"娘子,你如何却在这里?"双手来扶。单氏睁眼看时,却是丈夫韦德,血污满面,所以不像人形。原来韦德命不该死,虽然被斧劈伤,一时闷绝。张稍去后,却又醒将转来,挣扎起身,扯下脚带,将头裹缚停当,挪步出山,来寻张稍讲话,却好遇着单氏。单氏还认着丈夫被虎咬伤,以致如此。听韦德诉出其情,方悟张稍欺心使计,谋害她丈夫,假说有虎。后来被虎咬去,此乃神明遣来,剿除凶恶。夫妻二人,感谢天地不尽。回到船中,那哑子做手势,问船主如何不来。韦德夫妻与他说明本末,哑子合着掌,忽然念出一声"南无阿弥陀佛",便能说话,将张稍从前过恶,一一说出。再问他时,依旧是个哑子。此亦至异之事也。韦德一路相帮哑子行船。直到家中,将船变卖了,造一个佛堂与哑子住下,日夜烧香。韦德夫妇终身信佛。后人论此事,咏诗四句:

> 伪言有虎原无虎,虎自张稍心上生。
> 假使张稍心地正,山中有虎亦藏形。

方才说虎是神明遣来,剿除凶恶,此亦理之所有。看来虎乃百兽之王,至灵之物,感仁吏而渡河,伏高僧而护法,见于史传,种种可据。如今再说一个义虎知恩报恩，成就了人间义夫节妇，为千古佳话。正是：

> 说时节妇生颜色，道破奸雄丧胆魂。

话说大唐天宝年间，福州漳浦县下乡，有一人姓勤，名自励，父母俱存，家道粗足。勤自励幼年时，就聘定同县林不将的女儿潮音为妻。茶枣俱已送过，只等长大成亲。勤自励十二岁上，就不肯读书。出了学堂，专好使枪抡棒。父母单生的这个儿子，甚是姑息，不去拘管着他。年登十六，生得身长力大，猿臂善射，武艺过人。常言"同声相应，同气相求"，自有一班无赖子弟，三朋四友，和他䌷鹰放鹞，驾犬驰马，射猎打生为乐。曾一日射死三虎。忽见个黄衣老者，策杖而前，称赞道："郎君之勇，虽昔日卞庄李存孝不是过也！但好生恶杀，万物同情。自古道：人无害虎心，虎无伤人意。郎君何故必欲杀之？此兽乃百兽之王，不可轻杀。当初黄公有道术，能以赤刀制虎，尚且终为虎害。郎君若自恃其勇，好杀不已，将来必犯天道之忌，难免不测之忧矣！"勤自励闻言省悟，即时折箭为誓，誓不杀虎。

忽一日，独往山中打生，得了几项野味而回。行至中途，地名大树坡，见一黄斑老虎，误陷于槛阱之中，猎户偶然未到。其虎见勤自励到来，把前足跪地，俯首弭耳，口中作声，似有乞怜之意。自励道："业畜，我已誓不害你了。但你今日自投槛阱，非干我事。"其虎眼观自励，口中呜呜不已。自励道："我今做主放你，你今后切莫害人！"虎闻言点头。自励破阱放虎，虎得命，狂跳而去。自励道："人以获虎为利，我却以放虎为仁。我欲仁而使人失其利，非忠恕之道也。"遂将所得野味，置于阱中，空手而回。正是：

> 得放手时须放手，可施恩处便施恩。

只因勤自励不务本业，家道渐渐消乏。又且素性慷慨好客，时常引着这伙三朋四友，到家菁恼，索酒索食。勤公、勤婆，爱子之心无所不至，初时犹勉强支持；以后支持不来，只得对儿子说道："你今年已大长，不思务本作家，日逐游荡，有何了日！别人家儿子似你年纪，或农或商，胡乱得些进益，以养父母。似你有出气，无进气，家事日渐凋零，兀自三兄四弟，酒食征逐，不知做爹娘的将没作有，千难万难，就是衣饰典卖，也有尽时。将来手足无措，连爹娘也有饿死之日哩。我如今与你说过，再别人上门时，茶也没有一杯与他吃了，你莫着急！"勤自励被爹妈教训了一遍，嘿嘿无言，走出去了。真个好几日没有人上门菁恼。

约莫一月有余，勤自励又引十来个猎户到家，借锅煮饭。勤公也道："容他煮吧。"勤婆不肯道："费柴费火，还是小事。只是才说得儿子回心，清静了这几日，老娘心里好不喜欢，今日又来缠账，开了端，辞得那一个！他日又赔茶赔酒，老娘支持得怕了，索性做个冷面，莫惯他吧！"勤公见勤婆不允，闪过一边。勤婆将中门闭了，从门内说道："我家不是公馆，柴火不便，别处去利市。"众人闻言，只索去了。勤自励满面羞惭，叹口气，想道："我自小靠爹娘过活，没处赚得一文半文，家中来路又少，也怪爹娘不得。闻得安南作乱，朝廷各处募军，本府奉节度使文牒，大张榜文，众兄弟已有几个应募去了。凭着我一身本事，一刀一枪，或者博得个衣锦还乡，也不见得。守着这六尺地上，带累爹娘受气，非丈夫之所为也。只是一件，爹娘若知我应募从军，必然不允。功名之际，只可从权。我自有个道理。"当下瞒过勤公、勤婆，竟往府中投军。太守试他武艺出众，将他充为队长，军政司上了名字。不一日招募数足，领兵官点名编号，给了口粮，制办衣甲器械，择个出征吉日，放炮起身，勤自励也不对爹娘说知。直到上路三日之后，遇了个县中差役，方才写寄一封书信

回来。勤公拆书开看时,写道:

> 男自励无才无能,累及爹妈。今已应募,充为队长,前往安南。幸然有功,必然衣锦还乡。爹妈不必挂念!

勤公看毕,呆了半晌,开口不得。勤婆道:"儿子哪里去了?写什么言语在书上?你不对我说?"勤公道:"对你说时,只怕急坏了你!儿子应募充军,从征安南去了。"勤婆笑道:"我说多大难事,等儿子去十日半月后,唤他回来就是了。"勤公道:"妇道家不知厉害!安南离此有万里之遥,音信尚且难通。况他已是官身,此去刀剑无情,凶多吉少。万一做了沙场之鬼,我两口儿老景谁人侍奉?"勤婆就哭天哭地起来。勤公也流泪不止。过了数日,林亲家亦闻此信,特地自来问个端的。勤公、勤婆遮瞒不得,只得实说了。伤感了一场。林公回去说知,举家都不欢喜。正是:

> 乐莫乐兮新相知,悲莫悲兮生别离。
> 他人分离犹自可,骨肉分离苦煞我。

光阴似箭,不觉三年,勤自励一去,杳无音信。林公频频遣人来打探消息,都则似金针堕海,银瓶落井,全没些影响。同县也有几个应募去的,都则如此。林公的妈妈梁氏对丈夫说道:"勤郎一去,三年不回,不知死活存亡。女儿年纪长成了,把他耽误,不是个常法,你也该与勤亲家那边讨个决裂。虽然亲则是亲,各儿各女,两个肚皮里出来的。我女儿还不认得女婿的面长面短,却教他活活做孤孀不成?"林公道:"阿妈说的是。"即忙来到勤家,对勤公道:"小女年长,令郎杳无归信。倘只是不归,作何区处?老荆日夜愁烦,特来与亲家商议。"勤公已知其意,便道:"不肖子无赖,有误令爱芳年。但事已如此,求亲家多多上复亲母,耐心再等三年。若六年不回,任凭亲家将令爱别许高门,老汉再无言语。"林公见他说得达理,只得唯唯而退。回来与妈妈说知。梁氏向来知道女婿不学本分,心中不喜。今三年不回,正中其意。听说还要等三年,好不焦躁。恨不得十日缩做一日,把三年一霎儿过了,等女儿再许个好人。

光阴似箭,不觉又过了三年。林公道:"勤亲家之约已满了,我再去走一番,看他更有何说?"梁氏道:"自古道,一言既出,驷马难追。他既有言在前,如今怪不得我了。有路自行,又去对他说什么!且待女儿有了对头,才通他知道,也不迟。"林公又道:"阿妈说得是。然虽如此,也要与孩儿说知。"梁氏道:"潮音这丫头,有些古怪劣别,只如此对他说,勤郎六年不回,教他改配他人,他料然不肯,反被勤老儿笑话。须得如此如此!"林公又道:"阿妈说得是。"

次日,梁氏正同女儿潮音一处坐,只见林公从外而来,故意大惊小怪地说道:"阿妈,你知道吗?怪道勤郎无信回来,原来三年前便死于战阵了。昨日有军士在安南回,是他亲见的。"潮音听说,面如土色,搁泪而不敢下,慌忙走进自己房里去了。妈妈亦假做叹息,连称可怜。过了数日,林婆对女儿说道:"死者不能复生。他自没命,可惜你青春年少,我已教你父亲去寻媒说合,将你改配他人。趁这少年时,夫妻恩爱,莫教挫过。"潮音道:"母亲差矣!爹把孩儿从小许配勤家,一女不吃两家茶。勤郎在,奴是他家妻;勤郎死,奴也是他家妇。岂可以生死二心,奴断然不为!"妈妈道:"孩儿休如此执见,爹妈单生你一人,并无兄弟。你嫁得着人时,爹妈也得半子之靠。况且未过门的媳妇,守节也是虚名。现放着活活的爹妈,你不念他日后老景凄凉,却去恋个死人,可不是个痴愚不孝之辈!"潮音被骂,不敢回言。就有男媒女妁,来说亲事。

潮音拗爹妈不过，心生一计，对爹妈说道："爹妈主张，孩儿焉敢有违。只是孩儿一闻勤郎之死，就将身别许他人，于心何忍。容孩儿守制三年，以毕夫妻之情，那时但凭爹妈。不然，孩儿宁甘一死，绝不从命。"林公与梁氏见女儿立志甚决，怕他做出短见之事，只得由他。正是：

一人立志，万夫莫夺。

却说勤公夫妇见儿子六年不归，眼见得林家女儿是别人家的媳妇了。后来闻得媳妇立志要守三年，心下不胜之喜。"若巴得这三年内儿子回家，还是我的媳妇。"光阴似箭，不觉又过了三年。潮音只认丈夫真死，这三年之内，素衣蔬食，如真正守孝一般。及至年满，竟绝了荤腥之味，身上又不肯脱素穿色。说起议婚，便要寻死。林公与妈妈商议："女孩儿执性如此，改嫁之事，多应不成，如之奈何？"梁氏道："密地择了人家，在我哥哥家受聘，不要通女孩儿得知。到临嫁之期，只说内侄做亲，来接女孩儿。哄得他易服上轿，鼓乐人从，都在半路迎接。事到其间，不怕他不从！"林公又道："妈妈说得是。"林公果然与舅子梁大伯计议定了，许了李承务家三舍人。自说亲以至纳聘，都在梁大伯家里。夫妻两口去受聘时，对女儿只说梁大伯大儿子定亲，潮音哪里疑心。

吉期将到，梁大伯假说某日与儿子完婚，特迎取姐夫一家到家中去接亲。梁氏先自许过他一定都来。至期，大伯差人将两顶轿子，来接姐姐和外甥女。梁氏自己先装扮了，教女儿换了色服同去。潮音不知是计，只得易服随行。女孩儿家不出闺门，不知路径。行了一会，忽然山坳里灯笼火把，鼓乐喧天，都是娶亲的人众，中途等候，摆列轿前，吹打而去。潮音觉道事体有变，没奈何在轿内啼啼哭哭。众人也哪里管他，只顾催趱轿夫飞走。到一个去处，忽然阴云四合，下一阵大雨。众人在树林中暂歇，等雨过又行。走不上几步，抖然起一阵狂风，灯火俱灭，只见一只黄斑吊睛白额虎，从半空中跳将下来。众人发声喊，都四散逃走。

未知性命如何，已见亡魂丧胆。

风定虎去，众人叫声谢天，吹起火来，整顿重行。只见轿夫叫道："不好了！"起初两乘轿子，都是实的，如今一乘是空的。举火照时，正不见了新人。轿门都撞坏了，不是被大虫衔去是什么！梁氏听说，呜呜地啼哭起来。这些娶亲的没了新人，好没兴头，乐人也不吹打了，灯火也熄了一半。众人商量道："如何是好？"欲待追寻，黑夜不便，也没怎般胆气。欲待各散去讫，怕又遇别个虎。不若聚做一块，同到林家，再作区处。所谓乘兴而去，败兴而回。

且说林公正闭着门，在家里收拾，听得敲门甚急，忙来开看，只见两乘轿子，依旧抬转，许多人从，一个个垂头丧气，都如丧家之狗。吃了一惊，正不知什么缘故？"莫非女孩儿不从，在轿里又弄出什么把戏？"心头犹如几百个榔槌打着，急问其故。梁氏在轿中哭将出来，哽哽咽咽，一字也说不出。众人将中途遇虎之事，叙了一遍。林公也捶胸大恸，懊悔无及："早知我儿如此薄命，依他不嫁也罢！如今断送得他好苦！"一面令人去报李承务和梁大伯两家知道；一面聚集庄客，准备猎具，专等天明，打点搜山捕获大虫，并寻女儿骨殖。正是：

悲悲切切思闺女，口口声声恨大虫。

话分两头，却说勤自励自从应募投军，从征安南，力战有功，都督哥舒翰用为帐下虞候,解所佩宝剑赐之,甚加信用。三年之后,吐蕃入寇,勤自励又随哥舒翰调兵征讨。平定之后,朝廷拜哥舒翰为大元帅,率领本部将校,雄军十万,镇守潼关。勤自励以两次军功,那时已做到都指挥之职。何期安禄山反乱,杀到潼关。哥舒翰正值患病,抵敌不住,开关纳降。勤自励孤掌难鸣,弃其部下,只身挟剑而逃。一路辛苦不题。

事有凑巧,恰好林公嫁女这一晚,勤自励回到家中,见了父母,拜伏于地,口称:"恕孩儿不孝之罪。"勤公、勤婆仔细看时,方才认得是儿子。去时虽然长大,还没这般雄伟,又添上一嘴胡须,边塞风霜,容颜都改变了。勤公、勤婆痛定思痛,不觉流泪。勤公道:"我儿如何一去十年,音信全无? 多有人说,你已没于战阵,哭得做爹妈的眼泪俱枯了!"勤婆道:"莫说十年之前,就是早回一日也还好,不见得媳妇随了别人。"勤自励道:"我媳妇怎么说?"勤婆道:"你去了三年之后,丈人就要将媳妇别许人家,是你爹爹不肯,勉强留了三年。以后媳妇闻你身死,自家立志守孝三年。如今第十个年头,也难怪他,刚刚是今晚出门嫁人。"勤自励听说,眉根倒竖,牙齿咬得咯咯地响,叫道:"那个鸟百姓敢讨勤自励的老婆! 我只教他认一认我手中的宝剑!"说罢,狠狠地仗剑出门。爹妈从小管他不下的,今日哪里留得他住,只得由他,捏着两把汗,在草堂中等候消息。正是:

> 青龙共白虎同行,吉凶事全无未保。

却说勤自励自小认得丈人林公家里,打这条路迎将上去。走了多时,将近黄昏,遇了一阵大雨,衣服都沾湿了。记得这地方唤作大树坡,有一株古树,约莫十来围大,中间都是空的,可以避雨。勤自励走到树边,挺身入内,甚是宽转。那雨虽然大,落不多时就止了。勤自励却待跳出,半空中又刮起一阵大风。勤自励想道:"索性等着过了这阵风走吧。"又道:"这风有些妖气,好古怪!"伸着头往外张望,见两盏红灯,若隐若现。忽地刮喇的一声响亮,如天崩地裂,一件东西向前而坠,惊得勤自励倒身入内。

少顷风定,耳边但闻呻吟之声。此时云收雨散,天边露出些微月。勤自励就月光下上前看时,那呻吟的却是个女子。勤自励扶起,细叩来历。那女子半晌方言,说道:"奴家林氏之女潮音也。"勤自励记得妻子的小名,未知是否,问道:"你可有丈夫吗?"潮音道:"丈夫勤自励虽曾聘定,尚未过门。只为他十年前应募从军,久无音信。爹妈要将奴改适他姓。奴家誓死不从。爹妈背地将奴家,不知许与谁家,只说舅舅家来接,骗奴上轿,中路方知。正待寻死,忽然一阵狂风,火光之下,看见个黄斑吊睛白额虎,冲人而来,径向轿中,将奴衔出,撇在此地。虎已去了,幸不损伤。官人不知尊姓何名? 若得送奴归还父母之家,家中必有厚报。"勤自励道:"则小子便是勤自励,先征安南,又征吐蕃,后来又随哥舒元帅镇守潼关,适才回家。听说你家中将你嫁人,在于今晚,以此仗剑而来,欲剿那些败坏纲常之辈。何期于此相遇! 这是天遣大虫送还与我,省得我勤自励舞刀抢剑,乃是万千之幸!"潮音道:"官人虽如此说,奴家未曾过门,不识丈夫之面。今日一言之下,岂敢轻信。官人还是引奴回家,使我爹爹识认女婿,也不负奴家数年苦守之志。"勤自励道:"你家老禽兽把一女许配两家,这等不仁不义之辈,还去见他则甚! 我如今背你到我家中,先参见了舅姑,然后遣人通知你家,也把那老禽兽羞他一羞。"说罢,不管潮音肯不肯,把他负于背上,左手向后拦住他的金莲,右手仗剑,踏着烂地而回。

行不多步,忽闻虎啸之声,遥见前山之上,双灯冉冉。细视乃一只黄斑吊睛白额虎。那两碗红灯,虎之睛光也。勤自励猛然想着十年之前,曾在此处破开槛阱,放了一只黄斑吊睛白额虎。"今日如何就晓得我勤自励回家,去人丛中衔那媳妇还我，岂非灵物！"遂高声叫道："大虫，谢送媳妇了！"那虎大啸一声，跳而藏影。后人论起那虎报恩事，以为奇谈，多有题咏。唯胡曾先生一首最好。诗曰：

从来只道虎伤人，今日方知虎报恩。
多少负心无义汉，不如禽兽有情亲。

再说勤公、勤婆在家悬悬而望，听得脚步响，忙点灯出来看时，只见儿子勤自励背上负了一个人，来到草堂，放于地下，叫道："爹妈，则教你今夜认得媳妇！"勤公、勤婆见是个美貌女子，细叩来历，方知大虫报恩送亲一段奇事。双双举手加额，连称惭愧。勤婆遂将媳妇扶到房中，粥汤将息。次早差人去林亲家处报信。

却说林公那日黑早，便率领庄客，绕山寻绰了一遍，不见动静，叹口气，只得回家。忽见勤公遣人报喜，说夜来儿子已回，大虫衔来送还他家。哪里肯信！"我晓得了，这是勤亲家晓得女孩儿被虎衔去，故造此话来奚落我。"妈妈梁氏道："天下何事不有？前日我家走失了一只花毛鸡。被邻舍家收着。过了一日，野猫衔个鸡到我家来。赶脱了猫儿，看那鸡，正是我家走失的这一只花毛鸡，有这般巧事！况且虎是个大畜生，最有灵性。我又闻得一个故事。昔时有个书生，住在孤村，夜间听得窗外声响，看时，窗棂里伸一只虎掌进来，掌有竹刺甚大。书生悟其来意，拔去其刺。明晚，虎衔一羊来谢，可见虎通人性。或者天可怜女孩儿守志，遣那大虫来送归勤家，亦未可知。你且到勤家看女婿曾回不曾回，便有分晓。"林公又道："阿妈说得是。"

当日林公来到勤家。勤公出迎，分宾而坐，细述夜来之情。林公满面羞惭，谢罪不已。"求见贤婿和小女之面。"勤自励初时不肯认丈人，被爹娘先劝了多时，又碍浑家的面皮，故此只得出来相见，气忿忿的作了个揖，就走开去了。勤公教勤婆将媳妇装扮起来，却请林公进房，父女会面，出于意外，犹如梦中相逢，欢喜无限。要接女儿回家。勤公、勤婆不肯。择了吉日，就于家中拜堂成亲。李承务家已知勤自励回来，自没话说。

后来郭、李二元帅恢复长安，肃宗皇帝登极，清查文武官员。肃宗自为太子时，曾闻勤自励征讨之功。今番贼党簿籍中，没有他名字，嘉其未曾从贼，再起为亲军都指挥使。累征安庆绪、史思明有功。年老致仕，夫妻偕老。有诗为证：

但行刻薄人皆怨，能布恩施虎亦亲。
奉劝人行方便事，得饶人处且饶人。

第 六 卷

小水湾天狐诒书

蠢动含灵俱一性，化胎湿卵命相关。
得人济利休忘却，雀也知恩报玉环。

这四句诗，单说汉时有一秀才，姓杨名宝，华西人氏。年方弱冠，天资颖异，学问过人。一日，正值重阳佳节，往郊外游玩。因行倦，坐于林中歇息。但见树木蓊郁，百鸟嘤鸣，甚是可爱。忽闻扑碌的一声，堕下一只鸟来，不歪不斜，正落在杨宝面前。口内吱吱地叫，却飞不起，在地上乱扑。杨宝道："却不作怪！这鸟为何如此？"向前拾起看时，乃是一只黄雀，不知被何人打伤，叫得好生哀楚。杨宝心中不忍，乃道："将回去喂养好了放罢。"正看间，见一少年，手执弹弓，从背后走过来道："秀才，这黄雀是我打下的，望乞见还。"杨宝道："还亦易事。但禽鸟与人体质虽异，生命则一，安忍戕害。况杀百命，不足供君一膳，鬻万鸟不能致君之富。奚不别为生业？我今愿赎此雀之命。"便去身边取出钱钞来。少年道："某非为口腹利物，不过游戏试技耳。既秀才要此雀，即便相送。"杨宝道："君欲取乐，禽鸟何辜！"少年谢道："某知过矣！"遂投弓而去。

杨宝将雀回家，放于巾箱中，日采黄花蕊饲之，渐渐羽翼长换。育至百日，便能飞翔。时去时来，杨宝十分珍重。忽一日，去而不回。杨宝心中正在气闷，只见一个童子眉清细眼，身穿黄衣，走入其家，望杨宝便拜。杨宝急忙扶起。童子将出玉环一双，递与杨宝道："蒙君救命之恩，无以为报，聊以微物相奉。掌此当累世为三公。"杨宝道："与卿素昧平生，何得有救命之说？"童子笑道："君忘之耶？某即林中被弹，君巾箱中饲黄花蕊之人也。"言讫，化为黄雀而去。后来杨宝生子震，明帝朝为太尉；震子秉，和帝朝为太尉；秉子赐，安帝朝为司徒；赐子彪，灵帝朝为司徒。果然世世三公，德业相继。有诗为证：

黄花饲雀非图报，一片慈悲利物心。
累世簪缨看盛美，始知仁义值千金。

说话的，那黄雀衔环的故事，人人晓得，何必费讲！看官们不知，只为在下今日要说个少年，也因弹了个异类上起，不能如弹雀的恁般悔悟，干把个老大家事，弄得七颠八倒，做了一场话柄。故把衔环之事，做个得胜头回。劝列位须学杨宝这等好善行仁，莫效那少年招灾惹祸。正是：

得闭口时须闭口，得放手时须放手。
若能放手和闭口，百岁安宁有八九。

话说唐玄宗时，有一少年，姓王名臣，长安人氏，略知书史，粗通文墨，好饮酒，善击剑，走马挟弹，尤其所长。从幼丧父，唯母在堂，娶妻于氏。同胞兄弟王宰，膂力过人，武艺出众，充羽林亲卫，未有妻室。家颇富饶，童仆多人。一家正安居乐业；不想安禄山兵乱，潼关失守，天子西幸，王宰随驾扈从，王臣料道立身不住，弃下房产，收拾细软，引母妻婢仆，避难江南，遂家于杭州，地名小水湾，置买田产，经营过日。后来闻得京城克复，道路宁静，王臣思想要往都下寻访亲知，整理旧业，为归乡之计。告知母亲，即日收拾行囊，止带一个家人，唤作王福，别了母妻，由水路直至扬州码头上。那扬州隋时谓之江都，是江淮要冲，南北襟喉之地，往来樯橹如麻。岸上居民稠密，做买做卖的，挨挤不开，真好个繁华去处。当下王臣舍舟登陆，雇请脚力，打扮做军官模样，一路游山玩水，夜宿晓行。不则一日，来至一所在，地名樊川，乃汉时樊哙所封食邑之处。这地方离都城已不多远。因经兵火之后，村野百姓，俱潜避远方，一路绝无人烟，行人亦甚稀少。但见：

冈峦围绕，树木荫翳。危峰秀拔插青霄，峻岭崔嵬横碧汉。斜飞瀑布，喷万丈银涛；倒挂藤萝，飐千条锦带。云山漠漠，鸟道逶迤行客少；烟林霭霭，荒村寥落土人稀。山花多艳如含笑，野鸟无名只乱啼。

王臣贪看山林景致，缓辔而行，不觉天色渐晚。听见茂林中，似有人声。近前看时，原来不是人，却是两个野狐，靠在一株古树上，手执一册文书，指点商榷，若有所得，相对谈笑。王臣道："这孽畜作怪！不知看的是什么书？且教他吃我一弹。"按住丝缰，绰起那水磨角靶弹弓，探手向袋中，摸出弹子放上，觑得较亲，弓开如满月，弹去似飞星，叫声"着"！那二狐正在得意之时，不知林外有人窥看。听得弓弦响，方才抬头观看，那弹早已飞到，不偏不斜，正中执书这狐左目。弃下书，失声嗥叫，负痛而逃。那一个狐，却待就地去拾，被王臣也是一弹，打中左腮，放下四足，嗥叫逃命。王臣纵马向前，教王福拾起那书来看，都是蝌蚪之文，一字不识。心中想道："不知是甚言语在上？把去慢慢访博古者问之。"遂藏在袖里，拨马出林，循大道望都城而来。

那时安禄山虽死，其子安庆绪犹强，贼将史思明降而复叛，藩镇又各拥重兵，俱蓄不臣之念。恐有奸细，至京探听，故此门禁十分严紧，出入盘诘。刚到晚，城门就闭。王臣抵城下时，已是黄昏时候。见城门已扃，即投旅店安歇。到店门口，下马入来。主人家见他悬弓佩剑，军官打扮，不敢怠慢，上前相迎道："长官请坐。"便令小二点杯茶儿递上。王福将行李卸下，驮进店中。王臣道："主人家，有稳便房儿，开一间与我。"答道："舍下客房尽多，长官，只拣中意的住便了。"即点个灯火，引王

山花多艳如含笑

笑野鸟无名只乱啼

臣往各房看过,择了一间洁净所在,将行李放下,把牲口牵入后边喂料。

收拾停当,小二进来问道:"告长官,可吃酒吗?"王臣道:"有好酒打两角,牛肉切一盘,伴当们照依如此。"小二答应出去。王臣把房门带转,也走到外边,小二捧着酒肉问道:"长官,酒还送到房里去饮,或就在此间?"王臣道:"就在此吧。"小二将酒摆在一副座头上,王臣坐下。王福在旁斟酒。吃过两三杯,主人家上前问道:"长官从那镇到此?"王臣道:"在下从江南来。"主人家道:"长官语音,不像江南人物。"王臣道:"实不相瞒,在下原是京师人氏,因安禄山作乱,车驾幸蜀,在下挈家避难江南。今知贼党平复,天子返都,先来整理旧业,然后迎接家小归乡。因恐路途不好行走,故此军官打扮。"主人家道:"原来是自家人!老汉一向也避在乡村,到此不上一年。"彼此因是乡人,分外亲热。各诉流离之苦。正是:

> 江山风景依然是,城郭人民半已非。

两下正说得热闹,忽听得背后有人叫道:"主人家,有空房宿歇吗?"主人家答应道:"房屋尽有,不知客官有几位安歇?"答道:"只有我一人。"主人家见是个单身,又没包裹,乃道:"若止你一人,不敢相留。"那人怒道:"难道赖了你房钱,不肯留我?"主人家道:"客官,不是这般说。只因郭令公留守京师,颁榜远近旅店,不许容留面生歹人。如隐匿藏留者,查出重治。况今史思明又乱,愈加紧急。今客官又无包裹,又不相认,故不好留得。"那人答道:"原来你不认得我,我就是郭令公的丁胡二。因有事往樊川去了转回,赶进城不及,借你店里歇一宿,故此没有包裹。你若疑惑,明早同到城门上去,问那管门的,谁个不认得我。"这主人家被他大帽儿一磕,便信以为真,乃道:"老汉一时不晓得是郭爷长官,莫怪,请里边房去做。"那人道:"且慢着。我肚里饿了,有酒饭讨些来吃了,进房不迟。"又道:"我是吃斋,止用素酒。"走过来,向王臣桌上对面坐下。小二将酒菜放下。

王臣举目看时,见他把一只袖子遮住左眼,似觉疼痛难忍之状。那人开言道:"主人家,我今日造化低,遇着两个毛团,跌坏了眼。"主人家道:"遇着什吗?"答道:"从樊川回来,见树林中两个野狐打滚噪叫,我赶上前要去拿他,不想绊上一跤,狐又走了,反在地上嗑损眼睛。"主人家道:"难怪长官把袖遮着眼儿。"王臣接口道:"我今日在樊川过,也遇着两个野狐。"那人忙问道:"可曾拿到吗?"王臣道:"他在林中把册儿观看,被我一弹,打了执书这狐左眼,遂弃书而逃。那一个方待去拾,又被我一弹打在腮上,也亡命而走。故此只取得这册书,没有拿到。"那人和主人家都道:"野狐会看书,这也是奇事!"那人又道:"那书上都是什么事情?借求一观。"王臣道:"都是异样篆书,一字也看他不出。"放下酒杯,便向袖中去摸那册书出来。

说时迟,那时快,手还未到袖里时,不想主人家一个孙儿,年才五六岁,正走出来。小厮家眼净,望见那人是个野狐,却叫不出名色,奔向前指住道:"老爹!怎么这个大野猫坐在此?还不赶他!"王臣听了,便省悟是打坏眼的野狐,急忙拔剑,照顶门就砍。那狐望后一躲,就地下打个滚,露出本相,往外乱跑。王臣仗剑追赶了十数家门面,向个墙里跳进。王臣因黑夜之间,无门寻觅,只得回转。主人家点个灯火,同着王福一齐来迎着道:"饶他性命吧!"王臣道:"若不是令孙看破,几乎被这孽畜赚了书去。"主人家道:"这毛团也好巧哩!只怕还要生计来取。"王臣道:"今后有人把野狐事来诱我的,定然是这孽畜,便挥他一剑。"一头说,已到店里。店左店右住宿的客商闻得,当作一件异事,都走出来讯问,到拌得口苦舌干。

王臣吃了夜饭,到房中安息。自想野狐忍痛来掇赚这册书,必定有些妙处,愈加珍秘。至三更时分,外边一片声打门叫道:"快把书还了我,寻些好事酬你。若不还时,后来有些事故,莫要懊悔。"王臣听得,气忿不过,披衣起身,拔剑在手,又恐惊动众人,悄悄地步出房来,去摸那大门时,主人家已自下了锁。心中想道:"便叫起主人开门出去,那毛团已自走了,砍他不着,空惹众人憎厌,不如别着鸟气,来朝却又理会。"王臣依先进房睡了。那狐喊了多时,方去,合店的人,尽皆听得。到次早,齐劝王臣道:"这书既看不出字,留之何益,不如还他去吧。倘真个生出事来,懊悔何及!"王臣若是个见机的,听了众人言语,把那册书掷还狐精,却也罢了。只因他是个倔强汉子,不依众人说话,后来被那狐精把个家业弄得七零八落。正是:

> 不听好人言,必有恓惶泪。

当下王臣吃了早饭,算还房钱,收拾行李,上马进城。一路观看,只见屋宇残毁,人民稀少,街市冷落,大非昔日光景。来到旧居地面看时,唯存一片瓦砾之场。王臣见了,不胜凄惨。无处居住,只得寻个寓所安顿了行李,然后去访亲族。却也存不多几家。相见之间,各诉向来踪迹。说到那伤心之处,不觉扑簌簌泪珠抛洒。王臣又言:"今欲归乡,不想屋宇俱已荡尽,没个住身之处。"亲戚道:"自兵乱以来,不知多少人家,父南子北,被掳被杀,受无限惨祸。就是我们一个个都从刀尖上脱过来的,非容易得有今日。像你家太平无事,止去了住宅,已是无量之福了。况兼你的田产,亏我们照管,依然俱在。若有念归乡,整理起来,还可成个富家。"王臣谢了众人,遂买了一所房屋,制备日用家伙物件,将田园逐一经理停妥。

约过两月,王臣正走出门,只见一人从东而来,满身穿着麻衣,肩上背个包裹,行履如飞,渐渐至近。王臣举目观看,吃了一惊。这人不是别个,乃是家人王留儿。王臣急呼道:"王留儿,你从哪里来?却这般打扮?"王留儿见叫,乃道:"原来官人住在这里,教我寻得个发昏!"王臣道:"你且住!为何恁般装束?"王留儿道:"有书在此,官人看就知道。"至里边放下包裹,打开取出书信,递与家主。王臣接来拆开看时,却是母亲手笔。上写道:

> 从汝别后,即闻史思明复乱,日夕忧虑,遂沾重疾,医祷无效,旦夕必登鬼籍矣。年逾六秩,已不为殀。第恨衰年值此乱离,客死远乡,又不得汝兄弟送我之终,深为痛心耳。但吾本家秦,不愿葬于外地。而又虑贼势方炽,恐京城复如前番不守,又不可居。终日思之,莫若尽弃都下破残之业,以资丧事。吾骨入土之后,原返江东。此地田土丰阜,风俗醇美,可惜开创甚难,绝不可轻废。俟干戈宁静,徐图归乡可也。倘违吾言,自罹罗网,颠覆宗祀,虽及泉下,誓不相见。汝其志之。

王臣看毕,哭倒在地道:"指望至此重整家业,复归故乡,不想母亲反为我而忧死。早知如此,便不来得也罢!悔之何及!"哭了一回,又问王留儿道:"母亲临终,可还有别话?"王留儿道:"并无别话,止叮嘱说,此处产业向已荒废,总然恢复,今史思明作反,京城必定有变,断不可守。教官人作速一切处置,备办丧葬之事,迎柩葬后,原往杭州避乱。若不遵依,死不瞑目。"王臣道:"母亲遗命,岂敢违逆!况江东真似可居,长安战争未息,弃之甚为有理。"急忙制办缞裳,摆设灵座,一面差人往坟上收拾,一面央人将田宅变卖。

王留儿住了两日,对王臣道:"官人修筑坟墓起来,尚有整月延迟,家中必然悬望。等小人先回,以安其心。"王臣道:"此言正合我意。"即便写下家书,取出盘缠,打发他先回。王留儿临出门,又道:"小人虽去,官人也须作速处置快回。"王臣道:"我恨不得这时就飞到家,何消叮嘱!"王留儿出门,洋洋而去。且说王臣这些亲戚晓得,都来吊唁,劝他不该把田产轻废。王臣因是母命,执意不听众人言语,心忙意急,上好田产,都只卖得个半价。盘桓二十余日,坟上开土筑穴,诸事色色俱已停妥,然后打叠行装,带领仆从离了长安,星夜望江东赶来,迎灵车安葬。可怜:

> 仗剑长安悔浪游,归心一片水东流。
> 北堂空作斑衣梦,泪洒白云天尽头。

话分两头。且说王臣母、妻在家,真个闻得史思明又反,日夜忧虑王臣,懊悔放他出门。过了两三月,一日,忽见家人来报,王福从京师赍信回了。姑媳闻言,即教唤进。王福上前叩头,将书递上。却见王福左眼损坏,无暇详问,将书拆开观看。上写道:

> 自离膝下,一路托庇粗安。至都查核旧业,幸得一毫不废,已经理如昔矣。更喜得遇故知胡八判官,引至元丞相门下,颇蒙青盼扶持,一官幽蓟,诰身已领,限期甚迫。特遣王福迎母同之任所。书至,即将江东田产尽货,火速入京。勿计微值,有误任期。相见在迩,书不多赘。男臣百拜。

姑媳看罢书中之意,不胜欢喜,方问道:"王福,为甚损了一目?"王福道:"不要说起! 在牲口上打瞌睡,不想跌下来,磕损了这眼。"又问:"京师近来光景,比旧日何如? 亲戚们可都在吗?"王福道:"满城残毁过半,与前大不相同了。亲戚们杀的杀,掳的掳,逃的逃,总来存不多几家。尚还有抢去家私的,烧坏屋宇的,占去田产的。唯有我家田园屋宅,一毫不动。"姑媳闻说,愈加欢悦。乃道:"家业又不曾废,却又得了官职,此皆天地祖宗保佑之方。感谢不尽! 到临起身,须做场好事报答。再祈此去前程远大,福禄永长。"又问道:"那胡八判官是谁?"王福道:"这是官人的故交。"王妈妈道:"向来从不见说起有姓胡做官的来往。"媳妇道:"或者近日相交的,也未可知。"王福接口道:"正是近日相识的。"当下问了一回,王妈妈道:"王福,你路上辛苦了,且去吃些酒饭,歇息则个。"到了次日,王福说道:"奶奶这里收拾起来,也得好几日。官人在京,却又无人服侍。待小人先去回复,打叠停当。候奶奶一到,即便起身往任,何如?"王妈妈道:"此言甚是有理。"写起书信,付些盘缠银两,打发先行。

王福去后,王妈妈将一应田地宇舍,什物器皿,尽行变卖,止留细软东西。因恐误了儿子任期,不择善价,半送与人。又延请僧人做了一场好事,然后雇下一只官船,择日起程。有几个平日相往的邻家女眷,俱来相送,登舟而别。离了杭州,由嘉禾、苏州、常润州一路,出了大江,往前进发。那些奴仆,因家主得了官,一个个手舞足蹈,好不兴头!

> 避乱南驰实可哀,谁知富贵逼人来。
> 举家手额欢声沸,指日长安昼锦回。

且说王臣自离都下,兼程而进。不则一日,已到扬州码头上。把行李搬在客店上,打发牲口去了。吃了饭,教王福向河下雇觅船只。自己坐在客店门首,守着行囊,观看往来船只。只见一只官船溯流而上,船头站着四五个人,喜笑歌唱,甚是得意。渐渐至近。打一看时,不是别人,都是自己家人。王臣心中惊异道:"他们不在家中服役,如何却在这只官船上?"又想道:"想必母亲亡后,又归他人了。"正疑讶间,舱门帘儿启处,一个女子舒头而望。王臣仔细观看,又是房中侍婢。连称"奇怪!"刚欲询问,那船上家人却也看见,齐道:"官人如何也在这里? 却又怎般服

色?"忙教艄子拢船。早惊动舱中王妈妈姑媳,掀帘观看。王臣望见母亲尚在,急将麻衣脱下,打开包裹,换了衣服巾帽。

船上家人登岸相迎,王臣教将行李齐搬下船,自己上船来见母亲。一眼觑着王留儿在船头上,不问情由,揪住便打。王妈妈走出说道:"他又无罪过,如何把他来打?"王臣见母亲出来,放手上前拜道:"都是这狗才,将母亲书信至京,误传凶信,陷儿于不孝!"姑娘俱惊讶道:"他日日在家,何尝有书差到京中!"王臣道:"一月前,赍母亲书来,书中写得如此如此,这般这般。住了两日,遣他先回,安慰家中。然后将田产处置了,星夜赶来,怎说不曾到京?"合家大惊道:"有这等异事!那里一般又有个王留儿?"连王留儿倒笑起来道:"莫说小人到京,就是这个梦也不曾做。"王妈妈道:"你且取书来看,可像我的字迹?"王臣道:"不像母亲字迹,我如何肯信?"便打开行李,取出书来看时,仍是一幅素纸,那有半个字影。把王臣惊得目睁口呆,只管将这纸来翻看。王妈妈道:"书在哪里?把来我看。"王臣道:"却不作怪!书上写着许多言语,如何竟变做一幅白纸?"王妈妈不信道:"焉有此理?自从你出门之后,并无书信往来。直至前日,你差王福将书接我,方有一信,令他先来覆你。如何有个假王留儿将假书哄你?如今却又说变了白纸!这是哪里学来这些鬼话!"

王臣听说王福曾回家这话,也甚惊骇,乃道:"王福在京,与儿一齐起身到此,几曾教他将书来接母亲?"姑媳都道:"呀!这话愈加说得混账了!一月前王福送书到家,书上说都中产业俱在,又遇什么胡八判官,引在元丞相门下,得了官职,教将江东田宅,尽皆卖了,火速入京,同往任上。故此弃了家业,雇船只入京。怎说王福没有回来?"王臣大惊道:"这事一发奇怪!何曾有甚胡八判官引到元丞相门下,选甚官职,有书迎接母亲?"王妈妈道:"难道王福也是假的?快叫来问。"王臣道:"他去唤船了,少刻就来。"众家人都到船头上一望,只见王福远远跑来,却也穿着凶服。众人把手乱招,王福认得是自家人,也道诧异,说:"他们如何都在这里?"走近船边,众人看时,与前日的王福不同了。前日左目已是损坏,如今这王福两只大眼滴溜溜,恰如铜铃一般。众人齐问道:"王福,你前日回家,眼已瞎了,如今怎又好好地?"王福向众人喷一口涎沫道:"啐!你们的眼便瞎了。我何曾回家?却又咒我眼瞎!"众人笑道:"这事真个有些古怪。奶奶在舱中唤你,且除下身上麻衣,快去相见。"王福见说,呆了一呆道:"奶奶还在?"众人道:"哪里去了,不在?"王福不信,也不脱麻衣,径撞入舱来。王臣看见,喝道:"这狗才,奶奶在这里,还不换了衣服来见。"王福慌忙退出船头脱下,进舱叩头。王妈妈擦磨老眼,仔细一看,连称:"怪哉!怪哉!前日王福回家,左目已损,今却又无恙。料然前日不是他了。"急去开出那封书来看时,也是一张白纸,并无一点墨迹。那时合家惶惑,正不知假王留儿、王福是甚变的?又不知有何缘故,却哄骗两头把家业破毁?还恐后来尚有变故,惊疑不定。

王臣沉思凝想了半日,忽想到假王福左眼是瞎的,恍然而悟,乃道:"是了!是了！原来却是这孽畜变来弄我。"王妈妈急问是甚东西。王臣乃将樊川打狐得书，客店变人诒骗，和夜间打门之事说出。又道："当时我只道这孽畜不过变人来骗此书，到不提防他有恁般贼智！"众人闻言，尽皆摇首咋舌道："这妖狐却也奸狡厉害哩！隔着几多路，却会仿着字迹人形，把两边人都弄得如耍戏一般。早知如此，把那书还了他去也吧。"王臣道："叵耐这孽畜无礼！如今越发不该还他了！若再缠账，把那祸种头一火而焚之。"于氏道："事已如此，莫要闲讲了。且商量正务，如今住在这里，不上不下，还是怎生计较？"王臣道："京中产业俱已卖尽，去也没个着落。况兼途路又远，不如且归江东。"王妈妈道："江东田宅也一毫无存，却住在何处？"王臣道："权赁一所住下，再作区处。"当下拨转船头，原望江东而回。那些家人起初像火一般热，到此时化作冰一般冷，犹如断线偶戏，手足掸软，连话都无了。正是乘兴而来，败兴而返。

到了杭州，王臣同家人先上岸，在旧居左近赁了一所房屋，制办日用家伙，各色停当，然后发起行李，迎母妻进屋。计点囊橐，十无其半，又恼又气。门也不出，在家纳闷。这些邻家见王妈妈去而复回，齐来询问。王臣道知其详，众人俱以为异事，互相传说，遂嚷遍了半个杭城。

一日，王臣正在堂中，督率家人收拾，只见外边一人走将入来，威仪济楚，服饰整齐。怎见得？但见：

> 头戴一顶黑纱唐巾，身穿一领绿罗道袍；碧玉环正缀巾边，紫丝绦横围袍上，袜似两堆白雪，乌如二朵红云。堂堂相貌，生成出世之姿；落落襟怀，养就凌云之气。若非天上神仙，定是人间官宰。

那人走入堂中，王臣仔细打一看时，不是别人，正是同胞兄弟王宰。当下王宰向前作揖道："大哥别来无恙？"王臣还了个礼，乃道："贤弟，亏你寻到这里！"王宰道："兄弟到京回旧居时，见已化为白地。只道罹于兵火，甚是悲痛。即去访问亲故，方知合家向已避难江东。近日大哥至京，整理旧业，因得母亲凶问，刚始离京。兄弟闻了这信，遂星夜赶来。适才访到旧居，邻家说新迁于此。母亲却也无恙，故此又到舟中换了衣服才来。母亲如今在哪里？为何反迁在这等破屋里边？"王臣道："一言难尽！待见过了母亲，与你细说。"引入后边，早有家人报知王妈妈。王妈妈闻得次儿归家，好生欢喜，即忙出来。恰好遇见，王宰倒身下拜。拜毕起身。王妈妈道："儿！我日夜挂心，一向好吗？"王宰道："多谢母亲记念！待儿见过了嫂嫂，少停细细说与母亲知道。"当下王臣浑家并一家婢仆，都来见过。

王宰扯王臣往外就走，王妈妈也随出来，至堂中坐下。问道："大哥，你且先说，因甚弄得恁般模样？"王臣乃将樊川打狐起，直至两边掇赚，变卖产业，前后事细说一过。王宰听了道："原来有这个缘故，以致如此！这却是你自取，非干野狐之罪。那狐自在林中看书，你是官道行路，两不妨碍，如何却去打他，又夺其书？及至客店中，他忍着疼痛，来赚你书，想是万不得已而然。你不还他罢了，怎地又起恶念，拔剑斩逐？及至夜间好言苦求，你又执意不肯。况且不识这字，终于无用，要他则甚？今反吃他捉弄得这般光景，都是自取其祸。"王妈妈道："我也是这般说。要他何用，如今反受其累！"王臣被兄弟数落一番，默然不语，心下好不耐烦。王宰道："这书有几多大？还是什么字体？"王臣道："薄薄的一册，也不知什么字体，一字也识不出！"王宰道："你且把我看看。"王妈妈从旁衬道："正是！你去把来与兄弟看看，或者识得这字也不可知。"王宰道："这字料也难识，只当眼见稀奇物罢了。"当时王臣向里边取出，到堂中，递与王宰。

王宰接过手，从前直揭至后，看了一看，乃道："这字果然稀见！"便立起身，走在堂中，向王臣道："前日王留儿就是我。今日天书已还，不来缠你了。请放心！"一头说，一头往外就奔。王臣大怒，急赶上前，大喝道："孽畜大胆，哪里走！"一把扯住衣裳，走的势发，扯的力猛，只听得絬喇一响，扯下一幅衣裳。那妖狐索性把身一抖，卸下衣服，见出本相，向门外乱跑，风团也似去了。王臣同家人一齐赶到街上，四顾观看，并无踪影。王臣一来被他破荡了人家，二来又被他数落这场，三来不忿得这书，咬牙切齿，东张西望寻觅。只见一个瞎道人，站在对门檐下。王臣问道："可见一个野狐从哪里去了？"瞎道人把手指道："向东边去了。"王臣同家人急望东而赶。行不上五六家门面，背后瞎道人叫道："王臣，前日王福便是我，令弟也在这里。"众人闻得，复转身来。两个野狐执着书儿在前戏跃。众人奋勇前来追捕。二狐放下四蹄，飞也似去了。王臣刚奔到自己门首，王妈妈叫道："去了这败家祸胎，已是安稳了，又赶他则甚！还不进来？"王臣忍着一肚子气，只得依了母亲，唤转家人进来。逐件捡起衣服观看，俱随手而变。你道都是甚东西？

破芭蕉，化为罗服；烂荷叶，变做纱巾；碧玉环，柳枝圈就；紫丝绦，薜萝搓成。罗袜二张白素纸，朱舄两片老松皮。

众人看了，尽皆骇异道："妖狐神通这般广大！二官人不知在何处，却变得恁般厮像？"王臣心中转想转恼，气出一场病来，卧床不起。王妈妈请医调治，自不必说。

过了数日，家人们正在堂中，只见走进一个人来。看时，却是王宰，也是纱巾罗服，与前妖狐一般打扮。众家人只道又是假的，一齐乱喊道："妖狐又来了！"各去寻棍觅棒，拥上前乱打。王宰喝道："这些泼男女，为何这等无礼！还不去报知奶奶！"众人那个睬他，一味乱打。王宰止遏不住，惹恼性子，夺过一根棒来，打得众人四分五落，不敢近前，都闪在里边门旁指着骂道："你这孽畜！书已拿去了，又来做甚？"王宰不解其意，心下大怒，直打入去。众人往内乱跑。早惊动王妈妈，听得外边喧嚷，急走出来，撞见众人，问道："为何这等慌乱？"众人道："妖狐又变做二官人模样，打进来也！"王妈妈惊道："有这等事！"

言还未毕，王宰已在面前。看见母亲，即撇下棒子，上前叩拜道："母亲，为甚这些泼男女将儿叫作妖狐孽畜，执棍乱打？"王妈妈道："你真个是我孩否？"王宰道："儿是母亲生的，有什么假！"正说间，外面七八个人，扛抬铺程行李进来。众家人方知是真，上前叩头谢罪。王宰问其缘故，王妈妈乃将妖狐前后事细说，又道："汝兄为此气成病症，尚未能愈。"王宰闻言，亦甚惊骇道："恁样说起来，儿在蜀中，王福曾赍书至，也是这狐假的了。"王妈妈道："你且说书上怎写？"王宰道："儿是随驾入蜀，分隶于剑南节度严武部下，得蒙拔为裨将。故上皇还京，儿不相从归国。两月前，忽见王福赍哥哥书来，说向避难江东，不幸母亲有变，教儿速来计议，扶柩归乡。王福说要至京打扫茔墓，次日先行。儿为此辞了本官，把许多东西都弃下了，轻装兼程趱来。才访至旧居，邻家指引至此。知母亲无恙，复到舟中易服来见。正要问哥哥为甚把这样凶信哄我，不想却有此异事！"即去行李中开出那封书来看时，也是一幅白纸。合家又好笑，又好恼。

王宰同母至内见过嫂子，省视王臣，道其所以。王臣又气得个发昏。王妈妈道："这狐虽然惫懒，也亏他至蜀中赚你回来，使我母子相会。将功折罪，莫怨他吧！"王臣病了两个月，方才痊可，遂入籍于杭州。所以至今吴越间称拐子为野狐精。有书为证：

蛇行虎走各为群，狐有天书狐自珍。
家破业荒书又去，令人千载笑王臣。

第 七 卷

钱秀才错占凤凰俦

> 渔船载酒日相随,短笛芦花深处吹。
> 湖面风收云影散,水天光照碧琉璃。

这首诗是宋时杨备游太湖所作。这太湖在吴郡西南三十余里之外。你道有多少大?东西二百里,南北一百二十里,周围五百里,广三万六千顷,中有山七十二峰,襟带三州。那三州?

苏州　　湖州　　常州

东南诸水皆归。一名震泽,一名具区,一名笠泽,一名五湖。何以谓之五湖?东通长洲松江,南通乌程雪溪,西通义兴荆溪,北通晋陵滆湖,东通嘉兴韭溪,水凡五道,故谓之五湖。那五湖之水,总是震泽分流,所以谓之太湖。就太湖中,亦有五湖名色,曰:菱湖、游湖、莫湖、贡湖、胥湖。五湖之外,又有三小湖:扶椒山东曰梅梁湖,杜圻之西、鱼查之东曰金鼎湖;林屋之东曰东皋里湖。吴人只称作太湖。

那太湖中七十二峰,唯有洞庭两山最大。东洞庭曰东山,西洞庭曰西山。两山分峙湖中。其余诸山,或远或近,若浮若沉,隐见出没于波涛之间。有元人许谦诗为证:

> 周回万水入,远近数州环。
> 南极疑无地,西浮直际山。
> 三江归海表,一径界河间。
> 白浪秋风疾,渔舟意尚闲。

那东西两山在太湖中间,四面皆水,车马不通。欲游两山者,必假舟揖,往往有风波之险。昔宋时宰相范成大在湖中遇风,曾作诗一首:

> 白雾漫空白浪深,舟如竹叶信浮沉。
> 科头宴起吾何敢,自有山川印此心。

话说两山之人,善于货殖,八方四路,去为商为贾。所以江湖上有个口号,叫作"钻天洞庭"。内中单表西洞庭有个富家,姓高,名赞,少年惯走湖广,贩卖粮食。后来家道殷实了,开起两个解库,托着四个伙计掌管,自己只在家中受用。浑家金氏,生下男女二人,男名高标,女名秋芳。那秋芳反长似高标二岁。高赞请个积年老教授在家馆谷,教着两个儿女读书。那秋芳资性聪明,自七岁读书,至十二岁,书史皆通,写作俱妙。交十三岁,就不进学堂,只在房中习学女工,描鸾刺凤。看看长成十六岁,出落得好个女儿,美艳非常。有《西江月》为证:

> 面似桃花含露,体如白雪团成。眼横秋水黛眉清,十指尖尖春笋。 袅娜休言西子,风流不让崔莺。金莲窄窄瓣儿轻,行动一天丰韵。

高赞见女儿人物整齐,且又聪明,不肯将他配个平等之人,定要拣个读书君子,才貌兼全的配他,聘礼厚薄到也不论。若对头好时,就赔些妆奁嫁去,也自情愿。有多少豪门富室,日来求亲的。高赞访得他子弟才不压众,貌不超群,所以不曾许允。虽则洞庭在水中央,三州通道,况高赞又是个富家,这些做媒的四处传扬,说高家女子,美貌聪明,情愿赔钱出嫁,只要择个风流佳婿。但有一二分才貌的,那一个不挨风缉缝,央媒说合。说时夸将得潘安般貌,子建般才。及至访实,都只平常。高赞被这伙做媒的哄得不耐烦了,对那些媒人说道:"今后不须言三语四。若果有人才出众的,便与他同来见我。合得我意,一言两决,可不快当!"自高赞出了这句言语,那些媒人就不敢轻易上门。正是:

> 眼见方为是,传言未必真。
> 试金今有石,惊破假银人。

话分两头。却说苏州府吴江县平望地方,有一秀士,姓钱名青,字万选。此人饱读诗书,广知今古,更兼一表人才。也有《西江月》为证:

> 出落唇红齿白,生成眼秀眉清。风流不在着衣新,俊俏行中首领。 下笔千言立就,挥毫四座皆惊。青钱万选好声名,一见人人起敬。

钱生家世书香,产微业薄,不幸父母早丧,愈加零替。所以年当弱冠,无力娶妻,止与老仆钱兴相依同住。钱兴日逐做些小经纪供给家主,每每不敷,一饥两饱。幸得其年游庠,同县有个表兄,住在北门之外,家道颇富,就延他在家读书。那表兄姓颜,名俊,字伯雅,与钱生同庚生,都则一十八岁,颜俊只长得三个月,以此钱生呼之为兄。父亲已逝,只有老母在堂,亦未尝定亲。说话的,那钱青因家贫未娶;颜俊是富家之子,如何一十八岁,还没老婆?其中有个缘故。那颜俊有个好高之病,立誓要拣个绝美的女子,方与缔姻,所以急切不能成就。况且颜俊自己又生得十分丑陋。怎见得?亦有《西江月》为证:

> 面黑浑如锅底,眼圆却似铜铃。痘疤密摆泡头钉,黄发蓬松两鬓。 牙齿真金镀就,身躯顽铁敲成。搋开五指鼓槌能,枉了名呼颜俊。

那颜俊虽则丑陋,最好装扮,穿红着绿,低声强笑,自以为美。更兼他腹中全无滴墨,纸上难成片语,偏好攀今掉古,卖弄才学。钱青虽知不是同调,却也借他馆地,为读书之资,每事左凑着他。故此颜俊甚是喜欢,事事商议而行,甚说得着。

话休絮烦。一日,正是十月初旬天气,颜俊有个门房远亲,姓尤名辰,号少梅,为人生意行中,颇颇伶俐,也领借颜俊些本钱,在家开个果子店营运过活。其日在洞庭山贩了几担橙橘回来,装作一盘,到颜家送新。他在山上闻得高家选婿之事,说话中间偶然对颜俊叙述,也是无心之谈。谁知颜俊到有意了,想道:"我一向要觅一头好亲事,都不中意。不想这段姻缘却落在哪里!凭着我恁般才貌,又有家私,若央媒去说,再增添几句好话,怕道不成?"那日一夜睡不着。天明起来,急急梳洗了,到尤辰家里。

尤辰刚刚开门出来,见了颜俊,便道:"大官人为何今日起得恁早?"颜俊道:"便是有些正事,欲待相烦。恐老兄出去了,特特早来。"尤辰道:"不知大官人有何事见委?请里面坐了领教。"

颜俊到坐启下,作了揖,分宾而坐。尤辰又道:"大官人但有所委,必当效力,只怕用小子不着。"颜俊道:"此来非为别事,特求少梅作伐。"尤辰道:"大官人作成小子赚花红钱,最感厚意。不知说的是那一头亲事?"颜俊道:"就是老兄昨日说的洞庭西山高家这头亲事,于家下甚是相宜,求老兄作成小子则个。"尤辰格的笑了一声道:"大官人莫怪小子直言!若是第二家,小子也就与你去说了。若是高家,大官人作成别人做媒吧。"颜俊道:"老兄为何推托?这是你说起的,怎么又叫我去寻别人?"尤辰道:"不是小子推托,只为高老有些古怪,不容易说话,所以迟疑。"颜俊道:"别件事,或者有些东扯西拽,东掩西遮,东三西四,不容易说话。这做媒乃是冰人撮合,一天好事,除非他女儿不要嫁人便罢休,不然,少不得男媒女妁。随他古怪,然须知媒人不可怠慢。你怕他怎的!还是你故意作难,不肯总成我这桩美事。这也不难,我就央别人去说。说成了时,休想吃我的喜酒!"说罢,连忙起身。

那尤辰领借颜俊家本钱,平日奉承他的,见他有咈然不悦之意,即忙回船转舵道:"大官人莫要性急,且请坐下,再细细商议。"颜俊道:"肯去就去,不肯去就罢了。有甚话商量得!"口里虽则是恁般说了,身子却又转来坐下。尤辰道:"不是我故意作难,那老儿真个古怪。别家相媳妇,他偏要相女婿。但得他当面看得中意,才将女儿许他。有这些难处,只怕劳而无功,故此不敢把这个难题目包揽在身上。"颜俊道:"依你说,也极容易。他要当面看我时,就等他看个眼饱。我又不残疾,怕他怎地!"尤辰不觉呵呵大笑道:"大官人,不是冲撞你说。大官人虽则不丑,更有比大官人胜过几倍的,他还看不上眼哩!大官人若是不把与他见面,这事纵没一分二分,还有一厘二厘。若是当面一看,便万分难成了!"颜俊道:"常言无谎不成媒。你与我包谎,只说十二分人才,或者该是我的姻缘,一说一就,不要面看,也不可知。"尤辰道:"倘若要看时,却怎地?"颜俊道:"且到那时,再有商量。只求老兄速去一言。"尤辰道:"既蒙吩咐,小子好歹去走一遭便了。"

颜俊临起身,又叮咛道:"千万,千万!说得成时,把你二十两这纸借契,先奉还了。媒礼花红在外。"尤辰道:"当得,当得!"颜俊别去。不多时,就教人封上五钱银子,送与尤辰,为明日买舟之费。颜俊那一夜在床上又睡不着,想道:"倘他去时不尽其心,葫芦提回复了我,可不枉走一遭!再差一个伶俐家人跟随他去,听他讲甚言语。好计,好计!"等待天明,便唤家童小乙来,跟随尤大舍往山上去说亲。小乙去了,颜俊心中牵挂,即忙梳洗,往近处一个关圣庙中求签,卜其事之成否。当下焚香再拜,把签筒摇了几摇,扑的跳出一签。拾起看时,却是第七十三签。签上写得有签诀四句,云:

> 忆昔兰房分半钗,而今忽把信音乖。
> 痛心指望成连理,到底谁知事不谐。

颜俊才学虽然不济,这几句签诀,文义显浅,难道好歹不知。求得此签,心中大怒,连声道:"不准,不准!"撒袖出庙门而去。回家中坐了一会,想道:"此事有甚不谐!难道真个嫌我丑陋,不中其意?男子汉须比不得妇人,只是出得人前罢了。一定要选个陈平、潘安不成?"一头想,一头取镜子自照。侧头侧脑的看了一回,良心不昧，自己也看不过了。把镜子向桌上一撇，叹了一口寡气，呆呆而坐。准准的闷了一日不题。

且说尤辰是日同小乙驾了一只二橹快船，趁着无风静浪，咿呀的摇到西山高家门首停舶，刚刚是未牌时分。小乙将名帖递了，高公出迎，问其来意。说是与令爱作伐。高赞问是何宅。尤辰道："就是歙县一个舍亲，家业也不薄，与宅上门户相当。此子年方十八，读书饱学。"高赞道："人品生得如何？老汉有言在前，定要当面看过，方敢应承。"尤辰见小乙紧紧靠在椅子后边，只得不老实扯个大谎，便道："若论人品，更不必言。堂堂一躯，十全之相；况且一腹文才，十四岁出去考童生，县里就高高取上一名。这几年为丁了父忧，不曾进院，所以未得游庠。有几个老学，看了舍亲的文字，都许他京解之才。就是在下，也非惯于为媒。因年常在贵山买果，偶闻令爱才貌双全，老翁又慎于择婿，因思舍亲，正合其选，故此斗胆轻造。"高赞闻言，心中甚喜。便是令亲果然有才有貌，老汉敢不从命。但老汉未曾经目，终不放心。若得足下引令亲过寒家一会，更无别说。尤辰道："小子并非谬言，老翁他日自知。只是舍亲是个不出书房的小官人，或者未必肯到宅上。就是小子撺掇来时，若成得亲事还好，万一不成，舍亲何面目回转！小子必然讨他抱怨了。"高赞道："既然人品十全，岂有不成之理。老夫生性是这般小心过度的人，所以必要着眼。若是令亲不屑下顾，待老汉到宅，足下不意之中，引令亲来一观，却不妥帖？"尤辰恐怕高赞身到吴江，访出颜俊之丑，即忙转口道："既然尊意决要会面，小子还同舍亲奉拜，不敢烦尊驾动履。"说罢，告别。高公哪里肯放，忙教整酒肴相款。吃到更余，高公留宿。尤辰道："小舟带有铺陈，明日要早行。即今奉别。等舍亲登门，却又相扰。"高公取舟金一封相送，尤辰作谢下船。

次早顺风，拽起饱帆，不够大半日就到了吴江。颜俊正呆呆地站在门前望信。一见尤辰回家，便迎住问道："有劳老兄往返，事体如何？"尤辰把问答之言，细述一遍。"他必要面会，大官人如何处置？"颜俊嘿然无言。尤辰便道："暂别再会。"自回家去了。颜俊到里面，唤过小乙来问其备细，只恐尤辰所言不实。小乙说来果是一般。颜俊沉吟了半晌，心生一计，再走到尤辰家，与他商议。不知说的是什么计策？正是：

> 为思佳偶情如火，索尽枯肠夜不眠。
> 自古姻缘皆分定，红丝岂是有心牵。

颜俊对尤辰道："适才老兄所言，我有一计在此，也不打紧。"尤辰道："有何好计？"颜俊道："表弟钱万选，向在舍下同窗读书。他的才貌比我胜几分儿。明日我央及他同你去走一遭，把他只说是我，哄过一时。待行过了聘，不怕他赖我的姻事！"尤辰道："若看了钱官人，万无不成之理。只怕钱官人不肯。"颜俊道："他与我至亲，又相处得极好，只央他点一遍名儿，有甚亏他处！料他决然无辞。"说罢，作别回家。

其夜，就到书房中陪钱万选夜饭，酒肴比常分外整齐。钱万选愕然道："日日相扰，今日何劳盛设？"颜俊道："且吃三杯，有小事相烦贤弟则个。只是莫要推故。"钱万选道："小弟但可效劳之处，无不从命。只不知什么样事？"颜俊道："不瞒贤弟说，对门开果子店的尤少梅，与我作伐，说的女家，是洞庭西山高家。一时间夸了大口，说我十分才貌。不想说得忒高兴了，那高老定要先请我去面会一会，然后行聘。昨日商议，若我自去，恐怕不应了前言。一来少梅没趣，二来这亲事就难成了。故此要劳贤弟认了我的名色，同少梅一行，瞒过那高老，玉成这头亲事，感恩不浅，愚兄自当重报。"钱万选想了一想，道："别事犹可，这事只怕行不得。一时便哄过了，

后来知道，你我都不好看相。"颜俊道："原只要哄过这一时。若行聘过了，就晓得也不怕他。他又不认得你是什么人，就怪也只怪得媒人，与你什么相干！况且他家在洞庭西山，百里之隔，一时也未必知道。你但放心前去，到不要畏缩。"钱万选听了，沉吟不语。欲待从他，不是君子所为。欲待不从，必然取怪，这馆就处不成了，事在两难。颜俊见他沉吟不决，便道："贤弟，常言道：天摊下来，自有长的撑住。凡事有愚兄在前，贤弟休得过虑。"钱万选道："虽然如此，只是愚弟衣衫褴褛，不称仁兄之相。"颜俊道："此事愚兄早已办下了。"是夜无话。

次日，颜俊早起，便到书房中，唤家童取出一皮箱衣服，都是绫罗绸绢时新花样的翠颜色，时常用龙涎庆真饼熏得扑鼻之香，交付钱青行时更换，下面净袜丝鞋，只有头巾不对，即时与他折了一顶新的。又封着二两银子送与钱青道："薄意权充纸笔之用，后来还有相酬。这一套衣服，就送与贤弟穿了。日后只求贤弟休向人说，

泄漏其事。今日约定了尤少梅，明日早行。"钱青道："一依尊命。这衣服小弟暂时借穿，回时依旧纳还。这银子一发不敢领。"颜俊道："古人车马轻裘，与朋友共，就没有此事相劳，那几件粗衣奉与贤弟穿了，不为大事。这些须薄意，不过表情，辞时反教愚兄惭愧。"钱青道："既承仁兄盛情，衣服便勉强领下。那银子断然不敢。"颜俊道，"若是贤弟固辞，便是推托了。"钱青方才受了。

颜俊是日约会尤少梅。尤辰本不肯担这干纪，只为不敢得罪于颜俊，勉强应承。颜俊预先备下船只，及船中供应食物，和铺陈之类，又拨两个安童服侍，连前番跟去的小乙，共是三人。绢衫毡包，极其华整。隔夜俱已停当。又吩咐小乙和安童到彼，只当自家大官人称呼，不许露出个钱字。过了一夜，侵早就起来催促钱青梳洗穿着。钱青贴里贴外，都换了时新华丽衣服，行动香风拂拂，比前更觉标致。

　　　　分明荀令留香去，疑是潘郎掷果回。

颜俊请尤辰到家，同钱青吃了早饭，小乙和安童跟随下船。又遇了顺风，片帆直吹到洞庭西山，天色已晚，舟中过宿。次日，早饭过后，约莫高赞起身；钱青全柬写颜俊名字拜帖，谦逊些，加个晚字。小乙捧帖，到高家门首投下，说："尤大舍引颜宅小官人特来拜见。"高家仆人认得小乙的，慌忙通报。高赞传言快请。假颜俊在前，尤辰在后，步入中堂。高赞一眼看见那个小后生，人物轩昂，衣冠济楚，心下已自三分欢喜。叙礼已毕，高赞看椅上坐。钱青自谦幼辈，再三不肯。只得东西昭穆坐下。高赞肚里暗暗喜欢："果然是个谦谦君子。"坐定，先是尤辰开口，称谢前日相扰。高翁答言多慢。接口就问道："此位就是令亲颜大官人？前日不曾问得贵表。"钱青道："年幼无表。"尤辰代言："舍亲表字伯雅。伯仲之伯，雅俗之雅。"高赞道："尊名尊字，俱称其实。"钱青道："不敢！"高赞又问起家世。钱青一一对答，出词吐

气,十分温雅。高赞想道:"外才已是美了,不知他学问如何?且请先生和儿子出来相见,盘他一盘,便见有学无学。"献茶二道,吩咐家人:"书馆中请先生和小舍出来见客。"

去不多时,只见五十多岁一个儒者,引着一个垂髫学生出来。众人一齐起身作揖。高赞一一通名:"这位是小儿的业师,姓陈,见在府庠。这就是小儿高标。"钱青看那学生,生得眉清目秀,十分俊雅。心中想道:"此子如此,其姊可知。颜兄好造化哩!"又献了一道茶,高赞便对先生道:"此位尊客是吴江颜伯雅,年少高才。"那陈先生已会了主人之意,便道:"吴江是人才之地,见高识广,定然不同。请问贵邑有三高祠,还是那三个?"钱青答言:"范蠡、张翰、陆龟蒙。"又问:"此三人何以见得他高处?"钱青一一分疏出来。两个遂互相盘问了一回。钱青见那先生学问平常,故意谈天说地,讲古论今,惊得先生一字俱无,连称道:"奇才,奇才!"把一个高赞就喜得手舞足蹈。忙唤家人,悄悄吩咐备饭,要整齐些。家人闻言,即时摆开桌子,排下五色果品。高赞取杯筋安席,钱青答敬谦让了一回,照前昭穆坐下。三汤十菜,添案小吃,顷刻间,摆满了桌子,真个咄嗟而办。

你道为何如此便当?原来高赞的妈妈金氏,最爱其女。闻得媒人引颜小官人到来,也伏在遮堂背后张看。看见一表人才,语言响亮,自家先中意,料高老必然同心,故此预先准备筵席。一等吩咐,流水的就搬出来。宾主共是五位,酒后饭,饭后酒,直吃到红日衔山。钱青和尤辰起身告辞,高赞心中甚不忍别,意欲攀留数日,钱青哪里肯住。高赞留了几次,只得放他起身。钱青先别了陈先生,口称承教,次与高公作谢道:"明日早行,不得再来告别。"高赞道:"仓促怠慢,勿得见罪。"小学生也作揖过了。金氏已备下几色嗄程相送,无非是酒米鱼肉之类,又有一封舟金。高赞扯尤辰到背处,说道:"颜小官人才貌,更无他说。若得少梅居间成就,万分之幸。"尤辰道:"小子领命。"高赞直送上船,方才分别。当夜夫妻两口,说了颜小官人一夜。正是:

不须玉杵千金聘,已许红绳两足缠。

再说钱青和尤辰,次日开船,风水不顺,直到更深,方才抵家。颜俊兀自秉烛夜坐,专听好音。二人叩门而入,备述昨朝之事。颜俊见亲事已成,不胜之喜,忙忙的就本月中择个吉日行聘。果然把那二十两借契送还了尤辰,以为谢礼。就择了十二月初三日成亲。高赞得意了女婿,况且妆奁久已完备,并不推阻。

日往月来,不觉十一月下旬,吉期将近。原来江南地方娶亲,不行古时亲迎之礼,都是女亲家和阿舅自送上门。女亲家谓之送娘。阿舅谓之抱嫁。高赞为选中了乘龙佳婿,到处夸扬,今日定要女婿上门亲迎,准备大开筵宴,遍请远近亲邻吃喜酒。先遣人对尤辰说知,尤辰吃了一惊,忙来对颜俊说了。颜俊道:"这番亲迎,少不得我自去走遭。"尤辰跌足道:"前日女婿上门,他举家都看个勾,行乐图也画得出在那里。今番又换了一个面貌,教做媒的如何措辞?好事定然中变!连累小子必然受辱!"颜俊听说,反抱怨起媒人来道:"当初我原说过来,该是我姻缘,自然成就。若第一次上门时,自家去了,那见得今日进退两难!都是你捉弄我,故意说得高老十分古怪,不要我去,教钱家表弟替了。谁知高老甚是好情,一说就成,并不非难。这是我命中注定,该做他家的女婿,岂因见了钱表弟方肯成!况且他家已受了聘礼,他的女儿就是我的人了,敢道个不字吗?你看我今番自去,他怎生发付我?难道赖我的亲事不成?"尤辰摇着头道:"成不得!人也还在他家,你狠到哪里去?若不肯把人送上轿,你也没奈何他!"颜俊道:"多带些人从去,肯便肯,不肯时打进去,抢将回来。便告到官司,有生辰吉帖为证。只是赖婚的不是,我并没差处。"尤辰道:"大官人休说满话！常言道:恶龙不斗地头蛇。你的从人虽多,怎比得坐地的,有增无减。万一弄出事来,缠到官司,那老儿诉说,求亲的是一个,娶亲的又是一个。官府免不得与媒人诘问,刑罚之下,小子只得实说,连钱大官人前程干系,不是耍处!"

颜俊想了一想道:"既如此,索性不去了。劳你明日去回他一声,只说前日已曾会过了,敝县没有亲迎的常规,还是从俗送亲吧。"尤辰道:"一发成不得。高老因看上了佳婿,到处夸其才貌。那些亲邻专等亲迎之时,都要来厮认,这是断然要去的!"颜俊道:"如此,怎么好?"尤辰道:"依小子愚见,更无别策,只得再央令表弟钱大官人走遭,索性哄他到底。哄得新人进门,你就靠家大了,不怕他又夺了去。结姻之后,纵然有话,也不怕他了。"颜俊顿了一顿口道:"话到有理！只是我的亲事,到作成别人去风光。央及他时,还有许多作难哩!"尤辰道:"事到其间,不得不如此了。风光只在一时,怎及得大官人终身受用!"颜俊又喜又恼。当下别了尤辰,回到书房,对钱青说道:"贤弟,又要相烦一事。"钱青道:"不知兄又有何事?"颜俊道:"出月初三,是愚兄毕姻之期,初二日就要去亲迎。原要劳贤弟一行,方才妥当。"钱青道:"前日代劳,不过泛然之事。今番亲迎,是个大礼,岂是小弟代得的！这个断然不可!"颜俊道:"贤弟所言虽当,但因初番会面,他家已认得了。如今忽换我去,必然疑心,此事恐有变卦。不但亲事不成,只恐还要成讼,那时连贤弟也有干系。却不是为小妨大,把一天好事自家弄坏了？若得贤弟亲迎回来,成就之后,不怕他闲言闲语。这是个权宜之术。贤弟须知:塔尖上功德,休得固辞。"钱青见他说得情辞恳切,只索依允。颜俊又唤过吹手及一应接亲人从,都吩咐了说话,不许漏泄风声。取得亲回,都有重赏。众人谁敢不依。到了初二日清晨,尤辰便到颜家相帮,安排亲迎礼物,及上门各项赏赐,都封得停停当当。其钱青所用,及儒巾圆领丝绦皂靴,并皆齐备。又分派各船食用,大船二只,一只坐新人,一只媒人共新郎同坐;中船四只,散载众人;小船四只,一者护送,二者以备杂差。十余只船,筛锣掌号,一齐开出湖去,一路流星炮仗,好不兴头。正是:

> 门阑多喜气,女婿近乘龙。

船到西山,已是下午。约莫离高家半里停泊。尤辰先到高家报信。一面安排亲迎礼物,及新人乘坐百花彩轿,灯笼火把,共有数百。钱青打扮整齐,另有青绢暖轿,四抬四绰,笙箫鼓乐,径望高家而来。那山中远近人家,都晓得高家新女婿才貌双全,竞来观看,挨肩并足,如看神会故事的一般热闹。钱青端坐轿中,美如冠玉,无不喝彩。有妇女曾见过秋芳的,便道:"这般一对夫妻,真个郎才女貌！高家拣了许多女婿,今日果然被他捡着了。"不题众人。

且说高赞家中,大排筵席,亲朋满座,未及天晚,堂中点得画烛通红。只听得乐声聒耳,门上人报道:"娇客轿子到门了!"傧相披红插花,忙到轿前作揖,念了诗赋,请出轿来。众人谦恭揖让,延至中堂奠雁。行礼已毕,然后诸亲一一相见。众人见新郎标致,一个个暗暗称美。献茶后,吃了茶果点心,然后定席安位。此日新女婿与寻常不同,面南专席,诸亲友环坐相陪,大吹大擂地饮酒。随从人等,外厢另有款待。

且说钱青坐于席上,只听得众人不住声的赞他才貌,贺高老选婿得人。钱青肚里暗笑道:"他们好似见鬼一般！我好像做梦一般！做梦的醒了,也只扯淡。那些见神见鬼的,不知如何结末哩？我今日且落得受用。"又想道:"我今日做替身,担了虚名,不知实受还在几时？料想不能如此富贵。"转了这一念,反觉得没兴起来,酒也懒吃了。高赞父子,轮流敬酒,甚是殷勤。钱青怕耽误了表兄的正事,急欲抽身。

高赞固留，又坐了一回。用了汤饭，仆从的酒都吃完了。

约莫四鼓，小乙走在钱青席边，催促起身。钱青教小乙把赏封给散，起身作别。高赞量度已是五鼓时分，陪嫁妆奁俱已点检下船，只待收拾新人上轿。只见船上人都走来说："外边风大，难以行船，且消停一时，等风头缓了好走。"原来半夜里便发了大风。那风刮得好厉害！只见：

> 山间拔木扬尘，湖内腾波起浪。

只为堂中鼓乐喧阗，全不觉得，高赞叫乐人住了吹打听时，一片风声，吹得怪响，众皆愕然。急得尤辰只把脚跳，高赞心中大是不乐。只得重请入席，一面差人在外专看风色。看看天晓，那风越狂起来，刮得彤云密布，雪花飞舞。众人都起身看着天，做一块儿商议。一个道："这风还不像就住的。"一个道："半夜起的风，原要半夜里住。"又一个道："这等雪天，就是没风也怕行不得。"又一个道："只怕这雪还要大哩。"又一个道："风太急了，住了风，只怕湖胶。"又一个道："这太湖不愁他胶断，还怕的是风雪。"众人是恁般闲讲，高老和尤辰好生气闷！又捱一会，吃了早饭，风愈狂，雪愈大，料想今日过湖不成。错过了吉日良时，残冬腊月，未必有好日了。况且笙箫鼓乐，乘兴而来，怎好教他空去。

事在千难万难之际，坐间有个老者，唤作周全，是高赞老邻，平日最善处分乡里之事，见高赞沉吟无计，便道："依老汉愚见，这事一些不难。"高赞道："足下计将安在？"周全道："既是选定日期，岂可错过！令婿既已到宅，何不就此结亲？趁这筵席，做了花烛。等风息，从容回去，岂非全美！"众人齐声道："最好！"高赞正有此念，却喜得周老说话投机。当下便吩咐家人，准备洞房花烛之事。

却说钱青虽然身子在此，本是个局外之人。起初风大风小，也还不在他心上。忽见周全发此议论，暗暗心惊，还道高老未必听他。不想高老欣然应允，老大着忙，暗暗叫苦。欲央尤少梅代言，谁想尤辰平昔好酒，一来天气寒冷，二来心绪不佳，斟着大杯，只顾吃，吃得烂醉如泥，在一壁厢空椅子上打鼾去了。钱青只得自家开口道："此百年大事，不可草草。不妨另择个日子，再来奉迎。"高赞哪里肯依，便道："翁婿一家，何分彼此！况贤婿尊人已不在堂，可以自专。"说罢，高赞入内去了。钱青又对各位亲邻，再三央及，不愿在此结亲。众人都是奉承高老的，那一个不极口赞成。

钱青此时无可奈何，只推出恭，到外面时，却叫颜小乙与他商议。小乙心上也道不该，只教钱秀才推辞，此外别无良策。钱青道："我已辞之再四，其奈高老不从！若执意推辞，反起其疑。我只要委曲周全你家主一桩大事，并无欺心。若有苟且，天地不容！"主仆二人，正在讲话，众人都攒拢来道："此是美事，令岳意已决矣，大官人不须疑虑！"钱青黯然无语，众人揖钱青进。午饭已毕，重排喜筵。傧相披红喝礼，两位新人打扮登堂，照依常规行礼，结了花烛。正是：

> 百年姻眷今宵就，一对夫妻此夜新。
> 得意事成失意事，有心人遇没心人。

其夜酒阑人散，高赞老夫妇亲送新郎进房，伴娘替新娘卸了头面。几遍催新郎安置，钱青只不答应，正不知什么意故。只得服侍新娘先睡，自己出房去了。丫鬟将房门掩上，又催促官人上床。钱青心上如小鹿乱撞，勉强答应一句道："你们先睡。"丫鬟们乱了一夜，各自倒东歪西去打瞌睡。钱青本待秉烛达旦，一时不曾讨得几支蜡烛。到烛尽时，又不好声唤，忍着一肚子闷气，和衣在床外侧身而卧，也不知女孩儿头东头西。次早清清天亮，便起身出外，到舅子书馆中去梳洗。高赞夫妻只道他少年害羞，亦不为怪。是日雪虽住了，风尚不息。高赞且做庆贺筵席。钱青吃得酩酊大醉，坐到更深进房。女孩儿又先睡了，钱青打熬不过，依旧和衣而睡，连小娘子的被窝儿也不敢触着。又过一晚，早起时，见风势稍缓，便要起身。高赞定要留过三朝，方才肯放。钱青拗不过，只得又吃了一日酒。坐间背地里和尤辰说起夜间和衣而卧之事，尤辰口虽答应，心下未必准信。事已如此，只索由他。

却说女孩儿秋芳，自结亲之夜，偷眼看那新郎，生得果然齐整，心中暗暗欢喜。一连两夜，都则衣不解带，不解其故。"莫非怪我先睡了，不曾等待得他？"此是第三夜了，女孩儿预先吩咐丫鬟，只等官人进房，先请他安息。丫鬟奉命，只等新郎进来，便替他解衣科帽。钱青见不是头，除了头巾，急急地跳上床去，贴着床里自睡，仍不脱衣。女孩儿满怀不乐，只得也和衣睡了。又不好告诉爹娘。到第四日，天气晴和，高赞预先备下送亲船只，自己和老婆亲送女孩儿过湖。娘女共是一船，高赞与钱青、尤辰又是一船。船头俱挂了杂彩，鼓乐振天，好生热闹。只有小乙受了家主之托，心中甚不快意，驾个小小快船，赶路先行。

话分两头。且说颜俊自从打发众人迎亲去后，悬悬而望。到初二日半夜，听得刮起大风大雪，心上好不着忙。也只道风雪中船行得迟，只怕挫了时辰。哪想道过不得湖！一应花烛筵席，准备十全，等了一夜，不见动静，心下好闷。想道："这等大风，倒是不曾下船还好。若在湖中行动，老大担忧哩！"又想道："若是不曾下船，我岳丈知道错过吉期，岂肯胡乱把女儿送来，定然要另选个日子。又不知几时吉利？可不闷杀了人！"又想道："若是尤少梅能事时，在岳丈前撺掇，权且迎来，那时我哪管时日利与不利，且落得早些受用！"如此胡思乱想，坐不安席，不住地在门前张望。

到第四日风息，料道决有佳音。等到午后，只见小乙先回报道："新娘已娶来了，不过十里之遥。"颜俊问道："吉期挫过，他家如何肯放新人下船？"小乙道："高家只怕挫过好日，定要结亲。钱大官人替东人权做新郎三日了。"颜俊道："既结了亲，这三夜钱大官人难道竟在新人房里睡的？"小乙道："睡是同睡的，却不曾动弹。那钱大官人是看得熟鸭蛋伴得小娘眠的。"颜俊骂道："放屁！哪哪有此理！我托你何事？你如何不叫他推辞，却做下这等勾当？"小乙道："家人也说过来。钱大官人道：'我只要周全你家之事。若有半点欺心，大神鉴察！'"颜俊此时：

　　　　怒从心上起，恶向胆边生。

一巴掌将小乙打在一边，气忿忿的奔出门外，专等钱青来厮闹。

恰好船已拢岸，钱青终有细腻，预先嘱咐尤辰绊住高老，自己先跳上岸。只为自反无愧，理直气壮，昂昂的步到颜家门首。望见颜俊，笑嘻嘻的正要上前作揖，告诉衷情。谁知颜俊以小人之心，度君子之腹，此际便是仇人相见，分外眼睁。不等开言，便扑的一头撞去，咬定牙根，狠狠地骂道："天杀的！你好快活！"说声未毕，搲开五指，将钱青和巾和发，扯做一把。乱踢乱打，口里不绝声的道："天杀的！好欺心！别人费了钱财，把与你见成受用！"钱青口中也自分辩。颜俊打骂忙了，哪里听他半个字儿。家人也不敢上前相劝，钱青吃打慌了，但呼救命。船上人听得闹吵，都上岸来看。只见一个丑汉，将新郎痛打，正不知什么意思，都走拢来解劝，哪里劝得他开。高赞盘问他家人，那家人料瞒不过，只得实说了。高赞不闻犹可，一闻之时，心头火起，大骂尤辰无理，做这等欺三瞒四的媒人，说骗人家女儿，也扭着尤辰乱打起来。高家送亲的人，也自心怀不平，一齐动手要打那丑汉。颜家的家人回护家主，就与高家从人对打。先前颜俊和钱青是一对厮打，以后高赞和尤辰是两对厮打，结末两家家人，扭做一团厮打。看的人重重叠叠，越发多了，街道拥塞难行。却似：

> 九里山前摆阵势,昆阳城下赌输赢。

事有凑巧,其时本县大尹,恰好送了上司回轿,至于北门,见街上震天喧嚷,却是厮打的。停了轿子,喝教拿下。众人见知县相公拿人,都则散了。只有颜俊兀自扭住钱青,高赞兀自扭住尤辰,纷纷告诉,一时不得其详。大尹都教带到公庭,逐一细审,不许搀口。见高赞年长,先叫他上堂诘问。高赞道:"小人是洞庭山百姓,叫作高赞,为女择婿,相中了女婿才貌,将女许配。初三日,女婿上门亲迎,因被风雪所阻。小人留女婿在家,完了亲事。今日送女到此,不期遇了这个丑汉,将小人的女婿毒打。小人问其缘故,却是那丑汉买嘱媒人,要哄骗小人的女儿为婚,却将那姓钱的后生,冒名到小人家里。老爷只问媒人,便知奸弊。"大尹道:"媒人叫甚名字?可在这里吗?"高赞道:"叫作尤辰,见在台下。"

大尹喝退高赞,唤尤辰上来,骂道:"弄假成真,以非为是,都是你弄出这个伎俩!你可实实供出,免受重刑!"尤辰初时还只含糊抵赖,大尹发怒,喝教取夹棍伺候。尤辰虽然市井,从未熬刑,只得实说。起初颜俊如何央小人去说亲,高赞如何作难,要选才貌,后来如何央钱秀才冒名去拜望,直到结亲始末,细细述了一遍。大尹点头道:"此是实情了。颜俊这厮费了许多事,却被别人夺了头筹,也怪不得发恼。只是起先设心哄骗的不是。"便教颜俊,审其口词。颜俊已听得尤辰说了实话,又见知县相公词气温和,只得也叙了一遍,两口相同。

大尹结末唤钱青上来,一见钱青青年美貌,且被打伤,便有几分爱他怜他之意。问道:"你是个秀才,读孔子之书,达周公之礼,如何替人去拜望迎亲,同谋哄骗,有乖行止?"钱青道:"此事原非生员所愿。只为颜俊是生员表兄,生员家贫,又馆谷于他家,被表兄再四央求不过,勉强应承。只道一时权宜,玉成其事。"大尹道:"住了!你既为亲情而往,就不该与那女儿结亲了。"钱青道:"生员原只代他亲迎,只为一连三日大风,太湖之隔,不能行舟,故此高赞怕误了婚期,要生员就彼花烛。"大尹道:"你自知替身,就该推辞了。"颜俊从旁磕头道:"青天老爷!只看他应承花烛,便是欺心。"大尹喝道:"不要多嘴,左右扯他下去。"再问钱青:"你那时应承做亲,难道没有个私心?"钱青道:"只问高赞便知,生员再三推辞,高赞不允。生员若再辞时,恐彼生疑,误了表兄的大事,故此权成大礼。虽则三夜同床,生员和衣而睡,并不相犯。"大尹呵呵大笑道:"自古以来,只有一个柳下惠坐怀不乱。那鲁男子就自知不及,风雪之中,就不肯放妇人进门了。你少年子弟,血气未定,岂有三夜同床,并不相犯之理?这话哄得那一个!"钱青道:"生员今日自陈心迹,父母老爷未必相信。只教高赞去问自己的女儿,便知真假。"大尹想道:"那女儿若有私情,如何肯说实话。"当下想出个主意来,便教左右唤到老实稳婆一名,到舟中试验高氏是否处女,速来回话。

不一时,稳婆来覆知县相公:"那高氏果是处子,未曾破身。"颜俊在阶下听说高氏还是处子,便叫喊道:"既是小的妻子不曾破坏,小的情愿成就!"大尹又道:"不许多嘴!"再叫高赞道:"你心下愿将女儿配那一个?"高赞道:"小人初时原看中了钱秀才,后来女儿又与他做了花烛。虽然钱秀才不欺暗室,与小女即无夫妇之情,已定了夫妇之义。若教女儿另嫁颜俊,不唯小人不愿,就是女儿也不愿。"大尹道:"此言正合吾意。"钱青心下倒不肯,便道:"生员此行,实是为公不为私。若将此女归了生员,把生员三夜衣不解带之意,全然没了。宁可令此女别嫁,生员绝不敢冒此嫌疑,惹人谈论!"大尹道:"此女若归他人,你过湖这两番替人诓骗,便是行止有亏,干碍前程了。今日与你成就亲事,乃是遮掩你的过失。况你的心迹已自洞然,

女家两相情愿,有何嫌疑?休得过让,我自有明断。遂举笔判云:

> 高赞相女配夫,乃其常理;颜俊借人饰己,实出奇闻。东床已招佳选,何知以羊易牛;西邻纵有责言,终难指鹿为马。两番渡湖,不让传书柳毅;三宵隔被,何惭秉烛云长。风伯为媒,天公作合。佳男配了佳妇,两得其宜;求妻到底无妻,自作之孽。高氏断归钱青,不须另作花烛。颜俊既不合设骗局于前,又不合奋老拳于后。事已不谐,姑免罪责。所费聘仪,合助钱青,以赎一击之罪。尤辰往来煽诱,实启衅端,重惩示儆。

判讫,喝教左右,将尤辰重责三十板,免其画供,竟行逐出,盖不欲使钱青冒名一事彰闻于人也。高赞和钱青拜谢。一干人出了县门,颜俊满面羞惭,敢怒而不敢言,抱头鼠窜而去。有好几月不敢出门。尤辰自回家将息棒疮不题。

却说高赞邀钱青到舟中,反殷勤致谢道:"若非贤婿才行俱全,上官起敬,小女几乎错配匪人。今日,到要屈贤婿同小女到舍下少住几时,不知贤婿宅上还有何人?"钱青道:"小婿父母俱亡,别无亲人在家。"高赞道:"既如此,一发该在舍下住了。老夫供给读书,贤婿意下如何?"钱青道:"若得岳父扶持,足感盛德。"是夜开船离了吴江,随路宿歇,次日早到西山。一山之人闻知此事,皆当新闻传说。又知钱青存心忠厚,无不钦仰。后来钱青一举成名,夫妻偕老。有诗为证:

> 丑脸如何骗美妻,作成表弟得便宜。
> 可怜一片吴江月,冷照鸳鸯湖上飞。

第八卷

乔太守乱点鸳鸯谱

> 自古姻缘天定,不由人力谋求。有缘千里也相投,对面无缘不偶。仙境桃花出水,宫中红叶传沟。三生簿上注风流,何用冰人开口。

这首《西江月》词，大抵说人的婚姻，乃前生注定，非人力可以勉强。今日听在下说一桩意外姻缘的故事，唤作《乔太守乱点鸳鸯谱》。

这故事出在那个朝代？何处地方？那故事出在大宋景祐年间，杭州府。有一人姓刘，名秉义，是个医家出身。妈妈谈氏，生得一对儿女。儿子唤作刘璞，年当弱冠，仪表非俗，已聘下孙寡妇的女儿珠姨为妻。那刘璞自幼攻书，学业已就。到十六岁上，刘秉义欲令他弃了书本，习学医业。刘璞立志大就，不肯改业，不在话下。女儿小名慧娘，年方一十五岁，已受了邻近开生药铺裴九老家之聘。那慧娘生得姿容艳丽，意态妖娆，非常标致。怎见得？但见：

> 蛾眉带秀，凤眼含情，腰如弱柳迎风，面似娇花拂水。体态轻盈，汉家飞燕同称；性格风流，吴国西施并美。蕊宫仙子谪人间，月殿嫦娥临下界。

不题慧娘貌美。且说刘公见儿子长大，同妈妈商议，要与他完姻。方待教媒人到孙家去说，恰好裴九老也教媒人来说，要娶慧娘。刘公对媒人道："多多上覆裴亲家，小女年纪尚幼，一些妆奁未备。须再过几时，待小儿完姻过了，方及小女之事。目下断然不能从命！"媒人得了言语，回覆裴家。那裴九老因是老年得子，爱惜如珍宝一般，恨不能风吹得大，早些儿与他毕了姻事，生男育女。今日见刘公推托，好生不喜。又央媒人到刘家说道："令爱今年一十五岁，也不算做小了。到我家来时，即如女儿一般看待，绝不难为。就是妆奁厚薄，但凭亲家，并不计论。万望亲家曲允则个。"刘公立意先要与儿子完姻，然后嫁女。媒人往返了几次，终是不允。裴九老无奈，只得忍耐。当时若是刘公允了，却不省好些事体。止因执意不从，到后生出一段新闻，传说至今。正是：

> 只因一着错，满盘俱是空。

却说刘公回脱了裴家，央媒人张六嫂到孙家去说儿子的姻事。原来孙寡妇母家姓胡，嫁的丈夫孙恒，原是旧家子弟。自十六岁做亲，十七岁就生下一个女儿，唤名珠姨。才隔一岁，又生个儿子取名孙润，小字玉郎。两个儿女，方在襁褓中，孙恒就亡过了。亏孙寡妇有些节气，同着养娘，守这两个儿女，不肯改嫁，因此人都唤他是孙寡妇。光阴迅速，两个儿女，渐渐长成。珠姨便许了刘家，玉郎从小聘定善丹青徐雅的女儿文哥为妇。那珠姨、玉郎都生得一般美貌，就如良玉碾成，白粉团就一般。加添资性聪明，男善读书，女工针指。还有一件，不但才貌双全，且又孝悌兼全。闲话休提。

且说张六嫂到孙家传达刘公之意，要择吉日娶小娘子过门。孙寡妇母子相依，满意欲要再停几时,因想男婚女嫁,乃是大事!只得应承。对张六嫂道:"上覆亲翁亲母,我家是孤儿寡妇,没甚大妆奁嫁送,不过随常粗布衣裳,凡事不要见责。"张六嫂覆了刘公。刘公备了八盒羹果礼物并吉期送到孙家。孙寡妇受了吉期,忙忙的制办出嫁东西。看看日子已近,母子不忍相离,终日啼啼哭哭。谁想刘璞因冒风之后,出汗虚了,变为寒症,人事不省,十分危笃。吃的药就如泼在石上,一毫没用。求神问卜俱说无救。吓得刘公夫妻魂魄都丧,守在床边,吞声对泣。刘公与妈妈商议道:"孩儿病势恁样沉重,料必做亲不得。不如且回了孙家,等待病瘥,再择日吧。"刘妈妈道:"老官儿,你许多年纪了,这样事难道还不晓得?大凡病人势凶,得喜事一冲就好了。未曾说起的还要去相求。如今现成事体,怎么反要回他!"刘公道:"我看孩儿病体,凶多吉少。若娶来家冲得好时,此是万千之喜,不必讲了,倘或不好,可不害了人家子女,有个晚嫁的名头?"刘妈妈道:"老官,你但顾了别人,却不顾自己。你我费了许多心机,定得一房媳妇。谁知孩儿命薄,临做亲却又患病起来。今若回了孙家,孩儿无事,不消说起。万一有些山高水低,有甚把臂,那原聘还了一半,也算是他们忠厚了。却不是人财两失!"刘公道:"依你便怎样?"刘妈妈道:"依着我,吩咐了张六嫂,不要提起孩儿有病,竟娶来家,就如养媳妇一般。若孩儿病好,另择吉结亲。倘然不起,媳妇转嫁时,我家原聘并各项使费,少不得班足了,放他出门,却不是个万全之策!"刘公耳朵原是棉花做的,就依着老婆,忙去叮嘱张六嫂不要泄漏。

自古道,若要不知,除非莫为。刘公便瞒着孙家,哪知他紧间壁的邻家姓李,名荣,曾在人家管过解库,人都叫作李都管。为人极是刁钻,专一打听人家的细事,喜谈乐道。因他做主管时,得了些不义之财,手中有钱,所居与刘家基址相连,意欲强买刘公房子,刘公不肯,为此两下面和意不和,巴不能刘家有些事故,幸灾乐祸。晓得刘璞有病危急,满心欢喜,连忙去报知孙家。孙寡妇听见女婿病凶,恐防误了女儿,即使养娘去叫张六嫂来问。张六嫂欲待不说,恐怕刘璞有变,孙寡妇后来埋怨,欲要说了,又怕刘家见怪。事在两难,欲言又止。孙寡妇见他半吞半吐,越发盘问得急了。张六嫂隐瞒不过,乃说:"偶然伤风,原不是十分大病。将息到做亲时,料必也好了。"孙寡妇道:"闻得他病势十分沉重,你怎说得这般轻易?这事不是当耍的。我受了千辛万苦,守得这两个儿女成人,如珍宝一般!你若含糊赚了我女儿时,少不得和你性命相搏,那时不要见怪。"又道:"你去对刘家说:若果然病重,何不待好了,另择日子。总是儿女年纪尚小,何必恁般忙迫。问明白了,快来回报一声。"张六嫂领了言语,方欲出门,孙寡妇又叫转道:"我晓得你绝无实话回我的,我令养娘同你去走遭,便知端的!"张六嫂见说教养娘同去,心中着忙道:"不消得,好歹不误大娘之事。"孙寡妇哪里肯听,教了养娘些言语,跟张六嫂同去。

张六嫂捯脱不得,只得同到刘家。恰好刘公走出门来,张六嫂欺养娘不认得,便道:"小娘子少待,等我问句话来。"急走上前,拉刘公到一边,将孙寡妇适来言语细说。又道:"他因放心不下,特教养娘同来讨个实信,却怎的回答?"刘公听见养娘来看,手足无措,埋怨道:"你怎不阻挡住了?却与他同来!"张六嫂道:"再三拦阻,如何肯听,教我也没奈何。如今且留他进去坐了,你们再去从长计较回他,不要连累我后日受气。"说还未毕,养娘已走过来。张六嫂就道:"此间便是刘老爹。"养娘深深道个万福。刘公还了礼道:"小娘子请里面坐。"一齐进了大门,到客坐内。刘公道:"六嫂,你陪小娘子坐着,待我教老荆出来。"张六嫂道:"老爹自便。"刘公急急走到里面,一五一十,学于妈妈。又说:"如今养娘在外,怎地回他?倘要进来探看孩儿,却又如何掩饰?不如改了日子吧!"妈妈道:"你真是个死货!他受了我家的聘,便是我家的人了。怕他怎的!不要着忙,自有道理。"便教女儿慧娘:"你去将新房中收拾整齐,留孙家妇女吃点心。"慧娘答应自去。

刘妈妈即走向外边。与养娘相见毕，问道："小娘子下顾，不知亲母有甚话说？"养娘道："俺大娘闻得大官人有恙，放心不下，特教男女来问候。二来上覆老爹大娘：若大官人病体初痊，恐未可做亲，不如再停几时，等大官人身子健旺，另拣日子吧。"刘妈妈道："多承亲母过念，大官人虽是有些身子不快，也是偶然伤风，原非大病。若要另择日子，这断不能勾的。我们小人家的买卖，千难万难，方才支持得停当。如错过了，却不又费一番手脚。况且有病的人，正要得喜事来冲，他病也易好。常见人家要省事时，还借这病来见喜，何况我家吉期送已多日，亲戚都下了帖儿请吃喜筵，如今忽地换了日子，他们不道你家不肯，必认作我们讨媳妇不起。传说开去，却不被人笑耻，坏了我家名头。烦小娘子回去上覆亲母，不必担忧，我家干系大哩！"养娘道："大娘话虽说得是。请问大官人睡在何处？待男女候问一声，好家去回报大娘，也教他放心！"刘妈妈道："适来服了发汗的药，正好睡在那里，我与小娘子代言吧。事体总在刚才所言了，更无别说。"张六嫂道："我原说偶然伤风，不是大病。你们大娘，不肯相信，又要你来。如今方见老身不是说谎的了。"

养娘道："既如此，告辞吧，"便要起身。刘妈妈道："那有此理！说话忙了，茶也还没有吃，如何便去？"即邀到里边，又道："我房里腌腌臜臜，到在新房里坐吧。"引入房中，养娘举目看时，摆设得十分齐整。刘妈妈又道："你看我家诸事齐备，如何肯又改日子？就是做了亲，大官人到还要留在我房中歇宿，等身子痊愈了，然后同房哩！"养娘见他整备得停当，信以为实。当下刘妈妈教丫鬟将出点心、茶来摆上，又教慧娘也来相陪。养娘心中想道："我家珠姨是极标致的了，谁想这女娘也恁般出色！"吃了茶，作别出门。临行，刘妈妈又再三嘱咐张六嫂："是必来复我一声！"

养娘同着张六嫂回到家中，将上项事说与主母。孙寡妇听了，心中倒没了主意，想道："欲待允了，恐怕女婿真个病重，变出些不好来，害了女儿。将欲不允，又恐女婿果是小病已愈，误了吉期。"疑惑不定，乃对张六嫂道："六嫂，待我酌量定了，明早来取回信吧。"张六嫂道："正是，大娘从容计较计较，老身明早来也。"说罢自去。

且说孙寡妇与儿子玉郎商议："这事怎生计较？"玉郎道："想起来还是病重，故不要养娘相见。如今必要回他另择日子，他家也没奈何，只得罢休。但是空费他这番东西，见得我家没有情义。倘后来病好相见之间，觉道没趣。若依了他们时，又恐果然有变，那时进退两难，懊悔却便迟了。依着孩儿，有个两全之策在此，不知母亲可听？"孙寡妇道："你且说是甚两全之策？"玉郎道："明早教张六嫂去说，日子便依着他家，妆奁一毫不带。见喜过了，到第三朝就要接回，等待病好，连妆奁送去。是恁样，纵有变故，也不受他们笼络，这却不是两全其美。"孙寡妇道："你真是个孩子家见识！他们一时假意应承娶去，过了三朝，不肯放回，却怎么处？"玉郎道："如此怎好？"

孙寡妇又想了一想道："除非明日教张六嫂依此去说，临期教姐姐闪过一边，把你假扮了送去。皮箱内原带一副道袍鞋袜，预防到三朝，容你回来，不消说起。倘若不容，且住在那里，看个下落。倘有三长两短，你取出道袍穿了，竟自走回，那个扯得你住！"玉郎道："别事便可，这件却使不得！后来被人晓得，教孩儿怎生做人？"孙寡妇见儿子推却，心中大怒道："纵别人晓得，不过是耍笑之事，有甚大害！"玉郎平昔孝顺，见母亲发怒，连忙道："待孩儿去便了。只不会梳头，却怎么好？"孙寡妇道："我教养娘服侍你去便了！"计较已定，次早张六嫂来讨回音，孙寡妇与他说如此如此，恁般恁般。"若依得，便娶过去。依不得，便另择日吧！"张六嫂覆了刘家，一一如命。你道他为何就肯？只因刘璞病势愈重，单防不妥，单要哄媳妇到了家里，便是买卖了。故此将错就错，更不争长竞短。哪知孙寡妇已先参透机关，

将个假货送来,刘妈妈反做了:

周郎妙计安天下,赔了夫人又折兵。

话休烦絮。到了吉期,孙寡妇把玉郎装扮起来,果然与女儿无二,连自己也认不出真假。又教习些女人礼数。诸色好了,只有两件难以遮掩,恐怕露出事来。那两件?第一件是足与女子不同。那女子的尖尖趫赵趫赵,凤头一对,露在湘裙之下,莲步轻移,如花枝招飐一般。玉郎是个男子汉,一只脚比女子的有三四只大。虽然把扫地长裙遮了,教他缓行细步,终是有些蹊跷。这也还在下边,无人来揭起裙儿观看,还隐藏得过。第二件是耳上的环儿。此乃女子平常时所戴,爱轻巧的,也少不得戴对丁香儿,那极贫小户人家,没有金的银的,就是铜锡的,也要买对儿戴着。今日玉郎扮作新人,满头珠翠,若耳上没有环儿,可成模样吗?他左耳还有个环眼,乃是幼时恐防难养穿过的。那右耳却没眼儿,怎生戴得?孙寡妇左思右想,想出一个计策来。你道是甚计策?他教养娘讨个小小膏药,贴在右耳。若问时,只说环眼生着疖疮,戴不得环子,露出左耳上眼儿掩饰。打点停当,将珠姨藏过一间房里,专候迎亲人来。

到了黄昏时候,只听得鼓乐喧天,迎亲轿子已到门首,张六嫂先入来,看见新人打扮得如天神一般,好不欢喜。眼前不见玉郎,问道:"小官人怎地不见?"孙寡妇道:"今日忽然身子有些不健,睡在那里,起来不得!"那婆子不知就里,不来再问。孙寡妇将酒饭犒赏了来人,俟相念起诗赋,请新人上轿。玉郎兜上方巾,向母亲作别。孙寡妇一路假哭,送出门来。上了轿子,教养娘跟着,随身只有一只皮箱,更无一毫妆奁。孙寡妇又叮嘱张六嫂道:"与你说过,三朝就要送回的,不可失信!"张六嫂连声答应道:"这个自然!"

不题孙寡妇。且说迎亲的,一路笙箫聒耳,灯烛辉煌,到了刘家门首。俟相进来说道:"新人将已出轿,没新郎迎接,难道教他独自拜堂不成?"刘公道:"这却怎好?不要拜吧!"刘妈妈道:"我有道理,教女儿陪拜便了。"即令慧娘出来相迎。俟相念了阑门诗赋,请新人出了轿子,养娘和张六嫂两边扶着。慧娘相迎,进了中堂,先拜了天地,次及公姑亲戚。双双却是两个女人同拜,随从人没一个不掩口而笑。都相见过了,然后姑嫂对拜。刘妈妈道:"如今到房中去与孩儿冲喜。"乐人吹打,引新人进房,来至卧床边,刘妈妈揭起帐子,叫道:"我的儿,今日娶你媳妇来家冲喜,你须挣扎精神则个。"连叫三四次,并不则声。刘公将灯照时,只见头儿歪在半边,昏迷去了。原来刘璞病得身子虚弱,被鼓乐一震,故此昏迷。当下老夫妻手忙脚乱,掐住人中,即教取过热汤,灌了几口,出了一身冷汗,方才苏醒。刘妈妈教刘公看着儿子,自己引新人进新房中去。揭起方巾,打一看时,美丽如画。亲戚无不喝彩。只有刘妈妈心中反觉苦楚。他想:"媳妇恁般美貌,与儿子正是一对儿。若得双双奉侍老夫妻的暮年,也不枉一生辛苦。谁想他没福,临做亲却染此大病,十分中到有九分不妙。倘有一差两误,媳妇少不得归于别姓,岂不目前空喜!"

不题刘妈妈心中之事。且说玉郎也举目看时,许多亲戚中,只有姑娘生得风流标致。想道:"好个女子,我孙润可惜已定了妻子。若早知此女恁般出色,一定要求他为妇。"这里玉郎方在赞羡,谁知慧娘心中也想道:"一向张六嫂说他标致,我还未信,不想话不虚传。只可惜哥哥没福受用,今夜教他孤眠独宿。若我丈夫像得他这样美貌,便称我的生平了,只怕不能够哩!"

不题二人彼此欣羡。刘妈妈请众亲戚赴过花烛筵席,各自分头歇息。俟相乐人,俱已打发去了。张六嫂没有睡处,也自归家。玉郎在房,养娘与他卸了首饰,秉烛而坐,不敢便寝。刘妈妈与刘公商议道:"媳妇初到,如何教他独宿?可教女儿去陪伴。"刘公道:"只怕不稳便,由他自睡吧。"刘妈妈不听,对慧娘道:"你今夜相伴嫂嫂在新房中去睡,省得他怕冷静。"慧娘正爱着嫂嫂,见说教他相伴,恰中其意。刘妈妈引慧娘到新房中道:"娘子,只因你官人有些小恙,不能同房,特令小女来陪你同睡。"玉郎恐露出马脚,回道:"奴家自来最怕生人,到不消得伴吧。"刘妈妈道:"呀!你们姑嫂年纪相仿,即如姊妹一般,正好相处,怕怎的!你若嫌不稳时,各自盖着条被儿,便不妨了。"对慧娘道:"你去收拾了被窝过来。"慧娘答应而去。

玉郎此时,又惊又喜。喜的是心中正爱着姑娘标致,不想天与其便,刘妈妈令来陪卧,这事便有几分了。惊的是恐他不允,一时叫喊起来,反坏了自己之事。又想道:"此番错过,后会难逢。看这姑娘年纪已在当时,情窦料也开了。须用计缓缓撩拨热了,不怕不上我钩!"心下正想,慧娘教丫鬟拿了被儿同进房来,放在床上,刘妈妈起身,同丫鬟自去。慧娘将房门闭上,走到玉郎身边,笑容可掬,乃道:"嫂嫂,适来见你一些东西不吃,莫不饿了?"玉郎道:"倒还未饿。"慧娘又道:"嫂嫂,今后要甚东西,可对奴家说知,自去拿来,不要害羞不说。"玉郎见他意儿殷勤,心下暗喜,答道:"多谢姑娘美情。"慧娘见灯上结着一个大大花儿,笑道:"嫂嫂,好个灯花儿,正对着嫂嫂,可知喜也!"玉郎也笑道:"姑娘休得取笑,还是姑娘的喜信。"慧娘道:"嫂嫂话儿到会耍人。"两个闲话一回。

慧娘道:"嫂嫂,夜深了,请睡吧。"玉郎道:"姑娘先请。"慧娘道:"嫂嫂是客,奴家是主,怎敢僭先!"玉郎道:"这个房中还是姑娘是客。"慧娘笑道:"怎样占先了。"便解衣先睡。养娘见两下取笑,觉道玉郎不怀好意,低低说道:"官人,你须要斟酌,此事不是当耍的!倘大娘知了,连我也不好。"玉郎道:"不消嘱咐,我自晓得!你自去睡。"养娘便去旁边打个铺儿睡下。

玉郎起身携着灯儿,走到床边,揭起帐子照看,只见慧娘卷着被儿,睡在里床,见玉郎将灯来照,笑嘻嘻地道:"嫂嫂,睡罢了,照怎的?"玉郎也笑道:"我看姑娘睡在那一头,方好来睡。"把灯放在床前一只小桌儿上,解衣入帐,对慧娘道:"姑娘,我与你一头睡了,好讲话耍子。"慧娘道:"如此最好!"玉郎钻下被里,卸了上身衣服,下体小衣却穿着,问道:"姑娘,今年青春?"慧娘道:"一十五岁。"又问:"姑娘许的是那一家?"慧娘怕羞,不肯回言。玉郎把头挨到他枕上,附耳道:"我与你一般是女儿家,何必害羞。"慧娘方才答道:"是开生药铺的裴家。"又问道:"可见说佳期还在何日?"慧娘低低道:"近日曾教媒人再三来说,爹道奴家年纪尚小,回他们再缓几时。"玉郎笑道:"回了他家,你心下可不气恼吗?"慧娘伸手把玉郎的头推下枕来,道:"你不是个好人!哄了我的话,便来耍人。我若气恼时,你今夜心里还不知怎地恼着哩!"玉郎依旧又捱到枕上道:"你且说我有甚恼?"慧娘道:"今夜做亲没有个对儿,怎地不恼?"玉郎道:"如今有姑娘在此,便是个对儿了,又有甚恼!"慧娘笑道:"怎样说,你是我的娘子了。"玉郎道:"我年纪长似你,丈夫还是我。"慧娘道:"我今夜替哥哥拜堂,就是哥哥一般,还该是我。"玉郎道:"大家不要争,只做个女夫妻吧!"两个说风话耍子,愈加亲热。

玉郎料想没事,乃道:"既做了夫妻,如何不合被儿睡?"口中便说,两手即掀开他的被儿,捱过身来,伸手便去摸他身上,腻滑如酥,下体却也穿着小衣。慧娘此时已被玉郎调动春心,忘其所以,任玉郎摩弄,全然不拒。玉郎摸至胸前时,一对小乳,丰隆突起,温软如绵,乳头却像鸡头肉一般,甚是可爱。慧娘也把手来将玉郎浑身一摸,道:"嫂嫂好个软滑身子。"摸他乳时,刚刚只有两个小小乳头。心中想道:"嫂嫂长似我,怎么乳儿到小?"玉郎摩弄了一回,便双手搂抱过来,嘴对嘴将舌尖度向慧娘口中。慧娘只认作姑嫂戏耍,也将双手抱住,含了一回;也把舌儿吐到玉郎口里,被玉郎含住,着实吮咂。咂得慧娘遍体酥麻,便道:"嫂嫂如今不像女夫妻,竟是真夫妻一般了。"

玉郎见他情动，便道："有心顽了。何不把小衣一发去了，亲亲热热睡一回也好。"慧娘道："羞人答答，脱了不好。"玉郎道："纵是取笑有什么羞。"便解开他的小衣褌下，顺手摸他身下。慧娘双手即来遮掩道："嫂嫂休得啰唣。"玉郎捧过面来，亲个嘴道："何妨得，你也摸我的便了。"慧娘真个也去解了他的裤来，摸时，只见一条玉茎，铁硬的挺着，吃了一惊，缩手不迭，乃道："你是何人？却假装着嫂嫂来此？"玉郎道："我便是你的丈夫了，又问怎的？"一头即便腾身上去，将手启他双股。慧娘双手推开半边道："你若不说真话，我便叫喊起来，教你了不得。"玉郎着了急，连忙道："娘子不消性急，待我说便了。我是你嫂嫂的兄弟玉郎。闻得你哥哥病势沉重，未知怎地。我母亲不舍得姐姐出门，又恐误了你家吉期。故把我假妆嫁来，等你哥哥病好，然后送姐姐过门。不想天付良缘，到与娘子成了夫妻，此情只许你我晓得，不可泄漏！"说罢，又翻上身来。

慧娘初时只道是真女人，尚然心爱，如今却是个男子，岂不欢喜？况且已被玉郎先引得神魂飘荡，又惊又喜，半推半就道："原来你们恁样欺心！"玉郎哪有心情回答，双手紧紧抱住，即便恣意风流：

> 一个是青年孩子，初尝滋味；一个是黄花女儿，乍得甜头。一个说今宵花烛，到成就了你我姻缘；一个说此夜衾绸，便试发了夫妻恩爱。一个说，前生有分，不须月老冰人；一个道，异日休忘，说尽山盟海誓。各燥自家脾胃，管什么姐姐哥哥；且图眼下欢娱，全不想有夫有妇。双双蝴蝶花间舞，两两鸳鸯水上游。

云雨已毕，紧紧偎抱而睡。

且说养娘恐怕玉郎弄出事来，卧在旁边铺上，眼也不合。听着他们初时还说话笑耍，次后只听得床棱摇戞，气喘吁吁，已知二人成了那事，暗暗叫苦。到次早起来，慧娘自向母亲房中梳洗。养娘替玉郎梳妆，低低说道："官人，你昨夜恁般说了，却又口不应心，做下那事！倘被他们晓得，却怎处？"玉郎道："又不是我去寻他，他自送上门来，教我怎生推却！"养娘道："你须拿住主意便好。"玉郎道："你想恁样花一般的美人，同床而卧，便是铁石人也打熬不住，叫我如何忍耐得过！你若不泄漏时，更有何人晓得？"妆扮已毕，来刘妈妈房里相见，刘妈妈道："儿，环子也忘戴了？"养娘道："不是忘了，因右耳上环眼生了疔疮，戴不得，还贴着膏药哩。"刘妈妈道："原来如此。"

玉郎依旧来至房中坐下，亲戚女眷都来相见，张六嫂也到。慧娘梳裹罢，也到房中，彼此相视而笑。是日刘公请内外亲戚吃庆喜筵席，大吹大擂，直饮到晚，各自辞别回家。慧娘依旧来伴玉郎，这一夜颠鸾倒凤，海誓山盟，比昨倍加恩爱。看看过了三朝，二人行坐不离。倒是养娘捏着两把汗，催玉郎道："如今已过三朝，可对刘大娘说，回去吧！"玉郎与慧娘正火一般热，哪想回去，假意道："我怎好启齿说要回去，须是母亲叫张六嫂来说便好。"养娘道："也说得是。"即便回家。

却说孙寡妇虽将儿子假妆嫁去，心中却怀着鬼胎。急切不见张六嫂来回复，眼巴巴望到第四日，养娘回家，连忙来问。养娘将女婿病凶，姑娘陪拜，夜间同睡相好之事，细细说知。孙寡妇跌足叫苦道："这事必然做出来也！你快去寻张六嫂来。"养娘去不多时，同张六嫂来家。孙寡妇道："六嫂前日讲定的三朝便送回来，今已过了，劳你去说，快些送我女儿回来！"

张六嫂得了言语，同养娘来至刘家。恰好刘妈妈在玉郎房中闲话，张六嫂将孙家要接新人的话说知。玉郎、慧娘不忍割舍，到暗暗道："但愿不允便好。"谁想刘妈妈真个说道："六嫂，你媒也做老了，难道恁样事还不晓得？从来可有三朝媳妇便归去的理吗？前日他不肯嫁来，这也没奈何。今既到我家，便是我家的人了，还像得他意！我千难万难，娶得个媳妇，到三朝便要回去，说也不当人子。既如此不舍得，何不当初莫许人家。他也有儿子，少不得也要娶媳妇，看三朝可肯放回家去？闻得亲母是个知礼之人，亏他怎样说了出来？”一番言语，说得张六嫂哑口无言，不敢回复孙家。那养娘恐怕有人闯进房里，冲破二人之事，到紧紧守着房门，也不敢回家。

且说刘璞自从结亲这夜，惊出那身冷汗来，渐渐痊可。晓得妻子已娶来家，人物十分标致，心中欢喜，这病愈觉好得快了。过了数日，挣扎起来，半眠半坐，日渐健旺，即能梳裹，要到房中来看浑家。刘妈妈恐他初愈，不耐行动，叫丫鬟扶着，自己也随在后，慢腾腾地走到新房门口。养娘正坐在门槛之上，丫鬟道：“让大官人进去。”养娘立起身来，高声叫道：“大官人进来了！”玉郎正搂着慧娘调笑，听得有人进来，连忙走开。刘璞掀开门帘跨进房来。慧娘道：“哥哥，且喜梳洗了。只怕还不宜劳动。”刘璞道：“不打紧！我也暂时走走，就去睡的。”便向玉郎作揖。玉郎背转身，道了个万福。刘妈妈道：“我的儿，你且慢作揖么！”又见玉郎背立，便道：“娘子，这便是你官人。如今病好了，特来见你，怎么到背转身子？”走向前，扯近儿子身边，道：“我的儿，与你恰好正是个对儿。”刘璞见妻子美貌非常，甚是快乐。真个是人逢喜事精神爽，那病平去了几分。刘妈妈道：“儿去睡了吧，不要难为身子。”原教丫鬟扶着，慧娘也同进去。

玉郎见刘璞虽然是个病容，却也人材齐整，暗想道：“姐姐得配此人，也不辱没了。”又想道：“如今姐夫病好，倘然要来同卧，这事便要决撒，快些回去吧。”到晚上对慧娘道：“你哥哥病已好了，我须住身不得。你可撺掇母亲送我回家，换姐姐过来，这事便隐过了。若再住时，事必败露！”慧娘道：“你要归家，也是易事。我的终身，却怎么处？”玉郎道：“此事我已千思万想，但你已许人，我已聘妇，没甚计策挽回，如之奈何？”慧娘道：“君若无计娶我，誓以魂魄相随，决然无颜更事他人！”说罢，呜呜咽咽哭将起来。玉郎与他拭了眼泪道：“你且勿烦恼，容我再想。”自此两相留恋，把回家之事到搁起一边。一日午饭已过，养娘向后边去了。二人将房门闭上，商议那事，长算短算，没个计策，心下苦楚，彼此相抱暗泣。

且说刘妈妈自从媳妇到家之后，女儿终日行坐不离。刚到晚，便闭上房门去睡，直至日上三竿，方才起身，刘妈妈好生不乐，初时认作姑嫂相爱，不在其意。以后日日如此，心中老大疑惑。也还道是后生家贪眠懒惰，几遍要说，因想媳妇初来，尚未与儿子同床，还是个娇客，只得耐住。那日也是合当有事。偶在新房前走过，忽听得里边有哭泣之声。向壁缝中张时，只见媳妇共女儿互相搂抱，低低而哭。刘妈妈见如此做作，料到这事有些蹊跷。欲待发作，又想儿子才好，若知得，必然气恼，权且耐住。便掀门帘进来，门却闭着。叫道：“快些开门！”二人听见是妈妈声音，拭干眼泪，忙来开门。刘妈妈走将进去，便道：“为甚青天白日，把门闭上，在内搂抱啼哭？”二人被问，惊得满面通红，无言可答。

刘妈妈见二人无言，一发是了，气得手足麻木。一手扯着慧娘道：“做得好事！且进来和你说话。”扯到后边一间空屋中来。丫鬟看见，不知为甚，闪在一边。刘妈妈扯进了屋里，将门闩上，丫鬟伏在门上张时，见妈妈寻了一根木棒，骂道：“贱人！快快实说，便饶你打骂。若一句含糊，打下你这下半截来！”慧娘初时抵赖。妈妈道：“贱人！我且问你！他来得几时，有甚恩爱割舍不得，闭着房门，搂抱啼哭？”慧娘对答不来。妈妈拿起棒子要打，心中却又不舍得。慧娘料是隐瞒不过，想道：“事已至此，索性说个明白，求爹妈辞了裴家，配与玉郎。若不允时，拼个自尽便了！”乃道：“前日孙家晓得哥哥有病，恐误了女儿，要看下落，教爹妈另自择日。因爹妈执意不从，故把儿子玉郎假妆嫁来。不想母亲叫孩儿陪伴，遂成了夫妇。恩深义重，誓必图百年偕老。今见哥哥病好，玉郎恐怕事露，要回去换姐姐过来。孩儿思想，一女无嫁二夫之理，教玉郎寻门路娶我为妻。因无良策，又不忍分离，故此啼哭。不想被母亲看见，只此便是实话。"刘妈妈听罢，怒气填胸，把棒撇在一边，双足乱跳，骂道："原来这老乞婆恁般欺心，将男作女哄我！怪道三朝便要接回。如今害了我女儿，须与他干休不得！拼这老性命，结果这小杀才罢！"开了门，便赶出来。慧娘见母亲去打玉郎，心中着忙，不顾羞耻，上前扯住。被妈妈将手一推，跌在地上，爬起时，妈妈已赶向外边去了。慧娘随后也赶将来，丫鬟亦跟在后面。

且说玉郎见刘妈妈扯去慧娘，情知事露，正在房中着急。只见养娘进来道："官人，不好了！弄出事来也！适在后边来，听得空屋中乱闹。张看时，见刘大娘拿大棒子拷打姑娘，逼问这事哩！"玉郎听说打着慧娘，心如刀割，眼中落下泪来，没了主意。养娘道："今若不走，少顷便祸到了！"玉郎即忙除下簪钗，挽起一个角儿，皮箱内开出道袍鞋袜穿起，走出房来，将门带上。离了刘家，带跌奔回家里。正是：

> 拆破玉笼飞彩凤，顿开金锁走蛟龙。

孙寡妇见儿子回来，恁般慌急，又惊又喜，便道："如何这般模样？"养娘将上项事说知。孙寡妇埋怨道："我教你去，不过权宜之计，如何却做出这般没天理事体！你若三朝便回，隐恶扬善，也不见得事败。可恨张六嫂这老虔婆，自从那日去了，竟不来覆我。养娘，你也不回家走遭，教我日夜担愁！今日弄出事来，害这姑娘，却怎么处？要你不肖子何用！"玉郎被母亲嗔责，惊愧无地。养娘道："小官人也自要回的，怎奈刘大娘不肯。我因恐他们做出事来，日日守着房门，不敢回家。今日暂走到后边，便被刘大娘撞破。幸喜得急奔回来，还不曾吃亏。如今且教小官人躲过两日，他家没甚话说，便是万千之喜了。"孙寡妇真个教玉郎闪过，等候他家消息。

且说刘妈妈赶到新房门口，见门闭着，只道玉郎还在里面，在外骂道："天杀的贼贱才！你把老娘当做什么样人，敢来弄空头，坏我的女儿！今日与你性命相搏，方见老娘手段。快些走出来！若不开时，我就打进来了！"正骂时，慧娘已到，便去扯母亲进去。刘妈妈骂道："贱人，亏你羞也不羞，还来劝我！"尽力一摔，不想用力猛了，将门靠开，母子两个都跌进去，搅做一团。刘妈妈骂道："好天杀的贼贱才，到放老娘这一交！"即忙爬起寻时，哪里见个影儿。那婆子寻不见玉郎，乃道："天杀的好见识！走得好！你便走上天去，少不得也要拿下来！"对着慧娘道："如今做下这等丑事，倘被裴家晓得，却怎地做人？"慧娘哭道："是孩儿一时不是，做差这事。但求母亲怜念孩儿，劝爹爹怎生回了裴家，嫁着玉郎，犹可挽回前失。倘若不允，有死而已！"说罢，哭倒在地。刘妈妈道："你说得好自在话儿！他家下财纳聘，定着媳妇，今日平白地要休这亲事，谁个肯吗？倘然问因甚事故要休这亲，教你爹怎生对答！难道说我女儿自寻了个汉子不成？"

慧娘被母亲说得满面羞惭，将袖掩着痛哭。刘妈妈终是禽犊之爱，见女儿恁般啼哭，却又恐哭伤了身子，便道："我的儿，这也不干你事，都是那老虔婆设这没天理的诡计，将那杀才乔装嫁来。我一时不知，教你陪伴，落了他圈套。如今总是无人知得，把来搁过一边，全你的体面，这才是个长策。若说要休了裴家，嫁那杀才，这是断然不能！"慧娘见母亲不允，愈加啼哭，刘妈妈又怜又恼，倒没了主意。

正闹间，刘公正在人家看病回来，打房门口经过，听得房中啼哭，乃是女儿的声音，又听得妈妈话响，正不知为着甚的，心中疑惑。忍耐不住，揭开门帘，问道："你们为甚恁般模样？"刘妈妈将前项事，一一细说，气得刘公半晌说不出话来。想了一想，到把妈妈埋怨道："都是你这老乞婆害了女儿！起初儿子病重时，我原要另择日子，你便说长道短，生出许多话来，执意要那一日。次后孙家叫养娘来说，我也罢了，又是你弄嘴弄舌，哄着他家。及至娶来家中，我说待他自睡吧，你又偏生推女儿伴他。如今伴得好吗!"

刘妈妈因玉郎走了,又不舍得女儿难为,一肚子气,正没发脱,见老公倒前倒后,数说埋怨,急得暴躁如雷,骂道:"老王八!依你说起来,我的孩儿应该与这杀才骗的!"一头撞个满怀。刘公也在气恼之时,揪过来便打。慧娘便来解劝。三人搅做一团,滚做一块,分拆不开。丫鬟着了忙,奔到房中报与刘璞道:"大官人,不好了!大爷大娘在新房中相打哩!"刘璞在榻上爬起来,走至新房,向前分解。老夫妻见儿子来劝,因惜他病体初愈,恐劳碌了他,方才罢手。犹兀自老王八老乞婆相骂。刘璞把父亲劝出外边,乃问:"妹子为甚在这房中厮闹,娘子怎又不见?"慧娘被问,心下惶愧,掩面而哭,不敢则声。刘璞焦躁道:"且说为着甚的?"刘婆方把那事细说,将刘璞气得面如土色。停了半晌,方道:"家丑不可外扬,倘若传到外边,被人耻笑。事已至此,且再作区处!"刘妈妈方才住口,走出房来。慧娘挣住不行,刘妈妈一手扯着便走,取巨锁将门锁上。来至房里,慧娘自觉无颜,坐在一个壁角边哭泣。正是:

> 饶君掬尽湘江水,难洗今朝满面羞。

且说李都管听得刘家喧嚷,伏在壁上打听。虽然晓得些风声,却不知其中细底。次早,刘家丫鬟走出门前,李都管招到家中问他。那丫鬟初时不肯说,李都管取出四五十钱来与他道:"你若说了,送这钱与他买东西吃。"丫鬟见了铜钱,心中动火。接过来藏在身边,便从头至尾,尽与李都管说知。李都管暗喜道:"我把这丑事报与裴家,撺掇来闹吵一场,他定无颜在此居住,这房子可不归于我了?"忙忙的走至裴家,一五一十报知,又添些言语,激恼裴九老。

那九老夫妻,因前日娶亲不允,心中正恼着刘家。今日听见媳妇做下丑事,如何不气!一径赶到刘家,唤出刘公来发话道:"当初我央媒来说要娶亲时,千推万阻,道女儿年纪尚小,不肯应承。护在家中,私养汉子。若早依了我,也不见得做出事来。我是清清白白的人家,绝不要这样败坏门风的好东西。快还了我昔年聘礼。另自去对亲,不要误我孩儿的大事。"将刘公嚷得面上一回红,一回白。想道:"我家昨夜之事,他如何今早便晓得了?这也怪异!"又不好承认,只得赖道:"亲家,这是哪里说起,造恁般言语污辱我家?倘被外人听得,只道真有这事,你我体面何在!"裴九老便骂道:"打脊贱才!真个是老王八。女儿现做着恁样丑事,那个不晓得了!亏你还长着鸟嘴,在我面前遮掩。"赶近前把手向刘公脸上一揪道:"老王八!羞也不羞!待我送个鬼脸儿与你戴了见人。"刘公被他羞辱不过,骂道:"老杀才,今日为甚赶上门来欺我?"便一头撞去,把裴九老撞倒在地,两下相打起来。

里边刘妈妈与刘璞听得外面喧嚷,出来看时,却是裴九老与刘公厮打,急向前拆开。裴九老指着骂道:"老王八打得好!我与你到府里去说话。"一路骂出门去了。刘璞便问父亲:"裴九因甚清早来厮闹?"刘公把他言语学了一遍。刘璞道:"他家如何便晓得了?此甚可怪。"又道:"如今事已彰扬,却怎么处?"刘公又想起裴九老恁般耻辱,心中转恼,顿足道:"都是孙家老乞婆,害我家坏了门风,受这样恶气!若不告他,怎出得这气?"刘璞劝解不住。刘公央人写了状词,望着府前奔来,正值乔太守早堂放告。这乔太守虽则关西人,又正直,又聪明,怜才爱民,断狱如神,府中都称为乔青天。

却说刘公刚到府前,劈面又遇着裴九老。九老见刘公手执状词,认作告他,便骂道:"老王八,纵女做了丑事,到要告我,我同你去见太爷。"上前一把扭住,两下又打将起来。两张状子,都打失了。二人结做一团,扭至堂上。乔太守看见,喝叫各跪一边。问道:"你二人叫甚名字?为何结扭相打?"二人一齐乱嚷。乔太守道:

"不许搀越！那老儿先上来说。"裴九老跪上去诉道："小人叫作裴九，有个儿子裴政，从幼聘下边刘秉义的女儿慧娘为妻，今年都十五岁了。小人因是老年爱子，要早与他完姻。几次央媒去说，要娶媳妇，那刘秉义只推女儿年纪尚小，勒掯不许，谁想他纵女卖奸，恋着孙润，暗招在家，要图赖亲事。今早到他家里说，反把小人殴辱。情急了，来爷爷台下投生，他又赶来扭打。求爷爷做主，救小人则个！"

乔太守听了，道："且下去！"唤刘秉义上去问道："你怎么说？"刘公道："小人有一子一女。儿子刘璞，聘孙寡妇女儿珠姨为妇，女儿便许裴九的儿子。向日裴九要娶时，一来女儿尚幼，未曾整备妆奁，二来正与儿子完姻，故此不允。不想儿子临婚时，忽地患起病来，不敢教与媳妇同房，令女儿陪伴嫂子。哪知孙寡妇欺心，藏过女儿，却将儿子孙润假妆过来，到强奸了小人女儿。正要告官，这裴九知得了，登门打骂。小人气忿不过，与他争嚷，实不是图赖他的婚姻。"

乔太守见说男扮为女，甚以为奇，乃道："男扮女装，自然有异。难道你认他不出？"刘公道："婚嫁乃是常事，那曾有男子假扮之理，却去辨他真假？况孙润面貌，美如女子。小人夫妻见了，已是万分欢喜，有甚疑惑？"乔太守道："孙家既以女许你为媳，因甚却又把儿子假妆？其中必有缘故。"又道："孙润还在你家吗？"刘公道："已逃回去了。"乔太守即差人去拿孙寡妇母子三人，又差人去唤刘璞、慧娘兄妹俱来听审。不多时，都已拿到。

乔太守举目看时，玉郎姊弟，果然一般美貌，面庞无二。刘璞却也人物俊秀，慧娘艳丽非常。暗暗欣羡道："好两对青年儿女！"心中便有成全之意。乃问孙寡妇："因甚将男作女，哄骗刘家，害他女儿？"孙寡妇乃将女婿病重，刘秉义不肯更改吉期，恐怕误了女儿终身，故把儿子妆去冲喜，三朝便回，是一时权宜之策。不想刘秉义却教女儿陪卧，做出这事。乔太守道："原来如此！"问刘公道："当初你儿子既是病重，自然该另换吉期。你执意不肯，却主何意？假若此时依了孙家，那见得女儿有此丑事？这都是你自起衅端，连累女儿。"刘公道："小人一时不合听了妻子说话，如今悔之无及！"乔太守道："胡说！你是一家之主，却听妇人言语。"

又唤玉郎、慧娘上去说："孙润，你以男假女，已是不该。却又奸骗处女，当得何罪？"玉郎叩头道："小人虽然有罪，但非设意谋求，乃是刘亲母自遣其女陪伴小人。"乔太守道："他因不知你是男子，故令他来陪伴，乃是美意，你怎不推却？"玉郎道："小人也曾苦辞，怎奈坚执不从。"乔太守道："论起法来，本该打一顿板子才是！姑念你年纪幼小，又系两家父母酿成，权且饶恕。"玉郎叩头泣谢。

乔太守又问慧娘："你事已做错，不必说起。如今还是要归裴氏？要归孙润？实说上来。"慧娘哭道："贱妾无媒苟合，节行已亏，岂可更事他人。况与孙润恩义已深，誓不再嫁。若爷爷必欲判离，贱妾即当自尽。绝无颜苟活，贻笑他人。"说罢，放声大哭。乔太守见他情词真恳，甚是怜惜，且喝过一边，唤裴九老吩咐道："慧娘本该断归你家，但已失身孙润，节行已亏。你若娶回去，反伤门风，被人耻笑。他又蒙二夫之名，各不相安。今判与孙润为妻，全其体面。令孙润还你昔年聘礼，你儿子另自聘妇罢！"裴九老道："媳妇已为丑事，小人自然不要。但孙润破坏我家婚姻，今原归于他，反周全了奸夫、淫妇，小人怎得甘心！情愿一毫原聘不要，求老爷断媳妇另嫁别人，小人这口气也还消得一半。"乔太守道："你既已不愿娶他，何苦又作此冤家！"刘公亦禀道："爷爷，孙润已有妻子，小人女儿岂可与他为妾？"

乔太守初时只道孙润尚无妻子，故此斡旋。见刘公说已有妻，乃道："这却怎么处？"对孙润道："你既有妻子，一发不该害人闺女了！如今置此女于何地？"玉郎不敢答应。乔太守又道："你妻子是何等人家？可曾过门吗？"孙润道："小人妻子是徐雅女儿，尚未过门。"乔太守道："这等易处了。"叫道："裴九，孙润原有妻未娶，如今他既得了你媳妇，我将他妻子断偿你的儿子，消你之忿！"裴九老道："老爷明断,小人怎敢违逆?但恐徐雅不肯。"乔太守道:"我做了主,谁敢不肯!你快回家引儿子过来。我差人去唤徐雅带女儿来当堂匹配。"裴九老即忙归去,将儿子裴政领到府中。徐雅同女儿也唤到了。乔太守看时,两家男女却也相貌端正,是个对儿。乃对徐雅道:"孙润因诱了刘秉义女儿,今已判为夫妇。我今做主,将你女儿配与裴九儿子裴政。限即日三家俱便婚配回报,如有不伏者,定行重治。"徐雅见太守做主,怎敢不依,俱各甘伏。乔太守援笔判道:

弟代姊嫁,姑伴嫂眠。爱女爱子,情在理中。一雌一雄,变出意外。移干柴近烈火,无怪其燃;以美玉配明珠,适获其偶。孙氏子因姊而得妇,搂处子不用踰墙;刘氏女因嫂而得夫,怀吉士初非衔玉。相悦为婚,礼以义起。所厚者薄,事可权宜。使徐雅别婿裴九之儿,许裴政改娶孙郎之配。夺人妇人亦夺其妇,两家恩怨,总息风波。独乐乐不若与人乐,三对夫妻,各谐鱼水。人虽兑换,十六两原只一斤;亲是交门,五百年绝非错配。以爱及爱,伊父母自作冰人;非亲是亲,我官府权为月老。已经明断,各赴良期。

乔太守写毕,教押司当堂朗诵,与众人听了。众人无不心服,各各叩头称谢。乔太守在库上支取喜红六段,教三对夫妻披挂起来,唤三起乐人,三顶花花轿儿,抬了三位新人。新郎及父母,各自随轿而出。此事闹动了杭州府,都说好个行方便的太守,人人诵德,个个称贤。自此各家完亲之后,都无说话。

李都管本欲唆孙寡妇、裴九老两家与刘秉义讲嘴,鹬蚌相持,自己渔人得利。不期太守不予处分,反作成了孙玉郎一段良缘。街坊上当做一件美事传说,不以为丑,他心中甚是不乐。未及一年,乔太守又取刘璞、孙润,都做了秀才,起送科举。李都管自知惭愧,安身不牢,反躲避乡居。后来刘璞、孙润同榜登科,俱任京职,仕途有名,扶持裴政亦得了官职。一门亲眷,富贵非常。刘璞官直至龙图阁学士,连李都管家宅反归并于刘氏。刁钻小人,亦何益哉!后人有诗,单道李都管为人不善,以为后戒。诗云:

为人忠厚为根本,何苦习钻欲害人!
不见古人卜居者,千金只为买乡邻。

又有一诗,单夸乔太守此事断得甚好:

鸳鸯错配本前缘,全赖风流太守贤。
锦被一床遮尽丑,乔公不枉叫青天。

第 九 卷

陈多寿生死夫妻

世事纷纷一局棋,输赢未定两争持。
须臾局罢棋收去,毕竟谁赢谁是输?

这四句诗,是把棋局比着那世局。世局千腾万变,转盼皆空,正如下棋的较胜争强,眼红喉急,分明似孙庞斗智,赌个你死我活。又如刘项争天下,不到乌江不尽头。及至局散棋收,付之一笑。所以高人隐士,往往寄兴棋枰,消闲玩世。其间吟咏,不可胜述。只有国朝曾棨状元应制诗做得甚好,诗曰:

两君相敌立双营,坐运神机决死生。
十里封疆驰骏马,一川波浪动金兵。
虞姬歌舞悲垓下,汉将旌旗逼楚城。
兴尽计穷征战罢,松阴花影满棋枰。

此诗虽好,又有人驳他,说虞姬汉将一联,是个套话。第七句说兴尽计穷,意趣便萧索了。应制诗是进御的,圣天子重瞳观览,还该要有些气象。同时洪熙皇帝御制一篇,词意宏伟,远出寻常。诗曰:

二国争强各用兵,摆成队伍定输赢。
马行曲路当先道,将守深营戒远征。
乘险出车收散卒,隔河飞炮下重城。
等闲识得军情事,一着功成定太平。

今日为何说这下棋的话? 只为有两个人家,因这几着棋子,遂为莫逆之交,结下儿女姻亲。后来做出花锦般一段说话,正是:

夫妻不是今生定,五百年前结下因。

话说江西分宜县,有两个庄户人家,一个叫作陈青,一个叫作朱世远,两家东西街对面居住。论起家事,虽然不算大富长者,靠祖上遗下些田业,尽可温饱有余。那陈青与朱世远,皆在四旬之外,累代邻居,志同道合,都则本分为人,不管闲事,不惹闲非。每日吃了酒饭,出门相见,只是一盘象棋,消闲遣日。有时迭为宾主,不过清茶寡饭,不设酒肴,以此为常。那些三邻四舍,闲时节也到两家去看他下棋玩耍。其中有个王三老,寿有六旬之外,少年时也自欢喜象棋,下得颇高。近年有个火症,生怕用心动火,不与人对局了。日常无事,只以看棋为乐,早晚不倦。说起来,下棋的最怕旁人观看。常言道:旁观者清,当局者迷。倘或旁观的口嘴不紧,遇煞着处溜出半句话来,赢者反输,输者反赢,欲待发恶,不为大事;欲待不抱怨,又忍气不过。所以古人说得好:

> 观棋不语真君子,把酒多言是小人。

可喜王三老偏有一德,未曾分局时,绝不多口。到胜负已分,却分说那一着是先手,所以赢;那一着是后手,所以输。朱、陈二人倒也喜他讲论,不以为怪。一日,朱世远在陈青家下棋,王三老亦在座,吃了午饭,重整棋枰,方欲再下,只见外面一个小学生踱将进来。那学生怎生模样?

> 面如傅粉,唇若涂朱,光着靛一般的青头,露着玉一样的嫩手。仪容清雅,步履端详;却疑天上仙童,不信人间小子。

那学生正是陈青的儿子,小名多寿,抱了书包,从外而入。跨进坐启,不慌不忙,将书包放下椅子之上,先向王三老叫声公公,深深的作了个揖。王三老欲待回礼,陈青就坐上一把按住道:“你老人家不须多礼,却不怕折了那小厮一世之福?”王三老道:“说哪里话!”口中虽是恁般说,被陈青按住,只把臀儿略起了一起,腰儿略曲了一曲,也算受他半礼了。那小学生又向朱世远叫声伯伯,作揖下去。朱世远还礼时,陈青却是对坐,隔了一张棋桌,不便拖拽,只得也作揖相陪。小学生见过了二位尊客,才到父亲跟前唱喏,立起身来,禀道:“告爹爹:明日是重阳节日,先生放学回去了,直过两日才来。吩咐孩儿回家,不许玩耍。限着书,还要读哩!”说罢,在椅子上取了书包,端端正正,走进内室去了。

王三老和朱世远见那小学生行步舒徐,语音清亮,且作揖次第,甚有礼数,口中夸奖不绝。王三老便问:“令郎几岁了?”陈青答应道:“是九岁。”王三老道:“想着昔年汤饼会时,宛如昨日。倏忽之间,已是九年,真个光阴似箭,争教我们不老!”又问朱世远道:“老汉记得宅上令爱也是这年生的。”朱世远道:“果然,小女多福,如今也是九岁了。”王三老道:“莫怪老汉多口,你二人做了一世的棋友,何不扳做儿女亲家?古时有个朱陈村,一村中只有二姓,世为婚姻。如今你二人之姓,适然相符,应是天缘,况且好男好女,你知我见,有何不美?”朱世远已自看上了小学生,不等陈青开口,先答应道:“此事最好!只怕陈兄不愿,若肯俯就,小子再无别言。”陈青道:“既蒙朱兄不弃寒微,小子是男家,有何推托?就烦三老作伐。”王三老道:“明日是个重阳日,阳九不利。后日大好个日子,老夫便当登门。今日一言为定,出自二位本心。老汉只图吃几杯见成喜酒,不用谢媒。”

陈青道:“我说个笑话你听。玉皇大帝要与人皇对亲,商量道:两亲家都是皇帝,也须得个皇帝为媒才好。乃请灶君皇帝往下界去说亲。人皇见了灶君,大惊道:‘那做媒的怎的这般样黑?’灶君道:‘从来媒人那有白做的!’”王三老和朱世远都笑起来。朱、陈二人又棋到晚方散。

> 只因一局输赢子,定了三生男女缘。

次日,重阳节无话。到初十日,王三老换了一件新开折的色衣,到朱家说亲。朱世远已自与浑家柳氏说过,夸奖女婿许多好处。是日一诺无辞,财礼并不计较。他日嫁送,称家之有无,各不责备便了。王三老即将此言回复陈青。陈青甚喜,择了个和合吉日，下礼为定。朱家将庚帖回来，吃了一日喜酒。从此亲家相称，依先下棋来往。

时光迅速，不觉过了六年。陈多寿年一十五岁，经书皆通。指望他应试，登科及第，光耀门楣。何期运限不佳，忽然得了个恶症，叫作癞。初时只道疥癣，不以为意。一年之后，其疾大发，形容改变，弄得不像模样了。

> 肉色焦枯，皮毛皱裂。浑身毒气，发成斑驳奇疮；遍体虫钻，苦杀晨昏作痒。任他凶疥癣，只比三分；不是大麻疯，居然一样。粉孩儿变作蛤蟆相，少年郎活像老龟头。抓爬十指带脓腥，龌龊一身皆恶臭。

陈青单单生得这个儿子，把做性命看成，见他这个模样，如何不慌。连象棋也没心情下了。求医问卜，烧香还愿，无所不为。整整的乱了一年，费过了若干钱钞，病势不曾减得分毫。老夫妻两口愁闷，自不必说。朱世远为着半子之情，也一般着忙，朝暮问安，不离门限。延捱过三年之外，绝无个好消息。

朱世远的浑家柳氏，闻知女婿得个恁般的病症，在家里哭哭啼啼，抱怨丈夫道："我女儿又不腌臭起来，为甚忙忙的九岁上就许了人家？如今却怎么好！索性那癞蛤蟆死了，也出脱了我女儿。如今死不死，活不活，女孩儿年纪看看长成，嫁又嫁他不得，赖又赖他不得，终不然看着那癞子守活孤孀不成！这都是王三那老乌龟，一力撺掇，害了我女儿终身！"把王三老千乌龟、万乌龟的骂，哭一番，骂一番。朱世远原有怕婆之病，凭他夹七夹八，自骂自止，并不敢开言。

一日，柳氏偶然收拾橱柜子，看见了象棋盘和那棋子，不觉勃然发怒，又骂起来丈夫来，道："你两个老亡八，只为这几着象棋上说得着，对了亲，赚了我女儿，还要留这祸胎怎的！"一头说，一头走到门前，把那象棋子乱撒在街上，棋盘也掼做几片。朱世远是本分之人，见浑家发性，拦他不住，洋洋的躲开去了。女儿多福又怕羞，不好来劝，任他絮聒个不耐烦，方才罢休。自古道：

> 隔墙须有耳，窗外岂无人。

柳氏镇日在家中骂媒人，骂老公，陈青已自晓得些风声，将信未信。到满街撒了棋子，是甚意故，陈青心下了了。与浑家张氏两口儿商议道："以己之心，度人之心。我自家晦气，儿子生了这恶疾，眼见得不能痊可，却教人家把花枝般女儿伴这癞子做夫妻，真是罪过，料女儿也必然怨伤。便强他进门，终不和睦，难指望孝顺。当初定这房亲事，都是好情，原不曾费甚大财。千好万好，总只一好，有心好到底了，休得为好成歉。从长计较，不如把媳妇庚帖送还他家，任他别缔良姻。倘然皇天可怜，我孩儿有病痊之日，怕没有老婆？好歹与他定房亲事。如今害得人家夫妻

反目,哭哭啼啼,絮絮聒聒,我也于心何忍!"计议已定,忙到王三老家来。

王三老正在门首,同几个老人家闲坐白话。见陈青到,慌忙起身作揖,问道:"令郎两日尊恙好些吗?"陈青摇首道:"不济。正有句话,要与三老讲,屈三老到寒舍一行。"王三老连忙随着陈青到他家坐启内,分宾坐下。献茶之后,三老便问:"大郎有何见教?"陈青将自己坐椅掇近三老,四膝相凑,吐露衷肠。先叙了儿子病势如何的厉害,次叙着朱亲家夫妇如何的抱怨。这句话王三老却也闻知一二,口中只得包谎:"只怕没有此事!"陈青道:"小子岂敢乱言!今日小子到也不怪敝亲家。只是自己心中不安,情愿将庚帖退还,任从朱宅别选良姻。此系两家稳便,并无勉强。"王三老道:"只怕使不得!老汉只管撮合,那有拍开之理。足下异日翻悔之时,老汉却当不起。"陈青道:"此事已与拙荆再四商量过了,更无翻悔。就是当先行过须薄礼,也不必见还。"王三老道:"既然庚帖返去,原聘也必然还璧。但吉人天相,令郎尊恙,终有好日,还要三思而行。"陈青道:"就是小儿侥幸脱体,也是水底捞针,不知何日到手,岂可担搁人家闺女?"说罢,袖中取出庚帖,递与王三老,眼中不觉流下泪来。王三老亦自惨然,道:"既是大郎主意已定,老汉只得奉命而行。然虽如此,料令亲家是达礼之人,必然不允。"陈青收泪而答道:"今日是陈某自己情愿,并非舍亲家相逼。若舍亲家踌躇之际,全仗三老撺掇一声,说陈某中心计较,不是虚情。"三老连声道:"领命,领命!"当下起身,到于朱家。

朱世远迎接,讲礼而坐。未及开言,朱世远连声唤茶。这也有个缘故,那柳氏终日在家中千乌龟、万乌龟指名骂媒人,王三老虽然不闻,朱世远却于心有愧,只恐三老见怪,所以殷勤唤茶。谁知柳氏恨杀王三老做错了媒,任丈夫叫唤,不肯将茶出来,此乃妇人小见。坐了一会,王三老道:"有句不识进退的话,特来与大郎商量。先告过,切莫见怪。"原来朱世远也是行一,里中都称他做朱大郎。朱世远道:"有话尽说。你老人家有甚差错,岂有见怪之理。"王三老方才把陈青所言退亲之事,备细说了一遍。"此乃令亲家主意,老汉但传言而已,但凭大郎主张。"朱世远终日被浑家聒絮得不耐烦,也巴不能个一捌两开,只是自己不好启齿。得了王三老这句言语,分明是朝廷新颁下一道赦书,如何不喜。当下便道:"虽然陈亲家贤哲,诚恐后来翻悔,反添不美。"王三老道:"老汉都曾讲过。他主意已决,不必怀疑,宅上庚帖,亦交付在此,大郎请收讫。"朱世远道:"聘礼未还,如何好收他的庚帖?"王三老道:"他说些须薄聘,不须提起。是老汉多口,说道既然庚帖返去,原聘必然返璧。"朱世远道:"这是自然之理。先曾受过他十二两银子,分毫不敢短少。还有银钗二股,小女收留,容讨出一并奉还。这庚帖权收在你老人家处。"王三老道:"不妨事,就是大郎收下。老汉暂回,明日来领取聘物。却到令亲家处回话。"说罢分别。有诗为证:

月老系绳今又解,冰人传语昔皆讹。

分宜好个王三老,成也萧何败也何。

朱世远随即入内,将王三老所言退亲之事,述与浑家知道。柳氏喜不自胜。自己私房银子也搜括将出来,把与丈夫,凑足十二两之数,却与女孩儿多福讨那一对银钗。

却说那女儿虽然不读诗书,却也天生志气。多时听得母亲三言两语,絮絮聒聒,已自心慵意懒。今日与他讨取聘钗,明知是退亲之故,并不答应一字,径走进卧房,闭上门儿,在里面啼哭。朱世远终是男子之辈,见貌辨色,已知女孩儿心事。对浑家道:"多福心下不乐,想必为退亲之故。你须慢慢偎他,不可造次。万一逼得他紧,做出些没下稍勾当,悔之何及!"柳氏听了丈夫言语,真个去敲那女儿的房门,低声下气的叫道:"我儿,钗子肯不肯由你,何须使性!你且开了房门,有话时,好好与做娘的讲，做娘的未必不依你。"那女儿初时不肯开门，柳氏连叫了几次，只得拔了门闩，叫声："开在这里了！"自向兀子上气忿忿地坐了。柳氏另掇个兀子傍着女儿坐了，说道："我儿，爹娘为将你许错了对头，一向愁烦。喜得男家愿退，许了一万个利市，求之不得。那癞子终无好日，可不误了你终身之事。如今把聘钗还了他家，恩断义绝。似你恁般容貌，怕没有好人家来求你。我儿休要执性，快把钗儿出来还了他吧。"女儿全不做声，只是流泪。

柳氏倸了半晌，看见女儿如此模样，又款款的说道："我儿，做爹娘的都只是为好，替你计较。你愿与不愿，直直的与我说，恁般自苦自知，教爹娘如何过意。"女儿恨穷道："为好，为好！要讨那钗子也尚早！"柳氏道："呵呀！两股钗儿，连头连脚，也重不上二三两，什么大事。若另许个富家，金钗玉钗都有。"女儿道："那希罕金钗玉钗！从没见好人家女子吃两家茶。贫富苦乐，都是命中注定。生为陈家妇，死为陈家鬼，这银钗我要随身殉葬的，休想还他！"说罢，又哀哀的哭将起来。柳氏没奈何，只得对丈夫说，女儿如此如此："这门亲多是退不成了。"

朱世远与陈青肺腑之交，原不肯退亲。只为浑家絮聒不过，所以巴不得撒开，落得耳边清净。谁想女儿恁般烈性，又是一重欢喜，便道："恁的时，休教苦坏了女孩儿。你与他说明，依旧与陈门对亲便了。"柳氏将此言对女儿说了，方才收泪。正是：

> 三冬不改孤松操，万苦难移烈女心。

当晚无话。次日，朱世远不等王三老到来，却自己走到王家，把女儿执意不肯之情，说了一遍，依旧将庚帖送还。王三老只称："难得，难得！"随即往陈青家回话，如此这般。陈青退此亲事，十分不忍。听说媳妇守志不从，愈加欢喜。连连向王三老作揖道："劳动劳动！然虽如此，只怕小儿病症不痊，终难配合。此事异日还要烦三老开言。"王三老摇手道："老汉今番说了这一遍，以后再不敢奉命了。"闲话休题。

却说朱世远见女儿不肯悔亲，在女婿头上愈加着忙，各处访问名医国手，赔着盘缠，请他来看治。那医家初时来看，定说能医，连病人服药，也有些兴头。到后来不见功效，渐渐的懒散了。也有讨着荐书到来，说大话，夸大口，索重谢，写包票，都只有头无尾。日复一日，不觉又捱了二年有余。医家都说是个痼疾，医不得的了。多寿叹口气，请爹妈到来，含泪而言道："丈人不允退亲，访求名医用药，只指望我病有痊可之期。如今服药无效，眼见得没有好日。不要赚了人家儿女，孩儿决意要退这头亲事了！"陈青道："前番说了一场，你丈人、丈母都肯，只为你媳妇执意不从，所以又将庚帖送来。"多寿道："媳妇若晓得孩儿愿退，必然也放下了。"妈妈张氏道："孩儿，且只照顾自家身子，休牵挂这些闲事。"多寿道："退了这头亲，孩儿心下到放宽了一件。"陈青道："待你丈人来时，你自与他讲便了。"说犹未了，丫鬟报道："朱亲家来看女婿。"妈妈躲过。陈青邀入内书房中，多寿与丈人相见，口中称谢不尽。朱世远见女婿三分像人，七分像鬼，好生不悦。茶罢，陈青推故起身。多寿吐露衷肠，说起自家病势不痊，难以完婚，决要退亲之事。袖中取出柬帖一幅，乃是预先写下的四句诗。朱世远展开念道：

> 命犯孤辰恶疾缠，好姻缘是恶姻缘。
> 今朝撒手红丝去，莫误他人美少年。

原来朱世远初次退亲，甚非本心，只为浑家逼迫不过。今番见女婿恁般病体，又有亲笔诗句，口气决绝，不觉也动了这个念头，口里虽道："说哪里话！还是将息贵体要紧。"却把那四句诗折好，藏于袖中。即便抽身作别，陈青在坐启下接着，便道："适才小儿所言，出于至诚，望亲家委曲劝谕令爱俯从则个。庚帖仍旧奉还。"朱世远道："既然贤乔梓谆谆吩咐，权时收下，再容奉复。"陈青送出门前。朱世远回家，将女婿所言与浑家说了。柳氏道："既然女婿不要媳妇时，女孩儿守他也是扯淡。你把诗意解说与女儿听，料他必然回心转意。"朱世远真个把那束帖递与女儿，说："陈家小官人病体不瘥，亲自向我说，决要退婚，这四句诗便是他的休书了。我儿也自想终身之事，休得执迷。"多福看了诗句，一言不发，回到房中，取出笔砚，就在那诗后也写四句：

运蹇虽然恶疾缠，姻缘到底是姻缘。
从来妇道当从一，敢惜如花美少年。

自古道：好事不出门，恶事扬千里。只为陈小官自家不要媳妇，亲口回绝了丈人，这句话就传扬出去。就有张家嫂、李家婆，一班靠撮合山养家的，抄了若干表号，到朱家议亲。说的都是名门富室，聘财丰盛。虽则媒人之口，不可尽信，却也说得柳氏肚里热蓬蓬的，分明似钱玉莲母亲，巴不得登时撇了王家，许了孙家。谁知女儿多福，心如铁石，并不转移。看见母亲，好茶好酒款待媒人，情知不为别件。丈夫病症又不瘥，爹妈又不容守节，左思右算，不如死了干净。夜间灯下取出陈小官人诗句，放在桌上，反复看了一回，约莫哭了两个更次，乘爹妈睡熟，解下束腰的罗帕，悬梁自缢。正是：

三寸气在千般用，一日无常万事休。

此际已是三更时分。也是多福不该命绝，朱世远在睡梦之中，恰像有人推醒，耳边只闻得女儿呜呜的哭声，吃了一惊，擦一擦眼睛，摇醒了浑家，说道："适才闻得女孩儿啼哭，莫非做出些事来？且去看他一看。"浑家道："女孩儿好好的睡在房里，你却说鬼话。要看时，你自去看，老娘要睡觉哩！"朱世远披衣而起，黑暗里开了房门，摸到女儿卧房门首，双手推门不开。连唤几声，女孩儿全不答应。只听得喉间痰响，其声异常。当下心慌，尽生平之力，一脚把房门踢开，已见桌上残灯半明不灭，女儿悬梁高挂，就如走马灯一般，团团而转。朱世远吃这一惊非小，忙把灯儿剔明，高叫："阿妈快来，女孩儿缢死了！"

柳氏梦中听得此言，犹如冷雨淋身，穿衣不及，就驮了被儿，就哭儿哭肉的跑到女儿房里来。朱世远终是男子汉，有些智量，早已把女儿放下，抱在身上，将膝盖紧紧的抵住后门，缓缓的解开颈上的死结，用手去摩。柳氏一头打寒颤，一头叫唤。约莫半个时辰，渐渐魄返魂回，微微转气。柳氏口称谢天谢地，重到房中穿了衣服，烧起热水来，灌下女儿喉中，渐渐苏醒。睁开双眼，看见爹妈在前，放声大哭。爹妈道："我儿！蝼蚁尚且贪生，怎的做此短见之事！"多福道："孩儿一死，便得完名全节，又唤转来则甚？就是今番不死，迟和早少不得是一死。到不如放孩儿早去，也省得爹妈费心，譬如当初不曾养下孩儿一般。"说罢，哀哀的哭之不已。朱世远夫妻两口，再三劝解不住，无可奈何。比及天明，朱世远教浑家窝伴女儿在床眠息，自己径到城隍庙里去抽签。签语云：

时运未通亨，年来祸害侵。
云开终见日，福寿自天成。

　　细详签意,前二句已自准了。第三句云开终见日,是否极泰来之意。末句福寿自天成,女儿名多福,女婿名多寿,难道陈小官人病势还有好日?一夫一妇,天然成配?心中好生委绝不下。回到家中,浑家兀自在女儿房里坐着。看见丈夫到来,慌忙摇手道:"不要则声!女儿才停了哭,睡去了。"朱世远夜来剔灯之时,看见桌上一副柬帖,无暇观看。其时取而观之,原来就是女婿所写诗句,后面又有一诗,认得女儿之笔。读了一遍,叹口气道:"真烈女也!为父母者,正当玉成其美,岂可以非理强之。"遂将城隍庙签词,说与浑家道:"福寿天成,神明嘿定。若私心更改,皇天必不护祐。况女孩儿吟诗自誓,求死不求生,我们如何看守得他多日。倘然一个眼踏,女儿死了时节,空负不义之名,反作一场笑话,据吾所见,不如把女儿嫁与陈家,一来表得我们好情,二来遂了女儿之意,也省了我们干纪。不知妈妈心下如何?"柳氏被女儿吓坏了,心头兀自突突的跳,便答应道:"随你作主,我管不得这事。"朱世远道:"此事还须央王三老讲。"

　　事有凑巧,这里朱世远走出门来,恰好王三老在门首走过。朱世远就迎住了,请到家中坐下,将前后事情,细细述了一遍。"如今欲把女儿嫁去,专求三老一言。"王三老道:"老汉曾说过,只管撮合,不管撒开。今日大郎所言,是仗义之事,老汉自当效劳。"朱世远道:"小女小婿之诗,曾和得一首,情见乎词。若还彼处推托,可将此诗送看。"王三老接了柬帖,即便起身。只为两亲家紧对门居住,左脚跨出了朱家,右脚就跨进了陈家,甚是方便。陈青听得王三老到来,只认是退亲的话,慌忙迎接问道:"三老今日光降,一定朱亲家处有言。"王三老道:"正是。"陈青道:"今番退亲,出于小儿情愿,亲家那边料无别说。"王三老道:"老汉今日此来,不是退亲,到是要做亲。"陈青道:"三老休要取笑。"王三老就将朱宅女儿如何寻死,他爹妈如何心慌,留女儿在家,恐有不测,情愿送来伏侍小官人。老汉想来,此亦两便之事。令亲家处脱了干纪,获其美名。你贤夫妇又得人帮助,令郎早晚也有个着意之人照管,岂不美哉!"陈青道:"虽承亲家那边美意,还要问小儿心下允否?"王三老就将柬帖所和诗句呈与陈青道:"令媳和得有令郎之诗,他十分性烈。令郎若不允从,必然送了他性命,岂不可惜!"陈青道:"早晚便来回复。"当下陈青先与浑家张氏商议了一回,道:"媳妇如此性烈,必然贤孝。得他来贴身看觑,夫妇之间,比爹娘更觉周备。万一度得个种时,就是孩儿无命,也不绝了我陈门后代。我两个做了主,不怕孩儿不依。"

　　当下双双两口,到书房中,对儿子多寿说知此事。多寿初时推却,及见了所和之诗,顿口无言。陈青已知儿子心肯,回复了王三老,择下吉日,又送些衣饰之类。那边多福知是陈门来娶,心安意肯。至期,笙箫鼓乐,娶过门来。街坊上听说陈家癞子做亲,把做新闻传说道:"癞蛤蟆也有吃天鹅肉的日子。"又有刻薄的闲汉,编为口号四句:

> 伯牛命短偏多寿,娇香女儿偏逐臭。
> 红绫被里合欢时,粉花香与脓腥斗。

　　闲话休题。却说朱氏自过门之后,十分和顺。陈小官人全得他殷勤伏侍。怎见得?

> 着意殷勤,尽心伏侍。熬汤煮药,果然味必亲尝;早起夜眠,真个衣不解带。身上东疼西痒,时时抚摩;衣裳血臭脓腥,勤勤煎洗。分明傅母育娇儿,只少开胸喂乳;又似病姑逢孝妇,每思割股烹羹。雨云休想欢娱,岁月岂辞劳苦。唤娇妻有名无实,怜美妇少乐多忧。

如此两年，公婆无不欢喜。只是一件，夫妇日间孝顺无比，夜里各被各枕，分头而睡，并无同衾共枕之事。张氏欲得他两个配合雌雄，却又不好开言。忽一日进房，见媳妇不在，便道："我儿，你枕头龌龊了，我拿去与你拆洗。"又道："被儿也龌龊了。"做一包儿卷了出去，只留一床被、一个枕头在床。明明要他夫妇二人共枕同衾，生儿度种的意思。谁知他夫妇二人，肚里各自有个主意。陈小官人肚里道："自己十死九生之人，不是个长久夫妻，如何又去污损了人家一个闺女？"朱小娘子肚里又道："丈夫恁般病体，血气全枯，怎经得女色相侵？"所以一向只是各被各枕，分头而睡。是夜只有一床被，一个枕，却都是朱小娘子的卧具。每常朱小姐子伏侍丈夫先睡，自己灯下还做针指，直待公婆都睡了，方才就寝。当夜多寿与母亲取讨枕被，张氏推道："浆洗未干，胡乱同宿一夜吧。"朱氏将自己枕头让与丈夫安置。多寿又怕污了妻子的被窝，和衣而卧。多福亦不解衣。依旧两头各睡。

次日，张氏晓得了，反怪媳妇做格，不肯勾搭儿子干事，把一团美意，看做不良之心，捉鸡骂狗，言三语四，影射的发作了一场。朱氏是个聪明女子，有何难解？唯恐伤了丈夫之意，只作不知，暗暗偷泪。陈小官人也理会得了几分，甚不过意。如此又捱过了一个年头。当初十五岁上得病，十六岁病凶，十九岁上退亲不允，二十一岁上做亲。自从得病到今，将近十载，不生不死，甚是闷人。闻得江南新到一个算命的瞎子，叫作灵先生，甚肯直言。央他推算一番，以决死期远近。

原来陈多寿自得病之后，自嫌丑陋，不甚出门。今日特为算命，整整衣冠，走到灵先生铺中来。那先生排成八字，推了五星运限，便道："这贵造是宅上何人？先告过了，若不见怪，方敢直言。"陈小官人道："但求据理直言，不必忌讳。"先生道："此造四岁行运，四岁至十三，童限不必说起，十四岁至二十三，此十年大忌，该犯恶疾，半死不生。可曾见过吗？"陈小官人道："见过了。"先生道："前十年，虽是个水缺，还跳得过。二十四到三十三，这一运更不好。船遇危波亡桨舵，，马逢峭壁断缰绳，此乃夭折之命。有好八字再算一个，此命不足道也！"

小官人闻言，惨然无语。忙把命金送与先生，作别而行。腹内寻思，不觉泪下。想着："那先生算我前十年已自准了，后十年运限更不好，一定是难过。我死不打紧，可怜贤德娘子伏侍了我三年，并无一宵之好。如今又连累他受苦怎的？我今苟延性命，与死无二，便多活几年，没甚好处。不如早早死了，出脱了娘子。也得他趁少年美貌，别寻头路。"此时便萌了个自尽之念。顺路到生药铺上，赎了些砒霜，藏在身边。回到家中，不题起算命之事。

至晚上床，却与朱氏叙话道："我与你九岁上定亲，指望长大来夫唱妇随，生男育女，把家当户。谁知得此恶症，医治不痊。唯恐担搁了娘子终身，两番情愿退亲。感承娘子美意不允，拜堂成亲。虽有三年之外，却是有名无实。并不敢污损了娘子玉体，这也是陈某一点存天处。日后陈某死了，娘子别选良缘，也教你说得嘴响，不累你叫作二婚之妇。"朱氏道："官人，我与你结发夫妻，苦乐同受。今日官人患病，即是奴家命中所招。同生同死，有何理说！别选良姻这话，再也休题。"陈小官人道："娘子烈性如此。但你我相守，终非长久之计。你伏事我多年，夫妻之情，已自过分。此恩料今生不能补报，来生定有相会之日。"朱氏道："官人怎说这伤心话儿？夫妻之间，说甚补报？"两个你对我答，足足的说了半夜方睡。正是：

夫妻只说三分话，未可全抛一片心。

次日，陈小官人又与父母叙了许多说话，这都是办了个死字，骨肉之情，难割难舍的意思。看看至晚，陈小官人对朱氏说："我要酒吃。"朱氏道："你闲常怕发痒，不吃酒。今日如何要吃?"陈小官人道:"我今日心上有些不爽快,想酒,你与我热些烫一壶来。"朱氏为他夜来言语不祥,心中虽然疑惑,却不想到那话儿。当下问了婆婆讨了一壶上好酽酒,烫得滚热,取了一个小小杯儿,两碟小菜,都放在桌上。陈小官人道:"不用小杯,就是茶瓯吃一两瓯,到也爽利。"朱氏取了茶瓯,守着要斟。陈小官人道:"慢着,待我自斟。我不喜小菜,有果子讨些来下酒。"把这句话遣开了朱氏,揭开壶盖,取出包内砒霜,向壶中一倾,忙斟而饮。

朱氏走了几步,放心不下,回头一看,见丈夫手忙脚乱,做张做智,老大疑惑,恐怕有些蹊跷。慌忙转来,已自呷了一碗,又斟上第二碗。朱氏见酒色不佳,按住了瓯子,不容丈夫上口。陈小官人道:"实对你说,这酒内下了砒霜。我主意要自尽,免得累你受苦。如今已吃下一瓯,必然无救。索性得我尽醉而死。省得费了工夫。"说罢,又夺第二瓯去吃了。朱氏道:"奴家有言在前,与你同生同死。既然官人服毒,奴家义不独生。"遂夺酒壶在手,骨都都吃个罄尽。此时陈小官人腹中作耗,也顾不得浑家之事。须臾之间,两个做一对儿跌倒。时人有诗叹此事云:

> 病中只道欢娱少,死后方知情义深。
>
> 相爱相怜相殉死,千金难买两同心。

却说张氏见儿子要吃酒,妆了一碟巧糖,自己送来。在房门外,便听得服毒二字,吃了一惊,三步做两步走。只见两口儿都倒在地下,情知古怪。着了个忙,叫起屈来。陈青走到,见酒壶里面还剩有砒霜。平昔晓得一个单方,凡服砒霜者,将活羊杀了,取生血灌之,可活。也是二人命中有救,恰好左邻是个卖羊的屠户,连忙唤他杀羊取血。此时朱世远夫妻都到了。陈青夫妇自灌儿子,朱世远夫妇自灌女儿。两个亏得灌下羊血,登时呕吐,方才苏醒。余毒在腹中,兀自皮肤迸裂,流血不已。调理月余,方才饮食如故。有这等异事!朱小娘子自不必说,那陈小官人害了十年癞症,请了若干名医,用药全无功效。今日服了毒酒,不意中,正合了以毒攻毒这句医书,皮肤内迸出了许多恶血,毒气泄尽,连癞疮渐渐好了。

比及将息平安,疮痂脱尽,依旧头光面滑,肌细肤荣。走到人前,连自己爹娘都认不得。分明是脱皮换骨,再投了一个人身。此乃是个义夫节妇一片心肠,感动天地,所以毒而不毒,死而不死,因祸得福,破泣为笑。城隍庙签诗所谓"云开终见日,福寿自天成",果有验矣。陈多寿夫妇俱往城隍庙烧香拜谢,朱氏将所聘银钗布施作供。王三老闻知此事,率了三邻四舍,提壶挈盒,都来庆贺,吃了好几日喜酒。

陈多寿是年二十四岁,重新读书,温习经史。到三十三岁登科,三十四岁及第。灵先生说他十年必死之运,谁知一生好事,偏在这几年之中。从来命之理微,常人

岂能参透？言祸言福,未可尽信也。再说陈青和朱世远从此亲情愈高,又下了几年象棋,寿并八十余而终。陈多寿官至金宪,朱氏多福,恩爱无比。生下一双儿女,尽老百年。至今子孙繁盛。这回书唤作《生死夫妻》。诗曰:

> 从来美眷说朱陈,一局棋枰缔好姻。
> 只为二人多节义,死生不解赖神明。

第 十 卷

刘小官雌雄兄弟

> 衣冠未必皆男子,巾帼如何定妇人?
> 历数古今多怪事,高山为谷海生尘。

且说国朝成化年间,山东有一男子,姓桑,名茂,是个富家之子。垂髫时,生得红白细嫩。一日,父母教他往村中一个亲戚人家去,中途遇了大雨,闪在冷庙中避雨。那庙中先有一老妪也在内躲雨,两个坐一堆儿坐地。那雨越下越大了,出头不得。老妪看见桑茂标致,将言语调弄他。桑茂也略通些情窍,只道老妪要他干事。临上交时,原来老妪腰间到有本钱,把桑茂后庭弄将起来。

事毕,雨还未止。桑茂终是孩子家,便问道:"你是妇道,如何有那话儿?"老妪道:"小官,我实对你说,莫要泄漏于他人。我不是妇人。原是个男子。从小缚做小脚,学那妇道妆扮,习成低声哑气,做一手好针线,潜往他乡,假称寡妇,央人引进豪门巨室行教。女眷们爱我手艺,便留在家中,出入房闱,多与妇女同眠,恣意行乐。那妇女相处情厚,整月留宿,不放出门。也有闺女贞娘,不肯胡乱的,我另有个媚药儿,待他睡去,用水喷在面上,她便昏迷不醒,任我行事。及至醒来,我已得手。他自怕羞辱,不敢声张。还要多赠金帛送我出门,嘱咐我莫说。我今年四十七岁了,走过两京九省,到处娇娘美妇,同眠同卧。随身食用,并无缺乏,从不曾被人识破!"桑茂道:"这等快活好事,不知我可学得吗?"老妪道:"似小官恁般标致,扮妇女极像样了。你若肯投我为师,随我一路去,我就与你缠脚,教导你做针线,引你到人家去,只说是我外甥女儿,得便就有良遇。我一发把媚药方儿传授与你,包你一世受用不尽!"

桑茂被他说得心痒,就在冷庙中四拜,投老妪为师,也不去访亲问戚,也不去问爹问娘。等待雨止,跟着老妪便走。那老妪一路与桑茂同行同宿。出了山东境外,就与桑茂三绺梳头,包裹中取女衫换了,脚头缠紧,套上一双窄窄的尖头鞋儿,看来就像个女子,改名郑二姐。后来年长到二十二岁上,桑茂要辞了师父,自去行动。师父吩咐道:"你少年老成,定有好人相遇。只一件,凡得意之处,不可久住。多住则半月,少则五日,就要换场,免露形迹。还一件,做这道儿,多见妇人,少见男子,切忌与男子相近交谈。若有男子人家,预先设法躲避。倘或被他看出破绽,性命不保。切记,切记!"桑茂领教,两下分别。

后来桑茂自称郑二娘,各处行游哄骗。也走过一京四省,所奸妇女,不计其数。到三十二岁上,游至江西一个村镇,有个大户人家女眷留住,传他针线。那大户家妇女最多,桑茂迷恋不舍,住了二十余日不去。大户有个女婿,姓赵,是个纳粟监生。一日,赵监生到岳母房里作揖,偶然撞见了郑二娘,爱其俏丽,嘱咐妻子接他来家。郑二娘不知就里,欣然而往。被赵监生邀入书房,拦腰抱住,定要求欢。郑二娘抵死不肯,叫喊起来。赵监生本是个粗人,惹得性起,不管三七二十一,竟按倒在床上去解他裤裆。郑二娘挡抵不开,被赵监生一手插进,摸着那话儿,方知是男人女扮。当下叫起家人,一索捆翻,解到官府。用刑严讯,招称真姓真名,及向来行奸之事,污秽不堪。府县申报上司,都道是从来未有之变。具疏奏闻,刑部以为人妖败俗,律所不载,拟成凌迟重辟,绝不待时。可怜桑茂假充了半世妇人,讨了若干便宜,到头来死于赵监生之手。正是:

> 福善祸淫天有理,律轻情重法无私。

方才说的是男人妆女败坏风化的。如今说个女人妆男,节孝兼全的来正本,恰似:

> 薰莸不共器,尧桀好相形。
> 毫厘千里谬,认取定盘星。

这话本也出在本朝宣德年间,有一老者,姓刘,名德,家住河西务镇上。这镇在运河之旁,离北京有二百里田地,乃各省出入京都的要路。舟楫聚泊,如蚂蚁一般。车音马迹,日夜络绎不绝。上有居民数百余家,边河为市,好不富庶。那刘德夫妻两口,年纪六十有余,并无弟兄子女。自己有几间房屋,数十亩田地,门首又开一个小酒店儿。刘公平昔好善,极肯周济人的缓急。凡来吃酒的,偶然身边银钱缺少,他也不十分计较。或有人多把与他,他便勾了自己价银,余下的定然退还,分毫不肯苟取。有晓得的,问道:"这人错与你的,落得将来受用,如何反把来退还?"刘公说:"我身没有子嗣,多因前生不曾修得善果,所以今世罚做无祀之鬼,岂可又为恁样欺心的事!倘然命里不该时,错得一分到手,或是变出些事端,或是染患些疾病,反用去几钱,却不到折便宜。不若退还了,何等安逸。"因他做人公平,一镇的人无不敬服,都称为刘长者。一日,正值隆冬天气,朔风凛冽,彤云密布,降下一天大雪。原来那雪:

> 能穿帷幕,善度帘栊。乍飘数点,俄惊柳絮飞扬;狂舞一番,错认梨花乱坠。声从竹叶传来,香自梅枝递至。塞外征人穿冻甲,山中隐士拥寒衾。子孙绮席倒金尊,美女红炉添兽炭。

刘公因天气寒冷,暖起一壶热酒,夫妻两个向火对饮。吃了一回,起身走到门首看雪。只见远远一人背着包裹,同个小厮迎风冒雪而来。看看至近,那人扑的一交,跌在雪里,挣扎不起。小厮便向前去搀扶。年小力微,两个一拖,反向下边跌去,都滚做一个肉饺儿。爬了好一回,方才得起。刘公擦摩老眼看时,却是六十来岁的老儿,行缠绞脚,八搭麻鞋,身上衣服甚是褴褛。这小厮到也生得清秀,脚下穿一双小布翁靴。那老儿把身上雪儿抖净,向小厮道:"儿,风雪甚大,身上寒冷,行走不动。这里有酒店在此,且买壶来荡荡寒再行。"便走入店来,向一副座头坐下,把

包裹放在桌上，小厮坐于旁边。刘公去暖一壶热酒，切一盘牛肉，两碟小菜，两副杯箸，做一盘托过来摆在桌上。小厮捧过壶来，斟上一杯，双手递与父亲，然后筛与自己。刘公见他年幼，有些礼数，便问道："这位是令郎吗？"那老儿道："正是小犬。"刘公道："今年几岁了？"答道："乳名申儿，十二岁了。"又问道："客官尊姓？是往哪里去的？怎般风雪中行走？"那老儿答道："老汉方勇，是京师龙虎卫军士，原籍山东济宁。今要回去取讨军庄盘缠，不想下起雪来。"问："主人家尊姓。"刘公道："在下姓刘，招牌上近河，便是贱号。"又道："济宁离此尚远，如何不寻个脚力，却受这般辛苦？"答道："老汉是个穷军，哪里雇得起脚力！只得慢慢的捱去罢了。"

刘公举目看时，只见他单把小菜下酒，那盘牛肉，全然不动。问道："长官父子想都是奉斋吗？"答道："我们当军的人，吃什么斋。"刘公道："既不奉斋，如何不吃些肉儿？"答道："实不相瞒，身边盘缠短少，吃小菜饭儿，还恐走不到家。若用了这大菜，便去了几日的口粮，怎能得到家里？"刘公见他说得怎样穷乏，心中惨然，便道："这般大雪，腹内得些酒肉，还可挡得风寒，你只管用，我这里不算账罢了。"老军道："主人家休得取笑！那有吃了东西，不算账之理？"刘公道："不瞒长官说，在下这里，比别家不同。若过往客官，偶然银子缺少，在下就肯奉承。长官既没有盘缠，只算我请你罢了。"老军见他当真，便道："多谢厚情，只是无功受禄，不当人子。老汉转来，定当奉酬。"刘公道："四海之内，皆兄弟也。这些小东西，值得几何，怎说这奉酬的话！"老汉方才举箸，刘公又盛过两碗饭来，道："一发吃饱了好行路。"老军道："忒过分了！"父子二人正在饥馁之时，拿起饭来，狼餐虎咽，尽情一饱。这才是：

救人须救急，施人须当厄。
渴者易为饮，饥者易为食。

当下吃完酒饭，刘公又叫妈妈斟两杯热茶来吃了。老军便腰间取出银子，来还饭钱。刘公连忙推住道："刚才说过，是我请你的，如何又要银子？怎样时，倒象在下说法卖这盘肉了。你且留下，到前途去盘缠。"老军便住了手，千恩万谢，背上包裹，作辞起身。走出门外，只见那雪越发大了，对面看不出人儿。被寒风一吹，倒退下几步。小厮道："爹，这样大雪，如何行走？"老军道："便是没奈何，且捱到前途，觅个宿店歇吧。"小厮眼中便流下泪来。刘公心中不忍，说道："长官，这般风寒大雪，着甚要紧，受此苦楚！我家空房床铺尽有，何不就此安歇，等天晴了走，也未迟。"老军道："若得如此，甚好。只是打搅不当。"刘公道："说哪里话！谁人是顶着房子走的？快些进来，不要打湿了身上。"老军引着小厮，重新进门。刘公领去一间房里，把包裹放下，看床上时，席子草荐都有。刘公还恐怕他寒冷，又取出些稻草来,放在上面。老军打开包裹,将出被窝铺下,此时天气尚早,准顿好了,同小厮走出房去。

刘公已将店面关好,同妈妈向火。看见老军出房,便叫道:"方长官,你若冷时,有火在此,烘一烘暖和也好。"老军道:"好倒好,只是奶奶在那里,恐不稳便。"刘公道:"都是老人家了,不妨得。"老汉方才同小厮走过来,坐于火边。那时比前又加识熟,便称起号来。说:"近河,怎么只有老夫妻两位?想是令郎们另居吗?"刘公道:"不瞒你说,老拙夫妻今年都痴长六十四岁,从来不曾生育,哪里得有儿子?"老军道:"何不承继一个,伏侍你老年也好。"刘公答道:"我心里初时也欲得如此。因常见人家承继来的,不得他当家替力,反惹闲气,不如没有的倒得清净。总要时,急切不能有个中意的,故此休了这念头。若得你令郎这样一个,却便好了。只是如何得能够?"两下闲话一回。看看已晚,老军讨了个灯火,叫声安置,同儿子到客房中来安歇。对儿子说:"儿,今日天幸得遇这样好人。若没有他时,冻也要冻死了。明日莫管天晴下雪,早些走吧。打搅他,心上不安。"小厮道:"爹说得是。"父子上床安息。

不想老军受了些风寒,到下半夜,火一般热起来,口内只是气喘,讨汤水吃。这小厮家夜晚间又在客店里,那处去取?巴到天明,起来开房门看时,那刘公夫妻还未曾起身。他又不敢惊动,原把门儿掩上,守在床前。少顷,听得外面刘公咳嗽声响,便开门走将出来。刘公一见,便道:"小官儿,如何起得恁早?"小厮道:"告公公得知,不想爹爹昨夜忽然发起热来,口中不住呼喘,要讨口水吃,故此起得早些。"刘公道:"阿呀!想是他昨日受些寒了。这冷水怎么吃得?待我烧些热汤与你。"小厮道:"怎好又劳公公?"刘公便教妈妈烧起一大壶滚汤。刘公送到房里,小厮扶起来吃了两碗。老军睁眼观看,见刘公在旁,谢道:"难为你老人家,怎生报答?"刘公走近前道:"休恁般说。你且安心自在,盖热了,发出些汗来便好了。"小厮放倒下去,刘公便扯被儿与他盖好。见那被儿单薄,说道:"可知道着了寒!如何这被恁薄?怎能发得汗出?"妈妈在门口听见,即去取出一条大絮被来道:"老官儿,有被在此,你与他盖好了。这般冷天气,不是当耍的。"小厮便来接去,刘公与他盖得停当,方才走出。

少顷,梳洗过,又走进来,问:"可有汗吗?"小厮道:"我才摸时,并无一些汗气。"刘公道:"若没汗时,这寒气是感得重的了。须请个太医来用药,表他的汗出来方好。不然,这风寒怎能够发泄?"小厮道:"公公,身伴无钱,将何请医服药?"刘公道:"不消你费心,有我在此。"小厮听说,即便叩头道:"多蒙公公厚恩,救我父亲。今生若不能补报,死当为犬马偿恩。"刘公连忙扶起道:"快不要如此,既在此安宿,我便是亲人了,岂忍坐视!你自去房中伏侍,老汉与你迎医。"其日雪止天霁,街上的积雪被车马践踏,尽为泥泞,有一尺多深。刘公穿了木屐,出街头望了一望,复身进门。小厮看刘公转进来,只道不去了,噙着两行珠泪,方欲上前叩问,只见刘公从后屋牵出个驴儿骑了,出门而去,小厮方才放心。且喜太医住得还近,不多时便到了。那太医也骑个驴儿,家人背着药箱,随在后面,到门首下了。刘公请进堂中,吃过茶,然后引至房里。此时老军已是神思昏迷,一毫人事不省。

太医诊了脉,说道:"这是个双感伤寒,风邪已入于腠理。《伤寒》书上有两句歌云:两感伤寒不须治,阴阳毒过七朝期。此乃不治之症。别个医家,便要说还可以救得。学生是老实的,不敢相欺,这病下药不得了。"小厮见说,惊得泪如雨下,拜倒在地上,道:"先生可怜我父子是个异乡之人,怎生用帖药救得性命,绝不忘恩!"太医扶起道:"不是我作难,其实病已犯实。教我也无奈。"刘公道:"先生,常言道:药医不死病,佛度有缘人。你且不要拘泥古法,尽着自家意思,大了胆医去,或者他命不该绝,就好了也未可知。万一不好,决无归怨你之理。"先生道:"既是长者恁般说,且用一帖药看。若吃了发得汗出,便有可生之机,速来报我,再将药与他吃。若没有汗时,这病就无救了,不消来覆我。"教家人开了药箱,撮了一贴药剂,递与刘公道:"用生姜为引,快煎与他吃。这也是万分之一,莫做指望。"刘公接了药,便去封出一百文钱,递与太医道:"些少药资,权为利市。"太医必不肯受而去。

刘公夫妻两口,亲自把药煎好,将到房中与小厮相帮,扶起吃了,将被没头没脑的盖下,小厮在旁守候。刘公因此事忙乱了一朝,把店中生意都耽搁了,连饭也没工夫去煮。直到午上,方吃早膳。刘公去唤小厮吃饭,那小厮见父亲病重,心中慌急,哪里要吃,再三劝慰,才吃了半碗。看看到晚,摸那老军身上,并无一些汗点。那时连刘公也慌张起来,又去请太医时,不肯来了。准准到第七日,呜呼哀哉!正是:

> 三寸气在千般用,一日无常万事休。

可怜那小厮申儿哭倒在地,刘公夫妇见他哭得悲切,也涕泪交流,扶起劝道:"方小官,死者不可复生,哭之无益。你且将息自己身子。"小厮双膝跪下哭告道:"儿不幸,前年丧母,未能入土,故与父谋归原籍,求取些银两来殡葬。不想逢此大雪,路途艰楚。得遇恩人,赐以酒饭,留宿在家,以为万千之幸。谁料皇天不佑,父忽骤病。又蒙恩人延医服药,日夜看视,胜如骨肉。只指望痊愈之日,图报大恩,那知竟不能起,有负盛意!此间举目无亲,囊乏钱钞,衣棺之类,料不能办,欲求恩人借数尺之土,把父骸掩盖,儿情愿终身为奴仆,以偿大德。不识恩人肯见允否?"说罢,拜伏在地。刘公扶起道:"小官人休虑!这送终之事,都在于我,岂可把来藁葬?"小厮又哭拜道:"得求隙地埋骨,已出望外,岂敢复累恩人费心破钞!此恩此德,教儿将何补报?"刘公道:"这是我平昔志愿,那望你的报偿!"当下忙忙的取了银子,便去买办衣衾棺木。唤两个土工来,收拾入殓过了。又备羹饭祭奠,焚化纸钱。那小厮悲恸,自不必说。就抬于屋后空地上埋葬好了,又立一个牌额,上写"龙虎卫军士方勇之墓"。诸事停当,小厮向刘公夫妇拜谢。

过了两日,刘公对小厮道:"我欲要教你回去,访问亲族来,搬丧回乡,又恐怕你年纪幼小,不认得路途。你且暂住我家,俟有识熟的在此经过,托他带回故乡,然后徐图运柩回去。不知你的意下如何?"小厮跪下泣告道:"儿受公公如此大恩,地厚天高,未曾报得,岂敢言归!且恩人又无子嗣,儿虽不才,倘蒙不弃,收充奴仆,朝夕伏侍,少效一点孝心。万一恩人百年之后,亦堪为坟前拜扫之人。那时到京取回先母遗骨,同父骸葬于恩人墓道之侧,永守于此,这便是儿之心愿。"刘公夫妇大喜道:"若得你肯如此,乃天赐与我为嗣!岂有为奴仆之理,今后当以父子相称。"小厮道:"既蒙收留,即今日就拜了爹妈。"便掇两把椅儿居中放下,请老夫妇坐了,四双八拜,认为父子。遂改姓为刘,刘公又不忍没其本姓,就将方字为名,唤做刘方。自此日夜辛勤,帮家过活,奉侍刘公夫妇,极其尽礼孝敬。老夫妇也把他如亲生一般看待。有诗为证:

> 刘方非亲是亲,刘德无子有子。
> 小厮事死事生,老军虽死不死。

时光似箭,不觉刘方在刘公家里已过了两个年头。时值深秋,大风大雨,下了半月有余,那运河内的水,暴涨有十来丈高下,犹如百沸汤一般,又紧又急。往来的船只,坏了无数。一日午后,刘方在店中收拾,只听得人声鼎沸。他知道是什么火发,忙来观看,见岸上人推挤不开,都望着河中。急走上前来看时,却是上流头一只大客船，被风打坏，淌将下来，船上之人，飘溺已去大半。余下的抱桅攀舵，呼号哀泣，口叫："救人！"那岸上看的人，虽然有救捞之念，只是风水厉害，谁肯从井救人。眼盼盼看他一个个落水，口中只好叫句"可怜"而已。忽然一阵大风，把那船吹近岸旁。岸上人一齐喊声"好了！"顷刻挽挽钩子二十多张，一齐都下，搭住那船，救起十数多人，各自分头投店内。

有一个少年，年纪不上二十，身上被挽钩摘伤几处，行走不动，倒在地下，气息将绝，尚紧紧抱住一只竹箱，不肯放舍。刘方在旁睹景伤情，触动了自己往年冬间之事，不觉流下泪来，想道："此人之苦，正与我一般。我当时若没有刘公时，父子尸骸不知归于何处矣！这人今日却便没人怜救了，且回去与爹妈说知，救其性命。"急急转家，把上项事报知刘公夫妇，意欲扶他回家调养。刘公道："此是阴德美事，为人正该如此。"刘妈妈道："何不就同他来家？"刘方道："未曾禀过爹妈，怎敢擅便？"刘公道："说哪里话！我与你同去。"

父子二人行至岸口，只见众人正围着那少年观看。刘公分开众人，挺身而入，叫道："小官人！你挣扎着，我扶你到家去将息。"那少年睁眼看了一看，点点头儿。刘公同刘方向前搀扶，一个年幼力弱，一个老年衰迈，全不济事。旁边转过一个轩纫剌的后生道："老人家闪开，待我来！"向前一抱，轻轻的就扶了起来。那后生在右，刘公在左，两边挟住胳膊便走。少年虽然说话不出，心下却甚明白，把嘴努着竹箱，刘方道："这箱子待我与你驮了。"把来背在肩上，在前开路。众人闪在两边，让他们前行，随后便都跟来看。内中认得刘公的，便道："还是刘长者有些义气。这个异乡落难之人，在此这一回，并没有个慈悲的，肯收留回去，偏他一晓得了便搀扶回家。这样人，真个世间少有！只可惜无个儿子，这也是天公没分晓！"又有个道："他虽没有亲儿，如今承继这刘方，甚是孝顺，比嫡亲的尤胜，这也算是天报他了。"那不认得的，见他老夫妻自来搀扶一个小厮，与他驮了竹箱，就认做那少年的亲族。以后见土人纷纷传说，方才晓得，无不赞叹其义。还有没肚子的人，称量他那竹箱内有物无物，财多财少。此乃是人面相似，人心不同，不在话下。

且说刘公同那后生扶少年到家，向一间客房里放下。刘公叫声"劳动！"后生自去。刘方把竹箱就放在少年之旁。刘妈妈连忙去取干衣，与他换了湿衣，然后扶在铺上。原来落水人吃不得热酒，刘公晓得这道数，教妈妈取酽酒略温一下，尽着少年痛饮，就取刘方的卧被，与他盖了。夜间就教刘方伴他同卧。

到次早。刘公进房来探问。那少年已觉健旺，连忙挣扎起来，要下床称谢。刘公急止住道："莫要劳动，调养身子要紧！"那少年便向枕上叩头道："小子乃垂死之人，得蒙公公救拔，实再生之父母，但不知公公尊姓？"刘公道："老拙姓刘。"少年道："原来与小子同姓。"刘公道："官人哪里人氏？"少年答道："小子刘奇，山东张秋人氏。二年前，随父三考在京。不幸遇了时疫，数日之内，父母俱丧。无力扶柩还乡，只得将来火化。"指着竹箱道："奉此骸骨归葬，不想又遭此大难。自分必死，天幸得遇恩人，救我之命。只是行李俱失，一无所有，将何报答大恩？"刘公道："官人差矣！不忍之心，人皆有之。救人一命，胜造七级浮屠。若说报答，就是为利了，岂是老汉的本念！"刘奇见说，愈加感激。将息了两日，便能起身，向刘公夫妇叩头泣谢。那刘奇为人温柔俊雅，礼貌甚恭，刘公夫妇十分爱他，早晚好酒好食管待。刘奇见如此殷勤，心上好生不安。欲要辞归，怎奈钩伤之处溃烂成疮，步履不便，身边又无盘费，不能行动。只得权且住下。正是：

　　　　不恋故乡生处好，受恩深处便为家。

　　却说刘方与刘奇年貌相仿，情投契合，各把生平患难细说。二人因念出处相同,遂结拜为兄弟,友爱如嫡亲一般。一日,刘奇对刘方道:"贤弟如此青年美质,何不习些书史?"刘方道:"小弟甚有此志,只是无人教导。"刘奇道:"不瞒贤弟说,我自幼攻书,博通今古,指望致身青云,不幸先人弃后,无心于此。贤弟肯读书时,寻些书本来,待我指引便了。"刘方道:"若得如此,乃弟之幸也。"连忙对刘公说知,刘公见说是个饱学之士,肯教刘方读书,分外欢喜,即便去买许多书籍。刘奇馨心指教,那刘方颖悟过人,一诵即解。日里在店中看管,夜间挑灯而读。不过数月,经书词翰,无不精通。

且说刘奇在刘公家中住有半年,彼此相敬相爱,胜如骨肉。虽然依傍得所,只是终日坐食,心有不安。此时疮口久愈,思想要回故土,来对刘公道:"多蒙公公夫妇厚恩,救活残喘,又搅扰半年,大恩大德,非口舌可谢。今欲暂辞公公,负先人骸骨归葬。服阕之后,当图报效。"刘公道:"此乃官人的孝心,怎好阻挡。但不知几时起行?"刘奇道:"今日告过公公,明早就走。"刘公道:"既如此,待我去觅个便船与你。"刘奇道:"水路风波险恶,且乏盘缠,还从陆路行吧。"刘公道:"陆路脚力之费,数倍于舟,且又劳碌。"刘奇道:"小子不用脚力,只是步行。"刘公道:"你身子怯弱,如何走得远路?"刘奇道:"公公,常言说得好,有银用银,无银用力。小子这样穷人,还怕得什么辛苦!"刘公想了一想道:"这也易处。"便教妈妈整备酒肴,与刘奇送行。饮至中间,刘公泣道:"老拙与官人萍水相逢,叙首半年,恩同骨肉,实是不忍分离。但官人送尊人入土,乃人子大事,故不好强留。只是自今一别,不知后日可能得再见了?"说罢,歔欷不胜,刘妈妈与刘方尽皆泪下。刘奇也泣道:"小子此行,实非得已。俟服一满,即星夜驰来奉候,幸勿过悲。"刘公道:"老拙夫妇年近七旬,如风中之烛,早暮难保。恐君服满来时,在否不可知矣!倘若不弃,送尊人入土之后,即来看我,也是一番相知之情。"刘奇道:"既蒙吩咐,敢不如命。"一宿晚景不题。到了次早,刘妈妈又整顿酒饭与他吃了。刘公取出一个包裹,放在桌上,又叫刘方到后边牵出那小驴儿来,对刘奇道:"此驴畜养已久,老汉又无远行,少有用处,你就乘他去罢,省得路上雇倩。这包裹内是一床被窝,几件粗布衣裳,以防路上风寒。"又在袖中摸一包银子交与道:"这三两银子,将就盘缠,亦可到得家了。但事完之后,即来走走,万勿爽信。"刘奇见了许多厚赠,泣拜道:"小子受公公如此厚恩,今生料不能报,俟来世为犬马以酬万一。"刘公道:"何出此言!"当下将包裹竹箱都装在牲口身上,作别起身。刘公夫妇送出门首,洒泪而别。刘方不忍分舍,又送十里之外,方才分手。正是:

　　　萍水相逢骨肉情,一朝分袂泪俱倾。
　　　骊驹唱罢劳魂梦,人在长亭共短亭。

　　且说刘奇一路夜住晓行,饥餐渴饮,不一日来到山东故乡。那知去年这场大风大雨,黄河泛滥,张秋村镇,尽皆漂溺,人畜庐舍,荡尽无遗。举目遥望时,几十里田地,绝无人烟。刘奇无处投奔,只得寄食旅店。思想欲将骸骨埋葬于此,却又无处依栖,何以营生。须寻个着落之处,然后举事。遂往各处市镇乡村访问亲旧,一无所有。住了月余,这三两银子盘费将尽。心下着忙:"若用完了这银子,就难行动了。不如原往河西务去求恩人一搭空地,埋了骨殖,倚傍在彼处,还是个长策。"算还店钱,上了牲口,星夜赶来。

　　到了刘公门首,下了牲口,看时只见刘方正在店中,手里拿着一本书儿在那里观看。刘奇叫了一声:"兄弟! 公公、妈妈一向好吗?"刘方抬头看时,却是刘奇,把书撇下,忙来接住牲口,牵入家中,卸了行李,作揖道:"爹妈日夜在此念兄。来得正好!"一齐走入堂中。

刘公夫妇看见，喜从天降，便道："官人，想死我也！"刘奇上前倒身下拜。刘公还礼不迭。见罢，问道："尊人之事，想已毕了？"刘奇细细泣诉前因。又道："某故乡已无处容身，今复携骸骨而来，欲求一搭余地葬埋，就拜公公为父，依傍于此，朝夕奉侍，不知尊意允否？"刘公道："空地尽有，任凭取择。但为父子，恐不敢当！"刘奇道："若公公不屑以某为子，便是不允之意了。"即便请刘公夫妇上坐，拜为父子，将骸骨也葬于屋后地上。自此兄弟二人，并力同心，勤苦经营，家业渐渐兴隆。奉侍父母，备尽人子之礼。合镇的人，没一个不欣羡刘公无子而有子，皆是阴德之报。

时光迅速，倏忽又经年余。父子正安居乐业，不想刘公夫妇，年纪老了，筋力衰倦，患起病来。二子日夜伏侍，衣不解带，求神罔效，医药无功。看看待尽，二子心中十分悲切，又恐伤了父母之心，唯把言语安慰，背地吞声而泣。刘公自知不起，呼二子至床前吩咐道："我夫妇老年孤子，自谓必作无祀之鬼，不意天地怜念，赐汝二人与我为嗣。名虽义子，情胜嫡血。我死无遗恨矣！但我去世之后，汝二人务要同心经业，共守此薄产。我于九泉亦得瞑目！"二子哭拜受命。又延两日，夫妇相继而亡。二子怆地呼天，号啕痛哭，恨不得以身代替。置办衣衾棺椁，极其从厚，又请僧人做九昼夜功果超荐。入殓之后，兄弟商议筑起一个大坟，要将三家父母合葬一处。刘方遂至京中，将母枢迎来。择了吉日，以刘公夫妇葬于居中，刘奇迁父母骸骨葬于左边，刘方父母葬在右边。三坟拱列，如连珠相似。那合镇的人，一来慕刘公向日忠厚之德，二来敬他弟兄之孝，尽来相送。

话休絮烦。且说刘奇二人，自从刘公亡后，同眠同食，情好愈笃。把酒店收了，开起一个布店来。四方过往客商来买货的，见二人少年志诚，物价公道，传播开去，慕名来买者，挨挤不开。一二年间，挣下一个老大家业，比刘公时已多数倍。讨了两房家人，两个小厮，动用家火器皿，甚是次第。那镇上有几个富家，见二子家业日裕，少年未娶，都央媒来与之议姻。刘奇心上已是欲得，只是刘方却执意不愿。刘奇劝道："贤弟今年一十有九，我已二十有二，正该及时求配，以图生育，接续三家宗祀，不知贤弟为何不愿？"刘方答道："我与兄方在壮年，正好经营生理，何暇去谋此事。况我弟兄向来友爱，何等安乐！万一娶了一个不好的，反是一累，不如不娶为上。"刘奇道："不然，常言说得好，无妇不成家。你我俱在店中支持了生意时，里面绝然无人照管。况且交游渐广，设有个客人到来，中馈无人主持，成何体面。此还是小事，当初义父以我二人为子时，指望子孙绍他宗祀，世守此坟。今若不娶，必然绝祀，岂不负其初念，何颜见之泉下！"再三陈说，刘方只把言支吾，终不肯应承。刘奇见兄弟不允，自己又不好独娶。

一日，偶然到一相厚朋友钦大郎家中去探望。两下偶然言及姻事，刘奇乃把刘方不肯之事，细细说与。又道："不知舍弟是甚主意？"钦大郎笑道："此事浅而易见。他与兄共创家业，况他是先到，兄是后来，不忿得兄先娶，故此假意推托。"刘奇道："舍弟乃仁义端直之士，决无此意！"钦大郎道："令弟少年英俊，岂不晓得夫妇之乐，恁般推阻，兄若不信，且教个人私下去见他，先与之为媒，包你一说就是。"刘奇被人言所惑，将信将疑，作别而回。恰好路上遇见两个媒婆，正要到刘奇家说亲，所说的是本镇开绸缎店的崔三朝奉家。叙起年庚，正与刘方相合。刘奇道："这门亲，正对我家二官人。只是他有些古怪，人面前就害羞。你只悄地去对他说，若说得成时，自当厚酬。我且不归去，坐在巷口油店里等你回话。"两个媒婆应声而去。不一时，回复刘奇道："二官人果是古怪，老媳妇恁般撺掇，只是不允。再说时，他喉急起来，好教媳妇们老大没趣。"刘奇才信刘方不肯是个真心，但不知什么意故。一日，见梁上燕儿营巢，刘奇遂题一词于壁上，以探刘方之意。词云：

营巢燕，双双雄，朝暮衔泥辛苦同。若不寻雌继壳卵，巢成毕竟巢还空。

刘方看见,笑诵数次,亦援笔和一首于后,词曰:

营巢燕,双双飞,天设雌雄事久期。雌兮得雄愿已足,雄兮将雌胡不知?

刘奇见了此词,大惊道:"据这词中之意,吾弟乃是个女子了。怪道他恁般娇弱,语音纤丽,夜间睡卧,不脱内衣,连袜子也不肯去,酷暑中还穿着两层衣服。原来他却学木兰所为!"虽然如此,也还疑惑,不敢去轻易发言。又到钦大郎家中,将词念与他听。钦大郎道:"这词意明白,令弟确然不是男子了。但与兄数年同榻,难道看他不出?"刘奇叙他向来并未曾脱衣之事。钦大郎道:"恁般一发是了!如今兄当以实问之,看他如何回答。"刘奇道:"我与他恩义甚重,情如同胞,安忍启口。"钦大郎道:"他若果是个女子,与兄成配,恩义两全,有何不可。"谈论已久,钦大郎将出酒肴款待,两人对酌,竟不觉至晚。刘奇回至家时,已是黄昏时候。刘方迎着,见他已醉,扶进房中问道:"兄从何处饮酒,这时方归?"刘奇答道:"偶在钦兄家小饮,不觉话长坐久。"口中虽说,细细把他详视。当初无心时,全然不觉是女。此时已是有心辩他真假,越看越像个女子。刘奇虽无邪念,心上却要见个明白,又不好直言。乃道:"今日见贤弟所和燕子词,甚佳,非愚兄所能及。但不知贤弟可能再和一首否?"刘方笑而不答,取过纸笔来,一挥而就。词云:

营巢燕,声声叫,莫使青年空岁月。可怜和氏璧无瑕,何事楚君终不纳?

刘奇接来看了,便道:"原来贤弟果是女子!"刘方闻言,羞得满脸通红,未及答言。刘奇又道:"你我情同骨肉,何必避讳。但不识贤弟昔年因甚如此妆束?"刘方道:"妾初因母丧,随父还乡,恐途中不便,故为男扮。后因父殁,尚埋浅土,未得与母同葬,妾故不敢改形,欲求一安身之地,以厝先灵。幸得义父遗此产业,父母骸骨,得以归土。妾是时意欲说明,因思家事尚微,恐兄独力难成,故复迟迟。今见兄屡劝妾婚配,故不得不自明耳。"刘奇道:"原来贤弟用此一段苦心,成全大事。况我与你同榻数年,不露一毫棱角,真乃节孝兼全,女中丈夫,可敬可羡!但弟词中已有俯就之意,我亦决无他娶之理。萍水相逢,周旋数载,昔为兄弟,今为夫妇,此岂人谋,实由天合。倘蒙一诺,便订百年。不知贤弟意下如何?"刘方道:"此事妾亦筹之熟矣!三宗坟墓,俱在于此,妾若适他人,父母三尺之土,朝夕不便省视。况义父义母,看待你我犹如亲生,弃此而去,亦难恝然。兄若不弃陋质,使妾得侍箕帚,供奉三姓香火,妾之愿也。但无媒私合,于礼有亏。唯兄裁酌而行,免受傍人谈议,则全美矣!"刘奇道:"贤弟高见,即当处分。"是晚两人便分房而卧。

次早，刘奇与钦大郎说了，请他大娘为媒，与刘方说合。刘方已自换了女装。刘奇备办衣饰，择了吉日，先往三个坟墓上祭告过了，然后花烛成亲，大排筵宴，广请邻里。那时哄动了河西务一镇，无不称为异事。赞叹刘家一门孝义贞烈。刘奇成亲之后，夫妇相敬如宾。挣起大大家事，生下五男二女。至今子孙蕃盛，遂为巨族。人皆称为"刘方三义村"云。有诗为证：

> 无情骨肉成吴越，有义天涯作至亲。
> 三义村中传美誉，河西千载想奇人。

第 十 一 卷

苏小妹三难新郎

> 聪明男子做公卿，女子聪明不出身。
> 若许裙钗应科举，女儿那见逊公卿。

自混沌初辟，乾道成男，坤道成女，虽则造化无私，却也阴阳分位。阳动阴静，阳施阴受，阳外阴内。所以男子主四方之事，女子主一室之事。主四方之事的，顶冠束带，谓之丈夫。出将入相，无所不为，须要博古通今，达权知变。主一室之事的，三绺梳头，两截穿衣。一日之计，止无过饔飧井臼。终身之计，止无过生男育女。所以大家闺女，虽曾读书识字，也只要他识些姓名，记些账目。他又不应科举，不求名誉，诗文之事，全不相干。然虽如此，各人资性不同。有等愚蠢的女子，教他识两个字，如登天之难。有等聪明的女子，一般过目成诵，不教而能。吟诗与李、杜争强，作赋与班、马斗胜。这都是山川秀气，偶然不钟于男而钟于女。且如汉有曹大家，他是个班固之妹，代兄续成汉史。又有个蔡琰，制《胡笳十八拍》，流传后世。晋时有个谢道韫，与诸兄咏雪，有"柳絮随风"之句，诸兄都不及他。唐时有个上官婕好，中宗皇帝教他品第朝臣之诗，臧否一一不爽。至于大宋妇人，出色的更多。就中单表一个叫作李易安，一个叫作朱淑真。他两个都是闺阁文章之伯，女流翰苑之才。论起相女配夫，也该对个聪明才子。争奈月下老错注了婚籍，都嫁了无才无学之人，每每怨恨之情，形于笔札。有诗为证：

> 鸥鹭鸳鸯作一池，曾知羽翼不相宜。
> 东君不与花为主，何似休生连理枝！

那李易安有《伤秋》一篇，调寄《声声慢》：

　　寻寻觅觅，冷冷清清，凄凄惨惨戚戚。乍暖还寒时候，正难将息。三杯两盏淡酒，怎敌他晚来风急！雁过也，总伤心，却是旧时相识。　满地黄花堆积，憔悴损，如今有谁堪摘。守着窗儿，独自怎生得黑！梧桐更兼细雨，到黄昏，点点滴滴，这次第，怎一个愁字了得！

　　朱淑真时值秋间，丈夫出外，灯下独坐无聊，听得窗外雨声滴点，吟成一绝：

　　　　哭损双眸断尽肠，怕黄昏到又昏黄。
　　　　那堪细雨新秋夜，一点残灯伴夜长！

后来刻成诗集一卷，取名《断肠集》。

　　说话的，为何单表那两个嫁人不着的？只为如今说一个聪明女子，嫁着一个聪明的丈夫，一唱一和，遂变出若干的话文。正是：

　　　　说来文士添佳兴，道出闺中作美谈。

　　话说四川眉州，古时谓之蜀郡，又曰嘉州，又曰眉山。山有蟆顺、峨眉，水有岷江、环湖，山川之秀，钟于人物。生出个博学名儒来，姓苏，名洵，字明允，别号老泉。当时称为老苏。老苏生下两个孩儿，大苏、小苏。大苏名轼，字子瞻，别号东坡；小苏名辙，字子由，别号颖滨。二子都有文经武纬之才，博古通今之学，同科及第，名重朝廷，俱拜翰林学士之职。天下称他兄弟，谓之"二苏"。称他父子，谓之"三苏"。这也不在话下。

　　更有一桩奇处，那山川之秀，偏萃于一门。两个儿子未为希罕，又生个女儿，名曰小妹，其聪明绝世无双，真个闻一知二，问十答十。因他父兄都是个大才子，朝谈夕讲，无非子史经书，目见耳闻，不少诗词歌赋。自古道："近朱者赤，近墨者黑。"况且小妹资性过人十倍，何事不晓。十岁上随父兄居于京师寓中，有绣球花一树，时当春月，其花盛开。老泉赏玩了一回，取纸笔题诗，才写得四句，报道："门前客到！"老泉搁笔而起。小妹闲步到父亲书房之内，看见桌上有诗四句：

　　　　天巧玲珑玉一丘，迎眸烂熳总清幽。
　　　　白云疑向枝间出，明月应从此处留。

　　小妹览毕，知是咏绣球花所作，认得父亲笔迹，遂不待思索，续成后四句云：

　　　　瓣瓣拆开蝴蝶翅，团团围就水晶球。
　　　　假饶借得香风送，何羡梅花在陇头。

　　小妹题诗依旧放在桌上，款步归房。老泉送客出门，复转书房，方欲续完前韵，只见八句已足，读之词意俱美。疑是女儿小妹之笔，呼而问之，写作果出其手。老泉叹道："可惜是个女子！若是个男儿，可不又是制科中一个有名人物！"自此愈加珍爱其女，恣其读书博学，不复以女工督之。看看长成一十六岁，立心要妙选天下

才子,与之为配,急切难得。

忽一日,宰相王荆公着堂候官请老泉到府与之叙话。原来王荆公,讳安石,字介甫。未得第时,大有贤名。平时常不洗面,不脱衣,身上虱子无数。老泉恶其不近人情,异日必为奸臣,曾作《辨奸论》以讥之,荆公怀恨在心。后来见他大苏、小苏连登制科,遂舍怨而修好。老泉亦因荆公拜相,恐妨二子进取之路,也不免曲意相交。正是:

古人结交在意气,今人结交为势利。
从来势利不同心,何如意气交情深。

是日,老泉赴荆公之召,无非商量些今古,议论了一番时事,遂取酒对酌,不觉忘怀酩酊。荆公偶然夸奖:"小儿王雱,读书只一遍,便能背诵。"老泉带酒答道:"谁家儿子读两遍!"荆公道:"到是老夫失言,不该班门弄斧。"老泉道:"不唯小儿只一遍,就是小女也只一遍。"荆公大惊道:"只知令郎大才,却不知有令爱。眉山秀气,尽属公家矣!"老泉自悔失言,连忙告退。

荆公命童子取出一卷文字,递与老泉道:"此乃小儿王雱窗课,相烦点定。"老泉纳于袖中,唯唯而出。回家睡至半夜,酒醒,想起前事:"不合自夸女孩儿之才。今介甫将儿子窗课嘱吾点定,必为求亲之事。这头亲事,非吾所愿,却又无计推辞。"沉吟到晓,梳洗已毕,取出王雱所作,次第看之,真乃篇篇锦绣,字字珠玑,又不觉动了个爱才之意。"但不知女儿缘分如何?我如今将这文卷与女儿观之,看他爱也不爱。"遂隐下姓名,吩咐丫鬟道:"这卷文字,乃是个少年名士所呈,求我点定。我不得闲暇,转送与小姐,教他批阅。阅完时,速来回话。"丫鬟将文字呈上小姐,传达太老爷吩咐之语。小妹滴露研朱,从头批点,须臾而毕。叹道:"好文字!此必聪明才子所做。但秀气泄尽,华而不实,恐非久长之器。"遂于卷面批云:

新奇藻丽,是其所长;含蓄雍容,是其所短。取巍科则有余,享大年则不足。

后来王雱十九岁中了头名状元,未几夭亡。可见小妹知人之明,这是后话。

却说小妹写罢批语,叫丫鬟将文卷纳还父亲。老泉一见大惊:"这批语如何回复得介甫!必然取怪。"一时污损了卷面,无可奈何,却好堂候官到门:"奉相公钧旨,取昨日文卷,面见太爷,还有话禀。"老泉此时,手足无措,只得将卷面割去,重新换过,加上好批语,亲手交与堂候官收讫。堂候官道:"相公还吩咐过,有一言动问:

贵府小姐曾许人否？倘未许人，相府愿谐秦晋。"老泉道："相府议亲，老夫岂敢不从。只是小女貌丑，恐不足当金屋之选。相烦好言达上，但访问自知，并非老夫推托。"堂候官领命，回复荆公。荆公看见卷面换了，已有三分不悦。又恐怕苏小姐容貌真个不扬，不中儿子之意，密地差人打听。原来苏东坡学士常与小妹互相嘲戏。东坡是一嘴胡子，小妹嘲云：

> 口角几回无觅处，忽闻毛里有声传。

小妹额颅凸起，东坡答嘲云：

> 未出庭前三五步，额头先到画堂前。

小妹又嘲东坡下颏之长云：

> 去年一点相思泪，至今流不到腮边。

东坡因小妹双眼微抠，复答云：

> 几回拭脸深难到，留却汪汪两道泉。

访事的得了此言，回复荆公，说："苏小姐才调委实高绝，若论容貌，也只平常。"荆公遂将姻事搁起不题。然虽如此，却因相府求亲一事，将小妹才名播满了京城。以后闻得相府亲事不谐，慕而来求者，不计其数。老泉都教呈上文字，把与女孩儿自阅。也有一笔涂倒的，也有点不上两三句的。就中只有一卷文字做得好。看他卷面写有姓名，叫作秦观。小妹批四句云：

> 今日聪明秀才，他年风流学士。
> 可惜二苏同时，不然横行一世。

这批语明说秦观的文才，在大苏、小苏之间，除却二苏，没人及得。老泉看了，已知女儿选中了此人。吩咐门上：但是秦观秀才来时，快请相见。余的都与我辞去。"谁知众人呈卷的，都在讨信，只有秦观不到。却是为何？那秦观秀才字少游，他是扬州府高邮人。腹饱万言，眼空一世。生平敬服的，只有苏家兄弟，以下的都不意。今日慕小妹之才，虽然衔玉求售，又怕损了自己的名誉，不肯随行逐队，寻消问息。老泉见秦观不到，反央人去秦家寓所致意，少游心中暗喜。又想道："小妹才名得于传闻，未曾面试，又闻得他容貌不扬，额颅凸出，眼睛凹进，不知是何等鬼脸？如何得见他一面，方才放心？"打听得三月初一日，要在岳庙烧香，趁此机会，改换衣装，觑个分晓。正是：

> 眼见方为的，传闻未必真。
> 若信传闻语，枉尽世间人。

从来大人家女眷入庙进香，不是早，定是夜。为什吗？早则人未来，夜则人已散。秦少游到三月初一日五更时分，就起来梳洗，打扮个游方道人模样，头裹青布唐巾，耳后露两个石碾的假玉环儿，身穿皂布道袍，腰系黄绦，足穿净袜草履，项上挂一串拇指大的数珠，手中托一个金漆钵盂，侵早就到东岳庙前伺候。天色黎明，苏小姐轿子已到。少游走开一步，让他轿子入庙，歇于左廊之下。小妹出轿上殿，少游已看见了。虽不是妖娆美丽，却也清雅幽闲，全无俗韵。"但不知他才调真正如何？"约莫焚香已毕，少游却循廊而上，在殿左相遇。少游打个问讯云：

> 小姐有福有寿，愿发慈悲。

小妹应声答云：

> 道人何德何能，敢求布施！

少游又问讯云：

> 愿小姐身如药树，百病不生。

小妹一头走，一头答云：

> 随道人口吐莲花，半文无舍。

少游直跟到轿前，又问讯云：

> 小娘子一天欢喜，如何撒手宝山？

小妹随口又答云：

> 疯道人恁地贪痴，那得随身金穴！

小妹一头说，一头上轿。少游转身时，口中喃出一句道："'疯道人'得对'小娘子'，万千之幸！"小妹上了轿，全不在意。跟随的老院子，却听得了，怪这道人放肆，方欲回身寻闹，只见廊下走出一个垂髫的俊童，对着那道人叫道："相公这里来更衣。"那道人便先走，童儿后随。老院子将童儿肩上悄地捻了一把，低声问道："前面是那个相公？"童儿道："是高邮秦少游相公。"老院子，便不言语。回来时，却与老婆说知了。这句话就传入内里，小妹才晓得那化缘的道人是秦少游假妆的，付之一笑，嘱咐丫鬟们休得多口。

话分两头。再说秦少游那日饱看了小妹容貌不丑，况且应答如响，其才自不必言。择了吉日，亲往求亲，老泉应允，少不得下财纳币。此是二月初旬的事。少游急欲完婚，小妹不肯。他看定秦观文字，必然中选。试期已近，欲要象简乌纱，洞房花烛,少游只得依他。到三月初三礼部大试之期,秦观一举成名,中了制科。到苏府来拜丈人,就禀复完婚一事。因寓中无人,欲就苏府花烛。老泉笑道:"今日挂榜,脱白挂绿,便是上吉之日,何必另选日子。只今晚便在小寓成亲,岂不美哉!"东坡学士从旁赞成。是夜与小妹双双拜堂,成就了百年姻眷。正是:

> 聪明女得聪明婿,大登科后小登科。

其夜月明如昼。少游在前厅筵宴已毕,方欲进房,只见房门紧闭,庭中摆着小小一张桌儿,桌儿上排列纸墨笔砚,三个封儿,三个盏儿,一个是玉盏,一个是银盏,一个是瓦盏。青衣小鬟守立旁边。少游道:"相烦传语小姐,新郎已到,何不开门?"丫鬟道:"奉小姐之命,有三个题目在此,三试俱中式,方准进房。这三个纸封儿便是题目在内。"少游指着三个盏道:"这又是甚的意思?"丫鬟道:"那玉盏是盛酒的,那银盏是盛茶的,那瓦盏是盛寡水的。三试俱中,玉盏内美酒三杯,请进香房。两试中了,一试不中,银盏内清茶解渴,直待来宵再试。一试中了,两试不中,瓦盏内呷口淡水,罚在外厢读书三个月。"少游微微冷笑道:"别个秀才来应举时,就要告命题容易了,下官曾应过制科,青钱万选,莫说三个题目,就是三百个,我何惧哉!"丫鬟道:"俺小姐不比寻常盲试官,之乎者也应个故事而已。他的题目好难哩!第一题,是绝句一首,要新郎也做一首,合了出题之意,方为中式。第二题四句诗,藏着四个古人,猜得一个也不差,方为中式。到第三题,就容易了,止要做个七字对儿,对得好便得饮美酒进香房了。"少游道:"请第一题。"丫鬟取第一个纸封拆开,请新郎自看。少游看时,封着花笺一幅,写诗四句道:

> 铜铁投洪冶,蝼蚁上粉墙。
> 阴阳无二义,天地我中央。

少游想道:"这个题目,别人做定猜不着。则我曾假扮做云游道人,在岳庙化缘,去相那苏小姐。此四句乃含着'化缘道人'四字,明明嘲我。"遂于月下取笔写诗一首于题后去:

> 化工何意把春催?缘到名园花自开。
> 道是东风原有主,人人不敢上花台。

丫鬟见诗完,将第一幅花笺折做三叠,从窗隙中塞进,高叫道:"新郎交卷,第一场完。"小妹览诗,每句顶上一字,合之乃"化缘道人"四字,微微而笑。少游又开第二封看之,也是花笺一幅,题诗四句:

> 强爷胜祖有施为,凿壁偷光夜读书。
> 缝线路中常忆母,老翁终日倚门闾。

少游见了,略不凝思,一一注明。第一句是孙权,第二句是孔明,第三句是子思,第四句是太公望。丫鬟又从窗隙递进。少游口虽不语,心下想道:"两个题目,

眼见难我不倒,第三题是个对儿,我五六岁时便会对句,不足为难。"再拆开第三幅花笺,内出对云:

　　　　闭门推出窗前月。

　　初看时觉道容易,仔细想来,这对出得尽巧。若对得平常了,不见本事。左思右想,不得其对。听得谯楼三鼓将阑,构思不就,愈加慌迫。却说东坡此时尚未曾睡,且来打听妹夫消息。望见少游在庭中团团而步,口里只管吟哦"闭门推出窗前月"七个字,右手做推窗之势。东坡想道:"此必小妹以此对难之,少游为其所困矣!我不解围,谁为撮合?"急切思之,亦未有好对。庭中有花缸一只,满满的贮着一缸清水,少游步了一回,偶然倚缸看水。东坡望见,触动了他灵机,道:"有了!"欲待教他对了,诚恐小妹知觉,连累妹夫体面,不好看相。东坡远远站着咳嗽一声,就地下取小小砖片,投向缸中。那水为砖片所激,跃起几点,扑在少游面上。水中天光月影,纷纷淆乱。少游当下晓悟,遂援笔对云:

　　　　投石冲开水底天。

　　丫鬟交了第三遍试卷,只听呀的一声,房门大开,房内又走出个侍儿,手捧银壶,将美酒斟于玉盏之内,献上新郎,口称:"才子请满饮三杯,权当花红赏劳。"少游此时意气扬扬,连进三盏,丫鬟拥入香房。这一夜,佳人才子,好不称意。正是:

　　　　欢娱嫌夜短,寂寞恨更长。

　　自此夫妻和美,不在话下。后少游宦游浙中,东坡学士在京,小妹思想哥哥,到京省视。东坡有个禅友,叫作佛印禅师,尝劝东坡急流勇退。一日寄长歌一篇,东坡看时,却也写得怪异,每二字一连,共一百三十对字。你道写的是甚字?

　　野野 鸟鸟 啼啼 时时 有有 思思 春春 气气 桃桃 花花 发发 满满 枝技 莺莺 雀雀 相相 呼呼 唤唤 岩岩 畔畔 花花 红红 似似 锦锦 屏屏 堪堪 看看 山山 秀秀 丽丽 山山 前前 烟烟 雾雾 起起 清清 浮浮 浪浪 促促 潺潺 湲湲 水水 景景 幽幽 深深 处处 好好 追追 游游 傍傍 水水 花花 似似 雪雪 梨梨 花花 光光

皎皎 洁洁 玲玲 珑珑 似似 坠坠 银银 花花 折折 最最 好好 柔柔 茸茸 溪溪 畔畔 草草 青青 双双 蝴蝴 蝶蝶 飞飞 来来 到到 落落 花花 林林 里里 鸟鸟 啼啼 叫叫 不不 休休 为为 忆忆 春春 光光 好好 杨杨 柳柳 枝枝 头头 春春 色色 秀秀 时时 常常 共共 饮饮 春春 浓浓 酒酒 似似 醉醉 闲闲 行行 春春 色色 里里 相相 逢逢 竞竞 忆忆 游游 山山 水水 心心 息息 悠悠 归归 去去 来来 休休 役役

东坡看了两三遍，一时念将不出，只是沉吟。小妹取过，一览了然，便道："哥哥，此歌有何难解。待妹子念与你听。"即时朗诵云：

野鸟啼，野鸟啼时时有思。有思春气桃花发，春气桃花发满枝。满枝莺雀相呼唤，莺雀相呼唤岩畔。岩畔花红似锦屏，花红似锦屏堪看。堪看山，山秀丽，秀丽山前烟雾起。山前烟雾起清浮，清浮浪促潺湲水。浪促潺湲水景幽，景幽深处好，深处好追游。追游傍水花，傍水花似雪。似雪梨花光皎洁。梨花光皎洁玲珑，玲珑似坠银花折。似坠银花折最好，最好柔茸溪畔草。柔茸溪畔草青青，双双蝴蝶飞来到。蝴蝶飞来到落花，落花林里鸟啼叫。林里鸟啼叫不休，不休为忆春光好。为忆春光好杨柳，杨柳枝枝春色秀。春色秀时常共饮，时常共饮春浓酒。春浓酒似醉，似醉闲行春色里。闲行春色里相逢，相逢竞忆游山水，竞忆游山水心息，心息悠悠归去来，归去来休休役役。

东坡听念，大惊道："吾妹敏悟，吾所不及！若为男子，官位必远胜于我矣！"遂将佛印原写长歌，并小妹所定句读，都写出来，做一封儿寄与少游。因述自己再读不解，小妹一览而知之故。少游初看佛印所书，亦不能解。后读小妹之句，如梦初觉，深加愧叹。答以短歌云：

未及梵僧歌，词重而意复。字字如联珠，行行如贯玉。想汝唯一览，顾我劳三复。裁诗思远寄，因以真类触。汝其审思之，可表予心曲。

短歌后制成叠字诗一首，却又写得古怪：

转漏闻时离别
期归阻久伊思

少游书信到时，正值东坡与小妹在湖上看采莲。东坡先拆书看了，递与小妹，问道："汝能解否？"小妹道："此诗乃仿佛印禅师之体也。"即念云：

静思伊久阻归期，久阻归期忆别离。
忆别离时闻漏转，时闻漏转静思伊。

东坡叹道："吾妹真绝世聪明人也！今日采莲胜会，可即事各和一首，寄与少游，使知你我今日之游。"东坡诗成，小妹亦就。小妹诗云：

玉噭声歌新阕
津杨绿在人莲

东坡诗云:

暮已时醒微力
飞如马去归花

照少游诗念出,小妹叠字诗,道是:

采莲人在绿杨津,在绿杨津一阕新。
一阕新歌声噭玉,歌声噭玉采莲人。

东坡叠字诗,道是:

赏花归去马如飞,去马如飞酒力微。
酒力微醒时已暮,醒时已暮赏花归。

　　二诗寄去,少游读罢,叹赏不已。其夫妇酬和之诗甚多,不能详述。后来少游以才名被征为翰林学士,与二苏同官。一时郎舅三人,并居史职,古所稀有。于是宣仁太后亦闻苏小妹之才,每每遣内官赐以绢帛或饮馔之类,索他题咏。每得一篇,宫中传诵,声播京都。其后小妹先少游而卒,少游思念不置,终身不复娶云。有诗为证:

文章自古说三苏,小妹聪明胜丈夫。
三难新郎真异事,一门秀气世间无。

第 十 二 卷

佛印师四调琴娘

文章落处天须泣,此老已亡吾道穷。
才业谩夸生仲达,功名犹继死姚崇。
人间便觉无清气,海内安能见古风。

平日万篇何所在？六丁收拾上瑶宫。

这八句诗是谁做的？是宋理宗皇帝朝一个官人，姓刘，名庄，道号后村先生做的。

单说那神宗皇帝朝，有个翰林学士，姓苏，名轼，字子瞻，道号东坡居士。本贯是西川眉州眉山县人氏。这学士平日结识一个道友，叫作佛印禅师。你道这禅师如何出身？他是江西饶州府浮梁县人氏，姓谢，名端卿，表字觉老。幼习儒书，通古今之蕴；旁通二氏，负博洽之声，一日应举到京，东坡学士闻其才名，每与谈论，甚相敬爱。屡同诗酒之游，遂为莫逆之友。忽一日，神宗皇帝因天时亢旱，准了司天台奏章，特于大相国寺建设一百八分大斋，征取名僧，宣扬经典，祈求甘雨，以救万民。命翰林学士苏轼制就吁天文疏，就命轼充行礼官，主斋。三日前，便要到寺中斋宿。先有内官到寺看阅斋坛，传言御驾不日亲临。方丈中铺设御座，一切规模务要十分齐整。把守不许闲人入寺，恐防不时触突了圣驾。这都不在话下。

却说谢端卿在东坡学士坐间闻知此事，问道："小弟欲兄长挈带入寺，一瞻御驾，未知可否？"东坡那时只合一句回绝了他，何等干净！只为东坡要得端卿相伴，遂对他说道："足下要去，亦有何难。只消扮作侍者模样，在斋坛上承直。圣驾临幸时，便得饱看。"谢端卿那时若不肯扮做侍者，也就罢了。只为一时稚气，遂欣然不辞。先去借办行头，装扮的停停当当，跟随东坡学士入相国寺来。东坡已自吩咐了主僧，只等报一声圣驾到来，端卿就顶侍者名色上殿执役。闲时陪东坡在净室闲讲。

且说起斋之日，主僧五鼓鸣钟聚众。其时香烟缭绕，灯烛辉煌，幡幢五彩飘扬，乐器八音嘹亮，法事之盛，自不必说。东坡学士起了香头，拜了佛像，退坐于僧房之内。早斋方罢，忽传御驾已到。东坡学士执掌丝纶，日觐天颜，到也不以为事。慌得谢端卿面上红热，心头突突地跳。矜持了一回，按定心神，来到大雄宝殿，杂于侍者之中，无过是添香剪烛，供食铺灯。不一时神宗皇帝驾到，东坡学士同众僧摆班跪迎，进入大殿。内官捧有内府龙香，神宗御手拈香已毕，铺设净褥，行三拜礼。主僧引驾到于方丈，神宗登了御座，众人叩见了毕。神宗夸东坡学士所作文疏之美，东坡学士再拜，口称"不敢"。主僧取旨献茶，捧茶盘的却是谢端卿。

原来端卿因大殿行礼之时，拥拥簇簇，不得仔细瞻仰，特地充作捧茶盘的侍者，直捱到龙座御膝之前，偷眼看圣容时，果然龙凤之姿，天日之表。天威咫尺，毛骨俱悚，不敢姿意观瞻，慌忙退步。却被神宗龙目看见了。只为端卿生得方面大耳，秀目浓眉，身躯伟岸，与其他侍者不同，所以天颜刮目。当下开金口，启玉言，指着端卿问道："此侍者何方人氏？在寺几年了？"主僧先不曾问得备细，一时不能对答。还是谢端卿有量，叩头奏道："臣姓谢，名端卿，江西饶州府人，新来寺中出家。幸瞻天表，不胜欣幸！"神宗见他应对明敏，龙情大喜。又问："卿颇通经典否？"端卿奏道："臣自少读书，内典也颇知。"神宗道："卿既通内典，赐卿法名了元，号佛印，就于御前披剃为僧。"那谢端卿的学问，与东坡肩上肩下，他为应举到京，指望一举成名，建功立业，如何肯做和尚！常言道：王言如天语，违背圣旨，罪该万死。今日玉音吩咐，如何敢说："我是假充的侍者，不愿为僧？"心下十万分不乐，一时出于无奈，只得叩头谢恩。

当下主僧引端卿重来正殿，参见了如来，然后引至御前，如法披剃。钦赐紫罗袈裟一领，随驾礼部官取羊皮度碟一道，中书房填写佛印法名及生身籍贯，奉旨披剃年月,付端卿受领。端卿披了袈裟,紫气腾腾,分明是一尊肉身罗汉,手捧度牒,重复叩头谢恩。神宗道:"卿既为僧,即委卿协理斋事。异日精严戒律,便可作本寺主持,勿得玷辱宗门,有负朕意。"说罢起驾。东坡和众僧于寺门之外跪送过了,依元来做斋事,不在话下。

从此搁起端卿名字,只称佛印,众人都称为印公。为他是钦赐剃度,好生敬重。原来故宋时最以剃度为重,每度牒一张,要费得千贯钱财方得到手,今日端卿不费分文,得了度牒为僧。若是个真侍者,岂不是千古奇逢,万分欢喜。只为佛印弄假成真,非出本心,一时勉强出家,有好几时气闷不过。后来只在相国寺翻经转藏,精通佛理,把功名富贵之想,化作清净无为之业。他原是明悟禅师转世,根气不同,所以出儒入墨,如洪炉点雪。

东坡学士他是个用世之人,识见各别。他道:"谢端卿本为上京赴举,我带他到大相国寺,教他假充侍者,瞻仰天颜,遂尔披剃为僧,却不是我连累了他!他今在空门枯淡,必有恨我之意。虽然他戒律精严,只恐体面上矜持,心中不能无动。"每每于语言之间,微微挑逗。谁知佛印心冷如冰,口坚如铁,全不见丝毫走作。东坡只是不信。后来东坡为吟诗触犯了时相,连遭谪贬。直到哲宗皇帝元祐年间,复召为翰林学士。其时佛印游方转来,仍直在旧相国寺挂锡,年力尚壮。东坡一见,想起初年披剃之事,遂劝佛印:"若肯还俗出仕,下官当力荐清职。"佛印哪里肯依!东坡遂嘲之曰:不毒不秃,不秃不毒。转毒转秃,转秃转毒。佛印笑而不答。

那一日,仲春天气。学士正在府中闲坐,只见院子来报:"佛印禅师在门首。"学士听得,教请入来。须臾之间,佛印入到堂上。见学士叙礼毕,教院子点将茶来。茶罢,学士便令院子于后园中洒扫亭轩,邀佛印同到园中,去一座相近后堂的亭子坐定。院子安排酒果肴馔之类。排完,使院子斟酒。二人对酌,酒到三巡。学士道:"筵中无乐,不成欢笑。下官家中有一乐童,令歌数曲,以助筵前之乐。"道罢,便令院子传言入堂内去。不多时,佛印蓦然耳内听得有人唱词,真个唱得好!

　　声清韵美,纷纷尘落雕梁;字正腔真,拂拂风生绮席。若上苑流莺巧啭,似丹山彩凤和鸣。词歌白雪阳春,曲唱清风明月。

佛印听至曲终,道:"奇哉!韩娥之吟,秦青之词,虽不遏住行云,也解梁尘扑簌。"东坡道:"吾师何不留一佳作?"佛印道:"请乞纸笔。"学士遂令院子取将文房四宝,放在面前。佛印口中不道,心下自言:"唱却十分唱得好了,却不知人物生得如何?"遂拈起笔来,做一词,词名《西江月》:

　　窄地重重帘幕,临风小小亭轩。绿窗朱户映婵娟,忽听歌讴宛转。　　既是耳根有分,因何眼界无缘?分明咫尺遇神仙,隔个绣帘不见。

佛印写罢,学士大笑曰:"吾师之词,所恨不见。"令院子向前把那帘子只一卷,卷起一半。佛印打一看时,只见那女孩儿半截露出那一双弯弯小脚儿。佛印口中不道,心下思量:"虽是卷帘已半,奈帘钩低下,终不见他生得如何。"学士道:"吾师既是见了,何惜一词。"佛印见说,便拈起笔来,又做一词,词名《品字令》:

　　觑着脚,想腰肢如削。歌罢遏云声,怎得向掌中托。醉眼不如归去,强把

身心虚霍。几回欲待去掀帘，犹恐主人恶。

佛印意不尽，又做四句诗道：

只闻檀板与歌讴，不见如花似玉眸。
焉得好风从地起，倒垂帘卷上金钩。

佛印吟诗罢，东坡大笑。教左右卷上绣帘，唤出那女孩儿。从里面走出来，看着佛印，道了个深深万福。那女孩儿端端正正，整容敛袂，立于亭前。佛印把眼一觑，不但唱得好，真个生得好！但见：

蛾眉淡扫，莲脸微匀。轻盈真物外之仙，雅淡有天然之态。衣染鲛绡。手持象板，呈露笋指尖长；足步金莲，行动凤鞋弓小。临溪双洛浦，对月两嫦娥。好好好，好如天上女；强强强，强似月中仙。

东坡唤院子斟酒，叫那女孩儿近前来，"与吾师把盏。"学士道："此女小字琴娘，自幼在于府中，善知音乐，能抚七弦之琴，会晓六艺之事。吾师今日既见，何惜佳作？"佛印当时已自八分带酒，言称告回。琴娘曰："禅师且坐，再饮几杯。"佛印见学士所说，便拿起笔来，又写一词，词名《蝶恋花》：

执板娇娘留客住，初整金钗，十指尖尖露。歌断一声天外去，清音已过行云住。　耳有姻缘能听事，眼见姻缘，便得当前觑。眼耳姻缘都已是，姻缘别有知何处？

佛印写罢，东坡见了大喜。便唤琴娘就唱此词劝酒，再饮数杯。佛印大醉，不知词中语失。天色已晚，学士遂令院子扶入书院内，安排和尚睡了。学士心中暗想："我一向要劝这和尚还俗出仕，他未肯统口。趁他今日有调戏琴娘之意，若得他与这小妮子上得手时，便是出家不了。那时拿定他破绽，定要他还俗，何怕他不从！好计，好计！"即唤琴娘到于面前道："你省得那和尚做的词中意？后两句道：'眼耳姻缘都已是，姻缘别有知何处？'这和尚不是好人，其中有爱慕你之心。你可今夜到书院内相伴和尚就寝。须要了事，可讨执照来。我明日赏你三千贯，作房奁之资。我与你主张，教你出嫁良人。如不了事，明日唤管家婆来，把你决竹篦二十，逐出府门！"

琴娘听罢，唬得颤做一团，道："领东人钧旨。"离了房中，轻移莲步，怀着羞脸，径来到书院内。佛印已自大醉，昏迷不省，睡在凉床之上，壁上灯尚明。琴娘无计奈何，坐在和尚身边，用尖尖玉手去摇那和尚时，一似蜻蜓摇石柱，蝼蚁撼太山。和尚鼻息如雷，哪里摇得觉。

话休絮烦。自初更摇起，只要守和尚省觉，直守到五更，也不省。那琴娘心中好慌，不觉两眼泪下。自思量道："倘或今夜不了得事，明日乞二十竹篦，逐出府门，却是怎地好！"争奈和尚大醉，不了得事。琴娘弹眼泪，却好弹在佛印脸上。只见那佛印飒然惊觉，闪开眼来，壁上灯尚明。去那灯光之下，只见一个如花似玉女子，坐在身边。佛印大惊道："你是谁家女子？深夜至此，有何理说？"琴娘见问，且惊且喜，揣着羞脸，道个万福道："贱妾乃日间唱曲之琴娘也。听得禅师词中有爱慕贱妾之心，故贪夜前来，无人知觉。欲与吾师效云雨之欢，万乞勿拒则个！"

佛印听说罢，大惊曰："娘子差矣！贫僧夜来感蒙学士见爱，置酒管待，乘醉乱道，此词岂有他意。娘子可速回，倘有外人见之，无丝有线，吾之清德一旦休矣。"琴娘听罢，哪里肯去。佛印见琴娘只管尤殢不肯去，便道："是了！是了！此必是学士教你苦难我来！吾修行数年，止以诗酒自娱，岂有尘心俗意。你若实对我说，我有救你之心。如是不从，别无去处。"琴娘见佛印如此说罢，眼中垂泪道："此果是学士使我来。如是吾师肯从贱妾云雨之欢，明日赏钱三千贯，出嫁良人。如吾师不从，明日唤管家婆决竹篦二十，逐出府门。望吾师周全救我。"道罢，深深便拜。

佛印听罢，呵呵大笑。便道："你休烦恼，我救你。"遂去书袋内，取出一副纸，有见成文房四宝在桌上，佛印捻起笔来，做了一只词，名《浪淘沙》：

> 昨夜遇神仙，也是姻缘。分明醉里亦如然。睡觉来时浑是梦，却在身边。　　此事怎生言？岂敢相怜！不曾抚动一条弦。传与东坡苏学士，触处封全。

佛印写了，意不尽，又做了四句诗：

> 传与巫山窈窕女，休将魂梦恼襄王。
> 禅心已作沾泥絮，不逐东风上下狂。

当下琴娘得了此词，径回堂中，呈上学士。学士看罢，大喜，自到书院中，见佛印盘膝坐在椅上。东坡道："善哉，善哉！真禅僧也！"亦赏琴娘三百贯钱，择嫁良人。东坡自此将佛印愈加敬重，遂为入幕之宾。虽妻妾在傍，并不回避。佛印时时把佛理晓悟东坡，东坡渐渐信心。后来东坡临终不乱，相传已证正果，至今人犹唤为"坡仙"。多得佛印点化之力。有诗为证：

东坡不能化佛印，佛印反得化东坡。
若非佛力无边大，那得慈航渡爱河！

第十三卷

勘皮靴单证二郎神

柳色初浓，余寒似水，纤雨如尘。一阵东风，縠纹微皱，碧波粼粼。　　仙
娥花月精神，奏凤管鸾箫斗新。万岁声中，九霞杯内，长醉芳春。

这首词调寄《柳梢青》，乃故宋时一个学士所作。单表北宋太祖开基，传至第八
代天子，庙号徽宗，便是神霄玉府虚净宣和羽士过君皇帝。这朝天子，乃是江南李
氏后主转生。父皇神宗天子，一日在内殿看玩历代帝王图像，见李后主风神体态，
有蝉脱秽浊，神游八极之表，再三赏叹。后来便梦见李后主投身入宫，遂诞生道君
皇帝。少时封为端王。从小风流俊雅，无所不能。后因哥哥哲宗天子上仙，群臣扶
立端王为天子。即位之后，海内又安，朝廷无事。

道君皇帝颇留意苑囿。宣和元年，遂即京城东北隅，大兴工役，凿池筑囿，号寿
山银岳，命宦官梁师成董其事。又命朱勔取三吴、二浙、三川、两广珍异花木、瑰奇
竹石以进，号曰："花石纲"。竭府库之积聚，萃天下之伎巧，凡数载而始成。又号为
万岁山。奇花美木，珍禽异兽，充满其中。飞楼杰观，雄伟环丽，不可胜言。内有玉
华殿、保和殿、瑶林殿、大宁阁、天真阁、妙有阁、层峦阁、琳霄亭、赛凤垂云亭，说不
尽许多景致。时许侍臣蔡京、王黼、高俅、童贯、杨戬、梁师成纵步游赏。时号"宣和
六贼"。有诗为证：

琼瑶错落密成林，竹桧交加尔有阴。
恩许尘凡时纵步，不知身在五云深。

单说保和殿西南，有一座玉真轩，乃是官家第一个宠幸安妃娘娘妆阁，极是造
得华丽。金铺屈曲，玉槛玲珑，映彻辉煌，心目俱夺。时侍臣蔡京等，赐宴至此，留
题殿壁。有诗为证：

保和新殿丽秋辉，诏许尘凡到绮闱。
雅宴酒酣添逸兴，玉真轩内看安妃。

不说安妃娘娘宠冠六宫。单说内中有一位夫人，姓韩，名玉翘。妙选入宫，年

方及笄。玉佩敲磬,罗裙曳云;体欺皓雪之容光,脸夺芙蓉之娇艳。只因安妃娘娘三千宠爱偏在一身,韩夫人不沾雨露之恩。时值春光明媚,景色撩人,未免恨起红茵,寒生翠被。月到瑶阶,愁莫听其凤管;虫吟粉壁,怨不寐于鸳衾。既厌晓妆,渐融春思,长吁短叹,看看惹下一场病来。有词为证:

> 任东风老去,吹不断泪盈盈。记春浅春深,春寒春暖,春雨春晴,都来助诗人兴。落花无定挽春心。芳草犹迷舞蝶,绿杨空语流莺。玄霜着意捣初成,回首失云英。但如醉如痴,如狂如舞,如梦如惊。香魂至今迷恋,问真仙消息最分明,几夜相逢何处,清风明月蓬瀛。

渐渐香消玉减,柳㱩花困,太医院诊脉,吃下药去,如水浇石一般。忽一日,道君皇帝在于便殿,敕唤殿前太尉杨戬前来,天语传宣道:"此位内家,原是卿所进奉。今着卿领去,到府中将息病体。待得痊安,再许进宫未迟。仍着光禄寺每日送膳,太医院伺候用药,略有起色,即便奏来。"当下杨戬叩头领命,即着官身私身搬运韩夫人宫中箱笼装奁,一应动用什物器皿。用暖舆抬了韩夫人,随身带得养娘二人,侍儿二人。一行人簇拥着,都到杨太尉府中。太尉先去对自己夫人说知,出厅迎接,便将一宅分为两院,收拾西园与韩夫人居住,门上用锁封着,只许太医及内家人役往来。太尉夫妻二人,日往候安一次。闲时就封闭了门,门傍留一转桶,传递饮食、消息。正是:

> 映阶碧草自春色,隔叶黄鹂空好音。

将及两月,渐觉容颜如旧,饮食稍加。太尉夫妻好生欢喜,排下酒席,一当起病,一当送行。当日酒至五巡,食供两套,太尉夫人开言道:"且喜得夫人贵体无事,万千之喜。且晚奏过官里,选日入宫,未知夫人意下如何?"韩夫人叉手告太尉、夫人道:"氏儿不幸,惹下一天愁绪,卧病两月,才得小可。再要在此宽住几时,伏乞太尉、夫人方便,且未要奏知官里。只是在此打搅,深为不便。氏儿别有重报,不敢有忘。"太尉、夫人只得应允。

过了两月,却是韩夫人设酒还席。叫下一名说评话的先生,说了几回书。节次说及唐朝宣宗宫内,也是一个韩夫人,为因不沾雨露之恩,思量无计奈何。偶向红叶上题诗一首,流出御沟。诗曰:

流水何太急？深宫尽日闲。

殷勤谢红叶，好去到人间。

却得外面一个应试官人，名唤于佑，拾了红叶，就和诗一首，也从御沟中流将进去。后来那官人一举成名，天子体知此事，却把韩夫人嫁与于佑，夫妻百年偕老而终。这里韩夫人听到此处，蓦上心来，忽地叹一口气。口中不语，心下寻思："若得奴家如此侥幸，也不枉了为人一世！"当下席散，收拾回房。睡至半夜，便觉头痛眼热，四肢无力，遍身不疼不痒，无明顿发熬煎，依然病倒。这一场病，比前更加沉重。正是：

屋漏更遭连夜雨，船迟更遇打头风。

太尉夫人早来候安，对韩夫人说道："早是不曾奏过官里，宣取入宫。夫人既到此地，且是放开怀抱，安心调理。且未要把入宫一节，记挂在心。"韩夫人谢道："感承夫人好意，只是氏儿病入膏肓，眼见得上天远，入地便近，不能报答夫人厚恩，来生当效犬马之报。"说罢，一丝两气，好伤感人。

太尉夫人甚不过意，便道："夫人休如此说。自古吉人天相，眼下凶星退度，自然贵体无事。但说起来，吃药既不见效，枉淘坏了身子。不知夫人平日在宫，可有甚愿心未经答谢？或者神明见责，也不可知。"韩夫人说道："氏儿入宫以来，每日愁绪萦丝，有甚心情许下愿心。但今日病势如此，既然吃药无功，不知此处有何神圣，祈祷极灵，氏儿便对天许下愿心。若得平安无事，自当拜还。"太尉夫人说道："告夫人得知，此间北极佑圣真君，与那清源妙道二郎神，极是灵应。夫人何不设了香案，亲口许下保安愿心。待得平安，奴家情愿陪夫人去赛神答礼，未知夫人意下何如？"韩夫人点头应允。侍儿们即取香案过来。只是不能起身，就在枕上，以手加额，祷告道："氏儿韩氏，早年入宫，未蒙圣眷，惹下业缘病症，寄居杨府。若得神灵庇护，保佑氏儿身躯康健，情愿绣下长幡二首，外加礼物，亲诣庙廷，顶礼酬谢。"当下太尉夫人也拈香在手，替韩夫人祷告一回，作别不提。

可憂作怪，自从许下愿心，韩夫人渐渐平安无事。将息至一月之后，端然好了。太尉夫妇不胜之喜，又设酒起病。太尉夫人对韩夫人说道："果然是神道有灵，胜如服药万倍。却是不可昧心，负了所许之物。"韩夫人道："氏儿怎敢负心？目下绣了长幡，还要屈夫人同去，了还心愿。未知夫人意下何如？"太尉夫人答道："当得奉陪。"当日席散，韩夫人取出若干物事，制办赛神礼物，绣下四首长幡。自古道得好：

火到猪头烂，钱到公事办。

凭你世间稀奇作怪的东西，有了钱，那一件不做出来。不消几日，绣就长幡，用根竹竿叉起，果然是光彩夺目。选了吉日良时，打点信香礼物，官身私身，簇拥着两个夫人，先到北极佑圣真君庙中。庙官知是杨府钧眷，慌忙迎接至殿上，宣读疏文，挂起长幡。韩夫人叩齿礼拜，拜毕，左右两廊游遍，庙官献茶。夫人吩咐当道的赏了些银两，上了轿簇拥回来。一宿晚景不提。明早又起身，到二郎神庙中，却惹出一段跷蹊作怪的事来。正是：

> 情知语是钩和线，从前钩出是非来。

话休烦絮。当下一行人到得庙中。庙官接见，宣疏拈香礼毕。却好太尉夫人走过一壁厢。韩夫人向前轻轻将指头挑起销金黄罗帐幔来，定睛一看，不看时万事全休，看了时，吃那一惊不小！但见：

> 头裹金花幞头，身穿赭衣绣袍；腰系蓝田玉带，足登飞凤乌靴。虽然土木形骸，却也丰神俊雅，明眸皓齿。但少一口气儿，说出话来。

当下韩夫人一见，目眩心摇，不觉口里悠悠扬扬，漏出一句俏语低声的话来："若是氏儿前程远大，只愿将来嫁得一个丈夫，恰似尊神模样一般，也足称生平之愿。"说犹未了，恰好太尉夫人走过来，说道："夫人，你却在此祷告什吗？"韩夫人慌忙转口道："氏儿并不曾说什么。"太尉夫人再也不来盘问。游玩至晚归家，各自安歇不题。正是：

> 要知心腹事，但听口中言。

却说韩夫人到了房中，卸去冠服，挽就乌云，穿上便服，手托香腮，默默无言。心心念念，只是想着二郎神模样。蓦然计上心来，吩咐侍儿们端正香案，到花园中人静处，对天祷告："若是氏儿前程远大，将来嫁得一个丈夫，好像二郎尊神模样，强煞似入宫之时，受千般凄苦，万种愁思。"说罢，不觉纷纷珠泪滚下腮边。拜了又祝，祝了又拜。分明是痴想妄想。

不道有这般巧事！韩夫人再三祷告已毕，正待收拾回房，只听得万花深处，一声响亮，见一尊神道，立在夫人面前。但见：

> 龙眉凤目，皓齿鲜唇，飘飘有出尘之姿，冉冉有惊人之貌。若非阆苑瀛洲客，便是餐霞吸露人。

仔细看时，正比庙中所塑二郎神模样，不差分毫来去。手执一张弹弓，又像张仙送子一般。韩夫人又惊又喜。惊的是天神降临，未知是祸是福；喜的是神道欢容笑口，又见他说出话来。便向前端端正正道个万福，启朱唇，露玉齿，告道："既蒙尊神下降，请到房中，容氏儿展敬。"

当时二郎神笑吟吟同夫人入房，安然坐下。夫人起居已毕，侍立在前。二郎神道："早蒙夫人厚礼。今者小神偶然闲步碧落之间，听得夫人祷告至诚。小神知得夫人仙风道骨，原是瑶池一会中人。只因夫人凡心未静，玉帝暂谪下尘寰，又向皇宫内苑，享尽人间富贵荣华。谪限满时，还归紫府，证果非凡。"韩夫人见说，欢喜无任。又拜祷道："尊神在上，氏儿不愿入宫。若是氏儿前程远大，将来嫁得一个良人，一似尊神模样，偕老百年，也不辜负了春花秋月，说什么富贵荣华！"二郎神微微笑道："此亦何难，只恐夫人立志不坚。姻缘分定，自然千里相逢。"说毕起身，跨上槛窗，一声响亮，神道去了。

韩夫人不见便罢，既然见了这般模样，真是如醉如痴，和衣上床睡了。正是：

> 欢娱嫌夜短，寂寞恨更长。

翻来覆去，一片春心，按纳不住。自言自语，想一回，定一回："适间尊神降临，四目相视，好不情长！怎地又瞥然而去？想是聪明正直为神，不比尘凡心性，是我错用心机了！"又想一回道："是适间尊神丰姿态度，语笑雍容，宛然是生人一般。难道见了氏儿这般容貌，全不动情？还是我一时见不到处，放了他去？算来还该着意温存，便是铁石人儿，也告得转。今番错过，未知何日重逢！"好生摆脱不下。眼巴巴盼到天明，再做理会。及到天明，又睡着去了。直到傍午，方才起来。

当日无情无绪，巴不到晚。又去设了香案，到花园中祷告如前："若得再见尊神一面，便是三生有幸！"说话之间，忽然一声响亮，夜来二郎神又立在面前。韩夫人喜不自胜，将一天愁闷，已冰消瓦解了。即便向前施礼，对景忘怀："烦请尊神入房，氏儿别有衷情告诉。"二郎神喜孜孜堆下笑来，便携夫人手，共入兰房。夫人起居已毕，二郎神正中坐下，夫人侍立在前。二郎神道："夫人分有仙骨，便坐不妨。"夫人便斜身对二郎神坐下。即命侍儿安排酒果，在房中一杯两盏，看看说出衷肠话来，道不得个：

> 春为茶博士，酒是色媒人。

当下韩夫人解佩出湘妃之玉，开唇露汉署之香："若是尊神不嫌秽亵，暂息天上征轮，少叙人间恩爱。"二郎神欣神然应允，携手上床，云雨绸缪。夫人倾身陪奉，忘其所以。盘桓至五更，二郎神起身，嘱咐夫人保重，再来相看。起身穿了衣服，执了弹弓，跨上槛窗，一声响亮，便无踪影。韩夫人死心塌地，道是神仙下临，心下甚喜。只恐太尉夫妻催他入宫，只有五分病，装做七分病，间常不甚十分欢笑。每到晚来，精神炫耀，喜气生春。神道来时，三杯已过，上床云雨，至晓便去，非止一日。

忽一日，天气稍凉，道君皇帝分散合宫秋衣。偶思韩夫人，就差内侍捧了旨意，敕赐罗衣一袭，玉带一围，到于杨太尉府中。韩夫人排了香案，谢恩礼毕，内侍便道："且喜娘娘贵体无事。圣上思忆娘娘，故遣赐罗衣玉带，就问娘娘病势已痊，须早早进宫。"韩夫人管待使臣，便道："相烦内侍则个。氏儿病体只去得五分。全赖内侍转奏，宽限进宫，实为恩便。"内侍应道："这个有何妨碍，圣上那里也不少娘娘一个人。入宫时，只说娘娘尚未全好，还须耐心保重便了。"韩夫人谢了，内侍作别不题。

到得晚间，二郎神到来，对韩夫人说道："且喜圣上宠眷未衰，所赐罗衣玉带，便可借观。"夫人道："尊神何以知之？"二郎神道："小神坐观天下，立见四方。谅此区区小事，岂有不知之理？"夫人听说，更一发将出来看。二郎神道："大凡世间宝物，不可独享。小神缺少围腰玉带，若是夫人肯舍施时，便完成善果。"夫人便道："氏儿一身已属尊神，缘分非浅。若要玉带，但凭尊神将去。"二郎神谢了，上床欢会。未至五更起身，手执弹弓，拿了玉带，跨上槛窗，一声响亮，依然去了。却不道是：

> 若要人不知，除非己莫为。

韩夫人与太尉居止，虽是一宅分为两院，却因是内家内人，早晚愈加提防。府堂深稳，料然无闲杂人辄敢擅入。但近日来常见西园彻夜有火，唧唧哝哝，似有人声息。又见韩夫人精神旺相，喜容可掬。太尉再三踌躇，便对自己夫人说道："你见韩夫人有些破绽出来吗？"太尉夫人说道："我也有些疑影，只是府中门禁甚严，决无此事，所以坦然不疑。今者太尉既如此说，有何难哉。且到晚间，着精细家人，从屋上扒去，打探消息，便有分晓，也不要错怪了人。"太尉便道："言之有理！"当下便唤两个精细家人，吩咐他如此如此，教他不要从门内进去，只把摘花梯子，倚在墙外，待人静时，直扒去韩夫人卧房，看他动静，即来报知。此事非同小可的勾当，须要小心在意！"二人领命去了，太尉立等他回报。

不消两个时辰，二人打看得韩夫人房内这般这般，便教太尉屏去左右，方才将所见："韩夫人房内坐着一人说话饮酒。夫人口口声声称是尊神，小人也仔细想来，府中墙垣又高，防闲又密，就有歹人，插翅也飞不进。或者真个是神道也未见得。"太尉听说，吃那一惊不小。叫道："怪哉！果然有这等事！你二人休得说谎。此事非同小可。"二人答道："小人并无半句虚谬。"太尉便道："此事只许你知我知，不可泄漏了消息！"二人领命去了。太尉转身对夫人一一说知："虽然如此，只是我眼见为真。我明晚须亲自去打探一番，便看神道怎生模样。"捱至次日晚间，太尉复唤过昨夜打探二人来，吩咐道："你两人着一个同我过去，着一人在此伺候，休教一人知道。"吩咐已毕，太尉便同一人过去，捏脚捏手，轻轻走到韩夫人窗前，向窗眼内把眼一张，果然是房中坐着一尊神道，与二人说不差。便待声张起来，又恐难得脱身。只得忍气吞声，依旧过来，吩咐二人休要与人胡说。转入房中，对夫人说个就里："此必是韩夫人少年情性，把不住心猿意马，便遇着邪神魍魉，在此淫污天眷，绝不是凡人的勾当，便须请法官调治。你须先去对韩夫人说出缘由，待我自去请法官便了。"

夫人领命。明早起身，到西园来，韩夫人接见。坐定，茶汤已过，太尉夫人屏去左右，对面论心，便道："有一句话要对夫人说知。夫人每夜房中，却是与何人说话，唧唧哝哝，有些风声，吹到我耳朵里。只是此事非同小可，夫人须一一说知，不要隐瞒则个！"韩夫人听说，满面通红，便道："氏儿夜间房中并没有人说话，只氏儿与养娘们闲话消遣，却有甚人到来这里！"太尉夫人听说，便把太尉夜来所见模样，一一说过。韩夫人吓得目睁口呆，罔知所措。太尉夫人再三安慰道："夫人休要吃惊！太尉已去请法官到来作用，便见他是人是鬼。只是夫人到晚间，务要陪个小心，休要害怕！"说罢，太尉夫人自去，韩夫人到捏着两把汗。

看看至晚，二郎神却早来了。但是他来时，那弹弓紧紧不离左右。却说这里太尉请下灵济宫林真人手下的徒弟，有名的王法官，已在前厅作法，比至黄昏，有人来报："神道来了！"法官披衣仗剑，昂然而入，直至韩夫人房前，"大踏步进去，大喝一声："你是何妖邪！却敢淫污天眷！不要走，吃吾一剑！"二郎神不慌不忙，便道："不得无礼！"但见：

左手如托泰山，右手如抱婴孩，弓开如满月，弹发似流星。

当下一弹，中王法官额角上，流出鲜血来，霍地望后便倒，宝剑丢在一边。众人慌忙向前扶起，往前厅去了。那神道也跨上槛窗，一声响亮，早已不见。当时却是怎地结果？正是：

说开天地怕，道破鬼神惊。

却说韩夫人见二郎神打退了法官，一发道是真仙下降，愈加放心，再也不慌。且说太尉已知法官不济，只得到赔些将息钱，送他出门。又去请得五岳观潘道士来，那潘道士专一行持五雷天心正法，再不苟且，又且足智多谋。一闻太尉呼唤，便来相见，太尉免不得将前事一一说知。潘道士便道："先着人引领小道到西园，看他出没去处，但知是人是鬼。"太尉道："说得有理。"当时，潘道士别了太尉，先到西园韩夫人卧房，上上下下，看了一会。又请出韩夫人来拜见了，看了他气色。转身对太尉说："太尉在上，小道看来，韩夫人面上部位气色，并无鬼祟相侵。只是一个会妖法的人做作，小道自有处置。也不用书符咒水，打鼓摇铃，待他来时，小道瓮中捉鳖，手到拿来。只怕他识破局面，再也不来，却是无可奈何。"太尉道："若得他再也不来，便是干净了。我师且留在此，闲话片时则个！"

说话的，若是这厮识局知趣，见机而作，恰是断线鹞子一般再也不来，落得先前受用了一番，且又完名全节，再去别处利市，有何不美，却不道是：得意之事，不可再作。得便宜处，不可再往。却说那二郎神，毕竟不知是人是鬼。却只是他尝了甜头，不达时务，到那日晚间，依然又来。韩夫人道："夜来氏儿一些不知，冒犯尊神。且喜尊神无事，切休见责。"二郎神道："我是上界真仙，只为与夫人仙缘有分，早晚要度夫人脱胎换骨，白日飞升。叵耐这蠢物！便有千军万马，怎地近得我！"韩夫人愈加钦敬，欢好倍常。

却说早有人报知太尉，太尉便对潘道士说知。潘道士禀知太尉，低低吩咐一个养娘，教他只以服事为名，先去偷了弹弓，教他无计可施。养娘去了。潘道士结束得身上紧簇，也不披法衣，也不仗宝剑，讨了一根齐眉短棍，只教两个从人，远远把火照着，吩咐道："若是你们怕他弹子来时，预先躲过，让我自去，看他弹子近得我吗？"二人都暗笑道："看他说嘴！少不得也中他一弹。"却说养娘先去，以服事为名，挨挨擦擦，渐近神道身边。正与韩夫人交杯换盏，不提防他偷了弹弓，藏过一壁厢。这里从人引领潘道士到得门前，便道："此间便是。"丢下法官，三步做两步，躲开去了。

却说潘道士掀开帘子，纵目一观，见那神道安坐在上。大喝一声，舞起棍来，匹头匹脑，一径打去。二郎神急急取那弹弓时，再也不见。只叫得一声："中计！"连忙退去，跨上槛窗。说时迟，那时快，潘道士一棍打着二郎神后腿，却打落一件物事来！那二郎神一声响亮，依然向万花深处去了。潘道士便拾起这物事来，向灯光下一看，却是一只四缝乌皮皂靴。且将去禀覆太尉道："小道看来，定然是个妖人做作，不干二郎神之事。却是怎地拿他便好？"太尉道："有劳吾师，且自请回。我这里别有措置，自行体访。"当下酬谢了潘道士去了，结过一边。

太尉自打轿到蔡太师府中，直至书院里，告诉道：如此如此，这般这般。"终不成怎地便罢了！也须吃那厮耻笑，不成模样！"太师道："有何难哉！即今着落开封府滕大尹领这靴去作眼，差眼明手快的公人，务要体访下落，正法施行！"太尉道："谢太师指教。"太师道："你且坐下。"即命府中张干办火速去请开封府滕大尹到来。起居拜毕，屏去人从，太师与太尉齐声说道："帝辇之下，怎容得这等人在此做作！大尹须小心在意，不可怠慢。此是非同小可的勾当，且休要打草惊蛇，吃他走了！"大尹听说，吓得面色如土，连忙答道："这事都在下官身上。"领了皮靴，作别回衙，即便升厅，叫那当日缉捕使臣王观察过来，喝退左右，将上项事细说了一遍。"与你三日限，要捉这个杨府中做不是的人来见我。休要大惊小怪，仔细体察，重重有赏。不然，罪责不小！"说罢，退厅。王观察领了这靴，将至使臣房里，唤集许多做公人，叹了一口气，只见：

眉头搭上双镄锁，腹内新添万斛愁。

却有一个三都捉事使臣，姓冉，名贵，唤做冉大。极有机变，不知替王观察捉了几多疑难公事，王观察极是爱他。当日冉贵见观察眉头不展，面带忧容，再也不来答扰，只管南天北地，七十三八十四说开了去。王观察见他们全不在意，便向怀中取出那皮靴向桌上一丢，便道："我们苦杀是做公人！世上有这等糊涂官府。这皮靴又不会说话，却限我三日之内，要捉这个穿皮靴在杨府中做不是的人来！你们众人道是好笑吗？"众人轮流将皮靴看了一会，到冉贵面前，冉贵也不采，只说："难！难！难！官府真个糊涂。观察，怪不得你烦恼！"那王观察不听便罢，听了之时，说道："冉大，你也只管说道难，这桩事便怎地干休罢了？却不难为了区区小子，如何回得大尹的说话？你们众人都在这房里撰过钱来使的，却说是难！难！难！"众人也都道："贼情公事还有些捉摸。既然晓得他是妖人，怎地近得他。若是近得他，前日潘道士也捉勾多时了，他也无计奈何，只打得他一只靴下来。不想我们晦气，撞着这没头脑的官司，却是真个没捉处！"

当下王观察先前只有五分烦恼，听得这篇言语，句句说得有道理，更添上十分烦恼。只见那冉贵不慌不忙，对观察道："观察且休要输了锐气。料他也只是一个人，没有三头六臂，只要寻他些破绽出来，便有分晓。"即将这皮靴翻来覆去，不落手看了一回。众人都笑起来，说道："冉大，又来了，这只靴又不是一件稀奇作怪，眼中少见的东西，止无过皮儿染皂的，线儿扣缝的，蓝布吊里的，加上楦头，喷口水儿，弄得紧绷绷好看的。"冉贵却也不来揽揽，向灯下细细看那靴时，却是四条缝，缝得甚是紧密。看至靴尖，那一条缝略有些走线。冉贵偶然将小指头拨一拨，拨断了两股线，那皮就有些撬起来。向那灯下照里面时，却是蓝布托里。仔细一看，只见蓝布上有一条白纸条儿，便伸两个指头进去一扯，扯出纸条。仔细看时，不看时万事全休，看了时，却如半夜里拾金宝的一般。那王观察一见，也便喜从天降，笑逐颜开。众人争上前看时，那纸条上面却写着："宣和三年三月五日铺户任一郎造。"观察对冉大道："今岁是宣和四年。眼见得做这靴时，不上二年光景。只捉了任一郎，这事便有七分。"冉贵道："如今且不要惊了他！待到天明，着两个人去，只说大尹叫他做生活，将来一索捆番，不怕他不招。"观察道："道你终是有些见识！"

当下众人吃了一夜酒，一个也不敢散。看看天晓，飞也似差两个人捉任一郎。不消两个时辰，将任一郎赚到使臣房里，番转了面皮，一索捆番。"这厮大胆，做得好事！"把那任一郎吓了一跳，告道："有事便好好说！却是我得何罪，便来捆我？"王观察道："还有甚说！这靴儿可不是你店中出来的？"任一郎接着靴，仔细看了一看，告观察，"这靴儿委是男女做的。却有一个缘故：我家开下铺时，或是官员府中定制的，或是使客往来带出去的，家里都有一本坐簿，上面明写着某年某月某府中差某干办来定制做造。就是皮靴里面，也有一条纸条儿，字号与坐簿上一般的。观察不信，只消割开这靴，取出纸条儿来看，便知端的。"

王观察见他说着海底眼，便道："这厮老实，放了他好好与他讲。"当下放了任一郎，便道："一郎休怪，这是上司差遣，不得不如此。"就将纸条儿与他看，任一郎看了道："观察，不打紧！休说是一两年间做的，就是四五年前做的，坐簿还在家中。却着人同去取来对看，便有分晓。"当时又差两个人，跟了任一郎，脚不点地，到家中取了簿子，到得使臣房里。王观察亲自从头检看，看至"三年三月五日"，与纸条儿上字号对照相同。看时，吃了一惊，做声不得！却是蔡太师府中张干办来定制的。王观察便带了任一郎，取了皂靴，执了坐簿，火速到府庭回话。此是大尹立等的勾当，即便出至公堂。王观察将上项事说了一遍，又将簿子呈上，将这纸条儿亲自与大尹对照相同。大尹吃了一惊。"原来如此！"当下半疑不信，沉吟了一会，开口道："恁地时，不干任一郎事，且放他去！"任一郎磕头谢了自去。大尹又唤转来吩咐道："放便放你，却不许说向外人知道。有人问你时，只把闲话支吾开去。你可小心记着！"任一郎答应道："小人理会得！"欢天喜地的去了。

大尹带了王观察、冉贵二人，藏了靴儿簿子，一径打轿到杨太尉府中来。正直太尉朝罢回来，门吏报覆，出庭相见。大尹便道："此间不是说话处。"太尉便引至西偏小书院里，屏去人从，止留王观察、冉贵二人，到书房中伺候。大尹便将从前事历历说了一遍，如此如此，"却是如何处置？下官未敢擅便。"太尉看了，呆了半晌，想道："太师国家大臣，富贵极矣，必无此事。但这只靴是他府中出来的，一定是太师亲近之人，做下此等不良之事。"商量一会，欲待将这靴到太师府中面质一番，诚恐干疑体面，取怪不便。欲待阁起不题，奈事非同小可，曾经过两次法官，又着落缉捕使臣，拿下任一郎问过，事已张扬。一时糊涂过去，他日事发，难推不知。倘圣上发怒，罪责非小。左思右想，只得吩咐王观察、冉贵自去。也叫人看轿，着人将靴儿、簿子，藏在身边，同大尹径奔一处来。正是：

　　踏破铁鞋无觅处，得来全不费工夫。

当下太尉、大尹，径往蔡太师府中。门首伺候报覆多时，太师叫唤入来书院中相见，起居茶汤已毕。太师曰："这公事有些下落吗？"太尉道："这贼已有主名了，却只是干碍太师面皮，不敢擅去捉他。"太师道："此事非同小可，我却如何护短得？"太尉道："太师便不护短，未免吃个小小惊恐。"太师道："你且说是谁？直恁地疑难！"太尉道："乞屏去从人，方敢明言。"太师即时将从人赶开。太尉便开了文匣，将坐簿呈上与太师检看过了，便道："此事须太师爷自家主裁，却不干外人之事。"太师连声道："怪哉！怪哉！"太尉道："此系紧要公务，休得见怪下官。"太师道："不是怪你，却是怪这只靴来历不明。"太尉道："簿上明写着府中张千办定做，并非谎言。"太师道："此靴虽是张千定造，交纳过了，与他无涉。说起来，我府中冠服、衣靴、履袜等件，各自派一个养娘分掌。或是府中自制造的，或是往来馈送，一出一入的，一一开载明白，逐月缴清报数，并不紊乱。待我吊查底簿，便见明白。"即便着人去查那一个管靴的养娘，唤他出来。

当下将养娘唤至，手中执着一本簿子。太师问道："这是我府中的靴儿，如何得到他人手中？即便查来。"当下养娘逐一查检，看得这靴是去年三月中，自着人制造的，到府不多几时，却有一个门生，叫作杨时，便是龟山先生，与太师极相厚的，升了近京一个知县，前来拜别。因他是道学先生，衣敝履穿，不甚齐整。太师命取圆领一袭，银带一围，京靴一双，川扇四柄，送他作嗄程。这靴正是太师送与杨知县的。果然前件开写明白，太师即便与太尉、大尹看了。二人谢罪道："怎地又不干太师府中之事。适间言语冲撞，只因公事相逼，万望太师海涵！"太师笑道："这是你们分内的事，职守当然，也怪你不得。只是杨龟山如何肯怎地做作？其中还有缘故。如今他任所去此不远，我潜地唤他来问个分晓。你二人且去，休说与人知道。"二人领命，作别回府不题。

太师即差干办火速去取杨知县来。往返两日，便到京中，到太师跟前。茶汤已毕，太师道："知县为民父母，却怎地这般做作；这是迷天之罪！"将上项事一一说过。杨知县欠身禀道："师相在上，某去年承师相厚恩，未及出京，在邸中忽患眼痛。左右传说，此间有个清源庙道二郎神，极是肿袤有灵，便许下愿心，待眼痛痊安，即往拈香答礼。后来好了，到庙中烧香，却见二郎神冠服件件齐整，只脚下乌靴绽了，不甚相称。下官即将这靴舍与二郎神供养去讫。只此是真实语，知县生平不欺暗室，既读孔、孟之书，怎敢行盗跖之事，望太师详察！"太师从来晓得杨龟山是个大儒，怎肯胡作。听了这篇言语，便道："我也晓得你的名声，只是要你来时问个根由，他们才肯心服。"管待酒食，作别了知县自去，吩咐休对外人泄漏，知县作别自去。正是：

　　　　日前不作亏心事，半夜敲门不吃惊。

太师便请过杨太尉、滕大尹过来，说开就里，便道："怎地又不干杨知县事，还着开封府用心搜捉便了，"当下大尹做声不得，仍旧领了靴儿，作别回府，唤过王观察来，吩咐道："始初有些影响，如今都成画饼。你还领这靴去，宽限五日，务要捉得贼人回话！"当下王观察领这差使，好生愁闷。便到使臣房里，对冉贵道："你看我晦气！千好万好，全仗你跟究出任一郎来。既是太师府中事体，我只道官官相护，就了其事。却如何从新又要这个人来，却不道是生菜铺中没买他处！我想起来，既是杨知县舍与二郎神，只怕真个是神道一时风流兴发，也不见得。怎生地讨个证据回复大尹？"冉贵道："观察不说，我也晓得不干任一郎事，也不干蔡太师、杨知县事。若说二郎神所为，难道神道做这等亏心行当不成！一定是庙中左近妖人所为。还到庙前、庙后，打探些风声出来。捉得着，观察休欢喜；捉不着，观察也休烦恼！"观察道："说得是！"即便将靴儿与冉贵收了。

冉贵却装了一条杂货担儿，手执着一个玲珑铛琅的东西，叫作个"惊闺,一路摇着，径奔二郎神庙中来。歇了担儿，拈了香，低低祝告道："神明鉴察，早早保佑冉贵捉了杨府做不是的,也替神道洗清了是非。"拜罢,连讨士三个签,都是上上大吉。冉贵谢了出门,挑上担儿,庙前、庙后,转了一遭,两只眼东观西望,再也不闭。看看走至一处,独扇门儿,门傍却是半窗,门上挂一顶半新半旧的斑竹帘儿,半开半掩。只听得叫声:"卖货过来!"冉贵听得叫,转头看时,却是一个后生妇人。便道:"告小娘子,叫小人有甚事?"妇人道:"你是收买杂货的,却有一件东西在此,胡乱卖几文与小厮买嘴吃,你用得也用不得?"冉贵道:"告小娘子,小人这个担儿,有名的叫作'百纳仓',无有不收的,你且把出来看。"妇人便叫:"小厮拖出来与公公看。"当下小厮拖出甚东西来? 正是:

　　　　鹿迷秦相应难辨,蝶梦庄周未可知。

当下拖出来的,却正是一只四缝皮靴,与那前日潘道士打下来的一般无二。冉贵暗暗喜不自胜,便告小娘子:"此是不成对的东西,不值甚钱。小娘子实要许多,只是不要把话来说远了。"妇人道:"胡乱卖几文,与小厮们买嘴吃,只凭你说罢了。只是要公道些。"冉贵便去便袋用摸一贯半钱来,便交与妇人道:"只恁地肯卖便收去了,不肯时,勉强不得。正是一物不成,两物见在。"妇人道:"什么大事,再添些罢。"冉贵道:"添不得。"挑了担儿就走,小厮就哭起来。妇人只得又叫转冉贵来,便道:"多少添些,不打甚紧。"冉贵又去摸出二十文钱来道:"罢,罢! 贵了,贵了!"取了靴儿,往担内一丢,挑了便走。心中暗喜:"这事已有五分了! 且莫要声张,还要细访这妇人来历,方才有下手处。"是晚,将担子寄与天津桥一个相识人家,转到使臣房里。王观察来问时,只说还没有消息。

到次日,吃了早饭,再到天津桥相识人家,取了担子,依先挑到那妇人门首。只见他门儿锁着,那妇人不在家里了。冉贵眉头一皱,计上心来。歇了担儿,捱门儿看去。只见一个老汉坐着个矮凳儿,在门首将稻草打绳。冉贵陪个小心,问道:"伯伯! 借问一声,那左首住的小娘子,今日往哪里去了?"老汉住了手,抬头看了冉贵一看,便道:"你问他怎吗?"冉贵道:"小子是卖杂货的,昨日将钱换那小娘子旧靴一只,一时间看不仔细,换得亏本了,特地寻他退还讨钱。"老汉道:"劝你吃亏些罢! 那雌儿不是好惹的。他是二郎庙里庙官孙神通的亲表子。那孙神通一身妖法,好不厉害! 这旧靴一定是神道替下来,孙神通把与表子换些钱买果儿吃的。今日那雌儿往外婆家去了。他与庙官结识,非止一日。不知甚么缘故,有两三个月忽然生疏,近日又渐渐来往了。你若与他倒钱,定是不肯,惹毒了他,对孤老说了,就把妖术禁你,你却奈何他不得!"冉贵道:"原来恁地,多谢伯伯指教!"

冉贵别了老汉,复身挑了担子,嘻嘻的喜容可掬,走回使臣房里来。王观察迎着问道:"今番想得了利市了?"冉贵道:"果然,你且取出前日那只靴来我看。"王观察将靴取出,冉贵将自己换来这只靴比照一下,毫厘不差。王观察忙问道:"你这靴哪里来的?"冉贵不慌不忙,数一数二,细细分剖出来:"我说不干神道之事,眼见得是孙神通做下的不是? 更不须疑!"王观察欢喜的没入脚处,连忙烧了利市,执杯谢了冉贵:"如今怎地去捉? 只怕漏了风声,那厮走了,不是耍处?"冉贵道:"有何难哉! 明日备了三牲礼物,只说去赛神还愿。到了庙中,庙主自然出来迎接。那时掷盏为号,即便捉了,不费一些气力。"观察道:"言之有理。也还该禀知大尹,方去捉人。"当下王观察禀过大尹,大尹也喜道:"这是你们的勾当。只要小心在意,休教有失。我闻得妖人善能隐形遁法,可带些法物去,却是猪血、狗血、大蒜、臭屎,把他一灌,再也出豁不得!"

王观察领命,便去备了法物。过了一夜,明晨早到庙中,暗地着人带了四般法物,远远伺候。捉了人时,便前来接应。吩咐已了,王观察却和冉贵换了衣服,众人簇拥将来,到殿上拈香。庙官孙神通出来接见,宣读疏文,未至四五句,冉贵在傍斟酒,把酒盏望下一掷,众人一齐动手,捉了庙官。正是:

> 浑似皂雕追紫燕,真如猛虎啖羊羔。

再把四般法物劈头一淋,庙官知道如此作用,随你泼天的神通,再也动弹不得。一步一棍,打到开封府中来。

府尹听得捉了妖人,即便升庭,大怒喝道:"叵耐这厮!帝辇之下,辄敢大胆,兴妖作怪,淫污天眷,奸骗宝物,有何理说!"当下孙神通初时抵赖,后来加起刑法来,料道脱身不得,只得从前一一招了。招称:"自小在江湖上学得妖法,后在二郎庙出家,用钱贪缘作了庙官。为因当日在庙中听见韩夫人祷告,要嫁得个丈夫,一似二郎神模样。不合辄起心假扮二郎神模样,淫污天眷,骗得玉带一条,只此是实。"大尹叫取大枷枷了,推向狱中,教禁子好生在意收管,须要请旨定夺。当下叠成文案,先去禀明了杨太尉。太尉即同到蔡太师府中商量,奏知道君皇帝,倒了圣旨下来:"这厮不合淫污天眷,奸骗宝物,准律凌迟处死。妻子没入官。追出原骗玉带,尚未出笋,仍旧内府。韩夫人不合辄起邪心,永不许入内,就着杨太尉做主,另行改嫁良民为婚。"

当下韩氏好一场惶恐,却也了却相思债,得遂平生之愿。后来嫁得一个在京开官店的远方客人,说过不带回去的。那客人两头往来,尽老百年而终。这是后话。

开封府就取出庙官孙神通来,当堂读了明断,贴起一片芦席,明写犯由,判了一个"剐"字,推出市心,加刑示众。正是:

> 从前作过事,没兴一齐来。

当日看的真是挨肩叠背。监斩官读了犯由，刽子叫起恶杀都来。一齐动手，剐了孙神通，好场热闹。原系京师老郎传流，至今编入野史。正是：

> 但存夫子三分礼，不犯萧何六尺条。
> 自古奸淫应横死，神通纵有不相饶。

第 十 四 卷

闹樊楼多情周胜仙

> 太平时节日偏长，处处笙歌入醉乡。
> 闻说鸾舆且临幸，大家拭目待君王。

这四句诗乃咏御驾临幸之事。从来天子建都之处，人杰地灵，自然名山胜水，凑着赏心乐事。如唐朝便有个曲江池；宋朝便有个金明池，都有四时美景。倾城士女王孙，佳人才子，往来游玩。天子也不时驾临，与民同乐。

如今且说那大宋徽宗朝年东京金明池边，有座酒楼，唤作樊楼。这酒楼有个开酒肆的范大郎。兄弟范二郎，未曾有妻室。时值春末夏初，金明池游人赏玩作乐。那范二郎因去游赏，见佳人才子如蚁。行到了茶坊里来，看见一个女孩儿，方年二九，生得花容月貌。这范二郎立地多时，细看那女子，生得：

> 色，色，易迷难拆。隐深闺，藏柳陌。足步金莲，腰肢一捻，嫩脸映桃红，香肌晕玉白。娇姿恨惹狂童，情态愁牵艳客。芙蓉帐里作鸾凰，云雨此时何处觅？

元来情色都不由你。那女子在茶坊里，四目相视，俱各有情。这女孩儿心里暗暗地喜欢，自思量道："若还我嫁得一似这般子弟，可知好哩！今日当面挫过，再来那里去讨？"正思量道："如何着个道理和他说话？问他曾娶妻也不曾？"那跟来女使和奶子，都不知许多事。你道好巧！只听得外面水盏响。女孩儿眉头一纵，计上心来，便叫："卖水的，倾一盏甜蜜蜜的糖水来。"那人倾一盏糖水在铜盂儿里，递与那女子。那女子接得在手，才上口一呷，便把那个铜盂儿望空打一丢，便叫："好好！你却来暗算我！你道我是兀谁？"那范二听得道："我且听那女子说。"那女孩儿道："我是曹门里周大郎的女儿，我的小名叫作胜仙小娘子，年一十八岁，不曾吃人暗算。你今却来算我！我是不曾嫁的女孩儿。"这范二自思量道："这言语跷蹊，分明是说与我听。"这卖水的道："告小娘子！小人怎敢暗算？"女孩儿道："如何不是暗算我？盏子里有条草。"卖水的道："也不为厉害。"女孩儿道："你待算我喉咙，却恨我爹爹不在家里。我爹若在家，与你打官司。"奶子在傍边道："却也叵耐这厮！"茶博士见里面闹吵，走入来道："卖水的，你去把那水好好挑出来。"

对面范二郎道："他既暗递与我，我如何不回他？"随即也叫："卖水的，倾一盏甜蜜蜜糖水来。"卖水的便倾一盏糖水在手，递与范二郎。二郎接着盏子，吃一口水，也把盏子望空一丢，大叫起来道："好好！你这个人真个要暗算人！你道我是兀谁？我哥哥是樊楼开酒店的，唤作范大郎，我便唤作范二郎，年登一十九岁，未曾吃人暗算。我射得好弩，打得好弹，兼我不曾娶浑家。"卖水的道："你不是风，是甚意思，说与我知道？指望我与你作媒？你便告到官司，我是卖水，怎敢暗算人！"范二郎道："你如何不暗算？我的盂儿里，也有一根草叶。"女孩儿听得，心里好欢喜。茶博士入来，推那卖水的出去。女孩儿起身来道："俺们回去休。"看着那卖水的道："你敢随我去？"这子弟思量道："这话分明是教我随他去。"只因这一去，惹出一场没头没脑官司。正是：

言可省时休便说，步宜留处莫胡行。

女孩儿约莫去得远了，范二郎也出茶坊，远远地望着女孩儿去。只见那女子转步，那范二郎好喜欢，直到女子住处。女孩儿入门去，又推起帘子出来望。范二郎心中越喜欢。女孩儿自入去了，范二郎在门前一似失心风的人，盘旋走来走去，直到晚方才归家。

且说女孩儿自那日归家，点心也不吃，饭也不吃，觉得身体不快。做娘的慌问迎儿道："小娘子不曾吃甚生冷？"迎儿道："告妈妈，不曾吃甚。"娘见女儿几日只在床上不起，走到床边问道："我儿害甚的病？"女孩儿道："我觉有些浑身痛，头疼，有一两声咳嗽。"周妈妈欲请医人来看女儿；争奈员外出去未归，又无男子汉在家，不敢去请。迎儿道："隔一家有个王婆，何不请来看小娘子？他唤作王百会，与人收生，作针线，做媒人，又会与人看脉，知人病轻重。邻里家有些些事都浼他。"周妈妈便令迎儿去请得王婆来。见了妈妈，妈妈说女儿从金明池走了一遍，回来就病倒的因由。王婆道："妈妈不须说得，待老媳妇与小娘子看脉自知。"周妈妈道："好好！"

迎儿引将王婆进女儿房里。小娘子正睡哩，开眼叫声"少礼"。王婆道："稳便！老媳妇与小娘子看脉则个。"小娘子伸出手臂来，教王婆看了脉。道："娘子害的是头疼浑身痛，觉得恹恹地恶心。"小姐子道："是也。"王婆道："是否？"女娘子道："又

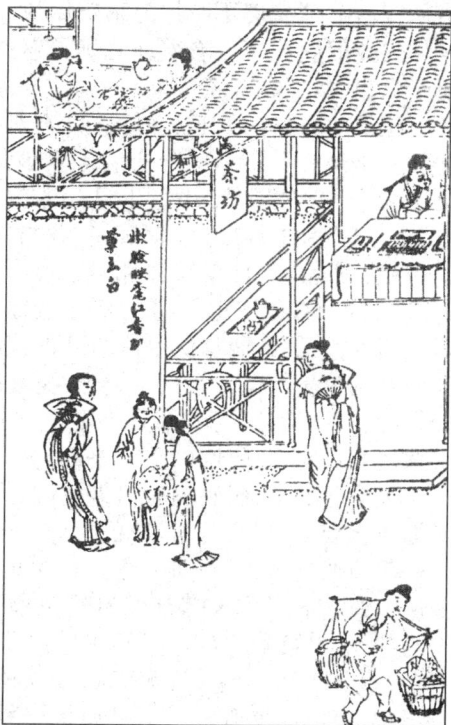

有两声咳嗽。"王婆不听得万事皆休,听了道:"这病蹊蹊!如何出去走了一遭回来,却便害这般病!"王婆看着迎儿奶子道:"你们且出去,我自问小娘子则个。"迎儿和奶子自出去。

王婆对着女孩儿道:"老媳妇却理会得这病。"女孩儿道:"婆婆,你如何理会得?"王婆道:"你的病唤作心病。"女孩儿道:"如何是心病?"王婆道:"小娘子,莫不见了什么人,欢喜了,却害出这病来?是也不是?"女孩儿低着头只叫:"这却没有"。王婆道:"小娘子实对我说,我与你做个道理,救了你性命。"那女孩儿听得说话投机,便说出上件事来:"那子弟唤作范二郎。"王婆听了道:"莫不是樊楼开酒店的范二郎?"那女孩儿道:"便是。"王婆道:"小娘子休要烦恼,别人时老身便不认得。若说范二郎,老身认得他的哥哥、嫂嫂,不可得的好人。范二郎好个伶俐子弟,他哥哥见教我与他说亲。小娘子,我教你嫁范二郎,你要也不要?"女孩儿笑道:"可知好哩!只怕我妈妈不肯。"王婆道:"小娘子放心,老身自有个道理,不须烦恼。"女孩儿道:"若得恁地时,重谢婆婆。"

王婆出房来,叫妈妈道:"老媳妇知得小娘子病了。"妈妈道:"我儿害什么病?"王婆道:"要老身说,且告三杯酒,吃了却说。"妈妈道:"迎儿,安排酒来请王婆。"妈妈一头请他吃酒,一头问婆婆:"我女儿害什么病?"王婆把小娘子说的话,一一说了一遍。妈妈道:"如今却是如何?"王婆道:"只得把小娘子嫁与范二郎。若还不肯嫁与他,这小娘子病难医。"妈妈道:"我大郎不在家,须使不得。"王婆道:"告妈妈,不若与小娘子下了定,等大郎归后,却作亲。且眼下救小娘子性命。"妈妈允了道:"好好!怎地作个道理?"王婆道:"老媳妇就去说,回来便有消息。"王婆离了周妈妈家,取路径到樊楼来,见范大郎正在柜身里坐。王婆叫声万福,大郎还了礼,道:"王婆婆,你来得正好!我却待使人来请你。"王婆道:"不知大郎唤老媳妇做什么吗?"大郎道:"二郎前日出去归来,晚饭也不吃,道:'身体不快。'我问他:'那里去来?'他道:'我去看金明池。'直至今日不起,害在床上,饮食不进。我待来请你看脉。"范大娘子出来与王婆相见了,大娘子道:"请婆婆看叔叔则个。"王婆道:"大郎,大娘子,不要入来,老身自问二郎这病是甚的样起。"范大郎道:"好好!婆婆自去看,我不陪你了。"

王婆走到二郎房里,见二郎睡在床上。叫声:"二郎,老媳妇在这里。"范二郎闪开眼道:"王婆婆,多时不见,我性命休也!"王婆道:"害甚病便休?"二郎道:"觉头疼恶心,有一两声咳嗽。"王婆笑将起来,二郎道:"我有病,你却笑我!"王婆道:"我不笑别的,我得知你的病了。不害别病,你害曹门里周大郎女儿,是也不是?"二郎被王婆道着了,跳起来道:"你如何得知?"王婆道:"他家教我来说亲事。"范二郎不听得说,万事皆休,听得说,好喜欢!正是:

> 人逢喜事精神爽,话合心机意气投。

当下同王婆厮赶着出来,见哥哥、嫂嫂。哥嫂见兄弟出来,道:"你害病却便出来?"二郎道:"告哥哥,无事了也。"哥嫂好快活。王婆对范大郎道:"曹门里周大郎家,特使我来说二郎亲事。"大郎欢喜。话休烦絮。两下说成了,下了定礼,都无别事。范二郎闲时不着家,从下了定,便不出门,与哥哥照管店里。且说那女孩儿闲时不作针线,从下了定,也肯作活。两个心安意乐,只等周大郎归来做亲。

三月间下定，直等到十一月间，等得周大郎归，少不得邻里亲戚都来置酒洗尘，不在话下。到次日，周妈妈与周大郎说知上件事。周大郎道问了妈妈道："定了也。"周大郎听说，双眼圆睁，看着妈妈骂道："打脊老贱人！得谁言语，擅便说亲！他高杀也只是个开酒店的。我女儿怕没大户人家对亲，却许着他。你倒了志气，干出这等事，也不怕人笑话！"正恁的骂妈妈，只见迎儿叫："妈妈，且进来救小娘子！"妈妈道："做甚?"迎儿道："小姐子在屏风后，不知怎地气倒在地。"慌得妈妈一步一跌，走向前来，看那女孩儿，倒在地下：

> 未知性命如何，先见四肢不举。

从来四肢百病，唯气最重。原来女孩儿在屏风后听得作爷的骂娘，不肯教他嫁范二郎，一口气塞上来，气倒在地。妈妈慌忙来救，被周大郎牵住，不得他救。骂道："打脊贼娘！辱门败户的小贱人。死便教他死，救他则甚?"迎儿见妈妈被大郎牵住，自去向前，却被大郎一个漏风掌打在一壁厢。即时气倒妈妈，迎儿向前救得妈妈苏醒，妈妈大哭起来。邻舍听得周妈妈哭，都走来看。张嫂、鲍嫂、毛嫂、刁嫂，挤上一屋子。原来周大郎平昔为人不近道理，这妈妈甚是和气，邻舍都喜他。周大郎看见多人，便道："家间私事，不必相劝！"邻舍见如此说，都归去了。

妈妈看女儿时，四肢冰冷，妈妈抱着女儿哭。本是不死，因没人救，却死了。周妈妈骂周大郎："你直恁地毒害！想必你不舍得三五千贯房奁，故意把我女儿坏了性命！"周大郎听得，大怒道："你道我不舍得三五千贯房奁，这等奚落我！"周大郎走将出去。周妈妈如何不烦恼？一个观音也似女儿，又伶俐，又好针线，诸般都好，如何教他不烦恼！离不得周大郎买具棺木，八个人抬来，周妈妈见棺材进门，哭得好苦，周大郎看着妈妈道："你道我割舍不得三五千贯房奁，你看女儿房里，但有的细软，都搬在棺材里。"只就当时，叫杵作人等入了殓，即时使人吩咐管坟园张一郎、兄弟二郎："你两个便与我砌坑子。"吩咐了毕，话休絮烦。功德水陆也不做，停留也不停留，只就来日便出丧。周妈妈教留几日，哪里拗得过来。早出了丧，埋葬已了，各人自归。

> 可怜三尺无情土，盖却多情年少人。

话分两头。且说当日一个后生的，年三十余岁，姓朱，名真，是个暗行人。日常惯与杵作的做帮手，也会与人打坑子。那女孩儿入殓及砌坑，都用着他。这日葬了女儿回来，对着娘道："一天好事投奔我，我来日就富贵了。"娘道："我儿有甚好事?"那后生道："好笑，今日曹门里周大郎女儿死了，夫妻两个争竞道：'女孩儿是爷气死了。'斗憋气，约莫有三五千贯房奁，都安在棺材里。有恁的富贵，如何不去取之?"那作娘的道："这个事却不是耍的事。又不是八棒十三的罪过，又兼你爷有样子。二十年前，你爷去掘一家坟园，揭开棺材盖，尸首觑着你爷笑起来。你爷吃了那一惊，归来过得四五日，你爷便死了。孩儿切不可去，不是耍的事！"朱真道："娘，你不得劝我。"去床底下拖出一件物事来，把与娘看。娘道："休把出去罢！原先你爷曾把出去，使得一番便休了。"朱真道："各人命运不同。我今年算了几次命，都说我该发财，你不要阻当我。"

你道拖出的是甚物事？原来是一个皮袋，里面盛着些挑刀斧头，一个皮灯盏，和那盛油的罐儿，又有一领蓑衣。娘都看了，道："这蓑衣要他做甚？"朱真道："半夜使得着。"当日是十一月中旬，却恨雪下得大。那厮将蓑衣穿起，却又带一片，是十来条竹皮编成的一行，带在蓑衣后面。原来雪里有脚迹，走一步，后面竹片扒得平，不见脚迹。当晚约莫也是二更左侧，吩咐娘道："我回来时，敲门响，你便开门。"虽则京城闹热，城外空阔去处，依然冷静。况且二更时分，雪又下得大，兀谁出来。

朱真离了家，回身看后面时，没有脚迹。迤逦到周大郎坟边，到萧墙矮处，把脚跨过去。你道好巧，原来管坟的养只狗子。那狗子见个生人跳过墙来，从草案里爬出来便叫。朱真日间备下一团油糕，里面藏了些药在内，见狗子来叫，便将油糕丢将去。那狗子见丢甚物过来，闻一闻，见香便吃了，只叫得一声，狗子倒了。朱真却走近坟边，那看坟的张二郎叫道："哥哥，狗子叫得一声，便不叫了，却不作怪！莫不有甚做不是的在这里？起去看一看。"哥哥道："那做不是的来偷我什吗？"兄弟道："却才狗子大叫一声便不叫了，莫不有贼？你不起去，我自起去看一看。"

那兄弟爬起来，披了衣服，执着枪在手里，出门来看。朱真听得有人声，悄悄地把蓑衣解下，捉脚步走到一株杨柳树边。那树好大，遮得正好。却把斗笠掩着身子和腰，蹲在地下，蓑衣也放在一边。望见里面开门，张二走出门外，好冷，叫声道："畜生，做什么叫？"那张二是睡梦里起来，被雪雹风吹，吃一惊，连忙把门闭了，走入房去。叫："哥哥，真个没人。"连忙脱了衣服，把被匹头兜了道："哥哥，好冷！"哥哥道："我说没人。"约莫也是三更前后，两个说了半晌，不听得则声了。

朱真道："不将辛苦意，难近世间财。"抬起身来，再把斗笠戴了，着了蓑衣，捉脚步到坟边，把刀拨开雪地。俱是日间安排下脚手，下刀挑开石板下去，到侧边端正了，除下头上斗笠，脱了蓑衣在一壁厢，去皮袋里取两个长针，了在砖缝里，放上一个皮灯盏，竹筒里取出火种吹着了，油罐儿取油，点起那灯，把刀挑开命钉，把那盖天板丢在一壁，叫："小娘子莫怪，暂借你些个富贵，却与你做功德。"道罢，去女孩儿头上便除头面，有许多金珠首饰，尽皆取下了。只有女孩儿身上衣服，却难脱。那厮好会。去腰间解下手巾，去那女孩儿脖项上阁起，一头系在自脖项上，将那女孩儿衣服脱得赤条条地，小衣也不着。那厮可霎臣耐处，见那女孩儿白净身体，那厮淫心顿起，按捺不住，奸了女孩儿。你道好怪！只见女孩儿睁开眼，双手把朱真抱住。怎地出豁？正是：

曾观《前定录》，万事不由人。

原来那女儿一心牵挂着范二郎，见爷的骂娘斗憋气死了，死不多日，今番得了阳和之气，一灵儿又醒将转来。朱真吃了一惊，见那女孩儿叫声："哥哥，你是兀谁？"朱真那厮好急智，便道："姐姐，我特来救你！"女孩儿抬起身来，便理会得了。一来见身上衣服脱在一壁，二来见斧头刀仗在身边，如何不理会得。朱真欲待要杀了，却又舍不得。那女孩儿道："哥哥，你救我去见樊楼酒店范二郎，重重相谢你。"朱真心中自思："别人兀自坏钱取浑家，不能得恁的一个好女儿。救将归去，却是兀谁得知。"朱真道："且不要慌，我带你家去，教你见范二郎则个。"女孩儿道："若见得范二郎，我便随你去。"

当下朱真把些衣服与女孩儿着了，收拾了金银珠翠物事，衣服包了，把灯吹灭，倾那油入那油罐儿里,收了行头,揭起斗笠,送那女子上来。朱真也爬上来,把石头来盖得没缝。又捧些雪铺上。却教女孩儿上脊背来,把蓑衣着了,一手挽着皮袋,一手缩着金珠物事,把斗笠戴了,迤逦取路,到自家门前。把手去门上敲了两三下,那娘的知是儿子回来,放开了门。朱真进家中,娘的吃一惊道:"我儿,如何尸首都驮回来?"朱真道:"娘不要高声。"放下物件行头,将女孩儿入到自己卧房里面。朱真提起一把明晃晃的刀来,觑着女孩儿道:"我有一件事和你商量。你若依得我时,我便将你去见范二郎。你若依不得我时,你见我这刀吗? 砍你作两段。"女孩儿慌道:"告哥哥,不知教我依甚的事?"朱真道:"第一,教你在房里不要则声;第二,不要出房门。依得我时,两三日内,说与范二郎。若不依我,杀了你!"女孩儿道:"依得! 依得!"朱真吩咐罢,出房去与娘说了一遍。

话休絮烦。夜间离不得伴那厮睡。一日两日,不得女孩儿出房门。那女孩儿问道:"你曾见范二郎吗?"朱真道:"见来! 范二郎为你害在家里,等病好了,却来取你。"自十一月二十日头,至次年正月十五日,当日晚,朱真对着娘道:"我每年只听得鳌山好看,不曾去看,今日去看则个。到五更前后便归。"朱真吩咐了,自入城去看灯。

你道好巧! 约莫也是更尽前后,朱真的老娘在家,只听得叫:"有火!"急开门看时,是隔四五家酒店里火起,慌杀娘的,急走入来收拾。女孩儿听得,自思道:"这里不走,更待何时!"走出门首,叫婆婆来收拾。娘的不知是计,入房收拾。女孩儿从热闹里便走,却不认得路,见走过的人,问道:"曹门里在哪里?"人指道:"前面便是。"迤逦入了门,又问人:"樊楼酒店在哪里?"人说道:"只在前面。"女孩儿好慌。若还前面遇见朱真,也没许多话。女孩儿迤逦走到樊楼酒店,见酒博士在门前招呼。女孩儿深深地道个万福,酒博士还了喏,道:"小娘子没甚事?"女孩儿道:"这里莫是樊楼?"酒博士道:"这里便是。"女孩儿道:"借问则个,范二郎在那里吗?"酒博士思量道:"你看二郎! 直引得光景上门。"酒博士道:"在酒店里的便是。"女孩儿移身直到柜边,叫道:"二郎万福!"范二郎不听得都休,听得叫,慌忙走下柜来,近前看时,吃了一惊。连声叫:"灭! 灭!"女孩儿道:"二哥,我是人,你道是鬼?"范二郎如何肯信。一头叫:"灭! 灭!"一只手扶着凳子。却恨凳子上有许多汤桶儿,慌忙用手提起一支汤桶儿来,觑着女子脸上丢将过去。你道好巧! 去那女孩儿太阳上打着,大叫一声,匹然倒地。慌杀酒保,连忙走来看时,只见女孩儿倒在地下。性命如何? 正是:

小园昨夜东风恶,吹折江梅就地横。

酒博士看那女孩儿时,血浸着死了。范二郎口里兀自叫:"灭! 灭!"范大郎见外头闹炒,急走出来看了,只听得兄弟叫:"灭! 灭!"大郎问兄弟:"如何作此事?"良久定醒。问:"做甚打死他?"二郎道:"哥哥,他是鬼! 曹门里贩海周大郎的女儿。"大郎道:"他若是鬼,须没血出,如何计结去"? 酒店门前哄动有二三十人看,即时地方便入来捉范二郎。范大郎对众人道:"他是曹门里周大郎的女儿,十一月已自死了。我兄弟只道他是鬼,不想是人,打杀了他。我如今也不知他是人是鬼。你们要捉我兄弟去,容我请他爷爷来看尸则个!"众人道:"既是怎地,你快去请他来。"

范大郎急急奔到曹门里周大郎门前,见个奶子问道:"你是兀谁?"范大郎道:"樊楼酒店范大郎在这里,有些急事,说声则个!"奶子即时入去请。不多时,周大郎出来,相见罢。范大郎说了上件事,道:"敢烦认尸则个,生死不忘。"周大郎也不肯信,范大郎闲时不是说谎的人。周大朗同范大朗到酒店前看见也呆了,道:"我女儿已死了,如何得再活?有这等事!"当地方不容范大郎分说,当夜将一行人拘锁,到次早解入南衙。开封府包大尹看了解状,也理会不下。权将范二郎送狱司监候。一面相尸,一面下文书行使臣房审实。作公的一面差人去坟上掘起来看时,只有空棺材。问管坟的张一、张二,说道:"十一月间,雪下时,夜间听得狗子叫。次早开门看,只见狗子死在雪里,更不知别项因依。"把文书呈大尹。大尹焦躁,限三日要捉上件贼人。展个两三限,并无下落。好似:

金瓶落井全无信,铁枪磨针尚少功。

且说范二郎在狱司闲想:"此事好怪!若说是人,他已死过了,见有入殓的仵作及坟墓在彼可证。若说是鬼,打时有血,死后有尸,棺材又是空的。"展转寻思,委绝不下。又想道:"可惜好个花枝般的女儿,若是鬼,到也罢了。若不是鬼,可不枉害了他性命!"夜里翻来覆去,想一会,疑一会,转睡不着。直想到茶坊里初会时光景,便道:"我那日好不着迷哩!四目相视,急切不能上手。不论是鬼不是鬼,我且慢慢里商量,直恁性急,坏了他性命,好不罪过!如今陷于缧绁,这事又不得明白,如何是了!"悔之无及!转悔转想,转想转悔。捱了两个更次,不觉睡去。

梦见女子胜仙,浓妆而至。范二郎大惊道:"小娘子原来不死。"小娘子道:"打得偏些,虽然闷倒,不曾伤命。奴两遍死去,都只为官人。今日知道官人在此,特特相寻,与官人了其心愿。休得见拒,亦是冥数当然。"范二郎忘其所以,就和他云雨起来,枕席之间,欢情无限。事毕,珍重而别。醒来方知是梦,越添了许多想悔。次夜亦复如此。到第三夜又来,比前愈加眷恋。临去告诉道:"奴阳寿未绝。今被五道将军收用。奴一心只忆着官人,泣诉其情,蒙五道将军可怜,给假三日。如今限期满了,若再迟延,必遭呵斥。奴从此与官人永别。官人之事,奴已拜求五道将军。但耐心,一月之后,必然无事。"范二郎自觉伤感,啼哭起来。醒了,记起梦中之言,似信不信。刚刚一月三十个日头,只见狱卒奉大尹钧旨,取出范二郎赴狱司勘问。

原来开封府有一个常卖董贵，当日绾着一个篮儿，出城门外去。只见一个婆子在门前叫常卖，把着一件物事递与董贵。是甚的？是一朵珠子结成的栀子花。那一夜朱真归家，失下这朵珠花，婆婆私下捡得在手，不理会得直几钱，要卖一两贯钱作私房。董贵道："要几钱？"婆子道："胡乱。"董贵道："还你两贯。"婆子道："好。"董贵还了钱，径将来使臣房里，见了观察，说道怎地。即时观察把这朵栀子花径来曹门里，教周大郎、周妈妈看，认得是女儿临死带去的。即时差人捉婆子，婆子说："儿子朱真不在。"当时搜捉朱真不见，却在桑家瓦里看耍，被做公的捉了，解上开封府。包大尹送狱司勘问上件事情，朱真抵赖不得，一一招状。当案薛孔目初拟朱真劫坟当斩；范二郎免死，刺配牢城营。未曾呈案，其夜梦见一神，如五道将军之状，怒责薛孔目曰："范二郎有何罪过，拟他刺配？快与他出脱了！"薛孔目醒来，大惊。改拟范二郎打鬼，与人命不同，事属怪异，宜径行释放。包大尹看了，都依拟。范二郎欢天喜地回家。后来娶妻，不忘周胜仙之情，岁时到五道将军庙中烧纸祭奠。有诗为证：

　　　　情郎情女等情痴，只为情奇事亦奇。
　　　　若把无情有情比，无情翻似得便宜。

第十五卷

赫大卿遗恨鸳鸯绦

　　　　皮包血肉骨包身，强作娇妍诳惑人。
　　　　千古英雄皆坐此，百年同共一坑尘。

　　这首诗乃昔日性如子所作，单戒那淫色自戒的。论来好色与好淫不同。假如古诗云："一笑倾人城，再笑倾人国。岂不顾倾城与倾国，佳人难再得。"此谓之好色。若是不择美恶，以多为胜，如俗语所云："石灰布袋，到处留迹。"其色何在？但可谓之好淫而已。然虽如此，在色中又有多般。假如张敞画眉、相如病渴，虽为儒者所讥，然夫妇之情，人伦之本，此谓之正色。又如娇妾美婢，倚翠偎红；金钗十二行，锦障五十里；樱桃杨柳，歌舞擅场；碧月紫云，风流娇艳。虽非一马一鞍，毕竟有花有叶，此谓之傍色。又如锦营献笑，花阵图欢。露水分司，身到偶然留影；风云随例，颜开那惜缠头。旅馆长途，堪消寂寞；花前月下，亦助襟怀。虽市门之游，豪客不废；然女闾之遗，正人耻言。不得不谓之邪色。至如上蒸下报，同人道于兽禽；钻穴逾墙，役心机于鬼蜮。偷暂时之欢乐，为万世之罪人。明有人诛，幽蒙鬼责。这谓之乱色。又有一种不是正色，不是傍色，虽然比不得乱色，却又比不得邪色。填塞了虚空圈套，污秽却清净门风。惨同神面刮金，恶胜佛头浇粪，远则地府填单，近则阳间业报。奉劝世人，切须谨慎！正是：

> 不看僧面看佛面，休把淫心杂道心。

说这本朝宣德年间，江西临江府新淦县，有个监生，姓赫，名应祥，字大卿。为人风流俊美，落拓不羁，专好的是声色二事。遇着花街柳巷，舞榭歌台，便流留不舍，就当做家里一般，把老大一个家业，也弄去了十之三四。浑家陆氏，见他恁般花费，苦口谏劝。

赫大卿到道老婆不贤，时常反目。因这上，陆氏立誓不管，领着三岁一个孩子喜儿，自在一间净室里持斋念佛，由他放荡。一日，正值清明佳节，赫大卿穿着一身华丽衣服，独自一个到郊外踏青游玩。有宋张咏诗为证：

> 春游千万家，美人颜如花。
> 三三两两映花立，飘飘似欲乘烟霞。

赫大卿只拣妇女丛聚之处，或前或后，往来摇摆，卖弄风流，希图要逢着个有缘分的佳人。不想一无所遇，好不败兴。自觉无聊，走向一个酒馆中，沽饮三杯。上了酒楼，拣沿街一副座头坐下。酒保送上酒肴，自斟自饮，倚窗观看游人。不觉三杯两盏，吃匀半酣，起身下楼，算还酒钱，离了酒馆，一步步任意走去。恰好已是未牌时分，行了多时，渐渐酒涌上来，口干舌燥，思量得盏茶来解渴便好。正无处求觅，忽抬头见前面林子中，幡影摇拽，磬韵悠扬，料道是个僧寮道院，心中欢喜。慌忙趋向前去。抹过林子，显出一个大庵院来。

赫大卿打一看时，周遭都是粉墙包裹，门前十来株倒垂杨柳，中间向阳两扇八字墙门，上面高悬金字扁额，写着"非空庵"三字，赫大卿点头道："常闻得人说，城外非空庵中有标致尼姑。只恨没有工夫，未曾见得，不想今日趁了这便。"即整顿衣冠，走进庵里。转东一条鹅卵石街，两边榆柳成行，甚是幽雅。行不多步，又进一重墙门，就是小小三间房子，供着韦驮尊者。庭中松柏参天，树上鸟声嘈杂。从佛背后转进，又是一条横街。大卿径望东首行去，见一座雕花门楼，双扉紧闭。上前轻轻叩了三四下，就有个垂髻女童，呀的开门。那女童身穿缁衣，腰系丝绦，打扮得十分齐整。见了赫大卿，连忙问讯。大卿还了礼，跨步进去看时，一带三间佛堂，虽不甚大，到也高敞。中间三尊大佛，相貌庄严，金光灿烂。大卿向佛作了揖，对女童道："烦报令师，说有客相访。"女童道："相公请坐，待我进去传说。"

须臾间，一个少年尼姑出来，向大卿稽首。大卿急忙还礼，用那双开不开，合不合，惯输情，专卖俏，软眯暖的俊眼，仔细一觑。这尼姑年纪不上二十，面庞白皙如玉，天然艳冶，韵格非凡。大卿看见恁般标致喜得神魂飘荡。一个揖作了下去，却像初出锅的糍粑，软做一塌，头也伸不起来。礼罢，分宾主坐下，想道："今日撞了一日，并不曾遇得个可意人儿，不想这所在到藏着如此妙人。须用些水磨工夫撩拨他，不怕不上我的钩儿！"大卿正在腹中打点草稿，谁知那尼姑亦有此心。从来尼姑庵也有个规矩，但凡客官到来，都是老尼迎接答话。那少年的，如闺女一般，深居简出，非细相熟的主顾，或是亲戚，方才得见。若是老尼出外，或是病卧，竟自辞客。

就有非常势耀，便立心要来认那小徒，也少不得三请四唤，等得你个不耐烦，方才出来。这个尼姑为何挺身而出？有个缘故。他原是个真念佛，假修行，爱风月，嫌冷静，怨恨出家的主儿。偶然先在门隙里张见了大卿这一表人材，到有几分看上了，所以挺身而出。当下两只眼光，就如针儿遇着磁石，紧紧的摄在大卿身上，笑嘻嘻的问道："相公尊姓贵表？府上何处？至小庵有甚见谕？"大卿道："小生姓赫，名大卿，就在城中居住。今日到郊外踏青，偶步至此。久慕仙姑清德，顺便拜访。"尼姑谢道："小尼僻居荒野，无德无能，谬承枉顾，蓬荜生辉。此处来往人杂，请里面轩中待茶。"大卿见说请到里面吃茶，料有几分光景，好不欢喜，即起身随入。

行过几处房屋，又转过一条回廊，方是三间净室，收拾得好不精雅。外面一带，都是扶栏，庭中植梧桐二树，修竹数竿，百般花卉，纷纭辉映，但觉香气袭人。正中间供白描大士像一轴，古铜炉中，香烟馥馥，下设蒲团一坐。左一间放着朱红橱柜四个，都有封锁，想是收藏经典在内。右一间用围屏围着，进入看时，横设一张桐柏长书桌，左设花藤小椅，右边靠壁一张斑竹榻儿，壁上悬一张断纹古琴，书桌上笔砚精良，纤尘不染。侧边有经卷数帙，随手拈一卷翻看，金书小楷，字体摹仿赵松雪，后注年月，下书："弟子空照薰沐写。"大卿问："空照是何人？"答道："就是小尼贱名。"大卿反复玩赏，夸之不已。两个隔着桌子对面而坐。女童点茶到来，空照双手捧过一盏，递与大卿，自取一盏相陪。那手十指尖纤，洁白可爱。大卿接过，啜在口中，真个好茶！有吕洞宾茶诗为证：

> 玉蕊旗枪称绝品，僧家造法极工夫。
> 兔毛瓯浅香云白，虾眼汤翻细浪休。
> 断送睡魔离几席，增添清气入肌肤。
> 幽丛自落溪岩外，不肯移根入上都。

大卿问道："仙庵共有几位？"空照道："师徒四众，家师年老，近日病废在床，当家就是小尼。"指着女童道："这便是小徒，他还有师弟在房里诵经。"赫大卿道："仙姑出家几时了？"空照道："自七岁丧父，送入空门，今已十二年矣。"赫大卿道："青春十九，正在妙龄，怎生受此寂静？"空照道："相公休得取笑！出家胜俗家数倍哩！"赫大卿道："那见得出家的胜似俗家？"空照道："我们出家人，并无闲事缠扰，又无儿女牵绊。终日诵经念佛，受用一炉香，一壶茶。倦来眠纸帐，闲暇理丝桐，好不安闲自在。"大卿道："闲暇理丝桐，弹琴时也得个知音的人儿，在傍喝采方好。这还罢了，则这'倦来眠纸帐'，万一梦魇起来，没人推醒，好不怕哩！"空照已知大卿下钩，含笑而应道："梦魇杀了人也不要相公偿命。"大卿也笑道："别的魇杀了一万个全不在小生心上，像仙姑恁般高品，岂不可惜！"两下你一句，我一声，渐渐说到分际。大卿道："有好茶再求另烹一壶来吃。"空照已会意了，便教女童去廊下烹茶。大卿道："仙姑卧房何处？是什么纸帐？也得小生认一认。"空照此时欲心已炽，按纳不住，口里虽说道："认他怎吗？"却早已立起身来。大卿上前拥抱，先做了个"吕"字。空照往后就走，大卿接脚跟上。空照轻轻的推开后壁，后面又有一层房屋，正是空照卧处，摆设更自济楚。大卿也无心观看，两个相抱而入，遂成云雨之欢。有《小尼姑》曲儿为证：

小尼姑,在庵中,手拍着桌儿怨命。平空里吊下个俊俏官人,坐谈有几句话,声口儿相应。你贪我不舍,一拍上就圆成。虽然不是结发的夫妻,也难得他一个字儿叫作肯。

二人正在酣美之处,不提防女童推门进来,连忙起身。女童放下茶儿,掩口微笑而去。看看天晚,点起灯烛,空照自去收拾酒果蔬菜,摆做一桌,与赫大卿对面坐下。又恐两个女童泄漏机关,也教来坐在傍边相陪。空照道:"庵中都是吃斋,不知贵客到来,未曾备办荤味,甚是有慢。"赫大卿道:"承贤师徒错爱,已是过分。若如此说,反令小生不安矣!"当下四人杯来盏去。吃到半酣,大卿起身捱至空照身边,把手勾着颈儿,将酒饮过半杯,递到空照口边,空照将口来承,一饮而尽。两个女童见他肉麻,起身回避。空照一把扯道:"既同在此,料不容你脱白。"二人摔脱不开,将袖儿掩在面上。大卿上前抱住,扯开袖子,就做了个嘴儿。二女童年在当时,情窦已开,见师父容情,落得快活。四人搂做一团,缠做一块,吃得个大醉,一床而卧,相偎相抱,如漆如胶。赫大卿放出平生本事,竭力奉承。尼姑俱是初得甜头,恨不得把身子并做一个。

到次早,空照叫过香公,赏他三钱银子,买嘱他莫要泄漏。又将钱钞教去买办鱼、肉、酒果之类。那香公平昔间,捱着这几碗黄虀淡饭,没甚肥水到口,眼也是盲的,耳也是聋的,身子是软的,脚儿是慢的。此时得了这三钱银子,又见要买酒肉,便觉眼明手快,身子如虎一般健,走跳如飞。那消一个时辰,都已买完。安排起来,款待大卿。不在话下。

却说非空庵原有两个房头,东院乃是空照,西院的是静真,也是个风流女师,手下止有一个女童,一个香公。那香公因见东院连日买办酒肉,报与静真。静真猜算空照定有些不三不四的勾当。教女童看守房户,起身来到东院门口。恰好遇见香公,左手提着一个大酒壶,右手拿个篮儿,开门出来。两下打个照面,即问道:"院主往哪里去?"静真道:"特来与师弟闲话。"香公道:"既如此,待我先去通报。"静真一手扯住道:"我都晓得了,不消你去打照会。"香公被道着心事,一个脸儿登时涨红,不敢答应。只得随在后边,将院门闭上,跟至净室门口,高叫道:"西房院主在此拜访!"空照闻言,慌了手脚,没做理会。教大卿闪在屏后,起身迎住静真。静真上前一把扯着空照衣袖,说道:"好阿,出家人干得好事,败坏山门,我与你到里正处去讲!"扯着便走。吓得个空照脸儿就如七八样颜色染的,一搭儿红,一搭儿青。心头恰像千百个铁槌打的,一回儿上,一回儿下。半句也对不出,半步也行不动!静真见他这个模样,呵呵笑道:"师弟不消着急!我是要你。但既有佳宾,如何瞒着我独自受用?还不快请来相见?"空照听了这话,方才放心。遂令大卿与静真相见。

大卿看静真姿容秀美,丰采动人,年纪有二十五六上下。虽然长于空照。风情比他更胜。乃问道:"师兄上院何处?"静真道:"小尼即此庵西院,咫尺便是。"大卿道:"小生不知,失于奉谒。"两下闲叙半晌。静真见大卿举止风流,谈吐开爽,凝眸留盼,恋恋不舍。叹道:"天下有此美士,师弟何幸,独擅其美!"空照道:"师兄不须眼热,倘不见外,自当同乐。"静真道:"若得如此,佩德不浅。今晚奉候小坐,万祈勿外。"说罢,即起身作别。回至西院,准备酒肴伺候。不多时,空照同赫大卿携手而来。女童在门口迎候,赫大卿进院看时,房廊花径,亦甚委曲。三间净室,比东院的更觉精雅。但见:

潇洒亭轩，清虚户牖。画展江南烟景，香焚真腊沉檀。庭前修竹，风摇一派珮环声；帘外奇花，日照千层锦绣色。松阴入槛琴书润，山色侵轩枕簟凉。

静真见大卿已至，心中欢喜。不复叙礼，即便就坐。茶摆，摆上果酒肴馔。空照推静真坐在赫大卿身边，自己对面相陪。又扯女童打横而坐。四人三杯两盏，饮勾多时。赫大卿把静真抱置膝上，又教空照坐至身边，一手勾着颈项儿，百般旖旎。旁边女童面红耳热，也觉动情。直饮到黄昏时分，空照起身道："好做新郎，明日当来贺喜。"讨个灯儿，送出门口自去。女童叫香公关门闭户，进来收拾家火，将汤净过手脚，赫大卿抱着静真上床解脱衣裳，钻入被中。酥胸紧贴，玉体相偎。赫大卿乘着酒兴，尽生平才学，恣意搬演。把静真弄得魄丧魂消，骨酥体软，四肢不收，委然席上。睡至巳牌时分，方才起来。自此之后，两院都买嘱了香公，轮流取乐。

赫大卿淫欲无度，乐极忘归。将近两月，大卿自觉身子困倦，支持不来，思想回家。怎奈尼姑正是少年得趣之时，那肯放舍。赫大卿再三哀告道："多承雅爱，实不忍别。但我到此两月有余，家中不知下落，定然着忙。待我回去，安慰妻孥，再来陪奉。不过四五日之事，卿等何必见疑？"空照道："既如此，今晚备一酌为饯，明早任君回去，但不可失信，作无行之人！"赫大卿设誓道："若忘卿等恩德，犹如此日！"空照即到西院，报与静真。静真想了一回道："他设誓虽是真心，但去了必不能再至。"空照道："却是为何？"静真道："是这样一个风流美貌男子，谁人不爱！况他生平花柳多情，乐地不少，逢着便留恋几时。虽欲要来，势不可得。"空照道："依你说还是怎样？"静真道："依我却有个绝妙策儿在此，教他无绳自缚，死心塌地守着我们。"空照连忙问计。静真伸出手叠着两个指头，说将出来，有分教赫大卿：

> 生于锦绣丛中，死在牡丹花下。

当下静真道："今夜若说饯行，多劝几杯，把来灌醉了，将他头发剃净，自然难回家去。况且面庞又像女人，也照我们妆束，就是达摩祖师亲来，也相不出他是个男子。落得永远快活，且又不担干系，岂非一举两便！"空照道："师兄高见，非我可及。"到了晚上，静真教女童看守房户，自己到东院见了赫大卿道："正好欢娱，因甚顿生别念？何薄情至此！"大卿道："非是寡情，止因离家已久，妻孥未免悬望，故此暂别数日，即来陪侍。岂敢久抛，忘卿恩爱！"静真道："师弟已允，我怎好免强。但君不失所期，方为信人。"大卿道："这个到不须多嘱！"少顷，摆上酒肴，四尼一男,团团而坐。静真道:"今夜置此酒,乃离别之筵,须大家痛醉!"空照道:"这个自然!"当下更番劝酬,直饮至三鼓,把赫大卿灌得烂醉如泥,不省人事。静真起身,将他巾帻脱下,空照取出剃刀,把头发剃得一茎不存,然后扶至房中去睡,各自分别就寝。

赫大卿一觉,直至天明,方才苏醒,傍边伴的却是空照。翻转身来,觉道精头皮在枕上抹过,连忙把手摸时,却是一个精光葫芦,吃了一惊,急忙坐起,连叫道:"这怎么说?"空照惊醒转来,见他大惊小怪,也坐起来道:"郎君不要着恼!因见你执意要回,我师徒不忍分离,又无策可留,因此行这苦计,把你也要扮做尼姑,图个久远快活!"一头说,一头即倒在怀中,撒娇撒痴,淫声浪语,迷得个赫大卿毫无张主。乃道:"虽承你们好意,只是下手太狠!如今教我怎生见人?"空照道:"待养长了头发,见也未迟。"赫大卿无可奈何,只得依他,做尼姑打扮,住在庵中,昼夜淫乐。空照、静真已自不肯放空,又加添两个女童:

> 或时做联床会,或时做乱点军。那壁厢贪淫的肯行谦让?这壁厢买好的敢惜精神?两柄快斧不勾劈一块枯柴,一个疲兵怎能当四员健将。灯将灭而复明,纵是强阳之火;漏已尽而犹滴,那有润泽之时。任教铁汉也消熔,这个残生难过活。

大卿病已在身,没人体恤。起初时还三好两歉,尼姑还认是躲避差役。次后见他久眠床褥,方才着急。意欲送回家去,却又头上没了头发,怕他家盘问出来,告到官司,败坏庵院,住身不牢。若留在此,又恐一差两误,这尸首无处出脱,被地方晓得,弄出事来,性命不保。又不敢请觅医人看治,止教香公去说病讨药,犹如浇在石上,那有一些用处!空照、静真两个,煎汤送药,日夜服侍,指望他还有痊好的日子。谁知病势转加,淹淹待毙。空照对静真商议道:"赫郎病体,万无生理,此事却怎么处?"静真想了一想道:"不打紧!如今先教香公去买下几担石灰。等他走了路,也不要寻外人收拾,我们自己与他穿着衣服,依般尼姑打扮。棺材也不必去买,且将老师父寿材来盛了。我与你同着香公、女童相帮抬到后园空处,掘个深穴,将石灰倾入,埋藏在内。神不知,鬼不觉,那个晓得!"不题二人商议。

且说赫大卿这日睡在空照房里,忽地想起家中,眼前并无一个亲人,泪如雨下。空照与他拭泪,安慰道:"郎君不须烦恼!少不得有好的日子。"赫大卿道:"我与二卿邂逅相逢,指望永远相好。谁想缘分浅薄,中道而别,深为可恨。但起手原是与卿相处。今有一句要紧话儿,托卿与我周旋,万乞不要违我!"空照道:"郎君如有所嘱,必不敢违!"赫大卿将手在枕边取出一条鸳鸯绦来。如何唤做鸳鸯绦?原来这绦半条是鹦哥绿,半条是鹅儿黄,两样颜色合成,所以谓之鸳鸯绦。当下大卿将绦付与空照,含泪而言道:"我自到此,家中分毫不知。今将永别,可将此绦为信,报知吾妻,教他快来见我一面,死亦瞑目!"

空照接绦在手,忙使女童请静真到厢房内,将绦与他看了,商议报信一节。静真道:"你我出家之人,私藏男子,已犯明条。况又弄得淹淹欲死,他浑家到此,怎肯干休!必然声张起来,你我如何收拾?"空照到底是个嫩货,心中犹豫不忍。静真劈手夺取绦来,望着天花板上一丢,眼见得这绦有好几时不得出世哩!空照道:"你撇了这绦儿,教我如何去回复赫郎?"静真道:"你只说已差香公将绦送去了,他娘子自不肯来,难道问我个违限不成?"空照依言回复了大卿。大卿连日一连问了几次,只认浑家怀恨,不来看他,心中愈加凄惨,呜呜而泣。又捱了几日,大限已到,呜呼哀哉!

　　地下忽添贪色鬼,人间不见假尼姑。

　　二尼见他气绝,不敢高声啼哭,饮泣而已。一面烧起香汤,将他身子揩抹干净,取出一套新衣,穿着停当,叫起两个香公,将酒饭与他吃饱,点起灯烛,到后园一株大柏树旁边,用铁锹掘了个大穴,倾入石灰,然后抬出老尼姑的寿材,放在穴内。铺设好了,也不管时日利也不利,到房中把尸首翻在一扇板门之上,众尼相帮香公,扛至后园,盛殓在内。掩上材盖,将就钉了。又倾上好些石灰,把泥堆上,匀摊与平地一般,并无一毫形迹。可怜赫大卿自清明日缠上了这尼姑,到此三月有余,断送了性命,妻孥不能一见,撇下许多家业,埋于荒园之中,深为可惜!有小词为证:

　　贪花的,这一番你走错了路!千不合,万不合,不该缠那小尼姑!小尼姑是真色鬼,怕你缠他不过。头皮儿都擂光了,连性命也呜呼!埋在寂寞的荒园,这也是贪花的结果。

　　话分两头,且说赫大卿浑家陆氏,自从清明那日赫大卿游春去了,四五日不见回家。只道又在那个娼家留恋,不在心上。已后十来日不回,叫家人各家去挨问,都道清明之后,从不曾见。陆氏心上着忙。看看一月有余,不见踪迹。陆氏在家日夜啼哭,写了招子,各处粘贴,并无下落。合家好不着急!那年秋间久雨,赫家房子倒坏甚多,因不见了家主,无心葺理。直至十一月间,方唤几个匠人修造。一日,陆氏自走出来,计点工程,一眼觑着个匠人腰间系一条鸳鸯绦儿,依稀认得是丈夫束腰之物,吃了一惊,连忙唤丫环教那匠人解下来看。这匠人叫作蒯三,泥水木作,件件精熟,有名的三料匠。赫家是顶门主顾,故此家中大小无不认得。当下见掌家娘子要看,连忙解下,交于丫鬟。丫鬟又递与陆氏。陆氏接在手中,反覆仔细一认,分毫不差。只因这一条绦儿,有分教:

　　贪淫浪子名重播,秽色尼姑祸忽临。

　　原来当初买这绦儿,一样两条,夫妻各系其一。今日见了那绦,物是人非,不觉扑簌簌流下泪来。即叫蒯三问道:"这绦你从何处得来的?"蒯三道:"在城外个尼姑庵里拾的。"陆氏道:"那庵叫什么庵?尼姑唤甚名字?"蒯三道:"这庵有名的非空庵。有东西两院,东房叫作空照,西房叫作静真。还有几个不曾剃发的女童。"陆氏又问:"那尼姑有多少年纪了?"蒯三道:"都只好二十来岁,到也有十分颜色。"
　　陆氏听了,心中揣度:"丈夫一定恋着那两个尼姑,隐在庵中了。我如今多着几个人将这绦,叫蒯三同去做个证见,满庵一搜,自然出来的。"方才转步,忽又想道:"焉知不是我丈夫掉下来的?且莫要枉杀了出家人,我再问他个备细。"陆氏又叫住蒯三问道:"你这绦几时拾的?"蒯三道:"不上半月。"陆氏又想道:"原来半月之前,丈夫还在庵中,事有可疑。"又问道:"你在何处拾的?"蒯三道:"在东院厢房内,天花板上拾的。也是大雨中淋漏了屋,教我去翻瓦,故此拾得。不敢动问大娘子,为何见了此绦,只管盘问?"陆氏道:"这绦是我大官人的。自从春间出去,一向并无踪迹。今日见了这绦,少不得绦在那里,人在那里,如今就要同你去与尼姑讨人。寻着大官人回来,照依招子上重重谢你。"蒯三听罢,吃了一惊:"哪里说起!却在我身上要人!"便道:"绦便是我拾得,实不知你们大官人事体。"陆氏道:"你在庵中共做几日工作?"蒯三道:"西院共有十来日,至今工钱尚还我不清哩!"陆氏道:"可曾见我大官人在他庵里吗?"蒯三道:"这个不敢说谎,生活便做了这几日,任我们穿房入户,却从不曾见大官人的影儿。"

陆氏想道:"若人不在庵中,就有此绦,也难凭据。"左思右算,想了一回,乃道:"这绦在庵中,必定有因。或者藏于别处,也未可知,适才蒯三说庵中还少工钱,我如今赏他一两银子,教他以讨银为名,不时去打探,少不得露出些圭角来。那时着在尼姑身上,自然有个下落。"即唤过蒯三,吩咐如此如此,恁般恁般。"先赏你一两银子。若得了实信,另有重谢。"那匠人先说有一两银子,后边还有重谢,满口应承,任凭差遣。陆氏回到房中,将白银一两付与,蒯三作谢回家。

到了次日,蒯三捱到饭后,慢慢的走到非空庵门口。只见西院的香公坐在门槛上,向着日色脱开衣服捉虱子。蒯三上前叫声:"香公。"那儿抬起头来,认得是蒯匠,便道:"连日不见,怎么有工夫闲走? 院主正要寻你做些小生活,来得凑巧!"蒯匠见说,正合其意。便道:"不知院主要做什?"香公道:"说便恁般说,连我也不知。同进去问,便晓得。"把衣服束好,一同进来。弯弯曲曲,直到里边净室中,静真坐在那里写经。香公道:"院主,蒯待诏在此。"静真把笔放下道:"刚要着香公来叫你做生活,恰来得正好。"蒯三道:"不知院主要做甚样生活?"静真道:"佛前那张供桌,原是祖传下来的,年深月久,漆都落了。一向要换,没有个施主。前日蒙钱奶奶发心舍下几根木子。今要照依东院一般做张佛柜。选着明日是个吉期,便要动手。必得你亲手制造,那样没用副手,一个也成不得的。工钱索性一并罢。"

蒯三道:"恁样,明日准来。"口中便说,两只眼四下瞧看。静室内空空的,料没个所在隐藏。即便转身,一路出来,东张西望。想道:"这绦在东院拾的,还该到那边去打探。"走出院门,别了香公,径到东院。见院门半开半掩,把眼张看,并不见个人儿。轻轻的捱将进去,捏手捏脚逐步步走入。见锁着的空房,便从门缝中张望,并无声息。却走到厨房门首,只听得里边笑声,便立定了脚,把眼向窗中一觑,见两个女童搅做一团玩耍。须臾间,小的跌倒在地,大的便扛起双足,跨上身去,学男人行事,捧着亲嘴。小的便喊,大的道:"孔儿也被人弄大了,还要叫喊!"蒯三正看得得意,忽地一个喷嚏,惊得那两个女童连忙跳起,问道:"那个?"蒯三走近前去,道:"是我。院主可在家吗?"口中便说,心内却想着两个举动,忍笑不住,格的笑了一声。女童觉道被他看见,脸都红了,道:"蒯待诏,有甚说话?"蒯三道:"没有甚话,要问院主借工钱用用。"女童道:"师父不在家里,改日来吧。"蒯三见回了,不好进去,只得复身出院,两个女童把门关上,口内骂道:"这蛮子好像做贼的,声息不见,已到厨下了,恁样可恶!"蒯三明明听得,未见实迹,不好发作。一路思想:"孔儿被人弄大了,这句话虽不甚明白,却也觉得有些跷蹊。且到明日再来探听。"

至次日早上,带着家伙,径到西院,将木子量划尺寸,运动斧锯裁截,手中虽做家伙,一心察听赫大卿消息。约莫未牌时分,静真走出观看,两下说了一回闲话。忽然抬头见香灯中火灭,便教女童去取火。女童去不多时,将出一个灯火盏儿,放在桌上，便去解绳，放那灯香。不想绳子放得忒松了，那盏灯望下直溜。事有凑巧，物有偶然。香灯刚落下来，恰好静真立在其下，不歪不斜，正打在他的头上。扑的一声，那盏灯碎做两片，这油从头直浇到底。静真心中大怒，也不顾身上油污，赶上前一把揪住女童头发，乱打乱踢，口中骂着："骚精淫妇姐根，被人入昏了，全不照管，污我一身衣服！"蒯三撇下手中斧凿，忙来解劝开了，静真怒气未息，一头走，一头骂，往里边更换衣服去了。那女童打得头发散做一背，哀哀而哭。见他进去，口中喃喃的道："打翻了油便恁般打骂！你活活弄死了人，该问什么罪哩？"蒯三听得这话，即忙来问。正是：

情知语似钩和线，从头钓出是非来。

原来这女童年纪也在当时，初起见赫大卿与静真百般戏弄，心中也欲得尝尝滋味。怎奈静真情性厉害，比空照大不相同，极要拈酸吃醋。只为空照是首事之人，姑容了他。汉子到了自己房头，囫囵吃在肚里，还嫌不够，怎肯放些须空隙与人！女童含忍了多时，衔恨在心。今日气怒间，一时把真话说出，不想正凑了蒯三之趣。当下蒯三问道："他怎么弄死了人？"女童道："与东房这些淫妇，日夜轮流快活，将一个赫监生断送了！"蒯三道："如今在哪里？"女童道："东房后园大柏树下埋的不是？"蒯三还要问时，香公走将出来，便大家住口。女童自哭向里边去了。

蒯三思量这话，与昨日东院女童的正是暗合，眼见得这事有九分了。不到晚，只推有事，收拾家伙，一口气跑至赫家，请出陆氏娘子，将上项事一一说知。陆氏见说丈夫死了，放声大哭。连夜请亲族中商议停当，就留蒯三在家宿歇。到次早，唤集童仆，共有二十来人，带了锄头铁锹斧头之类，陆氏把孩子教养娘看管，乘坐轿子，蜂拥而来。那庵离城不过三里之地，顷刻就到了。陆氏下了轿子，留一半人在门口把住，其余的担着锄头铁锹，随陆氏进去。蒯三在前引路，径来到东院扣门。那时庵门虽开，尼姑们方才起身。香公听得叩门，出来开，看见有女客，只道是烧香的，进去报与空照知道。那蒯三认得后园路径，引着众人，一直望里边径闯，劈面遇着空照。空照见蒯三引着女客，便道："原来是蒯待诏的宅眷。"上前相迎。蒯三、陆氏也不答应，将他挤在半边，众人一溜烟向园中去了。空照见势头勇猛，不知有甚缘故，随脚也赶到园中。见众人不到别处，径至大柏树下，运起锄头铁锹，往下乱撬。空照知事已发觉，惊得面如土色。连忙覆身进来，对着女童道："不好了！赫郎事发了！快些随我来逃命！"两个女童都也吓得目睁口呆，跟着空照罄身而走。方到佛堂前，香公来报说："庵门口不知为甚，许多人守住，不容我出去。"空照连声叫："苦也！且往西院去再处。"四人飞走到西院，敲开院门，吩咐香公闭上。"倘有人来叩，且勿要开。"赶到里边。

那时静真还未起身，门上闭着。空照一片声乱打，静真听得空照声音，急忙起来，穿着衣服，走出问道："师弟为甚这般忙乱？"空照道："赫郎事体，不知那个漏了消息，蒯木匠这天杀的，同了许多人径赶进后园，如今在那里发掘了。我欲要逃走，香公说门前已有人把守，出去不得。特来与你商议。"静真听见说，吃这一惊，却也不小！说道："蒯匠昨日也在这里做生活，如何今日便引人来？却又知得恁般详细。必定是我庵中有人走漏消息，这奴狗方才去报新闻。不然，何由晓得我们的隐事？"那女童在旁闻得，懊悔昨日失言，好生惊惶。东院女童道："蒯匠有心，想非一日了。

前日便悄悄直到我家厨下来打听消耗，被我们发作出门。但不知那个泄漏的？"空照道："这事且慢理论，只是如今却怎么处？"静真道："更无别法，只有一个走字。"空照道："门前有人把守。"静真道："且看后门。"先教香公打探，回说并无一人。空照大喜，一面教香公把外边门户一路关锁，自己到房中取了些银两，其余尽皆弃下。连香公共是七人，一齐出了后门，也把锁儿锁了。空照道："如今走到哪里去躲好？"静真道："大路上走，必然被人遇见，须从僻路而去。往极乐庵暂避，此处人烟稀少，无人知觉。了缘与你我情分又好，料不推辞。待事平定，再作区处！"空照连声道是，不管地上高低，望着小径，落荒而走，投极乐庵躲避，不在话下。

且说陆氏同蒯三众人，在柏树下一齐着力，锄开面上土泥，露出石灰，都道是了。那石灰经了水，并作一块，急切不能得碎。弄了大一回，方才看见材盖，陆氏便放声啼哭。众人用铁锹垦去两边石灰，那材盖却不能开。外边把门的等得心焦，都奔进来观看。正见弄得不了不当，一齐上前相帮，掘将下去，把棺木弄清，提起斧头，砍开棺盖。打开看时，不是男子，却是一个尼姑。众人见了，都慌做一堆。也不去细认，俱面面相觑，急把材盖掩好。

说话的，我且问你：赫大卿死未周年，虽然没有头发，夫妻之间，难道就认不出了？看官有所不知。那赫大卿初出门时，红红白白，是个俊俏子弟。在庵中得了怯症，久卧床褥，死时只剩得一把枯骨。就是引镜自照，也认不出当初本身了。况且骤然见了个光头，怎的不认做尼姑？当下陆氏到埋怨蒯三起来，道："特地教你探听，怎么不问个的确，却来虚报？如今弄这把戏，如何是好？"蒯三道："昨天小尼明明说的，如何是虚报？"众人道："见今是个尼姑了，还强辩到哪里去！"蒯三道："莫不掘错了？再在那边垦下去看。"内中有个老年亲戚道："不可，不可！律上说，开棺见尸者斩。况发掘坟墓，也该是个斩罪。目今我们已先犯着了。倘再掘起一个尼姑，到去顶两个斩罪不成？不如快去告官，拘昨日说的小尼来问，方才扯个两平。若被尼姑先告，到是老大厉害。"众人齐声道是。急忙引着陆氏就走，连锄头家伙都弃下了。从里边直至庵门口，并无一个尼姑。那老者又道："不好了！这些尼姑，不是去叫地方，一定先去告状了，快走！快走！"吓得众人一个个心下慌张，把不能脱离了此处。教陆氏上了轿子，飞也似乱跑，望新淦县前来禀官。进得城时，亲戚们就躲去了一半。

正是话分两头。却说陆氏带来人众内，有个雇工人，叫作毛泼皮，只道棺中还有甚东西，闪在一边，让众人去后，揭开材盖，掀起衣服，上下一翻，更无别物。也是数合当然，不知怎地一扯，那裤子直褪下来，露出那件话儿。毛泼皮看了笑道："原来不是尼姑，却是和尚！"依旧将材盖好，走出来四处张望。见没有人，就趸到一个房里，正是空照的净室。只拣细软取了几件，揣在怀里，离了非空庵，急急追到县前。正值知县相公在外拜客。陆氏和众人在那里伺候。毛泼皮上前道："不要着忙，我放不下，又转去相看。虽不是大官人，却也不是尼姑，到是个和尚。"众人都欢喜道："如此还好。只不知这和尚，是甚寺里，却被那尼姑谋死？"

你道天下有恁般巧事，正说间，傍边走出一个老和尚来，问道："有甚和尚谋死在那个尼姑庵里？怎么一个模样？"众人道："是城外非空庵东院，一个长长的黄瘦小和尚，像死不多时哩！"老和尚见说，便道："如此说来，一定是我的徒弟了。"众人问道："你徒弟如何却死在那里？"老和尚道："老僧是万法寺住持觉圆，有个徒弟叫作去非，今年二十六岁，专一不学长俊，老僧管他不下。自今八月间出去，至今不见回来。他的父母又极护短，不说儿子不学好，反告小僧谋死，今日在此候审。若得死的果然是他，也出脱了老僧。"毛泼皮道："老师父，你若肯请我，引你去看如何？"老和尚道："若得如此，可知好么！"

正待走动，只见一个老儿，同着一个婆子，赶上来，把老和尚接连两个巴掌，骂道："你这贼秃！把我儿子谋死在哪里？"老和尚道："不要嚷，你儿子如今有着落了。"那老儿道："如今在哪里？"老和尚道："你儿子与非空庵尼姑串好，不知怎样死了，埋在他后园。"指着毛泼皮道："这位便是证见。"扯着他便走。那老儿同婆子一齐跟来，直到非空庵。那时庵旁人家尽皆晓得，若老若幼，俱来观看。毛泼皮引着老和尚，直至里边。只见一间房里，有人叫响，毛泼皮推门进去看时，却是一个将死的老尼姑，睡在床上叫喊："肚里饿了，如何不将饭来我吃？"毛泼皮也不管他，依旧把门拽上，同老和尚到后园柏树下，扯开材盖。那婆子同老儿擦磨老眼仔细认看，依稀有些相像，便放声大哭。看的人都拥在做一堆。问起根由，毛泼皮指手划脚，剖说那事。老和尚见他认了，只要出脱自己，不管真假，一把扯道："去去去你儿子有了，快去禀官，拿尼姑去审问明白，再哭未迟。"那老儿只得住了。把材盖好，离了非空庵，飞奔进城。到县前时，恰好知县相公方回。

那拘老和尚的差人，不见了原被告，四处寻觅，奔了个满头汗。赫家众人见毛泼皮、老和尚到了，都来问道："可真是你徒弟吗？"老和尚道："千真万真！"众人道："即如此，并做一事，进去禀罢。"差人带一干人齐到里边跪下。到先是赫家人上去禀说家主不见缘由，并见剃匠丝绦，及庵中小尼所说，开棺却是和尚尸首，前后事一一细禀。然后老和尚上前禀说，是他徒弟，三月前蓦然出去，不想死在尼姑庵里，被伊父母评告。"今日已见明白，与小僧无干，望乞超豁。"知县相公问那老儿道："果是你的儿子吗？不要错了。"老儿禀道："正是小人的儿子，怎么得错！"知县相公即差四个公差到庵中拿尼姑赴审。

差人领了言语，飞也似赶到庵里，只见看的人，便拥进拥出，那见尼姑的影儿。直寻到一间房里，单单一个老尼在床将快死了。内中有一个道："或者躲在西院。"急到西院门口，见门闭着。敲了一回，无人答应。公差心中焦躁，俱从后园墙上爬将过去。见前后门户，尽皆落锁。一路打开搜着，并不见个人迹。差人各溜过几件细软东西，到拿地方同去回官。知县相公在堂等候，差人禀道："非空庵尼姑都逃躲不知去向，拿地方在此回话。"知县问地方道："你可晓得尼姑躲在何处？"地方道："这个小人们哪里晓得！"知县喝道："尼姑在地方上偷养和尚，谋死人命，这等不法勾当，都隐匿不报。如今事露，却又纵容躲过，假推不知。既如此，要地方何用？"喝教拿下去打。地方再三苦告，方才饶得。限在三日内，准要一干人犯。召保在外，听候获到审问。又发两张封皮，将庵门封锁不题。

且说空照、静真同着女童、香公来到极乐庵中，那庵门紧紧闭着。敲了一大回，方才香公开门出来。众人不管三七二十一，一齐拥入，流水叫香公把门闭上。庵主了缘早已在门傍相迎，见他们一窝子都来，且是慌慌张张，料想有甚事故。请在佛堂中坐下，一面教香公去点茶，遂开言问其来意。静真扯在半边，将上项事细说一遍，要借庵中躲避。了缘听罢，老大吃惊。沉吟了一回，方道："二位师兄有难来投，本当相留。但此事非同小可！往远处逃遁，或可避祸。我这里墙卑室浅，耳目又近。倘被人知觉，莫说师兄不脱，只怕连我也涉在浑水内，如何躲得！"

你道了缘因何不肯起来？他也是个广开方便门的善知识，正勾搭万法寺小和尚去非做了光头夫妻,藏在寺中三个多月。虽然也扮作尼姑,常恐露出事来,故此门户十分紧急。今日静真也为那桩事败露来躲避,恐怕被人缉着,岂不连他的事也出丑,因这上不肯相留。空照师徒见了缘推托,面面相觑,没做理会。到底静真有些贼智,晓得了缘平昔贪财,便去袖中摸出银子,拣上二三两,递与了缘道:"师兄之言,虽是有理,但事起仓卒,不曾算得个去路,急切投奔何处?望师兄念向日情分,暂容躲避两三日。待势头稍缓,然后再往别处。这些少银两,送与师兄为盘缠之用。"果然了缘见着银子,就忘了利害,乃道:"若只住两三日,便不妨得,如何要师兄银子!"静真道:"在此搅扰,已是不当,岂可又费师兄。"了缘假意谦让一回,把银收过,引入里边去藏躲。

且说小和尚去非,闻得香公说是非空庵师徒五众,且又生得标致,忙走出来观看,两下却好打个照面,各打了问讯。静真仔细一看,却不认得,问了缘道:"此间师兄,上院何处?怎么不曾相会?"了缘扯个谎道:"这是近日新出家的师弟,故此师兄还认不得。"那小和尚见静真师徒姿色胜似了缘,心下好不欢喜。想道:"我好造化!那里说起,天赐这几个妙人在此,少不得都刮上他,轮流儿取乐快活!"当下了缘备办些素斋款待。静真、空照心中有事,耳热眼跳,坐立不宁,哪里吃得下饮食。到了申牌时分,向了缘道:"不知庵中事体若可?欲要央你们香公去打听个消息,方好计较长策。"了缘即教香公前去。

那香公是个老实头,不知厉害,一径奔到非空庵前,东张西望。那时地方人等正领着知县钧旨,封锁庵门,也不管老尼死活,反锁在内,两条封皮,交叉封好。方待转身,见那老头探头探脑,幌来幌去,情知是个细作,齐上前喝道:"官府正要拿你,来得恰好!"一个拿起索子,向颈上便套。吓得香公身酥脚软,连声道:"他们借我庵中躲避,央来打听的,其实不干我事!"众人道:"原晓得你是打听的,快说是那个庵里?"香公道:"是极乐庵里。"

众人得了实信,又叫几个帮手,押着香公齐到极乐庵,将前后门把好,然后叩门。里边晓得香公回来,了缘急急出来开门。众人一拥而入,迎头就把了缘拿住,押进里面搜捉,不曾走了一个。那小和尚着了忙,躲在床底下,也被搜出。了缘向众人道:"他们不过借我庵中暂避,其实做的事体,与我分毫无干。情愿送些酒钱与列位,怎地做个方便,饶了我庵里吧!"众人道:"这使不得!知县相公好不厉害哩!倘然问在何处拿的,教我们怎生回答?有干无干,我们总是不知,你自到县里去分辨!"了缘道:"这也容易,但我的徒弟乃新出家的,这个可以免得。望列位做个人情。"众人贪着银子,却也肯了。内中又有个道:"成不得!既是与他没相干,何消这等着忙,直躲入床底下去?一定也有些跷蹊。我们休担这样干系。"众人齐声道是。都把索子扣了,连男带女,共是十人,好像端午的粽子,做一串儿牵出庵门,将门封锁好了,解入新淦县来。一路上了缘埋怨静真连累,静真半字不敢回答。正是:

> 老龟蒸不烂,移祸于空桑。

此时天色傍晚,知县已是退衙,地方人又带回家去宿歇。了缘悄悄与小和尚说道:"明日到堂上,你只说做新出家的徒弟,切莫要多讲。待我去分说,料然无事。"到次日,知县早衙,地方解进去禀道:"非空庵尼姑俱躲在极乐庵中,今已缉获,连极乐庵尼姑通拿在此。"知县教跪在月台东首。即差人唤集老和尚、赫大卿家人、蒯三并小和尚父母来审。那消片刻，俱已唤到，令跪在月台西首。小和尚偷眼看见，惊异道："怎么我师父也涉在他们讼中？连爹妈都在此，一发好怪！"心下虽然暗想，却不敢叫唤，又恐师父认出，到把头儿别转，伏在地上。那老儿同婆子，也不管官府在上，指着尼姑，带哭带骂道："没廉耻的狗淫妇！如何把我儿子谋死？好好还我活的便罢！"小和尚听得老儿与静真讨人，愈加怪异，想道："我好端端活在此，哪里说起却与他们索命？"静真、空照还认是赫大卿的父母，那敢则声。

知县见那老儿喧嚷，呵喝住了，唤空照、静真上前问道："你既已出家，如何不守戒律，偷养和尚，却又将他谋死？从实招来，免受刑罚。"静真、空照自己罪犯已重，心慌胆怯，那五脏六腑，犹如一团乱麻，没有个头绪。这时见知县不问赫大卿的事情，去问什么和尚之事，一发摸不着个头路。静真那张嘴头子，平时极是能言快语，到这回恰如生漆护牢，鱼胶粘住，挣不出一个字儿。知县连问四五次，刚刚挣出一句道："小尼并不曾谋死那个和尚。"知县喝道："见今谋死了万法寺和尚去非，埋在后园，还敢抵赖！快夹起来！"两边皂隶答应如雷，向前动手。了缘见知县把尸首认做去非，追究下落，打着他心头之事，老大惊骇，身子不摇自动。想道："这是哪里说起！他们乃赫监生的尸首，却到不问，反牵扯我身上的事来，真也奇怪！"心中没想一头处将眼偷看小和尚。小和尚已知父母错认了，也看着了缘，面面相觑。

且说静真、空照俱是娇滴滴的身子，嫩生生的皮肉，如何经得这般刑罚，夹棍刚刚套上，便晕迷了去，叫道："爹爹不消用刑，容小尼从实招认。"知县止住左右，听他供招。二尼异口齐声说道："爹爹，后园埋的不是和尚，乃是赫监生的尸首。"赫家人闻说原是家主尸首，同蒯三俱跪上去，听其情款。知县道："既是赫监生，如何却是光头？"二尼乃将赫大卿到寺游玩，勾搭成奸，及设计剃发，扮作尼姑，病死埋葬，前后之事，细细招出。知县见所言与赫家昨日说话相合，已知是个真情。又问道："赫监生事已实了，那和尚还藏在何处？一发招来！"二尼哭道："这个其实不知。就打死也不敢虚认。"知县又唤女童香公逐一细问，其说相同，知得小和尚这事与他无干。又唤了缘、小和尚上去问道："你藏匿静真、空照等在庵，一定与他是同谋的了。也夹起来！"了缘此时见静真等供招明白，和尚之事，已不牵缠在内，肠子已宽了。从从容容的禀道："爹爹不必加刑，容小尼细说。静真等昨到小尼庵中，假说被人扎诈，权住一两日，故此误留。其他奸情之事，委实分毫不知。"又指着小和尚道："这徒弟乃新出家的，与静真等一发从不相认。况此等无耻勾当，败坏佛门体面，即使未曾发觉，小尼若稍知声息，亦当出首，岂肯事露之后，还敢藏匿。望爹爹详情超豁。"

知县见他说的有理，笑道："话到讲得好，只莫要心不应口。"遂令跪过一边。喝叫皂隶将空照、静真各责五十、东房女童各责三十，两个香公各打二十，都打得皮开肉绽，鲜血淋漓。打罢，知县举笔定罪。静真、空照设计恣淫，伤人性命，依律拟斩。东房二女童，减等，杖八十，官卖。两个香公，知情不举，俱问杖罪。非空庵藏奸之薮，拆毁入官。了缘师徒虽不知情，但隐匿奸党，杖罪纳赎。西房女童，判令归俗。赫大卿自作之孽，已死勿论。尸棺着令家属领归埋葬。判毕，各令画供。

那老儿见尸首已不是他儿子，想起昨日这场啼哭，好生没趣，愈加忿恨。跪上去禀知县，依旧与老和尚要人。老和尚又说徒弟偷盗寺中东西，藏匿在家，反来图赖。两下争执，连知县也委绝不下。意为老和尚谋死，却不见形迹，难以入罪。将为果躲在家，这老儿怎敢又与他讨人。想了一回，乃道："你儿子生死没个实据，怎好问得！且押出去，细访个的确证见来回话。"当下空照、静真、两个女童都下狱中。了缘、小和尚并两个香公，押出召保。老和尚与那老儿夫妻，原差押着，访问去非下落。其余人犯，俱释放宁家。大凡衙门，有个东进西出的规矩。这时一干人俱从西边丹墀下走出去。那了缘因哄过了知县，不曾出丑，与小和尚两下暗地欢喜。小和尚还恐有人认得，把头直低向胸前，落在众人背后。

也是合当败露，刚出西脚门，那老儿又揪住老和尚骂道："老贼秃！谋死了我儿子，却又把别人的尸首来哄我吗？"夹嘴连腮，只管乱打。老和尚正打得连声叫屈，没处躲避。不想有十数个徒弟徒孙们，在那里看出官，见师父被打，齐赶向前推翻了那老儿，挥拳便打。小和尚见父亲吃亏，心中着急，正忘了自己是个假尼姑，竟上前劝道："列位师兄不要动手！"众和尚举眼观看，却认是去非。即忙放了那老儿，一把扯住小和尚叫道："师父，好了，去非在此！"押保差人还不知就里，乃道："这是极乐庵里尼姑，押出去召保的，你们休错认了！"众和尚道："哦！原来他假扮尼姑在极乐里快活，却害师父受累！"众人方才明白是个和尚，一齐都笑起来。傍边只急得了缘叫苦连声，面皮青染。老和尚分开众人，揪过来，一连四五个聒子，骂道："天杀的奴狗材！你便快活，害得我好苦！且去见老爷来！"拖着便走。

那老儿见了儿子已在，又做了假尼姑，料道到官必然责罚，向着老和尚连连叩头道："老师父，是我无理得罪了！请愿下情陪礼。乞念师徒分上，饶了我孩儿，莫见官吧！"老和尚因受了他许多荼毒，哪里肯听，扭着小和尚直至堂上。差人押着了缘，也随进来。知县看见问道："那老和尚为何又结扭尼姑进来？"老和尚道："爷爷！这不是真尼姑，就是小的徒弟去非假扮的！"知县闻言，也忍笑不住道："如何有此异事？"喝教小和尚从实供来。去非自知隐瞒不过，只得一一招承。知县录了口词，将僧尼各责四十，去非依律问徒。了缘官卖为奴，极乐庵亦行拆毁。老和尚并那老儿，无罪释放。

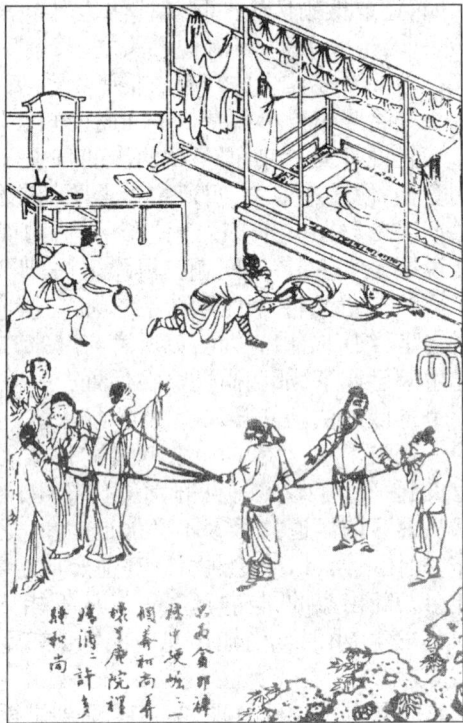

又讨连具枷枷了，各搽半边黑脸、满城迎游示众。那老儿婆子，因儿子做了这不法勾当，哑口无言，唯有满面鼻涕眼泪，扶着枷梢，跟出衙门。那时哄动了满城男女，扶老挈幼，俱来观看。有好事的，作个歌儿道：

> 可怜老和尚，不见了小和尚，原来女和尚，私藏了男和尚。分明雄和尚，错认了雌和尚。为个假和尚，带累了真和尚。断过死和尚，又明白了活和尚。满堂只叫打和尚，满街争看迎和尚。只为贪那裤档中硬崛崛一个荞和尚，弄坏了庵院里娇滴滴许多骚和尚。

且说赫家人同蒯三急奔到家，报知主母。陆氏闻言，险些哭死。连夜备办衣衾棺椁，禀明知县，开了庵门，亲自到庵，重新入殓，迎到祖茔，择日安葬。那时庵中老尼，已是饿死在床。地方报官盛殓，自不必说。这陆氏因丈夫生前不肯学好，好色身亡，把孩子严加教诲。后来明经出仕，官为别驾之职。有诗为证：

野草闲花恣意贪，化为蜂蝶死犹甘。
名庵并入游仙梦，是色非空作笑谈。

第 十 六 卷

陆五汉硬留合色鞋

得便宜处笑嘻嘻，不遂心时暗自悲。
谁识天公颠倒用，得便宜处失便宜。

近时有一人，姓强，平日好占便宜，倚强凌弱，里中都惧怕他，熬出一个浑名，叫作强得利。一日，偶出街市行走，看见前边一个单身客人，在地下捡了一个兜肚儿，提起颇重，想来其中有物，慌忙赶上前拦住客人，说道："这兜肚是我腰间脱下来的，好好还我。"客人道："我在前面走，你在后面来，如何到是你腰间脱下来的，好不通理？"强得利见客人不从，就攀手去抢，早扯住兜肚上一根带子。两个你不松，我不放，街坊人都走拢来，问其缘故，二人各争执是自己的兜肚儿。众人不能剖判。其中一个老者开言道："你二人口说无凭，且说兜肚中什么东西？合得着便是他的。"强得利道："谁耐烦与你猜谜道白。我只认得自己的兜肚，还我便休。若不还时，与你并个死活！"只这句话，众人已知不是强得利的兜肚了。多有惧怕强得利的，有心帮衬他，便上前解劝道："客人，你不识此位强大哥吗？是本地有名的豪杰。这兜肚，你是地下捡的，料非己物，就把来结识了这位大哥，也是理所当然。"客人被劝不过，便道："这兜肚果然不是小人的。只是财可义取，不可力夺。既然列位好言相劝，小人情愿将兜肚打开，看是何物？若果有些采头，分作三股。小人与强大哥各得一股，那一股送与列位们做个利市，店中共饮三杯，以当酬劳。"那老者道："客官最说得是。强大哥且放手，都交付与老汉手里。"

老者取兜肚打开看时，中间一个大布包，包中又有三四层纸，裹着光光两锭雪花样的大银，每锭有十两重。强得利见了这两锭银子，爱不可言，就使欺心起来。便道："论起三股分开，可惜錾坏了这两个锞儿，我身边有几两散碎银子，要去买生口的，把来送与客人，留下这锞儿与我吧！"一头说，一头在腰里摸将出来三四个零碎包儿，凑起还称不上四两银子，连众人吃酒东道都在其内。客人如何肯收？两下又争嚷起来。又有人点拨客人道："这位强大哥不是好惹的！你多少得些采去吧！"老者也劝道："客官，这四两银子，都把与你，我们众人这一股不要了。那一日不吃酒，省了这东道奉承你二位吧！"口里说时，那两锭银子在老者手中，已被强得利擘手抢去了。那客人没奈何，只得留了这四两银子。

强得利道："虽然我身边没有碎银，前街有个酒店，是我舅子开的。有劳众位多时，少不得同去一坐。"众人笑道："怎地时，连客官也去吃三杯，今后就做个相识。"一行十四五人，同走到前街朱三郎酒店里大楼上坐下。强得利一来白白里得了这两锭大银，心中欢喜，二来感谢众人帮衬，三来讨了客人的便宜，又赖了众人一股利市，心上也未免有些不安。况且是自己舅子开张的酒店，越要卖弄，好酒好食，只顾教搬来，吃得个不亦乐乎！众人个个醉饱，方才撒手。共吃了三两多银子。强得利教记在自家账上。众人出门作别，各自散讫。客人干净得了四两银子，也自归家去了。

过了两日，强得利要买生口，舅子店里又来取酒钱，家中别无银两，只得把那两锭雪白样的大银，在一个倾银铺里去倾销，指望加出些银水。那银匠接银在手，翻覆看了一回，手内颠上几颠，问道："这银子哪里来的？"强得利道："是交易上来的。"银匠道："大郎被人哄了！这是铁胎假银，外边是细丝，只薄薄一层皮儿，里头都是铅铁。"强得利不信，只要錾开。银匠道："錾坏时，大郎莫怪。"银匠动了手，乒乒乓乓錾开一个口子，那银皮裂开，里面露出假货。强得利看了，自也不信：一生不曾做这折本的交易，自作自受，埋怨不得别人。坐在柜桌边，呆呆的对着这两锭银子只顾看。引下许多人进店，都来认那铁胎银的，说长说短。

强得利心中越气，正待寻事发作，只见门外两个公差走入，大喝一声，不由分说，将链子扣了强得利的颈，连这两锭银子，都解到一个去处来。原来本县库上钱粮收了几锭假银，知县相公暗差做公的在外缉访。这兜肚里银子，不知是何人掉下的，那锭样正与库上的相同。因此被做公的拿了，解上县堂。知县相公一见了这锭样，认定是造假银的光棍，不容分诉，一上打了三十毛板，将强得利送入监里，要他赔补库上这几锭银子。三日一比较，强得利无可奈何，只得将田产变价上库，又央人情在知县相公处说明这两锭银子的来历。知县相公听了分上，饶了他罪名，释放宁家。共破费了百外银子。一个小小家当，弄得七零八落。被里中做下几句口号，传做笑话，道是：

> 强得利，强得利，做事全不济！得了两锭寡铁，破了百金家计。公堂上毛板是我打来，酒店上东道别人吃去。似此折本生涯，下次莫要淘气。从今改强为弱，得利唤做失利。再来吓里欺邻，只怕缩不上鼻涕。

这段话叫作强得利贪财失采，正是：得便宜处失便宜。如今再讲一个故事，叫做陆五汉硬留合色鞋，也是为讨别人的便宜，后来弄出天大的祸来。正是：

> 爽口食多应损胃，快心事过必为殃。

话说国朝弘治年间，浙江杭州府城，有一少年子弟，姓张名荩，积祖是大富之家,幼年也曾上学攻书。只因父母早丧,没人拘管,把书本抛开,专与那些浮浪子弟往来,学就一身吹弹蹴踘,惯在风月场中卖弄,烟花阵里钻研。因他生得风流俊俏,多情知趣,又有钱钞使费,小娘们多有爱他的,奉得神魂颠倒,连家里也不思想。妻子累谏不止,只索由他。

一日,正值春间,西湖上桃花盛开。隔夜请了两个名妓,一个唤做娇娇,一个唤做倩倩,又约了一般几个子弟,教人唤下湖船,要去游玩。自己打扮起来,头戴一顶时样绉纱巾,身穿着银红吴绫道袍,里边绣花白绫袄儿,脚下白绫袜、大红鞋,手中执一柄书画扇子。后面跟一个垂髫标致小厮,叫作清琴,是他的宠童,左臂上挂着一件披风,右手拿着一张弦子,一管紫箫,都是蜀锦制成囊儿盛裹。离了家中,望钱塘门摇摆而来。却打从十官子巷中经过。忽然抬头,看见一家临街楼上,有个女子揭开帘儿,泼那梳妆残水。那女子生得甚是娇艳。怎见得? 有《清江引》为证:

> 谁家女儿,委实的好,赛过西施貌。面如白粉团,鬓似乌云绕。若得他近身时,魂灵儿都掉了。

张荩一见,身子就酥了半边,便立住脚,不肯转身。假意咳嗽一声。那女子泼了水,正待下帘,忽听得咳嗽声响,望下观看,一眼瞧见个美貌少年,人物风流,打扮乔画,也凝眸流盼。两面对觑,四目相视,那女子不觉微微而笑。张荩一发魂不附体。只是上下相隔,不能通话。正看间,门里忽走出个中年人来。张荩慌忙回避。等那人走远,又复走转看时,女子已下帘进去。站立一回,不见踪影。教清琴记了门面,明日再来打探。临行时,还回头几次。那西湖上,平常是他的脚边路。偏这日见了那女子,行一步,懒一步,就如走几百里山路一般,甚是厌烦。

出了钱塘门,来到湖船上。那时两个妓女和着一班子弟,都已先到。见张荩上船,俱走出船头相迎。张荩下了船,清琴把衣服弦子箫儿放下。艄子开船,向湖心中去。那一日天色晴明,堤上桃花含笑,柳叶舒眉,往来踏春士女,携酒挈榼,纷纷如蚁。有诗为证:

> 山外青山楼外楼,西湖歌舞几时休?
> 暖风薰得游人醉,错把杭州作汴州。

且说张荩船中这班子弟们,一个个吹弹歌唱,施逞技艺。偏有张荩一意牵挂那楼上女子,无心欢笑,托腮呆想。他也不像游春,到似伤秋光景。众人都道:“张大爷平昔不是恁般,今日为何如此不乐? 必定有甚缘故。”张荩含糊答应,不言所以。众人又道:“大爷不要败兴,且开怀吃酒,有甚事等我众弟兄与你去解纷。”又对娇娇、倩倩道:“想是大爷怪你们不来帮衬,故此着恼。还不快奉杯酒儿下礼?”娇娇、倩倩,真个筛过酒来相劝。

张荩被众人鬼浑,勉强酬酢,心不在焉。未到晚,就先起身。众人亦不强留。上了岸,进钱塘门,原打十官子巷经过。到女子门首,复咳嗽一声,不见楼上动静。走出巷口,又踅转来,一连数次,都无音响。清琴道:“大爷,明日再来吧。若只管往来,被人疑惑。”张荩依言,只得回家。——明日到他家左近访问,是何等人家。有人说:“他家有名叫作潘杀星潘用,夫妻两个,止生一女,年才十六,唤做寿儿。那老儿与一官宦人家薄薄里有些瓜葛，冒着他的势头，专在地方上吓诈人的钱财，骗人酒食。地方上无一家不怕他，无一个不恨他，是个赖皮刁钻主儿。"张荩听了，记在肚里，慢慢的在他门首踱过。恰好那女子开帘远望，两下又复相见。彼此以目送情，转加亲热。自此之后，张荩不时往来其下探听，以咳嗽为号。有时看见，有时不见。眉来眼去，两情甚浓。只是无门得到楼上。

一夜，正是三月十五，皓月当天，浑如白昼。张荩在家坐立不住，吃了夜饭，趁着月色，独步到潘用门首，并无一个人来往。见那女子正卷起帘儿，倚窗望月。张荩在下看见，轻轻咳嗽一声。上面女子会意，彼此微笑。张荩袖中摸出一条红绫汗巾，结个同心方胜，团做一块，望上掷来。那女子双手来接，恰好正中。就月底下仔细看了一看，把来袖过。就脱下一只鞋儿投下。张荩双手承受，看时是一只合色鞋儿。将指头量摸，刚刚一折，把来系在汗巾头上，纳在袖里。望上唱个肥喏，女子还了个万福。正在热闹处，那女子被父母呼唤，只得将窗儿闭上，自下楼去。张荩也兴尽而返，归到家里，自在书房中宿歇。又解下这只鞋儿，在灯前细玩，果是金莲一瓣，且又做得甚精细。怎见得？也有《清江引》为证：

> 觑鞋儿三寸，轻罗软窄，胜菓花片。若还绣满花，只费分毫线。怪他香喷喷不沾泥，只在楼上转。

张荩看了一回，依旧包在汗巾头上。心中想道："须寻个人儿通信与他，怎生设法上得楼去方好。若只如此空研光，眼饱肚饥，有何用处！"左思右算，除非如此，方能到手。明日午前，袖了些银子，走至潘家门首。望楼上不见可人，便远远的借个人家坐下，看有甚人来往。事有凑巧，坐不多时，只见一个卖婆，手提着个小竹撞，进他家去。约有一个时辰，依原提着竹撞出来，从旧路而去。张荩急赶上一步。看时不是别人，却是惯走大家卖花粉的陆婆，就在十官子巷口居住。那婆子以卖花粉为名，专一做媒作保，做马泊六，正是他的专门，故此家中甚是活动。儿子陆五汉在门前杀猪卖酒，平昔酗酒撒泼，是个凶徒，连那婆子时常要教训几拳的。婆子怕打，每事到都依着他，不敢一毫违拗。当下张荩叫声陆妈妈。陆婆回头认得，便道："呀！张大爷何来？连日少会。"张荩道："适才去寻个朋友不遇，便道在此经过。你怎一向不到我家走走？那些丫头们，都望你的花哩！"陆婆道："老身日日要来拜望大娘，偏有这些没正经事，绊住身子，不曾来得。"一头说，已到了陆婆门首。只见陆五汉在店中卖肉卖酒，十分热闹。陆婆道："大爷吃茶去便好。只是家间龌龊，不好屈得贵人。"张荩道："茶到不消，还要借几步路说话。"陆婆道："少待。"连忙进去，放了竹撞出来道："大爷有甚事作成老媳妇？"张荩道："这里不是说话之处，且随我来。"直引到一个酒楼上，拣个小阁儿中坐下。酒保放下杯箸，问道："可还有别客吗？"张荩道："只我二人。上好酒暖两瓶来，时新果子，先将来案酒，好嘎饭只消三四味就勾了。"酒保答应下去。不一时，都已取到，摆做一桌子。斟过酒来，吃了数杯。

张荩打发酒保下去，把阁子门闭了，对陆婆道："有一事要相烦妈妈，只怕你做不来，"那婆子笑道："不是老身夸口，凭你天大样疑难事体，经着老身，一了百当。大爷有甚事，只管吩咐来，包在我身上与你完成。"张荩道："只要如此便好。"当下把两臂靠在桌上，舒着颈，向婆子低低说道："有个女子，要与我勾搭，只是没有做脚的，难得到手。晓得你与他家最熟，特来相求，去通个信儿。若说法得与我一会，绝不忘恩。今日先有十两白物在此，送你开手。事成之后，还有十两。"便去袖里摸出两个大锭，放在桌上。陆婆道："银子是小事，你且说是那一家的雌儿？"张荩道："十官子巷潘家寿姐，可是你极熟的么？"陆婆道："原来是这个小鬼头儿。我常时见他端端正正，还是黄花女儿，不像要寻野食吃的，怎生着了你的道儿？"张荩把前后遇见，并夜来赠鞋的事，细细与婆子说知。陆婆道："这事到也有些难处哩。"张荩道："有甚难处？"陆婆道："他家的老子厉害，家中并无一个杂人，止有嫡亲三口，寸步不离。况兼门户谨慎，早闭晏开，如何进得他家？这个老身不敢应承。"张荩道："妈妈，你适才说天大极难的事，经了你就成。这些小事，如何便推故不肯与我周全？想必嫌谢礼微薄，故意作难吗？我也不管，是必要在你身上完成。我便再加十两银子，两匹段头，与你老人家做寿衣何如？"

陆婆见着雪白两锭大银，眼中已是出火，却又贪他后手找账，心中不舍。想了一回，道："既大爷怎般坚心，若老身执意推托，只道我不知敬重了。待老身竭力去图，看你二人缘分何如。倘图得成，是你造化了。若图不成，也勉强不得，休得归罪老身。这银子且留在大爷处，待有些影子，然后来领。他与你这只鞋儿，到要把来与我，好去做个话头。"张荩道："你若不收银子，我怎放心！"陆婆道："既如此，权且收下。若事不谐，依旧璧还。"把银揣在袖里。张荩摸出汗巾，解下这只合色鞋儿，递与陆婆。陆婆接在手中，细细看了一看，喝彩道："果然做得好！"将来藏过。两个又吃了一回酒食，起身下楼，算还酒钱，一齐出门。临别时，陆婆又道："大爷，这事须缓缓而图，性急不得的。若限期限日，老身就不敢奉命了。"张荩道："只求妈妈用心，就迟几日也不大紧。倘有些好消息，竟到我家中来会。"说罢，各自分别而去，正是：

要将撮合三杯酒，结就欢娱百岁缘。

且说潘寿儿自从见了张荩之后，精神恍惚，茶饭懒沾，心中想道："我若嫁得这个人儿，也不枉为人一世！但不知住在哪里？姓甚名谁？"那月夜见了张荩，恨不得生出两个翅儿，飞下楼来，随他同去。得了那条红汗巾，就当做情人一般，抱在身边而卧。睡到明日午牌时分，还痴迷不醒。直待潘婆来唤，方才起身。又过两日，早饭已后，潘用出门去了，寿儿在楼上，又玩弄那条汗巾。只听得下面有人说话响，却又走上楼来。寿儿连忙把汗巾藏过，走到胡梯边看时，不是别人，却是卖花粉的陆婆。手内提着竹撞，同潘婆上来。到了楼上，陆婆道："寿姐，我昨日得了几般新样好花，特地送来与你。"连忙开了竹撞，取出一朵来道："寿姐，你看何如？可像真的一般吗?"寿儿接过手来道:"果然做得好!"陆婆又取出一朵来,递与潘婆道:"大娘,你也看看,只怕后生时,从不曾见怎样花样哩。"潘婆道:"真个我幼时只戴得那样粗花儿,不像如今做得这样细巧。"陆婆道:"这个只算中等,还有上上号的,若看了眼,盲的就亮起来,老的便少起来,连寿还要增上几年哩。"寿儿道:"你一发拿出来与我瞧瞧。"陆婆道:"只怕你不识货,出不得这样贵价钱。"寿儿道:"若买你的不起,看是看得起的。"陆婆陪笑道:"老身是取笑话儿,寿姐怎认真起来?就连我这篮儿都要了,也值得几何!待我取出来与你看。只拣好的,任凭取择。"又取出几朵来,比前更加巧妙。寿儿拣好的取了数朵,道:"这花怎么样卖?"陆婆道:"呀!老身每常何曾与你争惯价钱,却要问价起来?但凭你吩咐罢了。"又道:"大娘,有热茶便相求一碗。"潘婆道:"看花兴了,连茶都忘记去取。你要热的,待我另烧起来。"说罢,往楼下而去。

陆婆见潘婆转了身,把竹撞内花朵整顿好了,却又从袖中摸出一个红绸包儿,也放在里边。寿儿问道:"这包的是什么东西?"陆婆道:"是一件要紧物事,你看不得的。"寿儿道:"怎么看不得?我偏要看。"把手便去取。陆婆口中便说:"绝不与你看!"却放个空让他一手拈起,连叫阿呀,假意来夺时,被寿儿抢过那边去。打开看时,却是他前夜赠与那生的这只合色鞋儿。寿儿一见,满面通红。陆婆便劈手夺去道:"别人的东西,只管乱抢!"寿儿道:"妈妈,只这一只鞋儿,值什么钱,你恁般尊重!把绸儿包着,却又人看不得。"陆婆笑道:"你便这样说不值钱!却不道有个官人,把这只鞋儿当似性命一般,教我遍处寻访那对儿哩。"

寿儿心中明白是那人教他来通信,好生欢喜。便去取出那一只来,笑道:"妈妈,我到有一只在此,正好与他恰是对儿。"陆婆道:"鞋便对着了,你却怎么发付那生?"寿儿低低道:"这事妈妈总是晓得的了,我也不消瞒得,索性问个明白吧。那生端的是何等之人?姓甚名谁?平昔做人何如?"婆子道:"他姓张名荩,家中有百万家私,做人极是温存多情。为了你,日夜牵肠挂肚,废寝忘餐。晓得我在你家相熟,特央我来与你讨信,可有个法儿放他进来吗?"寿儿道:"你是晓得我家爹爹又厉害,门户甚是紧急,夜间等我吹熄灯火睡过了,还要把火来照过一遍,方才下去歇息。怎么得个策儿与他相会?妈妈,你有什么计策,成就了我二人之事,奴家自有重谢。"陆婆相了一相道:"不打紧,有计在此。"寿儿连忙问道:"有何计策?"陆婆道:"你夜间早些睡了,等爹妈上来照过,然后起来。只听下边咳嗽为号,把几匹布接长垂下楼来,待他从布上攀缘而上。到五更时分,原如此而下。就往来百年,也没有那个知觉,任凭你两个取乐,可不好吗?"寿儿听说,心中欢喜道:"多谢妈妈玉成,还是几时方来?"陆婆道:"今日天晚已来不及,明日侵早去约了他,到晚来便可成事。只是再得一件信物与他,方见老身做事的当。"寿儿道:"你就把这对鞋儿,一总拿去为信。他明晚来时,依旧带还我。"

说犹未了,潘婆将茶上来。陆婆慌忙把鞋藏于袖中,啜了两杯茶。寿儿道:"陆妈妈,花钱今日不便,改日奉还吧!"陆婆道:"就迟几日不妨得,老身不是这琐碎的。"取了竹撞,作别起身,潘婆母子直送到中门口。寿儿道:"妈妈,明日若空,走来话话。"陆婆道:"晓得。"这是两个意会的说话,潘婆哪里知道。正是:

> 浪子心,佳人意,不禁眉来和眼去。虽然色胆大如天,中间还要人传会。
> 伎俩熟,口舌利,握雨携云多巧计。虔婆绰号马泊六,多少良家受他累。不怕

天,不怕地,不怕傍人闲放屁;只须瞒却父和娘,暗中撮就鸳鸯对。朝相对,暮相对,想得人如痴如醉。不是冤家不聚头,杀却虔婆方出气。

且说陆婆也不回家,径望张荩家来。见了他浑家,只说卖花。问张荩时,却不在家。张荩合家那些妇女,把他这些花都抢一个干净,也有现,也有赊,混了一回。等他不及,作别起身。明白绝早,袖了那双鞋儿,又到张家问时,说:“昨夜没有回来,不知住在哪里。”陆婆依旧回到家中。

恰好陆五汉要杀一口猪,因副手出去了,在那里焦躁。见陆婆归家,道:“来得极好! 且相帮我缚一缚猪儿。”那婆子平昔惧怕儿子,不敢不依,道:“等我脱了衣服帮你。”望里边进去。

陆五汉就随他进来,见婆子脱衣时,落下一个红绸包儿。陆五汉只道是包银子,拾起来,走到外边,解开看时,却是一双合色女鞋。喝彩道:“谁家女子,有恁般小脚!”相了一会,又道:“这个小脚女子,必定是有颜色的。若得抱在身边睡一夜,也不枉此一生!”又想道:“这鞋如何在母亲身边? 却又是穿旧的。有恁般珍重,把绸儿包着,其中必有缘故。待他寻时,把话儿吓他,必有实信。”原把来包好,揣在怀里。婆子脱过衣裳,相帮儿子缚猪来杀了,净过手,穿了衣服,却又要去寻张荩。临出门,把手摸袖中时,那双鞋儿却不见了。连忙复转身寻时,影也不见,急得那婆子叫天叫地。陆五汉冷眼看母亲恁般着急,由他寻个气叹,方才来问道:“不见了什么东西? 这样着急!”婆子道:“是一件要紧物事,说不得的。”陆五汉道:“若说个影儿,或者你老人家目力不济,待我与你寻看。如说不得的,你自去寻,不干我事。”

婆子见儿子说话晓蹊,便道:“你若拾得,还了我,有许多银子在上,勾你做本钱哩。”陆五汉见说有银子,动了火,问道:“拾到是我拾得。你说那根由与我,方才还你。”婆子叫到里边去,一五一十,把那两个前后的事,细细说与。陆五汉探了婆子消息,心中欢喜,假意惊道:“早是与我说知,不然,几乎做出事来。”婆子道:“却是为何?”陆五汉道:“自古说得好,若要不知,除非莫为。这样事,怎掩得人的耳目。况且潘用那个老强盗,可是惹得他的吗? 倘或事露,晓得你赚了银两,与他做脚,那时不要说把我做本钱,只怕连我的店底都倒在他手里,还不像意哩。”陆婆被儿子一吓,心中老大惊慌,道:“儿说得有理! 如今我把这银子和鞋儿还了他,只说事体不谐,不管他闲账罢了。”陆五汉笑道:“这银子在哪里?”陆婆便去取出来与儿子看。五汉把来袖了道:“母亲,这银子和鞋儿,留在这里。万一后日他们从别处弄出来,连累你时,把他做个证见。若不到这田地,那银子落得用的,他敢来讨吗?”陆婆道:“倘张大老来问回音,却怎么处?”五汉道:“只说他家门户紧急,一时不能,若有机会,便来通报。回他数次,自然不来了。”那婆子银子鞋儿都被五汉拿去,又不敢讨,手中没了把柄,又怕弄出事来,也不敢去约张荩。

且说陆五汉把这十两银子,办起几件华丽衣服,也买一顶绉纱巾儿。到晚上等陆婆睡了,约莫一更时分,将行头打扮起来,把鞋儿藏在袖里,取锁反锁了大门,一径到潘家门首。其夜微云笼月,不甚分明,且喜夜深人静,陆五汉在楼墙下,轻轻咳嗽一声。上面寿儿听得,连忙开窗。那窗臼里,呀的有声,寿儿恐怕惊醒爹妈,即桌上取过茶壶来,洒些茶在里边,开时却就不响。把布一头紧紧的缚在柱上,一头便垂下来。陆五汉见布垂下,满心欢喜。撩衣拔步上前,双手挽住布儿,两脚挺在墙上,逐步捱将上去。顷刻已到楼窗边,轻轻跨下。寿儿把布收起,将窗儿掩上。陆五汉就双手抱住，便来亲嘴，寿儿即把舌儿度在五汉口中。此时两情火热，又是黑暗之中，那辨真假，相偎相抱，解衣就寝。五汉将寿儿双股拍开，腾身上去，寿儿亦耸身而就。真个你贪我爱，被陆五汉恣情取乐。正是：

> 豆蔻包香，却被枯藤胡缠；海棠含蕊，无端暴雨摧残。鹡鸰占锦鸳之窠，凤凰作凡鸦之偶。一个口里呼肉肉肝肝，还认做店中行货；一个心里想亲亲爱爱，那知非楼下可人。红娘约张珙，错订郑恒；郭素学王轩，偶迷西子，可怜美玉娇香体，轻付屠酤市井人。

当下雨散云收，方才叙阔。五汉将出那双鞋儿，细述向来情款。寿儿也诉想念之由。情犹未足，再赴阳台，愈加恩爱。到了四更，即便起身。开了窗，依旧把布放下，五汉攀援下去，急奔回家。寿儿把布收起藏过。轻轻闭上窗儿，原复睡下。自此之后，但是雨下月明，陆五汉就不来，余则无夜不会。

往来约有半年，十分绸缪。那寿儿不觉面目语言，非复旧时。潘用夫妻，心中疑惑，几遍将女儿盘问，寿儿只是咬定牙根，一字不吐。那晚五汉又来，寿儿对地说道："爹妈不知怎么，有些知觉，不时盘问。虽然再四白赖过了，两夜防谨愈严。倘然候着，大家不好。今后你且勿来。待他懒怠些儿，再图欢会。"五汉口中答道："说得是！"心内甚是不然。到四更时，又下楼去了。

当夜潘用朦胧中，觉道楼上有些唧唧哝哝。侧着耳要听个仔细，然后起来捉奸。不想听了一回，忽地睡去，天明方醒。对潘婆道："阿寿这贱人，做下不明白的勾当，是真了，他却还要口硬。我昨夜明明里听得楼上有人说话，欲待再听几句，起身去捉他，不想却睡着去。"潘婆道："便是我也有些疑心。但算来这楼上没个路道儿通得外边。难道是神仙鬼怪，来无迹，去无踪？"潘用道："如今少不得打他一顿，拷问他真情出来。"潘婆道："不好！常言道：家丑不可外扬。若还一打，邻里都要晓得了。传说开去，谁肯来娶他。如今也莫论有这事没这事，只把女儿卧房迁在楼下，临卧时将他房门上落了锁，万无他虞。你我两一搬在他楼上去睡，看夜间有何动静，便知就里。"潘用道："说得有理。"到晚间吃晚饭时，潘用对寿儿道："今后你在我房中睡吧！我老夫妻要在楼上做房了。"寿儿心中明白，不敢不依，只暗暗地叫苦。当夜互相更换，潘用把女儿房门锁了。对老婆道："今夜有人上楼时，拿住了，只做贼论，结果了他，方出我这气。"把窗儿也不扣上，准候拿人。

不题潘用夫妻商议。且说陆五汉当夜寿儿叮嘱他且缓几时来，心上不悦。却也熬定了数晚，果然不去。过了十余日，忽一晚淫心荡漾，按纳不住，又想要与寿儿取乐。恐怕潘用来捉奸，身边带着一把杀猪的尖刀防备。出了大门，把门反锁好了，直到潘家门首，依前咳嗽。等候一回，楼上毫无动静。只道寿儿不听见，又咳嗽两声，更无音响。疑是寿儿睡着了。如此三四番，看看等至四鼓，事已不谐，只得回家。心中想道："他见我好几夜不去，如何知道我今番在此？这也不要怪他。"到次夜又去，依原不见动静。等得不耐烦，心下早有三分忿怒。到第三夜，自己在家中吃个半醉，等到更阑，掮了一张梯子，直到潘家楼下。也不打暗号，一径上到楼窗边，把窗轻轻一拽，那窗呀的开了。五汉跳身入去，抽起梯子，闭上窗儿，摸至床上来。正是：

一念愿邀云雨梦，片时飞过凤凰楼。

却说潘用夫妻初到楼上这两夜，有心采听风声，不敢熟睡。一连十余夜，静悄悄地老鼠也不听得叫一声，心中已疑女儿没有此事，提防便懈怠了。事有偶然，恰好这一夜寿儿房门上的搭钮断了，下不得锁。潘婆道："只把前后门锁断，房门上用个封条封记，这一夜料没甚事。"潘用依了他说话。其夜老夫妻也用了几杯酒，带着酒兴，两口儿一头睡了，做了些不三不四没正经的生活，身子困倦，紧紧抱住睡熟。故此五汉上来，开闭窗槅，分毫不知。

且说五汉摸到床边，正要解衣就寝，却听得床上两个人在一头打鼾，心中大怒道："怪道两夜咳嗽，他只做睡着不睬采我。原来这淫妇又勾搭上了别人，却假意推说父母盘问，教我且不要来，明明断绝我了！这般无恩淫妇，要他怎的！"身边取出尖刀，把手摸着二人颈项，轻轻透入，尖刀一勒，先将潘婆杀死。还怕咽喉未断，把刀在内三四卷，眼见不能活了。覆刀转来，也将潘用杀死。揩抹了手上血污，将刀藏过。推开窗子，把梯儿坠下。跨出楼窗，把窗依旧闭好。轻轻溜将下来，担起梯子，飞奔回家去了。

且说寿儿自换了卧房，恐怕情人又来打暗号，露出马脚，放心不下。到早上不见父母说起，那一日方才放心。到十余日后，全然没事了。这一日睡醒了，守到巳牌时分，还不见父母下楼，心中奇怪。晓得门上有封记，又不敢自开。只在房中声唤道："爹妈起身吧！天色晏了，如何还睡？"叫唤多时，并不答应。只得开了房门，走上楼来。揭开帐子看时，但见满床流血，血泊里挺着两个尸首，寿儿惊倒在地，半晌方苏，抚床大哭，不知何人杀害。哭了一回，想道："此事非同小可！若不报知邻里，必要累及自己。"即便取了钥匙，开门出来，却又怕羞，方在门内喊道："列位高邻，不好了！我家爹妈不知被甚人杀死？乞与奴家作主！"连喊数声。

那些对门间壁，并街上过往的人听见，一齐拥进，把寿儿到挤在后边。都问道："你爹妈睡在哪里？"寿儿哭道："昨夜好好的上楼，今早门户不开，不知何人，把来双双杀死。"众人见说在楼上，都赶上楼，揭开帐子看时，老夫妻果然杀死在床。众人相看这楼，又临着街道，上面虽有楼窗，下面却是包檐墙，无处攀援上来。寿儿又说门户都是锁好的，适才方开。家中却又无别人。都道："此事甚是跷蹊，不是当耍的！"即时报地方总甲来看了，同着四邻，引寿儿去报官。可怜寿儿从不曾出门，今日事在无奈，只得把包头齐眉兜了，锁上大门，随众人望杭州来。那时哄动半个杭城，都传说这事。陆五汉已晓得杀错了，心中懊悔不及，失张失智，颠倒在家中寻闹。陆婆向来也晓得儿子些来踪去迹，今番杀人一事，定有干涉，只是不敢问他。却也怀着鬼胎，不敢出门。正是：

理直千人必往，心亏寸步难移。

且说众人来到杭州府前，正值太守坐堂，一齐进去禀道："今有十官子巷潘用家，夜来门户未开，夫妻俱被杀死，同伊女寿儿特来禀知。"太守唤上寿儿问道："你且细说父母什么时候睡的？睡在何处？"寿儿道："昨夜黄昏时，吃了夜饭，把门户锁好，双双上楼睡的。今早巳牌时分，不见起身。上楼看时，已杀在被中。楼上窗槅依旧关闭，下边门户一毫不动，封锁依然。"太守又问道："可曾失甚东西？"寿儿道：

"件件俱在。"太守道:"岂有门户不开,却杀了人? 东西又一件不失。事有可疑。"想了一想,又问道:"你家中还有何人?"寿儿道:"止有嫡亲三口,并无别人。"太守道:"你父亲平昔可有仇家么?"寿儿道:"并没有甚仇家。"太守道:"这事却也作怪。"沉吟了半晌,心中忽然明白,教寿儿抬起头来,见包头盖着半面。太守令左右揭开看时,生得非常艳丽。太守道:"你今年几岁了?"寿儿道:"十七岁了。"太守道:"可曾许配人家吗?"寿儿低低道:"未曾。"太守道:"你的睡处在哪里?"寿儿道:"睡在楼下。"太守道:"怎么你到住在下边,父母反居楼上?"寿儿道:"一向是奴睡在楼上,半月前换下来的。"太守道:"为甚么换了下来?"寿儿对答不来,道:"不知爹妈为甚要换。"

太守喝道:"这父母是你杀的!"寿儿着了急,哭道:"爷爷,生身父母,奴家敢做这事!"太守道:"我晓得不是你杀的,一定是你心上人杀的。快些说他名字上来!"寿儿听说,心中慌张,赖道:"奴家足迹不出中门,那有此等勾当! 若有时,邻里一定晓得。爷爷问邻里,便知奴家平昔为人了。"太守笑道:"杀了人,邻里尚不晓得,这等事邻里如何晓得? 此是明明你与奸夫往来,父母知觉了。故此半月前换你下边去睡,绝了奸夫的门路。他便忿怒杀了。不然,为甚换你在楼下去睡?"俗语道:贼人心虚。寿儿被太守句句道着心事,不觉面上一回红,一回白,口内如吃子一般,半个字也说不清洁。太守见他这个光景,一发是了,喝教左右拶起。

那些皂隶飞奔上前,扯出寿儿手来,如玉相似,那禁得怎般苦楚。拶子才套得指头上,疼痛难忍,即忙招道:"爷爷,有,有,有个奸夫!"太守道:"叫甚名字?"寿儿道:"叫作张荩。"太守道:"他怎么样上你楼来?"寿儿道:"每夜等我爹妈睡着,他在楼下咳嗽为号。奴家把布接长,系一头在柱上垂下,他从布上攀引上楼。未到天明,即便下去。如此往来,约有半年。爹妈有些知觉,几次将奴盘问,被奴赖过。奴家嘱咐张荩,今后莫来,省得出丑,张荩应允而去。自此爹妈把奴换在楼下来睡,又将门户尽皆下锁。奴家也要隐恶扬善,情愿住在下边,与他断绝。只此便是实情。其爹妈被杀,委果不知情由。"太守见他招了,喝教放了拶子。起签差四个皂隶速拿张荩来审。那四个皂隶,飞也似去了。这是:

> 闭门家里坐,祸从天上来。

且说张荩自从与陆婆在酒店中别后,即到一个妓家住了三夜。回家知陆婆来寻过两遍,急去问信时,陆婆因儿子把话吓住,且又没了鞋子,假意说道:"鞋子是寿姐收了。教多多拜上,如今他父亲厉害,门户紧急,无处可入。再过几时,父亲即要出去。约有半年方才回来。待他起身后,那时可放胆来会。"张荩只道是真话,不时探问消息。落后又见寿儿几遭,相对微笑。两下都是错认。寿儿认做夜间来的即是此人,故见了喜笑。张荩认做要调戏他上手,时常现在他眼前卖俏。日复一日,并无确信。张荩渐渐忆想成病,在家服药调治。

那日正在书房中闷坐,只见家人来说,有四个公差在外面,问大爷什么说话。张荩见说,吃了一惊,想道:"除非妓弟家什么事故。"不免出厅相见,问其来意。公差答道:"想是为什么钱粮里役事情,到彼自知。"张荩便放下了心,讨件衣服换了,又打发些钱钞,随着皂隶望府中而来,后面许多家人跟着。一路有人传说潘寿儿同奸夫杀了爹妈。张荩听了,甚是惊骇。心下想道:"这丫头弄出怎样事来? 早是我不曾与他成就！原来也是个不成才的烂货！险些把我也缠在是非之中。"

不一时，来到公厅。太守举目观看张荩，却是个标致少年，不像个杀人凶徒，心下有些疑惑。乃问道："张荩，你如何奸骗了潘用女儿，又将他夫妻杀死？"那张荩乃风流子弟，只晓得三瓦两舍，行奸卖俏，是他的本等，何曾看见官府的威严。一拿到时，已是胆战心惊。如今听说把潘寿儿杀人的事，坐在他身上，就是青天里打下一个霹雳，吓得半个字也说不出。挣了半日，方才道："小人与潘寿儿虽然有意，却未曾成奸。莫说杀他父母，就是楼上从不曾到。"太守喝道："潘寿儿已招与你通奸半年，如何尚敢抵赖！"张荩对潘寿儿道："我何尝与你成奸，却来害我？"起初潘寿儿还道不是张荩所杀。这时见他不认奸情，连杀人事到疑心是真了。一口咬住，哭哭啼啼，张荩分辨不清。太守喝教夹起来。只听得两旁皂隶一声吆喝，蜂拥上前，扯脚拽腿。

可怜张荩从小在绫罗堆里滚大的，就揦着线结也还过不去，如何受得这等刑罚。夹棍刚套上脚，就杀猪般喊叫，连连叩头道："小人愿招。"太守教放了夹棍，快写供状上来。张荩只是啼哭道："我并不知情，却教我写什么来！"又向潘寿儿说道："你不知被那个奸骗了，却扯我抵当！如今也不消说起，但凭你怎么样说来，我只依你的口招承便了！"潘寿儿道："你自作自受，怕你不招承！难道你不曾在楼下调戏我？你不曾把汗巾丢上来与我？你不曾接受我的合色鞋？"张荩道："这都是了，只是我没有上楼与你相处。"太守喝道："一事真，百事真。还要多说！快快供招！"张荩低头。只听潘寿儿说一句，便写一句，轻轻里把个死罪认在身上。画供已毕，呈与太守看了，将张荩问实斩罪。寿儿虽不知情，因奸伤害父母，亦拟斩罪。各责三十，上了长板。张荩押赴死囚牢里，潘寿自入女监收管，不在话下。

且说张荩幸喜皂隶们知他是有钞主儿，还打个出头棒子，不致十分伤损。来到牢里叫屈连声，无门可诉。这些狱卒分明是挑一担银子进监，那个不欢喜，那个不把他奉承。都来问道："张大爷，你怎么做恁般勾当？"张荩道："列位大哥，不瞒你说，当初其实与那潘寿姐曾见过一面。两下虽然有意，却从不曾与他一会。不知被甚人骗了，却把我来顶缸！你道我这样一个人，可是个杀人的吗？"众人道："既如此，适才你怎么就招了？"张荩道："我这瘦怯怯的身子可是熬得刑的吗？况且新病了数日，刚刚起来，正是雪上加霜一般。若招了，还活得几日。若不招，这条性命今夜就要送了。这也是前世冤业，不消说起。但潘寿姐适才说话，历历据有，其中必有缘故。我如今愿送十两银子与列买杯酒吃，引我去与潘寿姐一见，细细问明这事，我死亦瞑目！"内中一个狱卒头儿道："张大爷要看见潘寿儿也不难，只是十两太少。"张荩道："再加五两吧。"禁子头道："我们人众，分不来，极少也得二十两。"张荩依允。

两个禁子扶着两腋，直到女监栅门外。潘寿儿正在里面啼哭，狱卒扶他到栅门口，见了张荩，便一头哭，一头骂道："你这无恩无义的贼！我一时迷惑，被你奸骗，有甚亏了你，下这样毒手，杀我爹妈，害我性命！"张荩道："你且不要嚷。如今待我细细说与你详察。起初见你时，多承顾盼留心，彼此有心。以后月夜我将汗巾赠你，你将合色鞋来酬我。我因无由相会，打听卖花的陆婆在你家走动，先送他十两银子，将那鞋儿来讨信，他来回说：鞋便你收了，只因父亲厉害，门户紧急，目下要出去几个月，待起身后，即来相约。是从那日为始，朝三暮四，约了无数日子，已及半年，并无实耗。及至有时见你，却又微笑。教我日夜牵挂，成了思忆之病，在家服药,何尝到你楼上,却来诬害我至此地位!"寿儿哭道:"负心贼!你还要赖哩!那日你教陆婆将鞋来约会了,定下计策,教我等爹妈睡着,听下边咳嗽为号,把布接长,垂下来与你为梯。到次夜,你果然在下边咳嗽,我依法用布引你上楼。你出鞋为信。此后每夜必来。不想爹妈有些知觉,将我盘问几次。我对你说:"此后且莫来,恐防事露,大家坏了名声。等爹妈不堤防了,再图相会。那知你这狠心贼,就衔恨我爹妈。昨夜不知怎生上楼,把来杀了。如今到还抵赖,连前面的事,都不肯承认!"

张荩想了一想道:"既是我与你相处半年,那形体声音,料必识熟。你且细细审视,可不差吗?"众人道:"张大爷这话说得极是。若果然不差,你也须不是人了,不要说问斩罪,就问凌迟也不为过!"寿儿见说,踌躇了半晌,又睁目把他细细观看。张荩连问道:"是不是? 快些说出,不要迟疑!"寿儿道:"声音甚是不同,身子也觉大似你。向来都是黑暗中,不能详察,只记得你左腰间有个疮痕肿起,大如铜钱,只这个便是色认。"众人道:"这个一发容易明白。张大爷,你且脱下衣来看。若果然没有,明日禀知太爷,我众人与你为证,出你罪名。"张荩满心欢喜道:"多谢列位!"连忙把衣服褪下。众人看时,遍身如玉,腰间那有疮痕。寿儿看了,哑口无言。张荩道:"小娘子,如今可知不是我吗?"众人道:"不消说了,这便真正冤枉。明日与你禀官。"当下依旧扶到一个房头,住了一宵。

明早,太守升堂,众禁子跪下,将昨夜张荩与潘寿儿面证之事,一一禀知。太守大惊,即便吊出二人复审。先唤张荩上去,张荩从头至尾,细诉一遍。太守道:"你那只鞋儿付与陆婆去后,不曾还你?"张荩道:"正是。"又唤寿儿上去,寿儿也把前后事,又细细呈说。太守道:"那鞋儿果是原与陆婆拿去,明晚张荩到楼,付你的吗?"寿儿道:"正是。"太守点头道:"这等,是陆婆卖了张荩,将鞋另与别人冒名奸骗你了。"即便差人去拿那婆子。不多时,婆子拿到。太守先打四十,然后问道:"当初张荩央你与潘寿儿通信,既约了明晚相会,你如何又哄张荩不叫他去,却把鞋儿与别人冒名去奸骗?从实说来,饶你性命! 若半句虚了,登时敲死。"

那婆子被这四十打得皮开肉绽,那敢半字虚妄。把那卖花为由,定策期约,连寻张荩不遇,回来帮儿子杀猪,落掉鞋子,并儿子恐吓说话,已后张荩来讨信,因无了鞋子,含糊哄他等情,一一细诉。其奸骗杀人情由,却不晓得。

太守见说话与二人相合,已知是陆五汉所为。即又差人将五汉拿到。太守问道:"陆五汉,你奸骗了良家女子,却又杀他父母。有何理说!"陆五汉赖道:"爷爷!

小人是市井愚民,那有此事!这是张荩央小人母亲做脚,奸了潘家女儿,杀了他父母,怎推到小人身上!"寿儿不等他说完,便喊道:"奸骗奴家的声音,正是那人!爷爷止验他左腰可有肿起疮痕,便知真假!"太守即叫皂隶剥下衣服看时,左腰间果有疮痕肿起。陆五汉方才口软,连称情愿偿命,把前后奸骗误杀潘用夫妻等情,一一供出。太守喝打六十,问成斩罪,追出行凶尖刀上库。寿儿依先原拟斩罪。陆婆说诱良家女子,依律问徒。张荩不合希图奸骗,虽未成奸,实为祸本,亦问徒罪,召保纳赎。当堂一一判定罪名,备文书申报上司。

那潘寿儿思想:"却被陆五汉奸骗,父母为我而死,出乖露丑!"懊悔不及,无颜再活,立起身来,望丹墀阶沿青石上一头撞去,脑浆迸出,顷刻死于非命。

可怜慕色如花女,化作含冤带血魂。

太守见寿儿撞死,心中不忍,喝教把陆五汉再加四十,凑成一百,下在死囚牢里,听候文书转日,秋后处决。又拘邻里,将寿儿尸骸抬出,把潘用房产家私尽皆变卖,备棺盛殓三尸,买地理葬,余银入官上库。不在话下。

且说张荩见寿儿触阶而死,心下十分可怜。想道:"皆因为我,致他父子丧身亡家!"回至家中,将银两酬谢了公差狱卒等辈,又纳了徒罪赎银。调养好了身子,到僧房道院礼经忏超度潘寿儿父子三人。自己吃了长斋,立誓再不奸淫人家妇女,连花柳之地也绝足不行。在家清闲自在,直至七十而终。时人有诗叹云:

赌近盗兮奸近杀,古人说话不曾差。
奸赌两般都不染,太平无事做人家。

第十七卷

张孝基陈留认舅

士子攻书农种田,工商勤苦挣家园。
世人切莫闲游荡,游荡从来误少年。

尝闻得老郎们传说,当初有个贵人,官拜尚书,家财万贯,生得有五个儿子。只教长子读书,以下四子,农、工、商、贾,各执一艺。那四子心下不悦,却不知什么缘故。央人问老尚书:"四位公子何故都不教他习儒?况且农、工、商、贾,劳苦营生,非上人之所为。府上富贵安享有余,何故舍逸就劳,弃甘即苦?只恐四位公子不能习惯。"老尚书呵呵大笑,叠着两指,说出一篇长话来,道是:

世人尽道读书好，只恐读书读不了！
读书个个望公卿，几人能向金阶走？
郎不郎时秀不秀，长衣一领遮前后。
畏寒畏暑畏风波，养成娇怯难生受。
算来事事不如人，气硬心高妄自尊。
稼穑不知贪逸乐，那知逸乐会亡身。
农工商贾虽然贱，各务营生不辞倦。
从来劳苦皆习成，习成劳苦筋力健。
春风得力总繁华，不论桃花与菜花。
自古成人不自在，若贪安享岂成家！
老夫富贵虽然爱，戏场纱帽轮流戴。
子孙失势被人欺，不如及早均平派。
一脉书香付长房，诸儿恰好四民良。
暖衣饱食非容易，常把勤劳答上苍。

老尚书这篇话，至今流传人间，人多服其高论。为何的？多有富贵子弟，担了个读书的虚名，不去务本营生，戴顶角巾，穿领长衣，自以为上等之人，习成一身轻薄，稼穑艰难，全然不知。到知识渐开，恋酒迷花，无所不至。甚者破家荡产，有上稍时没下稍。所以古人云：五谷不熟，不如荑稗。贪却赊钱，失却见在。这叫作：

受用须从勤苦得，淫奢必定祸灾生。

说这汉末时，许昌有一巨富之家，其人姓过名善，真个田连阡陌，牛马成群，庄房屋舍，几十余处，童仆厮养，不计其数。他虽然是个富翁，一生省俭做家，从没有穿一件新鲜衣服，吃一味可口东西；也不晓得花朝月夕，同个朋友到胜景处游玩一番；也不曾四时八节，备个筵席，会一会亲族，请一请乡党。终日缩在家中，皱着两个眉头，吃这碗枯茶淡饭。一把钥匙，紧紧挂在身边，丝毫东西，都要亲手出放。房中桌上，更无别物，单单一个算盘，几本账簿。身子恰像生铁铸就，熟铜打成，长生不死一般，日夜思算，得一望十，得十望百，堆积上去，分文不舍得妄费。正是：

世无百岁人，枉作千年调。

那过善年纪五十余外，合家称做太公。妈妈已故，只有儿女二人。儿子过迁，已聘下方长者之女为媳。女儿淑女，尚未议姻。过善见儿子人材出众，性质聪明，立心要他读书。却又悭吝，不肯延师在家。送到一个亲戚人家附学。谁知过老本是个看财童子，儿子却是个败家五道。平昔有几件毛病：见了书本，就如冤家。遇着妇人，便是性命。喜的是吃酒，爱的是赌钱蹴踘打弹。卖弄风流，放鹞擎鹰，争夸豪侠。耍拳走马骨头轻，使棒轮枪心窍痒。自古道：物以类聚。过迁性喜游荡，就有一班浮浪子弟引诱打合。这时还惧怕父亲，早上去了，至晚而归。过善一心单在钱财上做工夫的人，每日见儿子早出晚入，只道是在学里，那个去查考。况且过迁把钱买嘱了送饭的小厮，日逐照旧送饭，到半路上作成他饱啖，归来瞒得铁桶相似。过善何由得知。过迁在先生面前，只说家中有事，不得工夫。过几日间，或去点个卯儿，又时常将些小东西孝顺。那先生一来见他不像个读书之人，二来见他老官儿也不像认真要儿读书的，三来又贪着些小利，总然有些知觉，也装聋作哑，只当不知，不去拘管他。所以过迁得恣意无籍，家中毫不知觉。

常言说得好，若要不知，除非莫为。不想方长者晓得了，差人上覆过善。过善不信，想道："若在外恁般游荡，也得好些银子使费，他却从何而来？况且小厮日日送饭到学，并不说起不在，那有这事！"又想道："方亲家是个真诚之人，必是有因，方才来说，不可不信。"便唤送饭的小厮来问道："小官人日日不在学里，你把饭都与那个吃了？"这小厮是个教熟猢狲，便道："呀！小官人无一日不在学里，那个却掉这样大谎？"过善只道小厮家中实话，更不再问。到晚间过迁回来，这小厮先把信儿透与知道。到了房中，过善问道："你如何不在学里读书，每日在外游荡？"过迁道："这是那个说？快叫来，打他几个耳聒子，戒他下次不许说谎！我那一日不在学里。造这话来谤我！"过善一来是爱子，二来料他没银使费，况说话与小厮一般，遂信以为实然，更不题起。正是：

> 因无背后眼，只当耳边风。

过了几日，方长者又教人来说："太公如何不拘管小官人到学里读书，仍旧纵容在外狂放？"过善道："不信有这等事！"即教人到学里去问，看他今日可在。家人到学看时，果然不见个影儿。问那先生时，答道："他说家中有事，好几日不到学了。"家人急忙归家，回复了过善。过善大怒道："这畜牲原来恁地！"即将送饭小厮拷打起来，这小厮吃打不过，说道："小官人每日不知在何处玩耍，果然不到学中，再三教我瞒着太公。"过善听说，气得手足俱战，恨不得此时那不肖子就立在眼前，一棒敲死，方泄其忿。却得淑女在旁解劝。捱到晚间，过迁回家，老儿满肚子气，已自平下了一半。才骂得一句："畜牲！你在外胡为，瞒得我好！"淑女就接口道："哥哥，你这几日在哪里玩耍？气坏了爹爹，还不跪着告罪！"过迁真个就跪下去，扯个谎道："孩儿一向在学攻书，这三两日因同学朋友家中赛神做会，邀孩儿去看，诚恐爹爹嗔责，吩咐小厮莫说。望爹爹恕孩儿则个！"淑女道："爹爹息怒，哥哥从今读书便了。"过善被他一片谎言瞒过，又信以为实。当下骂了一场，关他在家中看书，不放出门。

隔了两日，有人把几百亩田卖与过善，议定价钱，做下文书。到后房一只箱内去取银子，开箱看时，吃了一惊。那箱内约有二千余金，已去其大半。原来过迁晓得有银在内，私下配个钥匙，夜间俟父亲妹子睡着，便起来悄悄抽开，偷去花费。陆续取溜了，他也不知用过多少。当下过善叫屈连天，淑女听得，急忙来问。见说没了银子，便道："这也奇怪，在此间的东西，如何失了？爹莫不记错了，没有这许多？"过善道："不错，不错！原来这畜牲偷我的银子在外费用。"即忙寻了一条棒子，唤过迁到来。此时银子为重，把怜爱之情，搁过一边。不由分说，扯过来，一顿棍棒只打得满地乱滚。淑女负命解劝，将过善拉过一边，扯住了棒儿。过善喝道："畜牲！你怎样偷的？在那处花费？实说出来，还有个商量。若一句支吾，定然活活打死。"过迁打急了，只得一一直说，连那钥匙在裈带上解将下来。气得过善双脚乱跳道："留你这畜牲，总是不肖之子，被人耻笑！不如早死，到得干净。"又要来打。那时阖家男女都来下跪讨饶。过善讨条链子，锁在一间空房里去，连这田也不买了。气倒在一个壁角边坐地。这老儿虽是一时气不过，把儿子痛打一顿，却又十分肉疼。想道："看他这模样儿，也不像落莫的！谁道到是个败子！怎地使他回心转意便好？"心下踌躇，无计可施。淑女劝道："爹爹，事已至此，气亦无益。只因哥哥年纪幼小，被人诱引，以致如此。今后但在家中读书，不要放他出门，远着这班人，他的念头自然息了。"众家人也劝道："太公关锁小官人，也不是长法。如今年已长大，何不与他完了姻事？有娘子绊住身子，料必不想到外边游荡，岂不两全其美？"过善见说，深以为然。两三日后，放其锁禁，又将好言教诲。过迁受了这场打骂，勉强住在家中，不敢出门。

半月之后，过善择了吉日，叫媒人往方家去说，要娶媳妇过门。方长者也是大富之家，妆奁久已完备，一诺无辞。到了吉期，迎娶来家。那过善素性俭朴，诸事减省，草草而已。且说过迁初婚时，见浑家面貌美丽，妆奁富盛，真个日日住在家中，横竖成双，全不想到外边游荡。过善见儿子如此，甚是欢喜。过了几时，方氏归宁回去。过迁在家无聊，三不知闪出去寻着旧日这班子弟，到各处玩耍。只是手中没有钱钞使费，不能恣意。想起浑家箱笼中必然有物，将出旧日手段，逐一抻开搜寻去撒漫。使得手滑了，连衣饰都把来弄得罄尽。不一日，浑家归来，见箱笼俱空，叫苦不迭。盘问过迁时，只推不知，夫妻反目起来。

过善闻知，气得手足麻冷，唤出儿子来，一把头发揪翻，乱踢乱打。这番连淑女也劝解不住了。过善喝道："只道你这畜牲改悔前心，尚有成人之日。不想原复如是，我还有甚指望！不如速死，留我老性命再活几日！"见旁边有个棒槌，便抢在手，劈头就打。吓得淑女魂不附体，双手扳住臂膊哭道："爹爹！别件打犹可，这东西断然使不得的！"方氏见势头厉害，心中惧怕，说道："公公请息怒，媳妇没不多几件东西，不为大事。"过善方才放手。淑女劝父亲到房中坐下，告道："爹爹只有一子，怎生如此毒打？万一失手打坏，后来依靠何人？"过善道："这畜牲到底不成人的了！还指望依靠他！打死了也省得被人谈耻。"淑女道："自古道：败子回头便作家。哥哥方才少年，那见得一世如此！不争今日一时之怒，一下打死，后来思想，悔之何及！"过善被女儿苦劝一番，怒气少息。欲要访问同游这班人告官惩治，又怕反用银子，只得忍耐。自此之后，过迁日日躲在房里，不敢出门，连父亲面也不敢见。

常言道："偷食猫儿性不改。"他在外边放荡惯了，看着家中，犹如牢狱一般，哪里坐立得住。过了月余，瞒着父亲，悄悄却又出去。浑家再三苦谏，全不作准。欲要向过善说知，又见打得厉害，不敢开口，只得到与他隐瞒。过迁此时身边并无财物，寡闷了几日，甚觉没趣。料道家中决然无处出豁，私下将田产央人四处抵借银子。日夜在花街柳巷、酒馆赌坊迷恋，不想回家。方氏察听得实，恐怕在外学出些不好事来，只得告知过善。过善大惊道："我只道这畜牲还躲在房里，原来又出去了！"埋怨方氏道："娘子，这畜牲初出去时，何不就说，直到今日方言？"方氏道："因见公公打得厉害，故不敢说。"过善道："这样不孝子，打死罢了，要他何用！"当下便差人四下寻觅。淑女姑嫂二人，反替他担着愁担子。将棍棒之类，预先都藏过了。

早有人报知过迁，过迁量得此番归家，必然锁禁，不能出来，索性莫归罢。遂请着妓者藏在闲汉人家取乐。觉道有人晓得，即又换场。一连在外四五个月。这些家人们虽然知得些风声，那个敢与小主人做冤家，只推没处寻觅。过善愈加气恼，写一纸忤逆状子，告在县里。却得闲汉们替过迁衙门上下使费，也不上紧拿人。

常言道：水平不流，人平不言。这班闲汉替过迁衙门打点使钱，亦是有所利而为之。若是得利均分，到也和其光而同其尘了。因有手迟脚慢的，眼看别人赚钱，心中不忿，却去过老面前搬嘴，说："令郎与某人某人往来，怎样嫖赌，将田产与某处抵银多少，算来共借有三千银子。"把那老儿吓得面如土色，想道："畜牲恁般大胆，如此花费，能萧几时！再过一二年，连我身子也是别人的了。"问道："如今这畜牲在哪里？"其人道："见在东门外三里桥北塇下老王三家。他前门是不开的，进了小巷，中间有个小小竹园，便是他后门。内有茅亭三间，此乃令郎安顿之所。"

过善得了下落，唤了五六个家人跟随，一径出东门，到三里桥，吩咐众人，在桥下伺候："莫要惊走了那畜牲，待我唤你们时，便一齐上前。"也是这日合当有事，过迁恰好和一个朋友说话，不觉送出园门。作别过了，方欲转身，忽听得背后吆喝一声："畜牲哪里走？"过迁回头一看，原来是父亲，吓得双脚俱软，寸步也移不动。说时迟，那时快，过善赶上一步，不由分说，在地下拣起一块大石块，口里恨着一声，照过迁顶门擘将去，咭剌一声响，只道这畜牲今番性命休矣。正是：

地府忽增不肖鬼，人间已少败家精。

这一响，只道打碎天灵盖了。不想过迁后生眼快，见父亲来得凶恶，刚打下时，就旁边一闪。那石块恰恰中在侧边一堆乱砖上，打得砖头乱滚下来。过迁望着巷口便跑，不想去得力猛，反把过善冲倒。过善爬起身来，一头赶，一头喊道："杀爹的逆贼走了，快些拿住！"众家人听得家长声唤，都走拢来看时，过迁已自去得好远！过善气得一句话也说不出，只叫快赶，赶着的有赏。众人领命，分头追赶小官人。过善独自个气忿忿地坐在桥上，约有两个时辰，不见回报。

天色将晚，只得忍着气，一步步捱到家里。淑女见父亲余怒未息，已猜着八九，上前问其缘故。过善细细告说如此如此。淑女含泪劝道："爹爹年过五旬，又无七男八女，只有这点骨血。总虽不孝，但可教诲。何忍下此毒手！适来幸喜他躲闪得快，不致伤身。倘有失错，岂不覆宗绝祀！爹爹，今后断不可如此！"过善咬牙切齿恨道："我便为无祀之鬼也罢！这畜牲定然饶他不得！"

不题淑女苦劝父亲。且说过迁得了性命，不论高低，只望小路乱跑。正行间，背后二人飞也似赶来，一把扯住，定要小官人同回。你道这二人是谁？乃过善家里义仆小三、小四兄弟。两个领着老主之命，做一路儿追赶小官人，恰好在此遇见。过迁摔脱不开，心中忿怒，提起拳头，照着小四心窝里便打。小四着了拳，只叫得一声"啊呀！"仰后便倒，更不做声。小三见兄弟跌闷在地，只道死了，高声叫起屈来，扭住小官人死也不放。事到其间，过迁也没有主意。"左右是个左右，不是他便是我，一发并了命吧。"捏起两个拳头，没头没脑，乱打将来。他曾学个拳法，颇有些手脚。小三如何招架得住，只得放他走了。回身看小四时，已自苏醒。小三扶他起来，就近处讨些汤水，与他吃了。两个一同回家，报与家主。别个家人赶不着的，也都回了。过善只是叹气，不在话下。

且说过迁一头走，一头想："父亲不怀好意了。见今县里告下忤逆，如今又打死小四，罪上加罪，这条性命休矣！称身边还存得三四两银子，可做盘缠，且往远处逃命，再作区处。"算计已定，连夜奔走。正是：

忙忙如丧家之狗，急急如漏网之鱼。

过迁去有半年，杳无音信，里中传为已死。这些帮闲的要自脱干系，撺掇债主，教人来过家取讨银子。若不还银，要收田产。那债主都是有势有力之家。过善不敢冲撞，只得缓词谢之。回得一家去时，接脚又是一家来说。门上络绎不绝，都是讨债之人。过善索性不出来相见。各家见不应承，齐告在县里。差人拘来审问。县令看了文契，对过善道："这都是你儿子借的，须赖不得。"过善道："逆子不遵教诲，被这班小人引诱为非，将家业荡费殆尽，向告在台，逃遁于外，未蒙审结。所存些少，只够小人送终之用，岂可复与逆子还债。况子债亦无父还之理。"县令笑道："汝尚不肯与子还债，外人怎肯把银与汝子白用！且引诱汝子者，决非放债之人，如何赖得？总之，汝子不孝，莫怪别人。但父在子不得自专。各家贪图重利，与败子私自立券，其心亦是不良。今照契偿还本银，利钱勿论。银完之日，原契当堂销毁。居中人重责问罪。"过善被官府断了，怎敢不依。只得逐一清楚，心中愈加痛恨。到以儿子死在他乡为乐，全无思念之意。正是：

种田不熟不如荒，养儿不孝不如无。

话休烦絮。且说过善女儿淑女，天性孝友，相貌端庄，长成一十八岁，尚未许人。你道怎样大富人家，为什么如此年纪犹未议婚？过善只因是个爱女，要觅个嗜嗑女婿为配，所以高不成，低不就，拣择了多少子弟，没个中意的，蹉跎至今。又因儿子不孝，越把女儿值钱，要择个出人头地的，赘入家来，付托家事。故此愈难其配。

话分两头。却说过善邻近有一人，姓张名仁，世代耕读，家颇富饶。夫妻两口，单生一子，取名孝基，生得相貌魁梧，人物济楚，深通今古，广读诗书。年方二十，未曾婚配。张仁正央媒人寻亲，恰好说至过家。过善已曾看见孝基这个丰仪，却又门当户对，心中大喜道："得此子为婚，我女终身有托矣！"张仁是个独子，本不舍得赘出。因过善央媒再三来说，又闻其女甚贤，故此允了。少不得问名纳彩，奠雁传书，赘入过家。孝基虽然赘在过家，每日早晚省视父母，并无少怠。夫妻相待，犹如宾客，敬重过善，同于父母。又且为人谦厚，待人接物，一团和气，上下之人，无不悦服。过善爱之如子，凡有疑难事体，托他支理，看其材干。孝基条分理析，井井有方，过善因此愈加欢喜。只有方氏在房，思想丈夫，不知在于何处，并无消耗，未知死活存亡，日夜悲伤不已。

光阴如箭，张孝基在过家不觉又是二年有余。过善忽然染病，求神罔效，用药无功。方氏姑嫂二人，昼夜侍奉汤药。孝基居在外厢，综理诸事。那老儿渐渐危笃，自料不起，吩咐女儿治酒，遍请邻里亲戚到家，嘱咐道："列位高亲在上，老汉托赖天地祖宗,挣得这些薄产,指望传诸子孙,世守其业。不幸命薄,生此不孝逆贼,破费许多。向已潜逃在外,未知死生。幸尔尚有一女,婚配得人,聊慰老景。不想今得重疾,不久谢世。故特请列位到来,做个证明,将所有财产,尽传付女夫,接续我家宗祀。久已写下遗嘱,烦列位各署个画押。倘或逆子犹在,探我亡后,回家争执,竟将此告送官司,官府自然明白。"遂于枕边摸出遗嘱,教家人递与众人观看。

此时众人疑是张孝基见识,尚未开言,只见张孝基说道:"多蒙岳父大恩,但岳父现有子在,万无财产反归外姓之理。以小婿愚见,当差人四面访觅大舅回来,将家业付之,以全父子之情。小婿夫妻自当归宗。设或大舅身已不幸,尚有舅嫂守节,当交与掌管,然后访族中之子,立为后嗣。此乃正理。若是小婿承受,外人必有逐子爱婿之谤。鸠僭鹊巢,小婿亦被人谈论,这绝不敢奉命。"淑女也道:"哥哥只因惧怕爹爹责罚,故躲避在外,料必无恙。丈夫乃外姓之人,岂敢承受。"

众人见他夫妻说话出于至诚,遂齐声说道:"令婿令爱之言,亦似有理。且待寻访小宫人,一年半载,待有的信,再作区处。"过善道:"小婿之言,不是爱我,乃是害我。"众人道:"如何是害太公?"过善道:"老汉一生辛苦,挣得这些家事,逆子视之犹如粪土,不上半年,破散四千余金。如此挥霍,便铜斗家计,指日可尽。财产既尽,必至变卖茔墓。那时不唯老汉不能入土,恐祖宗在土之骨,反暴弃荒野矣。"孝基又道:"大舅昔因年幼,为匪人诱惑所致。今已年长,又有某辈好言劝喻,料必改过自新,绝不至此。"过善道:"未必!未必!有我在日,严加责罚,尚不改悛。我死之后,又何人得而禁之!"众人都道:"依着我们愚见,不若均分了,两全其美。令郎回时,也没得话说。"过善只是不许。孝基夫妇再三苦辞。过善大怒道:"汝亦效逆子要殴死我吗?"众人见他发怒,乃对孝基道:"令岳执意如此,不必辞了。"遂将遗嘱各写了画押,递与过老。

淑女又道:"爹爹家财尽付与我夫妇,嫂嫂当置于何地?"过善道:"我已料理在此,不消你虑。"将遗嘱咐付孝基,孝基夫妇泣拜而受。过善又摸出二纸捏在手中,请过方长者近前,说道:"逆子不孝,致令爱失其所天,老汉心实不安。但耽误在此,终为不了。老汉已写一执照于此,付与令爱。老汉亡后,烦亲家引回,另选良配。万一逆子回来有言,执此赴官诉理。外有田百亩,以偿逆子所费妆奁。"道罢,将二纸递与。方长者也不来接,答道:"小女既归令郎,乃亲家家事,已与老夫无干。况寒门从无二嫁之女,非老夫所愿闻,亲家请勿开口。"道罢,往外就走,孝基苦留不住。

过善呼媳妇出来说知,方氏大哭道:"妾闻妇人之义,从一而终。夫死而嫁,志者耻为。何况妾夫尚在,岂可为此狗彘之事!"过善又道:"逆子总在,这等不孝,守之何益!"方氏道:"妾夫虽不孝,妾志不可改。必欲夺妾之志,有死而已!"过善道:"你有此志气,固是好事。但我亡后,家产已付女夫掌管,你居于此,须不稳便。"淑女道:"爹爹,嫂嫂既肯守节,家业自然该他承受。孩儿归于夫家,才是正理。"方氏道:"姑娘,我又无子嗣,要这些家财何用!公公既有田百亩与我,当归母家,以赡此生。即丈夫回家,亦可度日。"众人齐声称好。过善道:"媳妇,你与过门争气,这百亩田尚少,再增田二百亩,银子二百两,与你终身受用。"方氏含泪拜谢。分拨已定,过善教女婿留亲戚邻里于堂中饮酒,至晚方散。

那过善本来病势已有八九分了,却又勉强料理这事。喉长气短,费舌劳唇,劳碌这半日，到晚上愈加沉重。女儿、媳妇守在床边，啼啼哭哭。张孝基备办后事，早已停当。又过数日，呜呼哀哉！正是：

三寸气在千般用，一旦无常万事休。

女儿、媳妇都哭得昏迷几次。张孝基也十分哀痛。衣衾棺椁，极其华美。七七之中，开丧受吊，延请僧道，修做好事，以资冥福。择选吉日，葬于祖茔。每事务从丰厚。殡葬之后，方氏收拾，归于母家。姑嫂不忍分舍，大哭而别，不在话下。

且说张孝基将丈人所遗家产钱财米谷，一一登记账簿，又差人各处访问过迁，并无踪影。时光似箭，岁月如流，倏忽便过五年。那时张孝基生下两个儿子，门首添个解当铺儿，用个主管，总其出入。家事比过善手内，又增几倍。

话休烦絮。一日张孝基有事来到陈留郡中，借个寓所住下。偶同家人到各处游玩。末后来至市上，只见个有病乞丐，坐在一人家檐下。那人家驱逐他起身。张孝基心中不忍，教家人朱信舍与他几个钱钞。那朱信原是过家老仆，极会鉴貌辨色，随机应变，是个伶俐人儿。当下取钱递与这乞丐，把眼观看，吃了一惊。急忙赶来，对张孝基说道："官人向来寻访小官人下落。适来丐者，面貌好生厮像。"张孝基便定了脚，吩咐道："你再去细看，若果是他，必然认得你。且莫说我是你家女婿，太公产业，都归于我。只说家已破散，我乃是你新主人，看他如何对答，然后你便引他来相见。我自有处。"

朱信得了言语，复身转去。见他正低着头，把钱系在一根衣带上，藏入腰里。朱信仔细一看，更无疑惑。那丐者起先舍钱与他时，其心全在钱上，那个来看舍钱的是谁。这次朱信去看时，他已把钱藏过，也举起眼来，认得是自家家人，不觉失声叫道："朱信，你同谁在这里?"朱信便道："小官人，你如何流落至此?"过迁泣道："自从那日逃奔出门，欲要央人来劝解爹爹，不想路上恰遇着小三、小四兄弟两个拦阻住了，务要拖我回家。我想爹爹止在盛怒之时，这番若回，性命决然难活。匆忙之际，一拳打去，不意小四跌倒便死。心中害怕，连夜逃命。奔了几日，方到这里。在客店中歇了几时，把身边银两吃尽，被他赶将出来。无可奈何，只得求乞度命。日夜思家，没处讨个信息。天幸今日遇你。可实对我说，那日小四死了，爹爹有何话说?"朱信道："小四当时醒了转来，不曾得死。太公已去世五年矣!"

过迁见说父亲已死，叫声："苦也!"望下便倒。朱信上前扶起，喉中哽咽，哭不出声，呜呜了一回，方才放声大哭道："我指望回家，央人求告收留，依原父子相聚，谁想已不在了!"悲声惨切，朱信亦不觉堕泪。哭了一回，乃问道："爹爹既故，这些家私是谁掌管?"朱信道："太公未亡之前，小官人所借这些债主，齐来取索。太公不肯承认，被告官司，衙门中用了无数银子。及至审问，一一断还，田产已去大半。小娘子出嫁，妆奁又去了好些。太公临终时，恨小官人不学好，尽数分散亲戚。存下些少，太公死后，家无正主，童仆等辈，一顿乱抢，分毫不留。只存住宅，卖与我新主人张大官人，把来丧中殡葬之用。如今寸土俱无了。"过迁见说，又哭起来道："我只道家业还在，如今挣扎性命回去，学好为人，不料破费至此!"又问道："家产便无了，我浑家却在何处? 妹子嫁于那家?"朱信道："小娘子就嫁在近处人家。大嫂到不好说。"过迁道："却是为何?"朱信道："太公因久不见小官人消息，只道已故，送归母家,令他改嫁。"过迁道:"可晓得嫁也不曾?"朱信道:"老奴为投了新主人,不时差往远处,在家日少,不曾细问,想是已嫁去了。"

过迁抚膺大恸道:"只为我一身不孝,家破人亡,财为他人所有,妻为他人所得,诚天地间一大罪人也!要这狗命何用!不如死休!"望着阶沿石上便要撞死。朱信一把扯住道:"小官人,蝼蚁尚且贪生,如何这等短见!"过迁道:"昔年还想有归乡的日子,故忍耻偷生。今已无家可归,不如早些死了,省得在此出丑。"朱信道:"好死不如恶活!不可如此。老奴新主人做人甚好,待我引去相见,求他带回乡里。倘有用得着你之处,就在他家安身立命,到老来还有个结果。若死在这里,有谁收取你的尸骸?却不枉了这一死!"过迁沉吟了一回道:"你话到说得是。但羞人子,怎好去相见?万一不留,反干折这番面皮。"朱信道:"至此地位,还顾得什么羞耻!"过迁道:"既如此,不要说出我真姓名来,只说是你的亲戚吧!"朱信道:"适才我先讲过了,怎好改得?"

当下过迁无奈,只得把身上破衣裳整一整,随朱信而来。张孝基远远站在人家屋下,望见他啼哭这一段光景,觉得他有懊悔之念,不胜叹息。过迁走近孝基身边,低着头站下。朱信先说道:"告官人,正是老奴旧日小主人。因逃难出来,流落在此。求官人留他则个。"便叫道:"过来见了官人。"过迁上的欲要作揖,去扯那袖子,却都只有得半截,又是破的,左扯也盖不来手,右扯也遮不着臂,只得抄着手,唱个喏。张孝基看了,愈加可怜。因是舅子,不好受他的礼,还了个半礼,乃道:"嗳!你是个好人家子息,怎么到这等田地,但收留你回去,没有用处,却怎好?"朱信道:"告官人,随分胡乱留他吧。"张孝基道:"你可会灌园吗?"过迁道:"小人虽然不会,情愿用心去学。"张孝基道:"只怕你是受用的人,如何吃得恁样辛苦?"过迁道:"小人到此地位,如何敢辞辛苦!"张孝基道:"这也罢。只是依得三件事,方带你回去。若依不得,不敢相留。"过迁道:"不知是那三件?"张孝基道:"第一件,只许住在园上,饭食教人送与你吃,不许往外行走。若跨出了园门,就不许跨进园门。"过迁道:"小人玷辱祖宗,有何颜见人,往外行走!住在园上,正是本愿。这个依得。"张孝基见说话有自愧之念,甚是欢喜。又道:"第二件,要早起晏息,不许贪眠懒怠偷工!"过迁道:"小人天未明就起身,直至黑了方止。若有月的日子,夜里也做,怎敢偷工。这个也依得。"孝基又道:"夜里到不消得。只日里不偷工就够了。第三件,若有不到之处,任凭我责罚,不许怨怅。"过迁道:"既蒙收养,便是重生父母。但凭责罚,死而无怨。"张孝基道:"既都肯依,随我来。"也不去闲玩,复转身引到寓所门口。

过迁随将进来。主人家见是个乞丐,大声叱咤,不容进门。张孝基道:"莫赶他,这是我家的人。"主人家道:"这乞丐常是在这里讨饭吃,怎么是府上家人?"朱信道:"一向流落在此,今日遇见的。"到里边开了房门,张孝基坐下,吩咐道:"你随了我,这模样不好看相。朱信,你去教主人家烧些汤与他洗净了身子,省两件衣服与他换了,把些饭食与他吃。"朱信便去教主人家烧起汤来,唤过迁去洗浴。过迁自出门这几年,从不曾见汤面。今日这浴,就如脱皮退壳,身上尘糟,足足洗了半缸。朱信将衣服与他穿起,梳好了头发,比前便大不相同。朱信取过饭来,恣意一饱。那过迁身子本来有些病体,又苦了一苦,又在当风处洗了浴,见着饭又多吃了碗,三合凑,到夜里生起病来。张孝基请医调治,有一个多月,方才痊愈。

张孝基事体已完,算还了房钱,收拾起身。又雇了个牲口与过迁乘坐。一行四众，循着大路而来。张孝基开言道："过迁，你是旧家子弟，我不好唤你名字。如今改叫过小乙。"又吩咐朱信："你们叫他小乙哥，两下稳便。"朱信道："小人知道。"张孝基道："小乙，今日路上无聊，你把向日兴头事情，细细说与我消遣。"过迁道："官人，往事休题！若说起来，羞也羞死了。"张孝基道："你当时是个风流趣人，有什么羞！且略说些么。"过迁被逼不过，只得一一直说前后浪费之事。张孝基道："你起初怎般快活，前日街头这样苦楚，可觉有些过不去吗？"过迁道："小人当时年幼无知，又被人哄骗，以致如此，懊悔无及矣！"张孝基道："只怕有了银子，还去快活哩。"过迁道："小人性命已是多的了，还做这桩事？便杀我也不敢去！"张孝基又对朱信道："你是他老家人，可晓得太公少年时也曾怎般快活过吗？"朱信道："可怜他日夜只想做人家，何曾舍得使一文屈钱！却想这样事！"孝基道："你且说怎地样做人家？"朱信扳指头一岁起运，细说怎地勤劳，如何辛苦，方挣得这等家事。不想小乙哥把来看得像土块一般，弄得人亡家破！过迁听了，只管哀泣。张孝基道："你如今哭也迟了，只是将来学做好人，还有个出头日子。"一路上热一句，冷一句，把话打着他心事。过迁渐渐自怨自艾，懊悔不迭！正是：

　　临崖立马收缰晚，船到江心补漏迟。

　　在路行了几日，来到许昌，张孝基打发朱信先将行李归家，报知浑家。自同过迁径到自己家中，见过父母，将此事说知。令过迁相见已毕，遂引到后园，打扫一间房子，把出被窝之类，交付安歇。又吩咐道："不许到别处行走。我若查出时，定然责罚。"过迁连声答应："不敢，不敢！"孝基别了父母，回至家中，悄悄与浑家说了，浑家再三称谢。不题。是日过迁当晚住下，次日起早，便起身担着器具去锄地。看那园时，甚是广阔，周围编竹为篱。张太公也是做家之人，并不种甚花木，单种的是蔬菜，灌园的非只一人。过迁初时，哪里运弄得来，他也不管，一味蛮垦。过了数日，渐觉熟落，好不欢喜。每日担水灌浇，刈草锄垦，也不与人搭话。从清晨直至黄昏，略不少息。或遇凄风楚雨之时，思想父亲，吞声痛泣。欲要往坟上叩个头儿。又守着规矩，不敢出门。想起妹子，闻说就嫁在左近，却不知是那家。意欲见他一面。又想："今日落于人后，何颜去见妹子。总不嫌我，倘被妹夫父母兄弟奚落，却不自取其辱！"索性把这念头休了。

　　且说张孝基日日差人察听，见如此勤谨，万分欢喜。又叫人私下试他，说："小乙哥，你何苦日夜这般劳碌？偷些工夫同我到街坊上玩耍玩耍，请你吃三杯，可好

吗?"过迁大怒道:"你这人自己怠惰,已是不该,却又来引诱我为非!下次如此,定然禀知家主。"一日,张孝基自来查点,假意寻他事过,高声吆喝要打。过迁伏在地上,说道:"是小人有罪,正该责罚。"张孝基恨了几声,乃道:"姑恕你初次,且不计较。倘若再犯,定然不饶。"过迁顿首唯唯。自此之后,愈加奋励。约莫半年,并无倦怠之意,足迹不敢跨出园门。

张孝基见他悔过之念已坚,一日,叫人拿着一套衣服并巾帻鞋袜之类,来到园上对过迁道:"我看你作事勤谨,甚是可用,如今解库中少个人相帮,你到去得。可戴了巾帻,随我同去。"过迁道:"小人得蒙收留灌园,已出望外,岂敢复望解库中使令?"张孝基道:"不必推辞,但得用心支理,便是你的好处了。"过迁即便裹起巾帻,整顿衣裳。此时模样,比前更是不同。随孝基至堂中,作别张太公出门。路上无颜见人,低着头而走。不一时,望见自家门首,心中伤感,暗自掉下泪来。到得门口,只见旧日家人都叉手拱立两边,让张孝基进门。过迁想道:"我家这些人,如何都归在他家?想是随屋卖的了。"却也不敢呼唤,只低着头而走。众家人随后也跟进来。到了堂中,便立住脚不行。见桌椅家伙之类,俱是自家故物,愈加凄惨。张孝基道:"你随我来,叫你见一个人。"过迁正不知见那个,只得又随着而走。却从堂后转向左边。过迁认得这径道乃他家旧时往家庙去之路。渐渐至近,孝基指着堂中道:"有人在里边,你进去认一认。"过迁急忙走去,抬头看见父亲神影,翻身拜倒在地,哭道:"不孝子流落卑污,玷辱家门,生不能侍奉汤药,死不能送骨入土,忤逆不道,粉骨难赎!"以头叩地,血被于面。正哭间,只听得背后有人哭来,叫道:"哥哥,你一去不回,全不把爹爹为念!"过迁举眼见是妹子,一把扯住道:"妹子,只道今生已无再见之期,不料复得与你相会!"哥妹二人,相持大哭。

> 昔年流落实堪伤,今日相逢转断肠。
> 不是一番寒彻骨,怎得梅花扑鼻香!

哥妹哭了一回,过迁向张孝基拜谢道:"若非妹丈救我性命,必作异乡之鬼矣。大恩大德,将何补报!"张孝基扶起道:"自家骨肉,何出此言!但得老舅改过自新,以慰岳丈在天之灵,胜似报我也。"过迁泣谢道:"不孝谨守妹丈向日约束,倘有不到处,一依前番责罚。"张孝基笑道:"前者老舅不知详细,故用权宜之策。今已明白,岂有是理。但须自戒可也。"当下张孝基唤众家人来,拜见已毕,回至房中。淑女整治酒肴款待。过迁乃问:"你的大嫂嫁了何人?"淑女道:"哥哥,你怎说这话!却不枉死了人!当日爹爹病重,主张叫嫂嫂转嫁,嫂嫂立志不从。"乃把前事细说一遍。又道:"如今见守在家,怎么说他嫁人!"过迁见说妻子贞节,又不觉泪下,乃道:"我哪里晓得!都是朱信之言。"张孝基道:"此乃一时哄你的话。待过几时,同你去见令岳,迎大嫂来家。"过迁道:"这个我也不想矣,但要到爹爹墓上走遭。"张孝基:"这事容易!"到次早备办祭礼,同到墓上。过迁哭拜道:"不孝子违背爹爹,罪该万死!今愿改行自新,以赎前非,望乞阴灵洞鉴!"祝罢,又哭。张孝基劝住了,回到家中,把解库中银钱点明,付与过迁掌管。那过迁虽管了解库,一照灌园时早起晏眠,不辞辛苦。出入银两,公平谨慎。往来的人,无不欢喜。将张孝基夫妻恭敬犹如父母。倘有疑难之事,便来请问。终日住在店中,毫无昔日之态。此时亲戚尽晓得他已回家,俱来相探。彼此只作个揖,未敢深谈。

过了两三个月,张孝基还恐他心活,又令人来试他说:"小官人,你平昔好顽,没银时还各处抵借来用。今见放着白晃晃许多东西,到呆坐看守!近日有个绝妙的人儿,有十二分才色,藏在一个所在。若有兴,同去吃杯茶,何如?"过迁听罢,大喝道:"你这鸟人!我只因当初被人引诱坏了,弄得破家荡产,几乎送了性命。心下正恨着这班贼男女,你却又来哄我!"便要扯去见张孝基,那人招称不是,方才罢了。孝基闻知如此,不胜之喜。

时光迅速,不觉又是半年。张孝基把库中账目,细细查算,分毫不差。乃对过迁说道:"不孝有三,无后为大。向日你初回时,我便要上覆令岳,迎大嫂与老舅完聚。恐他还疑你是个败子,未必肯许,故此止了。今你悔过之名,人都晓得,去迎大嫂,料无推托。如今可即同去。"过迁依允。淑女取出一副新鲜衣服与他穿起,同至方家,方长者出来相见。过迁拜倒在地道:"小婿不孝,有负岳父、贤妻!今已改过前非,欲迎令爱完聚。"方长者扶起道:"不消拜,你之所行,我尽已知道。小女既归于汝,老夫自当送来。"张孝基道:"亲翁还在何日送来?"方长者道:"就明日便了。"张孝基道:"亲翁亦求一顾,尚有话说。"方长者应允。二人作别,回到家里。张孝基便请亲戚邻里,于明日吃庆喜筵席。

到次日午前,方氏已到,过迁哥妹出去相迎。相见之间,悲喜交集。方氏又请张孝基拜谢。少顷,诸亲俱到,相见已毕,无不称赞孝基夫妇玉成之德,过迁改悔之善,方氏志节之坚。不一时,酒筵完备。张孝基安席定首,叙齿而坐。酒过数巡,食供三套,张孝基起身进去,叫人捧出一个箱儿,放于桌上。讨个大杯,满斟热酒,亲自递与过迁道:"大舅,满饮此杯!"过迁见孝基所敬,不敢推托,双手来接道:"过迁理合敬妹丈,如何反劳尊踢?"张孝基道:"大舅就请干了,还有话说。"过迁一吸而尽。孝基将钥匙开了那只箱儿,箱内取出十来本文簿,递与过迁道:"请收了这几本账目。"过迁接了,问道:"妹丈,这是什么账?"张孝基道:"你且收下,待我细说。"乃对众人道:"列位尊长在上,小生有一言相禀。"众人俱站立起身道:"不知足下有何见谕?老汉们愿闻清海。"遂侧耳拱听。张孝基叠出两个指头,说将出来,言无数句,使听者无不啧啧称羡。正是:

> 钱财如粪土,仁义值千金。
> 曾记床头语,穷通不二心。

当下张孝基说道:"昔年岳父只因大舅荡费家业,故将财产传与小生。当时再三推辞,岳父执意不从。因见正在病中,恐触其怒,反非爱敬之意,故勉强承受。此皆列位尊长所共见,不必某再细言。及岳父弃世之后,差人四处寻访大舅,四五年间,毫无踪影。天意陈留得遇。当时本欲直陈,交还原产。仍恐其旧态犹存,依然浪费,岂不反负岳父这段恩德!故将真情隐匿,使之耕种,绳以规矩,劳其筋骨,苦其心志,兼以良言劝喻,隐语讽刺,冀其悔过自新。幸喜彼亦自觉前非,怨艾日深,幡然迁改。及令管库,处心公平,临事驯谨,数月以来,丝毫不苟。某犹恐其心未坚,几遍叫人试诱,心如铁石,片语难投,竟为志诚君子矣!故特请列位尊长到此,将昔日岳父所授财产,并历年收积米谷布帛银钱,分毫不敢妄用,一一开载账上。

今日交还老舅。明早同令妹即搬归寒舍矣!"又在箧中取出一纸文书,也奉与过迁道:"这幅纸乃昔年岳父遗嘱,一发奉还。适来这杯酒,乃劝大舅,自今以后,兢兢业业,克俭克勤,以副岳父泉台之望。勿得意盈志满,又生别念。戒之,戒之!"

众人到此,方知昔年张孝基苦辞不受,乃是真情,称叹不已。过迁见说,哭拜于地道:"不孝悖逆天道,流落他乡,自分横死街衢,永无归期。此产岂为我有!幸逢妹丈救回故里,朝夕训诲,激励成人,全我父子,完我夫妇,延我宗祀。正所谓生我者父母,成我者妹丈。此恩此德,高天厚地,杀身难报,即使执鞭随镫,亦为过分。岂敢复有他望!况不孝一生违逆父命,罪恶深重,无门可赎。今此产乃先人主张授君,如归不孝,却不又逆父志,益增我罪!"张孝基扶起道:"大舅差矣!岳父一世辛苦,实欲传之子孙世守。不意大舅飘零于外,又无他子可承,付之于我,此乃万不得已,岂是他之本念。今大舅已改前愆,守成其业,正是继父之志。岳父在天,亦必徜徉长笑,怎么反增你罪?"过迁又将言语推辞。

两下你让我却,各不肯收受。连众人都没主意。方长者开言对张孝基道:"承姑丈高谊,小婿义不容辞。但全归之,其心何安!依老夫愚见,各受其半,庶不过情!"众人齐道:"长者之言甚是!昔日老汉们亦有此议,只因太公不允,所以止了。不想今日原从这着,可见老成之见,大略相同。"张孝基道:"亲翁,子承父业,乃是正理,有甚不安。若各分其半,即如不还一般了。这怎使得!"方长者又道:"既不愿分,不若同居于此,协力经营。待后分之子孙,何如?"张孝基道:"寒家自有敝庐薄产,子孙岂可占过氏之物!"众人见执意不肯,俱劝过迁受领。过迁却又不肯,跑进里边,见妹子正与方氏饮酒,过迁上前哭诉其事,叫妹子劝张孝基受其半,那知淑女说话与丈夫一般。过迁夫妇跪拜哀求,只是不允。过迁推托不去,再拜而受。众人齐赞道:"张君高义,千古所无!"唐人罗隐先生有赞云:

> 能生之,不能富之;能富之,不能教之。死而生之,贫而富之,小人而君子之。呜呼孝基,真可为百世之师!

当日直饮至晚而散。到次日,张孝基叫浑家收拾回家。过迁苦留道:"妹丈财产,既已不受,且同居于此,相聚几时,何忍遽别?"张孝基道:"我家去此不远,朝暮便见,与居此何异。"过迁料留不住,乃道:"既如此,容明日治一酌与妹丈为饯,后日去何如?"孝基许之。次日,过迁大排筵席,广延男女亲邻,并张太公夫妇。张妈妈守家不至,请张太公坐了首席,其余宾客依次而坐。里边方氏姑嫂女亲,自不必说。是日筵席,水陆毕备,极其丰富。众客尽欢而别。客去后,张孝基对过迁道:"大舅,岳父存日,从不曾如此之费。下次只宜俭省,不可以此为则。"过迁唯唯。次日,孝基夫妇只收拾妆奁中之物,其余一毫不动,领着两个儿子,作辞起身。过迁、方氏同婢仆,直送至张家,置酒款待而回。自此之后,过迁操守愈励,遂为乡间善士。只因勤苦太过,渐渐习成父亲悭吝样子。后亦生下一子,名师俭。因惩自己昔年之失,严加教诲。此是后话不题。

且说里中父老,敬张孝基之义,将其事申闻郡县。郡县上之于朝。其时正是曹丕篡汉,欲收人望,遂下书征聘。孝基恶魏乃僭窃之朝,耻食其禄,以亲老为辞,不肯就辟。后父母百年后,容毁骨立,丧葬合礼,其名愈著。州郡俱举孝廉,凡五诏,俱以疾辞。有人问其缘故，孝基笑而不答。隐于田里，躬耕乐道，教育二子。长子名继，次子名绍，皆仁孝有学行，里中咸愿与之婚，孝基择有世德者配之，孝基年五十外，忽梦上帝膺召，夫妇遂双双得疾。二子日夜侍奉汤药，衣不解带。过迁闻知，率其子过师俭同来，亦如二子一般侍奉。孝基谢而止之。过迁道："感君之德，恨不能身代。今聊效区区，何足为谢。"过了数日，夫妇同逝。临终之时，异香满室。邻里俱闻空中车马音乐之声，从东而去。二子哀恸，自不必说。那过迁哭绝复苏，至于呕血。丧葬之费，俱过迁为之置办。二子泣辞再三，过迁不允。

一月后，有亲友从洛中回来，至张家吊奠，述云："某日于嵩山游玩，忽见旌幢驺御满野。某等避在林中观看。见车上坐着一人，绛袍玉带，威仪如王者，两边锦衣花帽，侍卫多人。仔细一认，乃是令先君。某等惊喜，出林趋揖，令先君下车相慰。某等问道：'公何时就征，遂为此显官？'令先君答云：'某非阳官，乃阴职也。上帝以某还财之事，命主此山。烦传示吾子，不必过哀。'言讫，倏然不见。方知令先君已为神矣。"二子闻言，不胜哀感。那时传遍乡里，无不叹异。相率为善，名其里为义感乡。晋武帝时，州郡举二子孝廉，俱为显官。过迁年至八旬外而终。两家子孙繁盛，世为姻戚云。

还财阴德庆流长，千古名传义感乡。
多少竞财疏骨肉，应知无面向嵩山。

第十八卷

施润泽滩阙遇友

还带曾消纵埋纹，返金种得桂枝芬。

从来阴骘能回福，举念须知有鬼神。

　　这首诗引着两个古人阴骘的故事。第一句说还带曾消纵理纹，乃唐朝晋公裴度之事。那裴度未遇时，一贫如洗，功名蹭蹬。就一风鉴，以决行藏。那相士说："足下功名事，且不必问。更有句话，如不见怪，方敢直言。"裴度道："小生因在迷途，故求指示。岂敢见怪！"相士道："足下螣蛇纵理纹入口，数年之间，必致饿死沟渠。"连相钱俱不肯受。裴度是个知命君子，也不在其意。一日，偶至香山寺闲游，只见供桌上光华耀目，近前看时，乃是一围宝带。裴度捡在手中，想道："这寺乃冷落所在，如何却有这条宝带？"翻阅了一回，又想道："必有甚贵人，到此礼佛更衣。祇候们不小心，遗失在此。定然转来寻觅。"乃坐在廊庑下等候。不一时，见一女子走入寺来，慌慌张张，径望殿上而去。向供桌上看了一看，连声叫苦，哭倒于地。裴度走向前问道："小娘子因何恁般啼泣？"那女子道："妾父被人陷于大辟，无门申诉。妾日至此恳佛阴祐。近日幸得从轻赎缓。妾家贫无措，遍乞高门。昨得一贵人矜怜，助一宝带。妾以佛力所致，适携带呈于佛前，稽首叩谢。因赎父心急，竟忘收此带，仓忙而去。行至半路方觉。急急赶来取时，已不知为何人所得。今失去这带，妾父料无出狱之期矣。"说罢又哭。裴度道："小娘子不必过哀，是小生收得，故在此相候。"把带递还。那女子收泪拜谢："请问姓字，他日妾父好来叩谢。"裴度道："小娘子有此冤抑，小生因在贫乡，不能少助为愧。还人遗物，乃是常事，何足为谢！"不告姓名而去。过了数日，又遇向日相士，不觉失惊道："足下曾作何好事来？"裴度答云："无有。"相士道："足下今日之相，比先大不相牟。阴德纹大见，定当位极人臣，寿登耄耋，富贵不可胜言！"裴度当时犹以为戏语。后来果然出将入相，历事四朝，封为晋国公，年享上寿。有诗为证：

　　纵理纹生相可怜，香山还带竟安然。
　　淮西荡定功英伟，身系安危三十年。

　　第二句说是返金种得桂枝芬。乃五代窦禹钧之事。那窦禹钧，蓟州人氏，官为谏议大夫，年三十而无子。夜梦祖父说道："汝命中已该绝嗣，寿亦只在明岁。及早行善，或可少延。"禹钧唯唯。他本来是个长者，得了这梦，愈加好善。一日薄暮，于延庆寺侧，拾得黄金三十两，白金二百两。至次日清早，便往寺前守候。少顷，见一后生涕泣而来。禹钧迎住问之。后生答道："小人父亲身犯重罪，禁于狱中，小人遍恳亲知，共借白金二百两，黄金三十两。昨将去赎父，因主库者不在而归。为亲戚家留款，多吃了杯酒，把东西遗失。

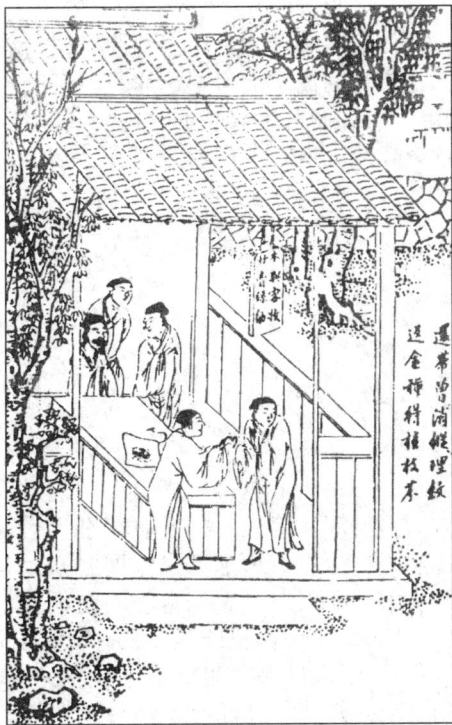

还带曾消纵理纹
返金博得桂枝芬

今无以赎父矣!"窦公见其言已合银数,乃袖中摸出还之,道:"不消着急,偶尔拾得在此,相候久矣!"这后生接过手,打开看时,分毫不动。叩头泣谢。窦公扶起,分外又赠银两而去。其他善事甚多,不可枚举。一夜,复梦祖先说道:"汝合无子无寿,今有还金阴德种种,名挂天曹,特延算三纪,赐五子显荣。"窦公自此愈积阴功。后果连生五子,长仪,次俨,三侃,四偁,五僖,俱仕宋为显官。窦公寿至八十二,沐浴相别亲戚,谈笑而卒。安乐老冯道有诗赠之云:

> 燕山窦十郎,教子有义方。
> 灵椿一株老,丹桂五枝芳。

说话的,为何道这两桩故事?只因亦有一人曾还遗金,后来虽不能如二公这等大富大贵,却也免了一个大难,享个大大家事。正是:

> 种瓜得瓜,种豆得豆。一切祸福,自作自受。

说这苏州府吴江县离城七十里,有个乡镇,地名盛泽,镇上居民稠广,土俗淳朴,俱以蚕桑为业。男女勤谨,络纬机抒之声,通宵彻夜。那市上两岸绸丝牙行,约有千百余家,远近村坊织成绸匹,俱到此上市。四方商贾来收买的,蜂攒蚁集,挨挤不开,路途无伫足之隙;乃出产锦绣之乡,积聚绫罗之地。江南养蚕所在甚多,唯此镇处最盛。有几句口号为证:

> 东风二月暖洋洋,江南处处蚕桑忙。
> 蚕欲温和桑欲干,明如良玉发奇光。
> 缫成万缕千丝长,大筐小筐随络床。
> 美人抽绎沾唾香,一经一纬机杼张。
> 咿咿轧轧谐宫商,花团锦簇成匹量。
> 莫忧入口无餐粮,朝来镇上添远商。

且说嘉靖年间,这盛泽镇上有一人,姓施名复,浑家喻氏,夫妻两口,别无男女。家中开张绸机,每年养几筐蚕儿,妻络夫织,甚好过活。这镇上都是温饱之家,织下绸匹,必积至十来匹,最少也有五六匹,方才上市。那大户人家积得多的便不上市,都是牙行引客商上门来买。施复是个小户儿,本钱少,织得三四匹,便去上市出脱。一日,已积了四匹,逐匹把来方方折好,将个布袱儿包裹,一径来到市中。只见人烟辏集,语话喧阗,甚是热闹。施复到个相熟行家来卖。见门首拥着许多卖绸的,屋里坐下三四个客商。主人家站在柜身里,展看绸匹,估喝价钱。施复分开众人,把绸递与主人家。主人家接来,解开包袱,逐匹翻看一过,将秤准了一准,喝定价钱,递与一个客人道:"这施一官是忠厚人,不耐烦的,把些好银子与他。"那客人真个只拣细丝称准,付与施复。施复自己也摸出等子来准一准,还觉轻些,又争添上一二分,也就罢了。讨张纸包好银子,放在兜肚里,收了等子包袱,向主人家拱一拱手,叫声有劳,转身就走。

行不上半箭之地,一眼觑见一家街沿之下,一个小小青布包儿。施复趱步向前,拾起袖过,走到一个空处,打开看时,却是两锭银子,又有三四件小块,兼着一文太平钱儿。把手撧一撧,约有六两多重。心中欢喜道:"今日好造化!拾得这些银子,正好将去凑做本钱。"连忙包好,也揣在兜肚里,望家中而回。一头走,一头想:"如今家中见开这张机,尽够日用了。有了这银子,再添上一张机,一月出得多少绸,有许多利息。这项银子,譬如没得,再不要动他。积上一年,共该若干,到来年再添上一张,一年又有多少利息。算到十年之外,便有千金之富。那时造什么房子,买多少田产。"正算得熟滑,看看将近家中,忽地转过念头,想道:"这银两若是富人掉的,譬如牯牛身上拔根毫毛,打什么紧,落得将来受用。若是客商的,他抛妻弃子,宿水餐风。辛勤挣来之物,今失落了,好不烦恼。如若有本钱的,他挤这账生意扯直,也还不在心上;倘然是个小经纪,只有这些本钱,或是与我一般样苦挣过日,或卖了绸,或脱了丝,这两锭银乃是养命之根,不争失了,就如绝了咽喉之气,一家良善,没甚过活,互相埋怨,必致鬻身卖子。倘是个执性的,气恼不过,肮脏送了性命,也未可知。我虽是拾得的,不十分罪过。但日常动念,使得也不安稳。就是有了这银子,未必真个营运发积起来。一向没这东西时,依原将就过了日子。不如原往那所在,等失主来寻,还了他去,到得安乐。"随复转身而来,正是:

> 多少恶念转善,多少善念转恶。
> 劝君诸善奉行,但是诸恶莫作。

当下施复来到拾银之处,靠在行家柜边,等了半日,不见失主来寻。他本空心出门的,腹中渐渐饥饿。欲待回家吃了饭再来,犹恐失主一时间来,又不相遇。只得忍着等候。少顷,只见一个村庄后生,汗流满面,闯进行家,高声叫道:"主人家,适来银子忘记在柜上,你可曾捡得吗?"主人家道:"你这人好混账!早上交银子与了你,这时节却来问我,你若忘在柜上时,莫说一包,再有几包也都拿去了。"那后生连把脚跌道:"这是我的种田工本,如今没了,却怎么好?"施复问道:"约莫有多少?"那后生道:"起初在这里卖的丝银六两二钱。"施复道:"把什么包的?有多少件数?"那后生道:"两整锭,又是三四块小的,一个青布银包包的。"施复道:"恁样,不消着急。我拾得在此,相候久矣。"便去兜肚里摸出来,递与那人。那人连声称谢。接过手,打开看时,分毫不动。

那时往来的人,当做奇事,拥上一堆,都问道:"在哪里拾的?"施复指道:"在这阶沿头拾的。"那后生道:"难得老哥这样好心,在此等候还人。若落在他人手里,安肯如此。如今倒是我拾得的了。情愿与老哥各分一半。"施复道:"我若要,何不全取了,却分你这一半?"那后生道:"既这般,送一两谢仪与老哥买果儿吃。"施复笑道:"你这人是个呆子!六两,三两都不要,要你一两银子何用!"那后生道:"老哥,银子又不要,何以相报?"众人道:"看这位老兄,是个厚德君子,料必不要你报。不若请到酒肆中吃三杯,见你的意罢了。"那后生道:"说得是。"便来邀施复同去。施复道:"不消得,不消得,我家中有事,莫要耽搁我工夫。"转身就走,那后生留之不住。众人道:"你这人好造化!掉了银子,一文钱不费,便捞到手。"那后生道:"便是,不想世间原有这等好人。"把银包藏了,向主人说声打搅,下阶而去。众人亦赞叹而散。也有说:"施复是个呆子,拾了银子不会将去受用,却骏站着等人来还。"也有说:"这人积此阴德,后来必有好处。"不题众人。

　　且说施复回到家里，浑家问道："为什么去了这大半日？"施复道："不要说起，将到家了，因着一件事，复身转去，耽搁了这一回。"浑家道："有甚事耽搁？"施复将还银之事，说向浑家。浑家道："这件事也做得好。自古道：'横财不富命穷人。'倘然命里没时，得了他反生灾作难，到未可知。"施复道："我正为这个缘故，所以还了他去。"当下夫妇二人，不以拾银为喜，反以还银为安。衣冠君子中，多有见利忘义的，不意愚夫愚妇到有这等见识。

　　　　从来作事要同心，夫唱妻和种德深。
　　　　万贯钱财如粪土，一分仁义值千金。

　　自此之后，施复每年养蚕，大有利息，渐渐活动。那育蚕有十体，二光，八宜等法，三稀五广之忌。第一要择蚕种。蚕种好，做成茧小而明厚坚细，可以缫丝。如蚕种不好，但堪为绵纩，不能缫丝，其利便差数倍。第二要时运。有造化的，就蚕种不好，依般做成丝茧。若造化低的，好蚕种，也要变做绵茧。北蚕三眠，南蚕俱是四眠。眠起饲叶，各要及时。又蚕性畏寒怕热，唯温和为得候。昼夜之间，分为四时。朝暮类春秋，正昼如夏，深夜如冬，故调护最难。江南有谣云：

　　　　做天莫做四月天，蚕要温和麦要寒。
　　　　秧要日时麻要雨，采桑娘子要晴干。

　　那施复一来蚕种拣得好；二来有些时运。凡养的蚕，并无一个绵茧；缫下丝来，细圆匀紧，洁净光莹，再没一根粗节不匀的。每筐蚕，又比别家分外多缫出许多丝来。照常织下的绸拿上市去，人看时光彩润泽，都增价竞买，比往常每匹平添钱多银子。因有这些顺溜，几年间，就增上三四张绸机，家中颇颇饶裕，里中遂庆个号儿叫作施润泽。却又生下一个儿子，寄名观音大士，叫作观保。年才二岁，生得眉目清秀，到好个孩子。

　　话休烦絮。那年又值养蚕之时，才过了三眠，合镇阙了桑叶，施复家也只够两日之用。心下慌张，无处去买。大率蚕市时，天色不时阴雨，蚕受了寒湿之气，又食了冷露之叶，便僵死，十分之中，就只好存其半。这桑叶就有余了。那年天气温暖，家家无恙，叶遂短阙。且说施复正没处买桑叶，十分焦躁，忽见邻家传说洞庭山余下桑叶甚多，合了十来家过湖去买。施复听见，带了些银两，把被窝打个包儿，也来赶船。这时也是未牌时候，开船摇橹，离了本镇。过了平望，来到一个乡村，地名滩阙。这去处在太湖之旁，离盛泽有四十里之远。天已傍晚，过湖不及，遂移舟进一小港泊住，稳缆停桡，打点收拾晚食，却忘带了打火刀石。众人道："那个上涯去取讨个火种便好？"施复却如神差鬼使一般，便答应道："待我去。"取了一把麻骨，跳上岸来。见家家都闭着门儿。你道为何天色未晚，人家就闭了门？那养蚕人家，最忌生人来冲。从蚕出至成茧之时，约有四十来日，家家紧闭门户，无人往来。任你天大事情，也不敢上门。

　　当下施复走过几家，初时甚以为怪，道："这些人家，想是怕鬼拖了人去，日色还在天上，便都闭了门。"忽地想起道："呸！自己是老看蚕，到忘记了这取火乃养蚕家最忌的。却兜揽这账！如今哪里去讨？"欲待转来，又想道："方才不应承来，到也罢了。若空身回转，教别个来取得时，反是老大没趣。或者有家儿不养蚕的也未可知。"依旧又走向前去。只见一家门儿半开半掩。他也不管三七二十一，做两步跨到檐下，却又不敢进去。站在门外，舒颈望着里边，叫声："有人吗？"里边一个女人走出来，问道："什么人？"施复满面陪着笑道："大娘子，要相求个火儿。"妇人道："这时节，别人家是不肯的。只我家没忌讳。便点个与你也不妨得。"施复道："如此，多谢了！"即将麻骨递与，妇人接过手，进去点出火来。施复接了，谢声打搅，回身便走。

走不上两家门面，背后有人叫道："那取火的转来，掉落东西了。"施复听得，想道："却不知掉了甚的？"又复走转去。妇人说道："你一个兜肚落在此了。"递还施复。施复谢道："难得大娘子这等善心。"妇人道："何足为谢！向年我丈夫在盛泽卖丝，落掉六两多银子，遇着个好人拾得，住在那里等候。我丈夫寻去，原封不动，把来还了，连酒也不要吃一滴儿。这样人方是真正善心人！"施复见说，却与他昔年还银之事相合，甚是骇异。问道："这事有几年了？"妇人把指头抡算道："已有六年了。"施复道："不瞒大娘子说，我也是盛泽人，六年前也曾拾过一个卖丝客人六两多银子，等候失主来寻，还了去。他要请我，也不要吃他的。但不知可就是大娘子的丈夫？"妇人道："有这等事！待我叫丈夫出来，认一认可是？"施复恐众人性急，意欲不要。不想手中麻骨火将及点完。乃道："大娘子，相认的事甚缓，求得个黄同纸去引火时，一发感谢不尽。"妇人也不回言，径往里边去了。顷刻间，同一个后生跑出来。彼此睁眼一认，虽然隔了六年，面貌依然。正是昔年还银义士。正是：

> 一叶浮萍归大海，人生何处不相逢。

当下那后生躬身作揖道："常想老哥，无从叩拜，不意今日天赐下顾。"施复还礼不迭。二人作过揖，那妇人也来见个礼。后生道："向年承老哥厚情，只因一时仓忙，忘记问得尊姓大号住处。后来几遍到贵镇卖丝，问主人家，却又不相认。四面寻访数次，再不能遇见。不期到在敝乡相会，请里面坐。"施复道："多承盛情垂念。但有几个朋友，在舟中等候火去作晚食，不消坐罢。"后生道："何不一发请来？"施复道："岂有此理！"后生道："既如此，送了火去来坐吧。"便教浑家取个火来。妇人即忙进去。后生问道："老哥尊姓大号？今到哪里去？"施复道："小子姓施名复，号润泽。今因缺了桑叶，要往洞庭山去买。"后生道："若要桑叶，我家尽有，老哥今晚住在寒舍，让众人自去。明日把船送到宅上，可好吗？"施复见说他家有叶，好不欢喜。乃道："若宅上有时，便省了小子过湖，待我回复众人自去。"妇人将出火来，后生接了，说："我与老哥同去。"又吩咐浑家，快收拾夜饭。

当下二人拿了火来至船边，把火递上船去。众人一个个眼都望穿，将施复埋怨道："讨个火什么难事！却去这许多时？"施复道："不要说起，这里也都看蚕，没处去讨。落后相遇着这位相熟朋友，说了几句话，故此迟了，莫要见怪！"又道："这朋友偶有余叶在家中，我已买下，不得相陪列位过湖了。包袱在舱中，相烦拿来与我。"众人捡出付与。那后生便来接道："待我拿吧！"施复叫道："列位，暂时抛撇，归家相会。"别了众人，随那后生转来。乃问道："适来忙促，不曾问得老哥贵姓大号？"答道："小子姓朱，名恩，表字子义。"施复道："今年贵庚多少？"答道："二十八岁。"施复道："怎样，小子叨长老哥八年！"又问："令尊令堂同居吗？"朱恩道："先父弃世多年，只有老母在堂。今年六十八岁了，吃一口长素。"

二人一头说，不觉已至门首。朱恩推开门，请施复屋里坐下。那桌上已点得灯烛。朱恩放下包裹道："大嫂快把茶来。"声犹未了，浑家已把出两杯茶，就门帘内递与朱恩。朱恩接过来，递一杯与施复，自己拿一杯相陪。又问道："大嫂，鸡可曾宰吗？"浑家道："专等你来相帮。"朱恩听了，连忙把茶放下，跳起身要去捉鸡。原来这鸡就罩在堂屋中左边。施复即上前扯住道："既承相爱，即小菜饭儿也是老哥的盛情，何必杀生！况且此时鸡已上宿，不争我来又害他性命，于心何忍！"朱恩晓得他是个质直之人，遂依他说，仍复坐下道："既如此说，明日宰来相请。"叫浑家道："不要宰鸡了，随分有现成东西，快将来吃吧。莫饿坏了客人。酒烫热些。"

施复道："正是忙日子，却来蒿恼。幸喜老哥家没忌讳还好。"朱恩道："不瞒你说，旧时敝乡这一带，第一忌讳是我家。如今只有我家无忌讳。"施复道："这却为何？"朱恩道："自从那年老哥还银之后，我就悟了这道理。凡事是有个定数，断不由人，故此绝不忌讳，依原年年十分利息。乃知人家都是自己见神见鬼，全不在忌讳上来。妖由人兴，信有之也。"施复道："老哥是明理之人，说得极是。"朱恩又道："又有一节奇事，常年我家养十筐蚕，自己园上叶吃不来还要买些。今年看了十五筐，这园上桑又不曾增一棵两棵，如今够了自家，尚余许多，却好又济了老哥之用。这桑叶却像为老哥而生，可不是个定数？"施复道："老哥高见，甚是有理。就如你我相会，也是个定数。向日你因失银与我识面；今日我亦因失物，尊嫂见还。方才言及前情，又得相会。"朱恩道："看起来，我与老哥乃前生结下缘分，才得如此。意欲结为兄弟，不知尊意若何？"施复答道："小子别无兄弟。若不相弃，可知好哩！"当下二人就堂中八拜为交，认为兄弟。施复又请朱恩母亲出来拜见了。朱恩重复唤浑家出来，见了结义伯伯。一家都欢欢喜喜。

不一时，将出酒肴，无非鱼肉之类。二人对酌。朱恩问道："大哥有几位令郎？"施复答道："只有一个，刚才二岁。不知贤弟有几个？"朱恩道："只有一个女儿，也才二岁。"便叫浑家抱出来，与施复观看。朱恩又道："大哥，我与你兄弟之间，再结个儿女亲家何如？"施复道："如此最好。但恐家寒攀陪不起。"朱恩道："大哥何出此言！"两下联了姻事，愈加亲热。杯来盏去，直饮至更余方止。

朱恩寻扇板门，把凳子两头搁着，支个铺儿在堂中右边，将荐席铺上。施复打开包裹，取出被来丹好。朱恩叫声安置，将中门闭上，向里面去了。施复吹熄灯火，上铺卧下，翻来覆去，再睡不着。只听得鸡在笼中不住吱吱喳喳，想道："这鸡为什么只管咭咶？"约莫一个更次，众鸡忽然乱叫起来，却像被什么咬住一般。施复只道是黄鼠狼来偷鸡，霍地立起身，将衣服披着急来看这鸡。说时迟，那时快，才下铺，走不上三四步，只听得一声响亮，如山崩地裂，不知甚东西打在铺上，把施复吓得半步也走不动。

且说朱恩同母亲浑家正在那里饲蚕，听得鸡叫，也认做黄鼠狼来偷，急点火出来看。才动步，忽听见这一响，惊得跌足叫苦道："不好了！是我害了哥哥性命也，怎么处？"飞奔出来。母妻也惊骇，道："坏了！坏了！"接脚追随。朱恩开了中门，才跨出脚，就见施复站在中间，又惊又喜道："哥哥，险些儿吓死我也！亏你如何走得起身，脱了这祸？"施复道："若不是鸡叫得慌，起身来看，此时已为蒲粉矣，不知是甚东西打将下来？"朱恩道："乃是一根车轴搁在上边，不知怎地却掉下来？"将火照时，那扇门打得粉碎，凳子都跌倒了。车轴滚在壁边，有巴斗粗大。施复看了，伸出

舌头缩不上去。此时朱恩母妻见施复无恙，已自进去了。那鸡也寂然无声。朱恩道："哥哥起初不要杀鸡，谁想就亏他救了性命！"二人遂立誓戒了杀生。有诗为证：

> 昔闻杨宝酬恩雀，今见施君报德鸡。
> 物性有知皆似此，人情好杀复何为？

当下朱恩点上灯烛，卷起铺盖，取出稻草，就地上打个铺儿与施复睡了。到次早起身，外边却已下雨。吃过早饭，施复便要回家。朱恩道："难得大哥到此，须住一日，明早送回。"施复道："你我正都在忙时，总然留这一日，各不安稳。不如早些得我回去，等空闲时，大家宽心相叙几日。"朱恩道："不妨得！譬如今日到洞庭山去了，住在这里话一日儿。"朱恩母亲也出来苦留。施复只得住下。到巳牌时分，忽然作起大风，扬沙拔木，非常厉害。接着风，就是一阵大雨。朱恩道："大哥，天遣你遇着了我，不去得还好。他们过湖的，有些担险哩。"施复道："便是。不想起这等大风，真个好怕人子！"那风直吹至晚方息。雨也止了。施复又住了一宿。次日起身时，朱恩桑叶已采得完备。他家自有船只，都装好了。吃了饭，打点起身。施复意欲还他叶钱，料道不肯要的，乃道："贤弟，想你必不受我叶钱，我到不虚文了。但你家中脱不得身，送我去便耽搁两日工夫。若有人顾一个摇去，却不两便？"朱恩道："正要认着大哥家中，下次好来往，如何不要我去？家中也不消得我。"施复见他执意要去，不好阻挡。遂作别朱恩母妻，下了船。朱恩把船摇动，刚过午，就到了盛泽。

施复把船泊住，两人搬桑叶上岸。那些邻家也因昨日这风，却担着愁担子，俱在门首等候消息。见施复到时，齐道："好了，回来也！"急走来问道："他们哪里去了不见？共买得几多叶？"施复答道："我在滩阙遇着亲戚家，有些余叶送我，不曾同众人过湖。"众人俱道："好造化！不知过湖的怎样光景哩？"施复道："料然没事。"众人道："只愿如此便好。"施复就央几个相熟的，将叶相帮搬到家里。谢声：有劳，众人自去。

浑家接着，道："我正在这里忧你，昨日怎样大风，不知如何过了湖？"施复道："且过来见了朱叔叔，慢慢与你细说。"朱恩上前深深作揖。喻氏还了礼。施复道："贤弟请坐，大娘快取茶来，引孩子来见丈人。"喻氏从不曾见过朱恩，听见叫他是贤弟，又称他是孩子丈人，心中惑突，正不知兀谁。忙忙点出两杯茶，引出小厮来。施复接过茶，递与朱恩。自己且不吃茶，便抱小厮过来，与朱恩看。朱恩见生得清秀，甚是欢喜。放下茶，接过来抱在手中。这小厮却如相熟的一般，笑嘻嘻全不怕生。施复向浑家说道:"这朱叔叔便是向年失银子的。他家住在滩阙。"喻氏道:"原来就是向年失银的。如何却得相遇?"施复乃将前晚讨火落了兜肚,因而言及,方才相会留住在家,结为兄弟。又与儿女联姻,并不要宰鸡,亏鸡警报,得免车轴之难。所以不曾过湖。今日将叶送回。前后事细细说了一遍。喻氏又惊又喜,感激不尽。即忙收拾酒肴款待。

正吃酒间,忽闻得邻家一片哭声。施复心中怪异。走出来问时,却是昨日过湖买叶的翻了船,十来个人都淹死了,只有一个人得了一块船板,浮起不死。亏渔船上救了回来报信。施复闻得,吃这惊不小。进来学向朱恩与浑家听了,合掌向天称谢。又道:"若非贤弟相留,我此时亦在劫中矣。"朱恩道:"此皆大哥平昔好善之报,与我何干!"施复留朱恩住了一宿。到次早,朝膳已毕,施复道:"本该留贤弟闲玩几日,便是晓得你家中事忙,不敢耽误在此。过了蚕事,然后来相请。"朱恩道:"这里原是不时往来的,何必要请。"施复又买两盒礼物相送。朱恩却也不辞。别了喻氏,解缆开船。施复送出镇上,方才分手。正是:

> 只为还金恩义重,今朝难舍弟兄情。

且说施复是年蚕丝利息比别年更多几倍。欲要又添张机儿,怎奈家中窄隘,摆不下机床。大凡人时运到来,自然诸事遇巧。施复刚愁无处安放机床,恰好间壁邻家住着两间小房,连年因蚕桑失利,嫌道住居风水不好,急切要把来出脱,正凑了施复之便。那邻家起初没售主时,情愿减价与人。及至施复肯与成交,却又道方圆无真假,比原价反要增厚,故意作难刁蹬,直征个心满意足,方才移去。那房子还拆得如马坊一般。

施复一面唤匠人修理,一面择吉铺设机床。自己将把锄头去垦机坑。约摸锄了一尺多深,忽锄出一块大方砖来。揭起砖时,下面圆圆一个坛口,满满都是烂米。施复说道:"可惜这一坛米,如何却埋在地下?"又想道:"上边虽然烂了,中间或者还好。"丢了锄头,把手去捧那烂米。还不上一寸,便露出一搭雪白的东西来。举目看时,不是别件,却是腰间细两头遄,凑心的细丝锭儿。施复欲待运动,恐怕被匠人们撞见,沸扬开去。急忙原把土泥掩好,报知浑家。直至晚上,匠人去后,方才搬运起来,约有千金之数。夫妻们好不欢喜!施复因免了两次大难,又得了这注财乡,愈加好善。凡力量做得的好事,便竭力为之。做不得的,他也不敢勉强,因此里中随有长者之名。夫妻依旧省吃俭用,昼夜营运。不上十年,就长有数千金家事。又买了左近一所大房居住,开起三四十张绸机,又讨几房家人小厮,把个家业收拾得十分完美。儿子观保,请个先生在家,教他读书,取名德胤。行聘礼定了朱恩女儿为媳。俗语说得好:六亲合一运。那朱恩家事也颇颇长起。二人不时往来,情分胜如嫡亲。

话休烦絮。且说施复新居房子,别屋都好,唯有厅堂摊塌坏了,看看要倒。只得兴工改造。他本寒微出身,辛苦作家惯了,不做财主身分,日逐也随着做工的搬瓦弄砖,拿水提泥。众人不晓得他是勤俭,都认做借意监工,没一个敢怠惰偷力。工作半月有余,择了吉日良时,立柱上梁。众匠人都吃利市酒去了。只存施复一人,两边捡点,柱脚若不平准的,便把来垫稳。看到左边中间柱脚歪斜,把砖去垫。偏有这等作怪的事,左垫也不平,右垫又不稳。索性拆开来看,却原来下面有块三角沙石，尖头正向着上边，所以垫不平。乃道："这些匠工精鸟账！这块石怎么不去了，留在下边？"便将手去一攀，这石随手而起。拿开石看时，到吃一惊。下面雪白的一大堆银子，其锭大小不一。上面有几个一样大的，腰间都束着红绒，其色甚是鲜明。又喜又怪。喜的是得这一大注财物，怪的是这几锭红绒束的银子，它不知藏下几多年了，颜色还这般鲜明。当下不管好歹，将衣服做个兜儿，抓上许多，原把那块石盖好，飞奔进房，向床上倒下。喻氏看见，连忙来问："是哪里来的？"施复无暇答应。见儿子也在房中，即叫道："观保快同我来！"口中便说，脚下乱跑。喻氏即解其意。父子二人来至外边，叫儿子看守，自己分几次搬完。这些匠人酒还吃未完哩。

施复搬完了，方与浑家说知其故。夫妻三人好不喜！把房门闭上，将银收藏，约有二千余金。红绒束的，只有八锭，每锭准准三两。收拾已完，施复要拜天地。换了巾帽长衣，开门出来。那些匠人，手忙脚乱，打点安柱上梁。见柱脚倒乱，乃道："这是谁个弄坏了？又要费一番手脚。"施复道："你们垫得不好，须还要重整一整。"工人知是家长所为，谁敢再言。流水自去收拾，那晓其中奥妙？施复仰天看了一看，乃道："此时正是卯时了，快些竖起来。"众匠人闻言，七手八脚，一会儿便安下柱子，抬梁上去。里边扎出一大盘抛梁馒首，分散众人。邻里们都将着果酒来与施复把盏庆贺。施复因掘了藏，愈加快活，分外兴头。就吃得个半醺。正是：

人逢喜事精神爽，月到中秋分外明。

施复送客去后，将巾帽长衣脱下，依原随身短衣，相帮众人。到巳牌时分，偶然走至外边，忽见一个老儿庞眉白发，年约六十已外，来到门首，相了一回，乃问道："这里可是施家吗？"施复道："正是，你要寻那个？"老儿道："要寻你们家长，问句话儿。"施复道："小子就是！老翁有甚话说？请里面坐了。"那老儿听见就是家主，把他上下只管瞧看，又道："你真个是吗？"施复笑道："我不过是平常人，那个肯假！"老儿举一举手，道："老汉不为礼了。乞借一步话说。"拉到半边，问道："宅上可是今日卯时上梁安柱吗？"施复道："正是。"老儿又道："官人可曾在左边中间柱下得些财采？"施复见问及这事，心下大惊，想道："他却如何晓得？莫不是个仙人。"因道着心事，不敢隐瞒，答道："果然有些。"老儿又道："内中可有八个红绒束的锭吗？"施复一发骇异，乃道："有是有的，老翁何由知得这般详细？"老儿道："这八锭银子，乃是老汉的，所以知得。"施复道："既是老翁的，如何却在我家柱下？"

那老儿道："有个缘故。老汉叫作薄有寿，就住在黄江南镇上，只有老荆两口，别无子女。门首开个糕饼馒头等物点心铺子，日常用度有余，积至三两，便倾成一个锭儿。老荆孩子气，把红绒束在中间，无非尊重之意。因墙卑室浅，恐露人眼目，缝在一个暖枕之内，自谓万无一失。积了这几年，共得八锭，以为老夫妻身后之用，尽有余了。不想今早五鼓时分，老汉梦见枕边走出八个白衣小厮，腰间俱束红绦，在床前商议道：'今日卯时，盛泽施家竖柱安梁，亲族中应去的，都已到齐了。我们也该去矣。'有一个问道：'他们都在那一个所在？'一个道：'在左边中间柱下。'说罢，往外便走。有一个道：'我们住在这里一回，如不别而行，觉道忒薄情了。'遂俱复转身向老汉道：'久承照管，如今却要抛撇，幸勿见怪！'那时老汉梦中，不认得那八个小厮是谁，也不晓得是何处来的。问他道：'八位小官人是几时来的？如何都不相认?'小厮答道:'我们自到你家,与你只会得一面,你就把我们撇在脑后,故此我们便认得你,你却不认得我。"又指腰间红绦道:"这还是初会这次,承你送的,你记得了吗?,老汉一时想不着几时与他的,心中只挂欠无子,见其清秀,欲要他做个干儿,又对他道:'既承你们到此,何不住在这里;父子相看,帮我做个人家,怎么又要往别处去?'八个小厮笑道:'你要我们做儿子,不过要送终之意。但我们该旺处去的,你这老官儿消受不起。'道罢,一齐往外而去。老汉此时觉道睡在床上,不知怎地身子已到门首,再三留之,头也不回。唯闻得说道:'天色晏了,快走吧。'一齐乱跑。老汉追将上去,被草根绊了一跤,惊醒转来,与老荆说知,因疑惑这八锭银子作怪。到早上拆开枕看时,都已去了。因要试验此梦,故特来相访,不想果然。"

施复听罢,大惊道:"有这样奇事!老翁不必烦恼,同我到里面来坐。"薄老道:"这事已验,不必坐了。"施复道:"你老人家许多路来,料必也饿了,见成点心吃些去也好。"这薄老儿见留他吃点心,到也不辞,便随进来。只见新竖起三间堂屋,高大宽敞,木材巨壮,众匠人一个个乒乒乓乓,耳边唯闻斧凿之声,比平常愈加用力。你道为何这般勤谨?大凡新竖屋那日,定有个犒劳筵席,利市赏钱。这些匠人打点吃酒要钱,见家主进来,故便假殷勤讨好。薄老儿看着如此热闹,心下嗟叹道:"怪道这东西欺我消受他不起,要望旺处去,原来他家恁般兴头!咦,这银子却也势利得狠哩!"一时,来至一小客座中,施复请他坐下,急到里边向浑家说知其事。喻氏亦甚怪异,乃对施复道:"这银子既是他送终之物,何不把来送还,做个人情也好。"施复道:"正有此念,故来与你商量。"

喻氏取出那八锭银子,把块布儿包好。施复袖了,吩咐讨些酒食与他吃,复到客座中,摸出包来,道:"你看,可是那八锭吗?"薄老儿打开一看,分毫不差,乃道:"正是这八个怪物!那老儿把来左翻右相,看了一回,对着银子说道:"我想你缝在枕中,如何便会出来黄江泾?到此有十里之远,人也怕走,还要乘个船儿。你又没有脚,怎地一回儿就到了这里?"口中便说,心下又转着苦挣之难,失去之易,不觉眼中落下两点泪来。施复道:"老翁不必心伤!小子情愿送还,赠你老人家百年之用。"薄老道:"承官人厚情,但老汉无福享用,所以走了。今若拿去,少不得又要走的,何苦讨恁般烦恼吃!"施复道:"如今乃我送你的,料然无妨。"薄老只把手来摇道:"不要,不要!老汉也是个知命的,勉强来,一定不妙。"施复因他坚执不要,又到里边与浑家商议。喻氏道:"他虽不要,只我们心上过意不去。"又道:"他或者消受这八锭不起,一二锭量也不打紧。"施复道:"他执意一锭也不肯要。"喻氏道:"我有个道理在此。把两锭裹在馒头里,少顷送与他作点心。到家看见,自然罢了,难道又送来不成?"施复道:"此见甚妙。"

喻氏先支持酒肴出去。薄老坐了客位,施复对面相陪。薄老道:"没事打搅官人,不当人子!"施复道:"见成菜酒,何足挂齿!"当下三杯两盏,吃了一回。薄老儿不十分会饮,不觉半醉。施复讨饭与他吃罢,将要起身作谢,家人托出两个馒头。施复道:"两个粗点心,带在路上去吃。"薄老道:"老汉酒醉饭饱,连夜饭也不要吃了,路上如何又吃点心?"施复道:"总不吃,带回家去便了。"薄老儿道:"不消得,不消得!老汉家中做这项生意的,日逐自有,官人留下赏人吧!"施复把来推在袖里道:"我这馒头馅好,比你铺中滋味不同,将回去吃,便晓得。"那老儿见其意殷勤,不好固辞,乃道:"没甚事到此,又吃又袖,罪过,罪过!"拱拱手道:"多谢了!"往外就走。施复送出门前,那老儿自言自语道:"来便来了,如今去不知可就有便船?"施复见他醉了，恐怕遗失了这两个馒头，乃道："老翁，不打紧，我家有船，叫人送你回去。"那老儿点头道："官人，难得你这样好心！可知有恁般造化！"施复唤个家人，吩咐道："你把船送这大伯子回去，务要送至家中，认了住处，下次好去拜访。"家人应诺。

薄老儿相辞下船，离了镇上，望黄江泾而去。那老儿因多了几杯酒，一路上问长问短，十分健谈。不一时已到，将船泊住，扶那老儿上岸，送到家中。妈妈接着，便问："老官儿，可有这事吗？"老儿答道："千真万真。"口中便说，却去袖里摸出那两个馒头来，递与施复家人道："一官宅上事忙，不留吃茶了。这馒头转送你当茶吧。"施家人答道："我官人特送你老人家的，如何却把与我？"薄老道："你官人送我，已领过他的情了。如今送你，乃我之情，你不必固拒！"家人再三推却不过，只得受了，相别下船，依旧摇回。到自己河下，把船缆好，拿着馒头上岸。恰好施复出来，一眼看见，问道："这馒头我送薄老官的，你如何拿了回来？"答道："是他转送小人当茶，再三推辞不脱，勉强受了他的。"施复暗笑道："原来这两锭银那老儿还没福受用，却又转送别人。"想道："或者到是那人造化，也未可知。"乃吩咐道："这两个馒头滋味，比别的不同，莫要又与别人。"答应道："小人晓得。"

那人来到里边寻着老婆，将馒头递与。还未开言说是哪里来的，被伙伴中叫到外边吃酒去了。原来那人已有两个儿女，正害着疳膨食积病症。当下婆娘接在手中，想道："若被小男女看见，偷去吃了，到是老大厉害，不如把去大娘换些别样点心哄他吧。"即便走来向主母道："大娘，丈夫适才不知哪里拿这两个馒头，我想小男女正害肚腹病，倘看见偷吃了，这病却不一发加重！欲要求大娘换甚不伤脾胃的点心，哄那两个男女。"说罢，将馒头放在桌上。喻氏不知其细，遂拣几件付与他去。将馒头放过。少顷，施复进来，把薄老转与家人馒头之事，说向浑家，又道："谁想到是他的造化！"喻氏听了，乃知把来换点心的就是，答道："原来如此！却也奇异！"便去拿那两个馒头来，递与施复道："你拍这馒头来看。"施复不知何意，随手拍开，只听得桌上鐺的一响，举目看时，乃是一锭红绒束的银子！问道："馒头如何你又取了他的？"喻氏将那婆娘来换点心之事说出。夫妻二人，不胜嗟叹。方知银子赶人，麾之不去；命里无时，求之不来。

施复因怜念薄老儿，时常送些钱米与他，到做了亲戚往来。死后，又买块地儿殡葬。后来施德胤长大，娶朱恩女儿过门，夫妻孝顺。施复之富，冠于一镇。夫妇二人，各寿至八十外，无疾而终。至今子孙蕃衍，与滩阙朱氏，世为姻谊云。有诗为证：

> 六金还取事虽微，感德天心早鉴知。
> 滩阙巧逢恩义报，好人到底得便宜。

第 十 九 卷

白玉娘忍苦成夫

> 两眼乾坤旧恨，一腔今古闲愁。隋宫吴苑旧风流，寂寞斜阳渡口。　　兴到豪吟百首，醉余凭吊千秋。神仙迂怪总虚浮，只有纲常不朽。

这首《西江月》词，是劝人力行仁义，扶植纲常。从古以来，富贵空花，荣华泡影，只有那忠臣孝子，义夫节妇，名传万古。随你负担小人，闻之起敬。今日且说义夫节妇，如宋弘不弃糟糠，罗敷不从使君，此一辈岂不是扶植纲常的？又如王允欲娶高门，预逐其妇；买臣宦达太晚，见弃于妻，那一辈岂不是败坏纲常的？真个是人心不同，泾渭各别。有诗为证：

> 王允弃妻名遂损，买臣离妇志堪悲！
> 夫妻本是鸳鸯鸟，一对栖时一对飞。

话中单表宋末时，一个丈夫姓程，双名万里，表字鹏举，本贯彭城人氏。父亲程文业，官拜尚书。万里十六岁时，椿萱俱丧。十九岁以父荫补国子生员。生得人材魁岸，志略非凡。性好读书，兼习弓马。闻得元兵日盛，深以为忧。曾献战守和三策，以直言触忤时宰，恐其治罪，弃了童仆，单身潜地走出京都。却又不敢回乡，欲往江陵府，投奔京湖制置使马光祖。未到汉口，传说元将兀良哈歹统领精兵，长驱而入，势如破竹。程万里闻得这个消息，大吃一惊，遂不敢前行。踌躇之际，天色已晚，但见：

> 片片晚霞迎落日，行行倦鸟盼归巢。

程万里想道："且寻宿店，打听个实信，再作区处。"其夜，只闻得户外行人，奔走不绝，却都是上路逃难来的百姓，哭哭啼啼，耳不忍闻。程万里已知元兵迫近，夜半便起身，趁众同走。走到天明，方才省得忘记了包裹在客店中。来路已远，却又不好转去取讨。身边又没盘缠，腹中又饿，不免到村落中告乞一饭，又好挣扎路途。约莫走半里远近，忽然斜插里一阵兵，直冲出来。程万里见了，飞向侧边一个林子里躲避，那支兵不是别人，乃是元朝元帅兀良哈歹部下万户张猛的游兵。前锋哨探，见一个汉子，面目雄壮，又无包裹，躲向树林中而去，料道必是个细作。追入林中，不管好歹，一索捆翻，解到张万户营中。程万里称是避兵百姓，并非细作。张万户

见他面貌雄壮，留为家丁。程万里事出无奈，只得跟随。每日间见元兵所过，残灭如秋风扫叶，心中暗暗悲痛。正是：

> 宁为太平犬，莫作离乱人。

却说张万户乃兴元府人氏，有千斤膂力，武艺精通。昔年在乡里间豪横，守将知得他名头，收在部下为偏裨之职。后来元兵犯境，杀了守将，叛归元朝。元主以其有献城之功，封为万户，拨在兀良哈歹部下为前部向导。屡立战功。今番从军日久，思想家里，写下一封家书，把那一路掳掠下金银财宝，装做一车，又将掳到人口男女，分做两处，差帐前两个将校，押送回家。可怜程万里远离乡土，随着众人，一路啼啼哭哭，直至兴元府。到了张万户家里，将校把家书金银，交割明白。又令那些男女，叩见了夫人。那夫人做人贤慧，就各拨一个房户居住，每日差使伏侍。将校讨了回书，自向军前回复去了。程万里住在兴元府，不觉又经年余。

那时宋元两朝讲和，各自罢军，将士宁家。张万户也回到家中，与夫人相见过了。合家奴仆，都来叩头，程万里也只得随班行礼。又过数日，张万户把掳来的男女，拣身材雄壮的留了几个，其余都转卖与人。张万户唤众人来吩咐道："你等不幸生于乱离时世，遭此涂炭，或有父母妻子，料必死于乱军之手。就是汝等，还喜得遇我，所以尚在。若逢着别个，死去几时了。今在此地，虽然是个异乡，既为主仆，即如亲人一般。今晚各配妻子与你们，可安心居住，勿生异心。后日带到军前，寻些功绩，博个出身，一般富贵。若有他念，犯出事来，断然不饶的。"众人都流泪叩头道："若得如此，乃老爹再生之恩，岂敢又生他念。"当晚张万户就把那掳来的妇女，点了几名。夫人又各赏几件衣服。张万户与夫人同出堂前，众妇女跟随在后。堂中灯烛辉煌，众人都叉手侍立两旁。张万户一一唤来配合，众人一齐叩首谢恩，各自领归房户。且说程万里配得一个女子，引到房中，掩上门儿，夫妻叙礼。程万里仔细看那女子，年纪约有十五六岁，生得十分美丽，不像个以下之人。怎见得？有《西江月》为证：

> 两道眉弯新月，一双眼注微波，青丝七尺挽盘螺，粉脸吹弹得破。望日嫦娥盼夜，秋宵织女停梭，画堂花烛听欢呼，兀自含羞怯步。

程万里得了一个美貌女子，心中欢喜。问道："小娘子尊姓何名？可是从幼在宅中长大的吗？"那女子见问，沉吟未语，早落下两行珠泪。程万里把袖子与他拭了，问道："娘子为何掉泪？"那女子道："奴家本是重庆人氏，姓白，小字玉娘，父亲白忠，官为统制。四川制置使余玠，调遣镇守嘉定府。不意余制置身亡，元将兀良哈歹乘虚来攻，食尽兵疲，力不能支。破城之日，父亲被擒，不屈而死。兀良元帅怒我父守城抗拒，将妾一门抄戮。张万户怜妾幼小，幸得免诛。带归家中为婢，伏侍夫人。不意今日得配君子，不知君乃何方人氏，亦为所掳？"程万里见说亦是羁囚，触动其心，不觉也流下泪来。把自己家乡姓名，被掳情由，细细说与。两下凄惨一场，却已二鼓。夫妻解衣就枕，一夜恩情，十分美满。明早，起身梳洗过了，双双叩谢张万户已毕，玉娘原到里边去了。程万里感张万户之德，一切干办公事，加倍用心，甚得其欢。

其夜是第三夜了，程万里独坐房中，猛然想起功名未遂，流落异国，身为下贱，玷宗辱祖，可不忠孝两虚！欲待乘间逃归，又无方便。长叹一声，潸潸泪下。正在自悲自叹之际，却好玉娘自内而出。万里慌忙拭泪相迎，容颜惨淡，余涕尚存。玉娘是个聪明女子，见貌辨色，当下挑灯共坐，叩其不乐之故。万里是个把细的人，仓卒之间，岂肯倾心吐胆？自古道：

> 夫妻且说三分话，未可全抛一片心。

当下强作笑容，只答应得一句道："没有甚事！"玉娘情知他有含糊隐匿之情，更不去问他。直至掩户熄灯，解衣就寝之后，方才低低启齿，款款开言道："程郎，妾有一言，日欲奉劝，未敢轻谈。适见郎君有不乐之色，妾已猜其八九，郎君何用相瞒！"万里道："程某并无他意，娘子不必过疑。"玉娘道："妾观郎君才品，必非久在人后者。何不觅便逃归，图个显祖扬宗。却甘心在此，为人奴仆，岂能得个出头的日子！"程万里见妻子说出恁般说话，老大惊讶。心中想道："他是妇人女子，怎么有此丈夫见识，道着我的心事？况且寻常人家，夫妇分别，还要多少留恋不舍。今成亲三日，恩爱方才起头，岂有反劝我还乡之理？只怕还是张万户叫他来试我。"便道："岂有此理！我为乱兵所执，自分必死。幸得主人释放，留为家丁，又以妻子配我，此恩天高地厚，未曾报得，岂可为此背恩忘义之事。汝勿多言！"玉娘见说，嘿然无语。程万里愈疑是张万户试他。

到明早起身，程万里思想："张万户教他来试我，我今日偏要当面说破，固住了他的念头，不来提防，好办走路。"梳洗已过，请出张万户到厅上坐下，说道："禀老爹，夜来妻子忽劝小人逃走。小人想来，当初被游兵捉住，蒙老爹救了性命，留作家丁。如今又配了妻子。这般恩德，未有寸报。况且小人父母已死，亲戚又无。只此便是家了，还教小人逃到那里去？小人昨夜已把他埋怨一番。恐怕他自己情虚，反来造言累害小人，故此特禀知老爹。"张万户听了，心中大怒，即唤出玉娘骂道："你这贱婢！当初你父抗拒天兵，兀良元帅要把你阖门尽斩，我可怜你年纪幼小，饶你性命。又恐为乱军所杀，带回来恩养长大，配个丈夫。你不思报效，反叫丈夫背我，要你何用！"叫左右："快取家法来，吊起贱婢打一百皮鞭。"那玉娘满眼垂泪，哑口无言。众人连忙去取索子家法，将玉娘一索捆翻。正是：

> 分明指与平川路，反把忠言当恶言。

程万里在旁边，见张万户发怒，要吊打妻子，心中懊悔道："原来他是真心，到是我害他了！"又不好过来讨饶。正在危急之际，恰好夫人闻得丈夫发怒，要打玉娘，急走出来救护。原来玉娘自到他家，因德性温柔，举止闲雅，且是女工中第一伶俐，夫人平昔极喜欢他的。名虽为婢，相待却像亲生一般。立心要把他嫁个好丈夫。因见程万里人材出众，后来必定有些好日，故此前晚就配与为妻。今日见说要打他，不知因甚缘故，特地自己出来。见家人正待要动手，夫人止住。上前道："相公因甚要吊打玉娘？"张万户把程万里所说之事，告与夫人。夫人叫过玉娘道："我一向怜你幼小聪明，特拣个好丈夫配你，如何反叫丈夫背主逃走？本不当救你便是。姑念初犯，与老爹讨饶。下次再不可如此！"玉娘并不回言，但是流泪。夫人对张万户道："相公，玉娘年纪甚小，不知世务，一时言语差误，可看老身份上，姑恕这次吧。"张万户道："既夫人讨饶，且恕这贱婢。倘若再犯，二罪俱罚！"玉娘含泪叩谢而去。张万户唤过程万里道："你做人忠心，我自另眼看你。"程万里满口称谢。走到外边，心中又想道："还是做下圈套来试我。若不是，怎么这样大怒要打一百，夫人刚开口讨饶，便一下不打？况夫人在里面，哪里晓得这般快就出来救护？且喜昨夜不曾说别的言语还好。"

到了晚间，玉娘出来，见他虽然面带忧容，却没有一毫怨恨意思。程万里想道："一发是试我了。"说话越加谨慎。又过了三日，那晚玉娘看了丈夫，上下只管相着，欲言不言。如此三四次，终是忍耐不住，又道："妻以诚心告君，如何反告主人，几遭箠挞！幸得夫人救免。然细观君才貌，必为大器。为何还不早图去计？若恋恋于此，终作人奴，亦有何望！"程万里见妻子又劝他逃走，心中愈疑道："前日恁般嗔责，他岂不怕？又来说起，一定是张万户又叫他来试我念头果然决否？"也不回言，径自收拾而卧。

到明早，程万里又来禀知张万户。张万户听了，暴躁如雷，连喊道："这贱婢如此可恨，快拿来敲死了吧！"左右不敢怠缓，即向里边来唤。夫人见唤玉娘，料道又有甚事，不肯放将出来。张万户见夫人不肯放玉娘出来，转加焦躁。却又碍着夫人面皮，不好十分催逼。暗想道："这贱婢已有外心，不如打发他去吧。倘然夫妻日久恩深，被这贱婢哄热，连这好人的心都要变了。"乃对程万里道："这贱婢两次三番，诱你逃归，其心必有他念。料然不是为你，久后必被其害。待今晚出来，明早就叫人引去卖了，别拣个好的与你为妻。"程万里见说要卖他妻子，方才明白浑家果是一片真心，懊悔失言。便道："老爹如今警戒两番，下次谅必不敢。总再说，小人也断然不听。若把他卖了，只怕人说小人薄情，做亲才六日，就把妻子来卖。"张万户道："我做了主，谁敢说你！"道罢，径望里边而去。夫人见丈夫进来，怒气未息，恐还要责罚玉娘，连忙叫闪过一边，起身相迎，并不问起此事。张万户却又怕夫人不舍得玉娘出去，也分毫不题。

且说程万里见张万户决意要卖，心中不忍割舍，坐在房中暗泣。直到晚间，玉娘出来，对丈夫哭道："妾以君为夫，故诚心相告。不想君反疑妾有异念，数告主人。主人性气粗雄，必然怀恨，妾不知死所矣！然妾死不足惜，但君堂堂仪表，甘为下贱，不图归计为恨耳！"程万里听说，泪如雨下，道："贤妻良言指迷，自恨一时错见，疑主人使汝试我，故此告知。不想反累贤妻！"玉娘道："君若肯听妾言，虽死无恨！"程万里见妻子恁般情真，又思明日就要分离，愈加痛泣。却又不好对他说知，含泪而寝。直哭到四更时分，玉娘见丈夫哭之不已，料必有甚事故。问道："君如此悲恸,定是主人有害妾之意,何不明言?"程万里料瞒不过,方道:"自恨不才,有负贤妻。明日主人将欲鬻汝,势已不能挽回,故此伤痛!"玉娘闻言,悲泣不胜。两个搅做一团,哽哽咽咽,却又不敢放声。天未明,即便起身梳洗。玉娘将所穿绣鞋一只,与丈夫换了一只旧履,道:"后日倘有见期,以此为证。万一永别,妾抱此而死,有如同穴。"说罢,复相抱而泣,各将鞋子收藏。

到了天明,张万户坐在中堂,叫人来唤。程万里忍住眼泪,一齐来见。张万户道:"你这贱婢!我自幼抚你成人,有甚不好,屡叫丈夫背主!本该一剑斩你便是。且看夫人份上,姑饶一死,你且到好处受用去吧!"叫过两个家人吩咐道:"引他到牙婆人家去,不论身价,但要寻一下等人家,磨死这不受人抬举的贱婢便了!"玉娘要求见夫人拜别,张万户不许。玉娘向张万户拜了两拜,起来对着丈夫道声保重,含着眼泪,同两个家人去了。程万里腹中如割,无可奈何,送出大门而回。正是:

> 世上万般哀苦事,无非死别与生离。

比及夫人知觉,玉娘已自出门去了。夫人晓得张万户情性,诚恐他害了玉娘性命。今日脱离虎口,到也由他。且说两个家人,引玉娘到牙婆家中,恰好市上有个经纪人家,要讨一婢。见玉娘生得端正,身价又轻,连忙兑出银子,交与张万户家人,将玉娘领回家去不题。

且说程万里自从妻子去后,转思转悔,每到晚间,走进房门,便觉惨伤。取出那两只鞋儿,在灯前把玩一回,呜呜的啼泣一回。哭够多时,方才睡卧。次后访问得,就卖在市上人家,几遍要悄地去再见一面,又恐被人觑破,报与张万户,反坏了自己大事,因此又不敢去。那张万户见他不听妻子言语,信以为实,诸事委托,毫不堤防。程万里假意殷勤,愈加小心。张万户好不喜欢,又要把妻子配与。程万里不愿,道:"且慢着,候随老爷到边上去,有些功绩回来,寻个名门美眷,也与老爷争气。"

光阴迅速,不觉又过年余。那时兀良哈歹在鄂州镇守,值五十诞辰,张万户昔日是他麾下裨将,收拾了许多金珠宝玉,思量要差一个能干的去贺寿,未得其人。程万里打听在肚里,思量趁此机会,脱身去罢。即来见张万户道:"闻得老爷要送兀良爷的寿礼,尚未差人。我想众人都有掌管,脱身不得。小人总是在家没甚事,到情愿任这差使。"张万户道:"若得你去最好。只怕路上不惯,吃不得辛苦。"程万里道:"正为在家自在惯了,怕后日随老爹出征,受不得辛苦,故此先要经历些风霜劳碌,好跟老爹上阵。"张万户见他说得有理,并不疑虑,就依允了。写下问候书札,上寿礼帖,又取出一张路引,以防一路盘诘。诸事停当,择日起身。程万里打叠行李,把玉娘绣鞋,都藏好了。到临期,张万户把东西出来,交付明白。又差家人张进,作伴同行。又把十两银子与他盘缠。程万里见又有一人同去,心中烦恼。欲要再禀,恐张万户疑惑,且待临时,又作区处。当下拜别张万户,把东西装上牲口,离了兴元,望鄂州而来。一路自有馆驿支付口粮,并无担搁。不则一日,到了鄂州,借个饭店寓下。来日清早,二人赍了书札礼物,到帅府衙门挂号伺候。那兀良元帅是节镇重臣,故此各处差人来上寿的,不计其数。衙门前好不热闹。三通画角,兀良元帅开门升帐,许多将官僚属,参见已过,然后中军官引各处差人进见,呈上书札礼物。兀良元帅一一看了,把礼物查收,吩咐在外伺候回书。众人答应出来不题。

且说程万里送礼已过，思量要走，怎奈张进同行同卧，难好脱身，心中无计可施。也是他时运已到，天使其然。那张进因在路上鞍马劳倦，却又受了些风寒，在饭店上生起病来。程万里心中欢喜："正合我意！"欲要就走，却又思想道："大丈夫作事，须要来去明白。"原向帅府候了回书，到寓所看张进时，人事不省，毫无知觉。自己即便写下一封书信，一齐放入张进包裹中收好。先前这十两盘缠银子，张进便要分用，程万里要稳住张进的心，却总放在他包裹里面，等到鄂州一齐买人事送人。今日张进病倒，程万里取了这十两银子，连路引铺陈，打做一包，收拾完备，却叫过主人家来吩咐道："我二人乃兴元张万户老爹特差来与兀良爷上寿的，还要到山东史丞相处公干。不想同伴的路上辛苦，身子有些不健，如今行动不得。若等他病好时，恐怕误了正事，只得且留在此调养几日。我先往那里公干回来，与他一齐起身。"即取出五钱银子递与道："这薄礼权表微忱，劳主人家用心看顾，得他病体痊安，我回时还有重谢。"主人家不知是计，收了银子道："早晚伏侍，不消牵挂。但长官须要作速就来便好。"程万里道："这个自然。"又讨些饭来吃饱，背上包裹，对主人家叫声暂别，大踏步而走。正是：

　　　　鳖鱼脱却金钩去，摆尾摇头再不来。

　　离了鄂州，望着健康而来。一路上有了路引，不怕盘诘，并无阻滞。此时淮东地方，已尽数属了胡元，万里感伤不已。一径到宋朝地面，取路直至临安。旧时在朝宰执，都另换了一班人物。访得现任枢密副使周翰，是父亲的门生，就馆于其家。正值度宗收录先朝旧臣子孙，全亏周翰提挈，程万里亦得补福建福清县尉。寻了个家人，取名程惠，择日上任。不在话下。

　　且说张进在饭店中，病了数日，方才精神清楚。眼前不见了程万里。问主人家道："程长官怎么不见？"主人家道："程长官十日前说还要往山东史丞相处公干。因长官有恙，他独自去了，转来同长官回去。"张进大惊道："何尝又有山东公干！被这贼趁我有病逃了。"主人家惊问道："长官一同来的，他怎又逃去？"张进把当初掳他情由细说。主人懊悔不迭。张进恐怕连他衣服取去，即忙教主人家打开包裹看时，却留下一封书信，并兀良元帅回书一封，路引盘缠，尽皆取去。其余衣服，一件不失。张进道："这贼狼子野心！老爹怎般待他，他却一心恋着南边，怪道连妻子也不要。"又将息了数日，方才行走得动。便去禀知兀良元帅，另自打发盘缠路引，一面行文挨获程万里。那张进到店中算还了饭钱，作别起身。星夜赶回家，参见张万户，把兀良元帅回书呈上看过，又将程万里逃归之事禀知。张万户将他遗书拆开看时，上写道：

　　　门下贱役程万里，奉书恩主老爷台下：万里向蒙不杀之恩，收为厮养，委以腹心，人非草木，岂不知感。但闻越鸟南栖，狐死首丘，万里亲戚坟墓，俱在南朝，早暮思想，食不甘味。意欲禀知恩相，乞假归省，诚恐不许，以此斗胆辄行。在恩相幕从如云，岂少一走卒。放某还乡如放一鸽耳。大恩未报，刻刻于怀。衔环结草，生死不负。

张万户看罢，顿足道："我被这贼用计瞒过，吃他逃了！有日拿住，教他碎尸万段。"后来张万户贪婪太过，被人参劾，全家抄没，夫妻双双气死。此是后话不题。

且说程万里自从到任以来，日夜想念玉娘恩义，不肯再娶。但南北分争，无由访觅。时光迅速，岁月如流，不觉又是二十余年。程万里因为官清正廉能，已做到闽中安抚使之职。那时宋朝气数已尽，被元世祖直捣江南，如入无人之境。逼得宋末帝奔入广东崖山海岛中驻跸。止有八闽全省，未经兵火。然亦弹丸之地，料难抵敌。行省官不忍百姓罹于涂炭，商议将图籍版舆，上表亦归元主。元主将合省官俱加三级。程万里升为陕西行省参知政事。到任之后，思想兴元乃是所属地方，即遣家人程惠，将了向日所赠绣鞋，并自己这只鞋儿，前来访问妻子消息。不题。

且说娶玉娘那人，是市上开酒店的顾大郎，家中颇有几贯钱钞。夫妻两口，年纪将近四十，并无男女。浑家和氏，每劝丈夫讨个丫头伏侍，生育男女。顾大郎初时恐怕淘气，心中不肯。到是浑家叮嘱牙婆寻觅。闻得张万户家发出个女子，一力撺掇讨回家去。浑家见玉娘人物美丽，性格温存，心下欢喜。就房中侧边打个铺儿。到晚间又准备些夜饭，摆在房中。玉娘暗解其意，佯为不知。坐在厨下，和氏自家走来道："夜饭已在房里了，你怎么反坐在此？"玉娘道："大娘自请，婢子有在这里。"和氏道："我们是小户人家，不像大人家有许多规矩。止要勤俭做人家，平日只是姊妹相称便了。"玉娘道："婢子乃下贱之人，倘有不到处，得免嗔责足矣。岂敢与大娘同列！"和氏道："不要疑虑！我不是那等嫉妒之辈。就是娶你，也到是我的意思。只为官人中年无子，故此劝他娶个偏房。若生得一男半女，即如与我一般。你不要害羞，可来同坐吃杯合欢酒。"玉娘道："婢子蒙大娘抬举，非不感激。但生来命薄，为夫所弃，誓不再适。倘必欲见辱，有死而已。"

和氏见说，心中不悦道："你既自愿为婢，只怕吃不得这样苦哩。"玉娘道："但凭大娘所命，若不如意，任凭责罚！"和氏道："既如此，可到房中伏侍。"玉娘随至房中。他夫妻对坐而饮，玉娘在傍筛酒，和氏故意难为他。直饮至夜半，顾大郎吃得大醉，衣也不脱，向床上睡了，玉娘收拾过家火，向厨中吃些夜饭，自来铺上和衣而睡。明早起来，和氏限他一日纺绩，玉娘头也不抬，不到晚都做完了，交与和氏，和氏暗暗称奇。又限他夜中趱赶多少，玉娘也不推辞，直纺到晓。一连数日如此，毫无厌倦之意。顾大郎见他不肯向前，日夜纺绩，只道浑家妒忌，心中不乐，又不好说得。几番背了浑家与玉娘调戏，玉娘严声厉色。顾大郎惧怕浑家知得笑话，不敢则声。过了数日，忍耐不过。一日对浑家道："既承你的美意，娶这婢子与我，如何教他日夜纺绩，却不容他近我？"和氏道："非我之过。只因他第一夜，如此作乔，恁般推阻。为此，我故意要难他转来，你如何反为好成歉？"顾大郎不信道："你今夜不要他纺绩，教他早睡，看是怎吗？"和氏道："这有何难。"

到晚间，玉娘交过所限生活。和氏道："你一连做了这几时，今晚且将息一晚，明日做吧。"玉娘也十数夜未睡，觉道甚劳倦，甚合其意。吃过夜饭，收拾已完，到房中各自睡下。玉娘是久困的人，放倒头便睡着了。顾大郎悄悄的到他铺上，轻轻揭开被，捱进身子，把他身上一摸，却原来和衣而卧。顾大郎即便与他解脱衣裳，那衣带都是死结，如何扯拽得开。顾大郎性急，把他乱扯。才扯断得一条带子，玉娘在睡梦中惊醒，连忙跳起。被顾大郎双手抱住，哪里肯放。玉娘乱喊杀人。顾大郎道："既在我家，喊也没用。不怕你不从我！"和氏在床，假做睡着，声也不则。玉娘摔脱不得，心生一计。道："官人，你若今夜辱了婢子，明日即寻一条死路。张万户夫人平昔极爱我的，晓得我死了，料然绝不与你干休。只怕那时破家荡产，连生命亦不能保,悔之晚矣!"顾大郎见说,果然害怕,只得放手,原走到自己床上睡了。玉娘眼也不合,直坐到晓。和氏见他立志如此,料不能强,反认为义女,玉娘方才放心。夜间只是和衣而卧,日夜辛勤纺织。

约有一年,玉娘估计积成布匹,比身价已有二倍,将来交与顾大郎夫妇,求为尼姑。和氏见他诚恳,更不强留。把他这些布匹,尽施与为出家之费。又备了些素礼,夫妇二人,同送到城南昙花庵出家。玉娘本性聪明,不勾三月,把那些经典讽诵得烂熟。只是心中记挂着丈夫,不知可能勾脱身逃走。将那两只鞋子,做个囊儿盛了,藏于贴肉。老尼出庵去了,就取出观玩,对着流泪。次后央老尼打听,知得乘机走了,心中欢喜,早晚诵经祈保佑。又感顾大郎夫妇恩德,也在佛前保佑。后来闻知张万户全家抄没,夫妇俱丧。玉娘想念夫人幼年养育之恩,大哭一场,礼忏追荐。诗云:

> 数载难忘养育恩,看经礼忏荐夫人。
> 为人若肯存忠厚,虽不关亲也是亲。

且说程惠奉了主人之命,星夜赶至兴元城中,寻个客店寓下。明日往市中,访到顾大郎家里。那时顾大郎夫妇,年近七旬,须鬓俱白,店也收了,在家持斋念佛,人都称他为顾道人。程惠走至门前,见老人家正在那里扫地。程惠上前作揖道:"太公,借问一句说话。"顾老还了礼,见不是本处乡音,便道:"客官,可是要问路径吗?"程惠道:"不是。要问昔年张万户家出来的程娘子,可在你家了?"顾老道:"客官,你是哪里来的? 问他怎吗?"程惠道:"我是他的亲戚,幼年离乱时失散。如今特来寻访。"顾老道:"不要说起! 当初我因无子,要娶他做个通房。不想自到家来,从不曾解衣而睡。我几番捉弄他,他执意不从。见伊立性贞烈,不敢相犯,到认做义女。与老荆就如嫡亲母子。且是勤俭纺织,有时直做到天明。不上一年,将做成布匹,抵偿身价,要去出家。我老夫妻不好强留,就将这些布匹,送与他出家费用。又备些素礼,送他到南城昙花庵为尼。如今二十余年了,足迹不曾出那庵门。我老夫妇到时常走去看看他,也当做亲人一般。又闻得老尼说,至今未尝解衣寝卧,不知他为甚缘故? 这几时因老病不曾去看得。客官,既是你令亲,径到那里去会便了。路也不甚远。见时,到与老夫代言一声。"

程惠得了实信,别了顾老,问昙花庵一路而来。不多时就到了,看那庵也不甚大。程惠走进了庵门,转过左边,便是三间佛堂。见堂中坐着个尼姑诵经,年纪虽是中年,人物到还十分整齐。程惠想道:"是了。"且不进去相问,就在门槛上坐着,袖中取出这两只鞋来细玩,自言自语道:"这两只好鞋,可惜不全!"那诵经的尼姑,却正是玉娘。他一心对在经上,忽闻得有人说话,方才抬起头来。见一人坐在门槛上,手中玩弄两只鞋子,看来与自己所藏无二。那人却又不是丈夫,心中惊异。连忙收掩经卷,立起身向前问讯。程惠把鞋放在槛上,急忙还礼。尼姑问道:"檀越,借鞋履一观。"程惠拾起递与,尼姑看了,道:"檀越,这鞋是哪里来的?"程惠道:"是主人差来寻访一位娘子。"尼姑道:"你主人姓甚? 何处人氏?"程惠道:"主人姓程,名万里,本贯彭城人氏,今现任陕西参政。"尼姑听说,即向身边囊中取出两只鞋来,恰好正是两对。尼姑眼中流泪不止。

程惠见了,倒身下拜道:"相公特差小人来寻访主母,适才问了顾太公,指引到此,幸而得见。"尼姑道:"你相公如何得做这等大官?"程惠把历官闽中,并归元升任至此,说了一遍。又道:"相公吩咐,如寻见主母,即迎到任所相会。望主母收拾行装,小人好去雇请车辆。"尼姑道:"吾今生已不望鞋履复合。今幸得全,吾愿毕矣,岂别有他想。你将此鞋归见相公、夫人,为吾致意,须做好官,勿负朝廷,勿虐民下。我出家二十余年,无心尘世久矣!此后不必挂念。"程惠道:"相公因念夫人之义,誓不再娶,夫人不必固辞。"尼姑不听,望里边自去。程惠央老尼再三苦告,终不肯出。

程惠不敢苦逼,将了两双鞋履,回至客店,取了行李,连夜回到陕西衙门。见过主人,将鞋履呈上,细述顾老言语,并玉娘认鞋,不肯同来之事。程参政听了,甚是伤感。把鞋履收了,即移文本省。那省官与程参政昔年同在闽中为官,有僚友之谊。见了来文,甚以为奇。即行檄仰兴元府官吏,具礼迎请。兴元府官,不敢怠慢,准备衣服礼物,香车细辇,笙箫鼓乐,又取两个丫鬟伏侍,同了僚属,亲到昙花庵来礼请。那时满城人家尽皆晓得,当做一件新闻。扶老挈幼,争来观看。

且说太守同僚属到了庵前下马,约退从人,径进庵中。老尼出来迎接。太守与老尼说知来意,要请程夫人上车。老尼进去报知。玉娘见太守与众官来请,料难推托,只得出来相见。太守道:"本省上司奉陕西程参政之命,特着下官等具礼迎请夫人上车。往陕西相会。车舆已备,望夫人易换袍服,即便登舆。"教丫鬟将礼物服饰呈上。玉娘不敢固辞,教老尼收了。谢过众官,即将一半礼物送与老尼为终老之资,余一半嘱托地方官员将张万户夫妻以礼改葬,报其养育之义。又起七昼夜道场,追荐白氏一门老小。好事已毕,丫鬟将袍服呈上。玉娘更衣,到佛前拜了四拜,又与老尼作别,出庵上车,府县官俱随于后。玉娘又吩咐,还要到市中去拜别顾老夫妻。路上鼓乐喧闹,直到顾家门首下车。顾老夫妇出来,相迎庆喜。玉娘到里边拜别。又将礼物赠与顾老夫妇,谢他昔年之恩。老夫妻流泪收下。送至门前,不忍分别。

玉娘亦觉惨然,含泪登车。各官直送至十里长亭而别。太守又委僚属李克复,率领步兵三百,防护车舆。一路经过地方,官员得知,都来迎送馈礼。直至陕西省城,那些文武僚属,准备金鼓旗幡,离城十里迎接。程参政也亲自出城远迎。一路金鼓喧天,笙箫振地,百姓们都满街结彩,香花灯烛相迎,直至衙门后堂私衙门口下车。程参政吩咐僚属明日相见,把门掩上,回至私衙。夫妻相见,拜了四双八拜,起来相抱而哭。各把别后之事,细说一遍。说罢,又哭。然后奴仆都来叩见,安排庆喜筵席,直饮至二更,方才就寝。可怜成亲止得六日,分离到有二十余年,此夜再

合,犹如一梦。次日,程参政升堂,僚属俱来送礼庆贺。程参政设席款待,大吹大擂,一连开宴三日。各处属下晓得,都遣人称贺,自不必说。

且说白夫人治家有方,上下钦服。因自己年长,料难生育,广置姬妾。程参政连得二子,自己直加衔平章,封唐国公,白氏封一品夫人,二子亦为显官。后人有诗为证:

> 六日夫妻廿载别,刚肠一样坚如铁。
> 分鞋今日再成双,留与千秋作话说。

第 二 十 卷

张廷秀逃生救父

> 万事由天莫强求,何须苦苦用机谋。
> 饱三餐饭常知足,得一帆风便可收。
> 生事事生何日了?害人人害几时休?
> 冤家宜解不宜结,各自回头看后头。

话说国朝自洪武爷开基,传至万历爷,乃第十三代天子。那爷爷圣武神文,英明仁孝,真个朝无幸位,野没遗贤。内中单表江西南昌进贤县,有一人姓张名权,其祖上原是富家,报充了个粮长。那知就这粮长役内坏了人家,把房产陆续弄完。传到张权父亲,已是寸土不存,这役子还不能脱。间壁是个徽州小木匠店。张权幼年间终日在那店门首闲看,拿匠人的斧凿学做,这也是一时戏耍。不想父母因家道贫乏,见儿子没甚生理,就送他学成这行生意。后来父母亡过,那徽州木匠也年老归乡。张权便顶着这店。因做人诚实,尽有主顾,苦挣了几年,遂娶了个浑家陈氏。夫妻二人将就过日。怎奈里役还不时缠扰。张权与浑家商议,离了故土,搬至苏州阊门外皇华亭侧边开了个店儿。自起了个别号,去那白粉墙上写两行大字,道:"江西张仰亭精造坚固小木家伙,不误主顾。"

张权自到苏州,生意顺溜,颇颇得过。却又踏肩生下两个儿子。常言道的好:只愁不养,不愁不长。不觉已到七八岁上。送到邻家有个义学中读书。大的娶名廷秀,小的娶名文秀。这学堂共有十来个孩子,止他两个教着便会。不上几年,把经书读得烂熟。看看廷秀长成一十三岁,文秀长成一十二岁,都生得眉目疏秀,人物轩昂。那时先生教他做文字,却就知布局练格,琢句修词。这张权虽是手艺之人,因见二子勤苦读书,也有个向上之念。谁想这年一秋无雨,做了个旱荒,寸草不留。大户人家有米的,却又关仓遏粜。只苦了小户人家,若老若幼,饿死无数。官

府看不过，开发义仓，赈济百姓。关支的十无三四，白白的与吏胥做了人家。又发米于各处寺院煮粥救济贫民。却又把米侵匿，一碗粥中不上几颗米粒。还有把糠秕木屑搅和在内，凡吃的俱各呕吐，往往反速其死。上人只道百姓咸受其惠，哪里晓得怎般弊窦，有名无实。正是：

任你官清似水，难逃吏滑如油。

且说张权因逢着荒年，只得把儿子歇了学，也教他学做木匠。二子天性聪明，那消几日，就学会了。且又做得精细，比积年老匠更胜几分，喜得张权满面添花。只是木匠便会了，做下家伙摆在店中，绝无人买。不勾几日，将平日积下些小本钱，看看用尽，连衣服都解当来吃在肚里。张权心下着忙，与浑家陈氏商议，要寻个所在趁工几时，度过荒年，再作去处。出去走了几日，无个安身之地。只得依先在门口店里作活，眼巴巴望个主顾来买。

一日，正当午后，只见一人年纪五十以上，穿着一身细绢，旁边小厮跟着，在街上蹀将过去。忽抬头看见张权门首摆着许多家伙，做得十分精致，就停住脚观看。张权瞧见，便放下手中生活，上前招架道："员外要甚家伙？里面请看。"那人走上阶头，问道："这些家火都是你自己做的吗？"张权道："尽是小子亲手所造。木料又干又厚，工夫精细，比别家不同。若是作成小子，情愿奉让加一。"那人道："我买到不要买，问你可肯到人家做些家火吗？"张权道："这也使得。不知尊府住在何处？要做甚家伙？"那人道："我家住在专诸巷内天库前，有名开玉器铺的王家。要做一副嫁妆。木料尽多，只要做得坚固、精巧。完了嫁妆，还要做些桌椅书橱等类。你若肯做时，再拣两个好副手同来。"张权正要寻怎般所在，这便叫作天赐其便。乃答道："多承员外下顾，不知还在几时起工？"那人道："你若有工夫，就是明日做起。"张权道："既如此，明日小子早到宅上伺候便了。"说罢，那人作别而去。

你道那人是何等样人物？原来姓王名宪，积祖豪富，家中有几十万家私。传到他手里，却又开了一个玉器铺儿，愈加饶裕。人见他有钱，都称做王员外。那王员外虽然是个富家，到也做人谦虚忠厚，乐善好施。只是一件，年过五旬，却没有子嗣。浑家徐氏，单生两个女儿。长的唤做瑞姐，二年前已招赘了个女婿赵昂在家。次女玉姐，年方一十四岁，未有姻事；生得人物聪明，姿容端正。王员外夫妻钟爱犹胜过长女。那赵昂元是个旧家子弟，王员外与其父是通家好友。因他父母双亡，王员外念是故人之子，就赘他为婿。又与他纳粟入监，指望读书成器。谁知赵昂一纳了监生，就扩而充之起来，把书本撒开，穿着一套阔服，终日在街上摇摆。为人且又奸狡险恶。见王员外没有子嗣，以为自己是个赘婿，这家私恰像木膀刻定是他承受，家业再没统核的了。遇着个浑家却又是一个不贤都头，一心只向着老公。见父母喜爱妹子，恐怕也赘个女婿，分了家私，好生妒忌。有《赘婿诗》说得好：

> 人家赘婿一何痴！异种如何绍本支？
> 二老未曾沽孝养，一心只想夺家私。
> 愁深只为防甥舅，积恨兼之妒小姨。
> 半子虚名空受气，不如安命没孩儿。

话分两头。且说张权正愁没饭吃，今日揽了这桩大生意，心中好不欢喜。到次日起来，弄了些柴米在家，吩咐浑家照管门户，同了两个儿子，带了斧凿锯子，进了阊门，来到天库前。见一个大玉器铺子，张权约莫是王家了。立住脚正要问人时，只见王员外从里边走将出来。张权即忙上前相见。王员外问道："有几个副手在此？"张权道："只有两个。"便教儿子过来见员外，弟兄两人将家伙递与父亲，向前深深作揖。王员外还了个半礼，见是两个小厮，便道："我因要做好家伙，故此寻你，怎么教这小厮家来做？"张权正要开言，廷秀上前道："自古道：后生可畏。年纪虽小，手段却不小。且试做来看，莫要轻忽了人。"王员外看见二子人品清秀，又且能言快语，乃问道："这两个小厮是你什么人？"张权道："是小子的儿子。"王员外道："你倒生得这两个好儿子！"张权道："不敢，只愁没饭吃。"王员外道："有了恁样儿子，愁甚没饭吃！随我到里边来。"

当下父子三人一齐跟进大厅。王员外唤家人王进开了一间房子，搬出木料，交与张权，吩咐了样式。父子三人量画定了，动起斧锯，手忙脚乱，直做到晚。吃了夜饭，又讨些灯油，做起夜作，半夜方睡。一连做了五日，成了几件家伙，请王员外来看。

王员外逐件仔细一观，连声喝彩道："果然做得精巧！"他把家伙看了一回，又看张权儿子一回。见他弟兄两个，只顾做生活，头也不抬，不觉触动无了之念，嘿然伤感。走入里边，坐在房中一个墙角边，两个眉头蹙做一堆，骨嘟着嘴，口也不开。浑家徐氏看见恁般模样，连问几声也不答应。急走到外边来，问员外适才与谁惹气。都说才看了新做的家伙进来，并不曾与甚人惹气。

徐氏问明白了，又走到房里。见丈夫依旧如此闷坐，乃上前道："员外，家中吃的尽有，穿的尽有，虽没有万贯家财，也算做是个财主。况今年纪五十开外，便日日快活，到八十岁也不上三十年了。着甚要紧，恁般烦恼！"王员外道："妈妈，正为后头日子短了，因此烦恼。你想我辛勤了半世，挣得这些少家私，却又不曾生得个儿子，传授与他，接绍香烟。就是有两个女儿，纵养他一百来岁，终是别人家媳妇，与我毫没相干。譬如瑞姐，自与他做亲之后，一心只向着丈夫，把你我便撇在脑后，何尝牵挂父母，着些痛热！反不如张木匠是个手艺之人。看他年纪还小我十来年，到生得两个好儿子，一个个眉清目秀，齿白唇红。且又聪明勤谨，父子恩恩爱爱，不教而善。适才完下几件家伙，十分精巧。便是积年老手段，也做他不过。只可惜落在他家，做了木匠。若我得了这样一个儿子，就请个先生教他读书，怕不是联科及第，光耀祖宗。"徐氏见丈夫烦恼，便解慰道："员外，这也不难！常言道：有意种花花不活，无心插柳柳成荫。既张木匠儿子恁般聪明俊秀，何不与他说，承继一个，岂不是无子而有子。"王员外闻言,心中欢喜道:"妈妈所见极是!但不知他可肯哩?"当夜无话。

到次日饭后,王员外走到厅上,张权上前说道:"员外,小子今晚要回去看看家里,相求员外借些工钱,买办柴米,安顿了敝房,明日早来。"王员外道:"这个易处!我有句话儿问你。"张权道:"不知员外有甚吩咐?"王员外道:"两位令郎今年几岁?叫甚名字?"张权道:"大的名廷秀,年十四岁了;小的名文秀,年十二岁了。"王员外又道:"可识字吗?"张权道:"也曾读过几年书。只为读书不起,就住了,字倒也识的。"王员外道:"我意欲承继大令郎为子,做个亲家往来,你可肯吗?"张权道:"员外休得取笑!小子乃手艺之人,怎敢仰攀宅上!小儿也未必有恁样福分。"王员外道:"何出此言!贫富那个是骨里带来的。你若肯时,就择个吉日过门。我便请个先生教他。这些小家私好歹都是他的了。"张权见王员外认真要过继他儿子,满面堆起笑来,道:"既承员外提拔小儿,小子怎敢固辞。今晚且同回去,与敝房说知。待员外择日过门。"王员外道:"说得是。"进来回复了徐氏,取出一两银子工钱,付与张权。到晚上领着二子,作别回家。陈氏接着,张权把王员外过继他儿子一事,与浑家说知。夫妻欢天喜地。就是廷秀见说要请先生教他读书,也甚欲得。

话休絮烦。王员外拣了吉日,做下一身新衣,送来穿着。张权将廷秀打扮起来,真个人是衣妆,佛是金妆,廷秀穿了一身华丽衣服,比前愈加丰采,全不像贫家之子。当下廷秀拜别母亲,作辞兄弟。陈氏又将好言训诲,教他孝顺亲热,谦恭下气。廷秀唯唯。虽然不是长别;母子未免流泪。张权亲自送到王家。只见厅上大排筵席,亲朋满座。见说到了,尽来迎接。到厅与众亲戚作揖过了,先引去拜过家庙,然后请王员外夫妇到厅上坐下,廷秀上前四跪八拜,又与赵昂夫妇对拜。又到里边与玉姐相见。其余内外男女亲戚,一一拜见已毕,入席饮酒。就改名王廷秀。与玉姐两个同年,因小两个月,排行三官。廷秀在席上谦恭揖让,礼数甚周。亲友无不称赞。内中只有赵昂夫妇心中不悦。当日大吹大擂,鼓乐喧天,直到更余而散。次日,张权同着次子来谢过了王员外,依旧到大厅上去做生活。王员外数日内便聘了个先生到家,又对张权说道:"令郎这样青年美质,岂可将他埋没,何不教他同廷秀一齐读书,就在这里吃些现成茶饭?"张权道:"只是在贵府相扰,小子心上不安。"王员外道:"如今已是一家,何出此言!"自此文秀也在王家读书。张权另叫副手相帮,不题。

且说文秀弟兄弃书原不多时,都还记得。那先生见二子聪明,尽心指教。一年之内,三场俱通。此时王员外家伙已是做完,张权趁了若干工银。王员外分外又资助些银两,依旧在家开店过日。

虽然将上不足,也还比下有余。

且说王员外次女玉姐,年已一十五岁,未曾许定。做媒的络绎不绝。王员外因是爱女,要择个有才貌的女婿。不知说过多少人家,再没有中意的。看见廷秀勤谨读书,到有心就要把他为婿。还恐不能成就,私下询问先生,先生极口称赞二子文章,必然是个大器。王员外见先生赞得太过,只道是面谀之词,反放心不下。即讨几篇文字,送与相识老学观看。所言与先生相合。心下喜欢,来对浑家商议。徐氏也爱廷秀人材出众,又肯读书,一力撺掇。王员外主意已定。央族弟王三叔往张家为媒,去说合王三叔得了言语,一径来到张家,把王员外要赘廷秀为婿的话,说与张权。张权推托门户不当,不肯应承。王三叔道:"此是家兄因爱令郎才貌,异日定有些好处,故此情愿。又非你去求他,何必推辞。"张权方才依允。王三叔回覆了王员外,便去择选吉日行聘。不题。

单表赵昂夫妻初时见王员外承继张廷秀为子,又请先生教他读书,心中已是不乐,只不好来阻挡。今日见说要将玉姐赘他为婿,愈加妒忌。夫妻两个商议了一番,要来拦阻这事。当下赵昂先走入来见王员外道:"有句话儿,本不该小婿多口。只是既在此间,事同一体,不得不说。又恐说时,反要招怪。不敢启齿。"王员外道:"我有甚差误处,得你点拨,乃是正理,怎么怪你!"赵昂道:"便是小姨的亲事,向来有多少名门巨族求亲,岳父都不应承。如何却要配与三官?我想他是个小户出身,岳父承继在家,不过是个养子,原不算十分正经;无人议论。今若赘做女婿,岂不被人笑话!"王员外笑道:"贤婿,这事不劳你过忧。我自有主见在此。常言道:会嫁嫁对头,不会嫁嫁门楼。我为这亲事,不知拣过多少子弟,并没有一个入眼。他虽是小家子出身,生得相貌堂堂,人材出众,况且又肯读书,做的文字人人称赞,说他定有科甲之分。放着恁般目知眼见的不嫁,难道到在那些酒包饭袋里去搜觅?若拣得个好的,也还有指望。倘一时没眼色,配着个不僧不俗,如醉如痴的蠢材,岂不误了终身!如今纵有人笑话,不过是一时。倘后来有些好处,方见我有先见之明。"赵昂听说,呵呵的笑道:"若论他相貌,也还有几分可听。若说他会做文字,人人称赞,这便差了。且不要论别处,只这苏州城里有无数高才绝学,朝吟暮咏,受尽了灯窗之苦,尚不能勾飞黄腾达。他才开荒田,读得年把书,就要想中举人进士,岳父,你且想!每科普天下只中得三百个进士,就如筛眼里隔出来一般,如何把来看得恁般容易?这些称赞文字的,皆欺你不晓得其中道理。见你这般认真,不好败兴,把凑趣的话儿哄你,如何便信以为实?"

王员外正要开言,旁边转过瑞姐道:"爹爹,凭着我们这样人家,妹子恁般容貌,怕没有门当户对人家来做亲,却与这木匠的儿子为妻?岂不玷辱门风,被人耻笑!据我看起来,这斧头锯子,便是他的本等,晓得文字怎么样做的。我妹子做了匠人的妻子,有甚好处!后来怎好与他相往?"王员外见说,心中大怒,道:"他既做了我的子婿,传授这些家私,纵然读书不成,就坐吃到老,也还有余。那见得原做木匠,与你不好相往!我看起来,他目下虽穷,后来只怕你还跟他脚跟不着哩。那个要你管这样闲事,好不扯淡么!"一头说,便望里边而走。羞得赵昂夫妻满面通红,连声道:"干我甚事!只为他面上不好看,故此好言相劝,何消如此发怒!只怕后来懊悔,想我们今日的说话,便迟了!"

王员外也不理他,直至房中,怒气不息。徐氏看见,便问道:"为甚气得恁般模样?"王员外将适来之事备细说知,徐氏也好生不悦。王员外因赵昂奚落廷秀,心中不忿,务要与他争气。到把行聘的事搁起,收拾五百两银子,将拜匣盛了,教一个心腹的家人拿着,自己悄悄送与张权,教他置买一所房子,弃了木匠行业,另开别店,然后择日行聘。张权夫妻见王员外恁般慷慨,千恩万谢,感激不尽。

自古道:无巧不成话。张权正要寻觅大房,不想左间壁一个大布店,情愿连房带店出脱与人,却不是一事两便。张权贪他现成,忍贵顶了这店,开张起来。又讨一房家人与一个养娘。家中置办的十分次第。然后王员外选日行聘,大开筵席,广请亲朋。虽则廷秀行聘,却又不回家去。只有赵昂自觉没趣,躲了出去。瑞姐也坐在房里,不肯出来。因是赘婿,到是王员外送聘,张权回礼。诸色丰盛,邻里无不喝彩。自此之后,张权店中日盛一日,挨挤不开,又雇了个伙计相帮。大凡人最是势利,见张权恁般热闹,把张木匠三字撇过一边,都称为张仰亭。正是:

> 运退黄金无色,时来铁也增光。

话分两头。且说赵昂自那日被王员外抢白了,把怒气都迁到张家父子身上。又见张权买房开店,料道是丈人暗地与他的银子,越加忿怒,成了个不解之仇。思量要谋害他父子性命,独并王员外家私。只是有不便之处,乃与老婆商议。那婆娘道:"不难!我有个妙策在此,教他有口难分,死于狱底。"赵昂满心欢喜,请问其策。那婆娘道:"谁不晓得张权是穷木匠。今骤然买了房子,开张大店,只有你我便知道是老不死将银子买的,那些邻里如何知得,心下定然疑惑。如今老厌物要亲解白粮到京,趁他起身去后,拚几十两银子买嘱捕人,教强盗扳他同伙打劫,窝顿赃物在家。就拘邻里审时,料必实说:当初其实穷的,不知如何骤富。合了强盗的言语。这个死罪如何逃得过去!房产家私,必然入官变卖。那时老厌物已不在家,他又是异乡之人,又无亲戚,谁人去照管。这条性命,决无活理!等张木匠死了,慢慢用软计在老厌物面前冷丢,拟张廷秀出门。再寻个计策,做成圈套,装在玉姐名下,只说与人有奸。老厌物是直性的人,听得了恁样话,自然逼他上路。去了这个祸根,还有甚人来分得我家的东西!"赵昂见说,连连称妙。只等王员外起身解粮,便来动手。

且说王员外因田产广多,点了个白粮解户。欲要包与人去,恐不了事,只得亲往。顺便带些玉器,到京发卖,一举两得。遂将家中事体料理停当,即日起身。吩咐廷秀用心读书,又教浑家好生看待。大凡人结交富家,就有许多的礼数。像王员外这般远行,少不得亲戚都要钱送,有好几日酒席。那张权一来是大恩人,二来又是新亲家,一发理之当然,自不必说。到临行这日,张权父子三人直送至船上而别。

却说赵昂眼巴巴等丈人去后,要寻捕人陷害张权,却又没有个熟脚商议。怎好?忽地思量起来:"幼时有个同窗杨洪,闻得现今充当捕人。何不去投他,但不知住在哪里?"暗想道:"且走到府前去访问,料必有人晓得。"即与老婆要了五十两银子,打作一包,又取了些散碎银两,忙忙走到府门口。只见做公的,东一堆,西一簇,好生热闹。赵昂有事在身,无心观看。见一个年老公差,举一举手道:"老者可晓得巡捕杨洪住在何处?"那公差答道:"可是杨黑心吗?他住在乌鹊桥巷内。方走进总捕厅里去了。"赵昂谢声道:"承教了。"飞向总捕厅前来看,只见杨洪从里边走出。赵昂上前拱手道:"有一件事,特来相求,屈兄行一步。"杨洪道:"有甚见谕,就此说也不妨。"赵昂道:"这里不是说话之处。"两下厮挽着出了府门,到一个酒店中,拣一僻静座头坐下。叙了些疏阔寒温。酒保将酒果嗄饭摆来,两人吃了一回。赵昂开言低低道:"此来相烦,不为别事。因有个仇家,欲要在兄身上,吩咐个强盗扳他,了其性命,出这口恶气!"便摸出银子来,放在桌上,把包摊开道:"白银五十两,先送与兄,事成之后,再送五十两,凑成正数。千万不要推托!"

自古道:公人见钱,犹如苍蝇见血。那杨洪见了雪白的一大包银子,怎不动火!连叫:"且收过了说话,恐被人看见,不当稳便!"赵昂依旧包好,放在半边。杨洪道:"且说那仇家是何等样人?姓甚?名谁?有甚家事?拿了时,可有亲丁出来打官司告状的吗?"赵昂道:"他名叫张权,江西小木匠出身,住在阊门皇华亭侧。旧时原是个穷汉,近日得了一注不明不白的钱财,买起一所大房,开张布店。只有两个儿子,都还是黄毛小厮。此外更无别人,不消虑得!"杨洪道:"这样不打紧!前日刚拿五个强盗,是打劫庞县丞的。因总捕侯爷公出,尚未到官。待我吩咐了,叫他当堂招出,包你稳稳问他个死罪!那时就狱中结果他的性命,易如反掌。"那赵昂深深作揖道:"全仗老兄着力!正数之外,另自有报。"杨洪道:"我与尊相从小相知,怎说怎样客话!"把银子袖过。两下又吃了一大回酒,起身会钞。临出店门,赵昂又千叮万嘱。杨洪道:"不须多话!包你妥当!"拱拱手,原向府内去了。赵昂回到家里,把上项事说与老婆知道,两人暗自欢喜。

且说杨洪得了银子,也不通伙计得知。到衙门前完了些公事,回到家中,将银交与老婆藏好。便去买些鱼肉安排起来。又打一大壶酒,烫得滚热,又煮一大锅饭。收拾停当,把中门闭上。走到后边,将钥匙开了阱房。那五个强盗见他进门,只道又来拷打,都慌张了,口中只是哀告。杨洪笑道:"我岂是要打你!只为我们这些伙计,见我不动手,只道有甚私弊,故此不得不依他们转动。两日见你众人吃这些痛苦,心中好生不忍。今日趁伙计都不在此,特买些酒肉与你们将息一日,好去见官。"那些强盗见说不去打他,反有酒肉来吃,喜出望外,一个个千恩万谢。须臾搬进,摆做一台。却是每人一碗肉、一碗鱼、一大碗酒,两大碗饭。杨洪先将一名开了铁链,放他饮啖。那强盗连日没有酒肉到口,又受了许多痛苦,一见了,犹如饿虎见羊,不勾大嚼,顷刻吃个干净。吃完了,依旧锁好。又放一个起来。那未吃的口中好不流涎。不一时轮流都吃遍了。

杨洪收过家伙,又走进来问道:"你们曾偷过阊门外开布店张木匠张权的东西吗?"都道:"没有。"杨洪道:"既没有,为何晓得你们事露,连日叫人来叮嘱,要快些了你们性命?你们各自去想一想,或者有些什么冤仇?"众强盗真个各去胡思乱想。内中一个道:"是了,是了!三月前我曾在阊门外一个布店买布,为事等子头上起,被我痛骂了一场。想是他怀恨在心,故此要来伤我们性命!"杨洪便趁势说道:"这等,不消说起是了。但不过是件小事,怎么就要害许多人的性命?那人心肠却也太狠!"众强盗见说,一个个咬牙切齿。杨洪道:"你们要报仇,有甚难处!明日解审时,当堂招他是个同伙,一向打劫的赃物,都窝在他家。况他又是骤发,咬实了,必然难脱,却教他陪你吃苦。况他家中有钱,也落得他使用。"又说道:"切不要就招。待拷问到后边,众口一词招出,方像真的。"众人俱各欢喜,道:"还是杨阿叔有见识。"杨洪又说了他出身细底,又吩咐莫与伙计们得知。"他们通得了钱,都是一路。"众强盗牢记在心。杨洪见事已谐,心中欢喜,依旧将门锁好。又来到府前打听,侯同知晚上回府。便会同了众捕快,次日解官。有诗为证:

> 只因强盗设捕人,谁知捕人赛强盗!
> 买放真盗扳平民,官法纵免幽亦报。

次早,众捕快都至杨洪家里,写了一张解呈,拿了赃物。带着这班强盗来到总捕厅前伺候。不多时,侯爷升堂。杨洪同众捕快将强盗解进,跪在厅前,把解呈递上,禀道:"前日在平望地方,擒获强盗一起五名,正是打劫庞县丞的真赃真盗,解在台下。"侯爷将解呈看了,五个强盗,都有姓名:计文、吉适、袁良、段文、陶三虎。点过了名，又将赃物逐一点明，不多什么东西。便问捕快道："闻得庞县丞十分贪污，囊橐甚多，俱被劫去，如何只有这几件粗重东西？其余的都在哪里？"众捕快禀道："小的们所获，只有这几件。此外并没有了。或者他们还窝在那处，老爷审问便知。"侯爷唤上强盗问道："你一班共有几人？做过几年？打劫多少人家？赃物都窝顿在何处？从实细说，饶你刑罚。"那强盗一一招称，只有五个，并无别人。劫过东西，俱已花费。止存这些，余外更没有窝顿所在。侯爷大怒，讨过夹棍，一齐夹起。才套得上，都喊道："还有几名，都已逃散。只有一个江西木匠张权，住在阊门外边，向来打劫银两都窝在他家。如今见开布店。"侯爷见异口同声，认以为实，连忙起签，差原捕杨洪等，押着两名强盗作眼，同去擒拿张权起赃连解。那三名锁在庭柱上，等解到同审。侯爷再理别事。

且说杨洪同众人押着强盗，一径往阊门而去。赵昂也在府前探听，看见杨洪，已知事妥。自己躲过一边，却教手下人，远远跟去，看其动静。杨洪到了张权门首，立住脚道："这里是了。"只见张权在店中做生意，挤着许多主顾，打发不开。杨洪分开众人，托地跳进店里，将链子往张权颈上便套。张权叫声："阿呀！却是为何？"杨洪伸开手，两个大巴掌，骂道："你这强盗！还要问甚？你打劫这许多东西，在家好快活，却带累我们，不时比捕！"张权连声叫苦道："这是哪里说起！"正要分辩时，众捕人押着强盗，往里边去了。杨洪恐怕众人拣好东西藏过，忙将张权锁好，又取出铁扭上了，也牵入里面起赃。那时惊得一家无处躲避。门前买布的，与伙计讨了银钱，自往别处去买。看的人拥做一屋。众捕快将一应细软，都搜括出来，只拣银两衣饰，各自溜过，其余打起几个大包，连店中布匹，尽情收拾。张权夫妻抱头大哭，叫喊连天："不知这场横祸哪里飞来！"两下分舍不得。捕人上前拆开，牵着便走。那些邻里不晓得的，认以为真，便道："我说他一向家事不济，如何忽地买起房屋，开这样大铺子？又与儿子定亲。只道他掘了藏，原来却做了这行生意，故此有钱。"有几个相识晓得些的，与他分剖说："是个好人！这些东西，是亲家王员外扶持的。不知为甚被人扳害？"众人哪里肯信。一路上说好说歹，不止一个，都跟来看。

且说杨洪一班，押张权到了府中。侯爷在堂立等回话，解将进去跪下，把东西放做一堂。杨洪禀道："张权拿到了。"侯爷教放下柱上三个强盗同审。又将东西逐一验过。张权上前泣诉道："爷爷，小人是个良民，从来与这班人不曾识面，何尝与他同盗。其实是霎空陷害，望爷爷超拔！"侯爷喝道："既不曾同盗，这些赃物哪里来的？"张权道："这东西是小人自己挣的，并非赃物。"乃对众强盗道："我从不曾认得你们。有甚冤仇，今日害我？"众强盗道："我们本不欲招你出来。只因熬刑不过，一时招出。你也承认吧，省得受那痛苦！"张权高声叫屈道："你这些千刀万剐的强盗，得了那个钱财，却来害我！"众强盗道："张权，仁心天理，打劫庞县丞，是你起的祸根。其他虽不曾同去，拿来的东西俱放在你家营运，如何赖得？"张权又禀道："爷爷。小人住在此地，将有二十年了，并不曾与人角口一番，怎敢为此等犯法之事！若有此情，必然搬向隐僻所在去了，岂敢还在闹市上开店？爷爷不信，可拘四邻地方来问，便知小人平素。"侯爷见他苦苦折辩不招，对众强盗道："你这班人，想必把真强盗隐匿，陷害平人。"教都夹起来。众皂隶一齐向前动手，夹得五个强盗杀猪般叫喊，只是一口咬定张权是个同伙，不肯改口。又道："爷爷，他是小木匠，那个不晓得是个穷汉。如何骤然置买房屋，开起恁样大布店来？只这个就明白了。"侯爷道：

"是。你是个穷木匠，为何忽地骤富？这个须没得辨！"喝教也夹起来。张权上前再三分辨，"是亲家王员外扶持的银子。"侯爷哪里肯听。可怜张权何尝经此痛苦。今日上了夹棍，又加一百杠子，死而复苏。熬炼不过，只得枉招。侯爷见已招承，即放了夹棍，各打四十毛板，将招繇做实，依律都拟斩罪，赃物贮库。张权房屋家私，尽行变卖入官。画供已毕，上了脚镣手扭，发下司狱司监禁。连夜备文申报上司。正是：

> 闭门家里坐，祸从天上来。

话分两头。且说陈氏见丈夫拿去，哭死在地，亏养娘救醒。便教家人伙计随去，看个下落，顺便报与二子。廷秀兄弟正在书院读书，见报父亲被强盗扳了，吓得魂飞魄散。撇下书本，带跌而奔。先生也随将来看。里边徐氏晓得，连忙教几个家人探听。廷秀弟兄，随了家人，赶到府中。父亲已是解进衙门。立在外边打探。听得辨了半日，也上夹棍。着了急，便要望里边去禀。被先生一把扯住，道："你若进去，也被粘住身子，那个出头去辩冤？"二子见先生之言有理，便住了脚。听父亲夹得声音凄惨，都叫起屈来。被把门人驱逐出外边。

少顷，见两个人扶着父亲出来，两眼闭着，半死半活。又晓得问实斩罪，上前抱住放声大哭。一个字也说不出。张权耳内闻得儿子声音，方才睁眼一看，泪如珠涌，欲待吩咐几声，被杨洪走上前，一手推开廷秀，扶挟而行。脚不点地，直至司狱司前，交与禁子，开了监门，扶将进去。廷秀弟兄欲要也跟入去，禁子哪里肯容，连忙将监门闭上，可怜二子哭倒在地。那先生同伙计家人，随后也到。将廷秀扶起道："事已至此，哭亦无益。且回家去，再作区处。"二子无奈，只得收泪，对禁子道："列位大叔在上，可怜老父是含冤负屈之人，凡事全仗照管，自当重报。"禁子道："小官人，常言道：靠山吃山，靠水吃水。做公的买卖，千钱赊不如八百现。我们也不管你冤屈不冤屈，也不想甚重报，有，便如今就送与我们，凡事自然看顾一分。若没有，也便罢了，决无人来催讨。那远话儿且请收着，等你不及。"廷秀道："今日不曾准备在此，明早即来相恳。"禁子道："既恁样，放心请回，我们自理会得。"

廷秀弟兄同众人转来。也不到丈人家里，一径出闻门，去看母亲。走至门首，只见侯同知已差人将房子锁闭，两条封皮，交叉封着。陈氏同养娘都在门首啼哭，一见儿子到来，相抱而哭。真个是痛上加痛，悲中转悲。旁边看的人，无不垂泪称冤。那伙计并家人，见恁般光景，也不相顾，各自去寻活路。母子计议，无处投奔。只得同到丈人家里暂住，再作区处。到了王员外门口，廷秀先进去报知。徐氏与女儿出来迎接，相见已罢，请入房里。那时赵昂已往杨洪家去探听。瑞姐晓得，也来相见。廷秀母子，将前后事情哭诉一番。徐氏也觉惨伤，玉姐暗自流泪，只有瑞姐心中欢喜，假意劝慰。当晚徐氏准备酒肴款待，陈氏水米不沾，一味悲泣。徐氏解劝不止。到次日，廷秀与母亲商议，要牢中去看父亲说，"昨日已许了禁子东西。如今一无所有，如何是好！"正没做理会，徐氏走来知得，便去取出十两银子，递与廷秀道："你且先将去用。若少时，再对我说。等你父亲回家，就易处了。"陈氏谢道："屡承亲家厚恩，无门可报！今日又来累及亲家损钞，今生不能相报，死当衔结以报大恩！"徐氏道："说哪里话！亲翁在患难之际，员外又不在家，不能分忧。些小东西,何足为谢!"

当下弟兄二人,将银留了八两,把二两带好,央先生同到司狱司前,送与禁子。禁子嫌少,又增了一两,方才放二人进去,先生自在外边等候。禁子引二子来到后监。见父亲倒在一个壁角边乱草之上,两腿皮开肉绽,脚镣手扭,紧紧锁牢,奄奄止存一息。二子一见,犹如乱箭攒心,放声号哭,奔向前来,叫声:"爹爹,孩儿在此!"把他扶将起来。那张权睁眼见了儿子,呜呜的哭道:"儿!莫不是与你梦中相会吗?"廷秀说:"爹爹,哪里说起,降着这场横祸!到此地位,如何是好?"张权抚看二子道:"我的儿,做爹的为了一世善人,不想受此恶报,死于狱底。我死也罢了,只是受了王员外厚恩,未曾报得,不能瞑目!你们后来,倘有成人之日,勿要忘了此人。"廷秀道:"爹爹!且宽心将养身子,待孩儿拼命往上司衙门诉冤,务必救爹爹出去。"张权摇着手道:"不可,不可!如今乃是强盗当堂扳实,并不知何人诬陷,去告谁好?况侯同知见任在此。就准下来,他们官官相互,必不肯翻招,反受一场苦楚。况你年纪幼小,有甚力量,干此大事?我受刑已重,料必不久。也别没甚话吩咐,只有你母亲,早晚好好伏侍,即如与我一般。用心去读书,倘有好日,与爹争口气吧。"说罢,父子又哭。

> 冤情说到伤心处,铁石人闻也断肠。

旁边有一人名唤种义,昔年因路见不平,打死人命,问绞在监。见他父子如此哭泣,心中甚不过意。便道:"你们父子且勿悲啼。我种义平生热肠仗义,故此遭了人命。昨日见你进来,只道真是强盗,不在心上。谁想有此冤枉!我种义岂忍坐视!二位小官人放心回去读书。今后令尊早晚酒食,我自支持,不必送来。棒疮目下虽凶,料必不至伤身。其余监中一应使用,有我在此,量他绝不敢来要你银子。等待新按院按临,那时去伸冤,必然有个生路。"廷秀弟兄听说,连忙叩拜道:"多蒙义士厚意。老父倘有出头之日,绝不忘报!"种义扶起道:"不要拜谢!且扶令尊到我房中去歇息。"二子便去搀张权起来,张权腿上疼痛,二子年幼力弱,哪里挣扎得起。种义忍不住,自己揎拳裸袖,向前扶起,慢慢的逐步捱到前边种义房中。就教他睡在自己床铺上,取出棒疮膏,与张权贴好。廷秀见有倚靠,略略心宽。取出一两银子,送与种义,为盘缠之费。种义初时不肯受。廷秀弟兄再三哀恳,方才受了。父子留恋不忍分离,怎奈天色渐晚,禁子催促,只得含泪而别。出了监门,寻着先生,取路回家。

廷秀弟兄一路商议:"母亲住在王家,终不稳便。不若就司狱司左近赁间房子居住,早晚照管父亲,却又便当。"计议已定,到家与母亲说知。次日将余下的银两,赁下两间房屋,置办几件日用家伙。廷秀告知徐氏,说:"母亲自要去住。"徐氏与玉姐苦留不住,只得差人相送。又赠些银米礼物。陈氏同二子,领着养娘,进了新房。自到牢中看了丈夫。相见之间,哀苦自不必说。弟兄二人住过三四日,依原来到王家读书。终是挂念父亲,不时出入,把学业都荒废了。

不题廷秀,且说赵昂自从陷害张权之后,又与妻子计较,要撺廷秀出门。那婆娘道:"要他出门,也甚容易。止要多费几两银子。"赵昂道:"有甚妙计?你且说来。便费几两银子,也是甘心的。"那婆娘道:"要他出去,除非将家中大小男女都把银子买嘱停当。等父亲回时，七张八嘴，都说廷秀偷东西在外嫖赌。他见众人说话相同，自然半信半疑。那时我与你再把冷话去激他，必定赶他出门。待廷秀去后，且再算计玉姐。"赵昂依着老婆，把银子买嘱家中婢仆。这些小人，那知礼义，见了银子，谁不依允。

不则一日，王宪京中解粮回家。合家大小都来相见；唯有廷秀因母亲有病，归家探看，不在眼前。那时文秀已是久住在家，伏侍母亲，不在话下。王员外便问："三官如何不见？"众人俱推不知。徐氏便接过口来，把张权被人陷害前后事情，细说一遍。又道："想他看候父亲去了。"王员外闻言，心中惊讶。少顷，廷秀归来相见。王员外又细询他父亲之事。廷秀哭诉一番，哀求搭救。王员外道："你自去读书。待我心定了，与你计较这事。"廷秀拜谢，自归书房。到次日早上，记挂母亲，也不与先生说知，又回去候问。不想王员外一起身，便来拜望先生，又不见了廷秀。问先生时，说清早出外去了。王员外心中便有几分不喜。与先生叙了些间阔之情。查点廷秀功课，却又甚少。先生怕主人见怪，便道："令郎自从令亲家被陷之后，不时往来看觑，学业也荒疏了。"王员外见说废了功课，愈加不乐。别了先生，走到外边。见书童进来，便问道："可晓得三官哪里去了？"那书童已得过赵昂银子，一见家主问时，便答道："三官这一向不时在外嫖赌，整几夜不回！"王员外似信不信，喝退书童，心中疑惑。又去访问家中童仆，都是一般言语。

古语道得好："众口铄金，积毁销骨。"王员外平昔极是爱惜廷秀，被众人谗言一说，即信以为真。暗暗懊悔道："当初指望他读书成人，做了这事。不想张权问罪在牢，其中真假未知。他又不学长俊，嫖赌兼全，后来岂不误了女儿终身？昔年赵昂和瑞姐曾来劝谏，只为一时之惑，反将他来嗔责。如今却应了他们口嘴，如何是好！"委绝不下，在厅中团团走转。那时这些奴仆，都将家主访问之事，报与赵昂。赵昂大喜，已知计中八九，到外边来打探。恰好遇着丈人，不等王员外开口，便道："小婿今日又有一句话要说。只恐岳父又要见怪，不好说得。"王员外道："往事休题！你说如今有甚事情？"赵昂道："从岳父去后，张木匠做了强盗，问成死罪在牢。小婿初时，还只道是被人诬陷。据他邻里说来，却真有这事。况且三官趁岳父不在家中，日逐以看父为由，留恋嫖赌。亲邻晓得的，无不议论岳父扳个强盗亲家，招个败子女婿。连小婿也无颜见人。当初若听了小婿之言，决无有今日之事。"

起初王员外已有八九分不悦，又被赵昂这般言语一说，凑成一十二分，气得哑口无言。沉吟半晌，方才道："起初是我一时见不到，错怪了你，成就这事。如今懊悔无及！"赵昂便道："依小婿之见，尚有挽回。"王员外忙问道："你且说怎地可以挽回？"赵昂道："若是毕姻过了，这便无可奈何。如今幸喜未曾成亲，岳父何不等廷秀回家，责骂一场，驱逐出门，一面速央媒妁寻个门当户对人家，将玉姐嫁去。他年纪又小，又无亲族，何人与他理论这事。设或告到官司，见已婚配，必无断与之理。况且是强盗之子，官府自然又当别论。是恁样般，还不被人笑话。若不听小婿之言，后来使玉姐身无所依，出乖露丑，玷辱门风，那时懊悔，却不迟了？"王员外若是个有主意的，还该往别处访问个的确，也不做了有始无终薄幸之人。只因他是个直性汉子，不曾转这念头，遂听信了赵昂言语，点头道："是。"晓得浑家平昔喜欢廷秀，恐怕拦阻，也不到后边与他说知。同赵昂坐在厅中，专等廷秀回来不题。

且说廷秀至家，看过母亲，也恐丈人寻问，急急就回来。到厅前见丈人与赵昂坐着说话,便上前作揖。王宪也不回礼,变着脸问道:"你不在学中读书,却到何处去游荡?"廷秀看见词色不善,心中惊骇。答道:"因母亲有病,回去探看。"王员外道:"这也罢了。且问你自我去后,做有多少功课?可将来看。"廷秀道:"只为爹爹被陷,终日奔走,不曾十分读书,功课甚少。"王员外怒道:"当初指望你读书有些好处,故此不计贫富,继你为子,又聘你为婿。那知你家是个不良之人,做下这般勾当,玷辱我家。你这畜生又不学好,乘我出外,终日游荡嫖赌,被人耻笑!我的女儿从小娇养起来,若嫁你怎样无籍,有甚出头日子!这里不是安身之处,快快出门,饶你一顿孤拐。若再迟延,我就要打了!"那些童仆看见家主盘问这事,恐怕叫来对证,都四散走开。

廷秀见丈人忽地心变,心中苦楚,哭倒在地道:"孩儿父子,蒙爹爹大恩,正图报效。不幸被人诬陷,悬望爹爹归家救援。不知何人嗔怪孩儿,搬斗是非,离间我父子。孩儿倘有不到之处,但凭责罚,死而无怨。若要孩儿出门,这是断然不去!"一头说,一头哭,好不凄惨。赵昂恐丈人回心转来,便衬道:"三官,只是你不该这样没正经。如今哭也迟了。"廷秀道:"我何尝干这等勾当,却从空生造!"赵昂道:"这话一发差了。那个与你有仇,造言谤你?况岳父又不是肯听是非的。必定做下一遭两次,露人眼目。如今岳父察听的实,方才着恼,怎么反归怨别人?"廷秀道:"有那个看见的,须叫他来对证。"王员外骂道:"畜生!若要不知,除非莫为。你在外胡行,那个不晓得,尚要抵赖。"便抢过一根棒子,劈头就打道:"畜生!还不快走!"廷秀反向前抱住痛哭道:"爹爹,就打死也绝不去的。"赵昂急忙扯道:"三官,岳父是这样执性的,你且依他暂去,待气平了,少不得又要想你,那时却不原是父子翁婿。如今正在气恼上,你便哭死,料必不听。"廷秀见丈人声势凶狠,赵昂又从旁尖言冷语帮扶,心中明白是他撺掇,料道安身不住,乃道:"既如此,待我拜谢了母亲去吧!"王员外哪里肯容,连先生也不许他见。赵昂推着廷秀背上,往外而走,道:"三官,你怎么怎样不识气,又要见岳母做甚?"将他推出大门而去,正是:

> 人情若比初相识,到底终无怨恨心。

且说徐氏在里边听得堂中喧嚷哭泣,只道王员外打小厮们,哪里想到廷秀身上,故此不在其意。童仆们也没一个露些声息。到午后闻得先生也打发去了,心下有些疑惑。问众家人,都推不知。至晚,王员外进房,询问其故,才晓得廷秀被人搬了是非赶逐去了。徐氏再三与他分辩,劝员外原收留回来。怎奈王员外被谗言蛊惑,立意不肯,反道徐氏护短。那玉姐心如刀割,又不敢在爹妈面前明言,只好背地里啼哭。徐氏放心不下,几遍私自差人去请他来见。那些童仆与赵昂通是一路,只推寻访不着。

按下徐氏母子。且说廷秀离了王家,心中又苦又恼,不顾高低,乱撞回来。只见文秀正在门首,问道:"哥哥如何又走转来?"廷秀气塞咽喉,哪里答得出半个字儿。文秀道:"哥哥因甚气得这般模样?"廷秀停了一回,方将上项事,说与兄弟。文秀道:"世态炎凉,自来如此,不足为异。只是王员外平昔待我父子何等破格,今才到家,蓦地生起事端。赵昂又在旁帮扶,必然都是他的缘故。如今且莫与母亲说知,恐晓得了,愈加烦恼。"廷秀道:"贤弟之言甚是。"次日,来到牢中,看觑父亲。

那时张权亏了种义，棒疮已好，身体如旧。廷秀也将其事哭诉。张权闻得，嗟叹王员外有始无终。种义便道："恁般说起来，莫不你的事情，也是赵昂所为？"张权道："我与他素无仇隙，恐没这事！"廷秀道："只有定亲时，闻得他夫妻说我家是木匠，阻当岳父不要赘我。岳父不听，反受了一场抢白。或者这个缘故上起的。"种义道："这样说，自然是他了。如今且不要管是与不是，目下新按院将到镇江，小官人可央人写张状子去告。只说赵昂将银买嘱捕人强盗，故此扳害。待他们自去分辩。若果然是他陷害，动起刑具，少不得内中有人招称出来。若不是时，也没甚大害。"张权父子连声道是。廷秀作别出监，兄弟商议停当，央人写下状词，要往镇江去告状。

常言道：机不密，祸先行。这样事体，只宜悄然商议。那张权是个老实头，不曾经历事体的；种义又是粗直之人，说话全不照管，早被一个禁子听见。这禁子与杨洪乃是姑舅弟兄，闻此消息，飞风便去报知。杨洪听得，吃了一吓，连忙来寻赵昂商议。走到王员外门首，不敢直入。见个小厮进去，央他传报说："有府前姓杨的，要寻赵相公说话。"赵昂料是杨洪，即便出来相见。问道："杨兄有甚话说？"杨洪扯到一个僻静所在，说"张廷秀已晓得你我害他，即日要往按院去告状。倘若准了，到审问时，用起刑具，一时熬不得，招出真情，反坐转来，却不自害自身！幸喜表弟闻得来报，故此特来商议。"赵昂听了，惊得半晌说不出话来。良久乃道："如此却怎么好？"杨洪道："一不做，二不休，相公便用几两银子，我便拦折些工夫，连这两个小厮一并结果了，方才斩草除根。"赵昂道："银子是小事，只没有个妙策。"杨洪："不打紧，他们是个穷鬼，料到雇船不起，少不得是趁船。我便装起捕盗船来，教我兄弟同两个副手，泊在闸门。再令表弟去打听了起身日子，暗随他出城，招揽下船。我便先到镇江伺候。孩子家那知路径。载他径到江中，撺入水里，可不干净？"赵昂大喜。教杨洪少待，便去取出三十两银子，送与杨洪道："烦兄用心，务除其根！事成之日，再当厚谢。"杨洪收了银子，作别而去。

且说廷秀打听得按院已到，央人写了状词，要往镇江去告。那时陈氏病体痊愈，已知王员外赶逐回来，也只索无奈。见说要去告状，对廷秀道："你从未出路，独自个去，我如何放心。须是弟兄同行，路上还有些商量。"廷秀道："若得兄弟去便好。只是母亲在家，无人伏侍。"陈氏道："来往不过数日。况有养娘在家陪伴，不消牵挂。"廷秀依着母亲，收拾盘缠，来到监中，别过父亲，背上行李，径出闸门来搭船。刚走到渡僧桥，只听得背后有人叫道："二位小官人往哪里去？"廷秀道："往镇江去。"那人道："到镇江有便船在此，又快当，又安稳。"廷秀听说有便船，便立住脚，与文秀说道："若是便船，到强如在航船上挨挤。"文秀道："任凭哥哥主张。"廷秀对船家说道："你船在那里，可就开么？"船家道："我们是本府理刑厅捉来差往公干的，私己搭一二人，路上去买酒吃。若没人也就罢了，有甚耽搁。"廷秀道："既如此，带了我们去。"船家引他下了船，住在艄上。少顷，只见一人背着行李而来，艄公接着上船。那人便问："这两个孩子是何人？"艄公道："这两个小官人，也要往镇江的，容小人们带他去，趁几文钱，路上买酒吃，望乞方便。"那人道："只这两个，便容了你，多便使不得。"艄公道："只此两个，也是偶然遇着，岂敢多搭。"说罢，连忙开船。

你道这人是何等样人？就是杨洪兄弟杨江。艄公便是副手。当下杨江问道："二位小官人姓甚？住在何处？到镇江去何干？"廷秀说了姓名居处，又说父亲被人陷害缘由。如今要往按院告状。杨江道："原来是好人家儿女,可怜,可怜! 你住在艄上不便,也到舱中来坐。"廷秀道:"如此多谢了!"弟兄搬到舱中住下。杨江一路殷勤,倒买酒肉相请,又许他到衙门上看顾。弟兄二人,感激不尽。那船乃是捕盗的快船,趁着顺风,连夜而走。次日傍晚就到了镇江。船家与廷秀讨了船钱,假意催促上岸。廷秀取了行李,便要起身。杨江道:"你这船家,忒熬不行方便! 这两位小官人,从不曾出路的。此时天色已晚,教他哪里去寻宿处?"又向廷秀道:"莫要理他! 今夜且在舟中住了,明早同上崖去,寻寓所安下。就到察院前去打听按院几时按临,却不又省了今夜房钱?"廷秀弟兄只认做好人,连声称谢,依原把包裹放下。杨江取出钱钞,教艄公买办些酒肉,吩咐移船到稳处安歇。艄公答应,将船直撑出西门闸外,沿江阔处停泊。艄公安排鱼肉,送入舱里。杨江满斟苦劝,将廷秀弟兄灌得大醉,人事不醒,倒在舱中。那时,杨洪已约定在此等候,艄公口中嗾哨一声,便跳下船。即忙解缆开船,悄悄的摇出江口,沿溜而下。过了焦山,到一宽阔处,取出索子,将他弟兄捆绑起来,恰如两只馄饨相似。二子身上疼痛,从醉梦中惊醒,挣扎不动。却待喊叫,被杨洪、杨江扛起,向江中扑通的撺将下去。眼见得二子性命休了。

可怜世上聪明子,化作江中浪宕魂。

你想长江中是何等样水! 那水从四川、湖广、江西一路上流冲将下来,浑如滚汤一般紧急,到了镇江,直溜入海,就是落下一块砂石,少不得随流而下。偏有廷秀弟兄,撇入水中,却反逆流上去。杨洪、杨江望见,也道奇怪! 拨转船头赶上,各提起篙子,照着头上便射。说时迟,那时快,篙子离身,不上一尺,早被三四个大浪,将二子直涌开去,连船险些儿掀翻。那篙子便不能伤。杨江料道必无活理,原移至沿口泊下。次早开船,归到苏州,回覆了赵昂。赵昂心中大喜,又找了三十两银子。杨洪兀自嫌少,两下面红颈赤而别。不在话下。

且说河南府有一人唤做褚卫,年纪六十已外,平昔好善,夫妻二人,吃着一口长斋。并无儿女,专在江南贩布营生。一日正装着一大船布匹,出了镇江,望河南进发。行不上三十余里,天色将晚,风逆浪大,只得随帮停泊江中。睡到夜半,听得船旁像有物撞响,他也不在其意。方欲合眼,又像有人推醒一般,那船旁撞得越响了,隐隐又有人声。心中奇怪,爬起来,开了篷窗。打一看时,只见水面上浮着一人,口内微微有声。褚卫慌忙叫起水手,捞救上船。打起火来看时,却是十五六岁一个小厮,生得眉清目秀,浑身绑缚,微微止有一息。与他解下索子,烧起热汤灌了几口,那孩子渐渐醒转,呕出许多清水。褚卫将干衣与他换了,询其缘故。小厮哭诉道:"小人名唤张文秀,只因父亲被人陷害在牢,同哥哥廷秀,来镇江按院告状,趁了个便船,说是苏州理刑差人,一路假意殷勤照顾。昨夜到了镇江,又留住在船,将酒灌醉我弟兄,双双绑入水中。正不晓得他是何人,害我等性命! 天幸得遇恩人救我。但不知恩人高姓大号? 这里是何处? 离镇江多少路了? 怎地送得小人归家,决不忘恩!"

褚卫本是好善之人,见他说得苦楚,心下十分可怜。初时到有送他回去之念,忽地想起镇江到此乃是逆水,怎么反淌了上来? 莫非此子后来有些好处,暗中自有鬼神护佑么？我今尚无子嗣，何不留他回去，做个螟蛉之子，却不是好。"乃哄他道："我是河南褚卫，贩布回去。这里离镇江已远，有一千余里，怎能送你归家？况昨夜谋你的必是对头差来心腹，故此下这样毒手。今若依旧回家，必然又寻别事害你。我今又无儿子，若不弃嫌，认做父子，随归家去。明年带你下来，访出昨夜之人，然后去告理，救你父亲，可不好吗？"文秀虽然记挂父母，到此无可奈何，只得依允。就拜褚卫为父，改名褚嗣茂，带上河南不题。

且说张廷秀被杨洪捆入水中，自分必死。不想半沉半浮，被大浪直涌到一个沙洲边芦苇之旁。到了天明，只见船只甚多，俱在江心中往来叫喊不闻。至午后，有一只船旁洲而来，廷秀连喊："救命！"那船拢到洲边，捞上船去，割断绳索，放将起来，且喜得毫无伤损。廷秀举目看船中时，却是两个中年汉子，十来个小厮，约莫俱有十六七岁。你道是何等样人？原来是浙江绍兴府孙尚书府中戏子。那两个中年人，一个是师父潘忠，一个是管箱的家人，领着行头往南京去做戏，在此经过。恰好救了廷秀。取几件干衣与他换了，问其缘故。廷秀把父亲被害，要到按院伸冤，被船上谋害之事，哭诉一遍。又道："多蒙救了性命，若得送我回家，定然厚报！"那潘忠因班中装生的哑了喉咙，正要寻个顶替。见廷秀人物标致，声音响亮，却又年纪相仿，心下暗喜道："若教此人起来，到好个生脚。"心下怀了这个私念，就是顺路往苏州去，谅道也还不肯放他转身，莫说如今却是逆路。当下潘忠道："我们乃绍兴孙尚书府中子弟，到南京去做生意，那有工夫转去，送你回家？我如今到京已近，不如随我们去住下，慢慢觅便人带你归家。你若不肯时，我们也不管闲账，原送你到沙洲上，等候别个便船带回家去吧。"廷秀听得说出这话，连忙道："既然不是顺路，情愿随列位到京。"潘忠道："这便使得。"廷秀自己虽然得了性命，却又想着兄弟必定死了，不住流泪。那日乃是顺风，晚间便到南京。次早入城，寻寓所安下。

那孙府戏子，原是有名的，一到京中，便有人叫去扮演，廷秀也随着行走。过了数日，潘忠对廷秀道："众人在此做生意，各要趁钱回去养家的，谁个肯白白养你！总然有使带你回家，那盘费从何而来？不如暂学些本事，吃些活饭，那时回去，却也容易。"廷秀思想："亏他们救了性命，空手坐食，心上已是过意不去。"又听了潘忠这班说话，愈觉羞惭。暗道："我只指望图个出身的日子，显祖扬宗，那知霹空降下这场没影奇祸，弄得家破人亡，父南子北，流落至此！若学了这等下贱之事，还有什么长俊。如不依他，定难存住。"却又想道："昔日箕子为奴，伍员乞食，他们都是大豪杰，在患难之际，也只得从权应变。我今日到此地位，也顾不得羞耻了。且暂度几日，再做区处。"遂应承了潘忠，就学个生脚。他资性本来聪慧，教来曲子，那消几遍，却就会了。不勾数日，便能登场。扮来的戏，出人意表，贤愚共赏，无一日空闲。在京半年有余，积趱了些银两。想道："如今盘缠已有，好回家了。"谁想潘忠先揣知其意，悄悄溜过了他的银子。廷秀依旧一双空手，不能归去。潘忠还恐他私下去了，行坐不离。廷秀脱身不得，只得住下。这叫作：

情知不是伴，事急且相随。

话分两头。却说陈氏自从打发儿子去后，只愁年幼，上司衙门厉害，恐怕言语中差错，再不想到有人谋害。已到十日之外，风吹草动，也认做儿子回来，急出门观看。渐渐过了半月二十日，一发专坐在门首盼望。那时还道按院未曾到任，在彼等候。后来闻得按院镇江行事已完，又按临别处。得了这个消息，急得如煎盘上蚂蚁，没奔一头处。急到监对丈夫说知，央人遍贴招帖，四处寻访，并无踪迹，正不知何处去了。夫妻痛哭懊悔道："早知如此，不教他去也罢！如今冤屈未伸，到先送了两个孩儿，后来倚靠谁人？"转思转痛，愈想愈悲。初时还痴心妄想有归家日子。过了年余，不见回来，料想已是死了。招魂设祭，日夜啼啼哭哭。一个养娘却又患病死了，只留得孤身孤影，越发凄惨。正是：

> 屋漏更遭连夜雨，船迟又遇打头风。

且说王员外自那日听信了赵昂言语，将廷秀逐出，意欲就要把玉姐另配人家。一来恐廷秀有言，二来怕人诽议，未敢便行。次后闻得廷秀弟兄往镇江按院告状，只道他告赖亲这节，老大着忙。口虽不言，暗自差人打听。渐渐知得二子去后，不知死活存亡。有了这个消耗，不胜欢喜，即央媒寻亲。媒人得了这句口风，互相传说开去。那些人家只贪王员外是个无子富翁，那管曾经招过养婿！数日间就有几十家来相求。玉姐初时见逐出廷秀，已是无限烦恼，还指望父亲原收留回来，总然不留回家，少不得嫁去成亲。后来微闻得有不好的信息，也还半信半疑。今番见父亲流水选择人家改嫁，料想廷秀死是实了。也怕不得羞耻，放声哭上楼去。

原来王员外的房屋，却是一带楼子，下边老夫妻睡处，楼上乃玉姐卧室。当下玉姐在楼上啼哭，送来茶饭也不肯吃。他想道："我今虽未成亲，却也从幼夫妻。他总无禄夭亡，我岂可偷生改节！莫说生前被人唾骂，就是死后亦有何颜见彼！与其忍耻苟活，何若从容就死。一则与丈夫争气，二则见我这点真心。只有母亲放她不下！事到如今，也说不得了。"想一回，哭一回，渐渐哭得前声不接后气。那徐氏把他当做掌上之珠，见哭得恁般模样，急得无法可治。口中连连的劝他："莫要哭。且说为甚缘故？"自己却又鼻涕眼泪流水淌出来。玉姐只得从实说出。徐氏劝道："儿，不要睬那老没志气！凡事有我在此做主。明日就差人去访问三官下落。设或他有些山高水低，好歹将家业分一半与你守节。若老没志气执意要把你改嫁，我拼得与他性命相搏。"又对丫鬟道："快去叫员外来，说个明白。"又吩咐："倘有人在彼，莫说别话。"丫鬟急急忙忙的来请。

谁想王员外因有个媒人说："一个新进学小秀才来求亲。闻得才貌又美，且是名门旧族，十分中意。"款留媒人酒饭，正说得浓酽，饮得高兴。丫鬟说声院君相请，只当耳边风，如何肯走起身。丫鬟站勾腿酸脚麻，只得进去回覆。徐氏百般苦劝，刚刚略止，又加个赵昂老婆闯上楼来，重新哭起。你道却是为何？那赵昂摆布了张权，赶逐了廷秀，还要算计死了玉姐，独吞家业。因无机会，未曾下手。今见王员外另择人匹配，满怀不乐。又没个计策阻挡。在房与老婆商议。这时听得玉姐不愿，在楼啼哭，却不正中其意！故此瑞姐走来，故意说道："妹子，你如何不知好歹？当初爹爹一时没志气，把你配个木匠之子，玷辱门风。如今去了，另配个门当户对人家，乃是你万分造化了。如何反恁地哭泣？难道做强盗的媳妇，木匠的老婆，到胜似有名称人家不成？"玉姐被这几句话，羞得满面通红，颠倒大哭起来。徐氏心中已是不悦。瑞姐还不达时务，扯做娘的到半边，低低说道："母亲，莫不妹子与小杀才，背地里做下些蹊跷勾当,故此这般牵挂?"只这句话,恼得徐氏两太阳火星直爆,把瑞姐劈面一唾。又恐怕气坏了玉姐,不敢明说。止道:"你是同胞姐妹,不怀好念。我方劝得他住,却走来说得重复啼哭,还要放恁样冷屁! 由他是强盗媳妇,木匠老婆罢了,着你甚急,胡言乱语!"瑞姐被娘这场抢白,羞惭无地,连忙下楼,一头走一头说道:"护短好好! 只怕走尽天下,也没见人家有这样无耻闺女。早是不曾做亲,便恁般疼老公。若是生男育女的,真个要同死合棺材哩。亏他到挣得一副好老脸皮,全没一毫羞耻。"夹七夹八一路嚷去,明明要气玉姐上路。徐氏怕得淘气,由他自说,只做不听见。玉姐正哭得头昏眼暗,全不觉得。

看看到晚,王员外吃得烂醉。小厮扶进来,自去睡了,竟不知女儿这些缘故。徐氏陪伴玉姐坐至更余,渐渐神思困倦,睡眼朦胧,打熬不住。向玉姐道:"儿,不消烦恼,总在明早,与你个决断。夜深了,去睡吧。"推至床上,除去簪钗和衣衾在被里,下了帐幔,又吩咐丫鬟们照管火烛。大凡人家使女,极是贪眠懒做,十个里边,难得一个长俊。徐氏房中共有七八个丫鬟,有三个贴身伏侍玉姐,就在楼上睡卧。那晚守到这时候,一个个拗腰凸肚,巴不能睡卧。见徐氏劝玉姐睡了,各自去收拾家伙,专等徐氏下楼,关上楼门,尽去睡了。徐氏下得楼来,看王员外醉卧正酣,也不去惊动他。将个灯火四面检点一遍,解衣就寝不题。

且说玉姐睡在床上,转思转苦,又想道:"母亲虽这般说,未必爹爹念头若何。总是依了母亲,到后终无结果。"又想起:"母亲忽地将姐姐抢白,必定有甚恶话伤我,故此这般发怒。我乃清清白白的人,何苦被人笑耻! 不如死了,到得干净!"又哭了一个更次。听丫鬟们都鼾鼾睡熟,楼下也无一些声息。遂抽身起来,一头哭,一头捡起一条汗巾,走到中间,掇个杌子垫脚,把汗巾搭在梁上做个圈儿,将头套入,两脚登空,呜呼哀哉! 正是:

> 难将幽恨和人说,愿向泉台诉丈夫。

也是玉姐命不该绝。刚上得吊,不想一个丫鬟,因日间玉姐不要吃饭,瞒着那两个丫鬟,私自收去,尽情饱嗒。到晚上,夜饭亦是如此。睡到夜半,心胸涨满,肚腹疼痛,起身出恭。床边却摸不着净桶,那恭又十分紧急,叫苦连连。原来起初性急时睡,忘记担得,心下想着,精赤条条,跑去寻那净桶。因睡得眼目昏迷,灯又半明半灭,又看见玉姐挂在梁间,心慌意急,扑的撞着,连杌子跌倒楼板上。一声响亮,楼下徐氏和丫鬟们,都从梦中惊觉。王员外是个醉汉,也吓醒了,忙问:"楼上什么响?"那丫鬟这一交跌倒杌子,磕着了小腹,大小便齐流,撒做一地,污了一身。抬头仔细看时,吓得叫声:"不好了! 玉姐吊死也!"

员外闻言,惊得一滴酒也无了,直跳起身。一面寻衣服,一面问道:"这是为何?"徐氏一声"儿",一声"肉",哭道:"都是你这老天杀的害了他! 还问怎的?"王员外没心肠再问,忙忙的寻衣服,只在手边混过,哪里寻得出个头脚。偶扯着徐氏一件袄子,不管三七二十一,披在身上,又寻不见鞋子,赤着脚赶上楼去。徐氏只摸了一条裙子,却没有上身衣服,只得把一条单被,卷在身上,到拖着王员外的鞋儿,随后一步一跌,也哭上来。那老儿着了急,走到胡梯中间,一脚踏错,谷碌碌滚下去。又撞着徐氏,两个直跌到底,绞做一团。也顾不得身上疼痛,爬起来往上又跑。

那门却还闭着，两个拳头如发播般乱打。楼上、楼下丫鬟一齐起身。也有寻着裙子不见布衫的，也有摸了布衫不见裤子的，也有两只脚穿在一个裤管里的，也有反披了衣服摸不着袖子的。东扯西拽，你夺我争，纷纷乱嚷。

那撒粪的丫鬟也自揩抹身子，寻觅衣服，竟不开门。王员外打得急了，三个丫鬟，都提着衣服来开。老夫妻二人推门进去，望见女儿这个模样，心肠迸裂，放声大哭。到底男子汉有些见识，王员外忍住了哭泣，赶向前将手在身上一摸，遍体火热，喉间厮垠垠痰响，叫道："妈妈莫要哭，还可救得！"便双手抱住，叫丫鬟拿起杌子上去解放，一面又叫扇些滚汤来。徐氏闻说还可救得，真个收了眼泪，点个灯来照着。那丫鬟扶起杌子，捏着一手腌臜，向鼻边一闻，臭气难当。急叫道："杌上怎有许多污秽？"恰好徐氏将灯来照，见一地尿粪。王员外踏在中间，还不知得。徐氏只认是女儿撒的，将火望下一撒，道："这个东西也出了，还有甚救！"又哭起来。原来缢死的人，若大小便走了便救不得。当下王员外道："莫管他！且放下来看。"丫鬟带着一手腌臜，站上去解放。心慌手软，如何解得开。王员外不耐烦，叫丫鬟寻柄刀来，将汗巾割断，抱向床上，轻轻解开喉间死结。叫徐氏嘴对嘴打气，连连打了十数口气，只见咽喉气转，手足展施。又灌了几口滚汤，渐渐苏醒，还呜呜而哭。

徐氏也哭道："起先我怎样说了，如何又生此短见？"玉姐哭道："儿如此薄命，总生于世，也是徒然！不如死休！"王员外方问徐氏道："适来说我害了他，你且说个明白。"徐氏将女儿不肯改节的事说出。王员外道："你怎地这般执迷！向日我一时见不到，赚了你终身。如今畜生无了下落，别配高门，乃我的好意为你，反做出这等事来，险些把我吓死！"玉姐也不答应，一味哭泣。徐氏嚷道："老无知！你当初称赞廷秀许多好处，方过继为子，又招赘为婿。都是自己主张，没有人撺掇。后来好端端在家，也不见有甚不长俊，又不知听了那个横死贼的说话，刚到家，便赶逐出去，致此无个下落。纵或真个死了，也隔一年半载，看女儿志向，然后酌量而行。何况目今未知生死，便瞒着我闹轰轰寻媒说亲，教她如何不气！早是救醒了还好。倘若完了账，却怎地处？如今你快休了这念头，差人四下寻访。若还无恙，不消说起。设或真有不好消息，把家业分一半，与他守节。如若不听我言语，逼迫女儿一差两讹，与你干休不得！"王员外见女儿这般执性，只得含糊答应，下楼去了。

徐氏又对玉姐道："儿，我已说明了，不怕他不听。莫要哭吧！且脱去腌臜衣服睡一觉，将息身子。"也不管玉姐肯不肯，乱把衣带解开。玉姐被娘逼不过，只得脱衣睡卧。乱到天明，看衣服上并无一毫污秽。那丫鬟隐瞒不过，方才实说。把众丫鬟笑个呆。自此之后，玉姐住在楼上，如修行一般，全不走下来。王员外虽不差人寻觅廷秀，将亲事也只得搁过一边。徐氏恐女儿又弄这个把戏，自己伴他睡卧，寸步不离。见丈夫不着急寻问，私自赏了家人银子，差他缉访。又叫去与陈氏讨个消耗。正是：

但愿应时还得见，须知胜似岳阳金。

且说赵昂的老婆，被做娘的抢白下楼，一路恶言恶语，直嚷到自己房中，说向丈夫。又道："如今总是抓破脸了。待我朝一句，夕一句，好歹送这丫头上路。"到次早，闻得玉姐上吊之事，心中暗喜，假意走来安慰，背地里在王员外面前冷言酸语挑拨。又悄地将钱钞买嘱玉姐身边丫鬟，吩咐如下次上吊，由他自死，莫要声张。又打听得徐氏差人寻访廷秀，也多将银两买定，只说无处寻觅。赵昂见了丈人，马前健假殷勤，随风倒舵，掇臀捧屁，取他的欢心。王员外又为玉姐要守着廷秀，触恼了性子，到爱着赵昂夫妇小心热闹，每事言听计从。

赵昂诸色趁意，自不必说，只有一件事在心上打搅。你道是甚的事？乃是杨洪这桩。那杨洪因与他干了两桩大事，不时来需索。赵昂初时打发了几次，后来颇觉厌烦，只是难好推托。及至送与，却又争多嚷寡。落后回了两三遍，杨洪心中怀恨，口出怨言。赵昂恐走漏了消息，被丈人知得，忍着气依原馈送。杨洪见他害怕，一发来得勤了。赵昂无可奈何，想要出去躲避几时。恰好王员外又点着白粮解户，趁这个机会与丈人商议，要往京中选官，愿代去解粮，一举两便。王员外闻女婿要去选官，乃是美事，又替了这番劳碌，如何不肯。又与丈人要了千金，为干缺之用。亲朋饯行已毕，临期又去安放了杨洪，方才上路。

话分两头。再说张廷秀在南京做戏，将近一年，不得归家。一日，有礼部一位官长唤去承应。那官长姓邵，名承恩，进士出身，官为礼部主事，本贯浙江台州府宁海县人氏。夫人朱氏，生育数胎，只留得一个女儿，年才一十九岁，工容贤德俱全。那日却是邵爷六十诞辰，同僚称贺，开筵款待。廷秀当场扮演，却如真的一般，满座称赞。那邵爷深通相法，见廷秀相貌堂堂，后来必有好处；又恐看错了，到半本时，唤廷秀近前仔细一观，果是个未发迹的公卿，只可惜落于下贱。问了姓名，暗自留意。到酒阑人散，吩咐众戏子都去，止留正生在此，承应夫人，明日差人送来。潘忠恐廷秀脱身去了，满怀不欲，怎奈官府吩咐，可敢不依！连声答应，引着一班子弟自去。

廷秀随着邵爷直到后堂。只见堂中灯烛辉煌，摆着桌椅，夫人同小姐向前相迎。众家人各自远远站立，廷秀也立在半边。堂中伏侍俱是丫鬟之辈。先是小姐拜寿，然后夫人把盏称庆。邵爷回敬过了，方才就坐。唤廷秀叩见夫人，在旁唱曲。廷秀唱了一会，邵爷问道："张廷秀，我看你相貌魁梧，决非下流之人。你且实说：是何处人氏？今年几岁了？为甚习此下贱之事？细细说来，我自有处。"廷秀见问，向前细诉前后始末根由。又道："小的年已十八，如今扮戏，实出无奈，非是甘心为此。"邵爷闻言，嗟叹良久。乃道："原来你抱此大冤。今若流为戏子，那有出头之日！既曾读书，必能诗词，随意作一首来，看是何如。"即令左右取过文房四宝，放在旁边一只桌上。廷秀拈起笔来，不解思索，顷刻而成，呈上。邵爷举目观看，乃是一首寿词，词名《千秋岁》，词云：

> 琼台琪草，玄鹤翔云表，华筵上笙歌绕。玉京瑶岛，客笑傲乾坤小。齐拍手唱道：长春人不老。　　北阙龙章耀，南极祥光照，海屋内筹添了。青鸟衔笺至，传报群仙到，同嵩祝万年称寿考。

邵爷看了这词，不胜之喜，连声称好。乃道："夫人，此子才貌兼美，定有公卿之分。意欲螟蛉为子，夫人以为何如？"夫人道："此乃美事，有何不可！"邵爷对廷秀道："我今年已六十，尚无子嗣，你若肯时，便请个先生教你，也强如当场献丑。"廷秀道："若得老爷提拔，便是再生之恩。但小人出身微贱，恐为父子。玷辱老爷。"邵爷道："何出此言！"当下四双八拜，认了父母。又与小姐拜为妹妹。就把椅子坐在旁边，改名邵翼明。吩咐家人都称大相公，如有违慢，定行重责。不在话下。

且说潘忠那晚眼也不合，清早便来伺候。等到午上，不见出来，只得央门上人禀知。邵爷唤进去说道："张廷秀本是良家之子，被人谋害，亏你们救了，暂为戏子。如今我已收留了，你们另合人吧。"教家人取五两银子赏他。潘忠听见邵爷留了廷秀，开了口半响还合不下。无可奈何，只得叩头作谢而去。

邵爷即日就请个先生，收拾书房读书。廷秀虽然荒废多时，恰喜得昼夜勤学，埋头两个多月，做来文字，浑如锦绣一般，邵爷好不快活。那年正值乡试之期，即便援例入监。到秋间应试，中了第五名正魁。喜得邵爷眼花没缝。廷秀谢过主司，来禀邵爷，要到苏州救父。邵爷道："你且慢着！不如先去会试。若得连科，谋选彼处地方，查访仇人正法，岂不痛快！倘或不中，也先差人访出仇家，然后我同你去，与地方官说知，拿来问罪。如今若去，便是打草惊蛇，必被躲过，可不劳而无功，却又错了会试？"廷秀见说得有理，只得依允。那时邵爷满意欲将小姐配他，因先继为子，恐人谈论。自不好启齿，情媒略露其意。廷秀一则为父冤未泄，二则未知玉姐志向何如，不肯先作负心之人。与邵爷说明，止住此事，收拾上京会试。正是：

> 未行雪耻酬凶事，先作攀花折桂人。

话分两头。且说张文秀自到河南，已改名褚嗣茂。褚长者夫妻珍重如宝，延师读书。文秀因日夜思念父母兄长，身子虽居河南，那肝肠还挂在苏州，那有心情看到书上。眼巴巴望着褚长者往下路去贩布，跟他回家。谁知褚长者年纪老迈，家道已富，褚妈妈劝他弃了这行生意，只在家中营运。文秀闻得这个消息，一发忧郁成病。褚长者请医调治，再三解劝。约莫住了一年光景，正值宗师考取童生。文秀带病去赴试，便得入泮。常言道：福至心灵。文秀入泮之后，到将归家念头撇过一边，想道："我如今进身有路了，且赶一名遗才入场。倘得侥幸连科及第，那时救父报仇，岂不易如翻掌！"有了这般志气，少不得天随人愿，果然有了科举，三场已毕，名标榜上。赴过鹿鸣宴，回到家中拜见父母。喜得褚长者老夫妻天花乱坠。那时亲邻庆贺，宾客填门，把文秀好不奉承。多少富室豪门，情愿送千金礼物聘他为婿。文秀一心在父亲身上，哪里肯要。忙忙的约了两个同年，收拾行李，带领仆从起身会试。褚长者老夫妻直送到十里外，方才分别。

在路晓行夜宿，非止一日，到了京都。觅个寓所安下。也是天使其然，廷秀、文秀兄弟恰好作寓在一处。左右间壁，时常会面。此时居移气，养移体，已非旧日枯槁之容了。然骨韵犹存，不免睹影思形。只是一个是浙江邵翼明贵介公子，一个是河南褚嗣茂富室之儿，做梦也不想到亲弟兄头上。不一日，三场已毕，同寓举人候榜，拉去行院中游串，作东戏耍。只有邵褚二人，坚执不行。褚嗣茂遂于寓中，治帖邀请邵翼明闲讲，以遣寂寞。两下坐谈，愈觉情热。嗣茂遂问："邵兄何以不往院中行走？莫非尊大人家训严切？"翼明潸然下泪答道："小弟有伤心之事难言，就是今日会试，亦非得已，况于闲串，那有心情！只是尊兄为何也不去行走？如此少年老成，实是难得。"嗣茂凄然长叹道："若说起小弟心事，比仁兄加倍不堪。还仗仁兄高发，替小弟做个报仇泄恨之人。"翼明见话头有些相近，便道："你我虽则隔省同年，今日天涯相聚,便如骨肉一般,兄之仇,即吾仇也。何不明言,与小弟知之?"嗣茂沉吟未答。连连被逼,只得叙出真情。才说得几句,不待词毕,翼明便道:"原来你就是文秀兄弟。则我就是你哥哥张廷秀!"两下抱头大哭,各叙冒姓来历。且喜都中乡科,京都相会。一则以悲,一则以喜。

> 分明久旱逢甘雨,赛过他乡遇故知。
> 莫问洞房花烛夜,且看金榜挂名时。

春榜既发,邵翼明、褚嗣茂俱中在百名之内。到得殿试,弟兄俱在二甲。观政已过,翼明选南直隶常州府推官,嗣茂考选了庶吉士,入在翰林。救父心急,遂告个给假,与翼明同回苏州。一面寓书打发家人归河南,迎褚长者夫妻至苏州相会,然后入京,不题。

弟兄二人离了京师,由陆路而回。到了南京,廷秀先来拜见邵爷,老夫妇不胜欢喜。廷秀禀道:"兄弟文秀得河南褚长者救捞,改名褚嗣茂,亦中同榜进士,考选庶吉士,与儿同回,要见爹爹。"邵爷大惊道:"天下有此奇事! 快请相见!"家人连忙请进。文秀到了厅上,扯把椅儿正中放下,请邵爷上坐,行拜见之礼。邵爷哪里肯要,说道:"岂有此理! 足下乃是尊客,老夫安敢僭妄?"文秀道:"家兄蒙老伯收录为子,某即犹子也,理合拜见。"两下谦让一回,邵爷只得受了一礼。文秀又请老夫人出来拜见。邵爷备起庆喜筵席,直饮至更余方止。次日,本衙门同僚知得,尽来拜访。弟兄二人以次答拜。

是日午间小饮,邵爷问文秀道:"尊夫人还是向日聘在苏州? 还是在河南娶的?"文秀道:"小侄因遭家难,尚未曾聘得。"邵爷道:"原来贤侄还没有姻事。老夫不揣,只有一女,年十九岁了。虽无容德,颇晓女红。贤侄倘不弃嫌,情愿奉侍箕帚。"文秀道:"多感老伯俯就,岂敢有违! 但未得父母之命,不敢擅专。"廷秀道:"爹爹既有这段美情,俟至苏州,禀过父母,然后行聘便了。"邵爷道:"这也有理。"正话间,只听得外边喧嚷。教人问时,却是报邵爷升任福建提学金事。邵爷不觉喜溢于面,即吩咐家人犒劳报事的去了。廷秀弟兄起身把盏称贺。邵爷道:"如今总是一路,再过几日同行何如?"廷秀道:"待儿辈先行,在苏州相候吧。"邵爷依允。

次日,即雇了船只,作别邵爷,带领仆从,离了南京。顺流而下,只一日已抵镇江。吩咐船家,路上不许泄漏是常州理刑,舟人那敢怠慢。过了镇江、丹阳,风水顺溜,两日已到苏州。把船泊在胥门码头上。弟兄二人只做平人打扮,带了些银两,也不教仆从跟随,悄悄的来到司狱司前。望见自家门头,便觉凄然泪下。走入门来,见母亲正坐在矮凳上,一头绩麻,一边流泪。上前叫道:"母亲,孩儿回来了!"哭拜于地。陈氏打磨泪眼,观看道:"我的亲儿,你们一向在那里不回? 险些想杀了我!"相抱大哭。二子各将被害得救之故,细说一遍。又低低说道:"孩儿如今俱得中进士,选常州府推官,兄弟考选庶吉士。只因记挂爹妈,未去赴任,先来观看母亲。但不知爹爹身子安否?"

陈氏听见儿子都已做官,喜从天降,把一天愁绪撇开,便道:"你爹全亏了种义,一向到也安乐。如今恤刑坐于常熟,解审去了,只在明后日回来。你既做了官,怎的救得出狱?"廷秀道:"出狱是个易事。但没处查那害我父子的仇人,出这口恶气。"文秀道："且救了我爹爹，再作区处。"廷秀又问道："向来王员外可曾有人来询问？媳妇还是守节在家，还是另嫁人了？"陈氏道："自你去后，从无个小厮来走遭。我又且日逐啼哭，也没心肠去问得。到是王三叔在门首经过说起，方晓得王员外要将媳妇改配，不从，上了吊救醒的。如今又隔年余，不知可能依旧守节？我几遍要去，一则养娘又死，无人同去；二则想他既已断绝我家，去也甘受怠慢，故此却又中止。你只记他好处，休记他歹处。总使媳妇已改嫁，明日也该去报谢。"廷秀听了这话，又增一番凄惨，齐答道："母亲之言有理！"廷秀向文秀道："爹爹又不在此，且去寻一乘轿来，请母亲到船上去吧。"文秀即去雇下。陈氏收拾了几件衣服，其余粗重家伙，尽皆弃下。上了轿子，直至河口下船。可怜母子数年隔别，死里逃生；今日衣锦还乡，方得相会。这才是：

> 弟兄同榜，锦上添花；母子相逢，雪中送炭。

次早，二人穿起公服，各乘四人轿，来到府中。太爷还未升堂，先来拜理刑朱推宫。那朱四府乃山东人氏，父亲朱布政与邵爷却是同年。相见之间，十分款洽。朱四府道："二位老先生至此，缘何馆驿中通不来报？"廷秀道："学生乃小舟来的，不曾干涉驿递，故尔不知。"朱四府道："尊舟泊在那一门？"廷秀道："舟已打发去了，在专诸巷王玉器家作寓。"朱四府又道："还在何日上任？"廷秀道："尚有冤事在苏，还要求老先生昭雪，因此未曾定期。"朱四府道："老先生有何冤事？"廷秀教朱爷屏退左右，将昔年父亲被陷前后情节，细细说出。朱四府惊骇道："原来二位老先生乃是同胞，却又罹此奇冤！待张老先生常熟解审回时，即当差人送到寓所，查究仇家治罪。"弟兄一齐称谢。别了朱四府，又来拜谒太守，也将情事细说。俗语道：官官相为。见放着兄弟两个进士，莫说果然冤枉，便是真正强盗，少不得也要周旋。当下太守说话，也与朱四府相同。廷秀弟兄作谢相别，回到船里。对兄弟道："我如今扮作贫人模样，先到专诸巷打探，看王员外如何光景。你便慢慢随后衣冠而来。"商议停当，廷秀穿起一件破青衣，戴个帽子，一径奔到王员外家来。

且说赵昂二年前解粮至京，选了山西平阳府洪同县县丞。这个县丞，乃是数一数二的美缺，顶针捱住。赵昂用了若干银子，方才谋得。在家候缺年余，前官方满，择吉起身。这日在家作别亲友，设戏酒款待，恰好廷秀来打探，听得里边锣鼓声喧，想道："不知为甚恁般热闹？莫不是我妻子新招了女婿吗？"心下疑惑。又想道："且闯进去看是何如？"望着里边直闯，劈面遇见王进。廷秀叫声："王进哪里去？"王进认得是廷秀，吃了一惊，乃道："呀，三官一向如何不见？"廷秀道："在远处玩耍，昨日方回。我且问你，今日为何如此热闹？可是玉姐新招了丈夫吗？"王进在急忙间，不觉真心吐露，乃道："阿弥陀佛！玉姐为了你，险些送了性命，怎说这话！"廷秀先已得了安家帖，便道："你有事自去。"王进去后，竟望里面而来。到了厅前，只见宾客满座，童仆纷纭。分开众人，上前先看一看，那赵昂在席上扬扬得意，戏子扮演的却是王十朋《荆钗记》。心中想道："当日丈人赶逐我时，赵昂在旁冷言挑拨，他今日正在兴头上，我且羞他一羞。"便推入厅中，举着手团团一转，道："列位高亲请了！"

廷秀昔年去时，还未曾冠。今且身材长大，又戴着帽子，众亲眷便不认得是谁。

廷秀复身向王员外道:"爹爹拜揖!"终须是日夕相见的眼熟,王员外举眼观看,便认得是廷秀,也吃一惊。想道:"闻得他已死了,如何还在。"又见满身褴褛,不成模样。便道:"你向来在何处?今日到此怎吗?"廷秀道:"孩儿向在四方做戏,今日知赵姨丈荣任,特来扮一出奉贺。"王员外因女儿作变,不肯改节,初时见了到有个相留之念,故此好言问他。今听说在外做戏,恼得登时紫涨了面皮,气倒在椅上,喝道:"畜生!谁是你的父亲?还不快走!"廷秀道:"既不要我父子称呼,叫声岳丈何如?"王员外又怒道:"谁是你的岳丈?"廷秀道:"父亲虽则假的,岳丈却是真的,如何也叫不得?"赵昂一见廷秀,已是吓匀,面如土色。暗道:"这小杀才,已撇在江里死了,怎生的全然无恙?莫非杨洪得了他银子放走了,却来哄我?"又听得称他是姨夫,也喝道:"张廷秀!那个是你的姨丈,到此胡言乱语?若不走,教人打你这花子的孤拐。"廷秀道:"赵昂,富贵不压于乡里。你便做得这蚂蚁官儿,就是这等轻薄。我好意要做出戏儿贺你,反恁般无礼!"赵昂见叫了他的名字,一发大怒,连叫家人:"快锁这花子起来!"

那时王三叔也在座间,说道:"你们不要乱嚷,是亲不是亲,另日再说。既是他会做戏,好情来贺你,只当做戏子一般,演一出儿玩玩,有何不可,却这般着恼!"推着廷秀背道:"你自去扮起来,不要听他们。"众亲戚齐拍手道:"还是三叔说得有理!"将廷秀推入戏房中,把纱帽员领穿起,就顶王十朋《祭江》这一折。廷秀想起玉姐曾被逼嫁上吊,恰与玉莲相仿,把胸中真境敷演在这折戏上,浑如王十朋当日亲临。众亲戚鼻涕眼泪都看出来,连声喝彩不迭。只有王员外、赵昂又羞又气。

正做之间,忽见外面来报,本府太爷来拜常州府理刑邵爷、翰林院褚爷。慌得众宾客并戏子,就存坐不住,戏也歇了。王员外、赵昂急奔出外边,对赍帖的道:"并没甚邵爷、褚爷在我家作寓。"赍帖的道:"邵爷今早亲口说寓在你家,如何没有?"将帖子放下道:"你们自去回复!"竟自去了。王员外和赵昂慌得手足无措,便道:"怎得个会说话的才好?"廷秀走过来道:"爹爹,待我与你回吧。"王员外这时,巴不得有个人儿回话,便是好了,见廷秀肯去,到将先前这股怒气撇开,乃道:"你若回得甚好。"看他还戴着纱帽,穿着员领,又道:"既如此,快去换了衣服。"廷秀道:"就是恁样罢了,谁耐烦去换!"赵昂道:"官府事情,不是取笑的。"廷秀笑道:"不打紧!凡事有我在此,料道不累你。"王员外道:"你莫不疯了?"廷秀又笑道:"就是疯了,也让我自去,不干你们事。"只听得铺兵锣响,太守已到。王员外、赵昂着急,撇下廷秀,躲进去了。廷秀走出门前,恰好太守下轿。两下一路打恭,直至茶厅上坐下攀谈。吃过两杯茶,谈论多时,作别而去。有诗为证:

> 谁识毗陵邵理刑,就是场中王十朋?
> 太守自来宾客散,仇人暗里自心惊。

却说玉姐日夕母子为伴,足迹不下楼来。那赵昂妻子因老公选了官,在他面前卖弄,他也全然不理。这一日,外边开筵做戏,瑞姐来请看戏,玉姐不肯。连徐氏因女儿不愿,也不走出来瞧。少顷,瑞姐见廷秀在厅前这番闹吵,心下也是骇异。又看见当场扮戏,故意跑进来报道:"妹子,好了!你日逐思想妹夫,如今已是回了。见在外边扮戏。"玉姐只道是生这话来笑他,脸上飞红,也不答应。徐氏也认是假话，不去睬他。瑞姐见他们冷淡，又笑道："再去看妹夫做戏。"即便下楼。

不一时，丫头们都进来报，徐氏还不肯信，亲至遮堂后一望：果是此人。心下又惊又喜。暗叹道："如何流落到这个地位？"瑞姐道："母亲，可是我说谎吗？"徐氏不去应他。竟归楼上说与女儿。玉姐一言不发，腮边珠泪乱落。徐氏劝道："儿！不必苦了，还你个夫妻快活过日。"劝了一回，恐王员外又把廷秀逐去，放心不下。复走出观看，只见赵昂和瑞姐望里边乱跑，随后王员外也跑进来。你道为何？原来王员外、赵昂，太守到时，与众宾客俱躲入里边。忽见家人报道："三官陪着太守坐了说话。"众人通不肯信。齐至遮堂后张看，果然两下一递一答说话。王员外暗道："原来这冤家已做官了，却乔妆来哄我？"懊悔昔时错听了谗言，将他逐出。幸喜得女儿有志气，不曾改嫁，还好解释。不然，却怎生处？只是适来又伤了他几句言语，无颜相见，且叫妈妈来做个引头。"故此乱跑。自古道：贼人心虚。那赵昂因有旧事在心，比王员外更是不同，吓的魂魄俱无。报知妻子，跑回房里，忙忙收拾，打帐明日起身，躲避这个冤家，连酒席也不想终了。正是：

早知今日，悔不当初。

且说王员外跑来撞见徐氏，便喊道："妈妈，小女婿回来了。"徐氏道："回了便罢，何消恁般大惊小怪！"王员外道："不消说起，适来如此如此。我因无颜见他，特请你去做个解冤释结。"徐氏得了这几句话，喜从天降，乃道："有这等事！"教丫鬟上楼报知玉姐，与王员外同出厅前。廷秀正送了太守进来。众亲眷都来相迎。徐氏道："三官，想杀我也！你在何处去了？再无处寻访。"廷秀方上前请老夫妇坐下，纳头便拜。王员外用手扶住道："贤婿，老夫得罪多矣，岂敢又要劳拜！"廷秀笑道："某实不才，不能副岳丈之意，何云有罪！"拜罢起来，与众亲眷一一相见已毕。廷秀道："赵姨丈如何不见？快请来相会。"童仆连忙进去。

赵昂本不欲见他，又恐不出去，反使他疑心，勉强出来相见，说道："适来言语冲撞，望勿记怀！"廷秀道："我是不达，自取其辱，怎敢怪姨丈？"赵昂羞惭无地。王员外见廷秀冷言冷语，乃道："贤婿，当初一时误听谗言，错怪你了，如今莫计较吧。"徐氏道："你这几年却在哪里？怎地就得了官？"廷秀乃将被人谋害，直至做官前后话细说。却又不说出兄弟做官的缘由。众亲眷听了，无不嗟叹。乃道："只是甚冤家下此毒手，如今可晓得吗？"廷秀道："若是晓得，却便好了。"那时廷秀这般说，旁边赵昂脸上一回红,一回白,好不着急。直听到不晓得这句,方才放下心肠。王三叔道:"不要闲讲了,且请坐着。待我借花献佛,奉敬一杯贺喜。"众亲眷多要逊廷秀坐第一位。廷秀不肯。再三谦让不过,只得依了他。他竟穿着行头中冠带,向外而坐。戏子重新登场做戏。这时众亲眷把他好不奉承。徐氏自归楼上,不在话下。

却说张权解审恤刑,却原是杨洪这班人押解。原来捕人拿了强盗,每至审录,俱要原捕押解。其中恐有冤枉,便要对审。故此脱他不得。那杨洪临起解时,先来与赵昂要来若干盘缠,与兄弟杨江一齐同去。及至转来,将张权送入狱中,弟兄二人假意来回复赵昂,又要需索他东西。到了专诸巷内,一路听得人说太守刚才到王家拜望。杨洪弟兄疑惑道:"赵昂是个监生官,如何太爷去拜他?且又不是属下。"到了王家门首,只听得里边便闹热做戏,门前静悄悄不见一人,却又不敢进去,坐在门前石头上,等候人出来问个信。刚刚坐了,忽见一乘四人轿抬到门口歇下,走出一位少年官员,他二人连忙立起。那官员是谁?便是庶吉士张文秀。他跨入门来,抬头看见二人,到吃一吓。认得一个是杨洪,一个是谋他性命的公差。想道:"原来是他一路!不知为何坐在此间?"且不说破,竟望里边而去。杨洪已不认得,对兄弟道:"赵昂多大官儿,却有大官府来拜!"你道杨洪如何便不认得了?文秀当初谋他命时,还是一个小童,如今顶冠束带,换了一番景象,如何便认得出。文秀乃切骨之仇,日夜在心,故此一经眼,即便认得。

且说文秀走入里边,早有人看见,飞报进去道:"又有一位官府来拜了。"说犹未了,文秀已至厅前。众亲眷并戏子们看见,各自四散奔开,又单撇下廷秀一人。王员外原在遮堂后张看,这官员却又比先前太守不同,廷秀也不与他作揖,站起身说道:"你来了!"那官府道:"如何见我来,都走散了?"廷秀忍不住笑。文秀道:"且莫笑!有句紧话在此。"附耳低声道:"便是谋你我的公差与杨洪,都坐在外面。"廷秀惊道:"有这等事!如何坐在这里?其中可疑。快些拿住,莫被他走了!"一面讨过冠带,换下身上行头。文秀即差众家人出去擒拿。廷秀一面换起冠带,脱下行头。且说众人赶出去,揪翻杨洪兄弟,拖入里边米。杨洪只道是赵昂的缘故,口中骂道:"忘恩负义的贼!我与你干了许多大事,今日反打我吗?"

正在乱时,报道:"理刑朱爷到了!"众家人将杨洪推在半边。廷秀兄弟出来相迎,接在茶厅上坐下。廷秀耐不住,乃道:"老先生,天下有这般快事!谋害愚弟兄的强盗,今日自来送死,已被拿住。"朱四府道:"如今在哪里?"廷秀教众人推到面前跪下。廷秀道:"你二人可认得我了?"杨洪道:"小人却认不得二位老爷。"文秀道:"难道昔年趁船到镇江告状,绑入水中的人就不认得了。"二人闻言,已知是张廷秀弟兄,吓得缩做一堆。朱四府道:"且问你有甚冤仇,谋害他一家?"二人道:"没甚冤仇。"朱四府道:"既无仇隙,如何生此歹心?"二人料然性命难存,想起赵昂平日送的银子,又不爽利,怎生放得他过!便道:"不干小人之事,都是赵昂与他有仇,要谋害二位老爷父子,央小人行的。"廷秀弟兄闻言失惊道:"原来正是这贼!我与他有甚冤仇,害我父子?"朱四府道:"赵昂是何人?住在哪里?"廷道:"是个粟监,就居于此间。"朱四府喝声:"快拿!"手下人一声答应,蜂拥进去,将赵昂拿出。

那时惊得一家儿啼女哭,正不知为甚。众亲都从后门走了,戏子见这等沸乱,也自各散去讫。赵昂见了杨洪二人,已知事露,并无半言。朱四府即起身回到府中,差人至狱内将张权释放,讨乘轿子送到王家。然后细鞠赵昂。初时抵赖,用起刑具，方才一一吐实。杨洪又招出两个摇船帮手，顷刻也拿到来。赵昂、杨洪、杨江各打六十，依律问斩。两个帮手各打四十，拟成绞罪。俱发司狱司监禁。朱四府将廷秀父子被陷始末根由，备文申报抚按，会同题请，不在话下。

且说廷秀弟兄送朱四府去后，回到里边，易了公服。那时王员外已知先来那官便是张文秀，老夫妇齐出来相见。问朱四府因甚拿了赵昂？廷秀说出真情。王员外咬牙切齿，恨道："原来都是这贼的奸计！"正说间，丫鬟来报，瑞姐吊死了！原来瑞姐知道事露，丈夫拿去，必无活理。自觉无颜见人，故此走了这条径路。王员外与徐氏因恨他夫妻生心害人，全无苦楚。一面买棺盛殓，自不必说。王员外吩咐重整筵席款待，一面差人到舟迎取陈氏。一时间家人报道："朱爷差人送太老爷来了！"廷秀弟兄、王员外一齐出去相迎。恰好陈氏轿子也至，夫妻母子相见，相抱而哭。正是：

> 苦中得乐浑如梦，死里逃生喜欲狂。
> 一家骨肉重相聚，千载令人笑赵昂。

张权道："我只道此生永无见期了，不料今日复能父子相逢！"一路哭入堂中。先向王员外、徐氏称谢，王员外再三请罪。然后二子叩拜，将赵昂设谋陷害前后情，一一细诉。说到伤心之处，父子又哭。不想哭兴了，正忘记打发了朱爷差人。那差人央家人们来禀知，廷秀发个谢帖，赏差人三钱银子而去。当下徐氏邀陈氏自归后房，玉姐下楼拜见，姑媳又是一番凄楚。少顷，筵宴已完，内外两席，直饮到夜半方止。

次日，廷秀弟兄到府中谢过朱四府，打发了船只，一家都住于王员外家中。等邵爷到后，完姻赴任。廷秀又将邵爷愿招文秀为婿的事，禀知父母。备下聘礼，一到便行。

半月之后，邵爷方至。河南褚长者夫妻也到，常州府迎接的吏书也都到了。那时王员外门庭好不热闹。廷秀主意，原作成王三叔为媒，先行礼聘了邵小姐，然后选起吉期，弟兄一齐成亲。到了这日，王员外要夸炫亲戚，大开筵宴，广请宾朋，笙箫招地，鼓乐喧天。花烛之下，乌纱绛袍，凤冠霞帔，好不气象。恰好两对新人，配着四双父母。有诗为证：

> 四姓亲家皆富贵，两双夫妇倍欢娱。
> 枕边忽叙伤心话，血泪犹然洒绣橱。

那府县官闻知，都来称贺。三朝之后，各自分别起身。张权夫妻随廷秀常州上任，褚长者与文秀自往京中。邵爷自往福建。王员外因家业广大，脱身不得，夫妻在家受用。不则一日，圣旨颁下，依拟将赵昂、杨洪、杨江处斩。按院就委廷秀监斩。行刑之日，看的人如山如海。都道赵昂自作之孽，亲戚中无有怜之者。连丈人王员外也不到法场来看。正是：

> 善恶到头终有报，只争来早与来迟。
> 劝君莫把欺心传，湛湛青天不可欺。

廷秀念种义之恩,托朱爷与他开招释罪。又因父亲被人陷害,每事务必细询,鞫出实情,方才定罪。为此声名甚大。行取至京,升为主事。文秀以散馆点了山西巡按。那张权念祖茔俱在江西,原归故里,恢复旧业,建第居住。后来邵爷与褚长者身故,廷秀弟兄,各自给假为之治丧营葬。待三年之后,方上表,复了本姓。廷秀生得三子,将次子继了王员外之后,三子继邵爷之后,以表不负昔年父子之恩。文秀亦生二子,也将次子继了褚长者香火。张权夫妇寿至九旬之外,无疾而终。王员外夫妻共享遐龄。廷秀弟兄俱官至八座之位,至今子孙科甲不断。诗云:

> 由来白屋出公卿,到底穷通未可凭。
> 凡事但存天理在,安心自古福来迎。

第二十一卷

张淑儿巧智脱杨生

> 自昔财为伤命物,从来智乃护身符。
> 贼髡毒手谋文士,淑女双眸识俊儒。
> 已幸余生逃密网,谁知好事在穷途?
> 一朝获把封章奏,雪怨酬恩显丈夫。

话说正德年间,有个举人,姓杨名延和,表字元礼,原是四川成都府籍贯。祖上流寓南直隶扬州府地方做客。遂住扬州江都县。此人生得肌如雪晕,唇若朱涂,一个脸儿,恰像羊脂白玉碾成的,哪里有什么裴楷,哪里有什么王衍,这个杨元礼,便真正是神清气清第一品的人物。更兼他文才天纵,学问凤成,开着古书簿叶,一双手不住的翻,吸力豁刺,不够吃一杯茶时候,便看完一部。人只道他查点篇数,那晓得经他一展,逐行逐句,都稀烂的熟在肚子里头。一遇作文时节,铺着纸,研着墨,蘸着笔尖,飕飕声,簌簌声,直挥到底,好像猛雨般洒满一纸。句句是锦绣文章。真个是:

> 笔落惊风雨,书成泣鬼神。
> 终非池沼物,堪作庙堂珍。

七岁能书大字,八岁能作古诗,九岁精通时艺,十岁进了府庠,次年第一补廪。父母相继而亡,丁忧六载,元礼因为少孤,亲事也都不曾定得。喜得他苦志读书,十九岁便中了乡场第二名。不得首荐，心中闷闷不乐。叹道："世无识者，"不耐烦赴京会试。那些叔伯亲友们，那个不来劝他及早起程。又有同年兄弟六人，时常催促同行。那杨元礼虽说不愿会试，也是不曾中得解元，气忿的说话。功名心原是急的。一日，被这几个同年们催逼不过，发起兴来，整治行李。原来父母虽亡，他的老尊原是务实生理的人，却也有些田房遗下。元礼变卖一两处为上京盘缠。同了六个乡同年，一路上京。

那六位同年是谁？一个姓焦名士济，字子舟；一个姓王名元晖，字景照；一个姓张名照，字弢伯；一个姓韩名蕃锡，字康侯；一个姓蒋名义，字礼生；一个姓刘名善，字取之；六人里头，只有刘蒋二人家事凉薄些儿，那四位却也一个个殷足。那姓王的家私百万，地方上叫作"小王恺"。说起来连这举人也是有些缘故来的。那时新得进身，这几个朋友，好不高兴。带了五六个家人上路。一个个人材表表，气势昂昂，十分齐整。怎见得？但见：

　　轻眉俊眼，绣腿花拳，风笠飘飘，雨衣鲜灿；玉勒马，一声嘶破柳堤烟；碧帷车，数武碾残松岭雪。右悬雕矢，行色增雄；左插鲛函，威风倍壮。扬鞭喝跃，途人谁敢争先；结队驱驰，村市尽皆惊盼。正是：处处绿杨堪系马，人人有路透长安。

这班随从的人打扮出路光景，虽然悬弓佩剑，实落是一个也动不得手的。大凡出路的人，第一是老成二字最为紧要。一举一动，俱要留心。千不合，万不合，是贪了小便宜。在山东兖州府马头上，各家的管家打开了银包，兑了多少铜钱，放在皮箱里头，压得那马背郎当，担夫疼软。一路上见的，只认是银子在内，哪里晓得是铜钱在里头。行到河南府荥县地方相近，离城尚有七八十里。路上荒凉，远远的听得钟声清亮。抬头观看，望着一座大寺。

　　苍松虬结，古柏龙蟠。千寻峭壁，插汉芙蓉；百道鸣泉，洒空珠玉。螭头高拱，上逼层霄；鸱吻分张，下临无地。颤巍巍恍是云中双阙，光灿灿犹如海外五城。

寺门上有金字牌扁，名曰宝华禅寺。那几个连日鞍马劳顿，见了这么大寺，心中欢喜。一齐下马停车，进去游玩。但见稠阴夹道，曲径纡回，旁边多少旧碑，七横八竖，碑上字迹模糊，看起来唐时开元年间建造。正看之间，有小和尚疾忙进报。随有中年和尚油头滑脸，摆将出来。见了这几位冠冕客人踱进来，便鞠躬迎进。逐一位见礼看座，问了某姓某处，小和尚掇出一盘茶来吃了。那几个随即问道："师父法号？"那和尚道："小僧贱号悟石。列位相公有何尊干，到荒寺经过？"众人道："我们都是赴京会试的。在此经过。见寺宇整齐，进来随喜。"那和尚道："失敬，失敬！家师远出，有失迎接，却怎生是好？"说了三言两语，走出来吩咐道人摆茶果点心。便走到门前观看，只见行李十分华丽，跟随人役，个个鲜衣大帽。眉头一蹙，计上心来。暗暗地欢喜道："这些行李，若谋了他的，尽好受用。我们这样荒僻地面，他每在此逗留，正是天送来的东西了。见物不取，失之千里。不免留住他们，再作区处。"转身进来，就对众举人道："列位相公在上，小僧有一言相告，勿罪唐突。"众举人道："但说何妨。"和尚道："说也奇怪，小僧昨夜得一奇梦，梦见天上一个大星，端端正正的落在荒寺后园地上，变了一块青石。小僧心上喜道：必有大贵人到我寺中。今日果得列位相公到此。今科状元，绝不出七位相公之外。小僧这里荒僻乡村，虽不敢屈留尊驾，但小僧得此佳梦，意欲暂留过宿。列位相公，若不弃嫌，过了一宿，应此佳兆。只是山蔬野蔌，怠慢列位相公，不要见罪。"

众举人听见说了星落后园，决应在我们几人之内，欲待应承过宿。只有杨元礼心中疑惑。密向众同年道："这样荒僻寺院，和尚外貌虽则殷勤，人心难测。他苦苦要留，必有缘故。"众同年道："杨年兄又来迂腐了。我们连主仆人夫，算来约有四十多人，那怕这几个乡村和尚。若杨年兄行李万有他虞，都是我众人赔偿。"杨元礼道："前边只有三四十里，便到歇宿所在。还该赶去，才是道理。"却有张弢伯与刘取之都是极高兴的朋友，心上只是要住。对元礼道："且莫说天色已晚，赶不到村店，此去途中，尚有可虑。现成这样好僧房，受用一宵，明早起身，也不为误事。若年兄必要赶到市镇，年兄自请先行，我们不敢奉陪。"那和尚看见众人低声商议，杨元礼声声要去。便向元礼道："相公，此处去十来里有黄泥坝，歹人极多。此时天色已晚，路上难保无虞。相公千金之躯，不如小房过夜，明日早行，差得几时路程，却不安稳了多少。"元礼被众友牵制不过，又见和尚十分好意；况且跟随的人，见寺里热茶热水，也懒得赶路。向主人道："这师父说黄泥坝晚上难走，不如暂过一夜吧。"元礼见说得有理，只得允从。众友吩咐抬进行李，明早起程。

那和尚心中暗喜中计。连忙备办酒席，吩咐道人，宰鸡杀鹅，烹鱼炮鳖，登时办起盛席来。这等地面哪里买得凑手？原来这寺和尚极会受用，件色鸡鹅等类，都养在家里，因此捉来便杀，不费工夫。佛殿旁边转过曲廊，却是三间精致客堂，上面一字儿摆下七个筵席，下边列着一个陪卓，共有八席，十分齐整。悟石举杯安席。众同年序齿坐定。吃了数杯之后，张弢伯开言道："列位年兄，必须行一酒令，才是有兴。"刘取之道："师父，这里可有色盆？"和尚道："有，有。"连唤道人取出色盆，斟着大杯，送第一位焦举人行令。焦子舟也不推逊，吃酒便掷，取么点为文星，掷得者卜色飞送。众人尝得酒味甘美，上口便干。原来这酒不比寻常，却是把酒来浸米，曲中又放些香料，用些热药，做来颜色浓醲，好象琥珀一般。上口甘香，吃了便觉神思昏迷，四肢疼软。这几个会试的路上吃惯了歪酒，水般样的淡酒，药般样的苦酒，还有尿般样的臭酒，这晚吃了恁般浓酽，加倍放出意兴来。猜拳赌色，一杯复一杯，吃一个不住。那悟石和尚又叫小和尚在外厢陪了这些家人，叫道人支持这些轿夫马夫，上下人等，都吃得泥烂。

只有杨元礼吃到中间，觉酒味香浓，心中渐渐昏迷。暗道："这所在那得恁般好酒！且是昏迷神思，其中决有缘故。"就地生出智着来，假做腹痛，吃不下酒。那些人不解其意，却道："途路上或者感些寒气，必是多吃热酒，才可解散。如何倒不用酒？"一齐来劝。那和尚道："杨相公，这酒是三年陈的，小僧辈置在床头，不敢轻用。今日特地开出来，奉敬相公。腹内作痛，必是寒气，连用十来大杯，自然解散。"杨元礼看他勉强劝酒，心上愈加疑惑，坚执不饮。众人道："杨年兄为何这般扫兴？我们是畅饮一番，不要负了师父美情。"和尚合席敬大杯，只放元礼不过。心上道："他不肯吃酒，不知何故？我也不怕他一个醒的跳出圈子外边去。"又把大杯斟送。元礼道："实是吃不下了，多谢厚情。"和尚只得把那几位抵死劝酒。却说那些副手的和尚，接了这些行李，众管家们各拣洁净房头，铺下铺盖。这些吃醉的举人，大家你称我颂,乱叫着某状元、某会元,东歪西倒,跌到房中,面也不洗,衣也不脱,爬上床磕头便睡,齁齁鼻息,响动如雷。这些手下人也被道人和尚们大碗头劝着,一发不顾性命,吃得眼定口开,手疼脚软,做了一堆烂倒。

却说那和尚也在席上陪酒,他便如何不受酒毒?他每吩咐小和尚,另藏着一把注子,色味虽同,酒力各别。间或客人答酒,只得呷下肚里,却又有解酒汤,在房里去吃了,不得昏迷。酒散归房,人人熟睡。那些贼秃们一个个磨拳擦掌,思量动手。悟石道:"这事须用乘机取势,不可迟延。万一酒力散了,便难做事。"吩咐各持利刃,悄悄的步到卧房门首,听了一番,思待进房中间,又有一个四川和尚,号曰觉空,悄向悟石道:"这些书呆不难了当,必须先把跟随人役完了事,才进内房,这叫作斩草除根,永无遗患。"悟石点头道:"说得有理。"遂转身向家人安歇去处,掇开房门,见头便割。这班酒透的人,匹力扑六的好像切菜一般,一齐杀倒,血流遍地。其实堪伤!

却说那杨元礼因是心中疑惑,和衣而睡。也是命不该绝,在床上展转不能安寝。侧耳听着外边,只觉酒散之后,寂无人声。暗道:"这些和尚是山野的人,收了这残盘剩饭,必然聚吃一番,不然,也要收拾家伙,为何寂然无声?"又少顷,闻得窗外悄步,若有人声,心中愈发疑异。又少顷,只听得外厢连叫:"哎哟!"又有模糊口声。又听得匹扑的跳响,慌忙跳起道:"不好了,不好了!中了贼僧计也!"隐隐的闻得脚踪声近,急忙里用力去推那些醉汉,哪里推得醒。也有木头般不答应的,也有胡胡卢卢说困话的。推了几推,只听得呀的房门声响。元礼顾不得别人,事急计生,耸身跳出后窗。见庭中有一棵大树,猛力爬上,偷眼观看。只见也有和尚,也有俗人,一伙儿拥进房门,持着利刃,望颈便刺。元礼见众人被杀,惊得心摇胆战,也不知墙外是水是泥,奋身一跳,却是乱棘丛中。欲待蹲身,又想后窗不曾闭得,贼僧必从天井内追寻,此处不当稳便。用力推开棘刺,满面流血,钻出棘丛,拔步便走。却是硬泥荒地。带跳而走,已有二三里之远。云昏地黑,阴风渐渐,不知是什么所在。却都是废冢荒丘。又转了一个弯角儿,却是一所人家,孤丁丁住着,板缝内尚有火光。元礼道:"我已筋疲力尽,不能行动。此家灯火未息,只得哀求借宿,再作道理。"正是:

青龙白虎同行,凶吉全然未保。

元礼低声叩门,只见五十来岁一个老妪,点灯开门。见了元礼道:"夜深人静,为何叩门?"元礼道:"昏夜叩门,实是学生得罪。争奈急难之中,只得求妈妈方便,容学生暂息半宵。"老妪道:"老身孤寡,难好留你。且尊客又无行李,又无随从,语言各别,不知来历。决难从命!"元礼暗道:"事到其间,不得不以实情告他。""妈妈在上,其实小生姓杨,是扬州府人,会试来此,被宝华寺僧人苦苦留宿。不想他忽起狼心,把我们六七位同年都灌醉了,一齐杀倒。只有小生不醉,幸得逃生。"老妪道:"哎哟!阿弥陀佛!不信有这样事!"元礼道:"你不信,看我面上血痕。我从后庭中大树上爬出,跳出荆棘丛中,面都刺碎。"

老妪睁睛看时,果然面皮都碎。对元礼道:"相公果然遭难,老身只得留住。相公会试中了,看顾老身,就有在里头了。"元礼道:"极感妈妈厚情!自古道:救人一命,胜造七级浮图。我替你关了门,你自去睡。我就此桌儿上在假寐片时。一待天明,即便告别。"老妪道:"你自请稳便。那个门没事,不劳相公费心。老身这样寒家,难得会试相公到来。常言道:贵人上宅,柴长三千,米长八百。我老身有一个姨娘,是卖酒的,就住在前村。我老身去打一壶来,替相公压惊,省得你又无铺盖,冷冰冰地睡不去。"元礼只道脱了大难,心中又惊又喜,谢道:"多承妈妈留宿,已感厚情! 又承赐酒,何以图报? 小生倘得成名,绝不忘你大德。"妈妈道:"相公且宽坐片时,有小女奉陪。老身暂去就来。"女儿过来,见了相公。你且把门儿关着,我取了酒就来也。"那老妪吩咐女儿几句,随即提壶出门去了,不提。

却说那女子把元礼仔细端详,若有嗟叹之状。元礼道:"请问小姐姐今年几岁了?"女子道:"年方一十三岁。"元礼道:"你为何只管呆看小生?"女子道:"我看你堂堂容貌,表表姿材,受此大难,故此把你仔细观看。可惜你满腹文章,看不出人情世故。"元礼惊问道:"你为何说此几句,令我好生疑异!"女子道:"你只道我家母亲为何不肯留你借宿?"元礼道:"孤寡人家,不肯黉夜留人。"女子道:"后边说了被难缘因,他又如何肯留起来?"元礼道:"这是你令堂恻隐之心,留我借宿。"女子道:"这叫作燕雀处堂,不知祸之将及。"元礼益发惊问道:"难道你母亲也待谋害我不成? 我如今孤身无物,他又何所利于我? 小姐姐,莫非道我伤弓之鸟,故把言语来吓诈我吗?"女子道:"你只道我家住居的房屋,是那个的房屋? 我家营运的本钱是那个的本钱?"元礼道:"小姐姐说话好奇怪! 这是你家事,小生如何知道?"女子道:"妾姓张,有个哥哥,叫作张小乙,是我母亲过继的儿子,在外面做些小经纪。他的本钱,也是宝华寺悟石和尚的,这一所草房也是寺里搭盖的。哥哥昨晚回来,今日到寺里交纳利钱去了,幸不在家。若还撞见相公,不相饶。"元礼想道:"方才众和尚行凶,内中也有俗人,一定是张小乙了。"便问道:"既是你妈妈和寺里和尚们一路,如何又买酒请我?"女子道:"他哪里真个去买酒? 假此为名,出去报与和尚得知。少顷他们就到了,你终须一死! 我见你丰仪出众,决非凡品,故此对你说知。放你逃脱此难!"

元礼吓得浑身冷汗,抽身便待走出。女子扯住道:"你去了不打紧,我家母亲极是厉害,他回来不见了你,必道我泄漏机关。这场责罚,教我怎生禁受?"元礼道:"你若有心救我,只得吃这场责罚,小生死不忘报。"女子道:"有计在此! 你快把绳子将我绑缚在柱子上,你自脱身前去。我口中乱叫母亲,等他回来,只告诉他说你要把我强奸,绑缚在此。被我叫喊不过,他怕母亲归来,只得逃走了去。必然如此,方免责罚。"又急向箱中取银一锭与元礼道:"这正是和尚借我家的本钱。若母亲问起,我自有言抵对。"元礼初不敢受,思量前路盘缠,尚无毫忽,只得受了。把这女子绑缚起来,心中暗道:"此女仁智兼全,救我性命,不可忘他大恩。不如与他定约,异日娶他回去。"便向女子道:"小生杨延和,表字元礼,年十九岁,南直扬州府江都县人氏。因父母早亡,尚未婚配。受你活命之恩,意欲结为夫妇,后日娶你,绝不食言,小姐姐意下如何?"女子道:"妾小名淑儿,今岁十三岁。若不弃微贱,永结葭莩,死且不恨。只是一件:我母亲通报寺僧,也是平昔受他恩惠,故尔不肯负他。请君日后勿复记怀。事已危迫,君无留恋。"元礼闻言一毕,抽身往外便走。才得出门,回头一看,只见后边一队人众,持着火把,蜂拥而来。元礼魂飞魄丧,好像失心风一般,望前乱跌,也不敢回头再看。

话分两头。单提那老妪打头,引僧觉空,持棍在前,悟石随后,也有张小乙,通共有二十余人,气咻咻一直赶到老妪家里。女子听得人声相近,乱叫乱哭。老妪一进门来,不见了姓杨的,只见女子被缚,吓了一跳,道:"女儿为何倒缚在那里?"女子哭道:"那人见母亲出去,竟要把我强奸,道我不从,竟把绳子绑缚了我。被我乱叫乱嚷,只得奔去。又转身进来要借盘缠。我回他没有,竟向箱中摸取东西,不知拿了什么,向外就走。"那老妪闻言,好像落汤鸡一般,口不能言。连忙在箱子内查看,不见了一锭银子。叫道:"不好了!前借师父的本钱,反被他掏摸去了。"众和尚不见杨元礼,也没工夫逗留,连忙向外追赶。又不知东西南北那一条路去了。走了一阵,只得叹口气回到寺中,跌脚叹道:"打蛇不死,自遗其害。"事已如此,无可奈何!且把杀死众尸,埋在后园空地上。开了箱笼被囊等物,原来多是铜钱在内,总算来不及百两。把些来分与觉空,又把些分与众和尚、众道人等。也分些与张小乙。人人欢喜,个个感激。又另外分送与老妪。一则买他的口,一则赔偿他所失本钱,依旧作借。

却说那元礼,脱身之后,黑地里走来走去,原只在一笪地方,气力都尽。只得蹲在一个冷庙堂里头。天色微明,向前奔走,已到蒙县。刚待进城,遇着一个老叟,连叫:"老侄,闻得你新中了举人,恭喜,恭喜!今上京会试,如何在此独步,没人随从?"那老叟你道是谁?却就是元礼的叔父,叫作杨小峰,一向在京生理,贩货下来,经由河间府,到往山东。劈面撞着了新中的侄儿,真是一天之喜。元礼正值穷途,撞见了自家的叔父,把宝华寺受难根因,与老妪家脱身的缘故一一告诉。杨小峰十分惊愕,挽着手,同到饭店。就把身边随从的阿三与元礼伏侍,又借他白银一百二三十两,又替他叫了骡轿送他进京。正叫作:

不是一番寒彻骨,怎得梅花扑鼻香!

元礼别了小峰,到京会试,中了第二名会魁。叹道:"我杨延和到底逊人一筹!然虽如此,我今番得中,一则可以践约,二则得以伸冤矣。"殿试中了第一甲第三名,入了翰林。有相厚会试同年舒有庆,他父亲舒琰,正在山东做巡按。元礼把六个同年及从人受害本末,细细与舒有庆说知。有庆报知父亲,随着府县拘提合寺僧人到县。即将为首僧人悟石、觉空二人,极刑鞠问,招出杀害举人原由。押赴后园,起尸相验。随将众僧拘禁。此时张小乙已自病故了。舒琰即时题请灭寺屠僧,立碑道傍,地方称快。后边元礼告假回来,亲到废寺基址,作诗吊祭六位同年,不题。

却说那老妪原系和尚心腹,一闻寺灭僧屠,正待逃走。女子心中暗道:"我若跟随母亲同去,前日那杨举人从何寻问?"正在忧惶,只见一个老人家走进门来,问道:"这里可是张妈妈家?"老妪道:"老身亡夫,其实姓张。"老叟道:"令爱可叫作淑儿吗?"老妪道:"小女的名字,老人家如何晓得?"老叟道:"老夫是扬州杨小峰,我侄儿杨延和,中了举人,在此经过,往京会试。不意这里宝华禅寺和尚忽起狼心,谋害同行六位举人,并杀跟随多命。侄儿幸脱此难。现今中了探花,感激你家令爱活命之恩,又谢他赠了盘缠银一锭,因此托了老夫到此说亲。"老妪听了,吓呆了半响,无言回答。那女子窥见母亲情慌无措,扯他到房中说道:"其实那晚见他丰格超群,必有大贵之日。孩儿惜他一命,只得赠了盘缠放他逃去。彼时感激孩儿,遂订终身之约。孩儿道:母亲平昔受了寺僧恩惠,纵去报与寺僧知道,也是各不相负,你切不可怀恨。他有言在先,你今日不须惊怕。"杨小峰就接淑儿母子到扬州地方,赁房居住。等了元礼荣归,随即结姻。老妪不敢进见元礼,女儿苦苦代母请罪,方得相见。

老妪匍伏而前,元礼扶起行礼,不提前事。却说后来淑儿与元礼生出儿子,又中辛未科状元,子孙荣盛。若非黑夜逃生,怎得佳人作合? 这叫作:

> 夫妻本是前生定,曾向蟠桃会里来。

有诗为证:

> 春闱赴选遇强徒,解厄全凭女丈夫。
> 凡事必须留后着,他年方不悔当初。

第二十二卷

吕洞宾飞剑斩黄龙

　　暮宿苍梧,朝游蓬岛,朗吟飞过洞庭边。岳阳楼酒醉,借玉山作枕,容我高眠。出入无踪,往来不定,半是风狂半是颠。随身用提篮背剑,货卖云烟。
　　人间,飘荡多年,曾占东华第一筵。推倒玉楼,种吾奇树;黄河放浅,栽我金莲。捽碎珊瑚,翻身北海,稽首虚皇高座前。无难事,要功成八百,行满三千。

　　这只词儿名曰《沁园春》,乃是一位陆地大罗神仙所作。那位神仙是谁? 姓吕名岩,表字洞宾,道号纯阳子。自从黄粱梦得悟,跟随师父钟离先生,每日在终南山学道。或一日,洞宾曰:"弟子蒙我师度脱,超离生死,长生妙诀,俺道门中轮回还有尽处吗?"师父曰:"如何无尽! 自从混沌初分以来,一小劫该十二万九千六百年,世上混一,圣贤皆尽。一大数二十五万九千二百年,儒教已尽。阿修劫三十八万八千八百年,俺道门已尽。襄劫七十七万七千七百年,释教已尽。此是劫数。"洞宾又问:"我师,阎浮世上,高低阔远,南北东西,俱有尽处吗?"师父曰:"如何无尽处! 且说中原之地,东至日出,西至日没,南至南蛮,北至幽燕,两轮日月,一合乾坤,四百座军州,三千座县分,七百座巡检司,此是中原之地。"洞宾曰:"弟子欲游中原,从何而起? 从何而止?"师曰:"九九之数属阳,先从山前九州,山后九州,两淮三九二十七军州,河北四九三十六军州,关西五九四十五军州,西川六九五十四军州,荆湖七九六十三军州,江南九九八十一军州,海外潮阳四州,共计四百座军州。"洞宾曰:"四百座军州,有多少人烟?"师曰:"世上三山、六水、一分人烟。"

　　洞宾又问:"我师成道之日,到今该多寿数?"师父曰:"数着汉朝四百七年,晋朝一百五十七年,唐朝二百八十八年,宋朝三百一十七年,算来计该一千年一百岁有零。"洞宾曰:"师父计年一千一百岁有零,度得几人?"师父曰:"只度得你一人。"

洞宾曰:"缘何只度得弟子一人?只是俺道门中不肯慈悲,度脱众生。师父若教弟子三年严限,只在中原之地,度三千余人,兴俺道家。"师父听得说,呵呵大笑:"吾弟住口!世上众生不忠者多,不孝者广。不仁不义众生,如何做得神仙?吾教汝去三年,但寻得一个来,也是汝之功。"洞宾曰:"只就今日拜辞吾师,弟子云游去了。"师父曰:"且住,且住!你去未得。吾有法宝,未曾传与汝。道童,与吾取过降魔太阿神光宝剑来。"道童取到。师父曰:"此剑是吾师父东华帝君传与吾。吾传与汝。"这洞宾双膝跪下:"领我师法旨。"师父曰:"此剑能飞取人头,言说住址姓名,念咒罢,此剑化为青龙,飞去斩首,口中衔头而来。有此灵显。有咒一道,飞去者如此如此。再有收回咒一道,如此如此。"言罢,洞宾纳头拜授,背了剑,曰:"告吾师,弟子只今日拜辞下山去。"师曰:"且住,且住!你去未得。汝若要下山,依我三件事,方可去。"洞宾曰:"告我师,不知那三件事?"师曰:"第一件,到中原之地,休寻和尚闹,依得吗?"洞宾曰:"依得。"师曰:"第二件,将吾宝剑去要将回来,休失落了,依得吗?"洞宾曰:"依得。"师曰:"第三件,与你三年限满,休违了。如违了限,即当斩首灭形,依得吗?"洞宾曰:"依得。"师父大喜道:"好去,好去!"洞宾曰:"蒙我师传法与弟子,年代劫数,地理路途,宝剑法语,弟子都省悟了。今作诗一首,拜谢吾师。弟子下山度人去也!"诗曰:

> 二十四神清,三千功行成。
> 云烟笼地轴,星月遍空明。
> 玉子何须种,金丹岂用耕?
> 个中玄妙诀,谁道不长生!

　　吟诗已罢,师父呵呵大笑:"吾弟,汝去三年,度得人也回来,度不得人也回来,休违限次,宝剑休失落了,休惹和尚闹。速去速回!"洞宾拜辞师父下山。却不知度得人也度不得?正是:

> 情知语是钩和线,从头钓出是非来。

　　这洞宾一就下山,按落云头,来到阎浮世上,寻取有缘得道之士。整整行了一年,绝无踪迹。有诗为证:

> 自隐玄都不记春,几回沧海变成尘。
> 我今学得长生法,未肯轻传与世人。

洞宾行了一年，没寻人处，如之奈何。眉头一纵，计上心来。在山中曾听得师父说来，直上太虚顶上观看，但是紫气现处，五霸诸侯；黑气现处，山妖水怪；青气现处，得道神仙。去那无人烟处，喝声起，一道云头直到太虚顶上。东观西望，远远见一处青气充天而起。洞宾道："好！此处必有神仙。"云行一万，风送八千，料来千里路，云头一片，去心留不住。看看行到青气现处，不知何所。洞宾唤："土地安在？"一阵风过外，土地现形，怎生模样？

　　　　衣裁五短，帽裹三山，手中藜杖老龙形，腰间皂绦黑虎尾。

土地唱喏："告上仙，呼唤小圣，不知有何法旨？"洞宾曰："下界何处青气现者，谁家男子妇人？"土地道："下界西京河南府在城铜驼巷口，有个妇人殷氏，约年三十有余，不曾出嫁。累世奉道，积有阴果。此女乃唐朝殷开山的子孙，七世女身，因此青气现。"洞宾曰："速退。"风过处，土地去了。

　　却说洞宾坠下云端，化作腌臜道人，直入城来。到铜驼巷口，见牌一面，上写"殷家浇造细心耐点清油蜡烛"。铺中立着个女娘，鱼鳅冠儿，道装打扮，眉间青气现。洞宾见了，叫声好，不知高低。正是：

　　　　踏破铁鞋无觅处，得来全不费工夫。

洞宾叫声："稽首。"看那娘子正与浇蜡烛待诏说话。回头道："先生过一遭。"洞宾上前一看，见怒气太重，叫声："可惜！"去袖内拂下一张纸来。上有四句诗曰：

　　　　出山罚愿度三千，寻遍阎浮未结缘。
　　　　特地来时真有意，可怜殷氏骨难仙。

　　诗后写道："口口仙作。"这个女娘见那道人袖中一幅纸拂将下来。交人拾起看时，二口为吕，知是吕祖师化身。便教人急忙赶去，寻这个先生。先生化阵清风不见了。殷氏心中懊悔。正是：无缘对面不相逢！只因这四句诗，风魔了这女娘一十二年。后来坐化而亡。

　　只说洞宾不觉又早一年光景，无寻人处。再去太虚顶上观看，只见一匹马飞来。到面前下马离鞍，背上宣筒里取出请书来："告上仙，东京开封府马行街居住，奉道信官王唯善，于今月十四日，请道一坛，就家庭开建奉真清醮三百六十分位斋。请往来道士二千员，恭为纯阳真人度诞之辰。特赍请状拜请！"洞宾听说："吾忘其所以！来朝是吾生日。符官有劳心力远来。"符官曰："小圣直到终南山，见老师父，说上仙在中原之地，特寻到此，得见上仙。"洞宾于荆筐篮内，取一个仙果，与符使吃了，拜谢上马而去。

　　洞宾一道云头直到东京人不到处，坠下云头，立住了脚。若还这般模样，被人识破。把头一摆，喝声变！变作一个腌臜疥癞先生入城。行到马行街，只见扬旛挂榜做好事。上朝请圣邀真。洞宾却好到。人若有愿，天必从之。且看那斋主有缘度他？洞宾到坛上看，却是个中贵官太尉，好善奉真修道。眉间微微有些青气。洞宾肚内思量："此人时节未到。显些神通化他。初心不退，久后成其正果。"洞宾吃罢斋,支衬钱五百文,白米五斗。洞宾言曰:"贫道善能水墨画,用水一碗,也不用笔,取将绢一匹,画一幅山水相谢斋衬。"众人禀了太尉,取绢一幅与先生。先生磨那碗墨水,去绢上一泼,坏了那幅绢。太尉见道:"这厮无礼;捉弄下官;与我拿来。"先生见太尉焦躁,转身便去。众人赶来,只见先生化阵清风而去。但见有幅白纸吊将下来,众人拿白纸来见太尉。太尉打开看时,有四句言语道:

> 斋道欲求仙骨,及至我来不识。
> 要知贫道姓名,但看绢画端的。

太尉教取恰才坏了的绢,再展开来看。不看时万事全休,看了纳头便拜。见什么来? 正是:

> 神仙不肯分明说,误了阎浮世上人。

王太尉取污了绢来看时,完然一幅全身吕洞宾。才信来的先生是神仙,悔之不及!将这幅仙画送进入后宫,太后娘娘裱褙了,内府侍奉。王太尉奏过,将房屋宅子,纳还朝廷,伴当家人都散了,直到武当山出家。山中采药,遭遇纯阳真人,得度为仙。这是后话。

且说洞宾吕先生三年将满限期,一人不曾度得,如之奈何? 心中闷倦。只得再在太虚顶上观看青气现处,只见正南上有青气一股。急驾云头望着青气现处。约行两个时辰,见青气至近。喝声:住,唤:"此间山神安在?"风过处,山神现形。金盔金甲锦袍,手执着开山斧,躬身唱喏:"告上仙,有何法旨?"洞宾道:"下方青气现处,是个什么人家?"山神曰:"下界江西地面,黄州黄龙山下有个公公,姓傅,法名永善,广行阴骘,累世积善。因此有青气现。"洞宾曰:"速退。"

聚则成形,散则为气。先生坠下云来,直到黄龙山下傅家庭前,正见傅太公家斋僧。直到草堂上,见傅太公。先生曰:"结缘增福,开发道心。"太公曰:"先生少怪! 老汉家斋僧不斋道。"洞宾曰:"斋官,儒释道三教,从来总一家。"太公曰:"偏不敬你道门! 你那道家说谎太多。"洞宾曰:"太公,那见俺道家说谎太多?"太公曰:"秦皇汉武,尚且被你道家捉弄,何况我等!"先生曰:"从头至尾说,俺道家怎么捉弄秦皇汉武?"太公曰:"岂不闻白氏讽谏曰:

> 海漫漫,直下无底傍无边。云涛雪浪最深处,人传中有三神山。山上多生不死药,服之羽化为神仙。秦皇汉武信此语,方士年年采药去。蓬莱今古但闻名,烟水茫茫无觅处。海漫漫,风浩浩,眼穿不见蓬莱岛。不见蓬莱不肯归,童男童女舟中老。徐福狂言多诳诞,上元太乙虚祈祷。君看骊山顶上茂陵头,毕竟悲风吹蔓草! 何况玄元圣祖五千言,不言药,不言仙,不言白日上青天。"

傅太公言毕,先生曰:"我道家说谎,你那佛门中有甚奇德处?"太公曰:"休言灵山活佛,且说俺黄龙山黄龙寺黄龙长老慧南禅师,讲经说法,广开方便之门;普度群生,接引菩提之路。说法如云,度人如雨。法座下听经闻法者,每日何止数千,尽皆欢喜。几曾见你道门中阐扬道法,普度群生,只是独吃自疴,因此不敬道门。"吕先生不听,万事全休;听得时,怒气填胸。问太公:"这和尚今日说法吗?"太公道:"一年四季不歇,何在乎今日。"吕先生不别太公,提了宝剑,径上黄龙山来,与慧南长老斗圣。谁胜谁赢? 正是:

> 蜗角虚名,蝇头微利,算来直恁甘忙! 事皆前定,谁弱与谁强? 且趁闲身未老,须放我些子疏狂。百年里,浑教是醉,三万六千场。 思量、能几许? 忧愁风雨,一半相妨。又何须抵死说短论长? 幸对清风明月,苔茵展,云幕高张。江南好,千盅美酒,一曲《满庭芳》。

却才说不了,吕先生径望黄龙山上来,寻那慧南长老。话中且说黄龙禅师擂动法鼓,鸣钟击磬,集众上堂说法。正欲开口启齿,只见一阵风,有一道青气撞将入来,直冲到法座下。长老见了,用目一观,暗暗地叫声苦:"魔障到了!"便把手中界尺,去桌上按住大众道:"老僧今日不说法,不讲经,有一转话,问你大众。其中有答得的吗?"言未了,去那人丛里走出那先生来道:"和尚,你快道来。"长老曰:

> 老僧今年胆大,黄龙山下扎寨。
> 袖中扬起金锤,打破三千世界。

先生呵呵大笑道:"和尚! 前年不胆大,去年不胆大,明年亦不胆大,只今年胆大! 你再道来。"和尚言:"老僧今年胆大。"先生道:"住! 贫道从来胆大,专会偷营劫寨。夺了袖中金锤,留下三千世界。"众人听得发一声喊,好似一风撼折千竿竹,百万军中半夜潮。众人道:"好个先生答得好!"长老拿界方按定;众人肃静。先生道:"和尚,这四句只当引子,不算输赢。我有一转话,和你赌赛输赢,不赌金珠富贵。"去背上拔出那宝剑来,插在砖缝里双手拍着:"众人听贫道说,和尚赢,斩了小道。小道赢,要斩黄龙。"先生说罢,吓得人人失色,个个吃惊。只见长老道:"你快道来!"先生言:

> 铁牛耕地种金钱,石刻儿童把线穿。
> 一粒粟中藏世界,半升铛内煮山川。
> 白头老子眉垂地,碧眼胡僧手指天。
> 休道此玄玄未尽,此玄玄内更无玄。

先生说罢,便问和尚:"答得吗?"黄龙道:"你再道来。"先生道:"铁牛耕地种金钱。"黄龙道:"住!"和尚言:

> 自有红炉种玉钱,比先毫发不曾穿。
> 一粒能化三千界,大海须还纳百川。
> 六月炉头喷猛火,三冬水底纳凉天。
> 谁知此禅真妙用,此禅禅内更生禅。

先生道:"和尚输了,一粒化不得三千界。"黄龙道:近前来,老僧耳聋!"先生不知是计，趱上法座边，被黄龙一把揪住："我问你：一粒化不得三千界，你一粒怎地藏世界？且论此一句。我且问你：半升铛内煮山川，半升外在那里？"先生无言可答。和尚道："我的禅大合小，你的禅小合大。本欲斩你，佛门戒杀。饶你这一次！"手起一界尺，打得先生头上一个疙瘩，通红了脸，众人一齐贺将起来。先生没出豁，看着黄龙长老，大笑三声，三摇头，三拍手，拿了宝剑，入了鞘子，望外便走。众人道："输了呀！"黄龙禅师按下界方："大众！老僧今日大难到了。不知明日如何？有一转语曰：

五五二十五，会打贺山鼓。黄龙山下看相扑，却来这里吃一赌。大地甜瓜彻底甜，生擦瓜儿连蒂苦。

大众，你道什么三鼓掌，三摇头，三声大笑，作什么生？咦！

本是醍醐味，番成毒药仇。
今夜三更后，飞剑斩吾头。

禅师道罢，众人皆散。和尚下座入方丈，集众道："老僧今日对你们说，夜至三更，先生飞剑来斩老僧。老僧有神通，躲得过；神通小些，没了头。你众僧各自小心！"众僧合掌下跪："长老慈悲，救度则个！"黄龙长老点头，伸两个指头，言不数句，话不一席，救了一寺僧众。正是：

劝君莫结冤，冤深难解结。
一日结成冤，千日解不彻。
若将恩报冤，如汤去泼雪。
若将冤报冤，如狼重见蝎。
我见结冤人，尽被冤磨折。

黄龙长老道："众僧，牢关门户，休点灯烛。各人裹顶头巾，戴顶帽儿，躲此一难，来日早见。"众僧出方丈，自言自语："今日也说法，明日也说法，说出这个祸来！一寺三百余僧，有分切西瓜一般，都被切了头去！"胆大的在寺里，胆小的连夜走了。且说长老唤门公来。门公到面前唱个喏。长老道："近前来。"耳边低低道了言语，门公领了法旨自去。天色已晚，闹了黄龙寺中，半夜不安迹。

话中却说吕先生坐在山岩里，自思："限期已近，不曾度得一人。师父说道：休寻和尚斗！被他打了一界尺，就这般干休？和尚，不是你便是我！飞将剑去斩了黄龙，教人说俺有气度。若不斩他，回去见师父如何答应？"抬头观看，星移斗转，正是三更时分。取出剑来，吩咐道："吾奉本师法旨，带将你做护身之宝，休误了我。你去黄龙山黄龙寺，见长老慧南禅师，不问他行住坐卧间，速取将头来。"念念有词，喝声道："疾！"豁刺刺一声响亮，化作一条青龙，径奔黄龙寺去，吕先生喝声着！去了多时，约莫四更天气，却似石沉沧海，线断风筝，不见回来。急念收咒语，念到有三千余遍，不见些儿消息。

吕先生慌了手脚。"倘或失了宝剑，斩首灭形！"连忙起身，驾起云头，直到黄龙寺前坠下云头。见山门佛殿大门一齐开着，却是长老吩咐门公，教他都不要关闭。吕先生见了道："可惜早知这和尚不准备，直入到方丈，一剑挥为两段。"径到方丈里面，两枝大红烛点得明晃晃地，焚着一炉好香，香烟缭绕，禅床上坐着黄龙长老。长老高声大叫："多口子！你要剑，在这里！进来取去。"吕先生揭起帘子，走将入方丈去，道："和尚，还我剑来。"长老用手一指，那口剑一半插在泥里。吕先生肚里思量："我去拔剑，被他暗算，如之奈何？"道："和尚，罢，罢，罢！你还了我剑，两解手。"长老道："多口子，老僧不与你一般见识。本欲斩了你，看你师父面。"洞宾听得："直恁厉害！就拔剑在手，斩这厮！"大踏步向前，双手去拔剑，却便似万万斤生铁铸牢在地上，尽平生气力来拔，不动分毫。黄龙大笑："多口子，自古道：人无害虎心，虎无伤人意。我要还了你剑，教你回去见师父去，你心中却要拔剑斩吾！吾不还你剑，有气力拔了去。"吕先生道："他禁法禁住了，如何拔得去！"便念解法，越念越牢，永拔不起。吕先生道："和尚，还了我剑罢休。"长老道："我有四句颂，你若参得透，还了你剑。"先生道："你道来。"和尚怀中取出一幅纸来。纸上画着一个圈，当中间有一点，下面有一首颂曰：

> 丹在剑尖头，剑在丹心里。
> 若人晓此因，必脱轮回死。

吕先生见了，不解其意。黄龙曰："多口子，省得吗？"洞宾顿口无言。黄龙禅师道："俺护法神安在？"风过处，护法神现形。怎生打扮？

> 头顶金盔，绀红撒发朱缨，浑身金甲，妆成惯带，手中拿着降魔宝杵，貌若颜童。

护法神向前问讯："不知我师呼召，有何法旨？"黄龙曰："护法神，与我将这多口子押入困魔岩，待他参透禅机，引来见吾。每日大厨与他一个馒头。"护法神曰："领我师法旨。"护法神道："先生快请行！"吕先生道："哪里去？"护法神曰："走，走！如不走，交你认得三洲感应护法韦驮尊天手中宝杵！只重得八万四千斤！你若不走，直压你入泥里去！"吕先生自思量："师父教我不要惹和尚！"只得跟着护法神入困魔岩参禅。不在话下。

却说黄龙寺僧众，五更都到方丈参见长老。长老道："夜来惊恐你们。"众僧曰："得蒙长老佛法浩大，无些动静。"长老道："你们自好睡，却好闹了一夜。"众僧道："没有甚执照？"长老用手一指，众人见了这口宝剑，却似：

> 分开八片顶阳骨，倾下半桶冰雪水。

众僧一齐礼拜，方见长老神通广大，法力高强。山前山后，城里城外，男子女人，僧尼道俗，都来方丈看剑的人，不知其数。闹了黄龙山，鼎沸了黄州府。

却说吕先生坐在困魔岩，耳畔听得闹嚷嚷地，便召山神，山神现形唱喏，问："寺中为甚热闹？"山神曰："告上仙：城里城外人都来看这口宝剑，人人拔不起，因此热闹。"洞宾道："速退！"山神去了。先生自思："闹了黄州，师父知道，怎地分说？自首免罪。"韦天不在,走出洞门,驾云而起。且说韦天到困魔岩,不见了吕先生,径来方丈报与黄龙禅师:"走了吕先生,不知吾师要赶他也不赶?"禅师道:"护法神,免劳生受,且回天宫。"化阵清风而去。

却说吕先生一道云头,直到终南山洞厅口立着。见道童向前稽首,道童施礼。吕先生道:"道童,师父在吗?"道童言:"老师父山中采药,不在洞中。"吕先生径上终南山,寻见师父,双膝跪下,俯伏在地。钟离师父呵呵大笑,自已知道了,道:"弟子引将徒弟来了?不知度得几人?先将剑来还我。"吕先生告罪说:"不是处,望乞老师父将就解救弟子!"师父曰:"吾再三吩咐,休惹和尚们,头上的疙瘩尚然未消,有何面目见吾?你神通短浅,法力未精,如何与人斗胜?徒弟不曾度得一个,妆这辱门败户的事!俺且饶你初犯一次,速去取剑来!"吕先生拜:"告吾师,免弟于之罪。此剑被他禁住了,不能得回。"师父言:"吾修书一封,将去与吾师兄辟支佛看,自然还你。不可轻易,休损坏了封皮。"去荆筐篮里,取出这封书来。吕先生见了,纳头便拜:"吾师过去未来,俱已知道。"得了书,直到黄龙寺坠下云来。伽蓝通报长老:"吕先生在方丈外听法旨。"黄龙道:"唤他进来。"伽蓝曰:"吾师,有封书在此。"到方丈里,合掌顶礼。"来时奉本师法旨,有封书在此。"长老已知道,教取书来。吕先生双手献上。长老拆开,上面一个圆圈,圈外有一点在上,下有四句偈曰:

> 丹只是剑,剑只是丹。
> 得剑知丹,得丹知剑。

黄龙曰:"观汝师父面皮,取了剑去。"洞宾向前将剑轻轻拔起。"拜谢吾师!吕岩请问:吾师法语,'圈子里一点';本师法语,'圈子上一点',不知是何意故?"黄龙曰:"你肯拜我为师,传道与你。"吕先生言:"情愿皈依我佛。"前三拜,后三拜,礼佛三拜,三三九拜,合掌跪膝谛听。黄龙曰:"汝在座前言,一粒粟中藏世界,小合大圈子上一点。吾答一粒能化三千界,大合小圈子内一点。这是道!吾传与你。"吕先生听罢,大彻大悟,如漆桶底脱。"拜谢吾师,弟子回终南山去拜谢师父。"黄龙曰:"吾传道与汝。久后休言自会,或诗或词留为表记。你去取那文房四宝将来。"吕先生磨墨蘸笔,作诗一首。诗曰:

> 捽碎葫芦踏折琴,生来只念道门深。
> 今朝得悟黄龙术,方信从前枉用心。

作诗已毕,拜辞了黄龙禅师,径回终南山,见了本师,纳还了宝剑。从此定性,修真养道,数百年不下山。功成行满,陆地神仙。正是:

> 朝骑白鹿升三岛,暮跨青鸾上九霄。

后府人于凤翔府天庆观壁上,见诗一首,字如龙蛇之形,诗后大书"回道人"三字。详之,知为纯阳祖师也。诗曰:

> 得道年来八百秋,不曾飞剑取人头。
> 玉皇未有天符至,且货乌金混世流。

第二十三卷

金海陵纵欲亡身

> 昨日流莺今日蝉,起来又是夕阳天。
> 六龙飞辔长相窘,何忍乘危自着鞭。

这四句诗是唐朝司空图所作。他说流光迅速,人寿无多,何苦贪恋色欲,自促其命。看来这还是劝化平人的。平人所有者,不过一身一家,就是好色贪淫,还只心有余而力不足。若是贵为帝王,富有四海,何令不从,何求不遂。假如商惑妲己,周爱褒姒,汉嬖飞燕,唐溺杨妃,他所宠者止于一人,尚且小则政乱民荒,大则丧身亡国。何况渔色不休,贪淫无度,不惜廉耻,不论纲常。若是安然无恙,皇天福善祸淫之理,也不可信了。

如今说这金海陵,乃是大金国一朝聪明天子。只为贪淫无道,蔑礼败伦,坐了十二年宝位,改了三个年号,初次天德三年,二次贞元也是三年,末次正隆六年。到正隆六年,大举侵宋,被弑于瓜洲。大定帝即位,追废为海陵王。后人将史书所载废帝海陵之事,敷演出一段话文,以为将来之戒。正是:

> 后人请看前人样,莫使前人笑后人!

话说金废帝海陵,初名迪古,后改名亮,字元功,辽王宗干第二子也。为人善饰诈,慓急多猜忌,残忍任数。年十八,以宗室子为奉国将军,赴梁王宗弼军前任使。梁王以为行军万户,迁骠骑上将军。未几,加龙虎卫上将军,累迁尚书右丞,留守汴京,领行台尚书省事。后召入为丞相。初,熙宗以太祖嫡孙嗣位。海陵念其父辽王,本是长子,己亦是太祖嫡孙,合当有天下之分,遂怀觊觎,专务立威以压伏人心,

后竟弑熙宗而篡其位。心忌太宗诸子，恐为后患，欲除去之，与秘书监萧裕密谋。裕倾险巧诈，因构致太傅宗本、秉德等反状。海陵杀宗本，遣使杀秉德、宗懿及太宗子孙七十余人，秦王宗翰子孙三十余人。宗本已死，裕乃取宗本门客萧玉，教以具款反状，今作主名上变，遍诏天下。天下冤之。萧裕以诛宗本功为尚书右丞，累迁至平章政事，专恣威福，遂以谋逆赐死。此是后话。

且说海陵初为丞相，假意俭约，妾媵不过三数人。及践大位，侈心顿萌，淫志蛊惑。自徙单皇后而下有大氏、萧氏、耶律氏，俱以美色被宠。凡平日曾与淫者，悉召入内宫，列之妃位。又广求美色，不论同姓异姓，名分尊卑，及有夫无夫，但心中所好，百计求淫。多有封为妃嫔者。诸妃名号，共有十二位，昭仪至充媛九位，婕妤、美人，才人三位，殿直最下，其他不可举数。大营宫殿，以处妃嫔。一木之费，至二千万。牵一车之力，至五百人。宫殿之饰，遍傅黄金，而后绚以五采，金屑飞空如落雪，一殿之费，以亿万计。成而复毁，务极华丽。这俱不必题起。

且说昭妃阿里虎，姓蒲察氏，驸马都尉没里野女也。生而妖娆娇媚，嗜酒跌宕。阿里虎嫁于宗室子阿虎迭，生女重节，七岁，阿虎迭伏诛，阿里虎不待闭丧，携重节再醮宗室南家。南家故善淫，阿里虎又以父所验方，修合春药，与南家昼夜宣淫。重节熟睹其丑态，阿里虎恬不讳也。久之，南家髓竭而死。南家父突葛速为南京元帅都监，知阿里虎淫荡丑恶，莫能禁止。因南家死，遂携阿里虎往南京，幽闭一室中，不令与人接见。阿里虎向闻海陵善嬲戏，好美色，恨天各一方，不得与之接欢，至是沉郁烦懑，无以自解。且知海陵亦在南京，乃自图其貌，题诗于上。诗曰：

阿里虎，阿里虎，夷光、毛嫱非其伍。
一旦夫死来南京，突葛爬灰真吃苦。
有人救我出牢笼，脱却从前从后苦。

题毕，封缄固密，拔头上金簪一枝，银十两，贿嘱监守阍人，送于海陵。海陵稔闻阿里虎之美，未之深信。一见此图，不觉手舞足蹈，羡慕不止。于是托人达突葛速，欲娶之。突葛速不从。海陵故意扬言，突葛速有新台之行，欲突葛速避嫌而出之。突葛速知海陵之意，只不放出。及篡位三日，诏遣阿里虎归父母家，以礼纳之宫中。阿里虎益嗜酒喜淫，海陵恨相见之晚。数月后，特封贤妃，再封昭妃。

一日，阿虎迭女重节来朝。重节为海陵再从兄之女，阿里虎其生母也。留宿宫中。海陵猝至，见重节年将及笄，姿色顾眄，迥异诸女，不觉情动，思有以中之，而虞阿里虎之沮己，乃高张灯烛，令室中辉煌如昼。自傅淫药，与阿里虎及诸侍嫔裸逐而淫，以动重节。重节闻其嬉笑声，潜起，以簪钻穴隙窥之，神痴心醉，几欲破户趋前，羞缩自止。海陵嬲谑，至四鼓方止诸嫔咸灭烛就寝，寂然无声。独重节咬指抚心，倏起倏卧，席不得暖，只得和衣拥被，长叹歪眠。忽闻阿里虎床复有声。欲再起窥之，头岑岑不止，倚枕听之，又闻有击户声。重节不应。击声甚急，重节问为谁？海陵捏作侍嫔取灯声，以促其开。重节强起，拔去门栓。海陵突入，搂抱接唇。重节欲脱身逃去，海陵力挽就榻中，以手探其股间，则单裙无裤。两股滑腻如脂。乃抚摩调弄。重节情亦动，乃以袖掩面，任其作为，不虞创之特甚。争奈海陵兴发如狂，阳具如杵，略加点破，腥红溅于裙幅。重节于是时皱眉啮齿，娇声颤作，几不欲生，再三求止。遂轻轻款款，若点水蜻蜓；止止行行，如贪花蜂蝶。盘桓一夜，谑浪千般。

　　置阿里虎于不理者将及旬矣。阿里虎欲火高烧，情烟陡发，终日焦思，竟忘重节之未出宫也。命诸侍嫔侦察海陵之所在。一侍嫔曰："帝得新人，撇却旧人矣。"阿里虎惊问道："新人为谁？几时取入宫中？"侍嫔答道："帝幸阿虎重节于昭华宫，娘娘因何不知？"阿里虎面皮紫涨，怒发如火，捶胸跌脚，诟詈重节。侍嫔道："娘娘与之争锋，恐惹笑耻。且帝性躁急，祸且不测。"阿里虎道："彼父已死，我身再醮，恩义久绝，我怕谁笑话！我誓不与此淫种俱生，帝亦奈我何哉！"侍嫔道："重节少艾，帝得之胜百斛明珠。娘娘齿长矣！自当甘拜下风，何必发怒！"阿里虎闻诮，愈怒道："帝初得我，誓不相舍。讵意来此淫种，夺我口食！"乃促步至昭华宫，见重节方理妆，一嫔捧凤钗于侧。遂向前批其颊骂道："老汉不仁，不顾情分，贪图淫乐，固为可恨！汝小小年纪，又是我亲生儿女，也不顾廉耻，便与老汉苟合，岂是有人心的！"重节亦怒骂道："老贼不知礼义，不识羞耻，明烛张灯，与诸嫔裸裎夺汉，求快于心。我因来朝，踏此淫网，求生不得生，求死不得死，正怨你这老贱，只图利己，不怕害人，造下无边恶孽，如何反来打我！"两下言语，不让一句，扭做一团，结做一块。众多侍嫔，从中劝释。阿里虎忿忿归宫。

　　重节大哭一场，闷闷而坐。顷之，海陵来，见重节面带忧容，两颊泪痕犹湿，便促膝近前，偎其脸问道："汝有恁事，如此烦恼？"重节沉吟不答。侍嫔道："昭妃娘娘批贵人面颊，辱骂陛下，是以贵人失欢。"海陵闻之，大怒道："汝勿烦恼！我当别有处分。"是日，阿里虎回宫，益嗜酒无赖，诋訾海陵不已。海陵遣人责让之。阿里虎恬无忌惮，暗以衣服遗前夫南家之子。海陵侦知之，怒道："身已归我，突葛速之情犹未断也！"由是宠衰。

　　海陵制，凡诸妃位，皆以侍女服男子衣冠，号假厮儿。有胜哥者，身体雄壮若男子，给侍阿里虎本位。见阿里虎忧愁抱病，夜不成眠，知其欲心炽也，乃托宫竖市角先生一具以进。阿里虎使胜哥试之，情若不足，兴更有余。嗣是，与之同卧起，日夕不须臾离。厨婢三娘者不知其详，密以告海陵道："胜哥实是男子，扮作女耳，给侍昭妃非礼。"海陵曾幸胜哥，知其非男子，不以为嫌，唯使人诫阿里虎勿箠三娘。阿里虎怒三娘之泄其隐也，，搒杀之。海陵闻昭妃搁有死者，想道："必三娘也。若果尔，吾必杀阿里虎！"侦之，果然。是月为太子光英生月，海陵私忌不行戮。徒单后又率诸妃嫔为之哀求，乃得免。胜哥畏罪，先仰药而亡。阿里虎闻海陵将杀己，又见胜哥先死，亦绝粒不食，日夕焚香吁天，以冀脱死。逾月，阿里虎已委顿不知所为。海陵乃使人缢杀之,并杀侍婢三娘者。因此不复幸昭华宫。出重节为民间妻,后屡召幸,出入昭妃位焉。

柔妃弥勒者,耶律氏之女,生有国色,族中人无不奇之。年十岁,色益丽,人益奇。弥勒亦自谓异于众人,每每沽娇夸诩。其母与邻母善,时时迭为宾主。邻母之子哈密都卢年十二岁,丰姿颇美,间尝与弥勒儿戏于房中,互相嘲谑,遂及于乱。

说话的,那十二岁的孩儿,和那十岁的女儿,晓得什么做作,只无过是玩耍而已,怎么就说个乱字? 看官们有所不知,北方男女,生得长大偶傥,容易知事。况且这些骚达子,干事不瞒着儿女。他们都看得惯熟了,故此小小年纪,便弄出事来。

光阴荏苒,约摸有一年多光景。一日也是合当败露。弥勒正在房中洗浴,忘记上了门闩,恰好哈密都卢闯进房来。弥勒忙忙叫他回去,说:"娘要来看添汤。"那哈密都卢见弥勒雪白身子在那浴盆中,有如玉柱一般,欢喜得了不得,偏要共盆洗浴。弥勒苦不肯容。正在拘执喧闹,其母突至,哈密都卢乘间逸去。母大怒,将弥勒痛捶戒训,关防严密,再不得与哈密都卢绸缪欢狎。

倏经天德二年,弥勒年已逾笄。海陵闻其美也,使礼部侍郎迪辇阿不取之于汴京。迪辇阿不者,华言萧琪也,为弥勒女兄择特懒之夫,芳年美貌,颇识风情。一见弥勒,心神摇动,惧惮海陵,强自沮遏,不意弥勒久别哈密都卢,欲火甚熟,见迪辇阿不生得标致,心里便有几分爱他。只是船只各居,难于通情达意。弥勒遂心生一计,诈言鬼魅相侵,夜半辄喊叫不止。相从诸婢,无可奈何,只得请迪辇阿不同舟共济。果尔寂然。从婢实不察其隐衷也。于是眉目相调,情兴如火,彼此俱不能遏。遇晚,便同席饮食,谑浪无所不至。所以不遽上手者,迪辇阿不谓弥勒真处子,恐点破其躯,海陵见罪故耳。一晚,维舟傍岸,大雨倾盆,两下正欲安眠,忽闻歌声聒耳。迪辇阿不虑有穿窬,坐而听之,乃岸上更夫唱和山歌,歌云:

雨落沉沉不见天,八哥儿飞到画堂前。
燕子无窠梁上宿,阿姨相伴姐夫眠。

迪辇阿不听见此歌,叹道:"作此歌者,明是讥诮下官。岂知下官并没有这样事情。谚云:'羊肉不吃得,空惹一身臊'也!叹息未毕,又闻得窣窣似有人行。定睛一看,只见弥勒蹑蹑凉凉,缓步至床前矣。迪辇阿不惊问:"贵人何所见而来?"弥勒道:"闻歌声而来,官人岂年高耳聋乎?"迪辇阿不道:"歌声聒耳,下官正无以自明,贵人何不安寝?"弥勒道:"我不解歌,欲求官人解一个明白。"迪辇阿不遂将歌词四句,逐一分析讲解。弥勒不觉面赤耳热,偎着迪辇阿不道:"山歌原来如此,官人岂无意乎?"迪辇阿不跪于床前,告道:"下官心非木石,岂能无情,但惧主上闻知,取罪不小。"弥勒便搂抱他起来说道:"我和官人,是至亲瓜葛,不比别人。到主上跟前,我自有道理支吾,不必惧怕。"当下两个兴发如狂。就在舟中,成其云雨。但见:

蜂忙蝶恋,弱态难支。水渗露滋,娇声细作。一个原是惯熟风情,一个也曾略尝滋味。惯熟风情的,到此夜尽呈伎俩,略尝滋味的,喜今番方称情怀。一个道大汉果胜似孩童。一个道小姨又强如阿姊。一个顾不得女身点破,一个顾不得王命紧严。鸳鸯云雨百年情,果然色胆天来大。

一路上朝欢暮乐，荏苒耽延。道出燕京，迪辇阿不父萧仲恭为燕京留守，见弥勒面貌，知非处女，乃叹道："上必以疑杀珙矣！"却不知珙之果有染也。

已而入宫，弥勒自揣事必败露，惶悔无地。见海陵来，涕交颐下，战栗不敢迎。海陵淫兴大作，遂列烛两行，命侍嫔脱其衣而淫之。弥勒掩饰不来，只得任其做作。海陵见非处女，大怒道："迪辇阿不乃敢盗尔元红，可恼可恨！"呼宫竖捆绑弥勒，审鞫其详。弥勒泣告道："妾十三岁时，为哈密都卢所淫，以至于是。与迪辇阿不实无干涉。"海陵叱问："哈密都卢何在？"弥勒道："死已久矣。"海陵道："哈密都卢死时几岁？"弥勒道："方十六岁。"海陵怒道："十六岁小孩童，岂能巨创汝耶？"弥勒泣告道："贱妾死罪，实与迪辇阿不无干！"海陵笑道："我知道了。是必哈密都卢取汝元红；迪辇阿不乘机入彀也。"弥勒顿首无言。即日遣出宫，致迪辇阿不于死。弥勒出宫数月，海陵思之，复召人，封为充媛，封其母张氏华国夫人，伯母兰陵郡君萧氏为巩国夫人。越日，海陵诡以弥勒之命，召迪辇阿不妻择特懒入宫乱之。笑曰："迪辇阿不善丽混水，朕亦淫其妻以报之。"进封弥勒为柔妃，以择特懒给侍本位，时行幸焉。

宗义节度使乌带之妻定哥，姓唐姑氏。眼横秋水，如月殿嫦娥；眉插春山，似瑶池玉女。说不尽的风流万种，窈窕千般。海陵在汴京时，偶于帘子下瞧见定哥美貌，不觉魄散魂飞，痴呆了半晌，自想道："世上如何有这等一个美妇人！倒落在别人手里，岂不可惜！"便暗暗着人打听是谁家宅眷。探事人回覆："是节度使乌带之妻，极是好风月有情趣的人，只是没人近得他。他家中侍婢极多，只有一个贵哥是他得意丫鬟，常使用的，这贵哥也有几分姿色。"

海陵就思量一个计策，差人去寻着乌带家中时常走动的一个女待诏，叫他到家里来，与自己篦了头，赏他十二银子。这女待诏晓得海陵是个猜刻的人，又怕他威势，千推万阻，不敢受这十两银子。海陵道："我赏你这几两银子自有用你处，你不要十分推辞。"女待诏道："但凭老爷吩咐，若可做的，小妇人尽心竭力去做就是，怎敢望这许多赏赐？"海陵笑道："你不肯收我银子，就是不肯替我尽心竭力做了。你若肯为我做事，日后我还有抬举你处。"女待诏道："不知要妇人做怎么事？"海陵道："大街南首高门楼内，是乌带节度使衙内吗？"女待诏答道："是节度使衙。"海陵道："闻你常常在他家中篦头，果然否？"女待诏道："他夫人与侍婢，俱用小妇人篦头。"海陵道："他家中有一个丫鬟叫作贵哥，你认得否？"女待诏道："这个是夫人得意的侍婢，与小妇人极是相好。背地里常常与小妇人东西，照顾着小妇人。"海陵道："夫人心性何如？"女待诏道："夫人端谨严厉，言笑不苟。只是不知为什么欢喜这贵哥？凭着他十分恼怒，若是贵哥站在面前一劝，天大的事也冰消了。所以衙内大小人都畏惧他。"

海陵道："你既与贵哥相好，我有一句话央你传与贵哥。"女待诏道："贵哥莫非与老爷沾亲带骨吗？"海陵道："不是。"女待诏道："莫非与衙内女使们是亲眷往来，老爷认得他吗？"海陵也说："不是。"女待诏道："莫非原是衙内打发出去的人？"海陵道："也不是。"女待诏道："既然一些没相干，要小妇人去对他说怎么话？"海陵道："我有宝环一双、珠钏一对，央你转送与贵哥，说是我送与他的。你肯拿去吗？"女待诏道："拿便小妇人拿去，只是老爷与他既非远亲，又非近邻，平素不相识，平白地送这许多东西与他。倘他细细盘问时，叫小妇人如何答应？"海陵道："你说得有理，难道教他猜哑谜不成？我说与你听，须要替我用心委曲，不可乱事。"女待诏道：

"吩咐得明白，妇人自有处置。"海陵道："我两日前在帘子下，看见他夫人立在那里，十分美貌可爱，只是无缘与他相会。打听得他家只有你在里面走动，夫人也只欢喜贵哥一人。故此赏你银子，央你转送这些东西与他，要他在夫人跟前通一个信儿，引我进去，博他夫人一宵恩爱。"女待诏道："偷寒送暖，大是难事。况且他夫人有些古怪兜搭，妇人如何去做得？"海陵怒道："你这老虔婆，敢说三个不去吗？我目下就断送你这老猪狗！"只这一句，吓得女待诏毛发都竖了，抖做一团道："妇人不说不去，只说这件事，必须从容缓款，性急不得。怎么老爷就发起恼来？"海陵道："我如今也不恼你了。只限你在一个月内，要圆成这事，不可十分怠缓。"

女待诏唯唯连声，跑到家中，算计了一夜，没法入脚。只得早早起来，梳洗完毕，就把宝环珠钏藏在身边，一径走到乌带家中，迎门撞见贵哥。贵哥问道："今日有何事？来得恁早？"女待诏道："有一个亲眷，为些小官事，有两件好首饰，托我来府中变卖些银两，是以早来。"贵哥道："首饰在哪里？我用得的吗？"女待诏道："正是你们用得的。你换了他的倒好。"贵哥道："要几贯钱？拿与我看一看。"女待诏道："到房中才把与你看。"贵哥引他到了自家房内，便向橱柜里搬些点心果子请他吃，问他讨首饰看。那女待诏在身边摸出一双宝环放在桌子上，那环上是四颗祖母绿镶嵌的，果然耀日层光，世所罕见。贵哥一见，满心欢喜，便说："他要多少银子？"女待诏道："他要二千两一只，四千两一双。"贵哥舔舌炎道："我只说几贯钱的东西，我便兑得起。若说这许多银子，莫说我没有，就是我夫人一时间也拿不出来。只好看看吧。"又道："待我拿去与夫人瞧一瞧，也识得世间有这般好首饰。"女待诏道："且慢着！我有句话与你说个明白，拿去不迟。"贵哥道："有话尽说，不必隐瞒。"

女待诏道："我承你日常看顾，感恩不尽。今日有句不识进退的话，说与你听，你不要恼我，不要怪我。"贵哥道："你今日想是风了。你在府中走动多年，那一日不说几句话，怎的今日说话我就怪你恼你不成？你说！你说！"女待诏道："这环儿是一个人央我送你的，不要你的银子。还有一双珠钏在此。"连忙向腰间摸出珠钏，放在桌子上。贵哥见了，笑道："你这婆子说话真个风了！我从幼儿来在府中，再不曾出门去，又不曾与恁人相熟，为何有人送这几千两银子的首饰与我？想是那个要央人做前程，你婆子在外边，指着我老爷的名头，说骗他这些首饰；今日露出马脚，恐怕我老爷知道，你故此早来府中说这话骗我？"女待诏道："若是这般说，我就该死了。你将耳朵来，我悄悄说与你听。"贵哥道："这里再没有人来听的。你轻轻说就是了。"

女待诏道："这宝环珠钏，不是别人送你的，是那辽王宗干第二世子，现做当朝右丞，领行台尚书省事完颜迪古老爷央我送来与你的。"贵哥笑道："那完颜老爷不是那白白净净没髭须的俊官儿吗？"女待诏道："正是那俊俏后生官儿。"贵哥道："这到稀奇了！他虽然与我老爷往来，不过是人情体面上走动，既非府中族分亲戚，又非通家兄弟，并不曾有杯酌往来。若说起我一面也不曾相见，他如何肯送我这许多首饰？"女待诏道："说来果忒稀奇，忒好笑！我若不说，便不是受人之托，终人之事；我若轻轻说出来，连你也吃一个大惊。"贵哥笑道："果是恁么事情？你须说个明白。"女待诏才定了喘息，低了声音，附着贵哥耳朵说道："数日前完颜右丞在街上过，恰好你家夫人立在帘子下面，被他瞧见了。他思量要与你夫人会一会儿，没个进身的路头。打听得只有你在夫人跟前说得一句话，故此央我拿这宝环、珠钏送与

图文珍藏版

你,要你做个针儿将线引。你说稀奇也不稀奇,好笑也不好笑!"贵哥道:"癫蛤蟆躲在阴沟洞里指望天鹅肉吃,忒差做梦了!夫人好不兜搭性子!侍婢们谁敢在他跟前道个不字?莫说眼生面不熟的人要见他,就是我老爷与他做了这几年夫妻,他若不欢喜时,等闲不许他近身。怎么完颜右丞做这个大春梦来!"女待诏道:"依你这般说,大事成不得了。我依先拿这环钏送还了他,两下撒开,省得他来絮聒。"

那贵哥口里虽是这般回复,恰看了这两双好环钏,有些眼黄地黑,心下不割舍得还他。便对女待诏道:"你是老人家,积年做马泊六的主子,又不是少年媳妇,不曾经识事的,又不是头生儿,为何这般性急?凡事须从长计较,三思而行。世上哪里有一锹掘个井的道理?"女待诏道:"不是我性急,你说的话,没有一些儿口风,教我如何去回复右丞。不如送还了他这两件首饰,倒得安静。"贵哥道:"说便是这般说,且把这环钏留在我这里,待我慢慢地看觑个方便时节,丽探一个消息回话你。若有得一线的门路,我便将这物件送了夫人。你对右丞说,另拿两件送什么如何?"女待诏道:"这个使得。只是你须要小心在意,紧差紧做,不可丢得冰洋了。我过两三日就来讨个消息,好去回复右丞。"说毕,叫声聒噪去了。贵哥便把这东西,放在自己箱内,踌躇算计,不敢提起。

一夕晚,月明如昼,玉宇无尘。定哥独自一个坐在那轩廊下,倚着栏杆看月。贵哥也上前去站在那里,细细地瞧他的面庞。果是生得有沉鱼落雁之容,闭月羞花之貌。只是眉目之间,觉道有些不快活的意思。便猜破他的心事八九分,淡淡的说道:"夫人独自一个看月,也觉得凄凉,何不接老爷进来,杯酒交欢,同坐一看,更热闹有趣!"定哥皱眉,答道:"从来说道,人月双清。我独自坐在月下,虽是孤零,还不辜负了这好月。若接这腌臜浊物来,举杯邀月,可不被嫦娥连我也笑得俗了!"贵哥道:"夫人在上,小妮子蒙恩抬举,却不晓得怎么样的人叫作趣人,怎么样的叫作俗人?"定哥笑道:"你是也不晓得,我说与你听。你日后拣一个知趣的才嫁他,若遇着那般俗物,宁可一世没有老公,不要被他污辱了身子。"贵哥道:"小妮子望夫人指教。"定哥道:"那人生得清标秀丽,倜傥脱洒,儒雅文墨,识重知轻,这便是趣人。那人生得丑陋鄙猥,粗浊蠢恶,取憎讨厌,龌龊不洁,这便是俗人。我前世里不曾栽修得,如今嫁了这个浊物,那眼稍里看得他上!到不如自家看看月,倒还有些趣。"贵哥道:"小妮子不知事,敢问夫人,比如小妮子,不幸嫁了个俗丈夫,还好再寻个趣丈夫吗?"定哥哈哈的笑了一声道:"这妮子倒说得有趣!世上妇人只有一个丈夫,那有两个的理?这就是偷情不正气的勾当了。"贵哥道:"小妮子常听人说有偷情之事,原来不是亲丈夫就叫偷情了。"定哥道:"正是!你他日嫁了丈夫莫要偷情。"贵哥带笑说道:"若是夫人包得小妮子嫁得个趣丈夫,又去偷什么情!倘或像了夫人今日,眼前人不中意,常常讨不快活吃,不如背地里另寻一个清雅人物,知轻识重的,与他悄地往来,也晓得人道之乐。终不然人生一世,草生一秋,就只管这般闷昏昏过日子不成?那见得那正气不偷情的就举了节妇,名标青史?"

定哥半晌不语,方才道:"妮子禁口,勿得胡言!恐有人听得,不当稳便。"贵哥道:"一府之中,老爷是主父,夫人是主母,再无以次做得主的人。老爷又趁常不在府中,夫人就真个有些小做作,谁人敢说个不字!况且说话之间,何足为虑。"定哥对着月色,叹了一口气,欲言还止。贵哥又道:"小妮子是夫人心腹之人,夫人有甚心话,不要瞒我。"定哥道:"你方才所言,我非不知。只是我如今好似笼中之鸟,就有此心,眼前也没一个中得我意的人,空费一番神思。假如我眼里就看得一个人中意,也没个人与我去传消递息,他怎么到得这里来?"贵哥道:"夫人若果有得意的人,小妮子便做个红娘,替夫人传书递柬,怎么夫人说没人敢去?"定哥又迷迷的笑一声,不答应他。贵哥转身就走,定哥叫住他道:"你往哪里去?莫不是你见我不答应,心下着了忙吗?我不是不答应,只笑你这小妮子说话倒风得有趣。"贵哥道:"小妮子早间拾得一件宝贝,藏放在房里,要去拿来与夫人识一识宝。"定哥道:"恁么宝贝?哪里拾得来的?我又不是识宝的三叔公。"

贵哥也不回言,忙忙的走回房中,拿了宝环珠钏,递与定哥,道:"夫人,这两件首饰,好做得人家的聘礼吗?"定哥拿在手里看了一回道:"这东西哪里来的?果是好得紧。随你怎么人家下聘,也没这等好首饰落盘。除非是皇亲国戚、驸马公侯人家,才拿得这样东西出来。你这妮子如何有在身边?实实的说与我听。"贵哥道:"不敢瞒夫人说,这是一个人央着女待诏来我府里做媒,先行来的聘礼。"定哥笑道:"你这妮子真个害风了!我无男无女,又没姑娘小叔,女待诏来替那个做媒?"贵哥道:"他也不说男说女,也不说姑娘小叔,他说的媒远不远千里,近只在目前。"定哥道:"难道女待诏来替你做媒?"贵哥道:"小妮子那得福来消受这宝环珠钏?"定哥道:"难道替侍女中那一个做媒不成?算来这些妮子,一发消受不起了。"贵哥道:"侍女们如何有福消受这件,只除是天上仙姬,瑶台玉女,像得夫人这般人物,才有福受用他。"定哥笑道:"据你这般说,我如今另寻一个头路去做新媳妇,作兴女待诏做个媒人,你这妮子做个从嫁吧。"贵哥跪在地上道:"若得夫人作成女待诏,小妮子情愿从嫁夫人。"

定哥又嘻嘻地笑了一声,把贵哥打一掌道:"我一向好看你,你今日真真害风,说出许多风话来!倘若被人听见,岂不连我也没了体面?"贵哥道:"不是妮子胡言乱道,真真实实那女待诏拿这礼物来聘夫人。"定哥柳眉倒竖,星眼圆睁,勃然怒道:"我是二品夫人,不是小户人家,孤孀嫠妇。他怎敢小觑我,把这样没根蒂的话来奚落我!明日对老爷说,着人去拿他来,拷打他一番,也出这一口气。"贵哥道:"夫人且莫恼怒,待小妮子悄悄地说出来,逗夫人一场好笑。俗语云:'不说不笑,不打不叫,'只怕小妮子说出来,夫人又笑又叫。"定哥一向是喜欢贵哥的,大凡有事发怒,见了贵哥,就解散了。何况他今日自家的言语唐突,怎肯与他计较,故此顺口说道:"你说我听。"那一腔怒气直走到爪哇国去了。

贵哥道:"几日前头有一个尚书右丞,打从俺府门首经过,瞧见夫人立在帘子下面,生得娇娆美艳,如毛嫱、飞燕一般。他那一点魂灵儿就掉在夫人身上。归家去整整欣昏迷痴想了两日,再不得凑巧儿遇见夫人。因此上托这女待诏送这两件首饰与夫人,求夫人再见一面。夫人若肯看觑他,便再在帘子下与他一见,也好收他这两件环钏。况这个右丞,就是那完颜迪古,好不生得聪俊洒落,极是有福份的官儿!算来夫人也曾瞧见他来。"定哥回嗔作喜道:"莫不是常来探望老爷的那少年官儿吗?生得到也清俊文雅。只是这个人心性是不常的。"贵哥哈哈的笑道:"从来相面的先生,与人对坐着半日,从头看到脚下,又相手摸腰,还只知面不知心。夫人略瞧右丞一瞧,连心都瞧见了,岂不是两心相照?"定哥道:"丫头莫要嚷!我且问你,那女待诏怎么样对你说?你怎么样回话那女待诏?"

贵哥道:"那女待诏是个老作家,恐怕一句说出来,惹是非到了身上,便伸进吐出,团团圈圈,远远地说将来。我说:'老婆子,你不消多说了,一定是有那个人儿看上了我家夫人,你思量做个马百六,何苦扯扯拽拽排布这个大套子?'那女待诏便拍手拍脚的笑起来，说道：'好个乖乖姐姐！像似被人开过聪明孔了，一猜就猜着。'被小妮子照脸一口唾，唾骂他道："老虔婆，老花娘！你自没廉耻，被千人万人开了聪明孔，才学得这篦头生意。我是天生天化，踏着尾巴头便动的，那个和你这虔婆取笑！'那女待诏道：'好姐姐，你不须发恼。我不过是趁口取笑你，难道你这般决烈！索性的姐姐，身边就肯添个影人儿？'小妮子道：'你这般说，且饶你去，不许在此胡缠！'那女待诏又道：'我特特为着夫人来，被你抢白这一顿，怎么教我就去了？你且把夫人平日的性格说说我听。我是劈面相、闻声相、揣骨相、麻衣相、达磨相，一下里就知道他的心事了。'小妮子便道：'若问别样心事，我实实不曾晓得。若说我夫人正色治家，严肃待众，见我们一些笑容也是没有的，谁敢在他跟前把身子侧立立儿？'那女待诏道：'若依这般说，就恭喜，贺喜！我这马泊六稳稳地做成了！'小妮子道："你这般胡嘲乱讲！莫不惹得打下截来！'他道：'我是依着相书上来的。'小妮子道：'相书上那一本有如此说话？'他道：'俗语说得好！嬉嬉哈哈，不要惹他；脸儿狠狠，一问就肯。'"

定哥正呷着一口茶，听见贵哥这些话，不觉笑了一声，喷茶满面，骂道："这虔婆一味油嘴，明天叫他来，打他几个耳聒子才饶他！"说罢话时，炉烟已尽，织女横斜，漏下二鼓矣。贵哥伏侍定哥归房安置，就问道："这两件宝贝放在哪里好？"定哥道："且放在我首饰箱内，好好锁着。"贵哥依言收拾不提。恰说贵哥见定哥这个光景，心中揣定有八九分稳的事，也安眠了一夜。

到次日清晨，定哥在妆阁梳裹，贵哥站在那里伏侍他。看见他眉眼欣欣，比每日欢喜的不了，便从傍插一嘴道："夫人，今日何不着人去叫那虔婆来，打他一顿？"定哥笑道："且从容，那婆子自然来。"贵哥道："不是小妮子性急，实是气那老虔婆不过！"定哥道："当怒火炎，唯忍水制。你不消性急。"贵哥又悄悄道："大凡做事，只该一促一成。倘或夜长梦多，这般一个标致人物，被人搂上了，那时便迟了。"定哥道："他自标致，要他做甚吗？"贵哥道："不是小妮子多言，老爷常常不在家，夫人独自一个，颇是凄冷。小妮子又要溺尿，辩不得夫人的脚。待这标致人来替夫人辩一辩，也强如冬天用汤婆子，夏天用竹夫人。"定哥道："丫头多嘴，我不要你管！"贵哥道："小妮子蒙夫人抬举，故替夫人耽忧。怎么说个管着夫人？"

定哥也不答应他的说话，向身边钞袋内摸出十两一锭的银子，递与贵哥道："我把这银子赏赐你，拿去打一双镯儿戴在臂膊上，也是伏侍我一场思念。你不可与众人知道。"贵哥叩头接了银子，对定哥道："一丝为定，万金不移。夫人既酬谢了媒婆，媒婆既着人去寻女待诏，约那人晚上到府中来。"定哥掩口胡卢道："黄花女儿做媒，自身难保！世间那有未出嫁的媒婆？"贵哥道："虔婆也是女儿身，难道女儿就做不得虔婆？"定哥又笑道："你说话真个乖巧好笑！只是人生路不熟，羞答答的怎好去约他？"贵哥道："别的事怕羞，这事儿只有小妮子、女待诏知道，怕怎么羞！俗语道得好：羞一羞，抽一抽。羞两羞，抽两抽。只顾羞，只顾抽，若不羞，便不抽。"定哥道："好女儿，你怎么学得这许多鬼话儿在肚里？"

两个一递一句，说得梳妆事毕。贵哥便走到厅上，吩咐当直的去叫女待诏来。"夫人要篦头绞面。"当直的道："夫人又不出去烧香、赴筵席，为何要绞面？"贵哥道："夫人面上的毛，可是养得长的，你休多管闲事！"当直的道："少刻女待诏来，姐姐的毛一发央他绞一绞，省得养长了拖着地。"贵哥唾了一声，进里面去了。

不移时，女待诏到了。见过定哥。定哥领他到妆阁上去篦头，只叫贵哥在旁伏侍，其余女使一个也不许到阁儿上来。女待诏到得妆阁上头，便打开家伙包儿，把笓箕一个个摆列在桌子上，恰是一个大梳，一个通梳，一个掠儿，四个笓箕，又有剔子剔帚，一双簪子，共是十一件家伙。才把定哥头发放散了，用手去前前后后，左边右边蒲睃摸索，捏了一遍，才把笓箕笓上两三笓箕。贵哥在旁，把嘴一努，那女待诏就知其意，顺口儿开科，说道："夫人，头垢气色及时，主有喜事临身。"贵哥插嘴道："应在几时得喜？"女待诏道："只在早晚之间，主有非常喜庆。"定哥道："朝廷没有覃恩，我又不讨封赠，有怎么非常的喜事？"女待诏道："该有个得活宝的喜气。"贵哥插嘴道："除了西洋国出的走盘珠，缅甸国出的缅铃，只有人才是活宝。若说起人时，府中且是多得紧，夫人恰是用不着的。你说怎么活宝不活宝？"女待诏道："人有几等人，物有几等物，宝有几等宝，活也有几等活。你这姐姐只好躲在夫人跟前拆白道绿，喝五吆三，那曾见稀奇的活宝来？"

定哥心中虽是热燥得紧，只是口里说不出来。贵哥又问女待诏道："你今日来笓头，还是来献宝？"定哥便把女待诏推了一推道："小妮子多嘴饶舌，你莫听他！"贵哥便向女待诏瞅了一眼。女待诏道："要活宝时尽有，只怕夫人不用。"贵哥道："夫人正用得着这活宝。"定哥道："还不噤声！谁许你多说？"贵哥道："我站在此，禁不住口。我且站远些个。"说罢，洋洋的走过一边。定哥便道："婆子，我且问你，那人几时见我来？有怎话对你说？你怎么大胆就敢替他来诱骗我？"女待诏道："夫人勿罪！待老婆子细细告诉夫人。这个月那一日，夫人立在朱帘下边，瞧看那往来的人。恰好说的那人，打从府门过，看见夫人容貌，便叹道：'天下怎么有这等一个美人，倒被别人娶了去，岂不是我没福！'"定哥笑道："这不是那人没福？"贵哥听得，又走来插嘴道："不是那人没福，是谁没福？"女待诏道："是我婆子没福。"贵哥道："怎么是你没福？"女待诏道："若是夫人不曾出阁，我去对那人说，做上一头媒，岂不撰那人百十两媒钱？"贵哥道："夫人倒肯作成你撰百十两银子，只怕那人没福受享着夫人。"定哥道："他派演天潢，官居右相，那里少金钗十二，粉黛成行，说他没福！看来倒是我没福！"女待诏道："夫人干净识得人。只是那人情重，眼睛里不轻意看上一个人。夫人如何得没福！"一边说，一边笓头。

三个人说得火滚般热，竟没了一些避忌。这定哥欢天喜地，开箱子取出一套好衣服，十两雪花银，赏与女待诏道："婆子，今日笓得头好，权赏你这些东西。我日后还要重重酬你。"女待诏千恩万谢，收藏过了。才附着定哥耳朵说道："请问夫人，还是婆子今日去约那人来？还是明日去约他？"定哥面皮通红，答应不出。贵哥道："老虔婆做事颠倒！说话好笑！今日是一个黄道大吉日，诸样顺溜的。况且那人数日前就等你的回复，他心里好不急在那里。你如今忙忙去约他晚上来，他还等不得日落西山，月升东海，怎么说个明日？"定哥笑道："痴丫头，你又不曾与那人相处几时，怎么连他的心事先瞧破来？"贵哥道："小妮子虽然不曾与那人相处，恰是穿铁草鞋，走得人的肚子过。"定哥又冷笑了一声，低头弄着裙带子。女待诏道："婆子如今去约那人。夫人把怎么物件为信？"贵哥将定哥一枝凤头金簪拿在手中，递与女待诏。那簪儿有何好处：

> 叶子金出自异邦，色欺火赤；细抽丝攒成双凤，状若天生。顶上嵌猫儿眼，闪一派光芒，冲霄耀日；口中衔金刚钻，垂两条珠结，似舞如飞。常绾青丝，好像乌云中赤龙出现；今藏翠袖，宛然九天降丹诏前来。这女待诏将着这一件东

西,明是个消除孽障救苦天尊,解散相思五瘟使者。

贵哥把簪儿递与女待诏道:"这个就是信物了。"定哥笑道:"这妮子好大胆,擅动我的首饰!"贵哥笑道:"小妮子头一次大胆,望夫人饶恕则个。"定哥道:"饶你!饶你!"女待诏欢天喜地,接着簪儿出门,一径跑到海陵府中。

海陵正坐在书房里面,女待诏便走到那里,朝着海陵道:"老爷恭喜,老爷贺喜!"海陵道:"我托你的事,如今已是七八日了。我正在此恼你。你今天来贺怎么喜?"女待诏道:"老妇人如今不做待诏了,是一个檄定三秦扶炎刘的韩信,临潼斗宝尊周室的子胥,怀揣令旨兵符来救那困围城的烈丈夫,怎么还说个恼字!"海陵欣欣然道:"早知你干成了功劳,却是错怪了也。"

那女待诏把前前后后的话,细细陈说了一遍。才向袖中取出那同心结的凤头簪儿,递与海陵道:"这便是皇王令旨,大将兵符,一到即行,不许迟滞。"欢喜得那海陵满身如虫钻虱咬,皮燥骨轻,坐立不牢,道:"这事亏着你了!只是我怎么时候好去?从那一条路入脚?"女待诏道:"黄昏时候,老爷把幅巾笼了头,穿上一件缁衣,只说夫人着婆子请来宣卷的尼姑,从左角门进去,万无一失。"海陵笑道:"这婆子果然是智赛孙吴,谋欺陆贾。连我也走不出这个圈套了。"忙取银二十两赏他。女待诏道:"前日送与贵哥的宝环珠钏,贵哥就送与夫人作聘礼了。老爷今晚过去,须索另寻两件去送与他。"海陵道:"环儿钏子,我还有两对,比前日的更好,原留着送夫人的。夫人既收了那两对,我晚上另带这两对去送与他。你须先和他约会一个端正,后头好常常来往。"

女待诏应允,去见定哥,把海陵的说话回复了一遍。定哥满面堆下笑来,叫贵哥送他出门,嘱咐道:"师父早些来。"女待诏一头走,悄悄地对贵哥说:"完颜老爷再三嘱谢你,说晚上另有环儿钏子送你,比前日又好。你须要温存抚惜他,不要只推在夫人身上。"贵哥啐了一声,道:"好一个包前包后的马泊六!"两下散去。

看看天色晚了,定哥便吩咐前后关门,男妇各归房去。大小侍婢,俱各早早歇息,不许东穿西走,只留贵哥一个在房伏侍。不觉谯楼鼓响,远寺钟鸣。这海陵瞒了徒单夫人,一个从人也不带着,独自一个走到女待诏家中,敲门叫道:"待诏在否?"只见女待诏提了一盏小灯笼,走将出来开门。看见海陵黑魆魆的。独自立在街上,便道:"请进来,坐坐去。"海陵道:"这是什么时候了,还说坐坐?"女待诏道:"譬如他那里还不招架子,怎的这般性急?"海陵笑一声,拽了手就走。女待诏道:"放尊重些,不要连婆子也取笑。"

两个提着这盏小灯笼,遮遮掩掩,走到乌带府衙角门首,轻轻敲上一下。那里面走出一个丫鬟,也拿了一碗小纱灯儿,迎门相叫。海陵走进门去,丫鬟便一地里拴上了门。女待诏扯扯海陵道:"颜师父,这个便是贵哥姐姐。"海陵听了女待诏话,便千揖万揖,谢了贵哥;又在袖子里取出两双环共钏,与他道:"屡劳姐姐费心,这物件权表寸心,望姐姐勿嫌轻薄。"女待诏从旁撺掇道:"老爷仔细看一看,不要错认了。若论这般一个好姐姐,就受老爷这聘礼,也不为过。"海陵笑道:"原蒙姐姐错爱,才敢唐突。若论小生这般人物,岂不辱没了姐姐?"女待诏道:"老爷不必过谦,姐姐不要害怕。你两个何不先吃个合卺杯儿?"海陵道:"婆婆说得极是。只是酒在哪里?杯儿在哪里?"女待诏㨃着他两个的头道:"好个不聪明的老爷,杯儿就在嘴上,好酒就在嘴里。你两个香喷喷美甜甜亲一个嘴,就是合卺杯了。"海陵道:"果是小生呆蠢,见不到此!"便搂着贵哥,要与他做嘴。那贵哥扭头捏颈,不肯顺从。被海陵拦腰抱住,左凑右凑。贵哥拗不过,只得做了个肥嘴。海陵就用出那水磨的工夫,咂咂咬咬多时,多时还不放松。女待诏笑道:"好姐姐,酒便少吃些,莫要贪杯吃醉了,撒酒风。"海陵便照女待诏肩胛上拍一下,道:"老虔婆!一味胡言,全不理论正事。"

三个人说说道道,走到定哥房中。只见灯烛辉煌,杯盘罗列,珍馐毕备,水陆兼陈。恰便似会亲见礼,男男女女斗新妆;庆喜芳筵,色色般般堆美品。海陵近前下拜,定哥慌忙答礼,分宾主坐下。女待诏道:"今日该坐床撒帐。你两个又不是亲家翁,如何对面坐着?"拖定哥过来,坐在海陵身边。贵哥嘻嘻地笑道:"你才做媒婆,又做搀扶婆了。"海陵道:"这个叫作一当两,大家免思想。"他两个并肩同坐,一递一杯,席前各叙相慕之意。女待诏坐在旁边,左斟右劝。贵哥捧着酒壶,立在椅子背后,看他们调情斗口,觉得脸上,热了又冷,冷了又热。约莫酒至半酣,女待诏道:"欢娱夜短,寂寞更长,早结同心,莫教错过。"便收拾过酒肴几案,拽上了门关,自和贵哥去睡了。他两个携归罗帐,各逞风流。解扣轻摹,卸衣交颈。说不尽百媚千娇,魂飞魄荡。正是:

春意满身扶不起,一双蝴蝶逐人来。

颠倒约有两个更次,还像鳔胶一般,不肯放开。两个狂得无度,方才合眼安息。那女待诏也鼾鼾的睡着不醒。只有贵哥一个听他们一会,又走起来睃他们一会,耳闻目击这许多侮弄的光景,弄得没情没绪,辗转无聊,眼也合不上。看看谯楼上钟鸣漏尽,画角高吹,贵哥只得近前叫道:"鸡将鸣矣,请早起身,以图再会。"海陵从魂梦中爬起来,披衣就走。定哥也披了衣服,要送海陵。海陵叫他将息,不要他起来。定哥吩咐贵哥:"好好送爷出去,你就进来。"贵哥便掌了灯,悄悄地一重重开了门送海陵。海陵走得几步,见侧边一间厢房,净荡荡没有人,便搂住贵哥求欢。贵哥道:"夫人极是疑心重的,我进去得迟,他岂不怪!"海陵道:"你是有功之人,夫人也要酬谢你的,定不作酸!"一头说,一头就抱了贵哥走进厢房,恰好有旧椅子一张靠着壁,海陵就那椅子上,与贵哥行事。原来贵哥年纪只得十五六岁,乌带虽是看上他,几番要偷摸他,怕着定哥,不曾到手。他只睃见定哥与海陵这般恩爱,只道怎地快乐,所以欣然相就。不道初时如此疼痛,连声告饶。海陵亦爱惜他,不敢恣意,却又舍不得放手。摩弄多时,才出角门而去。

却说定哥见贵哥送海陵去,许久不转,疑有别事。忙忙的潜踪蹑足立在角门里等他,见他慢慢的转来。便将身子影在黑地里,听他说些甚话。只见他一路关门,口里喃喃的说道:"这桩事有甚好处,却也当一件事去做它,真是好笑!"一头说,一头笑,望房里走,只道没人听见。不料定哥影着身子跟着他走到房里。转身去关房门,才看见定哥立在房门外,吓了一跌,羞得当不得!定哥扶他起来道:"你和他干得好事,我都瞧见了!"贵哥道:"并不干怎么事。"定哥道:"你赖到哪里去?若是别一个我实是容不得。他是你引进来的,果然不比我那浊物。如今正要和他来往,难道倒多你不成?只是你日后不要僭我的先头。"贵哥道:"小妮子安敢僭先!只望夫人饶恕!"说毕,大家欢欢喜喜,坐到天明。不题。从此以后,海陵不时到定哥那里,通宵作乐。贵哥和定哥两个,都像姊妹一般,不相嫌忌。渐渐的侍女们也都知道,只是不敢管他的事。所不知者,乌带一人而已。

光阴似箭,约摸着往来有数个月。海陵是渔色的人,又寻着别个主儿去弄,有好一程不到定哥这里。这定哥偷垂泪眼,懒试新妆,冷落凄凉,埋怨懊悔,叫贵哥着人去寻女待诏,要他寄个信儿与海陵,催他再来。那女待诏又病倒在床上,走来不得。定哥捺不住那春心鼓动,欲念牢骚,过一日有如一年。见了乌带就似眼中钉一般,一发惹动心中烦恼,没法计较。家奴中有个阁乞儿,年不上二十,且是生得干净活脱。定哥看上了他,又怕贵哥不肯,不敢开言。凑着贵哥往娘家去了,便轻移莲步,独自一个走到厅前,只做叫阁乞儿吩咐说话,就与他结上了私情。怎见得私情好处:

> 一个是幽闺乍旷,一个是女色初侵。幽闺乍旷,有如饿虎擒羊;女色初侵,好似苍鹰逐兔。鸳鸯枕上,罗袜纵横;翡翠衾中,云鬟散乱。定哥许多欲为之兴趣,此际方酬;乞儿一段鏖战之精神,今宵毕露。唯愿同心天地老,何妨暮暮与朝朝。

如此来往,非止一夜。一日贵哥回来,看见定哥容颜,不似前番愁闷,便问:"那人是几时来的?"定哥道:"那人何曾肯来?不是跳槽,决是奉命往地方去了。我日夜在此想你,怨你,你为何今日才回?"贵哥道:"夫人如何是想我?如何是怨我?"定哥道:"亏你引得那人来,这便是想你,那人如今再不来,这便是怨你。"贵哥见定哥这样说话,心中有七八分疑惑,只是不敢问。停不移时,定哥叫贵哥到房中,要对他说些怎么话,却又脸红了不说,半吞半吐的束住了嘴。

贵哥立了一会,只得问道:"夫人呼唤小妮子来,毕竟要吩咐些话,怎的又不开口?"定哥叹口气道:"你去得这几日,我惹下一桩事在这里,要和你商议,故此叫你来。及至你到我跟前,我又说不出了。"贵哥道:"夫人平日没一句话不对小妮子说的,怎么今日这般含糊疑虑?"定哥道:"我不好说得,我受了乞儿的亏!"贵哥道:"乞儿不过是抄化无赖的人,受了他亏,夫人若肯饶他,便不打紧。若不肯饶他,着当直的送到五城兵马司,打他一顿板子,重重的枷枷示他两三个月就出气了。"定哥道:"不是这个乞儿,所以要和你计较一个长便。"贵哥道:"不是这个乞儿,却是那个乞儿?"定哥道:"是家中的阁乞儿。"贵哥道:"若是阁乞儿冲激了夫人,一发好惩治的了。夫人自己不耐烦打他,也不消送官府,只待老爷回来,着着实实的打他几百,赶逐他离了府门就够了,有怎么长便短便要计较得?"

定哥附着贵哥的耳朵道:"不是这般说话。数日前我被阁乞儿强奸了。不好对别个说得,只等你回来,和你商议一个长便。"贵哥笑道:"府中规矩,从来不许男子擅入中堂。便是那人来,也有个女待诏做牵头,小妮子做脚力,才走得进来。这狗才怎的敢闯进绣房,强奸夫人?真是夫人受亏了。这狗才的胆,不知是怎么样大的!但不知他是日间闯来的,是夜间闯来的?"定哥的脸,红了又白,白了又红,羞惭满面道:"不瞒你说,是夜里进来的。"贵哥笑道:"据夫人说来是和奸,不是强奸了。不要说乞儿有罪,连夫人也有个罪了。"定哥道:"我睡着在床上,不知他怎地走将进来把我骗了。"

贵哥笑道:"这狗才倒是个啄木鸟!"定哥也笑道:"他怎的是个啄木鸟?"贵哥道:"小妮子闻得那啄木鸟,把尖嘴在那树上,画了几画,摇了几摇,那树木里头的蠹虫儿,自然钻出来,等这鸟儿吃。夫人的房门谨谨拴上的,房门又有侍妾们相伴着,不知这狗才,把甚的在夫人门上,画得几画,摇得几摇,夫人的房门就自开了?岂不是个啄木鸟?"定哥笑道:"好姐姐,你又来取笑。我实实与你说,那人许久不来,我心里着实怨他。你又不在家中,没有一个知我心的,我冷落不过,故此将就容纳了乞儿。你如今既回来,我就断绝了他,再不许他进来就是。"贵哥道:"萧何律法,和奸也合杖开。夫人这说话,正合着律法,但凭夫人自家裁处。只怕那虫儿不肯躲,又要钻出来凑着。"他两个正在说话,当直的报说乌带回来。大家惊得面如土色,忙忙出去迎接。不在话下。

当时定哥虽对贵哥说了这一番,心中却不舍得断绝乞儿,依先暗暗地赶着空儿干事,只不敢通宵作乐。贵哥明知其事,也只做不知,不去参破他。婢中有个小底药师奴,一日撞遇定哥和乞儿在轩廊下说话,跑来告诉贵哥。贵哥叮嘱他,叫他不要多管,惹夫人责罚,故此小底药师奴也不对人说。乞儿常常来撩拨贵哥,要图贵哥打做一家。贵哥只是不理他。一日,乞儿张着眼错抱贵哥,一把搂住了要亲嘴,被贵哥骂道:"你这狗才,身上惹下了凌迟的罪儿,还不知死活,又来撩我!我说出来时,只怕你这狗,死无葬身之地。"那乞儿吃了这一场抢白,暗暗对定哥说,才绝了这个念头,再不敢来挑弄贵哥。

后来海陵即了大位,乌带还做崇义节度使。每遇元会生辰,使家奴葛鲁葛温诣阙上寿。定哥亦使贵哥候问两宫太后起居。海陵一见贵哥,就想起昔日的情意,因贵哥传语定哥道:"自古天子亦有两后者,能杀汝夫以从我,当以汝为后。"贵哥归,具以海陵言告定哥。定哥笑道:"少时丑恶,事已可耻。今儿女已成立,岂可更为此事,以贻儿女羞?"盖与阎乞儿相得,不忍舍之也。海陵闻其言,又使人对定哥说道:"汝不忍杀汝夫,我将族灭汝家。"定哥大恐,乃以子乌答补为辞,说:"彼常侍其父,无隙可乘。"海陵即召乌答补为符宝祇侯。定哥与贵哥商议道:"事不可止矣!"因乌带酒醉,令家奴葛鲁葛温缢杀乌带。时天德三年七月也。

乌带死,海陵伪为哀伤,以礼厚葬之。使小底药师奴传旨定哥,告以纳之之意。定哥将行,贵哥为从。小底药师奴谑之曰:"夫人行矣,阎乞儿何以为情?"定哥惧其泄于海陵也,以奴婢十八口赂之,使无言与阎乞儿私事。定哥入宫,海陵册为娘子。贞元元年封贵妃,大爱幸,许以为后。赐其家奴孙梅进士及第。海陵每与定哥同辇游瑶池,诸妃步从之。阎乞儿以妃家旧人,得给侍本位。后海陵嬖幸愈多,定哥稀得见。一日独居楼上,海陵与他妃同辇从楼下过。定哥望见,号呼求去,诅骂海陵。海陵佯为不闻而去。定哥益无聊赖,欲复与乞儿通。乃使比丘尼向乞儿索所遗衣服以调之。乞儿识其意,笑曰:"妃今日富贵忘我耶?"定哥欲以计纳乞儿于宫中,唯恐阍者察其隐,乃先令侍儿以大箧盛褒衣其中,遣人载之入宫。阍者索之,见箧中皆亵衣，阉者已悔惧。定哥使人诘责阉者，曰："我天子妃，亲体之衣，尔故玩视何也？我且奏闻之。"阉者惶惧，甘死罪，请后不敢再视。定哥乃使尼以大篋盛乞儿载入宫中，阉者果不敢复索。乞儿入宫十余日，定哥得恣情欢谑，喜出望外。然乐不可极，不得已，使衣妇人衣，杂诸侍婢，抵暮混出。贵哥闻其事，以告海陵。海陵乃缢死定哥，搜捕乞儿及比丘尼，皆伏诛。封贵哥莘国夫人。小底药师奴以匿定哥奸事，杖百五十，后亦赐死。

丽妃石哥者，定哥之妹，秘书监文之妻也。海陵与之私，欲纳之宫中。乃使文庶母按都瓜主文家。海陵谓按都瓜曰："必出尔妇，不然，我将必有所行。"按都瓜以语文。文难之。按都瓜曰："上谓别有所行，是欲杀汝也。岂以一妻杀其身乎？愚痴谅不至此！"文不得已，乃与石哥相持，恸哭而别。是时海陵至中都，迎石哥于中都，纳之。一日，海陵与石哥坐便殿，召文至前，指石哥问道："卿还思此人否？"文答道："侯门一入深如海，从此萧郎是路人。微臣岂敢再萌邪思！"海陵大喜道："卿为人大忠厚。"乃以迪辇阿不之妻择特懒偿之，使为夫妇。及定哥缢死，遣石哥出宫。不数日，复召入，封为昭仪。正隆元年封柔妃，二年进封丽妃。

昭媛察八者，姓耶律氏，尝嫁奚人萧堂古带。海陵闻其美，强纳之，封为昭媛。以萧堂古带为护卫。察八见海陵嫔御甚多，每以新欢间阻旧爱，不得已，勉意承欢，而心实恋萧堂古带也。一日，使侍女以软金鹌鹑袋子数枚，题诗一首，遗萧堂古带。诗云：

> 一入深宫尽日闲，思君欲见泪阑珊。
> 今生不结鸳鸯带，也应重过望夫山。

堂古带得之，惧祸及已，谒告往河间驿。无何，事觉。海陵召问之，堂古带以实闻。海陵道："此非汝之罪也，罪在思汝者，吾为汝结来生缘。"乃登宝昌楼，手刃察八，堕楼下死。诸后妃股栗，莫能仰视。并诛侍女之遗软金鹌鹑袋者。

海陵杀诸宗室，择其妇女之美者，皆欲纳之宫中，乃讽宰相道："朕嗣续未广，此党人妇女，有朕中外亲，纳之宫中何如？"徒单贞以告萧裕，萧裕道："近杀宗室，中外异议纷纭，奈何复为此耶？"徒单贞以其语复海陵。海陵道："吾固知裕不肯从！"乃使贞自以已意讽萧裕，必欲裕等请行此事。贞不获辞，乃对裕说道："上意已有所属，公固止之，祸将及矣！"萧裕道："必不肯已，唯上择一人纳之。"徒单贞道："必须公等白之。"裕知不可止，乃具奏，遂纳秉德弟乣里妻高氏、宗本子莎鲁剌妻、宗固子胡里剌妻，胡失来妻。又纳叔曹国王子宗敏妻阿懒于宫中。贞元元年，封为昭妃。大臣奏宗敏属近尊行，不可。乃令阿懒出宫，而封高氏为修仪，加其父高邪鲁瓦辅国上将军，母完颜氏封密国夫人。

又宋王宗望女寿宁县主什古，梁王宗弼女净乐县主蒲剌，及习拈宗隽女师姑儿，皆海陵从姊妹也。混同郡君莎里古真及其妹余都，太傅宗本女也，为海陵再从姊妹。表兄张定安妻奈剌忽，丽妃妹蒲鲁胡只皆有夫，唯什古丧夫。海陵无所忌耻，使高师姑、内哥阿古等，传达言语，皆与之私。内中莎里古真色最美而善淫。高师姑对他说道："上之好美色，汝所知也。汝之美，主上能舍汝乎？主上于汝为再从姊妹。出阁之日。服制无矣，相遇犹路人。然汝曷不入侍于上，以博恩宠？"莎里古真笑而从之，入见海陵。海陵幸之，竭尽精力，博得古真一笑。次日，以其夫撒速近侍局直宿，海陵谓撒速道："尔妻年少，遇尔直宿，不可令宿于家，当令宿于妃位。"撒速默然不敢出一语。每召古真入，海陵必亲伺候于廊下，立久不至，则坐于高师姑膝上以望之。高师姑道："陛下尊为天子，嫔御满前，何劳苦如此！"海陵笑道："我固以天子为易得耳！此等期会，乃可贵也。"莎里古真一至，则捧惜拥持，无所不用其极，唯恐古真之不悦己。然古真在外，颇恣淫佚，恃宠笞决其夫，其夫亦不能制。见官之尊贵，人之有才者，及美貌而饶于淫具者，必招徕之，与之交合，不以为耻。海陵闻之，大怒道："尔爱贵官，有贵如天子者乎？尔爱人才，有才兼文武似我者乎？尔爱娱乐，有丰富伟岸过我者乎？"怒甚，气咽不能言。莎里古真恬不为意，嘻嘻的道："我只笑尔无能耳。"海陵又大怒，遣之出宫。后复思之，屡召入焉。

其妹余都，牌印松古刺妻也。海陵尝私之，谓之曰："汝貌虽不扬，而肌肤洁白可爱，胜莎里古真多矣！"余都恚曰："古真既有貌，陛下何不易其肌肤，作一全人？"海陵道："我又不是阎罗天子，安能取彼易此？"余都道："从今以后，妾不敢复承幸御矣。"海陵慰之曰："前言戏之耳！汝毋以我言为实，而生怨恚也。"进封寿阳县主，出入贵妃位。

又使内哥召什古，出入昭妃位。什古者，将军瓦剌哈迷妻也。瓦剌哈迷丰躯伟干，长九尺有奇，力能扛鼎，气可吞牛。一夕常淫二三姬。不则满身抽彻难熬，必提掇重物，以泄其气。每与什古交合，什古辄娇颤逾时，瞑目欲死。后因瓦剌哈迷从征阵亡，什古不耐寡居，遂与门下少年相通。恨不畅意。少年乃觅淫药傅之，通宵不倦。什古笑道："今日差强人意。"后有知之者，遂嘲少年为"差强人"以笑。海陵闻什古之善嬲也，遂使内哥传语什古道："尔风流跌宕，冠绝一时，然沉溺下僚，未见风流元帅，岂不虚负此生？主上阳尊九五，杰出大僚，尔何不独当一队，分沾雨露，以自快乎？"什古笑道："主上虽雄，谅不能敌瓦剌哈迷之半。况且后宫森列，何必召妾？"内哥道："主上属意尔久矣！尔若不往，恐上怒不测。"什古不得已，乃入宫焉。海陵乘其未至，先于小殿暖位置琴阮其中。什古来朝见礼毕，海陵携其手，坐于膝上，调琴拨阮以悦其心，进封昭宁公主。乃检《洞房春意》一册，戏道："朕今宵与汝将此二十四势次第试之。"什古笑道："陛下既欲挑战，妾敢不为应兵？"海陵未尽其势之半，意欲少息。什古抱持道："陛下可谓善战矣，第恨具少弱耳！"海陵恶然道："瓦剌哈迷之具何如？"什古道："大异于是。"海陵不悦道："汝齿长矣，汝色衰矣，朕不弃汝，汝之大幸，何得云尔！"什古愧恨而罢。翌日出宫，潜以其状对少年说道："帝之交合，果有传授，非空搏也。"少年不谨，以其语泄之于人。人笑谓少年道："帝今作差强人矣！"

奈剌忽者，蒲只哈剌赤女也，修美洁白，见者无不啧啧。及笄，嫁于节度使张定安为妻。定安为海陵表兄，海陵未冠时，常过定安家嬉戏。即与奈剌忽同席，接谈谑笑竟日，遂与之私。无何，张定安受熙宗命，出使于宋。海陵与奈剌忽通宵行乐，遂如夫妇。房中侍婢，无得免者。不料熙宗诏海陵赴梁王军前听用。海陵只得辞别奈剌忽而去，不复再见。直至即位，方才又召奈剌忽出入柔妃位。

女使辟懒有夫在外，海陵欲幸之，封以县君，召之入宫。恶其有娠，乃命人煎麝香汤，躬自灌之，且揉拉其腹。辟懒欲全性命，乃乞哀道："苟得乳娩，当不举，以侍陛下。"海陵道："若待大产，则汝阴宽衍，不可用矣。"竟揉堕其胎。越数日幸之。辟懒恶露不净，海陵之阳，濡染不洁，顾视而笑。作口号道：

秃秃光光一个瓜,忽然红水浸根芽。
　　今朝染作红瓜出,不怕瓜田不种他。

辟懒笑而答道:

　　浅浅平平一个沟,鲇鱼在内恣遨游。
　　谁知水满沟中浅,变作红鱼不转头。

海陵又道:

　　黑松林下水潺潺,点点飞花落满川。
　　鱼衔桃浪游春水,冲破松林一片烟。

辟懒又答道:

　　古寺门前一个僧,袈裟红映半边身。
　　从今撇却菩提路,免得频敲月下门。

　　海陵笑道:"尔可谓善于应对矣!"
　　蒲察何虎迭女义察,海陵姊庆宜公主所生。幼养于辽王宗干府中。及笄而嫁秉德之弟特里。秉德伏诛,义察当连坐。太后使梧桐请于海陵,由是得免。海陵遂白太后欲纳之,太后道:"是儿始生,先帝亲抱至吾家养之,至于成人。帝虽舅,犹父也。岂可为此非礼之事?"海陵屈于太后而止。义察跌宕喜淫,不安其室,遂与完颜守诚有奸。守城本名遏里来,芳年淑艾,白皙过人,更善交接。义察绝爱之。太后窃知其事,乃以之嫁宗室安达海之子乙补刺。乙补刺不胜其欲,义察日与之反目。海陵不知其故,数使人讽乙补刺出之,因而纳之。太后初不知也。义察思念守诚,愁眉不展,每侍海陵,强为笑乐,转背即诅詈不已。侦者以告海陵。海陵怒道:"朕乃不如完颜守诚耶?"遂挝杀守诚,欲并杀义察。又得太后求哀,乃释放出宫。无何,义察家奴告义察痛守诚之死,日夜咒诅,语涉不道。海陵乃自临问,责义察道:"汝以守诚死詈我耶?守诚不可得见矣。朕今令汝往见之。"遂杀义察而分其尸。
　　太宗正阿里虎妻蒲速碗,乃元妃之妹也,大有姿色,而持身颇正。因入见元妃,留宿于宫中。迨晚,海陵强之同坐饮宴。蒲速碗正色固拒,退食于元妃之幕,将周身衣服,谨系牢结,坐而不卧,以防海陵之辱己。果然,谯楼鼓急,画角声催,银缸半灭半明,神思乍醒乍倦。海陵突至,强抱求欢。蒲速碗再四不从。海陵凌逼不已,相持相拒。将及更余。海陵乃以力制之,怒发如雷,声如乳虎,喝教侍婢共挟持之,尽断其中外衣带。蒲速碗气索力疲,支撑不住,叫不得撞天的冤屈。只得紧闭着双眼,放开了两手。任凭着海陵百谑千嘲,就像喉咙气断死了,不得知的一般。这海陵像心像意,侮弄了许多时节,见蒲速碗没有一些儿情趣,到也觉得没意思,兴尽而去。
　　元妃问蒲速碗道:"妹妹,你平昔的兴在哪里去了?今日做出这般模样。"蒲速碗道:"姐姐,你可是有人气的?古来那娥皇、女英,都是未出嫁的女子,所以帝尧把他嫁得舜哥天子。我是有丈夫的,若和你合着个老公,岂不惹人笑杀! 连姐姐也做人不成了!"元妃道:"事到其间,连我也做不得主。俗语说得好:只好随乡入乡,哪里顾得人笑耻。"蒲速碗道:"姐姐,你说得好话儿! 这话儿只当不说吧。世上那有百世太平千年天子。你倘或被人凌辱,你心里过去得否?"元妃惨沮不出一声。过了一夜,次日早晨,蒲速碗辞朝归去,再不入宫朝见。虽是海陵假托别样名目来宣召他,他也只以疾辞道:"臣妾有死而已,不能复见娘娘。"海陵亦付之无可奈何也!

张仲轲者,幼名牛儿,乃市井无赖小人,惯说传奇小说,杂以俳优恢谐语为业。其舌尖而且长,伸出可以舔着鼻子。海陵尝引之左右,以资戏笑。及即位,乃以为秘书郎,使之入直宫中,遇景生情乘机谑浪,略无一些避忌。海陵尝与妃嫔云雨,必撤其帷帐,使仲轲说淫秽语于其前,以鼓其兴。或令之躬身曲背衬垫妃腰,或令之调搽淫药,又尝使妃嫔裸列于左右,海陵裸立于中间,使仲轲以绒绳缚己阳物,牵扯而走。遇仲轲驻足之妃,即率意嬲弄。仲轲从后推送出入,不敢稍缓。故凡妃嫔之隐,仲轲无不熟睹之者。

有一室女,韶年稚齿,貌美而捷于应对。海陵喜之,每每与他姬侍淫媾时,辄指是女对仲轲说道:"此儿弱小,不堪受大含弘。朕姑待之。不忍见其痛苦。"仲轲呼:"万岁!"一日海陵昼醉,隐几而卧。仲轲暂息于檐下,此女恐海陵之寒,提袍覆其肩。海陵惊醒,醉眼朦胧,见是此女,即搂抱于怀,遂乘兴幸之。竟忘其质之弱,年之小也。此女果不能当,涕泗交下。海陵忙拔出,女阴中血流不止。海陵怜惜之,呼仲轲以舌餂其血。仲轲但称死罪,不敢仰视。海陵再三强仲轲餂之,女羞缩自起而止。

海陵对仲轲道:"汝亦须眉男子,非无阳者。朝朝暮暮,见朕与妃嫔嬲戏,汝之阳亦崛强否? 汝可脱去下衣,俾朕观之。"仲轲道:"殿陛尊严,宫闱谨肃,臣何等人,敢裸露五形,以取罪戾。"海陵道:"朕欲观汝之阳物,罪不在汝,朕不汝责。"仲轲叩首求免,海陵敕内竖尽褫其衣。仲轲俯身蹲踞于地,以双手掩于胯前。海陵又敕内竖以绳绑缚仲轲,仰卧于凳上,其阳直竖而起。亦大而长,仅有海陵三分之二。诸妃嫔见者,皆掩面而笑。海陵道:"汝等莫笑,此亦人道耳! 设使室女当之,未必不作痛也。"妃嫔又笑,久之,见其痿缩不举。始释其缚。

又尝召侍臣聚于一殿,各露其秽,以相比并。大者列为第一班,赏以摧残不用宫女一人,给与阳侯牙牌一面。中者列为第二班,赏以楮钞百锭,给与阳伯牙牌一面。不及二等者为最下,不入选。除正殿朝参奏事、大醵宴常依次叙爵外,凡入宫直宿,内殿赐饮,即不论官爵崇卑,悉照牙牌,列成班次,以为笑乐,虽徒单贞亦不能免。百人之中,与海陵相伯仲者居其一,父叔事海陵者居其二,奴视海陵者百不得一也。时人为谣歌云:

> 朝廷做事忒兴阳,自做铨司开选场。
> 政事文章俱不用,唯须腰下硬帮帮。

那歌谣直传到海陵耳朵里,海陵也只当不得知,一味头只是作乐淫谑。

不要说起那宫嫔御,就是官庶妇人,曾蒙幸者,海陵也列在宫人数内。虽有丈夫的,皆分番出入,听其淫乱。海陵还不足意,欲把这些妇人随意幸之。限于更番不便,乃尽遣其丈夫往上京去了,恰把这些妇人都留在宫中。每当行幸,即令撤蔽去围帐，教坊司近前奏乐，幸已方止。再幸再奏。一幸必及数妇，徒以尽己之兴，而诸妇皆不畅所欲，人人嗟怨。尝与妃嫔同坐，必自掷一物于地，使近侍环视之，他视者杀。又诫宫中给使男子，于妃嫔位举首者，剜其目。出入不得独行，便旋须四人偕往。所司执刀监护，不由路者斩之。日入后，下阶砌行者死。告者赏钱百万。男女仓猝互相触，先声言者赏三品官，后言者死，齐言者皆释之。

有梁琼者，本大宋家奴，随元妃入宫，以阉竖事海陵。琼性便佞，善迎合人意。海陵特见宠信，言无不从。琼尝构求海上仙方，远觅兴阳异物，修合媚药，以奉海陵。海陵试之，颇有效验。益肆淫蛊，中外嫔御妇女殆将万人，犹恨不得绝色以逞心意。琼乃极言宋刘贵妃绝色倾国。海陵道："汝试言其容止。"琼道："鬓发腻理，姿质纤秾，体欺皓雪之容光，脸夺英华之濯艳。顾影徘徊，光彩溢目。承迎盼睐，举止绝伦；智算过人，歌舞出众。"海陵闻言大喜。自此决南征之意。

将行，命县君高师姑预贮紫绡帐、画石床、鹧鸪枕、却尘褥、神丝绣被、瑟瑟幕、纹布巾。帐轻疏而薄，视之如无所碍。虽属隆冬，而风不能入，盛暑则清凉自至。其色隐隐焉，忽不知其帐也，乃鲛绡之类。床文如锦绣，石体甚轻，郅支国所献。枕以七宝合为鹧鸪，褥纹殷鲜，光软无比，云是却尘兽毛所为，出自句骊国。被绣三千鸳鸯，仍间以奇花异叶，上缀灵粟之珠，如果粒，五色辉焕。其幕色如瑟瑟，阔三丈，长百尺，轻明虚薄，无以为比，向空张之，则疏朗之纹，如碧丝之贯其珠，虽大雨暴降，不能湿漏，云以蛟人瑞香膏所傅故也。纹布巾，即手巾也，洁白如雪光，软如绵，拭水不濡，用之弥年，不生垢腻，乃得自鬼谷国者。俟得刘贵妃时用之。更带九玉钗、蠲忿犀、如意玉、龙绡衣、龙髯紫拂。钗刻九鸾，皆九色，其上有字"白玉儿"工巧妙丽，殆非人制。犀圆如弹丸，带之令人蠲忿怒。玉类桃实，上有七孔，云是通明之象。衣重无一二两，抟之不盈一握。拂色紫如烂椹，可长三尺，削水晶为柄，刻红玉为环纽。或风雨晦暝，临流沾洒，则光彩动摇，奋然如怒。置于堂中，则日无蝇虫，夜无蚊蚋。拂之为声，则鸡犬无不惊逸；垂之池潭，则鳞介之属，悉俯伏而至。引水于空中，则成瀑布；烧燕肉熏之，则烨烨焉若生云雾，云得于洞庭湖中者。俟得刘贵妃，则以赐之。海陵件件色色，都打点端正。不想探事人来报说："刘贵妃已辞世矣！"海陵好不痛惜！忙传下号令，说灭却宋时，把他死尸也抬来瞧一瞧，完了心中一念。这才是：

> 生前不结鸳鸯带，死后空劳李少君。

世宗时为济南尹，夫人乌林答氏，玉质凝肤，体轻气馥，绰约窈窕，转动照人。海陵闻其美，思有以通之。而乌林答氏端方严悫，无隙可乘。一日，传旨召之。世宗忿忿，抗旨不使之去。乌林答氏泣对世宗道："妾之身，王之身也。一醮不再，妾之志也，宁肯为上所辱！第妾不应召则无君，王不承旨则不臣。上坐是以杀王，王更何辞以免？我行当自勉不以累王也。"世宗涕泣，不忍分离。乌林答氏毅然就道。一路上凄其沮郁，无以为情。行至良乡地方，乃将周身衣服，缝纫固密，题诗一首于衣裾上，遂自杀。诗云：

> 世态翻如掌，君心狠似狼。
> 凶狂图快乐，淫逆灭纲常。
> 我死身无辱，夫存姓亦香！

国学经典文库　中国二十大名著　醒世恒言　图文珍藏版

敢劳传旨客,持血报君王。

乌林答氏既死,使者以讣闻。海陵伪为哀伤,命归其榇于世宗。世宗发榇视之,面色如生,血凝喉吻,抚尸痛悼,以礼葬焉。后世宗在位二十九年,不复立后者,以乌林答氏之死节也。此是后话。

却说海陵大举南侵,造战船于江上,毁民庐舍以为材,煮死人膏以为油,费财用如泥沙,视人命如草菅。既发兵南下,群臣因万民之嗟怨,立曹国公乌禄为帝,即位辽阳,改名雍,改元大定,遥降海陵为王。海陵闻之,叹道:"朕本欲削平江南,然后改元大定,今日之事,岂非天乎?"因出素所书:"一着戎衣,天下大定"改元事以示群臣。遂召诸将,谋帅师北还。至瓜洲,浙西路都统制耶律元宜等谋弑之,箭入帐中,海陵以为宋兵追至。及视箭,曰:"此我兵也!"欲取弓还射,忽又中一箭仆地。延安少尹纳合乾鲁补先刃之。手足犹动,遂缢杀之。妃嫔等数十人皆遇害。后世宗数海陵过恶,不当有王封土,不当在诸王茔域。乃降废为海陵王,复降为庶人,改葬于西南四十里。后人有诗叹云:

> 世上谁人不爱色?唯有海陵无止极。
> 未曾立马向吴山,大定改元空叹息。
> 空叹息,空叹息,国破家亡回不得。
> 孤身客死情人怜,万古传名为逆贼。

第二十四卷

隋炀帝逸游召谴

> 《玉树》歌残舞袖斜,景阳宫里剑如麻。
> 曙星自合临天下,千里空教怨丽华。

这首诗单表隋文帝篡周灭陈,奄有天下,一统太平,真个治得外户不闭,路不拾遗。初时已立太子勇为东宫,却因不得母后独孤氏欢心。原来那个独孤皇后最是妒忌,文帝畏而爱之。常言:"前代帝王,骨肉分争,皆因嫡庶,相猜相忌,致有祸胎。今吾家五子同母,旁无异生之子,后来安享太平,绝无后患。"不想太子勇嫡妃元氏无宠,抑郁而死。专宠云定兴之女。所生子女,皆是庶出。独孤皇后心中甚是不愤,每每在文帝前谮诉太子勇之短。文帝极是惧内的,听他言语,太子勇日渐日疏。

却有第二子晋王广,为扬州都总管,生来聪明俊雅,仪容秀丽。十岁即好观古今书传,至于方药,天文地理,百家技艺术数,无不通晓。却只是心怀叵测,阴贼刻深,好钩索人情深浅,又能为矫情忍诟之事。刺探得太子勇失爱母后,日夜思所以间之。日与萧妃独处，后宫皆不得御幸。每遇文帝及独孤皇后使来，必与萧妃迎门候接，饮食款待，如平交往来。临去，又以金钱纳诸袖中。以故人人到母后跟前，交口同声，誉称晋王仁孝聪明，不似太子寡恩傲礼，专宠阿云，致有如许豚犊。独孤皇后大以为然，日夜谮之于文帝，说太子勇不堪承嗣大统。后来晋王广又多以金宝珠玉，结交越公杨素，令他谗废太子。杨素是文帝第一个有功之臣，言无不从。皇后谮之于内，杨素毁之于外。文帝积怒太子勇，已非一日，遂废太子勇为庶人，幽之别宫。却立晋王广为太子。受命之日，地皆震动。识者皆知其夺嫡阴谋。独杨素残忍深刻，扬扬得意，以为"太子由我得立"。威权震天下，百官皆畏而敬之。

后来独孤皇后崩，后宫却得近幸。文帝有一位宣华夫人陈氏，陈宣帝之女也。隋灭陈，配掖庭。性聪慧，姿貌无双。及皇后崩后，始进位为贵人。专房擅宠，后宫莫及。文帝寝疾于仁寿宫，夫人与太子广同侍疾。平旦，夫人出更衣，为太子所逼。夫人拒之，发乱神惊，归于帝所。文帝怪其容色有异，问其故，夫人泫然泣曰："太子无礼！"文帝大恚曰："畜生何足付大事！独孤误我！"盖指皇后也。因呼兵部尚书柳述，黄门侍郎元岩，司空越公杨素等曰："召我儿来！"述等将呼太子广。帝曰："勇也。"杨素曰："国本不可屡易，臣不敢奉诏。"帝气哽塞，回面向内不言。素出语太子广曰："事急矣！"太子广拜素曰："帝呼不应，喉中呦呦有声。"素急入，文帝已崩矣。陈夫人与诸后宫相顾悲恸。晡时，太子广遣使者赍金合，缄封其际，亲书封字，以赐夫人。夫人见之惶惧，以为药酒，不敢发。使者促之，乃开。见盒中有同心结数枚。宫人咸相庆曰："得免死矣！"陈夫人恚而却坐，不肯致谢。宫人咸逼之，乃拜使者。太子夜入丞焉。明旦发丧，使人杀故太子勇而后即位。左右扶太子上殿，太子足弱，欲倒者数四，不能上。杨素叱去左右，以手扶接，太子援之乃上。百官莫不嗟叹。杨素归谓家人曰："小儿子吾已提起教作大家，即不知能了当否？"

素恃己有功，于帝多呼为郎君。时宴内宫，宫人偶遗酒污素衣，素叱左右引下加挞焉。帝甚不平，隐忍不发。一日，帝与素钓鱼于后苑池上，并坐，左右张伞以遮日。帝起如厕，回见素坐赭伞下，风骨秀异，神彩毅然。帝大忌之。帝每欲有所为。素辄抑而禁之，由是愈不快于素。会素死，帝曰："使素不死，夷其九族。"先是，素一日欲入朝，见文帝执金钺逐之，曰："此贼，吾欲立勇，竟不从吾言，今必杀汝！"素惊怖入室，召子弟二人语曰："吾必死矣！出见文帝如此如此。"移时而死。

帝自素死，益无忌惮，沉迷女色。一日顾诏近侍曰："人主享天下之富，亦欲极当年之乐，自快其意。今天下富安，外内无事，正吾行乐之日也。今宫殿虽壮丽显敞，苦无曲房小室，幽轩短槛。若得此，则吾期老于其中也。"近侍高昌奏曰："臣有友项升，浙人也。自言能构宫室。"翌日，诏召问之。升曰："臣乞先进图本。"后日进图，帝览之，大悦。即日诏有司供具材木，凡役夫数万，经岁而成。楼阁高下，轩窗掩映，幽房曲室，玉栏朱楯，互相连属，囘环四合，鬲户自通，千门万户，金碧相辉，照耀人耳目。金虬伏于栋下，玉兽蹲于户旁；壁砌生光，琐窗曙日，工巧之极，自古未有之比也。费用金宝珠玉，库藏为之一空。人误入其中者，虽终日不能出。帝幸之，大悦。顾左右曰："使真仙游其中，亦当自迷也，可目之曰迷楼。"诏以五品官赐升，仍给内库金帛千匹赏之。诏选良家女数千以居楼中。帝每一幸，经月不出。

是月，大夫何稠进御女车。车之制度绝小，只容一人，有机伏于其中。若御童女，则以机碍女之手足，女纤毫不能动。帝以处女试之，极喜。召何稠谓之曰："卿之巧思，一何神妙如此！"以千金赠之。稠又进转关车，可以升楼阁，如行平地。车中御女，则自摇动。帝尤喜悦，谓稠曰："此车何名？"稠曰："臣任意造成，未有名也。愿赐佳名。"帝曰："卿任其巧意以成车，朕得之，任其意以自乐，可命名任意车也。"帝又令画工绘画仕女交合之图数十幅，悬于阁中。其年上官时自江外得替回，铸乌铜鉴数十面，其高五尺，而阔三尺，磨以成镜为屏，环于寝所，诣阙投进。帝以屏纳迷楼中，而御女于其旁，纤毫运转，皆入于鉴中。帝大喜曰："绘画得其形象耳。此得人之真容也，胜绘图万倍矣。"

帝日夕沉荒于迷楼，罄竭其力，亦多倦息。又辟地周二百里为西苑，役民力常百万，内为十六院。聚巧石为山，凿池为五湖四海，诏天下境内所有鸟兽草木，驿送京师。诏定西苑十六院名：

> 景明，迎晖，栖鸾，晨光，明霞，翠华，文安，积珍，影纹，仪凤，仁智，清修，宝林，和明，绮阴，绛阳。

每院择宫中佳丽谨厚有容色美人实之；选帝常幸御者为之首。分派宦者，主出入易市。又凿湖五。每湖四方十里。东曰翠光湖，南曰迎阳湖，西曰金光湖，北曰洁水湖，中曰广明湖。湖中积土石为山，构亭殿，，屈曲环绕澄泓，皆穷极人间华丽。又凿北海，周环四十里，中有三山，效蓬莱、方丈、瀛洲，其上皆台榭回廊，其下水深数丈。开通五湖北海，通行龙凤舸。帝多泛东湖，因制《湖上曲·望江南》八阕云：

> 湖上月，偏照列仙家。水浸寒光铺枕簟，浪摇晴影走金蛇，偏称泛灵槎。
> 光景好，轻彩望中斜。清露冷侵银兔影，西风吹落桂技花，开宴思无涯。

其二云：

> 湖上柳，烟里不胜催。宿雾洗开明媚眼，东风摇弄好腰肢，烟雨更相宜。
> 环曲岸，阴覆画桥低。线拂行人春晚后，絮飞晴雪暖风时，幽意更依依。

其三云：

湖上雪，风急堕还多。轻片有时敲竹户，素华无韵入澄波，望外玉相磨。
湖水远，天地色相和。仰面莫思梁苑赋，朝来且听玉人歌，不醉拟如何？

其四云：

湖上草，碧翠浪通津。修带不为歌舞缓，浓铺堪作醉人茵，无意衬香衾。
晴霁后，颜色一般新。游子不归生满地，佳人远意正青春，留咏卒难伸。

其五云：

湖上花，天水浸灵芽。浅蕊水边匀玉粉，浓苞天外剪明霞，只在列仙家。
开烂熳，插鬓若相遮。水殿春寒幽冷艳，玉轩晴照暖添华，清赏思何赊。

其六云：

湖上女，精选正轻盈。犹恨乍离金殿侣，相将尽是采莲人，清唱漫频频。
轩内好，嬉戏下龙津。玉管朱弦闻尽夜，踏青斗草事青春，玉辇从群真。

其七云：

湖上酒，终日助清欢。檀板轻声银甲缓，醅浮香米玉蛆寒，醉眼暗相看。
春殿晚，仙艳奉杯盘。湖上风光真可爱，醉乡天地就中宽，帝主正清安。

其八云：

湖上水，流绕禁园中。斜日暖摇清翠动，落花香暖众纹红，晶木起清风。
闲纵月，鱼跃小莲东。泛泛轻摇兰棹稳，沉沉寒影上仙宫，远意更重重。

　　帝常游湖上，多令宫中美人歌唱此曲。大业六年，后苑草木鸟兽，繁息茂盛。桃蹊柳径，翠阴交合；金猿青鹿，动辄成群。自大内开为御道，直通西苑，夹道植长松高柳。帝多宿苑中，去来无时。侍御多夹道而宿。帝往往于中夜即幸焉。道州贡矮民王义。眉目浓秀，应对敏捷。帝尤爱之。常从帝游，终不得入宫，曰："尔非宫中物也。"义乃出，自阉以求进。帝由是愈加怜爱，得出入内寝。义多卧御榻下。帝游湖海回，多宿十六院。
　　一夕中夜，帝潜入栖鸾院。时夏气暄烦，院妃庆儿卧于帝下。初月照轩，甚是明朗。庆儿睡中惊魇，若不救者。帝使义呼庆儿。帝自扶起，久方清醒。帝曰："汝梦中何故而如此？"庆儿曰："妾梦中如常时，帝握妾臂，游十六院。至第十院，帝入坐殿上。俄时火发，妾乃奔走，回视帝坐烈焰中。惊呼人救帝，久方睡觉。"帝自强解曰："梦死得生，火有威烈之势。吾居其中，得威者也。"后帝幸江都被弑。帝入第十院，居火中，此其应也。
　　一夕，帝因观殿壁上有广陵图，帝注目视之。移时，不能举步。时萧后在侧，谓帝曰："知他是甚图画？何消帝如此挂心？"帝曰："朕不爱此画，只为思旧游之处耳。"于是以左手凭后肩，右手指图上山水及人烟村落寺宇，历历皆如在目前。谓萧后曰："朕昔征陈后主时游此。岂期久有天下，万机在躬，便不得豁然于怀抱也。"言讫，容色惨然。萧后奏曰："帝意在广陵，何如一幸？"帝闻之，言下恍然。即日召群臣，言欲至广陵，且夕游赏。议当泛巨舟，自洛入河，自河达海入淮，至广陵。群臣皆言："似此程途，不啻万里，又孟津水紧，沧海波深，若泛巨舟，事恐不测。"时有谏议大夫萧怀静，乃皇后弟也，奏曰："臣闻秦始皇时，金陵有王气，始皇使人凿断砥柱，王气遂绝。今睢阳有王气，又陛下喜在东南。欲泛孟津，又虑危险。况大梁西北有故河道，乃是秦将王贲畎水灌大梁之处。乞陛下广集兵夫，于大梁起首开掘，西自河阴，引孟津水入，东到淮阴，放孟津水出，此间地不过千里，况于睢阳境内经过。一则路达广陵，二则凿穿王气。"帝闻奏大喜。出敕朝堂。有敢谏开河者斩。乃命征北大总管麻叔谋为开河都护，以荡寇将军李渊为开河副使。渊称疾不赴，即以左屯卫将军令狐达代之。诏发天下丁夫，男年十五以上，五十以下者皆至。如有隐匿者斩三族。凡役夫五百四十三万余人，昼夜开掘，急如星火。又诏江淮诸州，造大船五百只。使命促督，民间有配著造船一只者，家产破用皆尽，犹有不足。枷项笞背，然后鬻卖子女以供官费。到得开河功役渐次将成，龙舟亦就。帝大喜，将幸江都。命越王侗留守东都。宫女半不随驾，争攀号留。且言辽东小国，不足以烦大驾，愿遣将征之。帝意不回，作诗留别宫人云：

> 我梦江南好，征辽亦偶然。
> 但存颜色在，离别只今年。

车驾既行，师徒百万。离都旬日。长安贡御车女袁宝儿，年十五，腰肢纤堕，騃憨多态，帝宠爱特厚。时洛阳进合蒂迎辇花，云："得之嵩山坞中，人不知其名。采花者异而贡之"。会帝驾适至，因以"迎辇"名之。帝令宝儿持之，号曰司花女。时诏虞世南草《征辽指挥德音敕》，宝儿持花侍侧，注视久之。帝谓世南曰："昔传飞燕可掌上舞，朕常谓儒生饰于文字，岂人能若是乎？及今得宝儿，方昭前事。然多憨态，今注目于卿。卿才人，可便作诗嘲之。"世南应诏，为绝句云：

> 学画鸦黄半未成，垂肩嚲袖太憨生。
> 缘憨却得君王宠，长把花枝旁辇行。

帝大悦。既至汴京，帝御龙舟，萧后乘凤舸。于是吴越取民间女年十五六岁者五百人，谓之殿脚女，至龙舟凤舸。每船用彩缆十条，每条用殿脚女十人，嫩羊十口，令殿脚女与羊相间而行。时方盛暑，翰林学士虞世基献计，请用垂柳栽于汴渠两堤上。一则树根四散，鞠护河堤；二则牵舟之人，庇其阴；三则牵舟之羊，食其叶。上大喜。诏民间献柳一株，赏一匹绢。百姓竞献之。又令亲种。帝自种一株，群臣次第皆种，方及百姓。时有谣言曰："天子先栽，然后百姓栽。""栽"与"灾"同音，盖妖谶也。栽毕，取御笔写赐垂柳姓杨，曰杨柳也。

时舳舻相继，连接千里，自大梁至淮口，联绵不绝。锦帆过处，香闻数里。一日，帝将登龙舟，凭殿脚女吴绛仙肩，喜其媚丽，不与群辈等，爱之，久不移步。绛仙善画长蛾眉，帝色不自禁。回辇，召绛仙，将拜婕妤，萧后性妒忌，故不克谐。帝寝兴罢，擢为龙舟首楫，号曰崆峒夫人。由是殿脚女争效为长蛾眉。司宫吏日给螺子黛五斛，号为蛾绿。螺子黛出波斯国，每颗值十金。后征赋不足，杂以铜黛给之。独绛仙得赐螺黛不绝。帝每倚帘视绛仙，移时不去。顾内谒者曰："古人言秀色若可餐，如绛仙真可疗饥矣。"因吟《持楫篇》赐之曰：

> 旧曲歌桃叶，新妆艳落梅。
> 将身旁轻楫，知是渡江来。

诏殿脚女千辈唱之。时越溪进耀光绫，绫纹突起，时有光彩。帝独赐司花女及绛仙，他人莫预。萧后恚愤不怿。由是二姬稍稍不得亲幸，帝常登楼忆之，题《东南柱》二篇云：

> 黯黯愁侵骨，绵绵病欲成。
> 须知潘岳鬓，大半为多情。

又云：

> 不信长相忆，丝从鬓里生。
> 闲来倚槛立，相望几含情。

殿脚女自至广陵，悉命备月观行宫。绛仙辈亦不得亲侍寝殿。有郎将自瓜洲宣事回，进合欢果一器。帝命小黄门以一双驰骑赐绛仙，遇马上摇动，合欢蒂解。绛仙拜赠，因附红笺小简上进曰：

> 驿骑传双果，君王宠念深。
> 宁知辞帝里，无复合欢心。

帝览之，不悦，顾小黄门曰："绛仙如何辞怨之深也？"黄门拜而言曰："适走马摇动，及月观，果已离解，不复连理。"帝因言曰："绛仙不独容貌可观，诗意深切，乃女相如也。亦何谢左贵嫔乎？"帝尝醉游后宫，偶见宫婢罗罗者，悦而私之。罗罗畏萧后，不敢迎帝。因托辞以程姬之疾，不可荐寝。帝乃嘲之曰：

> 个人无赖是横波，黛染隆颅簇小峨。
> 幸好留侬伴成梦，不留侬住意如何？

帝自达广陵，沉湎滋深，荒淫无度，往往为妖祟所惑。尝游吴公宅鸡台，恍惚间与陈后主相遇。帝幼年与后主甚善，乃起迎之，都忘其已死。后主尚唤帝为"殿下"。后主戴青纱皂帻，青绰袖，长裾，绿锦纯绿紫纹方平履。舞女数十，罗侍左右。中有一女殊色，帝屡目之。后主云："殿下不识此人耶？即张丽华贵妃也。每忆桃叶山前乘战舰与此妃北渡。尔时丽华最恨，方倚临春阁，试东郭皴紫毫笔，书小砑红绡,作答江令'璧月'句未终,见韩擒虎跃青骢马,拥万甲骑,直来冲人,都不存去就之礼,以至有今日!"言罢,即以绿文测海酒盏,酌红粱新酿劝帝。帝饮之甚欢。因请丽华舞《玉树后庭花》。丽华白后主,辞以抛掷岁久,自井中出来,腰肢粗巨,无复往时姿态。帝再三强之。乃徐起舞,终一曲。后主问帝:"萧妃何如此人?"帝曰:"春兰秋菊,各一时之秀也。"后主复诵诗十数篇。帝不记之,独爱《小窗》诗及《寄侍儿碧玉》诗。《小窗》诗云:

> 午醉醒来晚,无人梦自惊。
> 夕阳如有意,偏傍小窗明。

《寄碧玉》云:

> 离别肠应断,相思骨合销。
> 愁魂若非散,凭仗一相招。

丽华拜求帝赐一章。帝辞以不能。丽华笑曰:"尝闻'此处不留侬,会有留侬处'。安得言不能耶?"帝强为之,操笔立成,曰:

> 见面无多事,闻名尔许时。
> 坐来生百媚,实个好相知。

丽华捧诗,赧然不怿。后主问帝:"龙舟之游乐乎?始谓殿下致治在尧舜之上,今日仍此逸游。大抵人生各图快乐,向时何见罪之深耶?三十六封书,至今使人怏怏不悦。"帝忽悟其已死,叱之曰:"何今日尚呼我为殿下,复以往事相讯耶?"恍惚不见,帝兀然不自知,惊悸移时。

帝后御龙舟,中道,夜半,闻歌者甚悲,其辞曰:

> 我兄征辽东,饿死青山下。
> 今我挽龙舟,又困隋堤道。
> 方今天下饥,路粮无些少。
> 前去三千程,此身安可保!
> 寒骨枕荒沙,幽魂泣烟草。
> 悲损门内妻,望断吾家老。
> 安得义男儿,焚此无主尸。
> 引其孤魂回,负其白骨归。

帝闻其歌,遽遣人求其歌者,至晓不得其人。帝颇彷徨,通夕不寐。帝知世事已去,意欲遂幸永嘉,群臣皆不愿从。扬州朝百官,天下朝贡使无一人至者。有来者,在途遭兵夺其贡物。帝犹与群臣议,诏十三道起兵,诛不朝贡者。帝深识玄象,常夜起观星,乃召太史令袁充,问曰:"天象如何?"充伏地泣涕曰:"星文大恶!贼星逼帝座甚急,恐祸起旦夕!愿陛下遽修德灭之。"帝不乐,乃起,入便殿,索酒自歌曰：

宫木阴浓燕子飞，兴亡自古漫成悲。

他日迷楼更好景，宫中吐艳恋红辉。

歌竟，不胜其悲。近侍奏："无故而歌甚悲，臣皆不晓。"帝曰："休问！他日自知也。"俯首不语。召矮民王义问曰："汝知天下将乱乎？"义泣对曰："臣远方废民，得蒙上贡，进入深宫，久承恩泽，又常自宫，以近陛下。天下大乱，固非今日。履霜坚冰，其渐久矣。臣料大祸，事在不救。"帝曰："子何不早告我也？"义曰："臣唯不言，言即死久矣。"帝乃泣下沾襟，曰："子为我陈败乱之理，朕贵知其故也。"明日，义上书曰：

臣本南楚卑薄之地，逢圣明出治之时，不爱此身，愿从入贡。臣本侏儒，性尤蒙滞。出入左右，积有年岁。浓被圣私，皆逾素望。侍从乘舆，周旋台阁。臣虽至鄙，酷好穷经。颇知善恶之本源，少识兴亡之所以。还往民间，周知厉害。深蒙顾问，方敢敷陈。自陛下嗣守元符，体临大器，圣神独断，谋谏莫从。大兴西苑，两至辽东。龙舟逾万艘，宫阙遍天下。兵甲常役百万，士民穷乎山谷。征辽者百不存十，殁葬者十未有一。帑藏全虚，谷粟涌贵，乘舆竟往，行幸无时。兵人侍从，常守空宫。遂令四方失望，天下为墟。方今有家之村，存者可数；子弟死于兵役，老弱困于蓬蒿。兵尸如岳，饿莩盈郊。狗彘厌人之肉，鸢鱼食人之余。臭闻千里，骨积高原。阴风无人之墟，鬼哭寒草之下。目断平野，千里无烟。万民剥落，不保朝昏。父遗幼子，妻号故夫。孤苦何多，饿荒尤甚！乱离方始，生死谁知。人主爱人，一何至此！陛下圣性毅然，孰敢上谏。或有鲠言，即令赐死。臣下相顾，钳结自全。龙逢复生，安敢议奏！左右近臣，阿谀顺旨。迎合帝意，造作拒谏。皆出此途，乃逢富贵。陛下过恶，从何得闻？方今又败辽师，再幸东土，社稷危于春雪，干戈遍于四方。生民已入涂炭，官吏犹未敢言。陛下自唯：若何为计？陛下欲兴师，则兵吏不顺；欲行幸，则将卫莫从。适当此时，何以自处？陛下虽欲发愤修德，特加爱民，圣慈虽切救时，天下不可复得。大势已去，时不再来。巨厦之崩，一木不能支！洪河已决，掬壤不能救！臣本远人，不知忌讳。事急至此，安敢不言！臣今不死，后必死兵。敢献此书，延颈待尽。

帝省义奏，曰："自古安有不亡之国，不死之主乎？"义曰："陛下尚犹蔽饰己过！

陛下常言:吾当跨三皇,超五帝,下视商周,使万世不可及。今日之势如何? 能自复回都辇乎?"帝再三加叹。义曰:"臣昔不言,诚爱生也。今既具奏,愿以死谢。天下方乱,陛下自爱。"少选,左右报曰:"义自刎矣!"帝不胜悲伤,命厚葬焉。时值阁裴虔通,虎贲郎将司马德戡,左右屯卫将军宇文化及,将谋作乱。因请放官奴,分直上下。帝可其奏,即下诏云:

> 寒暑迭用,所以成岁功也;日月代明,所以均劳逸也。故士子有游息之谈,农夫有休养之节。咨尔毫众,服役甚勤,执劳无怠,埃垢溢于爪发,虮虱结于兜鍪:朕甚悯之。俾尔休番,从便嬉戏,无烦方朔滑稽之请,而从卫士递上之文。朕于侍从之间,可谓恩矣! 可依前件施行。

不数日,忽中夜闻外切切有声。帝急起,衣冠御内殿。坐未久,左右伏兵俱起。司马德戡携白刃向帝。帝叱之曰:"吾终年重禄养汝,吾无负汝,汝何得负我!"帝常所幸朱贵儿在帝旁,谓德戡曰:"三日前,帝虑侍卫秋寒,诏宫人悉絮袍裤,帝自临视。造数千领,两日毕功。前日颁赐,尔等岂不知也? 何敢迫胁乘舆!"乃大骂德戡。德戡斩之,血溅帝衣。德戡前数帝罪,且曰:"臣实言陛下! 但今天下俱叛,二京已为贼据。陛下归亦无门,臣生亦无路。臣已亏臣节,虽欲复,已不可得也。愿得陛下首以谢天下!"乃携剑逼帝。帝复叱曰:"汝岂不知诸侯之血入地,大旱三年,况天子乎? 死自有法!"命索药酒,不得。左右进练巾,逼帝入阁自经死。萧后率左右宫娥,辍床头小板为棺敛,粗备仪卫,葬于吴公台下。即前此帝与陈后主相遇处也。

初,帝不爱第三子齐王暕,见之常切齿。每行幸,辄录以自随。及是难作,谓萧后曰:"得非阿孩耶?"阿孩,齐王暕小字也。司马德戡等既弑帝。即驰遣骑兵执齐王暕于私第。倮跣驱至当街。暕曰:"大家计必杀儿,愿容儿衣冠就死。"犹意帝遣人杀之。父子见杀,至死不明,可胜痛悼!

后唐文皇太宗皇帝,提兵入京,见迷楼,太宗叹曰:"此皆民膏血所为!"乃命放出诸宫女,焚其宫殿,火经月不灭。前谣前诗,无不应验。方知炀帝非天亡之也。后人有诗:

> 千里长河一旦开,亡隋波浪九天来。
> 锦帆未落干戈起,惆怅龙舟不更回。

第二十五卷

独孤生归途闹梦

东园蝴蝶正飞忙,又见罗浮花气香。

梦短梦长缘底事？莫贪磁枕误黄梁。

昔有夫妻二人，各在芳年，新婚燕尔，如胶似漆，如鱼似水。刚刚三日，其夫被官府唤去。原来为急解军粮事，文书上签了他名姓，要他赴军前交纳。如违限时刻，军法从事。立刻起行，身也不容他转，头也不容他回。只捎得个口信到家。正是：上命所差，盖不由己。一路趱行，心心念念，想着浑家。又不好向人告诉，只落得自己凄惶。行了一日，想到有万遍。是夜宿于旅店，梦见与浑家相聚如常，行其夫妻之事。自此无夜不梦。到一月之后，梦见浑家怀孕在身，醒来付之一笑。

且喜如期交纳钱粮，太平无事，星夜赶回家乡。缴了批回，入门见了浑家，欢喜无限。那一往一来，约有三月之遥。常言道：新娶不如远隔。夜间与浑家绸缪恩爱，自不必说。其妻叙及别后相思，因说每夜梦中如此如此。所言光景，与丈夫一般无二，果然有了三个月身孕。若是其妻先说的，内中还有可疑，却是其夫先叙起的。可见梦魂相遇，又能交感成胎，只是彼此精诚所致。如今说个闹梦故事，亦由夫妇积思而然。正是：

梦中忆想非全假，白日奔驰莫认真。

话说大唐德宗皇帝贞元年间，有个进士复姓独孤，双名遐叔，家住洛阳城东崇贤里中。自幼颖异，十岁便能作文，到十五岁上，经史精通，下笔数千言，不待思索。父亲独孤及官为司封之职。昔年存日，曾与遐叔聘下同年司农白行简女儿娟娟小姐为妻。那娟娟小姐，花容月貌，自不必说；刺绣描花，也是等闲之事。单喜他深通文墨，善赋能诗。若教去应文科，稳稳里是个状元。与遐叔正是一双两好，彼此你知我见，所以成了这头亲事。不意遐叔父母连丧，丈人丈母相继弃世，功名未遂，家事日渐零落，童仆也无半个留存，刚刚剩得几间房屋。

那白行简的儿子叫作白长吉，是个凶恶势利之徒。见遐叔家道穷了，就要赖他的婚姻，将妹子另配安陵富家。幸得娟娟小姐是个贞烈之女，截发自誓，不肯改节。白长吉强他不过，只得原嫁与遐叔。却是随身衣饰，并无一毫妆奁，只有从幼伏侍一个丫鬟翠翘从嫁。白氏过门之后，甘守贫寒，全无半点怨恨。只是晨炊夜绩，以佐遐叔读书。那遐叔一者敬他截发的志节，二者重他秀丽的词华，三者又爱他娇艳的颜色：真个夫妻相得，似水如鱼。白氏亲族中，到也怜遐叔是个未发达的才子，十分尊敬。只有白长吉一味趋炎附热，说妹子是穷骨头，要跟恁样饿莩，坏他体面。见了遐叔就如眼中之刺，肉内之钉。遐叔虽然贫穷，却又是不肯俯仰人的。因此两下遂绝不相往。

时值贞元十五年，朝廷开科取士，传下黄榜，期于三月间诸进士都赴京师殿试。遐叔别了白氏，前往长安，自谓文才，必魁春榜。那知贡举的官，是礼部侍郎同平章事郑余庆，本取遐叔卷子第一。岂知策上说着："奉天之难，皆因奸臣卢杞窃弄朝权，致使泾原节度使姚令言与太尉朱此，得以激变军心，劫夺府库。可见众君子共佐太平而不足，一小人作乱天下而有余。故人君用舍不可不慎。原来德宗皇帝心性最是猜忌，说他指斥朝廷，讥讪时政，遂将头卷废弃不录。那白氏两个族叔，一个叫作白居易，一个叫作白敏中，文才本在遐叔之下，却皆登了高科；单单只有遐叔一人落第，好生没趣！连夜收拾行李东归。白居易、白敏中知得，齐来饯行，直送到十

里长亭而别。遏叔途中愁闷,赋诗一首。诗云:

童年挟策赴西秦,弱冠无成逐路人。
时命不将明主合,布衣空惹上京尘。

在路非止一日,回到东都,见了妻子,好生惭赧。终日只在书房里发愤攻书。每想起落第的光景,便凄然泪下。那白氏时时劝解道:"大丈夫功名终有际会,何苦颓折如此!"遏叔谢道:"多感娘子厚意,屡相宽慰。只是家贫如洗,衣食无聊。纵然巴得日后亨通,难救目前愁困,如之奈何?"白氏道:"俗谚有云:'十访九空,也好省穷'。我想公公三十年宦游,岂无几个门生故旧在要路的?你何不趁此闲时,一去访求?倘或得他资助,则三年诵读之费有所赖矣!"只这句话头,提醒了遏叔,答道:"娘子之言,虽然有理,但我自幼攻书,未尝交接人事,先父的门生故旧,皆不与知。只认得个韦皋,是京兆人,表字仲翔。当初被丈人张延赏逐出,来投先父,举荐他为官,甚是有恩。如今他见做西川节度使,我若去访他,必有所助。只是东都到西川,相隔万里程途,往返便要经年。我去之后,你在家中用度,从何处置?以此抛撒不下。"白氏道:"既有这个相识,便当整备行李,送你西去。家中事体,我自支持。总有缺乏,姑姊妹家,犹可假贷,不必忧虑。"遏叔欢喜道:"若得如此,我便放心前去。"白氏道:"但是路途跋涉,无人跟随,却怎的好?"遏叔道:"总然有人,也没许多盘费,只索罢了。"遂即拣了个吉日,白氏与遏叔收拾了寒暑衣装,带着丫鬟翠翘,亲至开阳门外一杯饯送。

夫妻正在不舍之际,骤然下起一阵大雨,急奔入路旁一个废寺中去躲避。这寺叫作龙华寺,乃北魏时广陵王所建,殿宇十分雄壮。阶下栽种名花异果。又有一座钟楼,楼上铜钟,响闻五十里外。后被胡太后移入宫中去了。到唐太宗时,有胡僧另铸一钟在上,却也响得二十余里。到玄宗时,还有五百僧众,香火不绝。后遭安禄山贼党史思明攻陷东都,杀戮僧众,将钟磬毁为兵器,花果伐为樵苏,以此寺遂颓败。遏叔与白氏看了,叹道:"这等一个道场,难道没有发心的重加修造?"因向佛前祈祷:"阴空保佑,若得成名时节,誓当捐俸,再整山门"。雨霁之后,登途分别。正是:

蝇头微利驱人去,虎口危途访客来。

不题白氏归家。且说遏叔在路,晓行夜宿,整整的一个月,来到荆州地面。下了川船,从此一路都是上水。除非大顺风,方使得布帆,风略小些,便要扯着百丈。你道怎么叫做百丈?原来就是纤子。只那川船上的有些不同:用着一寸多宽的毛竹片子,将生漆绞着麻丝接成的,约有一百多丈,为此川中人叫作百丈。在船头立个辘轳,将百丈盘于其上。岸上扯的人,只听船中打鼓为号。遏叔看了,方才记得杜子美有诗道:"百丈内江船。"又道:"打鼓发船何处郎。"却就是这件东西。又走了十余日,才是黄牛峡。那山形生成似头黄牛一般,三四十里外,便远远望见。这峡中的水更溜,急切不能勾到。因此上有个俗谚云:

朝见黄牛,暮见黄牛;朝朝暮暮,黄牛如故。

龙华寺

楫头微利贬人去

屏口虎遗访客来

又走了十余日，才是瞿塘峡。这水一发急紧。峡中有座石山，叫作滪堆。四五月间水涨，这堆只留一些些在水面上。下水的船，一时不及回避，触着这堆，船便粉碎，尤为厉害。遐叔见了这般险路，叹道："万里投人，尚未知失得如何，却先受许多惊恐！我娘子怎生知道？"原来巴东峡江一连三个：第一是瞿塘峡，第二是广阳峡，第三是巫峡。三峡之中，唯巫峡最长。两岸都是高山峻岭，古木阴森，映蔽江面，止露得中间一线的青天。除非日月正中时分，方有光明透下。数百里内，岸上绝无人烟；唯闻猿声昼夜不断。因此有个俗谚云：

巴东三峡巫峡长，猿鸣三声断客肠。

这巫峡上就是巫山，有十二个山峰。山上有一座高唐观。相传楚襄王曾在观中夜寝，梦见一个美人愿荐枕席。临别之时，自称是伏羲皇帝的爱女，小字瑶姬，未行而死，今为巫山之神。朝为行云，暮为行雨，朝朝暮暮，阳台之下。那襄王醒后，还想着神女，教大夫宋玉做《高唐赋》一篇，单形容神女十分的艳色。因此，后人立庙山上，叫作巫山神女庙。遐叔在江中遥望庙宇，掬水为浆，暗暗的祷告道："神女既有精灵，能通梦寐。乞为我特托一梦与家中白氏妻子，说我客途无恙，免其思念。遂赋一言相谢，绝不敢学宋大夫作此淫亵之语，有污神女美名。乞赐仙鉴。"自古道的好：有其人，则有其神。既是祷告的许了作诗做赋，也发下这点虔诚，难道托梦的只会行云行雨，再没有别些灵感？少不得后来有个应验。正是：

祷祈仙梦通闺阁，寄报平安信一缄。

出了巫峡，再经由巴中、巴西地面，都是大江。不觉又行一个多月，方到成都。城外临着大江，却是濯锦江。你道怎么叫作濯锦江？只因成都造得好锦，朝廷称为"蜀锦"。造锦既成，须要取这江水再加洗濯，能使颜色倍加鲜明，故此叫作濯锦江。唐明皇为避安禄山之乱，曾驻跸于此，改成都为南京。这便是西川节度使开府之处。真个沃野千里，人烟凑集，是一花锦世界。遐叔无心观玩，一径入城，奔到帅府门首，访问韦皋消息。岂知数月前，因为云南边境不靖，统领兵马征剿去了。须待平定之后，方得回府。你想那征战之事，可是期得日子定的吗？遐叔得了这个消息，惊得进退无措，叹口气道："常言鸟来投林，人来投主。偏是我遐叔恁般命薄！万里而来，却又投人不着。况一路盘缠已尽，这里又无亲识，只有来的路，没有去的路。天那！兀的不是活活坑杀我也！"

自古道：吉人自有天相。遐叔正在帅府门首叹气，旁边忽转过一个道士问道："君子何叹？"遐叔答道："我本东都人氏，复姓独孤双名遐叔。只因下第家贫，远来投谒故人韦仲翔，希他资助。岂知时命不济，早已出征去了。欲待候他，只恐奏捷无期，又难坐守。欲待回去，争奈盘缠已尽，无可图归。使我进退两难，是以长叹！"那道士说："我本道家，专以济人为事。敝观去此不远，君子既在穷途，若不嫌粗茶淡饭，只在我观中权过几时，等待节使回府，也不负远来这次。"遐叔再三谢道："若得如此，深感深感。只是不好打搅！"便随着道士径投观中而去。我想那道士与遐叔素无半面，知道他是甚底样人，便肯收留在观中去住？假饶这日无人搭救，却不穷途流落，几时归去？岂非是遐叔不遇中之遇？

当下遐叔与道士离了节度府前，行不上一二里许，只见苍松翠柏，交道左右，中间龟背大路，显出一座山门，题着碧落观三个簸箕大的金字。这观乃汉时刘先主为道士李寂盖造的。至唐明皇时，有个得道的叫作徐佐卿，重加修建。果然是一尘不到，神仙境界。遐叔进入观中，瞻礼法像了。道士留入房内，重新叙礼，分宾主而坐。遐叔举目观看这房，收拾得十分清雅。只见壁上挂着一幅诗轴，你道这诗轴是那个名人的古迹？却就是遐叔的父亲司封独孤及送徐佐卿还蜀之作。诗云：

> 羽客笙歌去路催，故人争劝别离杯。
> 苍龙阙下长相忆，白鹤山头更不回。

原来昔日唐明皇闻得徐佐卿是个有道之士，用安车蒲轮征聘入朝。佐卿不愿为官，钦赐驰驿还山。满朝公卿大夫，赋诗相赠，皆不如独孤及这首。以此观中相传，珍重不啻拱璧。遐叔看了父亲遗迹，不觉潸然泪下。道士道："君子见了这诗，为何掉泪？"遐叔道："实不相瞒，因见了先人之笔，故此伤感。"道士闻知遐叔即是独孤及之子，朝夕供待，分外加敬。

光阴迅速，不觉过了半年。那时韦皋降服云南诸蛮，重回帅府。遐叔连忙备礼求见。一者称贺他得胜而回，二者诉说自己穷愁，远来干谒的意思。正是：

> 故人长望贵人厚，几个贵人怜故人。

那韦皋一见遐叔，盛相款宴，正要多留几日，少尽阔杯。岂知吐蕃赞普，时常侵蜀，专恃云南诸蛮为之向导。近闻得韦皋收服云南，失其羽翼，遂起雄兵三十余万，杀过界来，要与韦皋亲决胜负。这是烽火紧切的事，一面写表申奏朝廷，一面兴师点将，前去抵敌。遐叔叹道："我在此守了半年，才得相见，忽又有此边报，岂不是命！"便向节度府中告辞。韦皋道："吐蕃入寇，满地干戈，岂还有路归得！我已吩咐道士好生管待。且等杀退番兵，道途宁静，然后慢慢的与仁兄饯行便了。"遐叔无奈，只得依允，照旧住在碧落观中。不在话下。

且说韦皋统领大兵，离了成都，直至葭萌关外，早与吐蕃人马相遇。先差通使与他打话道："我朝自与你国和亲之后，出嫁公主做你国质婆，永不许兴兵相犯。如今何故背盟，屡屡扰我蜀地？"那赞普答道："云南诸夷，原是臣伏我国的，你怎么辄敢加兵，侵占疆界？好好的还我云南，我便收兵回去。半声不肯，教你西川也是难保!"韦皋道:"圣朝无外,普天下那一处不属我大唐的?要战便战,云南断还不成!"原来吐蕃没有云南向导,终是路径不熟。却被韦皋预在深林穷谷之间,遍插旗帜,假做伏兵,又教步军舞着藤牌,伏地而进,用大刀砍其马脚。一声炮响,鼓角齐鸣,冲杀过去。那吐蕃一时无措,大败亏输,被韦皋追逐出境,直到赞普新筑的王城,叫作末波城,尽皆打破。杀得吐蕃尸横遍野,血染成河。端的这场厮杀,可也功劳不小!韦皋见吐蕃远遁,即便下令班师,一面差牌将赏捷书飞奏朝廷。一路上:

> 喜孜孜鞭敲金镫响,笑吟吟齐唱凯歌声。

话分两头。却说独孤遐叔久住碧落观中,十分郁郁。信步游览,消遣客怀,偶到一个去处,叫作升仙桥,乃是汉朝司马相如在临邛县窃了卓文君回到成都,只因家事萧条,受人侮慢,题下两行大字在这桥柱上,说道:"大丈夫不乘驷马高车,不过此桥。"后来做了中郎,奉诏开通云南道径,持节而归,果遂其志。遐叔在那桥上,徘徊东望,叹道:"小生不愧司马之才,娘子尽有文君之貌。只是怎能够得这驷马高车的日子?"下了桥,正待取路回观。此时恰是暮春天气,只听得林中子规一声声叫道:"不如归去!"遐叔听了这个鸟声,愈加愁闷。又叹道:"我当初与娘子临别,本以一年半载为期。岂知耽搁到今,不能归去。天那!我不敢望韦皋的厚赠,只愿他早早退了番兵,送我回家,却也免得娘子在家朝夕悬望。"

不觉春去夏来,又过一年有余,才等候得韦皋振旅而还。那时捷书已到朝中,德宗天子知得韦皋战退吐蕃,成了大功,龙颜大喜。御笔加授兵部尚书太子太保,仍领西川节度使。回府之日,合属大小文武,那一个不奉牛酒拜贺!直待军门稍暇,遐叔也到府中称庆。自念客途无以为礼,做得《蜀道易》一篇。你道为何叫作《蜀道易》?当时唐明皇天宝末年,安禄山反乱,却是郑国公严武做西川节度。有个拾遗杜甫,避难来到西川,又有丞相房琯也贬做节度府属官。只因严武性子颇多猜狠,所以翰林供奉李白,做《蜀道难》词。其尾特云:"锦城虽云乐,不如早归家。"乃是替房杜两公忧危的意思。遐叔故将这难字改作易字,翻成乐府。一者称颂韦皋功德,远过严武;二者见得自己侨遇锦城,得其所主,不比房杜两公。以此暗暗的打动他。词云:

> 吁嗟蜀道,古以为难!蚕丛开国,山川郁盘。秦置金牛,道路始刊。天梯石栈,勾接危峦。仰薄青霄,俯挂飞湍。猿猱之捷,尚莫能干。使人对此,宁不悲叹!自我韦公,建节当官。荡平西寇,降服南蛮。风烟宁息,民物殷繁。四方商贾,争出其间。匪无跋涉,岂乏跻攀;若在衽席,既坦而安。蹲鸱疗饥,筒布御寒。是称天府,为利多端。寄言客子,可以开颜。锦城甚乐,何必思还!

韦皋看见《蜀道易》这一篇,不胜叹服。便对遐叔说:"往时李白所作《蜀道难》词,太子宾客贺知章称他是天上谪下来的仙人。今观仁兄高才,何让李白!老夫幕府正缺书记一员,意欲申奏取旨,借重仁兄为礼部员外,权充西川节度府记室参军,庶得朝夕领教,不识仁兄肯曲从否?"遐叔答道:"我朝最重科目。凡士子不由及第出身,便做到九棘三槐,终久被人欺侮。小生虽则三番落第,壮气未衰。怎忍把先世科名,一朝自废?如今叨寓贵镇,已过岁余,寒荆白氏在家,久无音信。朝夕萦挂,不能去怀。巴得旌旄回府,正要告辞。伏乞俯鉴微情,勿嫌方命!"韦皋谢道:"既是仁兄不允,老夫亦不敢相强。只是目下岁暮,冰雪载途,不好行走。不若少待开春,治装送别,未为晚也。"遐叔一来见韦皋意思殷勤,二来想起天气果然寒冷,路上难行,又只得住下。

捱过残腊,到了新年,又早是上元佳节。原来成都府地沃人稠,本是西南都会。自唐明皇驻跸之后,四方朝贡,皆集于此,便有京都气象。又经严郑公镇守巴蜀,专以平静为政,因此闾阎繁富,库藏充饶。现今韦皋继他,降服云南诸夷,击破吐蕃五十万众,威名大振。这韦皋最是豪杰的性子,因见地方宁定,民心归附,预传号令,吩咐城内城外都要点放花灯,与民同乐。那道令旨传将出去,谁敢不依。自十三到十七,共是五夜,家家门首扎缚灯棚,张挂新奇好灯,巧样烟火,照耀如同白昼。狮蛮社火,鼓乐笙萧,通宵达旦。韦皋每夜大张筵宴,在散花楼上,单请遐叔庆赏元宵。刚到下灯之日,遐叔便去告辞。韦皋再三苦留,终不肯住。乃对遐叔说道:"仁兄归心既决,似难相强。只是老夫还有一杯淡酒,些小资装,当在万里桥东,再与仁兄叙别,幸勿固拒"。即传令拨一船只,次日在万里桥伺候,送遐叔东归。又点长行军士一名护送。

到明早,韦皋设宴在万里桥饯别遐叔,亲举金杯,说道:"此桥最古,昔诸葛孔明送费祎使吴,道是万里之行,实始于此,这桥因以得名。今仁兄青云万里,亦由今始,愿努力自爱。老夫蝉冠虽敝,拱听泥金佳报,特为仁兄弹之!"一连的劝了三杯,方才捧出一个锦囊,说道;"老夫深荷令先公推荐之力,得有今日。止因王事鞅掌,未得少酬大恩。有累远临,岂不惭汗!但今盗贼生发,势难重犒。老夫卿备三百金,权充路费。此外别有黄金万两,蜀锦千端,俟道路稍宁,专人奉送。勿谓老夫轻薄,为负恩人也!"又唤过军士吩咐道:"一路小心服事,不可怠慢!"军士叩头答应。遐叔再三拜谢道:"不才受此,已属过望,敢烦后命!"领了锦囊,军士跟随上船。那韦皋还在桥上,直等望不见这船,然后回府。不在话下。

且说遐叔别了韦皋,开船东去。原来下水船,就如箭一般急的,不消两三日,早到巫峡之下。远远的望见巫山神女庙。想起:"当时从此经过,暗祈神女托梦我白氏娘子,许他赋诗为谢。不知这梦曾托得去不曾托得去?我岂可失信。"便口占一首以偿宿愿。诗云:

古木阴森一线天,巫峰十二锁寒烟。
襄王自作风流梦,不是阳台云雨仙。

题毕,又向着山上作礼称谢。过了三峡,又到荆州。不想送来那军士,忽然生起病来,遐叔反要去服事他。又行了几日,来到汉口地方。自此从汝宁到洛阳,都是旱路。那军士病体虽愈,难禁鞍马驰骤。遐叔写下一封书信,留了些盘费,即令随船回去。独自个收拾行李登岸,却也会算计,自己买了一头牲口,望东都进发。约莫行了一个月头,才到洛阳地面,离着开阳门只有三十余里。是时天色傍晚,一心思量赶回家去,策马前行。又走了十余里路,早是一轮月上。趁着月色,又走了十来里,隐隐的听得钟鸣鼓响。想道:"城门已闭,纵赶到也进城不及了。此间正是龙华古寺,人疲马乏,不若且就安歇。"解囊下马,投入山门。不争此一夜,有分教:

蝴蝶梦中逢佚女,鸳鸯杓底听娇歌。

话分两头。且说白氏自龙华寺前与遐叔分别之后,虽则家事荒凉,衣食无措;犹喜白氏女工精绝,翰墨旁通。况白姓又是个东京大族,姑姊妹间也有就他学习针指的,也有学作诗词的,少不得具些礼物为酬谢之资。因此尽堪支给。但时时记念丈夫临别之言,本以一年为约,如何三载尚未回家?况闻西川路上有的是一线天、人鲊瓮、蛇倒退、鬼见愁,都这般险恶地面。所以古今称说途路艰难,无如蜀道。想起丈夫经由彼处,必多惊恐。别后杳无书信,知道安否如何?"教我这条肚肠,怎生放得!"欲待亲往西川,体访消息。"只我女娘家,又是个不出闺门的人,怎生去得?除非梦寐之中,与他相见,也好得个明白!"因此朝夕悬念,睡思昏沉,深闺寂寞,兀坐无聊,题诗一首。诗云:

> 西蜀东京万里分,雁来鱼去两难闻。
> 深闺只是空相忆,不见关山愁杀人。

那白氏一心想着丈夫,思量要做个梦去寻访。想了三年有余,再没个真梦。一日正是清明佳节,姑姊妹中,都来邀去踏青游玩。白氏那有恁样闲心肠!推辞不去。到晚上对着一盏孤灯,恓恓惶惶的呆想。坐了一个黄昏,回过头来,看见丫鬟翠翘已是齁齁睡去。白氏自觉没情没绪,只得也上床去睡卧。翻来覆去,哪里睡得安稳。想道:"我直恁命薄!要得个梦儿去会他也不能勾!"又想道:"总然梦儿里会着了他,到底是梦中的说话,原作不得准。如今也说不得了,须是亲往蜀中访问他回来,也放下了这条肠子。"却又想道:"我家姊妹中晓得,怎么肯容我去!不如瞒着他们,就在明早悄悄前去。"正想之间,只听得喔喔鸡鸣,天色渐亮。即忙起身梳裹,扮作村庄模样。取了些盘缠银两,并几件衣服,打个包裹,收拾完备。看翠翘时,睡得正熟。也不通他知道,一路开门出去。

离了崇贤里,顷刻出了开阳门,过了龙华寺,不觉又早到襄阳地面,有一座寄锦亭。原来苻秦时,有个安南将军窦滔,镇守襄阳,挈了宠妾赵阳台随任,抛下妻子苏氏。那苏氏名蕙,字若兰,生得才貌双绝。将一幅素锦,长广八寸,织成回文诗句,五色分章,计八百四十一字,诗三千七百五十二首,寄与窦滔。窦滔看见,立时送还阳台,迎接苏氏到任,夫妻恩爱,比前更笃。后人遂为建亭于此。那白氏在亭子上眺望良久,叹道:"我虽不及若兰才貌,却也粗通文墨。纵有织锦回文,谁人为寄,使他早整归鞭,长谐伉俪乎?"乃口占《回文词》一首,题于亭柱上。词云:

> 阳春艳曲,丽锦夸文。伤情织怨,长路怀君。惜别同心,膺填思悄。碧凤香残,青鸾梦晓。

倒转来,又是一首好词:

> 晓梦鸾青,残香凤碧。悄思填膺,心同别惜。君怀路长,怨织情伤。文夸锦丽,曲艳春阳。

白氏题罢，离了寄锦亭，不觉又过荆州，来到夔府。恰遇天晚，见前面有所庙宇，遂入庙中投宿。抬头观看，上面悬一金字扁额，写着"高唐观"三个大字，乃知是巫山神女之庙。便于神座前撮土为香，祷告道："我白氏小字娟娟，本在东京居住。只为儿夫独孤遐叔去访西川节度韦皋，一别三年，杳无归信，是以不辞跋涉，万里相寻。今夕寄宿仙宫，敢陈心曲。吾想神女曾能通梦楚王，况我同是女流，岂不托我一梦。伏乞大赐灵感，显示前期，不胜虔恳之至！"祷罢而睡，果然梦见神女备细说道："遐叔久寓西川，平安无恙。如今已经辞别，取路东归。你此去怎么还遇得他着？可早早回身家去。须防途次尚有虚惊。保重，保重！"那白氏飒然觉来，只见天已明了。想起神女之言，历历分明，料然不是个春梦。遂起来拜谢神女，出了庙门，重寻旧径，再转东都。在路晓行暮止，迤逦望东而来。

此时正值暮春天气，只见一路上有的是红桃绿柳，燕舞莺啼。白氏贪看景致，不觉日晚，尚离开阳门二十余里。便趁着月色，趱步归家。忽遇前面一簇游人，笑语喧杂，渐渐的走近。你道是什么样人？都是洛阳少年，轻薄浪子。每遇花前月下，打伙成群，携着的锦瑟瑶笙，挈着的青尊翠幕，专惯窥人妇女，逞己风流。白氏见那伙人来得不三不四，却待躲避。原来美人映着月光，分外娇艳，早被这伙人瞧破。便一圈圈将转来，对白氏道："我们出郭春游，步月到此，有月无酒，有酒无人，岂不孤负了这般良夜！此去龙华古寺不远，桃李大开。愿小娘子不弃，同去赏玩一回何如？"那白氏听见，不觉一点怒气，从脚底心里直涌到耳朵根边，把一个脸都变得通红了，骂道："你须不是史思明的贼党，清平世界，谁敢调弄良家女子！况我不是寻常已下之人，是白司农的小姐，独孤司封的媳妇，前进士独孤遐叔的浑家，谁敢罗唣！"怎禁这班恶少，那管什么宦家良家。任你喊破喉咙，也全不作准。推的推，拥的拥，直逼入龙华寺去赏花。这叫作铁怕落炉，人怕落套。正是：

分明绣阁娇闺妇，权做征歌侑酒人。

且说遐叔因进城不及，权在龙华寺中寄宿一宵。想起："当初从此送别，整整的过了三年，不知我白氏娘子安否何如？"因诵襄阳孟浩然的诗，说道："近家心转切，不敢问来人。"吟咏数番，潸然泪下。坐到更深，尚未能睡。忽听得墙外人语喧哗，渐渐的走进寺来。遐叔想道："明明是人声，须不是鬼。似这般夜静，难道有甚官府到此？"正惶惑间，只见有十余人，各执笤帚粪箕，将殿上扫除干净去讫。不多时，又见上百的人，也有铺设茵席的，也有陈列酒肴的，也有提着灯烛的，也有抱着乐器的，络绎而至，摆设得十分齐整。遐叔想道："我晓得了，今日清明佳节，一定是贵家子弟出郭游春，因见月色如昼，殿庭下桃李盛开，烂漫如锦，来此赏玩。若见我时，必被他赶逐，不若且伏在壁后佛桌下，待他酒散，然后就寝。只是我恁般晦气，在古庙中要讨一觉安睡，也不能勾！"即起身躲在后壁，声也不敢则。

又隔了一回，只见六七个少年，服色不一，簇拥着个女郎来到殿堂酒席之上，单推女郎坐在西首，却是第一个坐位。诸少年皆环向而坐，都属目在女郎身上。遐叔想道："我猜是豪贵家游春的，果然是了。只这女郎不是个官妓，便是个上妓，何必这般趋奉他？难道有甚良家女子，肯和他们到此饮宴？莫不是强盗们抢夺来的？或拐骗来的？"只见那女郎侧身西坐，攒眉蹙额，有不胜怨恨的意思。

遐叔凝着双眸,悄地偷看,宛似浑家白氏。吃了一惊,这身子就似吊在冰桶里,遍体冷麻,把不住的寒颤。却又想道:"吓! 我好十分懵懂,娘子是个有节气的,平昔间终日住在房里,亲戚们也不相见,如何肯随这班人行走? 世上面貌厮像的尽多,怎么这个女郎就认做娘子?"虽这般想,终是放心不下。悄地的在黑影子里一步步挨近前来,仔细再看,果然声音举止,无一件不是白氏,再无疑惑。却又想道:"莫不我一时眼花错认了?"又把眼来擦得十分明亮,再看时节,一发丝毫不差。却又想道:"莫不我睡了去,在梦儿里见他?"把眼霎霎,把脚踏踏,分明是醒的,怎么有此诧异的事! "难道他做闺女时尚能截发自誓,今日却做出这般勾当! 岂为我久客西川,一定不回来了。遂改了节操? 我想苏秦落第,嗔他妻子不曾下机迎接。后来做了丞相,尚然不肯认他。不知我明早归家,看他还有甚面目好来见我?"心里不胜忿怒,磨拳擦掌的要打将出去。因见他人多伙众,可不是倒捋虎须。且再含忍,看他怎生的下场。

只见一个长须的,举杯向白氏道:"古语云:一人向隅,满坐不乐。我辈与小娘子虽然乍会,也是天缘。如此良辰美景,亦非易得,何苦恁般愁郁? 请放开怀抱,欢饮一杯;并求妙音,以助酒情。"那白氏本是强逼来的,心下十分恨他。欲待不歌,却又想:"这班乃是无籍恶少,我又孤身在此,怕触怒了他,一时撒泼起来,岂不反受其辱!"只得拭干眼泪,拔下金雀钗,按板而歌。歌云:

　　今夕何夕? 存耶? 没耶? 良人去兮天之涯,园树伤心兮三见花!

自古道:"词出佳人口。"那白氏把心中之事,拟成歌曲,配着那娇滴滴的声音,呜呜咽咽歌将出来,声调清婉,音韵悠扬,真个直令高鸟停飞,潜鱼起舞,满座无不称赞。长须的连称:"有劳,有劳!"把酒一吸而尽。遐叔在黑暗中看见浑家并不推辞,就拔下宝钗按拍歌曲,分明认得是昔年聘物,心中大怒,咬碎牙关,也不听曲中之意,又要抢将出去厮闹。只是恐众寡不敌,反失便宜。又只得按捺住了,再看他们。只见行酒到一个黄衫壮士面前,也举杯对白氏道:"聆卿佳音,令人宿醉顿醒,俗念俱消。敢再求一曲,望勿推却!"白氏心下不悦,脸上通红,说道:"好没趣! 歌一曲尽勾了,怎么要歌两曲?"那长须的便拿起巨觥说道:"请置监令,有拒歌者,罚一巨觥。酒到不干,颜色不乐,并歌旧曲者,俱照此例。"白氏见长须形状凶恶,心中害怕,只得又歌一曲。歌云:

　　叹衰草,络纬声切切,良人一去不复返,今日坐愁鬓如雪。

歌罢,众人齐声喝彩。黄衫人将酒饮干,道声"劳动!"遐叔见浑家又歌了一曲,愈加忿恨。恨不得眼里放出火来,连这龙华寺都烧个干净。那酒却行到一个白面少年面前,说道:"适来音调虽妙,但宾主正欢,歌恁样凄清之曲,恰是不称! 如今求歌一曲有情趣的。"众人都和道:"说得有理! 歌一个新意儿的,劝我们一杯!"白氏无可奈何,又歌一曲云:

　　劝君酒,君莫辞! 落花徒绕枝,流水无返期。莫惜少年时,少年能几时?

　　白氏歌还未毕，那白面少年便嚷道："方才讲过要个有情趣的，却故意唱恁般冷淡的声音，请监令罚一大觥！"长须人正待要罚，一个紫衣少年立起身来说道："这罚酒且慢着。"白面少年道："却是为何？"紫衣人道："大凡风月场中，全在帮衬，大家得趣。若十分苛罚，反觉我辈俗了。如今且权寄下这杯，待他另换一曲，可不是好！"长须的道："这也说得是。"将大觥放下，那酒就行到紫衣少年面前。白氏料道推托不得，勉强挥泪又歌一曲云：

> 怨空闺，秋日亦难暮！
> 夫婿绝音书，遥天雁空度。

　　歌罢，白衣少年笑道："到底都是那些凄怆怨暮之声！再没一毫艳意！"紫衣人道："想是他传派如此，不必过责。"将酒饮尽。行至一个皂帽胡人面前，执杯在手，说道："曲理俺也不十分明白，任凭小娘子歌一个儿侑这杯酒下去罢了。且莫要冷淡了俺。"白氏因连歌几曲，气喘声促，心下好不耐烦！听说又要再歌，把头掉转，不去理他。长须的见不肯歌，叫道："不应拒歌！"便抛一巨觥。白氏到此地位，势不容已，只得忍泣含啼，饮了这杯罚酒。又歌云：

> 切切夕风急，露滋庭草湿。
> 良人去不回，焉知掩闺泣！

　　皂帽胡人将酒饮罢，却行到一个绿衣少年，举杯请道："夜色虽阑，兴犹未浅。更求妙音，以尽通宵之乐。"那白氏歌这一曲，声气已是断续，好生吃力！见绿衣人又来请歌，那两点秋波中扑簌簌泪珠乱洒。众人齐笑道："对此好花明月，美酒清歌，真乃赏心乐事，有何不美？却恁般凄楚，忒煞不韵！该罚！该罚！"白氏恐怕罚酒，又只得和泪而歌。歌云：

> 萤火穿白杨，悲风入荒草。
> 疑是梦中游，愁迷故园道。

　　白氏这歌，一发前声不接后气，恰如啼残的杜宇，叫断的哀猿。满座闻之，尽觉凄然。只见绿衣人将酒饮罢，长须的含着笑说道："我音律虽不甚妙，但礼无不答。

信口诌一曲儿,回敬一杯,你们休要笑话!"众人道:"你又几时进了这桩学问? 快些唱来。"长须的顿开喉咙,唱道:

> 花前始相见,花下又相送。
> 何必言梦中,人生尽如梦!

那声音犹如哮虾蟆、病老猫,把众人笑做一堆,连嘴都笑歪了。说道:"我说你晓得什么歌曲! 弄这样空头。"长须人到挣得好副老脸,但凭众人笑话,他却面不转色。直到唱完了,方答道:"休要见笑! 我也是好价钱学来的哩。你们若学得我这几句,也尽勾了。"众人闻说,越发笑一个不止。长须的由他们自笑,却执起一个杯儿,满满斟上,欠身亲奉白氏一杯。直待饮干,然后坐下。

遐叔起初见浑家随着这班少年饮酒,那气恼到包着身子。若没有这两个鼻孔,险些儿肚子也胀穿了。到这时见众人单逼着他唱曲,浑家又不胜忧恨,涕泣交零,方才明白是逼勒来的。这气到也略平了些。却又想:"我娘子自在家里,为何被这班杀才劫到这个荒僻所在? 好生委绝不下,我且再看他还要怎吗?"只见席上又轮到白面的饮酒,他举着金杯,对白氏道:"适劳妙歌,都是忧愁怨恨的意思,连我等眼泪不觉吊将下来,终觉败兴。必须再求一风月艳丽之曲,我等洗耳拱听,幸勿推辞。"遐叔暗道:"这些杀才,劫掠良家妇女,在此歌曲,还有许多嫌好道歉!"那白氏心中正自烦恼,况且连歌数曲,口干舌燥,声气都乏了,如何肯唱! 低着头,只是不应。那长须的叫道:"违令!"又抛下一巨觥。

这时遐叔一肚子气怎么再忍得住! 暗里从地下摸得两块大砖樑子,先一砖飞去,恰好打中那长须的头。再一砖飞去,打中白氏的额上。只听得殿上一片嚷将起来,叫道:"有贼,有贼!"东奔西散,一翳眼间早不见了。那遐叔走到殿上。四下打看,莫说一个人,连这铺设的酒筵器具,一些没有踪迹。好生奇怪! 吓得眼跳心惊,把个舌头伸出,半晌还缩不进去。那遐叔想了一会,叹道:"我晓得了! 一定是我的娘子已死,他的魂灵游到此间,却被我一砖把他惊散了!"这夜怎么还睡得着? 等不得金鸡三唱,便束装上路。

天色未明,已到洛阳城外。捱进开阳门,径奔崇贤里。一步步含着眼泪而来。遥望家门,却又不见一些孝事。那心儿里就是十五六个吊桶打水,七上八落的跳一个不止,进了大门,走到堂上,撞着梅香翠翘,连忙问道:"娘子安否如何?"口内虽然问他,身上却担着一把冷汗,诚恐怕说出一句不吉利的话来。只见翠翘不慌不忙的答道:"娘子睡在房里,说今早有些头痛,还未曾起来梳洗哩!"遐叔听见翠翘说道娘子无恙,这一句话就如分娩的孕妇,团底一声,孩子头落地,心下好不宽畅。只是夜来之事,好生疑惑。忙忙进到卧房里面问道:"夜来做甚不好睡! 今蚤走不起?"白氏答道:"我昨夜害魔哩! 只因你别去三年,杳无归音,我心中时常忧忆。夜来做成一梦,要亲到西川访问你的消息。直行至巫山地面,在神女庙里投歇。那神女又托梦与我,说你已离巴蜀,早晚到家。休得途中错过,枉受辛苦。我依还寻着旧路而回。将近开阳门二十余里,踏着月色,要赶进城,忽遇一伙少年,把我逼到龙华寺玩月赏花。饮酒之间,又要我歌曲,整整的歌了六曲,还被一个长须屡次罚酒。不意从空中飞下两块砖樑子。一块打了长须的头,一块打了我的额角上,瞥然惊醒,遂觉头痛。因此起身不得,还睡在这里!"遐叔听罢,连叫:"怪哉!怪哉!怎么有恁般异事!"白氏便问有何异事?遐叔把昨夜寺中宿歇,看见的事情,从头细说一遍。白氏见说,也称奇怪,道:"原来我昨夜做的却是真梦?但不知这伙恶少是谁?"遐叔道:"这也是梦中之事,不必要深究了。"

　　说话的,我且问你:那世上说谎的也尽多,少不得依经傍注,有个边际,从没有见你怎样说瞒天谎的祖师!那白氏在家里做梦,到龙华寺中歌曲,须不是亲身下降,怎么独孤遐叔便见他的形象?这般没根据的话,就骗三岁的孩子也不肯信,如何哄得我过?看官有所不知,大凡梦者想也,因也,有因便有想,有想便有梦。那白氏行思坐想,一心记挂着丈夫,所以梦中真灵飞越,有形有像,俱为实境。那遐叔亦因想念浑家,幽思已极,故此虽在醒时,这点魂魂,便入了浑家梦中。此乃两下精神相贯,魂魄感通,浅而易见之事,怎说在下掉谎。正是:

　　　　只因别后幽思切,致使精灵暗往回。

　　当下白氏说道:"梦中之事,所见皆同,这也不必说了。且问你:一去许久,并无音耗,虽则梦中在巫山庙祈梦,蒙神女指示,说你一路安稳,干求称意。我想蜀道艰难,不知怎生到得成都?便到了成都,不知可曾见韦皋?便见了韦皋,不知赠得你几何?"遐叔惊道:"我当初经过巫峡,听说山上神女颇有灵感,曾暗祈他托汝一梦,传个平安消息。不道果然梦见!真个有些灵感。只是我到得成都,偶值韦皋两次出征,因此在碧落观整整的住了两年半,路上走了半年,遂致耽搁,有负初盟。犹喜得韦皋故人情重,相待甚厚。若不是我一意告辞,这早晚还被他留住,未得回来。"将那路途跋涉,旅邸凄凉,并韦皋款待赠金,差人远送,前后之事,一一细说。夫妻二人感叹不尽。把那三百金日逐用度,遐叔埋头读书。约莫半年有余,韦皋差两员将校,赍书送到黄金一万两,蜀锦一千匹。遐叔连忙写了谢书,款待来使去后,对白氏道:"我先人出仕三十余年,何尝有此宦橐!我一来家世清白,二来又是儒素。只前次所赠,以足度日,何必又要许多!且把来封好收置,待我异日成名,另有用处。"白氏依着丈夫言语,收置不题。

　　且说唐朝制科,率以三岁为期。遐叔自贞元十五年下第,西游巴蜀,却错了十八年这次。直到二十一年,又该殿试时分,打叠行囊,辞别白氏,上京应举。那知贡举官乃是中书门下侍郎崔群,素知遐叔才名,有心检他出来取作首卷。呈上德宗天子,御笔亲题状元及第。那遐叔有名已久,榜下之日,那一个不以为得人。旧例游街三日,曲江赐宴,雁塔题名。钦除翰林修撰,专知制诰。谢恩之后,即写家书,差人迎接白氏夫人赴京,共享富贵。

　　且说白氏在家,掐指过了试期,眼盼盼悬望佳音。一日,正在闺房中,忽听得堂前鼎沸。连忙教翠翘出去看时,恰正是京中走报的来报喜。白氏问了详细,知得丈夫中了头名状元,以手加额,对天拜谢。整备酒饭,款待报人。顷刻就嚷遍满城,白氏亲族中俱来称贺。那白长吉昔日把遐叔何等奚落;及至中了,却又老着脸皮,备了厚礼也来称贺。那白氏是个记德不记仇的贤妇,念着同胞分上,将前情一笔都勾。相见之间,千欢万喜。白长吉自捱进了身子,无一日不来掇臀捧屁。就是平日从不往来,极疏冷的亲戚,也来殷勤趋奉,到教白氏应酬不暇。那赍书的差人,星夜

赶至洛阳,叩见白氏,将书呈上。白氏拆开,看到书后有诗一首,云:

> 玉京仙府献书人,赐出官袍似烂银。
> 寄语机中愁苦妇,好将颜面对苏秦。

白氏看罢,微微笑道:"原来相公要迎我至京。"遂留下差人,择吉起程。那时府县拨送船夫,亲戚都来饯送。白长吉亲送妹子至京。遐叔接入衙门,夫妻相见,喜从天降。白长吉向前请罪,遐叔度量宽弘,全无芥蒂。即便摆设家筵,款待不题。不想那年德宗皇帝晏驾,百官共立顺宗登位。不上半年,顺宗也就崩了,又立宪宗登位,改元元和元年。到四月间,遐叔蓦升任翰林院学士,知制诰如故。你道他为何升得恁骤?元来大行皇帝的遗诏与新帝登极的诏书,前后四篇,都出遐叔之作。这是朝廷极大手笔,以此累功,不次迁擢。恰好五月间,有大赦天下诏书,遐叔乘这个机会,就讨了宣赦的差。夫妻二人,衣锦还乡。亲戚们都在十里外迎接,府县官也出郭相迎。遐叔回到家中,焚黄谒墓,杀猪宰羊,做庆喜筵席,遍请亲邻。饮酒中间,说起龙华寺曾许下愿心,要把韦皋送来的黄金万两,蜀锦千匹,都舍在寺里,重修宝殿,再整山门。即便选择吉辰,兴动工役。其时白敏中以中书侍郎请告归家。白居易新授杭州府太守,回来赴任。两个都到遐叔处贺喜。见此胜缘,各各布施。那州县官也要奉承遐叔,无一个不来助工。眼见得这龙华寺不日建造起来,比初时越加齐整。但见:

> 宝殿嵯峨侵碧落,山门弘敞压阎浮。

却说韦皋久镇蜀中,自知年纪渐老,万一西番南夷,有些决撒,恐损威名。上表固请骸骨,因荐遐叔自代。奉圣旨:"韦皋镇蜀多年,功劳积著,可进光禄大夫、右丞相、同平章事,封襄国公,驰驿回朝。独孤遐叔累掌丝纶,王言无忝,访之舆望,佥谓通材;可加兵部侍郎,领西川节度使。仍着走马赴任,无得迟误。钦此!"遐叔接了诏书,恐怕违了钦限,便同白氏夫人乘传而去。未到半路,早有韦皋差官迎接,约定在夔府交代。恰好巫山神女庙正在夔府地方。遐叔与白氏乘此便道,先往庙中行香,谢他托梦的灵感。然后与韦皋相见。叙过寒温,送过敕印,把大小军政一一交盘明白,才吃公宴。当日遐叔就回了席。明早,点集车骑队伍,护送韦皋还朝。从此上任之后,专务镇静,军民安堵,威名更胜。朝廷累加褒赏,直做到太保兼吏,兵二部尚书,封魏国公。白氏诰封魏国夫人。夫妻偕老,子孙荣盛。有诗为证:

> 梦中光景醒时因,醒若真时梦亦真。
> 莫怪痴人频做梦,怪他说梦亦痴人。

第二十六卷

薛录事鱼服证仙

借问白龙缘底事？蒙他鱼服区区。虽然纵适在河渠，失其云雨势，无乃困余且。　要识灵心能变化，须教无主常虚，非关喜里乍昏愚；庄周曾作蝶，薛伟亦为鱼。

话说唐肃宗乾元年间，有个官人姓薛名伟，吴县人氏，曾中天宝末年进士。初任扶风县尉，名声颇著。升为蜀中青城县主簿。夫人顾氏，乃是吴县第一个大族。不唯容止端丽，兼且性格柔婉。夫妻相得，爱敬如宾。不觉在任又经三年，大尹升迁去了。上司知其廉能，即委他署摄县印。那青城县本在穷山深谷之中，田地硗脊，历年岁歉民穷，盗贼生发。自薛少府署印，立起保甲之法，凡有盗贼，协力缉捕。又设立义学，教育人材。又开义仓，赈济孤寡。每至春间，亲往各乡，课农耕种，又把好言劝谕，教他本分为人。因此处处田禾大熟，盗贼也尽化为良民。治得县中真个夜不闭户，路不拾遗。百姓戴恩怀德，编成歌谣，称颂其美。歌云：

秋至而收，春至而耘。吏不催租，夜不闭门，
百姓乐业，立学兴文。教养兼遂，薛公之恩。
自今孩童，愿以名存。将何字之？"薛儿"、"薛孙"。

那薛少府不但廉谨仁慈，爱民如子，就是待那同僚，却也谦恭虚己，百凡从厚。原来这县中有一个县丞，一个主簿，两个县尉。那县丞姓邹名滂，也是进士出身，与薛少府恰是同年好友。两个县尉，一个姓雷，名济，一个姓裴，名宽。这二位官人，为官也都清正。因此臭味相投，每遇公事之暇，或谈诗，或弈棋，或在花前竹下开樽小饮，彼来此住，十分款洽。一日正值七夕，薛少府在衙中与夫人乞巧饮宴。元来七夕之期，不论大小人家，少不得具些酒果为乞巧穿针之宴。你道怎么叫作乞巧穿针？只因天帝有个女儿，唤做织女星，日夜辛勤织纴。天帝爱其勤谨，配与牵牛星为妇。谁知织女自嫁牛郎之后，贪欢眷恋，却又好梳妆打扮，每日只是梳头，再不去调梭弄织。天帝嗔怒，罚织女住在天河之东，牛郎住在天河之西。一年只许相会一度，正是七月七日。到这一日，却教喜鹊替他在天河上填河而渡。因此世人守他渡河时分，皆于星月之下，将彩线去穿针眼。穿得过的，便为得巧；穿不过的，便不得巧。以此卜一年的巧拙。你想那牛郎、织女眼巴巴盼了一年，才得相会，又只得三四个时辰，忙忙的叙述想念情悰，还恐说不了，那有闲工夫又到人间送巧？岂不是

个荒唐之说!

且说薛少府当晚在庭中,与夫人互相劝酬,不觉坐到夜久更深,方才入寝。不道却感了些风露寒凉,遂成一病,浑身如炭火烧的一般,汗出如雨。渐渐三餐不进,精神减少,口里只说道:"我身子顷刻也挨不过了!你们何苦留我在这里!不如放我去罢!"你想病人说出这样话头,明明不是好消息了。吓得那顾夫人心胆俱落。难道就这等坐视他死了不成?少不得要去请医问卜,求神许愿。原来县中有一座青城山,是道家第五洞天。山上有座庙宇,塑着一位老君,极有灵感。真是祈晴得晴,祈雨得雨,祈男得男,祈女得女。香火最盛。因此夫人写下疏文,差人到老君庙祈祷。又闻灵签最验,一来求他保佑少府,延福消灾;二来求赐一签,审问凶吉。其时三位同僚闻得,都也素服角带,步至山上行香,情愿减损自己阳寿,代救少府。刚是同僚散后,又是合县父老,率着百姓们一齐拜祷。显见得少府平日做官好处,能得人心如此。只是求的签是第三十二签,那签诀道:

> 百道清泉入大江,临流不觉梦魂凉。
> 何须别向龙门去?自有神鱼三尺长。

差人抄这签诀回衙,与夫人看了,解说不出。想道:"闻得往常间人求的皆如活见一般,不知怎地我们求的却说起一个人来,与相公的病全无着落?是吉是凶,好生难解!"以此心上就如十五六个吊桶打水,七上八落的,转加忧郁。又想道:"这签诀已不见怎的,且去访个医人来调治,倒是正经。"即差人去体访。却访得成都府有个道人李八百,他说是孙真人第一个徒弟。传得龙宫秘方有八百个,因此人都叫他做李八百。真个请他医的,手到病除,极有神效。他门上写下一对春联道:药按韩康无二价,杏栽董奉有千株。

但是请他的,难得就来,若是肯来,这病人便有些生机了。他要的谢仪,却又与人不同:也有未曾开得药箱,先要几百两的;也有医好了,不要分文酬谢,只要吃一醉的。也有闻召即往的,也有请杀不去的。甚是捉他不定,大抵只要心诚他便肯来。夫人知得有这个医家,即差下的当人赍了礼物,星夜赶去请那李八百。恰好他在州里,一请便来。夫人心下方觉少宽。岂知他一进门来,还不曾诊脉,说道:"这病势虽则像个死的,却是个不死的。也要请我来则甚?"

当下夫人备将起病根由,并老君庙里占的签诀,尽数说与太医知道,求他用药。那李八百只是冷笑道:"这个病从来不上医书的,我也无药可用。唯有死后常将手去摸他胸前。若是一日不冷,一日不可下棺。待到半月二旬之外,他思想食吃,自然渐渐苏醒回来。那老君庙签诀,虽则灵应,然须过后始验。非今日所能猜度得的。"到底不肯下药,竟自去了。也不知少府这病当真不消吃药,自然无事?还是病势不救,下不得药的,故此托辞而去?正是:

> 青龙共白虎同行,吉凶事全然未保。

夫人因见李八百去了,叹道:"这等有名的医人,尚不肯下药,难道还有别一个敢来下药?定然病势不救!唯有奄奄待死而已。"只见热了七日七夜,越加越重。忽然一阵昏迷,闭了眼去,再叫也不醒了。夫人一边啼哭,一边教人禀知三位同僚,要办理后事。那同僚正来问候，得了这个凶信，无不泪下。急至衙中向尸哭了一回，然后与夫人相见。又安慰一番。因是初秋时候，天气还热，分头去备办衣衾棺椁。到第三日，诸色完备，理当殡殓入棺。其时夫人扶尸恸哭，觉得胸前果然有微微暖气。以此信着李八百道人的说话，还要停在床里。只见家人们都道："从来死人胸前尽有三四日暖的，不是一死便冷。此何足据！现今七月天道，炎热未退。倘遇一声雷响，这尸首就登时涨将起来，怎么还进得棺去？"夫人道："李道人元说胸前一日不冷，一日不可入棺。如今既是暖的，就做不信他，守到半月二十多日，怎忍便三日内带热的将他殓了？况且棺木已备，等我自己日夜守他。只等胸前一冷，就入棺去，也不为迟。天那！但愿李道人的说话灵验，守得我相公重醒回来，何但救了相公一命，却不连我救了两命！"众人再三解说，夫人终是不听。拗他不过，只得依着。停下少府在床，谨谨看守，不在话下。

却说少府病到第七日，身上热极，便是顷刻也挨不过。一心思量要寻个清凉去处消散一消散，或者这病还有好的日子。因此悄地里背了夫人，瞒了同僚，竟提一条竹杖，私离衙斋，也不要一人随从。倏忽之间，已至城外。就如飞鸟辞笼，游鱼脱网一般，心下甚喜。早把这病都忘了。你道少府是个官，怎么出衙去，就没一个人知道？元来想极成梦，梦魂儿觉得如此，这身子依旧还在床上，怎么去得？单苦了守尸的哭哭啼啼，无明无夜，只望着死里求生。岂知他做梦的飘飘忽忽，无碍无拘，到也自苦中取乐。

薛少府出了南门，便向山中游去。来到一座山，叫作龙安山，山上有座亭子，乃是隋文帝封儿子杨秀做蜀王，建亭于此，名为避暑亭。前后左右，皆茂林修竹，长有四面风来，全无一点日影。所以蜀王每到炎天，便率领宾客来此亭中避暑。果然好个清凉去处！少府当下看见，便觉心怀开爽。"若使我不出城，怎知山中有这般境界？但是我在青城县做了许多时，尚且不曾到此。想那三位同僚，怎么晓得？只合与他们知会，同携一尊，为避暑之宴。可惜有了胜地，少了胜友，终是一场欠事。"眼前景物可人，遂作诗一首。诗云：

偷得浮生半日闲，危梯绝壁自跻攀。
虽然呼吸天门近，莫遣乘风去不还。

薛少府在亭子里坐了一会，又向山中行去。那山路上没有些树木荫蔽，怎比得亭子里这般凉爽。以此越行越闷。渐渐行了十余里，远远望见一条大江。你道这江是什么江？昔日大禹治水，从岷山导出岷江。过了茂州威州地面，又导出这个江水来，叫作沱江。至今江岸上垂着大铁链，也不知道有多少长，沉在江底，乃是大禹锁着应龙的去处。原来禹治江水，但遇水路不通，便差那应龙前去。随你几百里的高山巨石，只消他尾子一抖，登时就分开做了两处。所以世称大禹叫个"神禹"。若不会驱使这样东西，焉能八年之间，洪水底定？至今泗江水上，也有一条铁链，锁着水母，其形似猕猴一般。这沱江却是应龙，皆因水功既成，锁着以镇后害。岂不是个圣迹？

当下少府在山中行得正闷，况又患着热症的，忽见这片沱江，浩浩荡荡，真个秋水长天一色，自然觉得清凉，直透骨髓，就恨不得把三步并做一步，风车似奔来。岂知从山上望时甚近，及至下得山来，又远还不曾到得沱江，却被一个东潭隔住。这潭也好大哩。水清似镜一般，不论深浅去处，无不见底。况又映着两岸竹树，翠色可掬。少府便脱下衣裳，向潭中洗澡。原来少府是吴人，生长泽国，从幼学得泅水。成人之后，久已不曾弄这本事。不意今日到此游戏，大快凤心。偶然叹道："人游到底不如鱼健！怎么借得这鱼鳞生在我身上，也好到处游去，岂不更快！"只见旁边有个小鱼，却觑着少府道："你要变鱼不难，何必假借。待我到河伯处，为你图之！"说

声未毕，这小鱼早不见了。把少府吃上一惊，想道："我怎知这水里是有精怪的？岂可独自一个在里面洗澡！不如早早抽身去罢！"岂知少府既动了这个念头，便少不得堕了那重业障。只教：

衣冠暂解人间累，鳞甲俄看水上生。

薛少府正在沉吟，恰待穿了衣服，寻路回去。忽然这小鱼来报道："恭喜！河伯已有旨了。"早见一个鱼头人，骑着大鱼，前后导从的小鱼，不计其数，来宣河伯诏曰：

城居水游，浮沉异路。苟非所好，岂有兼通。尔青城县主簿薛伟，家本吴人，官亦散局。乐清江之浩渺，放意而游；厌尘世之喧嚣，拂衣而去。暂从鳞化，未便终身。可权充东潭赤鲤。呜呼！纵远适以忘归，必受神明之罚；昧纤钩而食饵，难逃刀俎之灾。无或失身，以羞吾党。尔其勉之！

少府听诏罢，回顾身上，已都生鳞，全是一个金色鲤鱼。心下虽然骇异，却又想道："事已如此，且待我恣意游玩一番，也晓得水中的意趣。"自此三江五湖，随其意向，无不游适。原来河伯诏书上说充东潭赤鲤，这东潭便似分定的地方一般，不论游到哪里，少不得要回到那东潭安歇。单则那一件，也觉得有些儿不在。过了几日，只见这小鱼又来对薛少府道："你岂不闻山西平阳府有一座山，叫个龙门山，是大禹治水时凿将开的，山下就是黄河。只因山顶上有水接着天河的水，直冲下来，做黄河的源头，所以这个去处，叫作河津。目今八月天气，秋潦将降，雷声先发。普天下鲤鱼，无有不到那里去跳龙门的。你如何不禀辞河伯，也去跳龙门？若跳得过时，便做了龙，岂不更强似做鲤鱼！"

原来少府正在东潭里面住得不耐烦，听见这个消息，心中大喜。即便别了小鱼，竟到河伯处所。但见宫殿都是珊瑚作柱，玳瑁为梁，真个龙宫海藏，自与人世各别。其时河伯管下的地方，岷江、沱江、巴江、渝江、涪江、黔江、平羌江、射洪江、濯锦江、嘉陵江、青衣江、五溪、泸水、七门滩、瞿塘三峡，那一处鲤鱼不来禀辞要去跳龙门的。只有少府是金色鲤鱼，所以各处的都推他为首，同见河伯。旧规有个公宴，就如起送科举的酒席一般。少府和各处鲤鱼一齐领了宴，谢了恩，同向龙门跳

去。岂知又跳不过，点额而回。你道怎么叫作点额？因为鲤鱼要跳龙门，逆水上去，把周身的精血都积聚在头顶心里，就如被朱笔在额上点了一点的。以此世人称下第的皆为点额，盖本于此。正是：

> 龙门浪急难腾跃，额上羞题一点红。

却说青城县里有个渔户叫作赵干，与妻子在沱江上网鱼为业。岂知网着一个癞头鼋，被他把网都牵了去，连赵干也几乎吊下江里。那妻子埋怨道："我们专靠这网做本钱，养活两口。今日连本钱都弄没了，那用还有余钱再讨得个网来？况且县间官府，早晚常来取鱼，你把什么应付？"以此整整争了一夜。赵干被他絮聒不过，只得装一个钓竿，商量来东潭钓鱼。你道赵干为何舍了这条大江，却向潭里钓鱼？原来沱江流水最急，正好下网，不好下钓，故因想到东潭另做此一行生意。那钓钩上钩着香香的一大块油面，投下水中。

薛少府自龙门点额回来，也有许多没趣，好几日躲在东潭，不曾出去觅食，肚中饥甚。忽然间赵干的渔船摇来，不免随着他船游去看看。只闻得饵香，便思量去吃他的。已是到了一边，想道："我明明知他饵上有个钩子。若是吞了这饵，可不被他钓了去？我虽是暂时变鱼耍子，难道就没处求食，偏只吃他的钓钩上的？"再去船旁周围游了一转，怎当那饵香得酷烈，恰似钻入鼻孔里的一般，肚中又饥，怎么再忍得住！想道："我是个人身，好不多重，这些些钓钩怎么便钓得我起？便被他钓了去，我是县里三衙，他是渔户赵干，岂不认得，自然送我归县。却不是落得吃了他的？"方才把口就饵上一合，还不曾吞下肚子，早被赵干一掣，掣将去了。这便叫作眼里识得破，肚里忍不过。那赵干钓得一个三尺来长金色鲤鱼，举手加额，叫道："造化，造化！我再钓得这等几个，便有本钱好结网了。"

少府连声叫道："赵干，你是我县里渔户，快送我回县去！"那赵干只是不应，竟把一根草索贯了鱼鳃，放在舱里。只见他妻子说道："县里不时差人取鱼。我想这等一个大鱼，若被县里一个公差看见，取了去，领得多少官价？不如藏在芦苇之中，等贩子投来，私自卖他，也多赚几文钱用。"赵干说道："有理！"便把这鱼拿去藏在芦苇中，把一领破蓑衣遮盖。回来对妻子说："若多卖得几个钱时，挤得沽酒来与你醉饮。今夜再发利市，安知明日不钓了两个？"

那赵干藏鱼回船，还不多时候，只见县里一个公差叫作张弻，来唤赵干道："裴五爷要个极大鲤鱼做鲊吃。今早直到沱江边来唤你，你却又移到这个所在，教我团团寻遍，走得个汗流气喘。快些拣一尾大的，同我送去！"赵干道："有累上下走着屈路了。不是我要移到这里，只为前日弄没了网，无钱去买，没奈何，只得权到此钓几尾去做本钱。却又没个大鱼上钩。只有小鱼三四斤在这里，要便拿了去。"张弻道："裴五爷吩咐要大鱼，小的如何去回话？"扑的跳下船，揭开舱板一看，果然通是小的。欲要把去权时答应，又想道："这般宽阔去处，难道没个大鱼？一定这厮奸作，藏在那里。"即便上岸各处搜看，却又不见。

次后寻到芦苇中，只见一件破蓑衣掀上掀下的乱动。张弻料道必是鱼在底下。急走上前，揭起看时，却是一个三尺来长的金色鲤鱼。赵干夫妻望见，口里只叫得苦。张弻不管三七二十一，提了那鱼便走，回头向赵干说道："你哄得我好！待禀了裴五爷，着实打你这厮。"

少府大声叫道:"张弼,张弼!你也须认得我。我偶然游到东潭,变鱼耍子,你怎么见我不叩头,到提着我走?"张弼全然不理,只是提了鱼,一直奔回县去。赵干也随后跟来。那张弼一路走,少府也一路骂。提到城门口,只见一个把门的军,叫作胡健,对张弼说道:"好个大鱼!只是裴五爷请各位爷饮宴,专等鱼来做鲊吃,道你去了许久不到,又飞出签来叫你。你可也走紧些!"

少府抬头一看,正前日出来的那一座南门,叫作迎薰门,便叫把门军道:"胡健,胡健!前日出城时节,曾吩咐你道:我自私行出去的,不要禀知各位爷,也不要差人迎接。难道我出城不上一月,你就不记得了?如今正该去禀知各位爷,差人迎接才是,怎么把我不放在眼里,这等无状!"岂知把门军胡健也不听见,却与张弼一般。那张弼一径的提了鱼,进了县门。薛少府还叫骂不止。

只见司户吏与刑曹吏,两个东西相向在大门内下棋。那司户吏道:"好怕人子!这等大鱼,可有十多斤重?"那刑曹吏道:"好一个活泼泼的金色鲤鱼,只该放在后堂绿漪池里养他看耍子,怎么就舍得做鲊吃了?"少府大叫道:"你两个吏,终日在堂上伏事我的,便是我变了鱼,也该认得,怎么见了我都不站起来,也不去报与各位爷知道?"那两个吏依旧在那里下棋,只不听见。少府想道:"俗谚有云:不怕官,只怕管。岂是我管你不着,一些儿不怕我?莫不是我出城这几日,我的官被勾了?纵使勾了官,我不曾离任,到底也还管得他着。且待我见同僚时,把这起奴才从头告诉,教他一个个打得皮开肉绽。"看官们牢记下这个话头,待下回表白。

且说顾夫人谨守薛少府的尸骸,不觉过了二十多日,只见肌肉如故,并不损坏。把手去摸他心头,觉得比前更暖些。渐渐地上至喉咙,下至肚脐,都不甚冷了。想起道人李八百的说话,果然有些灵验。因此在指顶上刺出鲜血来,写成一疏,请了几个有名的道士,在青城山老君庙里建醮,祈求仙力,保护少府回生。许下重修庙宇,再塑金身的愿心。宣疏之日,三位同僚与通县吏民,无不焚香代祷,如当日一般。我想古语有云,吉人天相。难道薛少府这等好官,况兼合县的官民都来替他祈祷,怕就没有一些儿灵应?只是已死二十多日的人,要他依旧又活转来,虽则老君庙里许下愿的,从无不验之人;但是阎王殿前投到过的,那有退回之鬼!正是:

> 须知作善还酬善,莫道无神定有神。

却说是夜道士在醮坛上面,铺下七盏明灯,就如北斗七星之状。原来北斗第七个星,叫做斗杓,春指东方,夏指南方,秋指西方,冬指北方,在天上旋转的;只有第四个星,叫作天枢,他却不动。以此将这天枢星上一灯,特为本命星灯。若是灯明,则本身无事,暗则病势淹缠,灭则定然难救。其时道士手举法器,朗诵灵章,虔心禳解,伏阴而去,亲奏星官,要保佑薛少府重还魂魄,再转阳间。起来看这七盏灯时,尽皆明亮,觉得本命那一盏尤加光彩,显见不该死的符验。便对夫人贺喜道:"少府本命星灯,光彩倍加,重生当在旦夕,切不可过于哀泣,恐惊动他魂魄不安,有难回转。"

夫人含着两行眼泪谢道:"若得如此,也不枉做这个道场,和那昼夜看守的辛苦。"得了这个消息,心中少觉宽解。岂知朦胧睡去,做成一梦。明明见少府慌慌忙忙,精赤赤的跑入门来,满身都是鲜血,把两只手掩着脖子叫道:"晦气,晦气!我在江上泛舟,情怀颇畅,忽然狂风陡作,大浪掀天,把舟覆了,却跌在水去。幸遇江神怜我阳寿未绝,赠我一领黄金锁子甲,送得出水。正待寻路入城,不意遇着剪径的强人,要谋这领金甲,一刀把我杀了。你若念夫妻情分,好生看守魂魄,送我回去。"夫人一闻此言,不觉放声大哭,就惊醒了。想道:"适间道士只说不死,如何又有此恶梦? 我记得梦书上有一句道:梦死得生。莫非他眼下灾悔脱害,故此身上全无一丝一缕,亦未可知。只是紧紧的守定他尸骸便了。"

到次日,夫人将醮坛上牺牲诸品,分送三位同僚。这个叫作"散福"。其日就是裴县尉作主,会请各衙,也叫作"饮福"。因此裴县尉差张弼去到渔户家取个大鱼来做鲊,好配酒吃。终是邹二衙为着同年情重,在席上叹道:"这酒与平常宴会不同,乃为薛公祈祷回生,半是醮坛上时品物。今薛公的生死,未知何如,教我们食怎下咽?"裴五衙便道:"古人临食不叹,偏是你念同年,我们不念同僚的? 听得道士说他回生,不在昨晚,便是今日。我们且待鱼来做鲊下酒,拚吃个酩酊,只在席上等候他一个消息,岂不是公私两尽?"当日直到未牌时分,张弼方才提着鱼到阶下。原来裴五衙在席上作主,单为等鱼不到,只得停了酒,看邹二衙与雷四衙打双陆,自己在旁边吃着桃子。忽回转头看见张弼,不觉大怒道:"我差你取鱼,如何去了许久? 若不是飞签催你,你敢是不来了吗?"张弼只是叩头,把渔户赵干藏过大鱼的情节,备细禀上一遍。裴五衙便叫当直的把赵干拖翻,着实打了五十下皮鞭,打得皮开肉绽,鲜血迸流。你道赵干为何先不走了,偏要跟着张弼到县,自讨打吃? 也只恋着这几文的官价,思量领去,却被打了五十皮鞭,偿又不曾领得,岂不与这尾金色鲤鱼为贪着香饵上了他的钩儿一般! 正是:

世上死生皆为利,不到乌江不肯休。

裴五衙把赵干赶了出去,取去来看,却是一尾金色鲤鱼,有三尺多长。喜叹:"此鱼甚好,便可付厨上做鲊来吃!"当下薛少府大声叫道:"我哪里是鱼? 就是你的同僚,岂可错认得我了? 我受了许多人的侮慢,正要告诉列位与我出这一口恶气,怎么也认我做鱼,便付厨上做鲊吃? 若要作鲊,可不屈我杀了! 枉做这几时同僚,一些儿契分安在!"其时同僚们全然不理。少府便情极了,只得又叫道:"邹年兄,我与你同登天宝末年进士,在都下往来最为交厚,今又在此同官,与他们不同。怎么不发一言,坐视我死?"只见邹二衙对裴五衙道:"以下官愚见,这鱼还不该做鲊吃。那青城山上老君祠前有老大的一个放生池,尽有建醮的人买着鱼鳖螺蛤等物投放池内。今日之宴,既是薛衙送来的散福,不若也将此鱼投于放生池内,见我们为同僚的情分,种此因果。"那雷四衙便从旁说道:"放鱼甚善! 因果之说,不可不信。况且酒席美肴撰尽勾多了,何必又要鲊吃?"此时薛少府在阶下,听见叹道:"邹年兄好没分晓! 既是有心救我,何不就送回衙里去,怎么又要送我上山,却不渴坏了我? 虽然如此,也强如死在庖人之手。待我到放生池内,依还变了转来,重换冠带,再坐衙门。且莫说赵干这起狗才,看那同僚把甚嘴脸来见我?"

正在踌躇,又见那裴五衙答道:"老长官要放这鱼,是天地好生之心,何敢不听。但打醮是道家事,不在佛门那一教。要修因果,也不在这上。想道天生万物,专为养人。就如鱼这一种,若不是被人取吃,普天下都是鱼,连河路也不通了。人人修善,全在自己心上,不在一张口上。故谚语有云:佛在心头坐,酒肉穿肠过。又云:若依佛法,冷水莫呷。难道吃了这个鱼,便坏了我们为同僚的心?眼见得好鱼不作鲊吃,倒平白地放了他去。安知我们不吃,又不被水獭吃了?总只一死,还是我们自吃了的是。"少府听了这话,便大叫道:"你看两个客人都要放我,怎么你做主人的偏要吃我?这等执拗!莫说同僚情薄,原来宾主之礼,也一些没有的。"

原来雷四衙是个两可的人,见裴五衙一心要做鱼鲊吃,却又对邹二衙道:"裴长官不信因果,多分这鱼放生不成了。但今日是他做主人,要以此奉客,怎么好固拒他?我想这鱼不是我等定要杀他,只算今日是他数尽之日,救不得罢了!"当下少府即大喝,叫道:"雷长官,你好没主意,怎么两边撺掇!既是劝他救我,他便不肯,你也还该再劝才是。怎么反劝邹年兄也不要救我?敢则你衙斋冷淡,好几时没得鱼吃了,故此待他做鲊来,思量饱餐一顿吗?"只得又叫邹二衙道:"年兄,年兄!你莫不是乔做人情?故假意劝了这几句,便当完了?你是再也不出半声了!自古道得好:一死一生,乃见交情。若非今日我是死的,你是活的,怎知你为同年之情淡薄如此!到底有个放我时节,等我依旧变了转来也罢,不得学翟廷尉的故事,将那两句题在我衙门之上,与你看看!年兄!年兄!只怕你悔之晚矣!"少府虽则乱叫乱嚷,宾主都如不闻。

当时裴五衙便唤厨役叫作王士良,因有手段,最整治得好鲊,故将这鱼交付与他,说道:"又要好吃,又要快当。不然,照着赵干样子,也奉承你五十皮鞭。"那王士良一头答应,一头就伸过手提鱼。急得少府顶门上飞散了三魂,脚板底荡调了七魄,便大声哭起来道:"我平昔和同僚们如兄若弟,极是交好,怎么今日这等哀告,只要杀我?哎,我知道:一定是妒忌我掌印,起此一片恶心。须知这印是上司委我署的,不是我谋来掌的。若肯放我回衙,我就登时推印,有何难哉!"说了又哭,哭了又说。岂知同僚都做不听见。竟被王士良一把提到厨下,早取过一个砧头来放在上面。

少府举眼看时,却认得是他手里一向做厨役的。便大叫道:"王士良,你岂不认得我是薛三爷?若非我将吴下食谱传授与你,看你整治些甚样看馔出来,能使各位爷这般作兴你?你今日也该想我平昔抬举之恩,快去禀知各位爷,好好送回衙去。却把我来放在砧头上待要怎的?"岂知王士良一些不理,右手拿刀在手,将鱼头着实按上一下。吓得少府心中不胜大怒!便骂:"你这狗才!敢只会奉承裴五衙,全不怕我!难道我就没摆布你处?"一挣挣起来,将尾子向王士良脸上只一扇,就似打个耳聒子一般,打得王士良耳鸣眼暗,连忙举手掩面不迭,将那把刀直抛在地下去了。一边拾刀,一边却冷笑道:"你这鱼!既是恁的健浪,停一会等我送你到滚锅儿里再游游去!"原来做鲊的,最要刀快,将鱼切得雪片也似薄薄的,略在滚水里面一转,便捞起来,加上椒料,泼上香油,自然松脆鲜美。因此王士良再把刀去磨一下。

其时少府叫他不应,叹口气道:"这次磨快了刀来,就是我命尽之日了。想起我在衙虽则患病,也还可忍耐。如何私自跑出,却受这般苦楚!若是我不见这个东潭,便见了东潭,也不下去洗澡;便洗个澡,也不思量变鱼!不思量变鱼,也不受那河伯的诏书,也不至有今日!总只未变鱼之先,被那小鱼十分撺掇;既变鱼之后,又被那赵干把香饵来哄我,都是命里凑着,自作自受,怎好埋怨那个!只可怜见我顾夫人在衙,无儿无女,将谁倚靠?怎好寄得一信与他,使我死也瞑目?"正在号啕大哭，却被王士良将新磨的快刀，一刀剁下头来。正是：三寸气在，谁肯输半点便宜；七尺躯亡，都付与一场春梦。眼见得少府这一番真个呜呼哀哉了！

> 未知少府生回日，已见鱼儿命尽时。

这里王士良刚把这鱼头一刀剁下，那边三衙中薛少府在灵床之上，猛地跳起来坐了。莫说顾夫人是个女娘家，就险些儿吓得死了；便是一家们在那里守尸的，那一个不摇首咋舌。叫道："好古怪！好古怪！我们一向紧紧的守定在此，从没个猫儿在他身上跳过，怎么就把死尸吊了起来？"只见少府叹了口气，问道："我不知人事有几日了？"夫人答道："你不要吓我！你已死去了二十五日，只怕不会活哩！"少府道："我何曾死！只做得一个梦，不意梦去了这许多日！"便唤家人："去看三位同僚，此时正在堂上，将吃鱼鲊。教他且放下了箸，不要吃。快请到我衙里来讲话。"

果然同僚们在堂上饮酒，刚刚送到鱼鲊，正要举箸，只见薛衙人禀说："少府活转来了，请三位爷莫吃鱼鲊，便过衙中讲话。"惊得那三位都暴跳起来，说道："医人李八百的把脉，老君庙里铺灯，怎么这等灵验的紧！"忙忙的走过薛衙，连叫："恭喜！恭喜！"只见少府道："列位可晓得吗？适才做鲊的这尾金色鲤鱼便是不才。若不被王士良那一刀，我的梦几乎不醒。"那三位茫茫不知其故。都说道："天下岂有此事！请薛长官试说一番，容下官们洗耳拱听。"薛少府道："适才张弼取鱼到时，邹年兄与雷长官打双陆，裴长官在傍吃桃子。张弼禀渔户赵干藏了大鱼，把小鱼搪塞。裴长官大怒，把赵干鞭了五十，这事有吗？"三位道："果是如此。只是老长官如何晓得恁详细？"少府道："再与我唤赵干、张弼和把守迎薰门军士胡健，户曹刑曹二吏，并厨役王士良来，待我问他。"那三位即便差人，都去唤到。

少府问道："赵干，你在东潭钓鱼，钓得个三尺来长金色鲤鱼，你妻子教你藏在芦苇之中，上头盖着旧蓑衣。张弼来取鱼时，你只推没有大鱼。却被张弼搜出，提到迎薰门下。门军胡健说道：'裴五爷下飞签催你，你可走快些！'随到县门，门内二吏东西相向，在那里下棋。一个说：'鱼大得怕人子！做鲊来一定好吃。'一个说：'这鱼可爱，只该畜在后堂池里，不该做鲊。'王士良把鱼按在砧头上，却被鱼跳起尾来，脸上打了一下，又去磨快了刀，方才下手。这事可都有吗？"赵干等都惊道："事俱有的！但不知三爷何由知得？"少府道："这鱼便是我做的。我自被钓之后，那一处不高声大叫，要你们送我回衙，怎么都不听我，却是甚主意！"赵干等都叩头道："小的们实是不听见。若听见时，怎么敢不送回？"又问裴县尉道："老长官要做鱼鲊之时，邹年兄再三劝你放生，雷长官在旁边撺掇，只是不听，催唤王士良提去。我因放声大哭，说：'枉做这几时同僚，今日定要杀我！岂是仁者所为！'莫说裴长官不理，连邹年兄雷长官，也更无一言。这是何意？"三位相顾道："我们何尝听见些儿！"一齐起身请罪。

少府笑道："这鱼不死，我也不生。已作往事，不必再题了"。遂把赵干等打发出去，同僚们也作别回衙。将鱼鲊投弃水中，从此立誓再不吃鱼。原来少府叫哭，哪曾有什么声响，但见这鱼口动而已。乃知三位同僚与赵干等，都不听见，盖有以也。

且说顾夫人想起老君庙签诀的句语，无一字不验。乃将求签打醮事情，备细说与少府知道，就要打点了愿。少府惊道："我在这里几多时，但闻得青城山上有座老君庙，是极盛的香火，怎知道灵应如此！"即便清斋七日，备下明灯净香，亲诣庙中偿愿。一面差人估计木料，妆严金像，合同若干工价，将家财俸资凑来买办，择日兴工。到第七日早上，屏去左右，只带一个十二三岁的小门子，自出了衙门，一步一拜，向青城山去。

刚至半山，正拜在地，猛然听得有人叫道："薛少府，你可晓得吗？"少府不觉吃了一惊。抬头观看，乃是一个牧童，头戴蓑笠，横坐青牛，手持短笛，从一个山坡边转出来的。当下少府问道："你要我晓得什吗？"那牧童道："你晓得神仙中有个琴高，他本骑着赤鲤升天去的。只因在王母座上，把那弹云璈的田四妃觑了一眼，动了凡心，故此两个并谪人世。如今你的前身，便是琴高；你那顾夫人，便是田四妃。为你到官以来，迷恋风尘，不能脱离，故又将你权充东潭赤鲤，受着诸般苦楚，使你回头。你却怎么还不省得？敢是做梦未醒哩？"少府道："依你说，我的前身，乃是神仙。今已迷惑，又须得一个师父来提醒便好。"牧童道："你要个提醒的人，远不远千里，近只在目前。这成都府道人李八百，却不是个神仙？他本在汉时叫作韩康，一向卖药长安市上，口不二价。后来为一女子识破了，故此又改名为李八百。人只说他传授得孙真人八百个秘方，正不知他道术还在孙真人之上，实实活过八百多岁了。今你夫妻谪限将满，合该重还仙籍。何不去问那李八百，教他与你打破尘障？"原来夫人止与少府说得香愿的事，不曾说起李八百把脉情繇。因此牧童说着李八百名姓，少府一些也不晓得。心下想道："山野牧童知道什吗？无过信口胡谈，荒唐之说，何足深信！我只是一步一拜，还愿便了！"岂知才回顾头来，那牧童与牛化作一道紫气，冲天而去。正是：

> 当面神仙犹不识，前生世事怎能知！

少府因自己做鱼之事，来得奇怪。今番看见牧童化风而去，心下越发惶惑，定道："连那牧童也是梦中！"好生委绝不下。不一时，拜到山顶老君座前，叩谢神明保佑，再得回生。只在早晚选定吉日，偿还愿心。拜罢起来，看那老君神像，正是牧童的面貌。又见座旁塑着一头青牛，也与那牧童骑的一般。方悟道："方才牧童分明是太上老君指引我重还仙籍，如何有眼无珠，当面错过？"乃再拜请罪。回至衙中，备将牧童的话，细细述与夫人知道。夫人方说起："病危时节，曾请成都府道人李八百来看脉。他说是死而不死之症。须待死后半月二旬，自然慢慢的活将转来，不必下药。临起身时，又说：'这签诀灵得紧。直到看见鱼时，方有分晓。'我想他能预知过去未来之事，岂不真是个仙人！莫说老君已经显出化身，指引你去。便不是仙人，既劳他看脉一场，且又这等神验，也该去谢他！"少府听罢，乃道："原来又有这段姻缘！如何不去谢他。"又清斋了七日，徒步自往成都府去，访那道人李八百。

恰好这一日，李八百正坐在医铺里面。一见少府，便问道："你做梦可醒了未？"少府扑地拜下，答道："弟子如今醒了。只求师父指教，使弟子脱离风尘，早闻大道！"李八百笑道："你须不是没根基的，要去烧丹炼火。你前世原是神仙谪下，太上老君已明明的对你说破。自家身子，还不省得，还来问人？敢是我只认得青城县主簿吗？"当下少府恍然大悟，拜谢道："弟子如今真个醒了！只是老君庙里香愿，尚未

偿还。待弟子了愿之后，即便弃了官职，挈了妻子，同师父出家，证还仙籍，未为晚也。"遂别了李八百，急回至青城县，把李八百的话述语夫人知道。夫人也就言上省悟，前身元是西王母前弹云璈的田四妃，因动尘念堕落。当夜便与少府各自一房安下，焚香静坐，修证前因。

次日，少府将印送与邹二衙署摄，备文申报上司。一面催趱工役，盖造殿庭，装严金像，极其齐整。刚到工完之日，那邹二衙为着当时许愿，也要分俸相助，约了两个县尉，到少府衙舍，说知此事。家人只道还在里边静坐，进去通报。只见案上遗下一诗，竟不知少府和夫人都在哪里去了。家人拿那首诗递与邹二衙观看，乃是留别同僚吏民的。诗云：

> 鱼身梦幻欣无恙，若是鱼真死亦真。
>
> 到底有生终有死，欲离生死脱红尘。

邹二衙看了这诗，不胜嗟叹，乃道："年兄总要出家修行，也该与我们作别一声，如今觉道忒歉然了！谅来他去还未远。"即差人四下寻访，再也没些踪迹。正在惊讶，裴五衙笑道："二位老长官好不睹事！想他还掉不下水中滋味，多分又去变鲤鱼玩耍去了。只到东潭上抓他便了。"

不题同僚们胡猜乱想。再说少府和夫人不往别处，竟至成都去见那李八百。那李八百对着少府笑道："你前身原是琴高，因为你升仙不远，故令赤鲤专在东潭相候。今日依先还你赤鲤，骑坐上升何如？"又对夫人道："自你谪后，西王母前弹云璈的暂借董双成。如今依旧该是你去弹了。"自然神仙一辈，叫作会中人，再不消什么口诀，什么心法，都只是一笑而喻。其时少府夫人也对李八百说道："你先后卖药行医，救度普众，功行亦非小可，何必久混人世！"李八百道："我数合与你同升，故在此相候！"顷刻间，祥云缭绕，瑞霭缤纷，空中仙音嘹亮，鸾鹤翱翔，仙童仙女，各执幢幡宝盖，前来接引。少府乘着赤鲤，夫人驾了紫霞，李八百跨上白鹤，一齐升天。遍成都老幼，那一个不看见，尽皆望空瞻拜，赞叹不已。至今升仙桥圣迹犹存。诗云：

> 茫茫宇宙事端新，人既为鱼鱼复人。
> 识破幻形不碍性，体形修性即仙真。

第二十七卷

李玉英狱中讼冤

人间夫妇愿白首,男长女大无疾疢。男娶妻兮女嫁夫,频见森孙会行走。若还此愿遂心怀,百年瞑目黄泉台。莫教中道有差跌,前妻晚妇情离乖。晚妇狠毒胜蛇蝎,枕边谮语无休歇。自己生儿似宝珍,他人子女遭磨灭。饭不饭兮茶不茶,蓬头垢面徒伤嗟。君不见大舜历山终夜泣,闵骞十月衣芦花!

这篇言语,大抵说人家继母心肠狠毒,将亲生子女胜过一颗九曲明珠,乃希世之宝,何等珍重。这也是人之常情,不足为怪。单可恨的,偏生要把前妻男女,百般凌虐,粪土不如。若年纪在十五六岁,还不十分受苦。纵然磨灭,渐渐长大,日子有数。唯有十岁内外的小儿女,最为可怜。然虽如此,其间原有三等。那三等?第一等,乃富贵之家,幼时自有乳母养娘伏侍,到五六岁便送入学中读书。况且亲族蕃盛,手下婢仆,耳目众多,尚怕被人谈论,还要存个体面。不致有饥寒打骂之苦。或者自生得有子女,要独吞家财,也只在枕上挑拨唆弄。正是:

> 焚廪捐阶事可伤,申生遭谤伯奇殃。
> 后妻煽处从来有,几个男儿肯直肠。

第二等,乃中户人家,虽则体面还有,料道幼时,未必有乳母养娘伏侍,诸色尽要在继母手内出放。那饥寒打骂就不能够免了。若父亲是个硬挣的,定然卫护儿女,与老婆反目厮闹,不许他凌虐。也有惧怕丈夫厉害,背着眼方敢施行。倘遇了那不怕天,不怕地,也不怕羞,也不怕死,越杀越上的泼悍婆娘,动辄便拖刀弄剑,不是刎颈上吊,定是奔井投河,惯把死来吓老公,常有弄假成真,连家业都完在他身上。俗语道得好,逆子顽妻,无药可治。遇着这般泼妇,难道终日厮闹不成?少不得闹过几次,奈何他不下,到只得诈瞎装聋,含糊忍痛。也有将来过继与人,也有送去为僧学道,或托在父兄外家寄养。这还是有些血气的所为。

又有等逆种,横肚肠,烂心肝,忍心害理,无情义的汉子,前妻在生时,何等恩爱,把儿女也何等怜惜。到得死后,娶了晚妻,或奉承他妆奁富厚,或贪恋颜色美丽,或中年娶了少妇,因这几般上,弄得神魂颠倒,意乱心迷,将前妻昔日恩义,撇向东洋大海。儿女也渐渐做了眼中之钉,肉内之刺。到得打骂,莫说护卫劝解,反要加上一顿,取他的欢心。常有后生儿女都已婚嫁,前妻之子,尚无妻室,公论上说不去时,胡乱娶个与他。后母还千方百计做下魇魅,要他夫妻不睦。若是魇魅不灵,便打儿子，骂媳妇，撺掇老公告忤逆，赶逐出去。那男女之间，女儿更觉苦楚。孩子家打过了，或向学中攻书，或与邻家孩子们玩耍，还可以消遣。做了女儿时，终日不离房户，与那夜叉婆挤做一块，不住脚把他使唤，还要限每日做若干女工。做得少，打骂自不必说。及至趱足了，却又嫌好道歉，也原脱白不过。生下儿女，恰像写着包揽文书的，日夜替他怀抱。倘若啼哭，便道是不情愿，使性儿难为他孩子。偶或有些病症，又道是故意惊吓出来的。就是身上有个蚊虫疤儿，一定也说是故意放来叮的。更有一节苦处，任你滴水成冰的天气，少不得向冰孔中洗浣污秽衣服，还要憎嫌洗得不洁净，加一场咒骂。熬到十五六岁，渐渐成人。那时打骂，就把污话来肮脏了，不骂要趁汉，定说想老公。可怜女子家无处伸诉，只好向背后吞声饮泣！倘或听见，又道装这许多妖势。多少女子当不起恁般羞辱，自去寻了一条死路。有诗为证：

> 不正夫纲但怕婆，怕婆无奈后妻何！
> 任他打骂亲生女，暗地心疼不敢诃。

第三等，乃朝趁暮食，肩担之家。此等人家儿女，纵是生母在时，只好苟免饥寒，料道没甚丰衣足食。巴到十来岁，也就要指望教去学做生意，趁三文五文帮贴柴火。若又遇着个凶恶继母，岂不是苦上加苦。口中吃的，定然有一顿没一顿，担饥忍饿。就要口热汤，也须请问个主意，不敢擅专。身上穿的，不是前拖一块，定是后破一片。受冻揰寒，也不敢在他面前说个冷字。那几根头发，整年也难得与梳子相会。胡乱挽个角儿，还不是挦得披头盖脸。两只脚久常赤看，从不曾见鞋袜面。若得了双草鞋，就胜如穿着粉底皂靴。专任的是劈柴烧火，担水提浆。稍不如意，软的是拳头脚尖，硬的是木柴棍棒。那咒骂乃口头言语，只当与他消闲。到得将就挑得担子，便限着每日要赚若干钱钞。若还缺了一文，少不得敲个半死。倘肯撺掇老公，卖与人家为奴，这就算他一点阴骘。所以小户人家儿女，经着后母，十个到有九个磨折死了。有诗为证：

> 小家儿女受艰辛，后母加添妄怒嗔。
> 打骂饥寒浑不免，人前一样唤娘亲。

说话的为何只管絮絮叨叨，道后母的许多短处？只因在下今日要说一个继母谋害前妻儿女，后来天理昭彰，反受了国法，与天下的后母做个榜样，故先略道其概。这段话文，若说出来时：

> 直教铁汉也心酸，总是石人亦泪洒！

你道这段话文，出在哪里？就在本朝正德年间，北京顺天府旗手卫，有个荫籍百户李雄。他虽是武弁出身，却从幼聪明好学，深知典籍。及至年长，身材魁伟，膂力过人，使得好刀，射得好箭，是一个文武兼备的将官。因随太监张永征陕西安化王有功，升锦衣卫千户。婆得个夫人何氏，夫妻十分恩爱。生下三女一男：儿子名曰承祖，长女名玉英，次女名桃英，三女名月英。原来是先花后果的。倒是玉英居

长,次即承祖。不想何氏自产月英之后,便染了个虚怯症候,不上半年,呜呼哀哉!可怜:

> 留得旧时残锦绣,每因肠断动悲伤。

那时玉英刚刚六岁,承祖五岁,桃英三岁,月英只有五六个月。虽有养娘奶子伏侍,到底像小鸡失了鸡母,七慌八乱,啼啼哭哭。李雄见儿女这般苦楚,心下烦恼,只得终日住在家中窝伴。他本是个官身,顾着家里,便耽搁了公事。到得干办了公事,却又没工夫照管儿女,真个公私不能两尽。捱了几个月日,思想终不是长法,要娶个继室,遂央媒寻亲。那媒婆是走千家踏万户的,得了这句言语,到处一兜,那些人家闻得李雄年纪止有三十来岁,又是锦衣卫千户,一进门就称奶奶,谁个不肯。三日之间,就请了若干庚帖送来,任凭李雄选择。俗语有云:姻缘本是前生定,不许今人作主张。李雄千择万选,却拣了个姓焦的人家女儿,年方一十六岁,父母双亡,哥嫂作主。那哥哥叫作焦榕,专在各衙门打干,是一个油里滑的光棍。李雄一时没眼色,成了这头亲事,少不得行礼纳聘,不则一日,娶得回家,花烛成亲。

那焦氏生得有六七分颜色,女工针指,却也百伶百俐;只是心肠有些狠毒。见了四个小儿女,便生嫉妒之念。又见丈夫十分爱惜,又不时叮嘱好生抚育,越发不怀好意。他想道:"若没有这一窝子贼男女,那官职产业好歹是我生子女来承受。如今遗下许多短命贼种,纵挣得泼天家计,少不得被他们先拔头筹。设使久后,也只有今日这些家业,派到我的子女,所存几何,可不白白与他辛苦一世?须是哄热了丈夫,然后用言语唆冷他父子,磨灭死两三个,止存个把,就易处了!"你道天下有恁样好笑的事!自己方才十五六岁,还未知命短命长,生育不生育,却就算到几十年后之事,起这等残忍念头,要害前妻儿女,可胜叹哉!

有诗为证:

> 娶妻原为生儿女,见成儿女反为仇。
> 不是妇人心最毒,还因男子没长筹。

自此之后,焦氏将着丈夫百般殷勤趋奉。况兼正在妙龄,打扮得如花朵相似。枕席之间,曲意取媚。果然哄得李雄千欢万喜,百顺百依。只有一件不肯听他。你道是那件?但说到儿女面上,便道:"可怜他没娘之子,年幼娇痴。倘有不到之处,须将好言训诲,莫要深责。"焦氏撺咬了几次,见不肯听,忍耐不住。一日趁老公不在家,寻起李承祖事过,揪来打骂。不道那孩子头皮寡薄,他的手儿又老辣。一顿乱打,那头上却如酵到馒头,登时肿起几个大疙瘩。可怜打得那孩子无个地孔可钻,号淘痛哭!养娘奶子解劝不住。那玉英年纪虽小,生性聪慧;看见兄弟无故遭此毒打,已明白晚母不是个善良之辈;心中苦楚,泪珠乱落。在旁看不过,向前道:"母亲,兄弟年幼无知,望乞饶恕则个!"焦氏喝道:"小贱人!谁要你多言?难道我打不得的吗?你的打也只在头上滴溜溜转了,却与别人讨饶?"玉英闻得这话,愈加哀楚。

正打之间,李雄已回,那孩子抱住父亲,放声号恸。李雄见打得这般光景,暴躁如雷,翻天作地,闹将起来。那婆娘索性抓破脸皮,反要死要活,分毫不让。早有人报知焦榕,特来劝慰。李雄告诉道:"娶令妹来,专为要照管这几个儿女,岂是没人打骂,娶来凌贱不成!况又几番嘱咐,可怜无母娇幼。你即是亲母一般,凡事将就些。反故意打得如此模样!"焦榕假意埋怨了妹子几句,陪个不是,道:"舍妹一来年纪小,不知世故;二来也因从幼养娇了性子,在家任意惯了。妹丈不消气得!"又道:"省得在此不喜欢,待我接回去住几日,劝谕他下次不可如此!"道罢,作别而去。

少顷,雇乘轿子,差个女使接焦氏到家。那婆娘一进门,就埋怨焦榕道:"哥哥,奴总有甚不好处,也该看爹娘分上访个好对头匹配才是,怎么胡乱肮脏送在这样人家,误我的终身?"焦榕笑道:"论起嫁这锦衣卫千户,也不算肮脏了。但是你自己没有见识,怎么抱怨别人?"焦氏道:"那见得我没有见识?"焦榕道:"妹夫既将儿女爱惜,就顺着他性儿,一般着些痛热。"焦氏嚷道:"又不是亲生的,教我着疼热,还要算计哩!"焦榕笑道:"正因这上,说你没见识。自古道:将欲取之,必固与之。你心下越不喜欢这男女,越该加意爱护。"焦氏道:"我恨不得顷刻除了这几个冤孽,方才干净,为何反要将他爱护?"焦榕道:"大抵小儿女,料没甚大过失。况婢仆都是他旧人,与你恩义尚疏。稍加责罚,此辈就到家主面前轻事重报,说你怎地凌虐。妹夫必然着意防范,何由除得?他存了这片疑心,就是生病死了,还要疑你有甚缘故,可不是无丝有线!你若将就容得,落得做好人。抚养大了,不怕不孝顺你!"焦氏把头三四摇道:"这是断然不成!"

焦榕道:"毕竟容不得,须依我说话。今后将他如亲生看待,婢仆们施些小惠,结为心腹,暗地察访。内中倘有无心向你,并口嘴不好的,便赶逐出去。如此过了一年两载,妹夫信得你真了,婢仆又皆是心腹,你也必然生下子女,分了其爱。那时觑个机会,先除却这孩子,料不疑虑到你。那几个丫头,等待年长,叮嘱童仆们一齐驾起风波,只说有私情勾当。妹夫是有官职的,怕人耻笑,自然逼其自尽。是恁样阴唆阳劝做去,岂不省了目下受气?又见得你是好人。"焦氏听了这片言语,不胜喜欢道:"哥哥言之有理!是我错埋怨你了。今番回去,依此而行。倘到紧要处,再来与哥哥商量。"

不题焦榕兄妹计议。且说李雄因老婆凌贱儿女,反添上一顶愁帽儿,想道:"指望娶他来看顾儿女,却到增了一个魔头!后边日子正长,教这小男女怎生得过?"左思右算,想出一个道理。你道是什么道理?原来收拾起一间书室,请下个老儒,把玉英、承祖送入书堂读书。每日茶饭俱着人送进去吃。直至晚方才放学。教他远了晚娘,躲这打骂。那桃英、月英自有奶子照管,料然无妨。常言:夫妻是打骂不开的。过了数日,只得差人去接焦氏。焦榕备些礼物,送将回来。焦氏知得请下先生,也解了其意,更不道破。这番归来,果然比先大不相同,一味将笑撮在脸上,调引这几个小男女,亲亲热热,胜如亲生。莫说打骂,便是气儿也不再呵一口。待婢仆们也十分宽恕,还常赏赐小东西。但凡下人,肚肠极是窄狭,得了须微之利,便极口称功诵德,欢声溢耳。李雄初时甚觉奇异,只道俱怕他闹吵,当面假意殷勤,背后未必如此。几遍暗地打听,冷眼偷瞧,更不见有甚别样做作。过了年余,愈加珍爱,李雄万分喜悦,想道:"不知大舅怎生样劝喻,便能改过从善。如此可见好人原容易做的,只在一转念耳!"从此放下这片肚肠,夫妻恩爱愈笃。

　那焦氏巴不能生下个儿子,谁知做亲二年,尚没身孕。心中着急,往各处寺观庵堂,烧香许愿。那菩萨果是有些灵验,烧了香,许过愿,真个就身怀六甲。到得十月满足,生下一个儿子,乳名亚奴。你道为何叫这般名字?原来民间有个俗套,恐怕小儿家养不大,常把贱物为名,取其易长的意思。因此每每有牛儿狗儿之名。那焦氏也恐难养,又不好叫恁般名色,故只唤做亚奴,以为比奴仆尚次一等,即如牛儿、狗儿之意。李雄只道焦氏真心爱惜儿女,今番生下亚奴,亦十分珍重。三朝满月,遍请亲友吃庆喜筵宴,不在话下。常言说得好:只愁不养,不愁不长。眨眼间,不觉亚奴又已周岁。那时玉英已是十龄,长得婉丽飘逸,如画图中人物。且又赋性敏慧,读书过目成诵,善能吟诗作赋。其他描花刺绣,不教自会。兄弟李承祖,虽然也是个聪明孩子,到底赶不上姐姐。会咏绿萼梅,诗曰:

　　　并是调羹种,偏栽碧玉枝。
　　　不夸红有艳,兼笑白无奇。
　　　蕊绽莺忘啄,花香蝶未窥。
　　　陇头羌笛奏,芳草总堪疑。

　因有了这般才藻,李雄倍加喜欢。连桃英、月英也送入书堂读书。又尝对焦氏说道:"玉英女儿,有如此美才,后日不舍得嫁他出去。访一个有才学的秀士入赘家来,待他夫妇唱和,可不好吗?"焦氏口虽赞美,心下越增妒忌,正要设计下手。不想其年乃正德十四年,陕西反贼杨九儿据皋兰山作乱。累败官军,地方告急。朝廷遣都指挥赵忠充总兵官,统领兵马前去征讨。赵忠知得李雄智勇相兼,特荐为前部先锋。你想军情之事,火一般紧急,可能勾少缓?半月之间,择日出师。李雄收拾行装器械,带领家丁起程。临行时又叮嘱焦氏,好生看管儿女。焦氏答道:"这事不消吩咐!但愿你阵面上神灵护佑,马到成功,博个封妻荫子。"

　夫妻父子正在分别,外边报:"赵爷传令教场相会!"李雄洒泪出衙,急急上马,直至教场中演武厅上与诸将参谒已毕。朝廷又差兵部官犒劳,三军齐向北阙谢恩,口称万岁三声。赵爷传令李雄带领前部军马先行。李雄领了将令,放起三个轰天大炮,众军一声呐喊,遍地锣鸣,离了教场,望陕西而进,军容整肃,器仗鲜明。一路上逢山开径,遇水叠桥,不则一日,已至陕西地面,安营下寨,等大军到来,一齐进发。与杨军连战数阵,互相胜负。到七月十四,杨军挑战,赵爷令李雄出阵。那李雄统领部下精兵,奋勇杀入。贼兵抵挡不住,大败而走。李雄乘胜追逐数里。不想杨军伏兵四起,团团围住,左冲右突,不能得脱,外面救兵又被截断。李雄部下虽然精勇,终是众寡不敌。鏖战到晚,全军尽没。可怜李雄盖世英雄,到此一场春梦!正是:

正气千寻横宇宙,孤魂万里占清寒。

赵忠出征之事,按下不题。却说焦氏方要下手,恰好遇着丈夫出征,可不天凑其便。李雄去了数日,一乘轿子,抬到焦榕家里,与他商议。焦榕道:"据我主意,再缓几时。"焦氏道:"却是为何?"焦榕道:"妹夫不在家,死了定生疑惑。如今还是把他倍加好好看承。妹夫回家知道,越信你是个好人。那时出其不意,弄个手脚,必无疑虑,可不妙哉!"焦氏依了焦榕说话,真个把玉英姊妹看承比前又胜几分。终日盼望李雄得胜回朝。谁知已到八月初旬,陕西报到京中,说七月十四日与贼交锋,前部千户李雄恃勇深入,先胜后败,全军尽没。焦榕是专在各衙门打干的,猛然却得这个消息,吃了一惊,如飞报于妹子。焦氏闻说丈夫战死,放声号哭。那玉英姊妹尤为可怜,一个个哭得死而复苏。焦氏与焦榕商议,就把先生打发出门,合家挂孝,招魂设祭,摆设灵座。亲友尽来吊唁。那时焦氏将脸皮翻转,动辄便是打骂。

又过了月余,焦氏向焦榕道:"如今丈夫已死,更无别虑,动了手吧!"焦榕道:"我有个妙策在此,不消得下手。只教他死在他乡外郡,又怨你不着。"焦氏忙问有何妙策。焦榕道:"妹夫阵亡,不知尸首下落。再挨两月,等到严寒天气,差一个心腹家人,同承祖去陕西寻觅妹夫骸骨。他是个孩子家,那曾经途路风霜之苦。水土不服,自然中道病死。设或熬得到彼处,叮嘱家人撇了他,暗地自回。那时身畔没了盘缠,进退无门,不是冻死,定然饿死。这几个丫头,饶他性命,卖与人为妻作婢,还值好些银子,岂非一举两得!"焦氏连称有理。耐至腊月初旬,焦氏唤过李承祖说道:"你父亲半世辛勤,不幸丧于沙场,无葬身之地。虽在九泉,安能瞑目!昨日闻得舅舅说,近日赵总兵连胜数阵,敌兵退去千里之外,道路已是宁静。我欲亲往陕西寻觅你父亲骸骨归葬,少尽夫妻之情。又恐我是个少年寡妇,出头露面,必被外人谈耻。故此只得叫家人苗全服事你去走遭。倘能寻得回来,也见你为子的一点孝心。行装都已准备下了,明早便可登程。"承祖闻言,双眼流泪道:"母亲言之有理!孩儿明早便行。"

玉英料道不是好意,大吃一惊,乃道:"告母亲:爹爹暴弃沙场,理合兄弟前去寻觅。但他年纪幼小,道途跋涉,未曾经惯。万一有些山高水低,可不枉送一死?何不再差一人,与苗全同去,总是一般的。"焦氏大怒道:"你这逆种!当初你父存日,将你姐妹如珍宝一般爱惜。如今死了,便忘恩背义,连骸骨也不要了!你读了许多书,难道不晓得昔日木兰代父征西,缇萦上书代刑?这两个一般也是幼年女子,有此孝顺之心。你不能够学他怎般志气,也去寻觅父亲骸骨,反来阻当兄弟莫去!况且承祖还是个男儿,一路又有人服事,须不比木兰女上阵征战,出生入死。那见得有什么山高水低,枉送性命!要你这样不孝女何用!"一顿乱嚷,把玉英羞得满面通红,哭告道:"孩儿岂不念爹爹生身大恩,要寻访尸骸归葬?止因兄弟年纪尚幼,恐受不得辛苦。孩儿情愿代兄弟一行。"焦氏道:"你便想要到外边去游山玩景快活,只怕我心里还不肯哩。"当晚玉英姊妹挤在一处言别,呜呜的哭了半夜。李承祖道:"姐姐,爹爹骸骨暴弃在外,就死也说不得。待我去寻觅回来,也教母亲放心。不必你忧虑。"到了次早,焦氏催促起程。姊妹们洒泪而别。焦氏又道:"你若寻不着父亲骸骨,也不必来见我。"李承祖哭道:"孩儿如不得爹爹骨殖,料然也无颜再见母亲。"苗全扶他上了生口,役出京师。

你道那苗全是谁？乃是焦氏带来赠嫁的家人中第一个心腹，已暗领了主母之意，自在不言之表。主仆二人离了京师，望陕西进发。此时正是隆冬天气，朔风如箭，地上积雪有三四尺高。往来牲口，恰如在绵花堆里行走。那李承祖不上十岁的孩子，况且从幼娇养，何曾受这般苦楚！在牲口背上把不住的寒颤，常常望着雪窝里颠将下来。在路晓行夜宿，约走了十数日。李承祖渐渐饮食减少，生起病来，对苗全道："我身子觉得不好，且将息两日再行。"苗全道："小官人，奶奶付的盘缠有限，忙忙趱到那边，只怕转去还用度不来。路上若再耽搁两日，越发弄不来了。且勉强捱到省下，那时将养几日吧！"李承祖又问："到省下还有几多路？"苗全笑道："早哩！极快还要二十个日子。"李承祖无可奈何，只得熬着病体，含泪而行。有诗为证：

> 可怜童稚离家乡，匹马迢迢去路长！
> 遥望沙场何处是？乱云衰草带斜阳。

　　又行了两日。李承祖看看病体转重，牲口甚难坐。苗全又不肯暂停，也不雇脚力，故意扶着步行。明明要送他上路的意思。又捱了半日，来到一个地方，名唤保安村。李承祖道："苗全，我半步移不动了，快些寻个宿店歇吧！"苗全闻言，暗想道："看他这个模样，料然活不成了。若到客店中住下，便难脱身。不如撇在此间，回家去吧！"乃道："小官人，客店离此尚远。你既行走不动，且坐在此，待我先去放下包裹，然后来背你去何如？"李承祖道："这也说得有理。"遂扶至一家门首阶沿上坐下。苗全拽开脚步，走向前去，问个小路抄转，买些饭食吃了，雇个牲口，原从旧路回家去了。不在话下。

　　且说李承祖坐在阶沿上，等了一回，不见苗全转来。自觉身子存坐不安，倒身卧下，一觉睡去。那个人家却是个孤孀老妪，住得一间屋儿，坐在门口纺纱。初时见一汉子扶个小厮坐于门口，也不在其意。直至傍晚，拿只桶儿要去打水，恰好拦门熟睡。叫道："兀那小官人快起来！让我们打水。"李承祖从梦中惊醒，只道苗全来了，睁眼看时，乃是那屋里的老妪。便挣扎坐起道："老婆婆有甚话说？"那老妪听得语言不是本地上人物，问道："你是何处来的，却睡在此间？"李承祖道："我是京中来的。只因身子有病，行走不动，借坐片时。等家人来到，即便去了。"老妪道："你家人在哪里？"李承祖道："他说先至客店中，放了包裹，然后来背我去。"老妪道："哎哟！我见你那家人去时，还是上午。如今天将晚了，难道还走不到？想必包裹中有甚银两，撇下你逃走去了！"李承祖因睡得昏昏沉沉，不曾看天色早晚，只道不多一回。闻了此言，急回头仰天观望，果然日已矬西。吃了一惊，暗想道："一定这狗才料我病势渐凶，懒得伏侍，逃走去了。如今教我进退两难，怎生得好！"禁不住眼中流泪，放声啼哭。有几个邻家俱走来观看。

　　那老妪见他哭得苦楚，亦觉孤恓，倒放下水桶，问道："小官人，你父母是何等样人？有甚紧事，恁般寒天冷月，随个家人行走？还要往哪里去？"李承祖带泪说道："不瞒老婆婆说，我父亲是锦衣卫千户，因随赵总兵往陕西征讨反贼，不幸父亲阵亡。母亲着我同家人苗全到战场上寻觅骸骨归葬。不料途中患病，这奴才就撇我而逃。多分也做个他乡之鬼了！"说罢，又哭。众人闻言，各各嗟叹。那老妪道："可怜！可怜！原来是好人家子息，些些年纪，有如此孝心，难得！难得！只是你身子既然有病，睡在这冷石上，愈加不好了。且阉阖起来，到我铺上去睡睡。或者你家人还来也未可知。"李承祖道："多谢婆婆美情！恐不好打搅。"那老妪道："说哪里话！谁人没有患难之处。"遂向前扶他进屋里去。邻家也各自散了。承祖跨入门槛，看时，侧边便是个火炕，那铺儿就在炕上。老妪支持他睡下，急急去汲水烧汤，与承祖吃。到半夜间，老妪摸他身上，犹如一块火炭。至天明看时，神思昏迷，人事不省。那老妪央人去请医诊脉，取出钱钞，赎药与他吃，早晚伏侍。那些邻家听见李承祖病凶，在背后笑那老妪着甚要紧，讨这样烦恼！老妪听见，只做不知，毫无倦怠。这也是李承祖未该命绝，得遇恁般好人。有诗为证：

> 家中母子犹成怨，路次闲人反着疼！
> 美恶性生天壤异，反教陌路笑亲情。

李承祖这场大病，捱过残年，直至二月中方才稍可。在铺上看着那老妪谢道："多感婆婆慈悲，救我性命！正是再生父母。若能挣扎回去，定当厚报大德。"那老妪道："小官人何出此言！老身不过见你路途孤苦，故此相留，有何恩德，却说厚报二字！"光阴迅速，倏忽又三月已尽，四月将交。那时李承祖病体痊愈，身子硬挣，遂要别了老妪，去寻父亲骸骨，那老妪道："小官人，你病体新痊，只怕还不可劳动。二来前去不知尚有几多路程，你孤身独自，又无盘缠，如何去得。不如住在这里，待我访问近边有人京的，托他与你带信到家，放个当亲人来同去方好。"承祖道："承婆婆过虑。只是家里也没甚亲人可来。二则在此久扰，于心不安。三则恁般温和时候，正好行走。倘再捱几时，天道炎热，又是一节苦楚。我的病症，觉得全妥，料也无妨。就是一路去，少不得是个大道，自然有人往来。待我慢慢求乞前去，寻着了父亲骸骨，再来相会。"那老妪道："你纵到彼寻着骸骨，又无银两装载回去，也是枉然。"李承祖道："那边少不得有官府。待我去求告，或者可怜我父为国身亡，设法装送回家，也未可知。"

那老妪再三苦留不住，又去寻凑几钱银子相赠。两下凄凄惨惨，不忍分别，到像个嫡亲子母。临别时，那老妪含着眼泪嘱道："小官人转来，是必再看看老身，莫要竟自过去！"李承祖喉间哽咽，答应不出，点头涕泣而去。走两步，又回过头来观看。那老妪在门首，也直至望不见了，方才哭进屋里。这些邻家没一个不笑他是个痴婆子："一个远方流落的小厮，白白里赔钱赔钞，服侍得才好，急松松就去了。有甚好处，还这般哭泣！不知他眼泪是何处来的？"遂把这事做笑话传说。看官，你想那老妪乃是贫穷寡妇，倒有些义气。一个从不识面的患病小厮，收留回去，看顾好了，临行又赍赠银两，依依不舍。像这班邻里，都是须眉男子，自己不肯施仁仗义，及见他人做了好事，反又颠唇簸嘴。可见人面相同，人心各别。闲话休题。

且说李承祖又无脚力，又不认得路径，顺着大道，一路问讯，捱向前去。觉道劳倦，随分庵堂寺院，市镇乡村，即便借宿。又亏着那老妪这几钱银子，将就半饥半饱，度到临洮府。那地方自遭兵火之后，道路荒凉，人民稀少。承祖问了向日争战之处，直至皋兰山相近，思想要祭奠父亲一番。怎奈身边止存得十数文铜钱，只得单买了一陌纸钱，讨个火种，向战场一路跑来。远远望去，只见一片旷野，并无个人影来往，心中先有五分惧怯。便立住脚，不敢进步。却又想道："我受了千辛万苦，方到此间，若是害怕，怎能够寻得爹爹骸骨？须索拼命前去！"大着胆飞奔到战场

中,举目看时,果然好凄惨也!但见:

> 荒原漠漠,野草萋萋;四郊荆棘交横,一望黄沙无际。骷髅暴露,远胜昔日英雄;白骨抛残,可惜当年壮士!阴风习习,唯闻鬼哭神号;寒露濛濛,但见狐奔兔走。猿啼夜月肠应断,雁唳秋云魂自消。

李承祖吹起火种,焚化纸钱,望空哭拜一回。起来仔细寻觅,团团寻遍,但见白骨交加,并没一个全尸。原来赵总兵杀退杨军,看见尸横遍野,心中不忍,即于战场上设祭阵亡将士,收拾尸骸焚化,因此没有全尸遗存。李承祖寻了半日,身子困倦,坐于乱草之中,歇息片时,忽然想起:"征战之际,遇着便杀,即为战场。料非只此一处。正不知爹爹当日死于那个地方?我却专在此寻觅,岂不是个骲子?"却又想道:"我李承祖好十分懵懂!爹爹身死已久,血肉定自腐坏,骸骨纵在目前,也难厮认。若寻认不出,可不空受劳碌!"心下苦楚,又向空祷告道:"爹爹阴灵不远:孩儿李承祖千里寻访至此,收取骸骨。怎奈不能厮认!爹爹,你生前尽忠报国,死后自是为神。乞显示骸骨所在,奉归安葬,免使暴露荒丘,为无祀之鬼!"祝罢,放声号哭。又向白骨丛中,东穿西走一回。看看天色渐晚,料来安身不得,随路行走,要寻个歇处。行不上一里田地,斜插里林子中,走出一个和尚来。那和尚见了李承祖,把他上下一相,说道:"你这孩子,好大胆!此是什么所在,敢独自行走?"李承祖哭诉道:"小的乃京师人氏,只因父亲随赵总兵出征阵亡,特到此寻觅骸骨归葬。不道没个下落,天又将晚,要觅个宿处。师父若有庵院,可怜借歇一晚,也是无量功德!"那和尚道:"你这小小孩子,反有此孝心,难得,难得!只是尸骸都焚化尽了,哪里去寻觅!"李承祖见说这话,哭倒在地。那和尚扶起道:"小官人!哭也无益。且随我去住一晚,明日打点回家去吧!"

李承祖无奈,只得随着和尚,又行了二里多路,来到一个小小村落。看来只有五六家人家。那和尚住的是一座小茅庵。开门进去,吹起火来,收拾些饮食,与李承祖吃了。问道:"小官人,你父亲是何卫军士?在那个将官部下?叫甚名字?"李承祖道:"先父是锦衣卫千户,姓李名雄。"和尚大惊道:"原来是李爷的公子!"李承祖道:"师父,你如何晓得我先父?"和尚道:"实不相瞒,小僧原是羽林卫军人,名叫曾虎二,去年出征,拨在老爷部下。因见我勇力过人,留我帐前亲随,另眼看承。许我得胜之日,扶持一官。谁知七月十四,随老爷上阵,先斩了数百余级,敌人败去。一时恃勇,追逐十数里,深入重地。敌人伏兵四起,围裹在内。外面救兵又被截住,全军战没。止存老爷与小僧二人,各带重伤,只得同伏在乱尸之中。到深夜起来逃走,不想老爷已死。小僧望见旁边有一带土墙,随负至墙下,推倒墙土掩埋。那时敌兵反拦在前面,不能归营。逃到一个山湾中,遇一老僧,收留在庵。亏他服事,调养好了金疮。朝暮劝化我出家。我也想:死里逃生,不如图个清闲自在。因此依了他,削发为僧。今年春间,老师父身故。有两个徒弟道我是个吞来僧,不容住在庵中。我想既已出家,争甚是非?让了他们,要往远方去,行脚经过此地,见这茅庵空闲,就做个安身之处,往远近村坊抄化度日。不想公子亲来,天遣相遇。"

李承祖见说父亲尸骨尚在,倒身拜谢。和尚连忙扶住,又问道:"公子恁般年娇力弱,如何家人也不带一个,独自行走?"李承祖将中途染病,苗全抛弃逃回,亏老妪救济前后事细细说出。又道:"若寻不见父亲骨殖,已拼触死沙场。天幸得遇吾师,使我父子皆安。"和尚道："此皆老爷英灵不泯,公子孝行感格,天使其然。只是公子孑然一身,又没盘缠,怎能够装载回去?"公子道："意欲求本处官府设法,不知可肯?"和尚笑道："公子差矣!常言道:官情如纸薄。总然极厚相知,到得死后,也还未可;何况素无相识?却做恁般痴想!"李承祖道："如此便怎么好?"和尚沉吟半晌,乃道："不打紧!我有个道理在此。明日将骸骨盛在一件家伙之内,待我负着,慢慢一路抄化至京,可不好吗?"李承祖道："吾师肯恁般用情,生死衔恩不浅!"和尚道："我蒙老爷识拔之恩,少效犬马之劳,何足挂齿!"

到了次日,和尚向邻家化了一只破竹笼,两条索子,又借柄锄头,又买了几陌纸钱,锁上庵门,引李承祖前去。约有数里之程,也是一个村落,一发没个人烟。直到土墙边放下竹笼。李承祖就哭啼起来。和尚将纸钱焚化,拜祝一番,运起锄头,掘开泥土,露出一堆白骨。从脚上逐节儿收置笼中,掩上笼盖,将索子紧紧捆牢。和尚负在背上。李承祖掮了锄头,回至庵中。和尚收拾衣钵被窝,打个包儿,做成一担,寻根竹子,挑出庵门。把锄头还了,又与各邻家作别,央他看守。

二人离了此处,随路抄化,盘缠尽是有余。不则一日,已至保安村。李承祖想念那老妪的恩义,径来谢别。谁知那老妪自从李承祖去后,日夕挂怀,染成病症,一命归泉。有几个亲戚,与他备办后事,送出郊外,烧化久矣。李承祖问知邻里,望空遥拜,痛哭一场,方才上路。共行了三个多月,方达京都。

离城尚有十里之远,见旁边有个酒店。和尚道："公子且在此少歇。"齐入店中,将竹笼放于桌上。对李承祖说道："本该送公子到府,向灵前叩个头儿才是。只是我原系军人,虽则出家,终有人识得。倘被拿作逃军,便难脱身。只得要在此告别,异日再图相会。"李承祖垂泪道："吾师言虽有理,但承大德,到我家中,或可少尽。今在此处,无以为报,如之奈何?"和尚道："何出此言!此行一则感老爷昔日恩谊,二则见公子穷途孤弱,故护送前来,那个贪图你的财物?"正说间,酒保将过酒肴。和尚先摆在竹笼前祭奠,一连叩了四五个头,起来又与李承祖拜别。两下各各流泪。饮了数杯,算还酒钱,又将钱雇个牲口,与李承祖乘坐。把竹笼教脚夫背了。自己也背上包裹,齐出店门,洒泪而别。有诗为证:

> 欲收父骨走风尘,千里孤穷一病身。
> 老妪周旋僧作伴,皇天不负孝心人。

话分两头。却说苗全自从撇了李承祖,雇着牲口赶到家中,只说已至战场,无处觅寻骸骨。小官人患病身亡,因少了盘缠,不能带回,就埋在彼。暗将真信透与焦氏。那时玉英姊妹一来思念父亲,二来被焦氏日夕打骂,不胜苦楚。又闻了这个消息,愈加悲伤。焦氏也假意啼哭一番。那童仆们见家主阵亡,小官人又死,各寻旺处飞去。单单剩得苗全夫妻和两个养娘,门庭冷如冰炭。焦氏恨不得一口气吹大了亚奴,袭了官职,依然热闹。又闻得兵科给事中上疏,奏请优恤阵亡将士。圣旨下在兵部查复。焦氏多将金银与焦榕,到部中上下使用,要谋升个指挥之职。那焦榕平日与人干办,打惯了偏手,就是妹子也说不得也要下只手儿。

一日,焦榕走来回复妹子说话。焦氏安排酒肴款待。原来他兄妹都与酒瓮同年,吃杀不醉的。从午后吃起直至申牌时分,酒已将竭,还不肯止。又教苗全去买酒。苗全提个酒瓶走出大门,刚欲跨下阶头,远远望见一骑牲口,上坐一个小厮,却是小主人李承祖。吃这惊不小！暗道："原来这冤家还在！"掇转身跑入里边，悄悄报知焦氏。焦氏即与焦榕商议停当，教苗全出后门去买砒霜。二人依旧坐着饮酒，等候李承祖进来，不题。

且说李承祖到了自家门首，跳下牲口，赶脚的背着竹笼，跟将进来。直至堂中，静悄悄并不见一人。心内伤感道："爹爹死了，就弄得这般冷落！"教赶脚的把竹笼供在灵座上，打发自去。李承祖向灵前叩拜，转念去时的苦楚，不觉泪如泉涌，哭倒在拜台之上。焦氏听得哭声，假意教丫头出来观看。那丫头跑至堂中，见是李承祖，惊得魂不附体，带跌而奔。报道："奶奶，公子的魂灵来家了！"焦氏照面一口涎沫，道："啐！青天白日这样乱说！"丫头道："见在灵前啼哭。奶奶若不信，一同去看。"焦榕也假意说道："不信有这般奇事！"一齐走出外边。李承祖看见，带着眼泪向前拜见。焦榕扶住道："途路风霜，不要拜了。"焦氏挣下几点眼泪，说道："苗全回来，说你有不好的信息，日夜想念，懊悔当初教你出去。今幸无事，万千之喜了！只是可曾寻得骸骨？"李承祖指着竹笼道："这个里边就是！"焦氏捧着竹笼，便哭起天来。

玉英姊妹，已是知得李承祖无恙，又惊又喜，奔至堂前，四个男女，抱做一团而哭。哭了一回，玉英道："苗全说你已死，怎地却又活了？"李承祖将途中染病，苗全不容暂停，直至遇见和尚送归始末，一一道出。焦榕怒道："苗全这奴才恁般可恶！待我送他到官，活活敲死，与贤甥出气。"李承祖道："若得舅舅主张，可知好么！"焦氏道："你途中辛苦了，且进去吃些酒饭，将息身子。"遂都入后边。焦榕扯李承祖坐下，玉英姊妹，自避过一边。焦氏一面教丫头把酒去热，自己踅到后门首。恰好苗全已在那里等候。焦氏接了药，吩咐他停一回进来。焦氏到厨下，将丫头使开，把药倾入壶中，依原走来坐下。

少顷，丫头将酒镟烫得飞滚，拿至桌边。焦榕取过一只茶瓯，满斟一杯，递与承祖道："贤甥，借花献佛，权当与你洗尘。"承祖道："多谢舅舅！"接过手放下，也要斟一杯回敬。焦榕又拿起，直推至口边道："我们饮得多了，这壶中所存有限，你且乘热饮一杯。"李承祖不知好歹，骨都都饮个干净。焦榕又斟过一杯道："小官人家须要饮个双杯。"又推到口边。那李承祖因是尊长相劝，不敢推托，又饮干了。焦榕再把壶斟时，只有小半杯，一发劝李承祖饮了。那酒不饮也罢，才到腹中，便觉难过，连叫肚痛。焦氏道："想是路上触了臭气了。"李承祖道："也不曾触甚臭气。"焦氏道："或者三不知，哪里觉得！"须臾间药性发作，犹如钢枪攒刺，烈火焚烧，疼痛难忍。叫声："痛死我也！"跌倒在地。焦榕假惊道："好端端地，为何痛得恁般厉害？"焦氏道："一定是绞肠沙了。"急教丫头扶至玉英床上睡下，乱颠乱跌，只叫难过。慌得玉英姊妹手足无措，哪里按得他住！不消半个时辰，五脏迸裂，七窍流红，大叫一声，命归泉府。

旁边就哭杀了玉英姊妹，喜杀了焦氏婆娘，也假哭几声。焦榕道："看这个模样，必是触犯了神道，被丧煞打了。如今幸喜已到家里，还好。只是占了甥女卧处，不当稳便。就今夜殡过，省得他们害怕。"焦氏便去取出些银钱。那里苗全已转进前门，打探听得里边哭声鼎沸，量来已是完帐，径走入来。焦氏恰好看见，把银递与苗全，急忙去买下一具棺木，又买两壶酒，与苗全吃够一醉。先把棺木放在一间厢房里，然后揎拳裸臂，跨入房中，教玉英姊妹走开。向床上翻那尸首，也不揩抹去血污，也不换件衣服，伸着双手，便抱起来。一则那厮有些蛮力，二则又趁着酒兴，三则十数岁孩子,原不甚重,轻轻的托在两臂,直至厢房内盛殓。玉英姊妹,随后哭泣。谁知苗全落了银子,买小了棺木,尸首放下去,两只腿露出了五六寸。只得将腿儿竖起,却又顶浮了棺盖。苗全扯来搜去,没做理会。玉英姊妹看了这个光景,越发哭得惨伤。焦氏沉吟半晌,心生一计。把玉英姊妹并丫头都打发出外,掩上门儿,教苗全将尸首拖在地上,提起斧头,砍下两只小腿,横在头下,倒好做个枕儿。收拾停当,钉上棺盖,开门出来。焦榕自回家去。

玉英觑见棺已钉好,暗想道:"适来放不下,如何打发我姊妹出来了,便能钉上棺盖?难道他们有甚法术,把棺木化大了,尸首缩小了?"好生委绝不下。过了两日,焦氏备起衣衾棺椁,将丈夫骸骨重新殡过。择日安葬祖茔。恰好优恤的覆本已下:李雄止赠忠勇将军,不准升袭指挥。焦氏用费若干银两,空自送在水里。到了安葬之日,亲邻齐来相送。李承祖也就埋在坟侧。偶有人问及,只说路上得了病症,到家便亡。那亲戚都不是切己之事,那个去查他细底。可怜李承祖沙场内倒挣扎得性命,家庭中反断送了残生。正是:

> 非故翻如故,宜亲却不亲。
> 万般皆是命,半点不由人。

常言道:痛定思痛。李承祖死时,玉英慌张慌智,不暇致详,到葬后渐渐想出疑惑来。他道:"如何不前不后,恰恰里到家便死,不信有恁般凑巧!况兼口鼻中又都出血;且又不拣个时辰,也不收拾个干净,棺木小了,也不另换,哄了我们转身,不知怎地,胡乱送入里边。那苗全听说要送他到官,今半句不题,比前反觉亲密,显系是母亲指使的。看起那般做作,我兄弟这死,必定有些蹊跷!"心中虽则明白,然亦无可奈何。只索付之涕泣而已。那焦氏谋杀了李承祖之后,却又想道:"这小杀才已除,那几个小贱人,日常虽受了些磨折,也只算与他拂痒。须是教他大大吃些苦楚,方不敢把我轻觑。"自此日逐寻头讨脑,动辄便是一顿皮鞭,打得体无完肤,却又不许啼哭。若还则一则声,又重新打起。每日只给两餐稀汤薄粥,如做少了生活,打骂自不消说,连这稀汤薄粥也没有得吃了。身上的好衣服,尽都剥去。将丫头们的旧衣旧裳,换与穿着。腊月天气,也只得三四层单衣,背上披一件旧绵絮。夜间只有一条藁荐,一条破被单遮盖,寒冷难熬,如蛆虫般搅做一团,苦楚不能尽述。玉英姊妹捱忍不过,几遍要寻死路。却又指望还有个好日,舍不得性命,互相劝解。真个求生不能,求死不得。

看看过了残岁,又是新年。玉英已是十二岁了。那年二月间,正德爷晏驾,嘉靖爷嗣统。下速诏遍选嫔妃。府司着令民间挨家呈报。如有隐匿,罪坐邻里。那焦氏的邻家,平昔晓得玉英才貌兼美,将名具报本府。一张上选的黄纸帖在门上。那时焦氏就打帐了做皇亲国戚的念头,掉过脸来,将玉英百般奉承,通身换了绫罗锦绣,肥甘美味,与他调养。又将银两教焦榕到礼部使用。那玉英虽经了许多磨折,到底骨格犹存。将息数日,面容顿改。又兼穿起华丽衣服,便似画图中人物。府司选到无数女子,推他为第一。备文齐送到礼部选择。礼部官见了玉英这个容仪,已是万分好了。但只年纪幼小,恐不谙侍御,发回宁家。

那焦氏因用了许多银子,不能够中选,心下懊悔气恼。原翻过向日嘴脸,好衣服也剥去了,好饮食也没得吃了,打骂也更觉勤了。常言说得好:坐吃山空,立吃地陷。当初李雄家业，原不甚大。自从阵亡后，焦氏单单算计这几个小儿女，那个思想去营运。一窝子坐食，能够几时。况兼为封荫选妃二事，又用空了好些。日渐日深，看看弄得罄尽。两个丫头也卖来，完在肚里。那时没处出豁，只得将住房变卖。谁知苗全这厮，见家中败落，亚奴年纪正小，袭职日子尚远，料想日前没甚好处。趁焦氏卖得房价，夜间窜入卧房，偷了银两，领着老婆，逃往远方受用去了。

到次早，焦氏方才觉得。这股闷气无处发泄，又迁怒到玉英姊妹，说道："如何不醒睡，却被他偷了东西去？"又都奉承了一顿皮鞭。一面教焦榕告官缉押。过了两月，哪里有个踪迹。此时买主又来催促出房。无可奈何，与焦榕商议，要把玉英出脱。焦榕道："玉英这个模样儿，慢慢的觅个好主顾，怕道不是一大注银子。如今急切里寻人，能值得多少？不若先把小的胡乱货一个来使用。"焦氏依了焦榕，便把桃英卖与一个豪富人家为婢。姊妹分别之时，你我不忍分舍，好不惨伤！焦氏赁了一处小房，择日迁居。玉英想起祖父累世安居，一旦弃诸他人，不胜伤感。走出堂前，抬头看见梁间燕子，补缀旧垒，旁边又营一个新巢，暗叹道："这燕儿是个禽鸟，秋去春来，倒还有归旧巢之日！我李玉英今日离了此地，自没个再来之期了！"抚景伤心，托物喻意，乃作《别燕诗》一首。诗云：

> 新巢泥落旧巢欹，尘半疏帘欲掩迟。
> 愁对呢喃终一别，画堂依旧主人非。

原来焦氏要依傍焦榕，却搬在他侧边小巷中，相去只有半箭之远。间壁乃是贵家的花园。那房屋止得两间，诸色不便。要桶水儿，直要到邻家去汲。那焦氏平日受用惯的，自去不成。少不得通在玉英、月英两个身上。姊妹此时也难顾羞耻，只得出头露面。又过了几时，桃英的身价渐渐又将摸完。一日傍晚，焦氏引着亚奴在门首闲立。见一个乞丐女儿，止有十数岁，在街上求讨，声音叫得十分惨伤。有个邻家老妪对他说道："这般时候，那个肯舍！不时回去吧！"那叫化女儿哭道："奶奶，你哪里晓得我的苦楚！我家老的，限定每日要讨五十文钱。若少了一文，便打个臭死，夜饭也不与我吃，又要在明日补足。如今还少六七文，怎敢回去！"那老妪听说得苦恼，就舍了两文。旁边的人，见老妪舍了，一时助兴，你一文，我一文，登时到有十数文。那叫化女儿千恩万谢，转身去了。焦氏听了这片言语，那知反拨动了个贪念，想道："这个小化子，一日倒讨得许多钱。我家月英那贱人，面貌又不十分标致，卖与人，也值得有限。何不教他也做这桩道路，倒是个永远利息？"

正在沉吟，恰好月英打水回来。焦氏道："小贱人，你可见那叫街的丫头么？他年纪比你还小，每日倒趁五十文钱。你可有处寻得三文五文哩？"月英道："他是个乞丐，千爷爷，万奶奶，叫来的，孩儿怎比得他！"焦氏喝道："你比他有什么差！自明日为始，也要出去寻五十文一日，若少一文，便打下你下半截来。"玉英姊妹见说要他求乞，惊得面面相觑，满眼垂泪，一齐跪下，说道："母亲！我家世代为官，多有人认得，也要存个体面。若教出去求乞，岂不辱抹门风，被人耻笑！"焦氏道："现今饭也没得吃了，还要甚么体面，怕什么耻笑！"月英又苦告道："任凭母亲打死了，我绝不去的。"焦氏怒道："你这贱人，恁般不听教训！先打个样儿与你尝尝。"即去寻了一块木柴，揪过来，没头没脑乱敲。月英疼痛难忍，只得叫道："母亲饶恕则个！待我明日去便了。"焦氏放下月英，向玉英道："不教你去，是我的好情了，反来放屁阻挠?"拖翻在地,也吃一顿木柴。到次早,即赶逐月英出门求乞。月英无奈,忍耻依随,自此日逐沿街抄化。若足了这五十文,还没得开口。些儿欠缺,便打个半死。光阴如箭,不觉玉英年已十六岁。时值三月下旬,焦榕五十寿诞,焦氏引着亚奴同往祝寿。月英自向街坊抄化去了。只留玉英看家。

玉英让焦氏去后,掩上门儿,走入里边,手中拈着针指,思想道:"爹爹当年生我姊妹,犹如掌上之珠,热气何曾轻呵一口。谁道遇着这个继母,受万般凌辱。兄弟被他谋死,妹子为奴为丐,一个家业弄得瓦解冰消。沦落到恁样地位,真个草菅不如!尚不知去后,还是怎地结果?"又想道:"在世料无好处,不如早死为幸。趁他今日不在家,何不寻个自尽,也省了些打骂之苦!"却又想道:"我今年已十六岁了,再忍耐几时,少不得嫁个丈夫,或者有个出头日子。岂可枉送这条性命?"把那前后苦楚事,想了又哭,哭了又想。直哭得个有气无力,没情没绪。放下针指,走至庭中,望见间壁园内,红稀绿暗,燕语莺啼,游丝斜袅,榆荚乱坠。看了这般景色,触目感怀。遂吟《送春诗》一首。诗云:

> 柴扉寂寞锁残春,满地榆钱不疗贫。
> 云鬟衣裳半泥土,野花何事独撩人。

玉英吟罢,又想道:"自爹爹亡后,终日被继母磨难,将那吟咏之情,久已付之流水。自移居时,作了《别燕诗》,倏忽又经年许。时光迅速如此!"嗟叹了一回,又恐误了女工,急走入来趱赶。见桌上有个帖儿,便是焦榕请妹子吃寿酒的。玉英在后边裁下两折,寻出笔砚,将两首诗录出,细细展玩。又叹口气道:"古来多少聪明女子,或共姊妹赓酬,或是夫妻唱和,成千秋佳话。偏我李玉英恁般命薄!埋没至此,岂不可惜可悲!"又伤感多时,愈觉无聊。将那纸左折右折,随手折成个方胜儿,藏于枕边。却将所做针指,忙忙的赶完。看看天色傍晚,刚是月英到家。焦氏接脚也至,见他泪痕未干,便道:"那个难为了你,又在家做妖势?"玉英不敢回答,将做下女工与他点看。月英也把钱交过,收拾些粥汤吃了。又做半夜生活,方才睡卧。

到了明日,焦氏见桌上摆着笔砚,检起那帖儿,后边已去了几折。疑惑玉英写他的不好处,问道:"你昨日写的是何事?快把来我看。"玉英道:"偶然写首诗儿,没甚别事。"焦氏嚷道:"可是写情书约汉子,坏我的帖儿?"玉英被这两句话,羞得彻耳根通红。焦氏见他脸涨红了,只道真有私情勾当,逼他拿出这纸来。又见折着方胜,一发道是真了。寻根棒子,指着玉英道:"你这贱人恁般大胆!我刚不在家,便写情书约汉子。快些实说是那个?有情几时了?"玉英哭道:"哪里说起!却将无影丑事来肮脏!可不屈杀了人!"焦氏怒道:"赃证现在,还要口硬!"提起棒子,没头没脑乱打。打得玉英无处躲闪,挣脱了往门首便跑。焦氏道:"想是要去叫汉子,相帮打我么!"随后来赶,不想绊上一交,正磕在一块砖上,磕碎了头脑,鲜血满面,嚷道:"打得我好!只教你不要慌!"月英上前扶起,又要赶来。到亏亚奴紧紧扯住道:"娘,饶了姐姐吧!"那婆娘恐带跌了儿子,只得立住脚,百般辱骂,玉英闪在门旁啼哭。

那邻家每日听得焦氏凌虐这两个女儿,今日又听得打得厉害,都在门首议论。恰好焦榕撞来,推门进去。那婆娘一见焦榕,便嚷道:"来得好!玉英这贱人偷了汉子,反把我打得如此模样!"焦榕看见他满面是血,信以为实,不问情由,抢过焦氏手中棒子,赶近前,将玉英揪过来便打。那邻家抱不平,齐走来说道:"一个十五六岁女子家,才打得一顿大棒,不指望你来劝解,反又去打他! 就是做母舅的,也没有打甥女之理!"焦榕自觉乏趣,撇下棒子,径自去了。那邻家又说道:"也不见这等人家,无一口不打骂这两个女儿! 如今一发连母舅都来助兴了。看起来,这两个女子也难存活。"又一个道:"若死了,我们就具个公呈,不怕那姓焦的不偿命!"焦氏一句句听见,邻家发作,只得住口。喝月英推上大门,自去揩抹血污,依旧日打发月英出去求乞。

玉英哭了一回,忍着疼痛,原入里边去做针指,那焦氏恨声不绝。到了晚间,吞声饮泣,想道:"人生百岁,总只一死,何苦受恁般耻辱打骂!"等至焦氏熟睡,悄悄抽身起来,扯下脚带,悬梁高挂。也是命不该绝,这到亏了晚母不去料理他身上,莫说衣衫褴褛,只这脚带不知缠过了几个年头,布缕虽连,没有筋骨,一用力就断了。刚刚上吊,扑通的跌下地来。惊觉月英,身边不见了阿姐,情知必走这条死路。叫声:"不好了!"急跳起身,救醒转来。兀自呜呜而哭。那焦氏也不起身,反骂道:"这贱人! 你把死来诈我吗? 且到明日与你理会。"

至次早,吩咐月英在家看守,叫亚奴引着到焦榕家里,将昨日邻家说话,并夜来玉英上吊事说与。又道:"倘然死了,反来连累着你。不如先送到官,除了这个祸根吧!"焦榕道:"要摆布他也不难。那锦衣卫堂上,昔年曾替他打干,与我极是相契。你家又是卫籍,竟送他到官,这个衙门谁个敢来放屁!"焦氏大喜,便教焦榕央人写下状词,说玉英奸淫忤逆,将那两首诗做个执证,一齐至锦衣卫衙前。焦榕与衙门中人,都是厮熟的,先央进去道知其意。少顷升堂,准了焦氏状词,差四个校尉前去,拘拿玉英到来。那问官听了一面之词,不论曲直,便动刑具。玉英再三折辩,哪里肯听。可怜受刑不过,只得屈招,拟成剐罪,发下狱中。两个禁子扶出衙门,正遇月英妹子。原来月英见校尉拿去阿姐,吓得魂飞魄散,急忙锁上门儿,随后跟来打探。望见禁子扶了出来,月英正要钻赶过去问,只见旁边转过焦氏,一把扯开道:"你这小贱人,家里也不顾了,来此做甚!"月英见了焦氏,犹如老鼠见猫,胆丧心惊,不敢不跟着他走。到家又打勾半死。恨道:"你下次若又私地去看了这贱人,查访着实,好歹也送你到这所在去!"月英口虽答应,终是同胞情分,割舍不下。过了两三日,多求乞得几十文钱,悄地趱到监门口,来探望不题。

再说玉英下到狱中,那禁子头见他生得标致,怀个不良之念,假慈悲照顾他。住在一个好房头,又将些饮食调养。玉英认做好人,感激不尽。叮嘱他:"有个妹子月英,定然来看,千万放他进来,相见一面"。那禁子紧紧记在心上。至第四日午后,月英到监门口道出姓名,那禁子流水开门引见玉英。两下悲号,自不必说。渐至天晚,只得分别。自此月英不时进监看觑。不在话下。

且说那禁子贪爱玉英容貌,眠思梦想,要去奸他。一来耳目众多,无处下手,二则恐玉英不从,喊叫起来,坏了好事。提空就走去说长问短,把几句风话撩拨。玉英是聪明女子,见话儿说得蹊跷,已明白是个不良之人,留心提防,便不十分招架。一日,正在槛上闷坐,忽见那禁子轻手轻脚走来,低声哑气,笑嘻嘻的说道:"小娘子可晓得我一向照顾你的意思吗?"玉英知其来意,即立起身道:"奴家不晓得是甚意思。"那禁子又笑道:"小娘子是个伶俐人,难道不晓得?"便向前搂抱。玉英着了急,乱喊:"杀人!"那禁子见不是话头,急忙转身。口内说道:"你不从我吗? 今晚就与你个辣手。"玉英听了这话,捶胸跌脚的号哭。惊得监中人俱来观看。玉英将那禁了调戏情由,告诉众人。内中有几个抱不平的,叫过那禁子说道:"你强奸犯妇,也有老大的罪名。今后依旧照顾他,万事干休;倘有些儿差错,我众人连名出首,但凭你去计较。"那禁子情亏理虚,满口应承,陪告不是:"下次再不敢去惹他!"正是:

　　　　羊肉馒头没得吃,空教惹得一身膻。

　　玉英在狱不觉又经两月有余,已是六月初旬。元来每岁夏间,朝廷例有宽恤之典,差太监审录各衙门未经发落之事。凡事枉人冤,许诸人陈奏。比及六月初旬,玉英闻得这个消息,想起一家骨肉,俱被焦氏陷害,此番若不伸冤,再无昭雪之日矣。遂草起辨冤奏章,将合家受冤始末,细细详述,教月英赍奏,其奏云:

　　　臣闻先正有云:五刑以不孝为先,四德以无义为耻。故窦氏投崖,云华坠井:是皆毕命于纲常,流芳于后世也。臣父锦衣卫千户李雄,先娶臣母,生臣姊妹三人,及弟李承祖。不幸丧母之日,臣等俱在孩提。父每见怜,仍娶继母焦氏抚养。臣父于正德十四年七月十四日征陕西阵亡。天祸臣家,流移日甚。臣年十六,未获结缡。姊妹伶仃,子无依荷。标梅已过,红叶无凭。尝有《送春诗》一绝云云.又有《别燕诗》一绝云云。是皆有感而言,情非得已。奈母氏不察臣衷,疑为外遇,逼舅焦榕,拿送锦衣卫,诬臣奸淫不孝等情。问官昧臣事理,坐臣极刑。臣女流难辨,俯首听从。盖不敢逆继母之情,以重不孝之罪也。迩蒙圣恩热审,凡事枉人冤,许诸人陈奏。钦此钦遵。故臣不禁生乐生之心,以冀超脱。臣父本武人,颇知典籍。臣虽妾妇,幸领遗教。臣继母年二十,有弟亚奴,生方周岁。母图亲儿荫袭,故当父方死之时,计令臣弟李承祖十岁孩儿,亲往战场,寻父遗骨,陷之死地,以图己私。幸赖天佑父灵,抱骨以归。前计不成,仍将臣弟毒药身死,支解弃埋。又将臣妹李桃英卖为人婢,李月英屏去衣食,沿街抄化。今将臣诬陷前情。臣设有不才,四邻何不纠举?又不曾经获某人,只凭数句之语,望空捉影,以陷臣罪。臣之死,固当矣。十岁之弟,有何罪乎?数岁之妹,有何辜乎?臣母之过,臣不敢言。《凯风》有诗,臣当自责。臣死不足惜,恐天下后世之为继母者,得以肆其奸妒而无忌也!伏望陛下俯察臣心,将臣所奏付诸有司。先将臣速斩,以快母氏之心。

次将臣诗委勘,有无事情。推详臣母之心,尽在不言之表。则臣之生平获雪,而臣父之灵,亦有感于地下矣!

这一篇章疏奏上,天子重瞳亲照。怜其冤抑,倒下圣旨,着三法司严加鞫审。三法司官不敢怠慢,会同拘到一干人犯,连桃英也唤至当堂,逐一细问。焦氏、焦榕初时抵赖。动起刑法,方才吐露真情。与玉英所奏无异。勘得焦氏叛夫杀子,逆理乱伦,与无故杀子孙轻律不同,宜加重刑,以为继母之戒。焦榕通同谋命,亦应抵偿。玉英、月英、亚奴发落宁家。又令变卖焦榕家产,赎回桃英。覆本奏闻,请旨。天子怒其凶恶,连亚奴俱敕即日处斩。玉英又上疏恳言:"亚奴尚在襁褓,无所知识。且系李氏一线不绝之嗣,乞赐矜宥。"天子准其所奏,诏下刑部,止将焦榕、焦氏二人绑付法场,即日双双受刑。亚奴终身不许袭职,另择嫡枝次房承荫,以继李雄之嗣。玉英、月英、桃英俱择士人配嫁。至今《列女传》中载有李玉英辨冤奏本,又为赞云:

> 李氏玉英,父死家倾。《送春》《别燕》,母疑外情。
> 置之重狱,险罹非刑。陈情一疏,冤滞始明。

后人又有诗叹云:

> 昧心晚母曲如钩,只为亲儿起毒谋。
> 假饶血化西江水,难洗黄泉一段羞。

第二十八卷

吴衙内邻舟赴约

> 贪花费尽采花心,身损精神德损阴。
> 劝汝遇花休浪采,佛门第一戒邪淫。

话说南宋时,江州有一秀才,姓潘名遇,父亲潘朗,曾做长沙太守,高致在家。潘遇已中过省元,别了父亲,买舟往临安会试。前一夜,父亲梦见鼓乐旗彩,送一状元匾额进门。匾上正注潘遇姓名。早起唤儿子说知,潘遇大喜,以为春闱首捷无疑。一路去高歌畅饮,情怀开发。不一日,到了临安,寻觅下处,到一个小小人家。主翁相迎,问:"相公可姓潘吗?"潘遇道:"然也。足下何以知之?"主翁道:"夜来梦见土地公公说道:今科状元姓潘,明日午时到此,你可小心迎接。"相公正应其兆。

若不嫌寒舍简慢,就在此下塌何如?"潘遇道:"若果有此事,房价自当倍奉。"即命家人搬运行李到其家停宿。

主人有女,年方二八,颇有姿色,听得父亲说其梦兆,道潘郎有状元之分,在窗下偷觑,又见他仪容俊雅,心怀契慕,无由通款。一日,潘生因取砚水,偶然童子不在,自往厨房,恰与主人之女相见。其女一笑而避之。潘生魂不附体,遂将金戒指二枚,玉簪一只,嘱咐童儿,觑空致意此女,恳求相会。此女欣然领受,解腰间绣囊相答。约以父亲出外,亲赴书斋。一连数日,潘生望眼将穿,未得其便。直至场事已毕,主翁治杯节劳。饮至更深,主翁大醉。潘生方欲就寝,忽闻轻轻叩门之声,起而视之,乃此女也。不及交言,捧进书斋,成其云雨,十分欢爱。约以成名之后,当娶为侧室。

是夜,潘朗在家,复梦向时鼓乐旗彩,迎状元匾额过其门而去。潘朗梦中唤云:"此乃我家旗匾。"送匾者答云":非是。"潘朗追而看之,果然又一姓名矣。送匾者云:"今科状元合是汝子潘遇。因做了欺心之事,天帝命削去前程,另换一人也!"潘郎惊醒,将信将疑。未几揭晓,潘朗阅登科记,状元果是梦中所迎匾上姓名。其子落第。待其归而叩之,潘遇抵赖不过,只得实说。父子嗟叹不已。潘遇过了岁余,心念此女,遣人持金帛往聘之,则此女已适他人矣,心中甚是懊悔。后来连走数科不第,郁郁而终。

因贪片刻欢娱景,误却终身富贵缘。说话的,依你说,古来才子佳人,往往私谐欢好,后来夫荣妻贵,反成美谈,天公大算盘,如何又差错了?看官有所不知,大凡行奸卖俏,坏人终身名节,其过非小。若是五百年前合为夫妇,月下老赤绳系足,不论幽期明配,总是前缘判定,不亏行止。听在下再说一件故事,也出在宋朝,却是神宗皇帝年间,有一位官人,姓吴名度,汴京人氏,进士出身,除授长沙府通判。夫人林氏,生得一位衙内,单讳个彦字。年方一十六岁,一表人才,风流潇洒;自幼读书,广通经史;吟诗作赋,件件皆能。更有一件异处,你道是甚异处?这等一个清标人物,却吃得东西,每日要吃三升米饭,二斤多肉,十余斤酒,其外饮馔不算。这还是吴府尹恐他伤食,酌中定下的规矩。若论起吴衙内,只算做半饥半饱,未能趁心像意。

是年三月间,吴通判任满,升选扬州府尹。彼处吏书差役带领马船,直至长沙迎接。吴度即日收拾行装,辞别僚友起程。下了马船,一路顺风顺水。非止一日,将近江州。昔日白乐天赠商妇《琵琶行》云"江州司马青衫湿",便是这个地方。吴府尹船上正扬着满帆,中流稳度。倏忽之间,狂风陡作,怒涛汹涌,险些儿掀翻。莫说吴府尹和夫人们慌张,便是篙师舵工无不失色,急忙收帆拢岸。只有四五里江面,也挣了两个时辰。回顾江中往来船只,那一只上不手忙脚乱。吴府尹道:"若得到岩,就谢天不尽了。"忙教水手紧摇,方得就岸旁抛锚系缆。那边已先有一只官船停泊。两下相隔约有十数丈远。这官船舱门上帘儿半卷,下边站着一个中年妇人,一个美貌女子。背后又侍立三四个丫鬟。吴衙内在舱中帘内,早已瞧见。那女子果然生得娇艳。怎见得?有诗为证:

> 秋水为神玉为骨,芙蓉如面柳如眉。
> 分明月殿瑶池女,不信人间有异姿。

吴衙内看了，不觉魂飘神荡，恨不得就飞到他身边，搂在怀中。只是隔着许多路，看得不十分较切。心生一计，向吴府尹道："爹爹，何不教水手移去，帮在这只船上，到也安稳。"吴府尹依着衙内，吩咐水手移船。水手不敢怠慢，起锚解缆，撑近那只船旁。吴衙内指望帮过了船边，细细饱看。谁知才傍过去，便掩上舱门。把吴衙内一团高兴，直冷淡到那指尖上。你道那船中是甚官员？姓甚名谁？那官人姓贺名章，祖贯建康人氏，也曾中过进士。前任钱塘县尉，新任荆州司户。带领家眷前去赴任，亦为阻风，暂驻江州。三府是他同年，顺便进城拜望去了，故此家眷开着舱门闲玩。中年的便是夫人金氏，美貌女子乃女儿秀娥。

元来贺司户没有儿子，只得这秀娥小姐。年才十五，真有沉鱼落雁之容，闭月羞花之貌。女工针指，百伶百俐，不教自能。兼之幼时，贺司户曾延师教过读书识字，写作俱高，贺司户夫妇，因是独养女儿，钟爱胜如珍宝。要赘个快婿，难乎其配，尚未许人。当下母子正在舱门口观看这些船只慌乱，却见吴府尹马船帮上来，夫人即叫丫鬟下帘掩门进去。吴府尹是仕路上人，便令人问是何处官府。不一时回报说："是荆州司户，姓贺讳章，今去上任。"吴府尹对夫人道："此人昔年至京应试，与我有交。向为钱塘县尉，不道也升迁了。既在此相遇，礼合拜访。"教从人取帖儿过去传报。从人又禀道："那船上说，贺爷进城拜客未回。"正说间，船头上又报道："贺爷已来了。"吴府尹教取公服穿着。在舱中望去，贺司户坐着一乘四人轿，背后跟许多人从。原来贺司户去拜三府，不想那三府数日前丁忧去了，所以来得甚快。抬到船边下轿。看见又有一只座船，心内也暗转："不知是何使客？"走入舱中，方待问手下人，吴府尹帖儿早已递进。贺司户看罢，即教相请。恰好舱门相对，走过来就是。见礼已毕，各叙间阔寒温。吃过两杯茶，吴府尹起身作别。不一时，贺司户回拜。吴府尹款洽间，因唤出吴衙内相见，命坐于旁。贺司户因自己无子，观见吴彦仪表超群，气质温雅，先有四五分欢喜。及至问些古今书史，却又应答如流。贺司户愈加起敬，称赞不绝。暗道："此子人材学识，尽是可人。若得他为婿，与女儿恰好正是一对。但他居汴京，我住建康，两地相悬，往来遥远，难好成偶，深为可惜！"此乃贺司户心内之事，却是说不出的话。

吴府尹问道："老先生有几位公子？"贺司户道："实不相瞒，只有小女一人，尚无子嗣。"吴衙内也暗想道："适来这美貌女子，必定是了。看来年纪与我相仿。若求得为妇，平生足矣！但他只有此女，料必不肯远嫁。说也徒然！"又想道："莫说求他为妇，今要再见他一面，也不能够了。怎做恁般痴想！"吴府尹听得贺司户尚没有子，乃道："原来老先生还无令郎，此亦不可少之事。须广置姬妾，以图生育便好。"贺司户道："多承指教！学生将来亦有此意。"彼此谈论，不觉更深方止。临别时，吴府尹道："倘今晚风息，明晨即行，恐不及相辞了。"贺司户道："相别已久，后会无期。还求再谈一日。"道罢，回到自己船中。夫人小姐多还未卧，秉烛以待。贺司户酒已半酣，向夫人说起吴府尹高情厚谊，又夸扬吴衙内青年美貌，学问广博，许多好处，将来必是个大器。明日要设席请他父子。因有女儿在旁，不好说出意欲要他为婿这一段情来。那晓得秀娥听了，便怀着爱慕之念。

至次日，风浪转觉狂大，江面上一望去，烟水迷茫，浪头推起约有二三丈高，唯闻澎湃之声。往来要一只船儿做样，却也没有。吴府尹只得住下。贺司户清早就送请帖，邀他父子赴酌。那吴衙内记挂着贺小姐，一夜卧不安稳。早上贺司户相邀，正是挖耳当招，巴不能到他船中，希图再得一觑。偏这吴府尹不会凑趣，道是父子不好齐扰。吴府尹至午后，独自过去，替儿子写帖辞谢。吴衙内难好说得，好不气恼！幸喜贺司户不听，再三差人相请。吴彦不敢自专，又请了父命，方才脱换服饰，过船相见，入坐饮酒。早惊动后舱贺小姐，悄悄走至遮堂后门缝中张望。那吴衙内妆束整齐，比平日愈加丰采飘逸。怎见得？也有诗为证：

> 何郎俊俏颜如粉，荀令风流坐有香。
> 若与潘生同过市，不知掷果向谁傍？

贺小姐看见吴衙内这表人物，不觉动了私心。想道："这衙内果然风流俊雅。我若嫁得这等样丈夫，便心满意足了。只是怎好在爹妈面前启齿？除非他家来相求才好。但我便在此想他，他却如何晓得？欲待与他会面，怎奈爹妈俱在一处，两边船上，耳目又广，没讨个空处。眼见得难就，只索罢休！"心内虽如此转念，双眼却紧紧觑定吴衙内。大凡人起了爱念，总有十分丑处，俱认作美处。何况吴衙内本来风流，自然转盼生姿，愈觉可爱。又想道："今番错过此人，后来总配个豪家宦室，恐未必有此才貌兼全！"左思右想，把肠子都想断了，也没个计策与他相会。心下烦恼，倒走去坐下。席还未暖，恰像有人推起身的一般，两只脚又早到屏门后张望。看了一回，又转身去坐。不上吃一碗茶的工夫，却又走来观看。犹如走马灯一般，顷刻几个盘旋。恨不得三四步撺至吴衙内身边，把爱慕之情，一一细罄。说话的，我且问你，那后舱中，非止贺小姐一人，须有夫人丫鬟等辈，难道这般着迷光景，岂不要看出破绽？看官，有个缘故。只因夫人平素有件毛病，刚到午间，便要熟睡一觉，这时正在睡乡，不得工夫。那丫头们，巴不得夫人小姐不来呼唤，背地自去打伙作乐，谁个管这样闲账。为此并无人知觉。少顷，夫人睡醒，秀娥只得耐住双脚，闷坐呆想。正是：

> 相思相见知何日？此时此际难为情。

且说吴衙内身虽坐于席间，心却挂在舱后。不住偷眼瞧看，见屏门紧闭，毫无影响，暗叹道："贺小姐，我特为你而来，不能再见一面，何缘分浅薄如此！"怏怏不乐，连酒也懒得去饮。抵暮席散，归到自己船中，没情没绪，便向床上和衣而卧。这里司户送了吴府尹父子过船，请夫人女儿到中舱夜饭。秀娥一心忆着吴衙内，坐在旁边，不言不语，如醉如痴，酒也不沾一滴，箸也不动一动。夫人看了这个模样，忙问道：儿，为甚一毫东西不吃，只是呆坐？连问几声，秀娥方答道："身子有些不好，吃不下。"司户道："既然不自在，先去睡吧！"夫人便起身，叫丫鬟掌灯，送他睡了，方才出去。停了一回，夫人又来看觑一番，催丫鬟吃了夜饭，进来打铺相伴。秀娥睡在帐中，翻来覆去，哪里睡得着。忽闻舱外有吟咏之声，侧耳听时，乃是吴衙内的声音。其诗云：

> 天涯犹有梦，对面岂无缘。
> 莫道欢娱暂，还期盟誓坚。

秀娥听罢，不胜欢喜道："我想了一日，无计见他一面。如今在外吟诗，岂非天付良缘！料此更深人静，无人知觉，正好与他相会。又恐丫鬟们未睡，连呼数声，俱不答应，量已熟睡。即披衣起身，将残灯挑得亮亮的，轻轻把舱门推开。吴衙内恰如在门首守候的一般，门启处便钻入来，两手搂抱。秀娥又惊又喜。日间许多想念之情，也不暇诉说。舱门竟也不曾闭上，相偎相抱，解衣就寝，成其云雨。

正在酣美深处，只见丫鬟起来解手，喊道："不好了，舱门已开，想必有贼！"惊动合船的人，都到舱门口观看。司户与夫人推门进来，教丫鬟点火寻觅。吴衙内慌做一堆，叫道："小姐，怎么处？"秀娥道："不要着忙，你只躲在床上，料然不寻到此。待我打发他们出去，送你过船。"刚抽身下床，不想丫鬟照见了吴衙内的鞋儿，乃道："贼的鞋也在此，想躲在床上！"司户夫妻便来搜看，秀娥推住，连叫没有，哪里肯听，向床上搜出吴衙内。秀娥只叫得"苦也！"司户道："巨耐这厮，怎来点污我家？"夫人便说："吊起拷打！"司户道："也不要打，竟撇入江里去吧！"教两个水手，扛头扛脚，抬将出去，吴衙内只叫饶命。秀娥扯住叫道："爹妈，都是孩儿之罪，不干他事！"司户也不答应，将秀娥推上一跤，把吴衙内扑通撇在水里。秀娥此时也不顾羞耻，跌脚捶胸，哭道："吴衙内，是我害着你了！"又想道："他既因我而死，我又何颜独生？"遂抢出舱门，向着江心便跳。

可怜嫩玉娇香女，化作随波逐浪魂！

天涯猶有夢對雨

直無緣

秀娥刚跳下水，猛然惊觉，却是梦魇，身子仍在床上。旁边丫鬟还在那里叫喊："小姐苏醒！"秀娥睁眼看时，天已明了。丫鬟俱已起身。外边风浪，依然狂大。丫鬟道："小姐梦见甚的？恁般啼哭，叫唤不醒。"秀娥把言语支吾过了。想道："莫不我与吴衙内没有姻缘之分，显这等凶恶梦兆？"又想道："若是真如梦里这回恩爱，就死亦所甘心！"此时又被梦中那段光景在腹内打搅，越发想得痴了。觉道睡来没些聊赖，推枕而起。丫鬟们都不在眼前，即将门掩上，看着舱门，说道："昨夜吴衙内明明从此进来，搂抱至床，不信到是做梦。"又想道："难道我梦中便这般侥幸，醒时却真个无缘不成？"一头思想，一面随手将舱门推开。用目一觑。只见吴府尹船上舱门大开，吴衙内向着这边船上呆呆而坐。原来二人卧处，都在后舱，恰好间壁，止隔得五六尺远。若去了两重窗槅，便是一间。那吴衙内也因夜来魂颠梦到，清早就起身，开着窗槅，观望贺司户船。这也是癞蛤蟆想天鹅肉吃的妄想。那知姻缘有分，贺司户船中后窗也开在那边。秀娥走到窗边，四目相视，且惊且喜。恰如识熟过的，彼此微微而笑。秀娥欲待通句话儿，期他相会，又恐被人听见。遂取过一幅桃花笺纸,磨得墨浓,蘸得笔饱,题诗一首,折成方胜,袖中摸出一方绣帕包裹,卷做一团,掷过船去。吴衙内双手承受,深深唱个肥喏,秀娥还了个礼。然后解开看时,其诗云:

> 花笺裁锦字,绣帕裹柔肠。
> 不负襄王梦,行云在此方。

旁边又有一行小字道:"今晚妾当挑灯相候,以剪刀声响为号,幸勿爽约。"吴衙内看罢,喜出望外。暗道:"不道小姐又有如此秀美才华,真个世间少有!"一头赞美,即忙取过一幅金笺,题诗一首,腰间解下一条锦带,也卷成一块,掷将过来。秀娥接得看时,这诗与梦中听见的一般,转觉骇然!暗道:"如何他才题的诗,昨夜梦中倒先见了?看起来我二人合该为配,故先做这般真梦。"诗后边也有一行小字道:"承芳卿雅爱,敢不如命。"看罢,纳诸袖中。

正在迷恋之际,恰值丫鬟送面水叩门。秀娥轻轻的上槅子,开放丫鬟。随后夫人也来询视,见女儿已是起身,才放下这片愁心。

那日乃是吴府尹答席,午前贺司户就去赴宴。夫人也自昼寝。秀娥取出那首诗来,不时展玩,私心自喜,盼不到晚。有恁般怪事!每常时,霎霎眼便过了一日。偏生这日的日子,恰像有条绳子系住,再不能勾下去。心下好不焦躁!渐渐捱至黄昏,忽地想着这两个丫鬟碍眼,不当稳便,除非如此如此。到夜饮时,私自赏那贴身伏侍的丫鬟一大壶酒,两碗菜蔬。这两个丫头,犹如渴龙见水,吃得一滴不留。少顷贺司户筵散回船,已是烂醉。秀娥恐怕吴衙内也吃醉了,不能赴约,反增忧虑。回到后舱,掩上门儿,教丫鬟将香儿熏好了衾枕,吩咐道:"我还要做些针指,你们先睡则个。"那两个丫鬟正是酒涌上来,面红耳热,脚软头旋,也思量于这道儿,只是不好开口。得了此言,正中下怀,连忙收拾被窝去睡。头儿刚刚着枕,鼻孔中就扇风箱般打鼾了。

秀娥坐了更余,仔细听那两船人声静悄,寂寂无闻。料得无事,遂把剪刀向桌儿上厮琅的一响。那边吴衙内早已会意。原来吴衙内记挂此事,在席上酒也不敢多饮。贺司户去后,回至舱中,侧耳专听。约莫坐了一个更次,不见些影响,心内正在疑惑。忽听得贺司户船中剪刀声响,遂悄悄的轻手软脚,开了窗儿,跨将出去,依原推上。耸身跳过这边船来,向窗门上轻轻弹了三弹。秀娥便来开窗,吴衙内钻入舱中,秀娥原复带上。两下又见了个礼儿,吴衙内在灯下把贺小姐仔细一观,更觉千娇百媚。这时彼此情如火热,那有闲工夫说甚言语。吴衙内捧过贺小姐,松开钮扣,解卸衣裳,双双就枕。酥胸紧贴,玉体轻偎,这场云雨十分美满。但见:

> 舱门轻叩小窗开,瞥见犹疑梦里来。
> 万种欢娱愁不足,梅香熟睡莫惊猜。

一回儿云收雨散,各道相慕之情。秀娥又将梦中听见诗句,却与所赠相同的话说出。吴衙内惊讶道:"有恁般奇事!我昨夜所梦,与你分毫不差。因道是奇异,闷坐呆想。不道天使小姐也开窗观觑,遂成好事。看起来,多分是宿世姻缘,故令魂梦先通。明日即恳爹爹求亲,以图偕老百年。"秀娥道:"此言正合我意。"二人说到情浓之际，阳台重赴，恩爱转笃，竟自一觉睡去。

不想那晚夜半，风浪平静，五鼓时分，各船尽管开放。贺司户、吴府尹两边船上，也各收拾篷樯，解缆开船。众水手齐声打号子起锚，早把吴衙内、贺小姐惊醒。又听得水手说道："这般好顺风，怕赶不到蕲州！"吓得吴衙内暗暗只管叫苦，说道："如今怎生是好？"贺小姐道："低声！倘被丫鬟听见，反是老大厉害。事已如此，急也无用。你且安下，再作区处。"吴衙内道："莫要应了昨晚的梦便好！"这句话却点醒了贺小姐。想梦中被丫鬟看见鞋儿，以致事露。遂伸手摸起吴衙内那双丝鞋藏过。贺小姐踌躇了千百万遍，想出一个计来，乃道："我有个法儿在此。"吴衙内："是甚法儿？"贺小姐道："日里你便向床底下躲避，我也只推有病，不往外边陪母亲。吃饭竟讨进舱来。待到了荆州，多将些银两与你，趁起岸时人从纷纭，从闹中脱身，觅个便船回到扬州，然后写书来求亲。爹妈若是允了，不消说起。倘或不肯，只得以实告之。爹妈平日将我极是爱惜。到此地位，料也只得允从。那时可不依旧夫妻会合！"吴衙内道："若得如此，可知好哩！"

到了天明，等丫鬟起身出舱去后，二人也就下床。吴衙内急忙钻入床底下，做一堆儿伏着。两旁俱有箱笼遮隐，床前自有帐幔低垂。贺小姐又紧紧坐在床边，寸步不离。盥漱过了，头也不梳，假意靠在桌上。夫人走入看见，便道："呵呀！为何不梳头，却靠在此？"秀娥道："身子觉道不快，怕得梳头。"夫人道："想是起得早些，伤着风了。还不到床上去睡睡。"秀娥道："因是睡不安稳，才坐在这里。"夫人道："既然要坐，还该再添件衣服，休得冻了，若是不好，"教丫鬟寻过一领披风，与他穿起。又坐了一回，丫鬟请吃早膳。夫人道："儿，你身子不安，莫要吃饭，不如教丫鬟香香的煮些粥儿调养，倒好。"秀娥道："我心里不喜欢吃粥，还是饭好。只不耐烦走动，拿进来吃吧。"夫人道："既恁般，我也在此陪你。"秀娥道："这班丫头，背着你眼，就要胡做了，母亲还到外边去吃。"夫人道："也说得是。"遂转身出去，教丫鬟将饭送进摆在桌上。秀娥道："你们自去.待我唤时方来。"打发丫鬟去后，把门顶上，向床底下招出吴衙内来吃饭。

那吴衙内爬起身，把腰伸了一伸，举目看桌上时，乃是两碗荤菜，一碗素菜，饭只有一吃一添。原来贺小姐平日饭量不济，额定两碗，故此只有这些。你想吴衙内食三升米的肠子，这两碗饭填在那处？微微笑了一笑，举起箸两三超，就便了账。却又不好说得，忍着饿原向床下躲过。秀娥开门，唤过丫鬟又教添两碗饭来吃了。那丫鬟互相私议道："小姐自来只用得两碗，今日说道有病，如何反多吃了一半，可不是怪事！"不想夫人听见，走来说道："儿，你身子不快，怎地反吃许多饭食？"秀娥道："不妨事，我还未饱哩。"这一日三餐俱是如此。司户夫妇只道女儿年纪长大，增了饭食；正不知舱中，另有个替吃饭的，还饿得有气无力哩！正是：

　　　　安排布地瞒天谎，成就偷香窃玉情。

当晚夜饭过了。贺小姐即教吴衙内先上床睡卧，自己随后解衣入寝。夫人又来看时，见女儿已睡，问了声自去。丫鬟也掩门歇息。吴衙内饥馁难熬，对贺小姐说道："事虽好了，只有一件苦处。"秀娥道："是那件？"吴衙内道："不瞒小姐说，我的食量颇宽。今日这三餐，还不够我一顿。若这般忍饿过日，怎能捱到荆州？"秀娥道："既恁地，何不早说？明日多讨些就是。"吴衙内道："十分讨得多，又怕惹人疑惑。"秀娥道:"不打紧,自有道理。但不知要多少才够?"吴衙内道:"哪里像得我意!每顿十来碗也胡乱度得过了。"

到次早,吴衙内依旧躲过。贺小姐诈病在床,呻吟不绝。司户夫人担着愁心,要请医人调治。又在大江中,没处去请。秀娥却也不要,只叫肚里饿得慌。夫人流水催进饭来,又只嫌少,共争了十数多碗,倒把夫人吓了一跳,劝他少吃时,故意使起性儿,连叫:"快拿去!不要吃了,索性饿死吧。"夫人是个爱女,见他使性,反赔笑脸道:"儿,我是好话,如何便气起来?",忙叫丫鬟将饭送进来与小姐吃。说道:"我儿,娘在此陪你吃。"秀娥道:"母亲在此看着,我便吃不下去。通出去了,等我慢慢的,或者吃不完,也未可知。"夫人依他言语,教丫鬟一齐出外。秀娥披衣下床,将门掩上。吴衙内便钻出来,因是昨夜饿坏了,看见这饭,也不谦让,也不抬头,一连十数碗,吃个流星赶月。约莫存得碗余,方才住手。把贺小姐到看呆了。低低问道:"可还少么?"吴衙内道:"将就些吧,再吃便没意思了。"泻杯茶漱漱口儿,往床下飕的又钻入去了。贺小姐将余下的饭吃罢,开了门儿,原到床上睡卧。那丫鬟专等他开门,就奔进去。看见饭儿菜儿,都吃得精光,收着家伙,一路笑道:"原来小姐患的却是吃饭病!"报知夫人,夫人闻言,只把头摇,说道:"亏他怎地吃上这些,那病儿也患得蹊跷!"急请司户来说知,教他请医问卜。连司户也不肯信,吩咐午间莫要依他,恐食伤了五脏,便难医治。那知未到午时,秀娥便叫肚饥。夫人再三把好言语安慰时,秀娥就啼哭起来。夫人没法,只得又依着他。晚间亦是如此。司户夫妻,只道女儿得了怪病,十分慌张。

这晚已到蕲州停泊,吩咐水手,明日不要开船。清早差人入城,访问名医;一面求神占卦。不一时,请一个太医来。那太医衣冠济楚,气宇轩昂。贺司户迎至舱中,叙礼看坐。那太医晓得是位官员,礼貌甚恭。献过两杯茶,问了些病缘,然后到后舱诊脉,诊过脉,复至中舱坐下。贺司户道:"请问太医,小女还是何症?"太医先咳了一声嗽,方答道:"令爱是疳膨食积。"贺司户道:"先生差矣!疳膨食积乃婴儿之疾,小女今年十五岁了,如何还犯此症?"太医笑道:"老先生但知其一,不知其二。令爱名虽十五岁,即今尚在春间,只有十四岁之实。倘在寒月所生,才十三岁有余。老先生,你且想,十三岁的女子,难道不算婴孩。大抵此症,起于饮食失调,兼之水土不伏,食积于小腹之中,凝滞不消,遂至生热,升至胸中,便觉饥饿。及吃下饮食,反资其火。所以日盛一日。若再过月余不医,就难治了!"贺司户见说得有些道理,问道:"先生所见,极是有理了。但今如何治之?"太医道:"如今学生先消其积滞,去其风热,住了热,饮食自然渐渐减少,平复如旧矣!"贺司户道:"若得如此神效,自当重酬!"道罢,太医起身作别。

贺司户封了药资,差人取得药来,将水照方上所加引子,慢慢煎好,送入小姐房中。谁知小姐暗地与吴衙内有此隐情,悄地对吴衙内说道:"我家爹娘,只道我真个有病,听信这班庸医的说话,要我服药。"将来的药,也打发丫鬟出去,竟泼入净桶。求神占卦,有的说是星辰不利,又触犯了鹤神,须请僧道禳解,自然无事。有的说在旷野处遇了孤魂饿鬼,若设醮追荐,便可痊愈。贺司户夫妻一一依从。见服了几剂药,没些效验,吃饭如旧。又请一个医者。

那医者更是扩而充之,乘着轿子,三四个仆从跟随。相见之后,高谈阔论,也先探了病源,方才诊脉,问道:"老先生可有那个看过吗?"贺司户道:"前日曾请一位看来。"医者道:"他看的是何症?"贺司户道:"说是疳沧膨食积。"医者呵呵笑道:

"此乃瘵疗之症,怎说是疳膨食积?"贺司户道:"小女年纪尚幼,如何有此症候?"医者道:"令爱非七情六欲痰怯之比,他本秉气虚弱,所谓孩儿痰便是。"贺司户道:"饮食无度,这是为何?"医者道:"寒热交攻,虚火上延,因此容易饥饿。"夫人在屏后打听,教人传说,小姐身子并不发热。医者道:"这乃内热外寒骨蒸之症,故不觉得。"又讨前日医者药剂看了,说道:"这般克罚药,削弱元气。再服几剂,便难救了。待学生先以煎剂治其虚热,调和脏腑,节其饮食。那时,方以滋阴降火养血补元的丸药,慢慢调理,自当痊可。"贺司户称谢道:"全仗神力!"遂辞别而去。

少顷,家人又请一个太医到来。那太医却是个老者,须鬓皓然,步履蹒跚。刚坐下,便夸张善识疑难怪异之病。"某官府亏老夫救的,某夫人又亏老夫用甚药奏效"。那门面话儿就说了一大派。又细细问了病者起居饮食,才去诊脉。贺司户被他大话一哄,认做有意思的,暗道:"常言老医少卜,或者这医人有些效验,也未可知。"医者诊过了脉,向贺司户道:"还是老先生有缘,得遇老夫。令爱这个病症,非老夫不能识。"贺司户道:"请问果是何疾?"医者道:"此乃有名色的,谓之膈病。"贺司户道:"吃不下饮食,方是膈病。目今比平常多食几倍,如何是这症候?"医者道:"膈病原有几般,像令爱这膈病俗名唤做老鼠膈。背后尽多尽吃,及至见了人,一些也难下咽喉。后来食多发涨,便成蛊胀。二病相兼,便难医治。如今幸而初起,还不妨得。包在老夫身上,可以除根。"言罢,起身。贺司户送出船头方别。

那时一家都认做老鼠膈。见神见鬼的,请医问卜。那晓得贺小姐把来的药,都送在净桶肚里,背地冷笑。贺司户在蕲州停了几日,算来不是长法,与夫人商议,与医者求了个药方,多买了几贴药,一路去,且到荆州再请名医看罢。那些庸医千方百计,骗了好些银两,可不是他的造化!有诗为证:

> 医人未必尽知医,却是将机便就机。
> 无病妄猜云有病,却教司户折便宜。

常言说得好,少女少郎,情色相当。贺小姐初时,还是个处子,尚是逡巡畏缩。况兼吴衙内心慌胆怯,不敢恣肆,彼此未见十分美满。两三日后,渐入佳境,恣意取乐,忘其所以。一晚夜半,丫鬟睡醒,听得床上卿卿哝哝,床棱戛戛的响。隔了一回,又听得气喘吁吁,心中怪异。次早报与夫人。夫人也因见女儿面色红活,不像个病容,正有些疑惑。听了这话,合着他的意思。不去通知司户,竟走来观看,又没些破绽。及细看秀娥面貌,愈觉丰采倍常,却又不好开口问得,倒没了主意。坐了一回,原走出去。朝饭已后,终是放心不下,又进去探觑,把远话挑问。秀娥见夫人话儿问得蹊跷,便不答应。耳边忽闻得打鼾之声。

原来吴衙内夜间多做了些正经,不曾睡得,此时吃饱了饭,在床底下酣睡。秀娥一时遮掩不来,被夫人听见,将丫鬟使遣开去,把门顶上,向床下一望。只见靠壁一个拢头孩子,曲着身体,睡得好不自在。

夫人暗暗叫苦不迭!对秀娥道:"你做下这等勾当,却诈推有病,吓得我夫妻心花儿急碎了!如今羞人答答,怎地做人!这天杀的,他是哪里来的?"秀娥羞得满面通红,说道:"是孩儿不是,一时做差事了,望母亲遮盖则个!这人不是别个,便是吴府尹的衙内。"夫人失惊道:"吴衙内与你从未见面,况那日你爹在他船上吃酒,还在席间陪侍,夜深方散,四鼓便开船了,如何得能到此?"秀娥从实将司户称赞留心,次日屏后张望,夜来做梦,早上开窗订约,并熟睡船开,前后事细细说出。又道:"不肖女一时情痴,丧名失节,玷辱父母,罪实难追。但两地相隔数千里,一旦因阻风而会,此乃宿世姻缘,天遣成配,非由人力。儿与吴衙内誓同生死,各不更改。望母亲好言劝爹曲允,尚可挽回前失。倘爹有别念,儿即自尽,绝不偷生苟活。今蒙耻禀知母亲,一任主张。"道罢,泪如雨下。这里母子便说话,下边吴衙内打鼾声越发雷一般响了。此时夫人又气又恼。欲待把他难为,一来娇养惯了,哪里舍得;二来恐婢仆闻知,反做话靶。吞声忍气,拽开门走往外边去了。

秀娥等母亲转身后,急下床顶上门儿,在床下叫醒吴衙内,埋怨道:"你打鼾,也该轻些儿,惊动母亲,事都泄漏了!"吴衙内听说这话,吓得浑身冷汗如雨,上下牙齿顷刻就吃蹬蹬的相打,半句话也挣不出。秀娥道:"莫要慌!适来与母亲如此如此说了。若爹爹依允,不必讲起。不肯时,拚得学梦中结局,绝不教使独受其累!"说到此处,不觉泪珠乱滚。

且说夫人急请司户进来,屏退丫鬟,未曾开言,眼中早已簌簌泪下。司户还道愁女儿病体,反宽慰道:"那医者说,只在数日便可奏效,不消烦恼。"夫人道:"听那老光棍花嘴!什么老鼠膈!论起怎样太医,莫说数日内奏效,就一千年还看不出病体!"司户道:"你且说怎的?"夫人将前事细述。把司户气得个发昏章第十一。连声道:"罢了!罢了!这等不肖之女,做恁般丑事,败坏门风,要他何用?趁今晚都结果了性命,也脱了这个丑名!"这两句话惊得夫人面如土色,劝道:"你我已在中年,只有这点骨血。若断送了,更有何人?论起吴衙内好人家子息,才貌兼全,招他为婿,原是门当户对。独怪他不来求亲,私下做这般勾当。事已如此,也说不得了。将错就错,悄地差人送他回去,写书与吴府尹,令人来下聘,然后成礼,两全其美。今若声张,反妆幌子!"司户沉吟半晌,无可奈何,只得依着夫人。出来问水手道:"这里是甚地方?"水手答道:"前边已是武昌府了。"司户吩咐就武昌暂停,要差人回去。一面修起书札。唤过一个心腹家人,吩咐停当。

不一时,到了武昌。那家人便上岸写下船只,旁在船边。贺司户与夫人同至后舱,秀娥见了父亲,自觉无颜,把被蒙在面上。司户也不与他说话,只道:"做得好事!"向床底下,呼唤吴衙内。那吴衙内看见了司户夫妇,不知是甚意儿,战兢兢爬出来,伏在地上,口称死罪。司户低责道:"我只道你少年博学,可以成器。不想如此无行,辱我家门!本该撇下江里,才消这点恶气。今姑看你父亲面皮,饶你性命,差人送归。若得成名,便把不肖女与你为妻;如没有这般志气,休得指望!"吴衙内连连叩头领命。司户原教他躲过,捱至夜深人静,悄地教家人引他过船,连丫鬟不容一个见面。彼时两下分别,都还道有甚歹念,十分凄惨,又不敢出声啼哭。秀娥又扯夫人到背后,说道:"此行不知爹爹有甚念头,须教家人回时,讨吴衙内书信覆我,方才放心。"夫人真个依着他,又叮嘱了家人。次日清早开船自去。贺司户船只也自望荆州进发。贺小姐诚恐吴衙内途中有变,心下忧虑,即时真个倒想出病来!正是:

> 乍别冷如冰,动念热如火。
> 三百六十病,唯有相思苦。

话分两头。且说吴府尹自那早离了江州,行了几十里路,已是朝膳时分,不见衙内起身。还道夜来中酒。看看至午,不见声息,以为奇怪。夫人自去叫唤,并不答应。那时着了忙,吴府尹教家人打开观看,只有一个空舱。吓得府尹夫妻,魂魄

飞散,呼天怆地的号哭!只是解说不出。合船的人都道:"这也作怪!总来只有只船,哪里去了?除非落在水里。"吴府尹听了众人,遂泊住船,寻人打捞。自江州起至泊船之所,百里内外,把江也捞遍了,那里罗得尸首。一面招魂设祭,把夫人哭得死而复苏。吴府尹因没了儿子,连官也不要做了。手下人再三苦劝,方才前去上任。

不则一日,贺司户家人送吴衙内到来。父子一见,惊喜相半。看了书札,方知就里。将衙内责了一场,款留贺司户家人,住了数日。准备聘礼,写起回书,差人同去求亲。吴衙内也写封私书寄与贺小姐。两下家人领着礼物,别了吴府尹,直至荆州,参见贺司户。收了聘礼,又做回书,打发吴府尹家人回去。那贺小姐正在病中,见了吴衙内书信,然后渐渐痊愈。那吴衙内在衙中,日夜攻书,候至开科,至京应试,一举成名,中了进士。凑巧除授荆州府湘潭县县尹。吴府尹见儿子成名,便告了致仕,同至荆州上任。择吉迎娶贺小姐过门成亲,同僚们前来称贺。

两个花烛下新人,锦衾内一双旧友。秀娥过门之后,孝敬公姑,夫妻和顺,颇有贤名。后来贺司户因念着女儿,也入籍汴京,靠老终身。吴彦官至龙图阁学士,生得二子,亦登科甲。这回书唤做《吴衙内邻舟赴约》。诗云:

> 佳人才子貌相当,八句新诗暗自将。
> 百岁姻缘床下就,丽情千古播词场。

第二十九卷

卢太学诗酒傲王侯

卫河东岸浮丘高,竹舍云居隐凤毛。

遂有文章惊董贾，岂无名誉驾刘曹。
秋天散步青山郭，春日催诗白兔毫。
醉倚湛卢时一啸，长风万里破洪涛。

这首诗，乃本朝嘉靖年间一个才子所作。那才子是谁？姓卢名楠，字少梗，一字子赤，大名府濬县人也。生得丰姿潇洒，气宇轩昂，飘飘有出尘之表。八岁即能属文，十岁便娴诗律，下笔数千言，倚马可待。人都道他是李青莲再世，曹子建后身。一生好酒任侠，放达不羁，有轻世傲物之志。真个名闻天下，才冠当今。与他往来的，俱是名公巨卿。又且世代簪缨，家资巨富，日常供奉，拟于王侯。所居在城外浮丘山下。第宅壮丽，高耸云汉。后房粉黛，一个个声色兼妙，又选小奚秀美者十人，教成吹弹歌曲，日以自娱。至于僮仆厮养，不计其数。宅后又构一园，大可两三顷，凿池引水，叠石为山，制度极其精巧，名曰啸圃。大凡花性喜暖，所以名花俱出南方，那北地天气严寒，花到其地，大半冻死，因此至者甚少。设或到得一花一果，必为金珰大畹所有，他人亦不易得。这濬县又是个拗处，比京都更难，故宦家园亭虽有，俱不足观。偏卢楠立心要胜似他人，不惜重价，差人四处构取名花异卉，怪石奇峰，落成这园，遂为一邑之胜。真个景致非常！但见：

楼台高峻，庭院清幽。山叠岷峨怪石，花栽阆苑奇葩。水阁遥通竹坞，风轩斜透松寮。回塘曲槛，层层碧浪漾琉璃；叠嶂层峦，点点苍苔铺翡翠。牡丹亭畔，孔雀双栖；芍药栏边，仙禽对舞。萦纡松径，绿阴深处小桥横；屈曲花岐，红艳丛中乔木耸。烟迷翠黛，意淡如无；雨洗青螺，色浓似染。木兰舟荡漾芙蓉水际；秋千架摇拽垂杨影里。朱栏画槛相掩映，湘帘绣幕两交辉。

卢楠日夕吟花课鸟，笑傲其闲，虽南面至乐，亦不过是！凡朋友去相访，必留连尽醉方止。倘遇着个声气相投，知音的知己，便兼旬累月，款留在家，不肯轻放出门。若有人患难来投奔的，一一都有赍发，绝不令其空过。因此四方慕名来者；络绎不绝。真个是：

座上客常满，樽中酒不空。

卢楠只因才高学广，以为掇青紫如拾针芥。那知文福不齐，任你锦绣般文章，偏生不中试官之意，一连走上几次，不能够飞黄腾达。他道世无识者，遂绝意功名，不图进取。唯与骚人剑客，羽士高僧，谈禅理，论剑术，呼卢浮白，放浪山水，自称浮丘山人。曾有五言古诗云：

逸翮奋霄汉，高步蹑天关。
褰裳在椒涂，长风吹海澜。
琼树系游镳，瑶华代朝餐。
恣情戏灵景，静啸喈鸣鸾。
浮世信淆浊，焉能濡羽翰！

话分两头。却说浚县知县，姓汪名岑，少年连第，贪婪无比，性复猜刻。又酷好杯中之物，若擎着酒杯，便直饮到天明。自到浚县，不曾遇着对手。平昔也晓得卢楠是个才子，当今推重，交游甚广。又闻得邑中园亭，唯他家为最，酒量又推尊第一。因这三件，有心要结识他，做个相知。差人去请来相会。你道有这般好笑的事吗？别个秀才要去结交知县，还要捱风缉缝，央人引进，拜在门下，认为老师。四时八节，馈送礼物，希图以小博大。若知县自来相请，就如朝廷征聘一般，便立刻动身，不俟驾而行的样子。若是这种人，是不肖者所为，有气概的未必如此。但知县相请，也没有不肯去的。偏有卢楠比他人不同，知县一连请了五六次，只当做耳边风，全然不睬，只推自来不入公门。你道因甚如此？那卢楠才高天下，眼底无人，天生就一副侠肠傲骨，视功名如敝屣，等富贵犹浮云。就是王侯卿相，不曾来拜访，要请去相见，他也断然不肯先施，怎肯轻易去见个县官？真个是天子不得臣，诸侯不得友，绝品的高人。

这卢楠已是个清奇古怪的主儿，撞着知县又是个耐烦琐碎的冤家。请人请到四五次不来，也索罢了，偏生只管去缠帐。见卢楠绝不肯来，却到情愿自去就教。又恐卢楠他出，先差人将帖子订期。差人领了言语，一直径到卢家，把帖子递与门公说道："本县老爷，有紧要话，差我来传达你相公，相烦引进。"门公不敢怠慢，即引到园上，来见家主。差人随进园门，举目看时，只见水光绕绿，山色送青，竹木扶疏，交相掩映，林中禽鸟，声如鼓吹。那差人从不曾见这般景致，今日到此，恍如登了洞天仙府，好生欢喜，想道："怪道老爷要来游玩，原来有恁地好景！我也是有些缘分，方得至此观玩这番，也不枉为人一世。"遂四下行走，恣意饱看。湾湾曲曲，穿过几条花径，走过数处亭台，来到一个所在。周围尽是梅花，一望如雪，霏霏馥馥，清香沁人肌骨。中间显出一座八角亭子，朱甍碧瓦，画栋雕梁，亭中悬一个匾额，大书"玉照亭"三字。下边坐着三四个宾客，赏花饮酒，傍边五六个标致青衣，调丝品竹，按板而歌。有高太史《梅花》诗为证：

> 琼姿只合在瑶台，谁向江南处处栽。
> 雪满山中高士卧，月明林下美人来。
> 寒依疏影萧萧竹，春掩残香漠漠苔。
> 自去渔郎无好韵，东风愁寂几回开！

门公同差人站在门外，候歌完了，先将帖子禀知，然后差人向前说道："老爷令小人多多拜上相公，说既相公不屑到县，老爷当来拜访。但恐相公他出，又不相值，先差小人来期个日子，好来请教。二来闻府上园亭甚好，顺便就要游玩。"大凡事当凑就不起，那卢楠见知县频请不去，恬不为怪，却又情愿来就教，未免转过念头，想："他虽然贪鄙，终是个父母官儿，肯屈己敬贤，亦是可取；若又峻拒不许，外人只道我心胸褊狭，不能容物了。"又想道："他是个俗吏，这文章定然不晓得的；那诗律旨趣深奥，料必也没相干；若论典籍，他又是个后生小子，徼幸在睡梦中偷得这进士到手，已是心满意足，谅来还未曾识面。至于理学禅宗，一发梦想所不到了。除此之外，与他谈论，有甚意味，还是莫招揽吧。"却又念其来意惓惓，如拒绝了，似觉不情。正沉吟间，小童斟上酒来。他触境情生，就想到酒上，道："倘会饮酒，亦可免俗。"问来人道："你本官可会饮酒吗？"答道："酒是老爷的性命，怎么不会饮？"卢楠又问：

国学经典文库

中国二十大名著

醒世恒言

图文珍藏版

"能饮得多少?"答道:"但见拿着酒杯,整夜吃去,不到酩酊不止,也不知有几多酒量。"卢楠心中喜道:"原来这俗物,却会饮酒,单取这节罢!"随教童子取小帖儿,付与来人道:"你本官既要来游玩,趁此梅花盛时,就是明日吧。我这里整备酒盒相候。"

差人得了言语,原同门公一齐出来,回到县里,将帖子回覆了知县。知县大喜,正要明日到卢楠家去看梅花;不想晚上人来报新按院到任,连夜起身往府,不能如意。差人将个帖儿辞了。知县到府,接着按院,伺行香过了,回到县时,往返数日,这梅花已是:

纷纷玉瓣堆香砌,片片琼英绕画栏。

汪知县因不曾赴梅花之约,心下怏怏,指望卢楠另来相邀。谁知卢楠出自勉强,见他辞了,即撇过一边,那肯又来相请。看看已到仲春时候,汪知县又想到卢楠园上去游春,差人先去致意。那差人来到卢家园中,只见园林织绵,堤草铺茵,莺啼燕语,蝶乱蜂忙,景色十分艳丽。须臾,转到桃蹊上,那花浑如万片丹霞,千重红锦,好不烂熳!有诗为证:

桃花开遍上林红,耀眼繁华色艳浓。

含笑动人心意切,几多消息五更风。

卢楠正与宾客在花下击鼓催花,豪歌狂饮,差人执帖子上前说知。卢楠乘着酒兴对来人道:"你快回去与本官说,若有高兴,即刻就来,不必另约。"众宾客道:"成不得!我们正在得趣之时,他若来了,就有许多文来沾,怎能尽兴?还是改日吧。"卢楠道:"说得有理,便是明日。"遂取个帖子,打发来人,回复知县。

你道天下有恁样不巧的事!次日汪知县刚刚要去游春,谁想夫人有五个月身孕,忽然小产起来,晕倒在地,血污浸着身子。吓得知县已是六神无主,还有甚心肠去吃酒,只得又差人辞了卢楠。这夫人一病直至三月下旬,方才稍可。那时卢楠园中牡丹盛开,冠绝一县。真个好花,有《牡丹诗》为证:

洛阳千古斗春芳,富贵真夸浓艳妆。
一自《清平》三阕后,至今佳诵说花王。

汪知县为夫人这病,乱了半个多月,情绪不佳,终日只把酒来消闷,连政事也懒得去理。次后闻得卢家牡丹茂盛,想要去赏玩,因两次失约,不好又来相期,差人送三两书仪,就致看花之意。卢楠日子便期了,却不肯受这书仪。璧返数次,推辞不脱,只得受了。那日天气晴爽,汪知县打帐早衙完了就去,不道刚出私衙,左右来报:"吏科给事中某爷告养亲归家,在此经过。"正是要道之人,敢不去奉承吗?急忙出郭迎接,馈送下程,设宴款待。只道一两日就行,还可以看得牡丹,那知某给事又是好胜的人,教知县陪了游览本县胜景之处,盘桓七八日方行。等到去后,又差人约卢楠时,那牡丹已萎谢无遗。卢楠也向他处游玩山水,离家两日矣。

不觉春尽夏临,悠忽间早六月中旬,汪知县打听卢楠已是归家,在园中避暑,又令人去传达,要赏莲花。那差人径至卢家,把帖儿教门公传进。须臾间,门公出来说道:"相公有话,唤你当面去吩咐。"差人随着门公,直到一个荷花池畔,看那池团团约有十亩多大,堤上绿槐碧柳,浓阴蔽日;池内红妆翠盖,艳色映人!有诗为证:

> 凌波仙子斗新妆,七窍虚心吐异香。
> 何似花神多薄幸,故将颜色恼人肠。

原来那池也有个名色,唤做"滟碧池"。池心中有座亭子,名曰锦云亭。此亭四面皆水,不设桥梁,以采莲舟为渡,乃卢楠纳凉之处。门公与差人下了采莲舟,荡动画桨,顷刻到了亭边,系舟登岸。差人举目看那亭子,周围朱栏画槛,翠幔纱窗,荷香馥馥,清风徐徐,水中金鱼戏藻,梁间紫燕寻巢,鸥鹭争飞叶底,鸳鸯对浴岸傍。去那亭中看时,只见藤床湘簟,石榻竹几,瓶中供千叶碧莲,炉内焚百和名香。卢楠科头跣足,斜据石榻。面前放一帙古书,手中执着酒杯。傍边冰盘中,列着金桃雪藕,沉李浮瓜,又有几味案酒。一个小厮捧壶,一个小厮打扇。他便看几行书,饮一杯酒,自取其乐。

差人未敢上前,在侧边暗想道:"同是父母生长,他如何有这般受用!就是我本官中过进士,还有许多劳碌,怎及得他的自在!"卢楠抬头看见,即问道:"你就是县里差来的吗?"差人应道:"小人正是。"卢楠道:"你那本官到也好笑,屡次订期定日,却又不来;如今又说要看荷花,怎样不爽利,亏他怎地做了官!我也没有许多闲工夫与他缠帐,任凭他有兴便来,不耐烦又约日子。"差人道:"老爷多拜上相公,说久仰相公高才,如渴思浆,巴不得来请教,连次皆为不得已事羁住,故此失约。还求相公期个日子,小人好去回话。"卢楠见来人说话伶俐,却也听信了他,乃道:"既如此,竟在后日。"差人得了言语,讨个回帖,同门公依旧下船,划到柳荫堤下上岸,自去回复了知县。

那汪知县至后日,早衙发落了些公事,约莫午牌时候,起身去拜卢楠。谁想正值三伏之时,连日酷热非常,汪知县已受了些暑气,这时却又在正午,那轮红日犹如一团烈火,热得他眼中火冒,口内烟生。刚到半路,觉道天旋地转,从轿上直撞下来,险些儿闷死在地。从人急忙救起,抬回县中,送入私衙,渐渐苏醒。吩咐差人辞了卢楠,一面请太医调治。足足里病了一个多月,方才出堂理事,不在话下。

且说卢楠一日在书房中查点往来礼物,检着汪知县这封书仪,想道:"我与他水米无交,如何白白里受他的东西?须把来消豁了,方才干净!"到八月中,差人来请汪知县中秋夜赏月。那知县却也正有此意。见来相请，好生欢喜，取回帖打发来人，说："多拜上相公，至期准赴。"那知县乃一县之主，难道刚刚只有卢楠请他赏月不成？少不得初十边，就有乡绅同僚中相请，况又是个好饮之徒，可有不去的理吗？定然一家家捱次都到，至十四这日，辞了外边酒席，于衙中整备家宴，与夫人在庭中玩赏。那晚月色分外皎洁，比寻常更是不同。有诗为证：

　　玉宇淡悠悠，余波彻夜流。
　　最怜圆缺处，曾照古今愁。
　　风露孤轮影，山河一气秋。
　　何人吹铁笛？乘醉倚南楼。

　　夫妻对酌，直饮到酩酊，方才入寝。那知县一来是新起病的人，元神未复；二来连日沉酣糟粕，趁着酒兴，未免走了酒字下这道儿；三来这晚露坐夜深，着了些风寒。三合凑又病起来。眼见得卢楠赏月之约，又虚过了。调摄数日，方能痊可。那知县在衙中无聊，量道卢楠园中桂花必盛，意欲借此排遣，适值有个江南客来打抽丰，送两大坛惠山泉酒，汪知县就把一坛，差人转送与卢楠。卢楠见说是美酒，正中其怀，无限欢喜，乃道："他的政事文章，我也一概勿论，只这酒中，想亦是知味的了。"即写帖请汪知县后日来赏桂花。有诗为证：

　　灵鹫山前落月中，天香云外动秋风。
　　淮南何用歌《招隐》？自可淹留挂树丛。

　　自古道："一饮一啄，莫非前定。"像汪知县是个父母官，肯屈己去见个士人，岂不是件异事。谁知两下机缘未到，临期定然生出事故，不能相会。这番请赏桂花，汪知县满意要尽竟日之欢，罄凤昔仰想之诚。不料是日还在眠床上，外面就传板进来报："山西理刑赵爷行取入京，已至河下！"恰正是汪知县乡试房师，怎敢怠慢？即忙起身梳洗，出衙上轿，往河下迎接，设宴款待。你想两个得意师生，没有就别之理，少不得盘桓数日，方才转身。这桂花已是：

　　飘残金粟随风舞，零乱天香地满铺。

　　却说卢楠素性刚直豪爽，是个傲上矜下之人，见汪知县屡次卑词尽敬，以其好贤，遂有俯交之念。时值九月末旬，园中菊花开遍，那菊花种数甚多，内中唯有三种为贵。那三种？

　　鹤翎，剪绒、西施。

每一种各有几般颜色，花大而媚，所以贵重。有《菊花》诗为证：

　　不共春风斗百芳，自甘篱落傲秋霜。
　　园林一片萧疏景，几朵依稀散晚香。

卢楠因想汪知县几遍要看园景，却俱中止，今趁此菊花盛时，何不请来一玩？也不枉他一番敬慕之情。即写帖儿，差人去请次日赏菊。家人拿着帖子，来到县里，正值知县在堂理事，一径走到堂上跪下，把帖子呈上，禀道："家相公多拜上老爷，园中菊花盛开，特请老爷明日赏玩。"汪知县正想要去看菊，因屡次失约，难好启齿；今见特地来请，正是挖耳当招，深中其意。看了帖子，乃道："拜上相公，明日早来领教。"那家人得了言语，即便归家回覆家主道："汪大爷拜上相公，明日绝早就来。"那知县说明日早来，不过是随口的话，那家人改做绝早就来。，这也是一时错讹之言。不想因这句错话上，得罪于知县，后来把天大家私弄得磬尽，险些儿连性命都送了。正是：

舌为厉害本，口是祸福门。

当下卢楠心下想道："这知县也好笑，那见赴人筵席，有个绝早就来之理。"又想道："或者慕我家园亭，要尽竟日之游。"吩咐厨夫："若爷明日绝早就来，酒席须要早些完备。"那厨夫听见知县早来，恐怕临时误事，隔夜就手忙脚乱收拾。卢楠到次早吩咐门上人："今日若有客来，一概相辞，不必通报。"又将个名帖，差人去邀请知县。不到朝食时，酒席都已完备，摆设在燕喜堂中。上下两席，并无别客相陪。那酒席铺设得花锦相似！正是：

富家一席酒，穷汉半年粮。

且说知县那日早衙投文已过，竟不退堂，就要去赴酌。因见天色太早，恐酒席未完，吊一起公事来问。那公事却是新拿到一班强盗，在卫河里打劫来往客商，因都在娼家宿歇，露出马脚，被捕人拿住解到本县，当下一讯都招。内中一个叫作石雪哥，又扳出本县一个开肉铺的王屠，也是同伙，即差人去拿到。知县问道："王屠，石雪哥招称你是同伙，赃物俱窝顿你家，从实招来，免受刑罚。"王屠禀道："爷爷，小人是个守法良民，就在老爷马足下开个肉铺生理，平昔间就街市上不十分行走，那有这事。莫说与他个同伙，就是他面貌，从不曾识认。老爷不信，拘邻里来问，平日所行所为，就明白了。"知县又叫石雪哥道："你莫要诬陷平人，若审出是扳害的，登时就打死你这奴才。"石雪哥道："小的并非扳害，真实是同伙。"王屠叫道："我认也认不得你，如何是同伙？"石雪哥道："王屠！我与你一向同做伙计，怎么诈不认得？就是今日，本心原要出脱你的，只为受刑不过，一时间说了出来，你不要怪我！"王屠叫屈连天道："这是哪里说起？"知县喝交一声夹起来，可怜王屠夹得死而复苏，不肯招承。这强盗咬定是个同伙，虽夹死终不改口。是巳牌时分，夹起日已倒西，两下各执一词，难以定招。此时知县一心要去赴宴，已不耐烦，遂依着强盗口词，葫芦提将王屠问成斩罪，其家私尽作赃物入官。画供已毕，一齐发下死囚牢里，即起身上轿，到卢楠家去吃酒不题。

你道这强盗为甚死咬定王屠是个同伙？那石雪哥当初原是个做小经纪的人，因染了时疫症，把本钱用完，连几件破家伙，也卖来吃在肚里。及至病好，却没本钱去做生意，只存得一只锅儿，要把去卖几十文钱，来营运度日。旁边却又有些破的，生出一个计较，将锅煤拌着泥儿涂好，做个草标儿，提上街去卖。转了半日，都嫌是破的，无人肯买。落后走到王屠对门开米铺的田大郎门首，叫住要买。那田大郎是个近觑眼，却看不出损处，一口就还八十文钱。石雪哥也就肯了。田大郎将钱递与石雪哥，接过手刚在那里数明，不想王屠在对门看见，叫道："大郎你且仔细看看，莫要买了破的！"这是嘲他眼力不济，乃一时戏谑之言。谁知田大郎真个重新仔细一看，看出那个破损处来，对王屠道："早是你说，不然几乎被他哄了，果然是破的。"连忙讨了铜钱，退还锅子。

石雪哥初时买成了，心中正在欢喜，次后讨了钱去，心中痛恨王屠，恨不得与他性命相博。只为自己货儿果然破损，没个因头，难好开口，忍着一肚子恶气，提着锅子转身。临行时，还把王屠怒目而视，巴不能等他问一声，就要与他厮闹。那王屠出自无心，那个去看他。石雪哥见不来招揽，只得自去。不想心中气闷，不曾照管得，脚下绊上一跤，把锅子打做千百来块，将王屠来恨入骨髓。思想没了生计，欲要寻条死路，诈那王屠，却又舍不得性命。没甚计较，就学做夜行人，到也顺溜，手到擒来。做了年余，嫌这生意微细，合入大队里，在卫河中巡绰，得来大碗酒、大块肉，好不快活！那时反又感激王屠起来。他道是："当日若没有王屠说这句话，卖成这只锅子，有了本钱，这时只做小生意过日，那有恁般快活！"及至恶贯满盈，被拿到官，情真罪当，料无生理，却又想起昔年的事来："那日若不是他说破，卖这几十文钱做生意度日，不见致有今日。"所以扳害王屠，一口咬定，死也不放。故此他便认得王屠，王屠却不相认。后来直到秋后典刑，齐绑在法场上，王屠问道："今日总是死了，你且说与我有甚冤仇，害我致此？说个明白，死也甘心！"石雪哥方把前情说出。王屠连喊冤枉，要辨明这事。你想此际有那个来睬你？只好含冤而死。正是：

> 只因一句闲言语，断送堂堂六尺躯。

闲话休题。且说卢楠早上候起，已至巳牌，不见知县来到，又差人去打听，回报说在那里审问公事。卢楠心上就有三四分不乐，道："既约了绝早就来，如何这时候还问公事？"停了一回，还不见到，又差人去打听，来报说："这件公事还未问完哩。"卢楠不乐有六七分了，想道："是我请他的不是，只得耐这次吧。"俗语道得好，等人性急。略过一回，又差人去打听，这人行无一箭之远，又差一人前来，顷刻就差上五六个人去打听。少停一齐转来回覆说："老人正在堂上发激，想这事急切未得完哩。"卢楠听见这话，凑成十分不乐，心中大怒道："原来这俗物，一无可取，却只管来缠帐，几乎错认了。如今幸尔还好。"即令家人撤开下面这桌酒席，走上前居中向外面坐,叫道:"快把大杯酒热酒来,洗涤俗气。"家人都禀道:"恐大爷一时来到。"卢楠睁起眼喝道:"咄!还说甚大爷?我这酒可是与俗物吃的吗?"家人见家主发怒,谁敢再言,只得把大杯斟上,厨下将肴馔供出。小奚在堂中宫商迭奏,丝竹并呈。卢楠饮了数杯,又讨出大碗,一连吃上十数多碗。吃得性起,把巾服都脱去了,跣足蓬头,踞坐于椅上,将肴馔撒去,只留果品案酒,又吃上十来大碗。连果品也赏了小奚,唯饮寡酒。又吃上几碗。卢楠酒量虽高,原吃不得急酒,因一时恼怒,连饮了几十碗,不觉大醉,就靠在桌上鼾鼾睡去。家人谁敢去惊动,整整齐齐,都站在两旁伺候。

里边卢楠便醉了,外面管园的却不晓得。远远望见知县头踏来,急忙进来通报。到了堂中,看见家主已醉,到吃一惊道:"大爷已是到了,相公如何先饮得这个模样?"众家人听得知县来,都面面相觑,没做理会,齐道:"那桌酒便还在,但相公不能够醒,却怎好?"管园的道:"且叫醒转来,扶醉陪他一陪也罢。终不然特地请来,冷淡他去不成!"众家人只得上前叫唤,喉咙都喊破了,如何得醒?渐渐听得人声喧杂,料道是知县进来,慌了手脚,四散躲过,单单撇下卢楠一人。只因这番,有分教:佳宾贤主,变为百世冤家;好景名花,化作一场春梦。正是:

> 盛衰有命天为主,祸福无门人自生。

且说汪知县离了县中,来到卢家园门,不见卢楠迎接,也没有一个家人伺候。从人乱叫:"门上有人吗?快去通报,大爷到了!"并无一人答应。知县料是管门的已进去报了,遂吩咐:"不必呼唤。"竟自进去。只见门上一个匾额,白地翠书"啸圃"两个大字。进了园门,一带都是柏屏,转过湾来,又显出一座门楼,上书"隔凡"二字。过了此门,便是一条松林。绕出松林,打一看时,但见山岭参差,楼台缥缈,草木萧疏,花竹围环。知县见布置精巧,景色清幽,心下暗喜道:"高人胸次,自是不同。"但不闻得一些人声,又不见卢楠相迎,未免疑惑。也还道是园中径路错杂,或者从别道往外迎我,故此相左。一行人在园中,任意东穿西走,反去寻觅主人。

次后来到一个所在,却是三间大堂。一望菊花数百,霜英灿烂,枫叶万树,拥若丹霞,橙橘相亚,累累如金。池边芙蓉千百株,颜色或深或浅,绿水红葩,高下相映,鸳鸯凫鸭之类,戏狎其下。汪知县想道:"他请我看菊,必在这个堂中了。"径至堂前下桥。走入看时,哪里见甚酒席,唯有一人蓬头跣足。居中向外而坐,靠在桌上打鼾,此外更无一个人影。从人赶向前乱喊:"老爷到了,还不起来!"汪知县举目看他身上服色不像以下之人,又见旁边放着葛巾野服,吩咐且莫叫唤,看是何等样人?那常来下帖的差人,向前仔细一看,认得是卢楠,禀道:"这就是卢相公,醉倒在此!"汪知县闻言,登时紫涨了面皮,心下大怒道:"这厮恁般无理!故意哄我上门羞辱。"欲得教从人将花木打个稀烂,又想不是官体,忍着一肚子恶气,急忙上轿,吩咐回县。

轿夫抬起,打从旧路,直至园门首,依原不见一人。那些皂快,没一个不摇首咋舌道:"他不过是个监生,如何将官府恁般藐视?这也是件异事。"知县在轿上听见,自觉没趣,恼怒愈加。想道:"他总然才高,也是我的治下,曾请过数遍,不肯来见,情愿就见,又馈送银酒,我亦可为折节敬贤之至矣。他却如此无理,将我侮慢。且莫说我是父母官,即使平交,也不该如此!"到了县里,怒气不息,即便退入私衙不题。

且说卢楠这些家人小厮，见知县去后，方才出头，到堂中看家主时，睡得正浓，直至更余方醒。众人说道："适才相公睡后，大爷就来，见相公睡着，便起身而去。"卢楠道："可有甚话说？"众人道："小人们恐难好答应，俱走过一边，不曾看见。"卢楠道："正该如此！"又懊悔道："是我一时性急，不曾吩咐闭了园门，却被这俗物，直至此间，践污了地上。"教管园的，明早快挑水将他进来的路径扫涤干净。又着人寻访常来下帖的差人，将向日所送书仪，并那坛泉酒，发还与他。那差人不敢隐匿，遂即到县里去缴还，不在话下。

却说汪知县退到衙中，夫人接着，见他怒气冲天，问道："你去赴宴，如何这般气恼？"汪知县将其事说知。夫人道："这都是自取，怪不得别人！你是个父母官，横行直撞，少不得有人奉承；如何屡屡卑污苟贱，反去请教子民。他总是有才，与你何益？今日讨恁般怠慢，可知好么！"汪知县又被夫人抢白了几句，一发怒上加怒，坐在交椅上，气愤愤的半晌无语。夫人道："何消气得，自古道：破家县令。"只这四个字，把汪知县从睡梦中唤醒，放下了怜才敬士之心，顿提起生事害人之念。当下口中不语，心下踌躇，寻思计策安排卢生："必置之死地，方泄吾恨！"当夜无话。

汪知县早衙已过，次日唤一个心腹令史，进衙商议。那令史姓谭名遵，颇有才干，惯与知县通赃过付，是一个积年猾吏。当下知县先把卢楠得罪之事叙过，次说要访他过恶端，拿之以泄其恨。谭遵道："老爷要处他，却是甚难，请休了这个念头吧！"知县道："我是一县之主，如何处他不得？"谭遵道："要处他，若只此一节，恐未必了事，在老爷反有干碍。"汪知县道："却是为何？"谭遵道："卢楠与小人原是同里，晓得他多有大官府往来，且又家私豪富。平昔虽则恃才骄傲，却没甚违法之事。总然拿了，少不得有天大分上到上司去审问，绝不至死的田地。那时怀恨挟仇，老爷岂不反受其累？"汪知县道："此言虽是，但他恁地放肆，定有几件恶端。你去细细访来，我自有处。"谭遵答应出来，只见处边缴进原送卢楠的书仪泉酒，知县见了，转觉没趣。无处出气，迁怒到差人身上，说道："不该收他的回来。"打了二十毛板，就将银酒都赏了差人。正是：

> 劝君莫作伤心事，世上应多切齿人。

话分两头。却说浮丘山脚下有个农家，叫作钮成，老婆金氏。夫妻两口，家道贫寒，却又少些行止；因此无人肯把田与他耕种，历年只在卢楠家做长工过日。二年前，生了个儿子，那些一般做工的，同卢家几个家人斗分子与他贺喜。论起钮成恁般穷汉，只该辞了才是。十分情不可却，称家有无，胡乱请众人吃三杯，可也罢了。不想他却去弄空头，装好汉，写身子与卢楠家人卢才，抵借二两银子，整个大大筵席款待众人。邻里尽送汤饼，热烘烘倒像个财主家行事。外边正吃得快活，那得知孩子隔日被猫惊了，这时了账，十分败兴，不能够尽欢而散。

那卢才肯借银子与钮成，原怀着个不良之念。你道为何？因见钮成老婆有三四分颜色，指望以此为繇，要勾搭这婆娘。谁知缘分浅薄，这婆娘情愿白白里与别人做些交易，偏不肯上卢才的桩儿，反去学向老公说卢才怎样来调戏。钮成认做老婆是个贞节妇人，把卢才恨入骨髓，立意要赖他这项银子。卢才踅了年余，见这婆娘妆乔做样，料道不能勾上钩，也把念头休了，一味索索。两下面红了好几场，只是没有。有人教卢才个法儿道："他年年在你家做长工，何不耐到发工银时，一并扣清，可不干净？"卢才依了此言，再不与他催讨。等到十二月中，打听了发银日子，紧紧伺候。

那卢楠田产广多，除了家人，雇工的也有整百。每年至十二月中预发来岁工银，到了是日，众长工一齐进去领银。卢楠恐家人们作弊，短少了众人的，亲自唱名亲发，又赏一顿酒饭。吃个醉饱，叩谢而出。刚至宅门口，卢才一把扯住钮成，问他要银。那钮成一则还钱肉痛，二则怪他调戏老婆，乘着几杯酒兴，反撒赖起来。将银塞在兜肚里，骂道："狗奴才！只要还你银子，如何昧心来欺负老爷！今日与你性命相博！"当胸撞一个满怀。卢才不曾堤防，跟跟跄跄，倒退了十数步，几乎跌上一跤。恼动性子，赶上来便打。那句"狗奴才"却又犯了众怒，家人们齐道："这厮怎般放泼！总使你的理直，到底是我家长工，也该让我们一分；怎地欠了银子，反要行凶？打这狗亡八！"齐拥上前乱打。常言道，双拳不敌四手。钮成独自一个，如何抵当得许多人，着实受了一顿拳脚。卢才看见银子藏在兜肚中，扯断带子，夺过去了。众长工再三苦劝，方才住手。推着钮成回家。

不道卢楠在书房中隐隐听得门首喧嚷，唤管门的查问。他的家法最严，管门的恐怕连累，从实禀说。卢楠即叫卢才进去，说道："我有示在先，家人不许擅放私债，盘算小民。如有此等，定行追还原券，重责逐出。你怎么故违我法；却又截抢工银，行凶打他？这等放肆可恶！"登时追出兜肚银子并那纸文契。打了二十，逐出不用。吩咐管门的："钮成来时，着他来见我，领了银券去。"管门的连声答应出来，不题。

且说钮成刚吃饱得酒食，受了这顿拳头脚尖，银子原被他夺去，转思转恼，愈想愈气。到半夜里，火一般发热起来，觉道心头胀闷难过，次日便爬不起。到第二日早上，对老婆道："我觉得身子不好，莫不要死？你快去叫我哥哥来商议。"自古道无巧不成话。原来钮成有个嫡亲哥哥钮文，正卖与令史谭遵家为奴。金氏平昔也曾到谭遵家几次，路径已熟，故此教他去叫。当下金氏听见老公说出要死的话，心下着忙，带转门儿，冒着风寒，一径往县中去寻钮文。

那谭遵四处察访卢楠的事过，并无一件，知县又再三催促，到是个两难之事。这一日正坐在公廨中，只见一个妇人慌慌张张的走入来，举目看时，不是别人，却是家人钮文的弟妇。金氏向前道了万福，问道："请问令史，我家伯伯可在吗？"谭遵道："到县门前买小菜就来，你有甚事怎般惊惶？"金氏道："好教令史知得：我丈夫前日与卢监生家人卢才费口，夜间就病起来，如今十分沉重，特来寻伯伯去商量。"谭遵闻言，不胜欢喜。忙问道："且说为甚与他家费口？"金氏即将与卢才借银起，直至相打之事，细细说了一遍。谭遵道："原来怎地。你丈夫没事便罢；倘有些山高水低，急来报知，包在我身上，与你出气。还要他一注大财乡，够你下半世快活。"金氏道："若得令史张主，可知好么。"正说间，钮文已回。金氏将这事说知，一齐同去。临出门，谭遵又嘱咐道："如有变故，速速来报。"钮文应允。离了县中，不消一个时辰，早到家中。推门进去，不见一些声息。到床上看时，把二人吓做一跳。原来直僵僵挺在上面，不知死过几时了。金氏便号陶大哭起来。正是：

　　夫妻本是同林鸟，大限来时各自飞。

那些东邻西舍听得哭声，都来观看。齐道："虎一般的后生，活活打死了。可怜！可怜！"钮文对金氏说道："你且莫哭，同去报与我主人，再你区处。"金氏依言，锁了大门，嘱咐邻里看觑则个，跟着钮文就走。那邻里中商议道："他家一定去告状了。地方人命重情，我们也须呈明，脱了干系。"随后也往县里去呈报。其时远近村坊尽知钮成已死，早有人报与卢楠。那卢楠原是疏略之人，两日钮成不去领这银券，连其事却也忘了，及至闻了此信，即差人去寻获卢才送官。那知卢才听见钮成死了，料道不肯干休，已先逃之夭夭。不在话下。

且说钮文、金氏，一口气跑到县里，报知谭遵。谭遵大喜，悄悄的先到县中，禀了知县。出来与二人说明就里，教了说话，流水写起状词，单告卢楠强占金氏不遂，将钮成扭归打死，教二人击鼓叫冤。钮文依了家主，领着金氏，不管三七念一，执了一块木柴，把鼓乱敲，口内一片声叫喊："救命！"衙门差役，自有谭遵吩咐，并无拦阻。汪知县听得击鼓，即时升堂，唤钮文、金氏至案前。才看状词，恰好地邻也到了。知县专心在卢楠身上，也不看地邻呈子是怎样情由，假意问了几句，不等发房，即时出签，差人捉卢楠立刻赴县。公差又受了谭遵的叮嘱，说："大爷恼得卢楠要紧，你们此去，只除妇女、孩子，其余但是男子汉，尽数拿来。"众皂快素知知县与卢监生有仇，况且是个大家，若还人少，进不得他家大门，遂聚起三兄四弟，共有四五十人，分明是一群猛虎。

此时隆冬日短，天已傍晚，彤云密布，朔风凛冽，好不寒冷！谭遵要奉承知县，陪出酒浆，与众人先发个兴头。一家点起一根火把，飞奔至卢家门首，发一声喊，齐抢入去，逢着的便拿。家人们不知为甚，吓得东倒西歪，儿啼女哭，没奔一头处。卢楠娘子正同着丫鬟们，在房中围炉向火，忽闻得外面人声鼎沸，只道是漏了火，急叫丫鬟们观看。尚未动步，房门口早有家人报道："大娘，不好了！外边无数人执着火把，打进来也！"卢楠娘子还认是强盗来打劫，惊得三十六个牙齿，紧紧咬着打战，慌忙叫丫鬟快闭上房门。言犹未毕，一片火光，早已拥入房里。那些丫头们奔走不迭，只叫："大王爷饶命！"众人道："胡说！我们是本县大爷差来拿卢楠的。什么大王爷！"卢楠娘子见说这话，就明白向日丈夫怠慢了知县，今日寻事故来摆布。便道："既是公差，难道不知法度的？我家总有事在县，量来不过户婚田土的事罢了，须不是大逆不道；如何白日里不来，黑夜间率领多人，明火执杖，打入房帏，乘机抢劫，明日到公堂上去讲该得何罪？"众公差道："只要还了我卢楠，但凭到公堂上去讲。"遂满房遍搜一过，只拣器皿宝玩，方勾像意，方才出门。又打到别个房里，把姬妾们都惊得躲入床底下去。各处搜到，不见卢楠，料想必在园上，一齐又赶入去。

卢楠正与四五个宾客，在暖阁上饮酒，小优两旁吹唱，恰好差去拿卢才的家人，在那里回话，又是两个乱喊上楼报道："相公，祸事到也！"卢楠带醉问道："有何祸事？"家人道："不知为甚？许多人打进大宅抢劫东西，逢着的便被拿住，今已打入相公房中去了。"众宾客被这一惊，一滴酒也无了，齐道："这是为何？可去看来！"便要起身。卢楠全不在意，反拦住道："由他自抢，我们且吃酒，莫要败兴，快斟热酒来！"家人跌足道："相公！外边恁般慌乱，如何还要饮酒！"说声未了，忽见楼前一派火光闪烁，众公差齐拥上楼。吓得那几个小优满楼乱滚，无处藏躲。卢楠大怒，喝道："什么人，敢到此放肆！叫人快拿。"众公差道："本县大爷请你说话，只怕拿不得的！"一条索子，套在颈里，道："快走！快走！"卢楠道："我有何事，这等无礼！偏不去！"众公差道："老实说：向日请便请你不动，如今拿到要拿去的。"牵着索子，推的推，扯的扯，拥下楼来。家人共拿了十四五个。众人还想连宾客都拿，内中有人认得俱是贵家公子，又是有名头秀才，遂不敢去惹他。一行人离了园中，一路闹直至县里。这几个宾客，放心不下，也随来观看。躲过的家人，也自出头，奉着主母之命将了银两，赶来央人使用打探，不在话下。

且说汪知县在堂等候，堂前灯笼火把，照耀浑如白昼，四下绝不闻一些人声。众公差押卢楠等，直至丹墀下，举目看那知县，满面杀气，分明坐下个阎罗天子；两行隶卒排列，也与牛头夜叉无二。家人们见了这个威势，一个个胆战心惊。众公差跑上堂禀道："卢楠一起拿到了。"将一干人带上月台，齐齐跪下。钮文、金氏另跪在一边。唯有卢楠挺然居中而立。汪知县见他不跪，仔细看了一看，冷笑道："是一个土豪！见了官府，犹恁般无状！在外安得不肆行无忌。我且不与你计较，暂请到监里去坐一坐。"卢楠倒走上三四步，横挺着身子说道："就到监里去坐也不妨。只要说个明白，我得何罪，昏夜差人抄没？"知县道："你强占良人妻女不遂，打死钮成，这罪也不小！"卢楠闻言，微微笑道："我只道有甚天大事情，原来为钮成之事。据你说只不过要我偿他命罢了，何须大惊小怪。但钮成原系我家佣奴，与家人卢才口角而死，却与我无干。即使是我打死，亦无死罪之律；若必欲借彼证此，横加无影之罪，以雪私怨，我卢楠不难屈承，只怕公论难泯！"

汪知县大怒道："你打死平人，昭然耳目，却冒认为奴，污蔑问官，抗拒不跪。公堂之上，尚敢如此狂妄；平日豪横，不问可知矣！今且勿论人命真假，只抗逆父母官，该得何罪？"喝教拿下去打。众公差齐声答应，赶向前一把揪翻。卢楠叫道："士可杀而不可辱，我卢楠堂堂汉子，何惜一死，却要用刑？任凭要我认那一等罪，无不如命，不消责罚！"众公差哪里由他做主，按倒在地，打了三十。知县喝教住了，并家人齐发下狱中监禁。钮成尸首着地方买棺盛殓，发至官坛候验。钮文、金氏干证人等，召保听审。卢楠打得血肉淋漓，两个家人扶着，一路大笑走出仪门。

这几个朋友上前相迎，家人们还恐怕来拿，远远而立，不敢近身。众友问道："为甚事，就到杖责？"卢楠道："并无别事，汪知县公报私仇，借家人卢才的假人命，装在我名下，要加个小小死罪！"众友惊骇道："不信有此等奇冤枉！"内中一友道："不打紧，待小弟回去，与家父说了，明日拉合县乡绅孝廉，与县公讲明，料县公难灭公论，自然开释。"卢楠道："不消兄等费心，但凭他怎地摆布罢了！只有一件紧事，烦到家间说一声，教把酒多送几坛到狱中来。"众友道："如今酒也该少饮。"卢楠笑道："人生贵在适意，贫富荣辱，俱身外之事，于我何有。难道因他要害我，就不饮酒了？这是一刻也少不得的！"正在那里说话，一个狱卒推着背道："快进狱去，有话另日再说！"那狱卒不是别人，叫作蔡贤，也是汪知县得用之人。卢楠睁起眼喝道："唗！可恶！我自说话，与你何干？"蔡贤也焦躁道："呵呀！你如今是在官人犯了，这样公子气质，且请收起，用不着了。"卢楠大怒道："什么在官人犯，就不进去，便怎么！"蔡贤还要回话，有几个老成的，将他推开，做好做歹，劝卢楠进了监门，众友也各自回去。卢楠家人自归家回覆主母，不在话下。

原来卢楠出衙门时，谭遵紧随在后察访，这些说话，一句句听得明白，进衙报与知县。知县到次早只说有病，不出堂理事。众乡官来时，门上人连帖也不受。至午后忽地升堂，唤齐金氏一干人犯，并仵作人等，监中吊出卢楠主仆，径去检验钮成尸首。那仵作人已知县主之意，轻伤尽报做重伤，地邻也理会得知县要与卢楠作对，齐咬定卢楠打死。知县又哄卢楠将出钮成佣工文券，只认做假的，尽皆扯碎。严刑拷打，问成死罪，又加二十大板，长枷手杻，下在死囚牢里。家人们一概三十，满徒三年,召保听候发落。金氏、钮文干证人等,发回宁家。尸棺俟详转定夺。将招由叠成文案,并卢楠抗逆不跪等情,细细开载在内,备文申报上司。虽众乡绅力为申理,知县执意不从。有诗为证:

> 县令从来可破家,冶长非罪亦堪嗟。
> 福堂今日容高士,名圃无人理百花。

且说卢楠本是贵介之人,生下一个脓窠疮儿,就要请医家调治的,如何经得这等刑杖?到得狱中,昏迷不醒。幸喜合监的人,知他是个有钱主儿,奉承不暇,流水把膏药末药送来。家中娘子又请太医来调治,外修内补,不够一月,平服如旧。那些亲友,络绎不绝,到监中候问。狱卒人等,已得了银子,欢天喜地,由他们直进直出,并无拦阻。内中单有蔡贤是知县心腹,如飞禀知县主,魆地到监点闸,搜出五六人来,却都是有名望的举人秀士,不好将他难为,教人送出狱门。又把卢楠打上二十。四五个狱卒,一概重责。那狱卒们明知是蔡贤的缘故,咬牙切齿;因是县主得用之人,谁敢与他计较。

那卢楠平日受用的高堂大厦,锦衣玉食,眼内见的是竹木花卉,耳中闻的是笙箫细乐,到了晚间,娇姬美妾,倚翠偎红,似神仙般散诞的人。如今坐于狱中,住的却是钻头不进半塌不倒的房子,眼前见的无非死犯重囚,言语嘈杂,面目凶顽,分明一班妖魔鬼怪;耳中闻的不过是脚镣手枢铁链之声。到了晚间,提铃喝号,击柝鸣锣,唱那歌儿,何等凄惨!他虽是豪迈之人,见了这般景象,也未免睹物伤情。恨不得胁下顷刻生出两个翅膀,飞出狱中。又恨不得提把板斧,劈开狱门,连众犯也都放走。一念转着受辱光景,毛发倒竖,恨道:“我卢楠做了一世好汉,却送在这个恶贼手里!如今陷于此间,怎能够出头日子。总然挣得出去,亦有何颜见人!要这性命何用?不如寻个自尽,到得干净!”又想道:“不可,不可!昔日成汤文王,有夏台羑里之囚,孙膑、马迁有刖足腐刑之辱:这几个都是圣贤,尚忍辱待时,我卢楠岂可短见!”却又想道:“我卢楠相知满天下,身列缙绅者也不少,难道急难中就坐观成败?还是他们不晓得我受此奇冤?须索写书去通知,教他们到上司处挽回。”遂写起若干书启,差家人分头投递那些相知。也有见任,也有林下,见了书札,无不骇然。也有直达汪知县,要他宽罪的,也有托上司开招的。那些上司官,一来也晓得卢楠是当今才子,有心开释,都把招详驳下县里。回书中又露个题目,教卢楠家属前去告状,转批别衙门开招出罪。卢楠得了此信,心中暗喜。即教家人往各上司诉冤,果然都批发本府理刑勘问。理刑官已先有人致意。不在话下。

却说汪知县几日间连接数十封书札,都是与卢楠求解的;正在踌躇,忽见各上司招详,又都驳转。过了几日,理刑厅又行牌到县,吊卷提人。已明知上司有开招放他之意,心下老大惊惧,想道:“这厮果然神通广大,身子坐在狱中,怎各处关节已是布置到了?若此番脱漏出去,如何饶得我过!一不做,二不休,若不斩草除根,恐有后患。”当晚差谭遵下狱,教狱卒蔡贤拿卢楠到隐僻之处,遍身鞭扑,打够半死,推倒在地,缚了手足,把个土囊压住鼻口。那消一个时辰,呜呼哀哉!可怜满腹文章,到此冤沉狱底。正是:

> 英雄常抱千年恨,风木寒烟空断魂。

话分两头。却说滏县有个巡捕县丞,姓董名绅,贡士出身,任事强干,用法平恕。见汪知县将卢楠屈陷大辟,十分不平。只因官卑职小,不好开口。每下狱查点,便与卢楠谈论,两下遂成相知。那晚恰好也进监巡视,不见了卢楠。问众狱卒时,都不肯说。恼动性子,一片声喝打,方才低低说:"大爷差谭令史来讨气绝,已拿向后边去了。"董县丞大惊道:"大爷乃一县父母,那有此事?必是你们这些奴才,索诈不遂,故此谋他性命!快引我去寻来。"众狱卒不敢违逆,直引至后边一条夹道中,劈面撞着谭遵、蔡贤。喝教拿住。上前观看,只见卢楠仰在地上,手足尽皆绑缚,面上压个土囊。董县丞叫左右提起土囊,高声叫唤,也是卢楠命不该死,渐渐苏醒。与他解去绳索,扶至房中,寻些热汤吃了,方能说话。乃将谭遵指挥蔡贤打骂谋害情繇问出。董县丞安慰一番,随即别了卢楠,即唤蔡贤、谭遵二人到于厅上,思想"这事虽出是县主之意,料今败露,也不敢承认。欲要拷问谭遵,又想他是县主心腹,只道我不存体面,反为不美。"单唤过蔡贤,要他招承与谭遵索诈不遂,同谋卢楠性命。

那蔡贤初时只推县主所遣,不肯招承。董县丞大怒,喝教夹起来。那众狱卒因蔡贤向日报县主来闸监,打了板子,心中怀恨,寻过一副极短极紧的夹棍,才套上去,就喊叫起来,连称:"愿招。"董县丞即便教住了。众狱卒恨着前日的毒气,只做不听见,倒务命收紧,夹得蔡贤叫爹叫娘,连祖宗十七八代尽叫出来。董县丞连声喝住,方才放了。把纸笔要他亲供,蔡贤只得依着董县丞说话供招。董县丞将来袖过,吩咐众狱卒:"此二人不许擅自释放,待我见过大爷,然后来取。"起身出狱回衙,连夜备了文书。

次早汪知县升堂,便去亲递。汪知县因不见谭遵回覆,正在疑惑:又见董县丞呈说这事,暗吃一惊。心中虽恨他冲破了网,却又奈何他不得。看了文书,只管摇头:"恐没这事。"董县丞道:"是晚生亲眼见的,怎说没有?堂尊若不信,唤二人对证便了。那谭遵犹可恕,这蔡贤最是无理,连堂尊也还污蔑;若不究治,何以惩戒后人!"汪知县被道着心事,满面通红,生怕传扬出去,坏了名声,只得把蔡贤问徒发遣。自此怀恨董县丞,寻两件风流事过,参与上司,罢官而去。此是后话不题。

再说汪知县因此谋不谐,遂具揭呈,送各上司,又差人往京中传送要道之人,大抵说:卢楠恃富横行乡党,结交势要,打死平人,抗送问官,营谋关节,希图脱罪。把情节做得十分厉害,无非要张扬其事,使人不敢救援。又教谭遵将金氏出名,连夜刻起冤单,遍处粘帖,布置停当,然后备文起解到府。那推官原是没担当懦怯之辈,见了知县揭帖并金氏冤单,果然恐怕是非,不敢开招,照旧申报上司。大凡刑狱,经过理刑问结,别官就不敢改动。卢楠指望这番脱离牢狱,谁道反坐实了一重死案。依旧发下滏县狱中监禁。还指望知县去任,再图昭雪。那知汪知县因扳翻了个有名富豪,京中多道他有风力,到得了个美名,行取入京,升为给事之职。他已居当道,卢楠总有通天摄地的神通,也没人敢翻他招案。有一巡按御史樊某,怜其冤枉,开招释罪。汪给事知道,授意与同科官,劾樊巡按一本,说他得了贿赂,卖放重囚,罢官回去。着府县原拿卢楠下狱。因此后来上司虽知其冤,谁肯舍了自己官职,出他的罪名。

光阴迅速,卢楠在狱不觉又是十有余年,经了几个县官。那时金氏、钮文,虽都病故,汪给事却升了京堂之职,威势正盛,卢楠也不做出狱指望。不道灾星将退,那年又选一个新知县到任。只因这官人来，有分教：

　　　　此日重阴方启照，今朝甘露不成霜。

　　却说濬县新任知县姓陆，名光祖，乃浙江嘉兴府平湖县人氏。那官人胸藏绵绣，腹隐珠玑，有经天纬地之才，济世安民之术。出京时，汪公曾把卢楠的事相嘱，心下就有些疑惑，想道："虽是他旧任之事，今已年久，与他还有甚相干！谆谆教谕，其中必有缘故！"到任之后，访问邑中乡绅，都为称枉，叙其得罪之由。陆公还恐卢楠是个富家，央浼下的，未敢全信。又四下暗暗体访，所说皆同。乃道："既为民上，岂可以私怨罗织，陷人大辟？"欲要申文到上司，与他昭雪。又想道："若先申上司，必然行查驳勘，便不能决截了事；不如先开释了，然后申报。"遂吊出那宗卷来，细细查看，前后招由，并无一毫空隙。反复看了几次，想道："此事不得卢才，如何结案？"乃出百金为信赏钱，立限与捕役要拿卢才。不一月，忽然获到，将严刑究讯，审出真情。遂援笔批云：

　　　　审得钮成以领工食银于卢楠家，为卢才叩债，以致争斗，则钮成为卢氏之雇工人也明矣。雇工人死，无家翁偿命之理。况放债者才，叩债者才，厮打者亦才，释才坐楠，律何称焉？才遁不到官，累及家翁，死有余辜，拟抵不枉。卢楠久陷于狱，亦一时之厄也！相应释放。云云。

　　当日监中取出卢楠，当堂打开枷杻，释放回家。合衙门人无不惊骇，就是卢楠也出自意外，甚以为异。陆公备起申文，把卢才起衅根由，并受枉始末，一一开叙，亲至府中，相见按院呈递。按院看了申文，道他擅行开释，必有私弊，问道："闻得卢楠家中甚富，贤令独不避嫌乎？"陆公道："知县但知奉法，不知避嫌。但知问其枉不枉，不知问其富不富。若是不枉，夷齐亦无生理。若是枉，陶朱亦无死法。"按院见说得词正理直，更不再问，乃道："昔张公为廷尉，狱无冤民，贤令近之矣！敢不领教。"陆公辞谢而出，不题。

　　且说卢楠回至家中，合门庆幸，亲友尽来相贺。过了数日，卢楠差人打听陆公已是回县，要去作谢，他却也素位而行，换了青衣小帽。娘子道："受了陆公这般大德大恩，须备些礼物去谢他便好！"卢楠说："我看陆公所为，是个有肝胆的豪杰，不比那龌龊贪利的小辈。若送礼去，反轻亵他了！"娘子道："怎见得是反为轻亵？"卢楠道："我沉冤十余载，上官皆避嫌不肯见原。陆公初莅此地，即廉知枉，毅然开释，此非有十二分才智十二分胆识，安能如此！今若以利报之，正所谓故人知我，我不知故人也。如何使得？"即轻身而往。陆公因他是个才士，不好轻慢，请到后堂相见。卢楠见了陆公，长揖不拜。陆公暗以为奇，也还了一礼。遂教左右看坐。门子就扯把椅子，放在旁边。

　　看官，你道有恁样奇事！那卢楠乃久滞的罪人，亏陆公救援出狱，此是再生恩人，就磕穿头，也是该的，他却长揖不拜。若论别官府见如此无礼，心上定然不乐了。那陆公毫不介意，反又命坐，可见他度量宽洪，好贤极矣！谁想卢楠见教他旁坐，倒不悦起来，说道："老父母，但有死罪的卢楠，没有旁坐的卢楠。"陆公闻言，即走下来，重新叙礼，说道："是学生得罪了！"即逊他上坐。两下谈今论古，十分款洽，只恨相见之晚，遂为至友。有诗为证：

> 昔闻长揖大将军，今见卢生抗陆君。
> 夕释析阳朝上坐，丈夫意气薄青云。

话分两头。却说汪公闻得陆公释了卢楠，心中不忿，又托心腹，连按院劾上一本。按院也将汪公为县令时挟怨诬人始末，细细详辩一本。倒下圣旨，将汪公罢官回去，按院照旧供职，陆公安然无恙。那时谭遵已省察在家，专一挑写词状。陆公廉访得实，参了上司，拿下狱中，问边远充军。卢楠从此自谓余生，绝意仕进，益放于诗酒，家事渐渐沦落，绝不为意。

再说陆公在任，分文不要，爱民如子；况又发奸摘隐，剔清利弊，奸宄慑伏，盗贼屏迹，合县遂有神明之称，声名振于都下。只因不附权要，止迁南京礼部主事。离任之日，士民攀辕卧辙，泣声载道，送至百里之外。那卢楠直送五百余里，两下依依不舍，歔欷而别。后来陆公累官至南京吏部尚书，卢楠家已赤贫，乃南游白下，依陆公为主。陆公待为上宾，每日供其酒资一千，纵其游玩山水。所到之处，必有题咏，都中传诵。

一日游采石李学士祠，遇一赤脚道人，风致飘然，卢楠邀之同饮。道人亦出葫芦中玉液以酌卢楠。楠饮之，甘美异常，问道："此酒出于何处？"道人答道："此酒乃贫道所自造也。贫道结庵于庐山五老峰下，居士若能同游，当恣君斟酌耳！"卢楠道："既有美酝，何惮相从！"即刻到李学士祠中，作书寄谢陆公，不携行李，随着那赤脚道人而去。陆公见书，叹道："翛然而来，翛然而去，以乾坤为逆旅，以七尺为蜉蝣，真狂士也！"遣人于庐山五老峰下访之不获。后十年，陆公致政归田，朝廷遣官存问。陆公使其次子往京谢恩，从人见之于京都，寄问陆公安否？或云遇仙成道矣？后人有诗赞云：

> 命蹇英雄不自由，独将诗酒傲公候。
> 一丝不挂飘然去，赢得高名万古留。

后人又有一诗警戒文人，莫学卢公以傲取祸。诗曰：

> 酒癖诗狂傲骨兼，高人每得俗人嫌。
> 劝人休蹈卢公辙，凡事还须学谨谦。

第 三 十 卷

李汧公穷邸遇侠客

世事纷纷如弈棋，输赢变幻巧难窥。
但存方寸公平理，恩怨分明不用疑。

话说唐玄宗天宝年间，长安有一士人，姓房名德，生得方面大耳，伟干丰躯。年纪三十以外，家贫落魄，十分淹蹇，全亏着浑家贝氏纺织度日。时遇深秋天气，头上还裹着一顶破头巾，身上穿着一件旧葛衣。那葛衣又逐缕缕开了，却与襄衣相似。思想："天气渐寒，这模样怎生见人？"知道老婆余得两匹布儿，欲要讨来做件衣服。谁知老婆原是小家子出身，器量最狭，却又配着一副悍毒的狠心肠。那张嘴头子，又巧于应变，赛过刀一般快，凭你什么事，高来高就，低来低对，死的也说得活起来，活的也说得死了去，是一个翻唇弄舌的婆娘。那婆娘看见房德没甚活路，靠他吃死饭，常把老公欺负。房德因不遇时，说嘴不响，每事只得让他，渐渐的有几分俱内。

是日贝氏正在那里思想，老公恁般的狠狈，如何得个好日？却又怨父母，嫁错了对头，赚了终身，心下正是十分烦恼，恰好触在气头上，乃道："老大一个汉子，没处寻饭吃，靠着女人过日。如今连衣服都要在老娘身上出豁，说出来可不羞吗？"房德被抢白了这两句，满面羞惭。事在无奈，只得老着脸，低声下气道："娘子，一向深亏你的气力，感激不尽！但目下虽是落薄，少不得有好的日子，权借这布与我，后来发积时，大大报你的情吧！"贝氏摇手道："你的甜话儿哄得我多年了！信不过。这两匹布，老娘自要做件衣服过寒的，休得指望。"房德布又取不得，反讨了许多没趣。欲待厮闹一场，因怕老婆嘴舌又利，喉咙又响，恐被邻家听见，反妆幌子。敢怒而不敢言，憋口气撞出门去，指望寻个相识告借。

走了大半日，一无所遇。那天却又与他做对头，偏生的忽地发一阵风雨起来。这件旧葛衣被风吹得飕飕如落叶之声，就长了一身寒栗子，冒着风雨，奔向前面一古寺中躲避。那寺名为云华禅寺。房德跨进山门看时，已先有个长大汉子，坐在左廊槛上。殿中一个老僧诵经。房德就向右廊槛上坐下，呆呆的看着天上，那雨渐渐止了，暗道："这时不走，只怕少刻又大起来。"却待转身，忽掉转头来，看见墙上画一只禽鸟、翎毛儿、翅膀儿、足儿、尾儿，件件皆有，单单不画鸟头。天下有恁样空脑子的人，自己饥寒尚且难顾，有甚心肠，却评品这画的鸟来！想道："常闻得人说：画鸟先画头。这画法怎与人不同？却又不画完，是甚意故？"一头想，一头看，转觉这鸟画得可爱，乃道："我虽不晓此道，谅这鸟头也没甚难处，何不把来续完。"即往殿上与和尚借了一枝笔，蘸得墨饱，走来将鸟头画出，却也不十分丑，自觉欢喜道："我若学丹青,到可成得!"

刚画时,左廊那汉子就捱过来观看,把房德上下仔细一相,笑容可掬,向前道:"秀才! 借一步说话。"房德道:"足下是谁? 有甚见教?"那汉道:"秀才不消细问,同在下去,自有好处。"房德正在困穷之乡,听见说有好处,不胜之喜。将笔还了和尚,把破葛衣整一整,随那汉子前去。

此时风雨虽止,地上好生泥泞,却也不顾。离了云华寺,直走出升平门到乐游原旁边。这所在最是冷落。那汉子向一小角门上连叩三声。停了一回,有个人开门出来,也是个长大汉子,看见房德,亦甚欢喜,上前声喏。房德中心疑道:"这两个汉子,是何等样人? 不知请我来有甚好处?"问道:"这里是谁家?"二汉答道:"秀才到里边便晓得。"房德跨入门里,二汉原把门撑上,引他进去。房德看时,荆刺满目,衰草漫天,乃是个败落花园,楼台坍损,荒凉之所。同走到一个亭子上,里边又走出十四五个汉子,一个个身长臂大,面貌狰狞,见了房德,满面堆下笑来,尽皆道:"秀才请进。"房德暗自惊骇道:"这班人来得跷蹊,且看他有甚话说?"

众人迎进亭中,相见已毕,逊在板凳上坐下,问道:"秀才尊姓?"房德道:"小生姓房,不知列位有何说话?"起初同行那汉道:"实不相瞒,我众弟兄乃江湖上豪杰,专做这件没本钱的生意。只为俱是一勇之夫,前日几乎弄出事来;故此对天祷告,要觅个足智多谋的好汉,让他做个大哥,听其指挥。适来云华寺墙上画不完的禽鸟,便是众弟兄对天祷告,设下的誓愿,取羽翼俱全,单少头儿的意思。若合该兴隆,天遣个英雄好汉,补足这鸟,便迎请来为头。等候数日,未得其人。且喜天随人愿,今日遇着秀才恁般魁伟相貌,一定智勇兼备,正是真命寨主了。众兄弟今后任凭调度,保个终身安稳快活,可不好吗?"对众人道:"快去宰杀牲口,祭拜天地!"内中有三四个,一溜烟跑向后边去了。房德闻言道:"原来这班人,却是一伙强盗! 我乃清清白白的人,如何做恁样事?"答道:"列位壮士在上,若要我做别事则可,这一桩实不敢奉命!"众人道:"却是为何?"房德道:"我乃读书之人,还要巴个出身日子,怎肯干这等犯法的勾当?"众人道:"秀才所言差矣! 方今杨国忠为相,卖官鬻爵,有钱的,便做大官,除了钱时,就是李太白恁样高才,也受了他的恶气,不能得中,若非辨识番书,恐此时还是个白衣秀士哩。不是冒犯秀才说,看你身上这般光景,也不像有钱的,如何指望官做? 不如从了我们,大碗酒大块肉,整套穿衣,论秤分金,且又让你做个掌盘,何等快活散诞! 倘若有些气象时,据着个山寨,称孤道寡,也由得你。"房德沉吟未答。那汉又道:"秀才十分不肯时,也不敢相强。但只是

来得去不得,不从时,便要坏你性命,这却莫怪!"都向靴里飕的拔出刀来,吓得房德魂不附体,倒退下十数步来道:"列位莫动手,容再商量。"众人道:"从不从,一言而决,有甚商量?"房德想道:"这般荒僻所在,若不依他,岂不白白送了性命,有那个知得?且哄过一时,到明日脱身去出首吧。"算计已定,乃道:"多承列位壮士见爱,但小生平昔胆怯,恐做不得此事。"众人道:"不打紧,初时便胆怯,做过几次,就不觉了。"房德道:"既如此,只得顺从列位。"众人大喜,把刀依旧纳在靴中道:"即今已是一家,皆以弟兄相称了。快将衣服来与大哥换过,好拜天地。"便进去捧出一套新衣,一顶新唐巾,一双新靴。房德扮起来,威仪比前更是不同。众人齐声喝彩道:"大哥这个人品,莫说做掌盘,就是皇帝,也做得过。"

古语云:不见可欲,使心不乱。房德本是个贫士,这般华服,从不曾着体;如今忽地焕然一新,不觉移动其念,把众人那班说话,细细一味,转觉有理。想道:"如今果是杨国忠为相,贿赂公行,不知埋没了多少高才绝学。像我恁样平常学问,真个如何能够官做?若不得官,终身贫贱,反不如这班人受用了。"又想起:"见今恁般深秋天气,还穿着破葛衣。与浑家要匹布儿做件衣服,尚不能够;及至仰告亲识,又并无一个肯慨然周济。看起来到是这班人义气,与他素无相识,就把如此华美衣服与我穿着,又推我为主。便依他们胡做一场,到也落得半世快活。"却又想道:"不可,不可!倘被人拿住,这性命就休了!"正在胡思乱想,把肠子搅得七横八竖,疑惑不定。只见众人忙摆香案,抬出一口猪,一腔羊,当天排列,连房德共是十八个好汉,一齐跪下,拈香设誓,歃血为盟。祭过了天地,又与房德八拜为交,各叙姓名。

少顷摆上酒肴,请房德坐了第一席。肥甘美酝,姿意饮啖。房德日常不过黄齑淡饭,尚且自不全,间或觅得些酒肉,也不能够趁心醉饱。今日这番受用,喜出望外。且又众人轮流把盏,大哥前,大哥后,奉承得眉花眼笑。起初还在欲为未为之间,到此时便肯死心塌地做这桩事了。想道:"或者我命里合该有些造化,遇着这班弟兄扶助,真个弄出大事业来也未可知。若是小就时,只做两三次,寻了些财物,即便罢手,料必无人晓得。然后去打杨国忠的关节,觅个官儿,岂不美哉!万一败露,已是享用过头,便吃刀吃剐,亦所甘心,也强如担饥受冻,一生做个饿莩。"有诗为证:

> 风雨萧萧夜正寒,扁舟急桨上危滩。
> 也知此去波涛恶,只为饥寒二字难。

众人杯来盏去,直吃到黄昏时候。一人道:"今日大哥初聚,何不就发个利市?"众人齐声道:"言之有理。还是到那一家去好?"房德道:"京都富家,无过是延平门王元宝这老儿为最;况且又在城外,没有官兵巡逻,前后路径,我皆熟惯。只这一处,就抵得十数家了,不知列位以为何如?"众人喜道:"不瞒大哥说,这老儿我们也在心久了。只因未得其便,不想却与大哥暗合,足见同心!"即将酒席收过,取出硫磺焰硝火把器械之类,一齐扎缚起来。但见:

> 白布罗头,鞴鞋兜脚。脸上抹黑搭红,手内提刀持斧。袴裈刚过膝,牢拴裹肚;衲袄却齐腰,紧缠搭膊。一队妖魔来世界,数群虎豹入山林。

众人结束停当，捱至更余天气，出了园门，将门反撑好了，如疾风骤雨而来。这延平门离乐游原约有六七里之远，不多时就到了。且说王元宝乃京兆尹王鉷的族兄，家有敌国之富，名闻天下。玄宗天子亦尝召见。三日前被小偷窃了若干财物，告知王鉷，责令不良人捕获，又拨三十名健儿防护。不想房德这班人晦气，正撞在网里。当下众强盗取出火种，引着火把，照耀浑如白昼，轮起刀斧，一路砍门进去。那些防护健儿并家人等，俱从睡梦中惊醒，鸣锣呐喊，各执棍棒上前擒拿。庄前庄后邻家闻得，都来救护。这班强盗见人已众了，心下慌张，便放起火来，夺路而走。王家人分一半救火，一半追赶上去，团团围住。众强盗拼命死战，戳伤了几个庄客。终是寡不敌众，被打翻数人，余者尽力奔脱。房德亦在打翻数内，一齐绳穿索缚，等至天明，解进京兆尹衙门，王鉷发下畿尉推问。

那畿尉姓李名勉，字玄卿，乃宗室之子。素性忠贞尚义，有经天纬地之才，济世安民之志。只为李林甫、杨国忠相继为相，妒贤嫉能，病国殃民，屈在下僚，不能施展其才。这畿尉品级虽卑，却是个刑名官儿。凡捕到盗贼，俱属鞫讯。上司刑狱，悉委推勘。故历任的畿尉，定是酷吏，专用那周兴、来俊臣、索元礼遗下有名色的极刑。是那几般名色？有《西江月》为证：

　　　　狲子悬车可畏，驴儿拔橛堪哀！凤凰晒翅命难捱，童子参禅魂捽。玉女登梯最惨，仙人献果伤哉！猕猴钻火不招来，换个夜叉望海。

那些酷吏，一来仗刑立威；二来或是权要嘱托，希承其旨。每事不问情真情枉，一味严刑锻炼，罗织成招。任你铜筋铁骨的好汉，到此也胆丧魂惊，不知断送了多少忠臣义士！唯有李勉与他尉不同，专尚平恕，一切惨酷之刑，置而不用，临事务在得情，故此并无冤狱。

那一日正值早衙，京尹发下这件事来，十来个强盗，五六个戳伤庄客，跪做一庭；行凶刀斧，都堆在阶下。李勉举目看时，内中唯有房德，人材雄伟，丰彩非凡，想道："恁样一条汉子，如何为盗？"心下就怀个矜怜之念。当下先唤巡逻的，并于家庄客，问了被劫情由；然后又问众盗姓名，逐一细鞫。俱系当时就擒，不待用刑，尽皆款伏。又招出党羽窟穴，李勉即差不良人前去捕缉。

问至房德，乃匍匐到案前，含泪而言道："小人自幼业儒，原非盗辈。止因家贫无措，昨到亲戚处告贷，为雨阻于云华寺中，被此辈以计诱威逼入伙，出于无奈！"遂将画鸟及入伙前后事，一一细诉。李勉已是惜其材貌，又见他说得情词可悯，便有意释放他。却又想："一伙同罪，独放一人，公论难泯。况是上司所委，如何回覆？——除非如此如此。"乃假意叱喝下去，吩咐俱上了枷杻，禁于狱中，俟拿到余党再问。砍伤庄客，遣回调理。巡逻人记功有赏。发落众人去后，即唤狱卒王太进衙。原来王太昔年因误触了本官，被诬构成死罪，也亏李勉审出，原在衙门服役。那王太感激李勉之德，凡有委托，无不尽力，为此就参他做押狱之长。当下李勉吩咐道："适来强人内，有个房德，我看此人相貌轩昂，言词挺拔，是个未遇时的豪杰。有心要出脱他，因碍着众人，不好当堂明放。托在你身上，觑个方便，纵他逃走。"取过三两一封银子，教他递与，赠为盘费，速往远处潜避，莫在近边，又为人所获。王太道："相公吩咐，怎敢有违？但恐遗累众狱卒，却如何处？"李勉道："你放他去后，即引妻小，躲入我衙中，将申文俱做于你的名下，众人自然无事。你在我左右，做个亲随,岂不强如做这贱役?"王太道:"若得相公收留,在衙伏侍,万分好了。"将银袖过,急急出衙,来到狱中。对小牢子道:"新到囚犯,未经刑杖,莫教聚于一处,恐弄出些事来。"小牢子依言,遂将众人四散分开。

王太独引房德置在一个僻静之处,把本官美意,细细说出,又将银两交与。房德不胜感激道:"烦禁长哥致谢相公,小人今生若不能补报,死当作犬马酬恩。"王太道:"相公一片热肠救你,那指望报答?但愿你此去,改行从善,莫负相公起死回生之德!"房德道:"多感禁长哥指教,敢不佩领。"

捱到傍晚,王太眼同众牢子将众犯尽上囚床,第一个先从房德起,然后挨次而去。王太觑众人正手忙脚乱之时,捉空踅过来,将房德放起,开了枷锁,又把自己旧衣帽与他穿了,引至监门口。且喜内外更无一人来往,急忙开了狱门,扳他出去。房德拽开脚步,不顾高低,也不敢回家,挨出城门,连夜而走。心下思想:"多感畿尉相公救了性命,如今投兀谁好?想起当今唯有安禄山,最为天子宠任,收罗豪杰,何不投之?"遂取路直至范阳。恰好遇着个故友严庄,为范阳长史,引见禄山。那时安禄山久蓄异志,专一招亡纳叛,见房德生得人材出众,谈吐投机,遂留于部下。房德住了几时,暗地差人迎取妻子到彼,不在话下。正是:

> 挣破天罗地网,撇开闷海愁城。
> 得意尽夸今日,回头却认前生。

且说王太当晚,只推家中有事要回,吩咐众牢子好生照管,将匙钥交付明白。出了狱门,来至家中,收拾囊箧,悄悄领着妻子,连夜躲入李勉衙中,不题。

且说众牢子到次早放众囚水火,看房德时,枷锁撇在半边,不知几时逃去了。众人都惊得面如土色,叫苦不迭道:"恁样紧紧上的刑具,不知这死囚怎地挣脱逃走了?却害我们吃屈官司!又不知从何处去的?"四面张望墙壁,并不见块砖瓦落地,连泥屑也没有一些。齐道:"这死囚昨日还哄畿尉相公,说是初犯,到是个积年高手。"内中一人道:"我去报知王狱长,教他快去禀官,作急缉获!"那人一口气跑到王太家,见门闭着,一片声乱敲,哪里有人答应。间壁一个邻家走过来,道:"他家昨夜乱了两个更次,想是搬去了。"牢子道:"并不见王狱长说起迁居,那有这事!"邻家道:"无过止这间屋儿,如何敲不应?难道睡死不成?"牢子见说得有理,尽力把门扳开,原来把根木子反撑的,里边止有几件粗重家伙,并无一人。牢子道:"却不作怪!他为什么也走了?这死囚莫不到是他卖放的?休管是不是,且都推在他身上罢了。"把门依旧带上,也不回狱,径望畿尉衙门前来。

恰好李勉早衙理事,牢子上前禀知。李勉佯惊道:"向来只道王太小心,不想恁般大胆,敢卖放重犯!料他也只躲在左近,你们四散去缉访,获到者自有重赏。"牢子叩头而出。李勉备文报府,王铁以李勉疏虞防闲,以不职奏闻天子,罢官为民。一面悬榜,捕获房德、王太。李勉即日纳还官诰,收拾起身,将王太藏于女人之中,带回家去。

> 不因济困扶危意,肯作藏亡匿罪人?

李勉家道素贫,却又爱做清官,分文不敢妄取。及至罢任,依原是个寒士。归到乡中，亲率童仆，躬耕而食。家居二年有余，贫困转剧，乃别了夫人，带着王太并两个家奴，寻访故知。由东都一路，直至河北。闻得故人颜杲卿新任常山太守，遂往谒之。路经柏乡县过，这地方离常山尚有二百余里。李勉正行间，只见一行头踏，手持白棒，开道而来，呵喝道："县令相公来，还不下马？"李勉引过半边回避。王太远远望见那县令，上张皂盖，下乘白马，威仪济济，相貌堂堂。仔细认时，不是别个，便是昔年释放的房德。乃道："相公不消避得，这县令就是房德。"李勉闻言，心中甚喜，道："我说那人是个未遇时的豪杰，今却果然。但不知怎地就得了官职？"欲要上前去问，又想道："我若问时，此人只道晓得他在此做官，来与索报了，莫问吧！"吩咐王太禁声，把头回转，让他过去。

那房德渐渐至近，一眼觑见李勉背身而立，王太也在旁边，又惊又喜。连忙止住从人，跳下马来，向前作揖道："恩相见了房德，如何不唤一声，反掉转头去？险些儿错过！"李勉还礼道："恐妨足下政事，故不敢相通。"房德道："说哪里话，难得恩相至此，请到敝衙少叙。"李勉此时，鞍马劳倦，又见其意殷勤，答道："既承雅情，当暂话片时。"遂上马并辔而行，王太随在后面。不一时到了县中，直至厅前下马。房德请李勉进后堂，转过左边一个书院中来，吩咐从人不必跟入，止留一个心腹干办陈颜，在门口伺候，一面着人整备上等筵席。将李勉四个牲口，发于后槽喂养，行李即教王太等搬将入去。又教人传话衙中，唤两个家人来伏侍。那两个家人，一个教做路信，一个教做支成，都是房德为县尉时所买。

且说房德为何不要从人入去？只因他平日冒称是宰相房玄龄之后，在人前夸炫家世，同僚中不知他的来历，信以为真，把他十分敬重。今日李勉来至，相见之间，恐题起昔日为盗这段情由，怕众人闻得，传说开去，被人耻笑，做官不起。因此不要从人进去，这是他用心之处。当下李勉步入里边去看时，却是向阳一带三间书室，侧边又是两间厢房。这书室庭户虚敞，窗楹明亮，正中挂一幅名人山水，供一个古铜香炉，炉内香烟馥郁。左边设一张湘妃竹榻，右边架上堆满若干图书。沿窗一只几上，摆列文房四宝。庭中种植许多花木，铺设得十分清雅。这所在乃是县令休沐之处，故尔恁般齐整。且说房德让李勉进了书房，忙忙的掇过一把椅子，居中安放，请李勉坐下，纳头便拜。李勉急忙扶住道："足下如何行此大礼？"房德道："某乃待死之囚，得恩相超拔，又赐赠盘缠，遁逃至此，方有今日。恩相即某之再生父母，岂可不受一拜！"李勉是个忠正之人，见他说得有理，遂受了两拜。房德拜罢起来，又向王太礼谢，引他三人到厢房中坐地。又叮咛道："倘隶卒询问时，切莫与他说昔年之事。"王太道："不消吩咐，小人理会得了！"

房德复身到书房中，扯把椅儿，打横相陪，道："深蒙相公活命之恩，日夜感激，未能酬报。不意天赐至此相会。"李勉道："足下一时被陷，吾不过因便斡旋，何德之有？乃承如此垂念。"献茶已毕，房德又道："请问恩相，升在何任，得过敝邑？"李勉道："吾因释放足下，京尹论以不职，罢归乡里。家居无聊，故遍游山水，以畅襟怀。今欲往常山，访故人颜太守，路经于此；不想却遇足下，且已得了官职，甚慰鄙意。"房德道："原来恩相因某之故，累及罢官，某反苟颜窃禄于此，深切惶愧！"李勉道："古人为义气上，虽身家尚然不顾，区区卑职，何足为道！但不识足下别后，归于何处，得宰此邑？"房德道："某自脱狱，逃至范阳，幸遇故人，引见安节使，收于幕下，甚蒙优礼。半年后，即署此县尉之职。近以县主身故，遂表某为令。自愧谫陋菲才，滥叨民社，还要求恩相指教！"李勉虽则不在其位，却素闻安禄山有反叛之志，今见房德乃是他表举的官职,恐其后来党逆,故就他请教上,把言语去规训道:"做官也没甚难处,但要上不负朝廷,下不害百姓,遇着死生厉害之处,总有鼎镬在前,斧锧在后,亦不能夺我之志;切勿为匪人所惑,小利所诱,顿尔改节,虽或侥幸一时,实是贻笑千古!足下立定这个主意,莫说为此县令,就是宰相,亦尽可做得过!"房德谢道:"恩相金玉之言,某当终身佩铭!"两下一递一答,甚说得来。

少顷,路信来禀:"筵宴已完,请爷入席。"房德起身,请李勉至后堂,看时乃是上下两席。房德教从人将下席移过左旁,李勉见他要旁坐,乃道:"足下如此相叙,反觉不安,还请坐转。"房德道:"恩相在上,侍坐已是僭妄,岂敢抗礼?"李勉道:"吾与足下今已为声气之友,何必过谦!"遂令左右,依旧移在对席。从人献过杯箸,房德安席定位。庭下承应乐人,一行儿摆列奏乐。那筵席杯盘罗列,非常丰盛:

> 虽无炮凤烹龙,也极山珍海错。

当下宾主欢洽,开怀畅饮,更余方止。王太等另在一边款待,自不必说。此时二人转觉亲热,携手而行,同归书院。房德吩咐路信,取过一副供奉上司的铺盖,亲自施设裀褥,提携溺器。李勉扯住道:"此乃仆从之事,何劳足下自为!"房德道:"某受相公大恩,即使生生世世,执鞭随镫,尚不能报万一,今不过少尽其心,何足为劳!"铺设停当,又教家人另放一榻,在旁相陪。李勉见其言词诚恳,以为信义之士,愈加敬重。两下挑灯对坐,彼此倾心吐胆,各道生平志愿,情投契合,遂为至交,只恨相见之晚。直至夜分,方才就寝。次日同僚官闻得,都来相访。相见之间,房德只说:"是昔年曾蒙识荐,故此有恩!"同僚官又在县主面上讨好,各备筵席款待。话休烦絮。

房德自从李勉到后,终日饮酒谈论,也不理事,也不进衙,其侍奉趋承,就是孝子事亲,也没这般尽礼。李勉见恁样殷勤,诸事俱废,反觉过意不去,住了十来日,作辞起身。房德哪里肯放,说道:"恩相至此,正好相聚,那有就去之理!须是多住几月,待某拨夫马送至常山便了。"李勉道:"承足下高谊,原不忍言别。但足下乃一县之主,今因我在此,耽误了许多政务,倘上司知得,不当稳便。况我去心已决,强留于此反不适意!"房德料道留他不住,乃道:"恩相既坚执要去,某亦不好苦留,只是从此一别,后会无期,明日容治一樽,以尽竟日之欢,后日早行吧。"李勉道:"既承雅意,只得勉留一日。"房德留住了李勉,唤路信跟着回到私衙,要收拾礼物馈送。只因这番,有分教李畿尉险些儿送了性命。正是:

> 祸兮福所倚,福兮祸所伏。
> 所以恬淡人,无营心自足。

话分两头。却说房德老婆贝氏,昔年房德落薄时,让他做主惯了,到今做了官,每事也要乔主张。此番见老公唤了两个家人出去,一连十数日不见进衙,只道瞒了他做甚事体,十分恼恨。这日见老公来到衙里,便待发作。因要探口气,满脸反堆下笑来,问道:"外边有何事,久不退衙?"房德道:"不要说起,大恩人在此,几乎当面错过。幸喜我眼快瞧着,留得到县里,故此盘桓了这几日。特来与你商量,收拾些礼物送他。"贝氏道:"哪里什么大恩人?"房德道:"哎呀!你如何忘了?便是向年救命的畿尉李相公，只为我走了，带累他罢了官职，今往常山去访颜太守，路经于此。那狱卒王太也随在这里。"贝氏道："原来是这人吗？你打帐送他多少东西？"房德道："这个大恩人，乃再生父母，须得重重酬报！"贝氏道："送十匹绢可少吗？"房德呵呵大笑道："奶奶到会说耍话，恁地一个恩人，这十匹绢送他家人也少！"贝氏道："胡说！你做了个县官，家人尚没处一注赚十匹绢，一个打抽丰的，如何家人便要许多？老娘还要算计哩！如今做我不着，再加十匹，快些打发起身！"房德道："奶奶怎说出恁样没力气的话来？他救了我性命，又赍赠盘缠，又坏了官职，这二十匹绢当大的情了。"房德兀自嫌少，心中便有些不悦，故意道："一百匹何如？"房德道："这一百匹只够送王太了。"

贝氏道："甚的？"贝氏从来鄙吝，连这二十匹绢，还不舍得的，只为是老公救命之人，故此才肯破钞，已是绝顶天；见说一百匹还只够送王太，正不知要送李勉多少？十分焦躁道："王太送了一百匹，畿尉极少也送得五百匹哩！"房德道："五百匹还不够！"贝氏怒道："索性凑足一千何如？"房德道："这便差不多了。"贝氏听了这话，向房德劈面一口涎沫，道："啐！想是你失心风了！做得几时官，交多少东西与我？却来得这等大落！恐怕连老娘身子卖来，还凑不上一半哩！哪里来许多绢送人？"房德看见老婆发喉急，便道："奶奶有话好好商量，怎就着恼！"贝氏嚷道："有甚商量，你若有，自去送他，莫向我说。"房德道："十分少，只得在库上撮去。"贝氏道："啧啧！你好天大的胆儿！库藏乃朝廷钱粮，你敢私自用得的！倘一时上司查核，那时怎地回答？"房德闻言，心中烦恼道："话虽有理，只是恩人又去得急，一时没处设法，却怎生处？"坐在旁边踌躇。

谁想贝氏见老公执意要送恁般厚礼，就似割身上肉，也没这样疼痛，连肠子也急做千百段，顿起不良之念，乃道："看你枉做了个男子汉，这些事没有决断，如何做得大官？我有个捷径法儿在此，到也一劳永逸。"房德认做好话，忙问道："你有什么法儿？"贝氏答道："自古有言，大恩不报。不如今夜觑个方便，结果了他性命，岂不干净！"只这句话，恼得房德彻耳根通红，喝道："你这不贤妇！当初只为与你讨匹布儿做件衣服不肯，以致出去求告相识，被这班人诱去入伙，险些儿送了性命！若非这恩人，舍了自己官职，释放出来，安得今日夫妻相聚？你不劝我行些好事，反教伤害恩人，于心何忍！"

贝氏一见老公发怒，又陪着笑道："我是好话，怎到发恶！若说得有理，你便听了；没理时，便不要听，何消大惊小怪。"房德道："你且说有甚理？"贝氏道："你道昔年不肯把布与你，至今恨我吗？你且想，我自十七岁随了你，日逐所需，那一件不亏我支持。难道这两匹布，真个不舍得？因闻得当初有个苏秦，未遇时，合家俱为不礼，激励他做到六国丞相。我指望学这故事，也把你激发。不道你时运不济，却遇这强盗，又没苏秦那般志气，就随他们胡做，弄出事来。此乃你自作之孽，与我什么相干？那李勉当时岂真为义气上放你吗？"房德道："难道是假意？"

贝氏笑道："你枉自有许多聪明，这些事便见不透。大凡做刑名官的，多有贪酷之人，就是至亲至戚，犯到手里，尚不肯轻释。况他与你素无相识，且又情真罪当，怎肯舍了自己官职，轻易纵放个重犯？无非闻说你是个强盗头儿，劫来赃物窝顿，指望放了暗地去孝顺，将些去买上嘱下。这官又不坏，又落些入己。不然，如何一伙之中，独独纵你一个？哪里知道你是初犯的穷鬼，竟一溜烟走了，他这官又罢休。今番打听着在此做官，可可的来了。"房德摇首道："没有这事。当初放我，乃一团好意,何尝有丝毫别念。如今他自往常山,偶然遇见还怕误我公事,把头掉转,不肯相见,并非特地来相见,不要疑坏了人。"贝氏又叹道:"他说往常山乃是假话,如何就信以为真。且不要论别件,只他带着王太同行,便见其来意了。"房德道:"带王太同行便怎吗?"贝氏道:"你也忒杀懵懂!那李勉与颜太守是相识,或者去相访是真了;这王太乃京兆府狱卒,难道也与颜太守有旧去相访?却跟着同走。若说把头掉转不来招揽,此乃冷眼觑你,可去相迎?正是他奸巧之处,岂是好意?如果真要到常山,怎肯又住这几多时。"房德道:"他哪里肯住,是我再三苦留下的。"贝氏道:"这也是他用心处,试你待他的念头诚也不诚。"

房德原是没主意的人,被老婆这般话一耸,渐生疑惑,沉吟不语。贝氏又道:"总来这恩是报不得的!"房德道:"如何报不得?"贝氏道:"今若报得薄了。他一时翻过脸来,将旧事和盘托出,那时不但官儿了账,只怕当做越狱强盗拿去,性命登时就送。若报得厚了,他做下额子,不常来取索。如照旧馈送,自不必说;稍不满欲,依然揭起旧案,原走不脱,可不是到底终须一结。自古道:先下手为强。今若不依我言,事到其间,悔之晚矣!"

房德闻说至此,暗暗点头,心肠已是变了。又想了一想,乃道:"如今原是我要报他恩德,他却从无一字题起,恐没这心肠。"贝氏笑道:"他还不曾见你出手,故不开口,到临期自然有说话的。还有一件,他此来这番,纵无别话,你的前程,已是不能保了。"房德道:"却是为何?"贝氏道:"李勉至此,你把他万分亲热,衙门中人不知来历,必定问他家人。那家人肯替你遮掩?少不得以直告之。你想衙门人的口嘴,好不厉害,知得本官是强盗出身,定然当做新闻,互相传说。同僚们知得,虽不敢当面笑你,背后诽议也经不起。就是你也无颜再存坐得住。这个还算小可的事。那李勉与颜太守既是好友,到彼难道不说?自然一一道知其详。闻得这老儿最是古怪,且又是他属下,倘被遍河北一传,连夜走路,还只算迟了。那时可不依旧落薄,终身怎处!如今急急下手,还可免得颜太守这头出丑!"

房德初时,原怕李勉家人走漏了消息,故此暗地叮咛王太。如今老婆说出许多厉害,正投其所忌,遂把报恩念头,撇向东洋大海。连称:"还是奶奶见得透,不然,几乎反害自己。但他来时,合衙门人通晓得,明日不见了,岂不疑惑?况那尸首也难出脱!"贝氏道:"这个何难?少停出衙,止留几个心腹人答应,其余都打发去了。将他主仆灌醉,到夜静更深,差人刺死。然后把书院放了一把火烧了,明日寻出些残尸剩骨,假哭一番,衣棺盛殓。那时人只认是火烧死的,有何疑惑!"房德大喜道:"此计甚妙!"便要起身出衙。那婆娘晓得老公心是活的,恐两下久坐长谈,说得入港,又改过念来,乃道:"总则天色还早,且再过一回出去。"房德依着老婆,真个住下。有诗为证:

> 猛虎口中剑,长蛇尾上针。
> 两般犹未毒,最毒妇人心。

自古道:隔墙须有耳,窗外岂无人。房德夫妻在房说话时,那婆娘一味不舍得这绢匹,专意撺唆老公害人,全不提防有人窥听。况在私衙中,料无外人来往,恣意调唇弄舌。不想家人路信,起初闻得贝氏焦躁,便覆在间壁墙上听他们争多竞少,直至放火烧屋,一句句听得十分仔细,到吃了一惊。想道:"原来我主人曾做过强盗，亏这官人救了性命，今反恩将仇报，天理何在！看起来这般大恩人，尚且如此，何况我奴仆之辈。倘稍有过失，这性命一发死得快了！此等残薄之人，跟之何益。"又想道："常言救人一命，胜造七级浮屠。何不救了这四人，也是一点阴骘。"却又想道："若放他们走了，料然不肯饶我，不如也走了吧！"遂取些银两，藏在身边，觑个空，悄悄闪出私衙，一径奔入书院。只见支成在厢房中烹茶，坐于槛上，执着扇子打盹，也不去惊醒他。竟踅入书室，看王太时，却都不在；止有李勉正襟据案而坐，展玩书籍。

路信走近案傍，低低道："相公，你祸事到了！还不快走，更待几时？"李勉被这惊不小，急问："祸从何来？"路信扯到半边，将适来所闻，一一细说，又道："小人因念相公无辜受害，特来通报，如今不走，少顷就不能免祸了！"李勉听了这话，惊得身子犹如吊在冰桶里，把不住的寒颤，向着路信倒身下拜道："若非足下仗义救我，李勉性命定然休矣！大恩大德，自当厚报，绝不学此负心之人。"急得路信答拜不迭，道相公不要高声，快些去了吧！走漏了消息，彼此难保！"李勉道："若我走了，遗累足下，于心何安？"路信道："小人又无妻室，待相公去后，亦自远遁，不消虑得。"李勉道："既如此，何不随我同往常山？"路信道："相公肯收留小人，情愿执鞭随镫。"李勉道："你乃大恩人，怎说此话？"遂叫王太，一连十数声，再没一人答应。跌足叫苦道："他们都往哪里去了？"路信："待小人去寻来。"李勉又道："马匹俱在后槽，却怎处？"路信道："也等小人去哄他带来。"急出书室，回头看支成已不在槛上打盹了。路信即走入厢房中观看，却也不在。原来支成登东厮去了。

路信只道被他听得，进衙去报房德，心下慌张，复转身向李勉道："相公，不好了！想被支成听见，去报主人了，快走吧！等不及管家矣。"李勉又吃了一惊，半句话也应答不出，弃了行李，光身子，同着路信跟跟跄跄抢出书院。做公的见了李勉，坐下的都站起来。李勉两步并作一步，奔出城外。见有三骑马系着，是侯候县令、主簿、县尉出入的。路信心生一计，对马夫道："李相公要往西门拜客，快带马来。"那马夫晓得李勉是县主贵客，且又县主管家吩咐，怎敢不依，连忙牵过两骑。李勉刚刚上马，王太撞至马前，手中提着一双麻鞋，问道："相公往何处去？"路信接口道："相公要往西门拜客，你们通到哪里去了？"王太道："因麻鞋坏了，上街去买，相公拜那个客？"路信道："你跟来罢了，问怎的？"又叫马夫带那骑马与他乘坐，齐出县门，马夫在后跟随。路信吩咐道："顷刻就来，不消你随了"那马夫真个住下。

离了县中，李勉加上一鞭，那马如飞而走。王太见家主恁般慌促，正不知要拜甚客。行不上一箭之地，两个家人，也各提着麻鞋而来，望见家主，便闪在半边，问道："相公往哪里去？"李勉道："你且莫问，快跟来便了。"话还未了，那马已跑向前去，二人负命的赶，如何跟得上。看看行近西门，早有两人骑着牲口，从一条巷中横冲出来。路信举目观看，不是别人，却是干办陈颜，同着一个令史。二人见了李勉，滚鞍下马声喏。路信见景生情，急叫道："李相公管家们还少牲口，何不借陈干办的暂用？"李勉暗地意会，遂收缰勒马道："如此甚好。"路信向陈颜道："李相公要去拜客，暂借你的牲口与管家一乘，少顷便来！"二人巴不能奉承得李勉欢喜，指望在本官面前，增添些好言语，可有不肯的理么？连声答应道："相公要用，只管乘去。"等了一回，两个家人带跌的赶来，走得汗淋气喘。陈颜二人将鞭缰递与两个家人上了马，随李勉趱出城门。纵开丝缰，二十个马蹄，如滚浪相似，循着大道，望常山一路飞奔去了。正是：

折破玉笼飞彩凤，顿开金锁走蚊龙。

话分两头。且说支成上了东厮转来，烹了茶，捧进书室，却不见了李勉。只道在花木中行走，又遍寻一过，也没个影儿，想道："是了，一定两日久坐在此，心中不舒畅，外边闲游去了。"约莫有一个时辰，还不见进来。走出书院去观看，刚至门口，劈面正撞着家主。原来房德被老婆留住，又坐了一大回，方起身打点出衙，恰好遇见支成。问："可见路信么？"支成道："不见，想随李相公出外闲走去了。"房德心中疑虑，正待差支成去寻觅，只见陈颜来到。房德问道："曾见李相公吗？"陈颜道："方才出西门遇见。路信说要往那里去拜客。连小人的牲口，都借与他管家乘坐。一行共五个马，飞跑如云，正不知有甚紧事？"房德听罢，料是路信走漏消息，暗地叫苦。也不再问，复转身，原入私衙，报与老婆知得。

那婆娘听说走了，到吃一惊道："罢了！罢了！这祸一发来得速矣。"房德见老婆也着了急，慌得手足无措，埋怨道："未见得他怎地！都是你说长道短，如今到弄出事来了。"贝氏道："不要慌！自古道：一不做，二不休。事到其间，说不得了。料他去也不远，快唤几个心腹人，连夜追赶前去，扮作强盗，一齐砍了，岂不干净！"房德随唤陈颜进衙，与他计较。陈颜道："这事行不得，一则小人们只好趋承奔走，那杀人勾当，从不曾习惯。二则倘一时有人救应拿住，反送了性命。小人到有一计在此，不消劳师动众，教他一个也逃不脱。"房德欢喜道："你且说有甚妙策？"

陈颜道："小人间壁，一月前有一个异人，搬来居住，不言姓名，也不做甚生理，每日出去吃得烂醉方归。小人见他来历踪跷，行迹诡秘，有心去察他动静。忽一日，有一豪士青布锦袍，跃马而来，从者数人，径到此人之家，留饮三日方去。小人私下问那从者，宾主姓名，都不肯说。有一个悄对小人说：'那人是个剑侠，能飞剑取人之头，又能飞行，顷刻百里。且是极有义气，曾与长安市上代人报仇，白昼杀人，潜迹于此。'相公何不备些礼物前去，只说被李勉陷害，求他报仇。若得应允，便可了事，可不好么！"房德道："此计虽好，只恐他不肯。"陈颜道："他见相公是一县之主，屈己相求，定不推托。还怕连礼物也未必肯受哩。"贝氏在屏风后听得，便道："此计甚妙！快去求之。"房德道："将多少礼物送去？"陈颜道："他是个义士，重情不重物，得三百金足矣。"贝氏一力撺掇，就备了三百金礼物。

天色傍晚，房德易了便服，陈颜、支成相随，也不乘马，悄悄的步行到陈颜家里。原来却住在一条冷巷中，不上四五家邻舍，好不寂静。陈颜留房德到里边坐下，点起灯火，向壁缝中张看，那人还未曾回。走出门口观望，等了一回，只见那人又是烂醉，东倒西歪的，撞入屋里去了。陈颜奔入报知，房德起身就走。陈颜道："相公须打点了一班说话，更要屈膝与他，这事方谐。"房德点头道："是"。一齐到了门首，向门上轻轻叩上两下。那人开门出问："是谁？"陈颜低声哑气答道："本县知县相公，在此拜访义士。"那人带醉说道："咱这里没有什么义士。"便要关门。陈颜道："且莫闭门，还有句说话。"那人道："咱要紧去睡，谁个耐烦！有话明日来说。"房德道："略话片时，即便相别。"那人道："既如此，到里面来。"

三个跨进门内，掩上门儿，引过一层房子，乃是小小客坐，点将灯烛荧煌。房德即倒身下拜道："不知义士驾临敝邑，有失迎迓。今日幸得识荆，深慰平生。"那人将手扶住道："足下一县之主，如何行此大礼！岂不失体面。况咱并非什么义士，不要错认了。"房德道："下官专来拜访义士，安有差错之理！"教陈颜、支成将礼物献上，说道："些小薄礼，特献义士为斗酒之资，望乞哂留。"那人笑道："咱乃闾阎无赖，四海为家，无一技一能，何敢当义士之称？这些礼物也没用处，快请收去！"房德又躬身道："礼物虽微，出自房某一点血诚，幸勿峻拒！"那人道："足下蓦地屈身匹夫，且又赐恁般厚礼，却是为何？"房德道："请义士收了，方好相告。"那人道："咱虽贫贱，誓不取无名之物。足下若不说明白，断然不受。"房德假意哭拜于地道："房某负戴大冤久矣！今仇在目前，无能雪耻。特慕义士是个好男子，有聂政、荆轲之技，故敢斗胆，叩拜阶下。望义士怜念房某含冤负屈，少展半臂之力，刺死此贼，生死不忘大德！"那人摇手道："我说足下认错了，咱资身尚且无策，安能为人谋这事？况杀人勾当，非通小可，设或被人听见这话，反连累咱家，快些请回！"言罢转身，先向外而走。房德上前，一把扯道："闻得义士，素抱忠义，专一除残祛暴，济困扶危，有古烈士之风。今房某身抱大冤，义士反不见怜，料想此仇永不能报矣！"道罢，又假意啼哭。

那人冷眼瞧了这个光景，只道是真情，方道："足下真个有冤吗？"房德道："若没大冤，不敢来求义士？"那人道："既恁样，且坐下，将冤抑之事并仇家姓名，今在何处，细细说来。可行则行，可止则止。"两下遂对面而坐，陈颜、支成站于旁边。房德捏出一段假情，反说："李勉昔年诬指为盗，百般毒刑拷打，陷于狱中，几遍差狱卒王太谋害性命，皆被人知觉，不致于死。幸亏后官审明释放，得官此邑。今又与王太同来挟制，索诈千金，意犹未足；又串通家奴，暗地行刺事露，适来连此奴挈去，奔往常山，要唆颜太守来摆布。"把一片说话，妆点得十分厉害。那人听毕，大怒道："原来足下受此大冤，咱家岂忍坐视！足下且请回县，在咱身上，今夜往常山一路，找寻此贼，为足下报仇！夜半到衙中复命。"房德道："多感义士高义！某当秉烛以待。事成之日，另有厚报。"那人作色道："咱一生路见不平，拔刀相助，那个希图你的厚报？这礼物咱也不受。"说犹未绝，飘然出门，其去如风，须臾不见了。房德与众人惊得目睁口呆，连声道："真异人也！"权将礼物收回，待他复命时再送。有诗为证：

> 报仇凭一剑，重义藐千金。
> 谁谓奸雄舌，能违烈士心？

话分两头。且说王太同两个家人，见家主出了城门，又不拜甚客，只管乱跑，正不知为甚缘故。一口气就行了三十余里，天色已晚，却又不寻店宿歇。那晚乃是十三，一轮明月，早已升空，趁着月色，不顾途路崎岖，负命而逃，常恐后面有人追赶。在路也无半句言语，只管趱向前去。约莫有二更天气，共行了六十多里，来到一个村镇，已是井陉县地方。那时走得口中又渴，腹内又饥，马也渐渐行走不动。路信道："来路已远，料得无事了，且就此觅个宿处，明日早行。"李勉依言，径投旅店。谁想夜深了，家家闭户关门，无处可宿。直到市稍头，见一家门儿半开半掩，还在那里收拾家伙，遂一齐下马，走入店门。将牲口卸了鞍辔，系在槽边喂料。路信道："主人家，拣一处洁净所在，与我们安歇。"店家答道："不瞒客官说，小店房头，没个不洁净的，如今也止空得一间在此。"教小二掌灯引入房中。

李勉向一条板凳上坐下，觉得气喘吁吁。王太忍不住问道："请问相公，那房县主惓惓苦留，后日拨夫马相送，从容而行，有何不美？却反把自己行李弃下，犹如逃难一般,连夜奔走,受这般劳碌!路管家又随着我们同来,是甚意故?"李勉叹口气道:"汝那知就里?若非路管家,我与汝等死无葬身之地矣。今幸得脱虎口,已谢天不尽了,还顾得什么行李、辛苦?"王太惊问其故。李勉方待要说,不想店主人见他们五人五骑,深夜投宿,一毫行李也无,疑是歹人,走进来盘问脚色,说道:"众客长做甚生意?打从何处来,这时候到此?"李勉一肚子气恨,正没处说,见店主相问,答道:"话头甚长,请坐下了,待我细诉。"乃将房德为盗犯罪,怜其才貌,暗令王太释放,以致罢官;及客游遇见,留回厚款,今日午后,回衙听信老婆谗言,设计杀害,亏路信报知逃脱,前后之事,细说一遍。王太听了这话,连声唾骂:"负心之贼!"店主人也不胜嗟叹。

路信道:"主人家,相公鞍马辛苦,快些催酒饭来吃了,睡一觉好赶路。"店主人答应出去。只见床底下忽地钻出一个大汉,浑身结束,手持匕首,威风凛凛,杀气腾腾。吓得李勉主仆魂不附体,一齐跪倒,口称:"壮士饶命!"那人一把扶起李勉道:"不必慌张,自有话说。咱乃义士,平生专抱不平,要杀天下负心之人。适来房德假捏虚情,反说公诬陷,谋他性命,求咱来行刺。那知这贼子恁般狼心狗肺,负义忘恩!早是公说出前情,不然,险些误杀了长者。"李勉连忙叩下头去道:"多感义士活命之恩!"那人扯住道:"莫谢莫谢,咱暂去便来。"即出庭中,耸身上屋,疾如飞鸟,顷刻不见。主仆都惊得吐了舌,缩不上去,不知再来还有何意?怀着鬼胎,不敢睡卧,连酒饭也吃不下。有诗为证:

> 奔走长途气上冲,忽然床下出青锋。
> 一番衷曲殷勤诉,唤醒奇人睡梦中。

再说房德的老婆,见丈夫回来,大事已就,礼物原封不动,喜得满脸都是笑靥。连忙整备酒席,摆在堂中,夫妻秉烛以待,陈颜也留衙中俟候。到三更时分,忽听得庭前宿鸟惊鸣,落叶乱坠,一人跨入堂中。房德举目看时,恰便是那义士,打扮得如天神一般,比前大似不同,且惊且喜,向前迎接。那义士全不谦让,气忿忿的大踏步走入去,居中坐下,房德夫妻叩拜称谢。方欲启问,只见那义士怒容可掬,飕地掣出匕首,指着骂道:"你这负心贼子!李畿尉乃救命大恩人,不思报效,反听妇人之言,背恩反噬。既已事露逃去,便该悔过,却又假捏虚词,哄咱行刺。若非他道出真情,连咱也陷于不义。剐你这负心贼一万刀,方出咱这点不平之气!"房德未及措辩,头已落地。惊得贝氏慌做一堆,平时且是会说会讲,到此心胆俱裂,一张嘴犹如胶漆粘牢,动弹不得。义士指着骂道:"你这拨贱狗妇!不劝丈夫为善,反教他伤害恩人,我且看你肺肝是怎样生的!"托地跳起身来,将贝氏一脚踢翻,左脚踏住头发,右膝捺住两腿。这婆娘连叫:"义士饶命!今后再不敢了。"那义士骂道:"泼贱淫妇!咱也到肯饶你,只是你不肯饶人。"提起匕首向胸膛上一刀,直剖到脐下。将匕首衔在口中,双手拍开,把五脏六腑,抠将出来,血沥沥提在手中,向灯下照看。道:"咱只道这狗妇肺肝与人不同,原来也只如此,怎生恁般狠毒!"遂撇过一边,也割下首级,两颗头结做一堆,盛在革囊之中。揩抹了手上血污,藏了匕首,提起革囊,步出庭中,逾垣而去。

说时义胆包天地,话起雄心动鬼神。再说李勉主仆在旅店中,守至五更时分,忽见一道金光,从庭中飞入,众人一齐惊起,看时正是那义士,放下革囊,说道:"负心贼已被咱刳腹屠肠,今携其首在此!"向革囊中取出两颗首级。李勉又惊又喜,倒身下拜道:"足下高义,千古所无! 请示姓名,当图后报。"义士笑道:"咱自来没有姓名,亦不要人酬报。顷咱从床下而来,日后设有相逢,竟以'床下义士'相呼便了。"道罢,向怀中取出一包药儿,用小指甲挑少许,弹于首级断处,举手一拱,早已腾上屋檐,挽之不及,须臾不知所往。李勉见弃下两个人头,心中慌张,正在摆布。可霎作怪! 看那人头时,渐渐缩小,须臾化为一搭清水,李勉方才放心。坐至天明,路信取些钱钞,还了店家,收拾马匹上路。

　　说话的,据你说,李勉共行了六十多里方到旅店,这义士又无牲口,如何一夜之间,往返如风? 这便是前面说起,顷刻能飞行百里,乃剑侠常事耳。那义士受房德之托,不过黄昏时分,比及追赶,李勉还在途中驰骤,未曾栖息。他先一步埋伏等候,一往一来,有风无影,所以伏于床下,店中全然不知。此是剑术妙处。

　　且说李勉当夜无话,次日起身,又行了两日,方到常山,径入府中,拜谒颜太守,故人相见,喜随颜开,遂留于衙署中安歇。颜太守也见没有行李,心中奇怪,问其缘故。李勉将前事一一诉出,不胜骇异。过了两日,柏乡县将县宰夫妻被杀缘由,申文到府。原来是夜陈颜、支成同几个奴仆,见义士行凶,一个个惊号鼠窜,四散潜躲,直至天明,方敢出头。只见两个没头尸首,横在血泊里,五脏六腑,都抠在半边,首级不知去向,桌上器皿,一毫不失。一家叫苦连天,报知主簿、县尉,俱吃一惊,齐来验过。细询其情,陈颜只得把房德要害李勉,央人行刺始末说出。主簿、县尉,即点起若干做公的,各执兵器,押陈颜作眼,前去捕获刺客。那时哄动合县人民,都跟来看。到了陈颜间壁,打将入去,唯有几间空房,那见一个人影。主簿与县尉商议申文,已晓得李勉是颜太守的好友,从实申报,在他面上,怕有干碍;二则又见得县主薄德;乃将真情隐过。只说夜半被盗越入私衙,杀死县令夫妇,窃去首级,无从捕获。两下周全其事。一面买棺盛殓。颜太守依拟,申文上司。那时河北一路,都是安禄山专制,知得杀了房德,岂不去了一个心腹,倒下回文,着令严加缉获。

　　李勉闻了这个消息,恐怕缠到身上,遂作别颜太守,回归长安故里。恰好王鉷坐事下狱,凡被劾罢官,尽皆起任。李勉原起畿尉,不上半年,即升监察御史

　　一日,在长安街上行过,只见一人身衣黄衫,跨下白马,两个胡奴跟随,望着节导中乱撞。从人呵喝不住。李勉举目观看,却是昔日床下义士,遂滚鞍下马,鞠恭道:"义士别来无恙?"那义士笑道:"亏大人还认得咱家。"李勉道:"李某日夜在心,安有不识之理? 请到敝衙少叙。"义士道:"咱另日竭诚来拜,今日不敢从命。倘大

人不弃,同到敝寓一话何如?"李勉欣然相从,并马而行,来到庆元坊,一个小角门内入去。过了几重门户,忽然显出一座大宅院,厅堂屋舍,高耸云汉。奴仆趋承,不下数百。李勉暗暗点头道:"真是个异人!"请入堂中,重新见礼,分宾主而坐。顷刻摆下筵席,丰富胜于王侯。唤出家乐在庭前奏乐,一个个都是明眸皓齿,绝色佳人。义士道:"随常小饭,不足以供贵人,幸勿怪!"李勉满口称谢。当下二人席间谈论些古今英雄之事,至晚而散。

次日李勉备了些礼物,再来拜访时,止存一所空宅,不知搬向何处去了? 嗟叹而回。后来李勉官至中书门下平章事,封为汧国公。王太、路信亦扶持做个小小官职。诗云:

> 从来恩怨要分明,将怨酬恩最不平。
> 安得剑仙床下士,人间遍取不平人!

第三十一卷

郑节使立功神臂弓

> 颠狂弥勒到明州,布袋横拖柱杖头。
> 饶你化身千百亿,一身还有一身愁。

话说东京汴梁城开封府,有个万万贯的财主员外,姓张,排行第一,双名俊卿。这个员外,冬眠红锦帐,夏卧碧纱厨,两行珠翠引,一对美人扶。家中有赤金白银、斑点玳瑁、鹘轮珍珠、犀牛头上角、大象口中牙。门首一壁开个金银铺,一壁开所质库。他那爹爹大张员外,方死不多时,只有妈妈在堂。张员外好善,人叫他做张佛子。忽一日在门首观看,见一个和尚,打扮非常。但见:

> 双眉垂雪,横眼碧波。衣披烈火,七幅鲛绡;杖拄降魔,九环锡杖。若非圆寂光中客,定是楞严峰顶人。

那和尚走至面前道:"员外拜揖。"员外还礼毕。只见和尚袖中取出个疏头来,上面写道:"竹林寺特来抄化五百香罗木。"员外口中不说,心下思量:"我从小只见说竹林寺,那曾见有;况兼这香罗木,是我爹在日许下愿心,要往东峰岱岳盖嘉宁大殿,尚未答还。"员外便对和尚道:"此是我先人在日,许下愿心,不敢动着。若是吾师要别物,但请法旨。"和尚道:"若员外不肯舍施,贫僧到晚自教人取。"说罢转身。员外道:"这和尚莫是风!"天色渐晚,员外吃了三五杯酒,却待去睡,只见当值的来报:"员外祸事！家中后园火发。"吓杀员外，慌忙走来时，只见焰焰地烧着。去那火光之中，见那早来和尚，将着百十人，都长七八尺，不类人形，尽数搬这香罗板去。员外赶上看时，火光顿息，和尚和众人都不见了。再来园中一看，不见了那五百片香罗木，枯炭也没些个。却是作怪！"我爹爹许下愿心，却如何好！"一夜不眠。但见：

  玉漏声残，金乌影吐。邻鸡三唱，唤佳人傅粉施珠；宝马频嘶，催行客争名夺利。几片晓霞飞海峤，一轮红日上扶桑。

  员外起来洗漱罢，去家堂神道前烧了香，向堂前请见妈妈，把昨夜事说了一遍，道："三月二十八日，却如何上得东峰岱岳，与爹爹答还心愿？"妈妈道："我儿休烦恼，到这日却又理会。"员外见说，辞了妈妈，还去金银铺中坐地。却是二月半天气。正是：

  金勒马厮芳草地，玉楼人醉杏花天。

  只听得街上锣声响，一个小节级同个茶酒保，把着团书来请张员外团社。原来大张员外在日，起这个社会，朋友十人，近来死了一两人，不成社会。如今这几位小员外，学前辈做作，约十个朋友起社。却是二月半，便来团社。员外道："我去不得，要与爹爹还愿时，又不见了香罗木，如何去得？"那人道："若少了员外一个，便拆散了社会。"员外与绝不下，去堂前请见妈妈，告知："众员外请儿团社，缘没了香罗木与爹爹还愿，儿不敢去。"妈妈就手把着锦袋，说向儿子道："我这一件宝物，是你爹爹泛海外得来的无价之宝，我儿将此物与爹爹还愿心。"员外接得，打开锦袋红纸包看时，却是一个玉结连绦环。员外谢了妈妈，留了请书，团了社，安排上庙。那九个员外，也准备行李，随行人从，不在话下。却说张员外打扮得一似军官：

  裹四方大万字头巾，带一双扑兽匾金环，着西川锦纻丝袍，系一条干红大匾绦，揣一把玉靶压衣刀，穿一双翰鞋。

  员外同几个社友，离了家中，迤逦前去。饥餐渴饮，夜住晓行。不则一日，到得东岳，就客店歇了。至日，十个员外都上庙来烧香，各自答还香愿。员外便把玉结连绦环，舍入炳灵公殿内。香愿已完，因无甚事，便在廊下看社火酢献。这几个都是后生家，乘兴去游山。员外在后，徐徐而行。但见：

  山明水秀，风软云闲。一岩风景如屏，满目松筠似画。轻烟淡淡，数声啼鸟落花天；丽日融融，是处绿杨芳草地。

  员外自觉脚力疲困，却教众员外先行，自己走到一个亭子上歇脚。只听得斧凿之声。看时见一所作场，竹笆夹着。望那里面时，都是七八尺来长大汉做生活。忽地凿出一片木屑来，员外拾起看时，正是园中的香罗木，认得是爹爹花押。疑怪之间，只见一个行者，开笆门，来面前相揖道："长老法旨，请员外略到山门献茶。"员外入那笆门中，一似身登月殿步入蓬瀛。但见：

> 三门高耸，梵宇清幽。当门敕额字分明，两个金刚形勇猛。观音位接水陆台，宝盖相随鬼子母。

员外到得寺中，只见一个和尚出来相揖道："外日深荷了办缘事，今日幸得员外至此，请过方丈献茶。"员外远观不审，近睹分明，正是向日化香罗木的和尚，只得应道："日昨多感吾师过访，接待不及。"和尚同至方丈，叙礼分宾主坐定。点茶吃罢，不曾说得一句话。只见黄巾力士走至面前，暴雷也似声个喏："告我师，炳灵公相见。"吓得员外神魂荡漾，口中不语，心下思量："炳灵公是东岳神道，如何来这里相见？"那和尚便请员外"屏风后少待；贫僧断了此事，却与员外少叙。"员外领法旨，潜身去屏风后立地看时，见十数个黄巾力士，随着一个神道入来，但见：

> 眉单眼细，貌美神清。身披红锦衮龙袍，腰系蓝田白玉带。裹簇金帽子，着侧面丝鞋。

员外仔细看时，与岳庙塑的一般。只见和尚下阶相揖，礼毕，便问："昨夜公事如何？"炳灵公道："此人直不肯认做诸侯，只要做三年天子。"和尚道："直恁难勘，教押过来。"只见几个力士，押着一大汉，约长八尺，露出满身花绣。至方丈，和尚便道："教你做诸侯，有何不可？却要图王争帝；好打。"道不了，黄巾力士扑翻长汉在地，打得几杖子。那汉子长叹一声道："休休！不肯做那三年天子，胡乱认做诸侯吧。"黄巾力士即时把过文字安在面前，教他押了花字，便放他去。炳灵公抬身道："甚劳吾师心力。"相辞别去。和尚便请员外出来坐定。和尚道："山门无可见意，略备水酒三杯，少延清话。"员外道："深感吾师见爱。"道罢，酒至面前，饮过多时，便教收过一壁。和尚道："员外可同往山后闲游。"员外道："谨领法旨。"二人同至山中闲走。但见：

> 奇峰耸翠，佳木交阴。千层怪石惹闲云，一道飞泉垂素练。万山横碧落，一柱入丹霄。

员外观看之间，喜不自胜，便问和尚："此处峭壁，直恁险峻！"和尚道："未为险峻，请员外看这路水。"员外低头看时，被和尚推下去！员外吃一惊，却在亭子上睡觉来,道:"作怪!欲道是梦来,口中酒香。道不是梦来,却又不见踪迹。"正疑惑间,只见众员外走来道:"员外,你却怎地不来?独自在这里打磕睡。"张员外道:"贱体有些不自在,有失陪步,得罪得罪!"也不说梦中之事。众员外游山都了,离不得买些人事,整理行装,厮赶归来。单说张员外到家,亲邻都来远接,与员外洗拂。见了妈妈,欢喜不尽,只见:

> 四时光景急如梭,一岁光阴如捻指。

却早腊月初头,但见北风凛冽,瑞雪纷纷,有一只《鹧鸪天》词为证:

> 凛冽严凝雾气昏,空中瑞雪降纷纷。须臾四野难分别,顷刻山河不见痕。
> 银世界,玉乾坤,望中隐隐接昆仑。若还下到三更后,直要填平玉帝门。

员外看见雪却大,便教人开仓库散些钱米与穷汉。

且说一个人在客店中,被店小二埋怨道:"喏大个汉!没些运智,这早晚兀自不起。今日又是两个月,不还房钱。哥哥你起休!"那人长叹一声:"苦,苦!小二哥莫怪,我也是没计奈何。"店小二道:"今日前巷张员外散贫,你可讨些汤洗了头脸,胡乱讨得些钱来,且做盘缠,我又不指望你的。"那人道:"罪过你!"便去带了那顶搭拔头巾,身上披着破衣服,露着腿,赤着脚,离了客店,迎着风雪走到张员外宅前。

事有斗巧,物有故然,却来得迟些,都散了。这个人走至宅前,见门公唱个喏:"闻知宅上散贫。"门公道:"却不早来,都散了。"那人听得,叫声:"苦!"匹然倒地。员外在窗中看见,即时教人扶起。顷刻之间,三魂再至,七魄重来。员外仔细看时吃一惊,这人正是亭子上梦中见的,却恁地模样!便问那汉:"你是哪里人?姓甚名谁?见在哪里住?"那人叉着手,告员外:"小人是郑州泰宁军大户财主人家孩儿。父母早丧,流落此间,见在宅后王婆店中安歇,姓郑名信。"员外即时讨得件旧衣服与他,讨些饭食请他吃罢,便问:"你会甚手艺?"那人道:"略会些书算。"员外见说,把些钱物与他,还了店中,便收留他。见他会书算,又似梦中见的一般,便教他在宅中做主管。那人却伶俐,在宅中小心向前。员外甚是敬重,便做心腹人。

又过几时,但见时光如箭,日月如梭,不觉又是二月半间。那众员外便商量来请张员外同去出郊。一则团社,二则赏春。那几个员外,隔夜点了妓弟,一家带着一个寻常间来往说得着行首。知得张员外有孝,怕他不肯带妓女,先请他一个得意的婊子在那里。张员外不知是计,走到花园中,见了几个行首厮叫了。只见众中走出一个行首来,他是两京诗酒客,烟花杖子头,唤做王倩,却是张员外说得着的顶老。员外见了,却待要走,被王倩一把扯住道:"员外,久别台颜,一向疏失。"员外道:"深荷姐姐厚意,缘先父亡去,持服在身,恐外人见之,深为不孝。"便转身来辞众员外道:"俊卿荷诸兄见爱,偶贱体不快,坐侍不及,先此告辞。"那众员外和王倩再三相留,员外不得已,只得就席,和王行首并坐。众员外身边一家一个妓弟,便教整顿酒来。正吃得半酣,只见走一个人入来。如何打扮?

> 裹一顶蓝青头巾,带一对扑匾金环,着两上领白绫子衫,腰系干红绒线绦,
> 下着多耳麻鞋,手中携着一个篮儿。

这人走至面前，放下篮儿，又着手唱三个喏。众员外道："有何话说?"只见那汉就篮内取出砧刀，借个盘子，把块牛肉来切得几片，安在盘里。便来众员外面前道："得知众员外在此吃酒，特来送一劝。"道罢，安在面前，唱个喏便去。张员外看了，暗暗叫苦道："我被那厮诈害几遍了!"原来那厮是东京破落户，姓夏名德，有一个浑名，叫作"扯驴"。先年曾有个妹子，嫁在老张员外身边，为争口闲气，一条绳缢死了。夏德将此人命为由，屡次上门吓诈，在小张员外手里，也诈过了一二次。众员外道："不须忧虑，他只是讨些赏赐，我们自吃酒。"道不了，那厮立在面前道："今日夏德有采，遭际这一会员外。"众人道："各支二两银子与他。"讨至张员外面前，员外道："依例支二两。"那厮看着张员外道："员外依例不得。别的员外二两，你却要二百两。"张员外道："我比别的加倍，也只四两，如何要二百两?"夏德道："别的员外没甚事，你却有些瓜葛，莫待我说出来不好看!"张员外被他直诈到二十两。众员外道："也好了。"那厮道："看众员外面上罢，就求便赐，趁早回去。"张员外道："没在此间，把批子去我宅中质。"

扯驴得了批子，收拾了砧刀篮儿，一径来张员外质库里，揭起青布帘儿，向众人唱个喏。众人还了礼。未发迹的贵人问道："你赎典，还是解钱?"夏扯驴道："不赎不解，员外有批子在此，教支二十两银。"郑信便问："员外买你什吗? 支许多银?"那厮道："买我牛肉吃。"郑信道："员外直吃得许多牛肉!"夏扯驴道："主管莫问，只照批了付与我。"两个说来说去，一声高似一声。这郑信只是不肯付与他，将了二十两银子在手道："夏扯驴，我说与你，银子已在此了，我同到花园中，去见员外。若是当面吩咐得有话，我便与你。"夏扯驴骂道："打脊客作儿! 员外与我银子，干你甚事，却要你作难! 便与你去见员外，这批子须不是假的。"

这郑信和夏扯驴一径到花园中，见众员外在亭子上吃酒，进前唱个喏。张员外见郑信来，便道："主管没甚事?"郑信道："覆使头，蒙台批，支二十两银，如今自把来取台旨。"张员外道："这厮是个破落户，把与他去罢!"夏扯驴就来郑信手中抢那银子。郑信那肯与他，便对夏扯驴道："银子在这里，员外教把与你，我却不肯。你倚着东京破落户，要平白地骗人钱财。别的怕你，我郑信不怕你。就众员外面前，与你比试。你打得我过，便把银子与你；打我不过，教你许多时声名，一旦都休!"夏扯驴听得说："我好没兴，吃这客作欺负!"郑信道："莫说你强我会，这里且是宽，和你赌个胜负。"

郑信脱膊下来，众人看了喝彩。

先自人才出众，那堪满体雕青。左臂上三仙仗剑，右臂上五鬼擒龙，胸前一搭御屏风，脊背上巴山龙出水。

夏扯驴也脱膊下来，众人打一看时，那厮身上刺着的是木拐梯子，黄胖儿忍字。当下两个在花园中厮打，赌个输赢。这郑信拳到手起，去太阳上打个正着。夏扯驴扑的倒地，登时身死。吓得众员外和妓弟都走了。即时便有做公的围住，郑信拍着手道："我是郑州泰宁军人，见今在张员外宅中做主管。夏扯驴来骗我主人，我拳手重，打杀了他，不干他人之事，便把条索子缚我去!"众人见说道："好汉子! 与我东京除了一害，也不到得偿命!"离不得解进开封府，押下凶身对尸。这郑信一发都招认了,下狱定罪。张员外在府里使钱,教好看他,指望迁延,等天恩大赦。不在话下。

忽一日,开封府大尹出城谒庙,正行轿之间,只见路旁一口古井,黑气冲天而起。大尹便教住轿,看了道:"怪哉!"便去庙中烧了香。回到府,不入衙中,便教客将请众官来。不多时,众官皆至,相见茶汤已毕。大尹便道:"今日出城谒庙,路旁见一口古井,其中黑气冲天,不知有何妖怪?"众官无人敢应,只有通判起身道:"据小官愚见,要知井中怪物,何不且奏朝廷,照会将见在牢中该死罪人,教他下井去,看验的实,必知休咎。"

大尹依言,即具奏朝廷,便指挥狱中,拣选当死罪人下井,要看仔细。大尹和众人到地头,押过罪人,把篮盛了,用辘轳放将下去。只听铃响,绞上来看时,止有骨头。一个下去一个死,二人下去二人亡。似此坏了数十人。狱中受了张员外嘱托,也要藏留郑信。大尹令旨,教狱中但有罪人都要押来。却藏留郑信不得,只得押来。大尹教他下井去。郑信道:"下去不辞,愿乞五件物。"大尹问:"要甚五件?"郑信道:"要讨头盔衣甲和靴、剑一口,一斗酒,二斤肉,炊饼之类。"大尹即时教依他所要,一一将至面前。郑信唱了喏,把酒肉和炊饼吃了,披挂衣甲,仗了剑。众人喝声彩。但见:

> 头盔似雪,衣甲如银,穿一双抹绿皂靴,手仗七星宝剑。

郑信打扮了,坐在篮中,辘轳放将下去。铃响绞上来看时,不见了郑信。那井中黑气也便不起。大尹再教放下篮去取时,杳无踪迹。一似石沉大海,线断风筝。大尹和众官等候多时,且各自回衙去。

却说未发迹变泰国家节度使郑信到得井底,便走出篮中,仗剑在手,去井中一壁立地。初下来时便黑,在下多时却明。郑信低头看时,见一壁厢一个水口,却好容得身,挨身入去。行不多几步抬头看时,但见:

> 山岭相连,烟霞缭绕。芳草长茸茸嫩绿,岩花喷馥馥清香。苍崖郁郁长青松,曲涧涓涓流细水。

郑信正行之间,闷闷不已!知道此处是哪里?又没人烟。日中前后,去松阴竹影稀处望时,只见飞檐碧瓦,栋宇轩窗,想有幽人居止。遂登危历险,寻径而往。只闻流水松声,步履之下,渐渐林篁两分,峦峰四合。但见:

> 溪深水曲,风静云闲。青松锁碧瓦朱甍,修竹映雕檐玉砌。楼台高耸,院宇深沉。若非王者之宫,必是神仙之府。

郑信见这一所宫殿,便去宫前立地多时,更无一人出入。抬头看时,只见门上一面硃红牌金字,写着"日霞之殿"。里面寂寥,杳无人迹。仗剑直入宫门。走到殿内,只见一个女子,枕着件物事,觑觑地裸体而卧。但见:

> 鱼沉雁落,月闭花羞。似杨妃出浴理新妆,如西子心疼欹玉枕。柳眉敛

翠,桃脸凝红。却是西园芍药倚朱栏,南海观音初入定。

郑信见了女子,这却是此怪。便悄悄地把只手衬着那女子,拿了枕头的物事。又轻轻放下女子头,走出外面看时,却是个乾红色皮袋。郑信不解其故,把这件物事,去花树下,将剑掘个坑埋了。又回身仗剑再入殿中,看着那女子,尽力一喝道:"起!"只见那女子闪开那娇滴滴眼儿,慌忙把万种妖娆吓做一团,回头道:"郑郎!你来也。妾守空房,等你多时。妾与你五百年前姻眷,今日得见你。"那女子初时待要变出本相,却被郑信偷了他的神通物事,只得将错就错。若是生得不好时,把来一剑杀了,却见他如花似玉,不觉心动。便问:"女子孰氏?"女子道:"丈夫,你可放下手中宝剑,脱了衣甲,妾和你少叙绸缪。"但见:

暮云笼帝榭,薄霭罩池塘。双双粉蝶宿芳丛,对对黄鹂栖翠柳。画梁悄悄,珠帘放下燕归来;小院沉沉,绣被薰香人欲睡。风定子规啼玉树,月移花影上纱窗。

女子便叫青衣安排酒来。顷刻之间,酒至面前,百味珍羞俱备。饮至数杯,酒已半酣。女子道:"今日天与之幸,得见丈夫,尽醉方休!"郑信推辞。女子道:"妾与郑郎,是五百年前姻眷,今日岂可推托。"又吃了多时,乃令青衣收过杯盘,两个同携素手,共入兰房。正是:

绣帏低垂,罗衾漫展。两情欢会,共诉海誓山盟;二意和谐,多少云情雨意。云淡淡天边鸾凤,水沉沉交颈鸳鸯。写成今世不休书,结下来生合欢带。

到得天明,女子起来道:"丈夫,夜来深荷见怜。"郑信道:"深感娘娘见爱,未知孰氏?恐另日相见,即当报答深恩。"女子道:"妾乃日霞仙子,我与丈夫尽老百年,何有思归之意?"这两口儿,同行并坐,暮乐朝欢。

忽一日,那女子对郑信道:"丈夫,你耐静则个!我出去便归。"郑信道:"到哪里去?"女子道:"我今日去赴上界蟠桃宴便归,留下青衣相伴,如要酒食,旋便指挥。有件事嘱咐丈夫,切不可去后宫游戏,若还去时,厉害非轻!"那女子吩咐了,暂别。两个青衣伏侍。郑信独自无聊,遂令安排几杯酒消遣,思量:"却似一场春梦,留落在此。适来我妻吩咐,莫去后宫,想必另有景致,不叫我去。我再试探则个!"遂移步出门,迤逦奔后宫来。打一看,又是一个去处,一个宫门。到得里面,一个大殿,金书牌额:"月华之殿"。正看之间,听得鞋履响,莲步鸣,语笑喧杂之声。只见一簇青衣拥着一个仙女出来,生得:

盈盈玉貌,楚楚梅妆。口点樱桃,眉舒柳叶。轻叠乌云之发,风消雪白之肌,不饶照水芙蓉,恐是凌波菡萏。一尘不染,百媚俱生。

郑信见了,喜不自胜。只见那女子便道:"好也!何处不寻,甚处不觅,原来我丈夫只在此间。"不问事由,便把郑信簇拥将去,叫道:"丈夫,你来也!妾守空房,等你久矣!"郑信道:"娘娘错认了,我自有浑家在前殿。"那女子不由分说,簇拥到殿上,便教安排酒来。那女子和郑信饮了数杯,二人携手入房。向鸳帏之中,成夫妇之礼。

顷刻间云收雨散,整衣而起。只见青衣来报:"前殿日霞娘娘来见。"这女子慌忙藏郑信不及。日霞仙子走至面前道:"丈夫,你却走来这里则甚!"便拖住郑信臂膊,将归前殿。月华仙子见了,柳眉剔竖,杏眼圆睁道:"你却将身嫁他,我却如何?"便带数十个青衣奔来,直至殿上道:"姐姐,我的丈夫,你却如何夺了?"日霞仙子道:"妹妹,是我丈夫,你却说什么话?"两个一声高似一声。这郑信被日霞仙子把来藏了,月华仙子无计奈何。两个打做一团,扭做一块。斗了多时,月华仙子觉道斗姐姐不下,喝声起,跳至虚空,变出本相。那日霞仙子,也待要变,原来被郑信埋了他的神通,便变不得,却输了。慌忙走来见郑信,两泪交流道:"丈夫,只因你不信我言,故有今日之苦。又被你埋了我的神通,我变不得。若要奈何得他,可把这件物事还我。"

郑信见他哀求不已,只得走来殿外花树下,掘出那件物事来。日霞仙子便再和月华仙子斗圣。日霞仙子又输了,走回来。郑信道:"我妻又怎的奈何他不下?"日霞仙子道:"为我身怀六甲,赢那贱人不得。我有件事告你。"郑信道:"我妻有话但说。"日霞仙子教青衣去取来。不多时,把一张弓,一只箭,道:"丈夫,此弓非人间所有之物,名为神臂弓,百发百中。我在空中变就神通,和那贱人斗法,你可在下看着白的,射一箭,助我一臂之力。"郑信道:"好,你但放心。"说不了,月华仙子又来。两个上云中变出本相相斗。郑信在下看时,哪里见两个如花似玉的仙子?只见一个白一个红,两个蜘蛛在空中相斗。郑信道:"原来如此!"只见红的输了便走,后面白的赶来,被郑信弯弓,觑得亲,一箭射去,喝声"着!"把白蜘蛛射了下来。月华仙子大痛失声,便骂:"郑信负心贼!暗算了我也!"自往后殿去,不题。

这里日霞仙子,收了本相,依然一个如花似玉佳人,看着郑信道:"丈夫,深荷厚恩,与妾解围,使妾得遂终身偕老之愿。"两个自此越说得著,行则并肩,坐则叠股,无片时相舍。正是:

> 春和淑丽,同携手于花前;夏气炎蒸,共纳凉于花下。秋光皎洁,银蟾与桂偶同圆;冬景严凝,玉体与香肩共暖。受物外无穷快乐,享人间不尽欢娱。

倏忽间过了三年,生下一男一女。郑信自思:"在此虽是朝欢暮乐,作何道理发迹变态?"遂告道:"感荷娘娘收留在此,一住三年,生男育女。若得前途发迹,报答我妻,是吾所愿。"日霞仙子见说,泪下如雨道:"丈夫,你去不争教我如何!两个孩儿却是怎地!"郑信道:"我若得一官半职,便来取你们。"仙子道:"丈夫人要何处去?"郑信道:"我往太原投军。"仙子见说,便道:"丈夫,与你一件物事,教你去投军,有分发迹。"便叫青衣,取那张神臂克敌弓,便是今时踏镫弩。吩咐道:"你可带去军前立功,定然有五等诸侯之贵。这一男一女,与你扶养在此,直待一纪之后,奴自遣人送还。"郑信道:"我此去若有发迹之日,早晚来迎你母子。"仙子道:"你我相遇,亦是夙缘。今三年限满,仙凡路隔,岂复有相见之期乎!"说罢,不觉潸然下泪。

郑信初时求去,听说相见无期,心中感伤,亦流泪不已,情愿再住几时。仙子道:"夫妻缘尽,自然分别。妾亦不敢留君,恐误君前程,必遭天谴!"即命青衣置酒饯别。饮至数杯，仙子道："丈夫，你先前携来的剑，和那一副盔甲，权留在此。他日送儿女还你，那时好作信物。"郑信道："但凭贤妻主意。"仙子又亲劝别酒三杯，取一大包金珠相赠，亲自送出宫门。约行数里之程，远远望见路口，仙子道："丈夫，但从此出去，便是大路。前程万里，保重！保重！"郑信方欲眷恋，忽然就脚下起阵狂风，风定后，已不见了仙子。但见：

> 青云藏宝殿，薄雾隐回廊。静听不闻消息之声，熟视已失峰峦之势。日霞宫想归海上，神仙女自返蓬莱。多应看罢僧繇画，卷起丹青一幅图。

郑信抱了一张神臂弓，呆呆的立了半晌，没奈何，只得前行。到得路口看时，却是汾州大路，此路去河东太原府不远。那太原府主，却是种相公，讳师道，见在出榜招军。郑信走到辕门投军，献上神臂弓。种相公大喜，吩咐工人如法制造数千张，遂补郑信为帐前管军指挥。后来收番累立战功，都亏那神臂弓之力。十余年间，直做到两川节度使之职。思念日霞仙子三年恩爱，不题。

话分两头。再说张俊卿员外，自从那年郑信下井之后，好生思念。每年逢了此日，就差主管备下三牲祭礼，亲到井边祭奠，也是不忘故旧之意。如此数年，未尝有缺。忽一日祭奠回来，觉得身子困倦，在厅堂中，少憩片时，不觉睡去。梦见天上五色云霞，灿烂夺目，忽然现出一位红衣仙子，左手中抱着一男，右手中抱着一女，高叫："张俊卿，这一对男女，是郑信所生。今日交付与你，你可好生抚养。待郑信发迹之后，送至剑门，不可负吾之托！"说罢，将手中男女，从半空里撒下来，员外接受不迭，惊出一身冷汗。蓦然醒来，口称奇怪。尚未转动，只见门公报道："方才有个白须公公，领着一男一女，送与员外，说道：'员外在古井边，曾受他之托。'又有送这个包裹，这一口剑，说是两川节度使的信物在内，教员外亲手开看。男女不知好歹，特来报知。"

张员外听说，正符了梦中之言，打开包裹看时，却是一副盔甲在内，和这口剑。收起，亲走出门前看时，已不见了白须公公，但见如花似玉的一双男女，约莫有三四岁长成。问其来历，但云："娘是日华公主，教我去跟寻郑家爹爹。"再叩其详，都不能言。张员外想道："郑信已堕井中，几曾出来？哪里又有儿女，莫非是同名同姓的？"又想起岳庙之梦，分明他有五等诸侯之贵。心中委绝不下，且收留着这双男女，好生抚养，一面打探郑信消息。光阴如箭，看看长大。张员外把作自己亲儿女看成，男取名郑武，女取名彩娘。张员外自有一子，年纪相仿，叫作张文。一文一武，如同胞兄弟，同在学堂攻书。彩娘自在闺房针指。又过了几年，并不知郑信下落。

忽一日，张员外走出厅来，忽见门公来报："有两川节度使差来进表官员，写了员外姓名居址，问到这里，他要亲自求见。"员外心中疑虑，忙教请进。只见那差官：

> 头顶缠棕大帽，脚踏粉底乌靴。身穿蜀锦窄袖袄子，腰系间银纯铁挺带。行来魁岸之容，面带风尘之色。从者牵着一匹大马相随。

张员外降阶迎接，叙礼已毕。那差官取出一包礼物，并书信一封，说道："节使郑爷多多拜上。"张员外拆书看时，认得是郑信笔迹，书上写道：

信向蒙恩人青目，狱中又多得看觑，此乃莫大之恩也！前入古井，自分无幸，何期有日华仙子之遇。伉俪三年，复赠资斧，送出汾州投军，累立战功。今叨福庇，得抚蜀中。向无鸿雁，未获音耗。今因进表之便，薄具黄金三十两，彩币十端，权表微忱。倘不畏蜀道之艰，肯到敝台光顾，信之万幸！悬望悬望！

张员外看罢，举手加额，道："郑家果然发迹变泰，又不忘故旧，远送礼物，真乃有德有行之人也！"遂将向来梦中之事，一一与差官说知，差官亦惊讶不已。是日设筵，款待差官。那差官虽然是有品级的武职，却受了节使吩咐言语来迎取张员外的，好生谦谨。张员外就留他在家中作寓，日日宴会。闲话休叙。

过了十来日，公事了毕，差官催促员外起身。张员外与院君商量，要带那男女送还郑节使。又想女儿不便同行，只得留在家中，单带那郑武上路。随身行李，童仆四人，和差官共是七个马，一同出了汴京，望剑门一路进发。

不一日，到了节度使衙门，差官先入禀复。郑信忙教请进私衙，以家人之礼相见。员外率领郑武拜认父亲，叙及白发公公领来相托。献上盔甲、腰刀信物，并说及两翻奇梦。郑信念起日霞仙子情分，凄然伤感。屈指算之，恰好一十二年，男女皆一十二岁。仙子临行所言，分毫不爽。其时大排筵会，管待张员外，礼为上宾。就席间将女儿彩娘许配员外之子张文，亲家相称。此谓以德报德也。

却说郑信思念日霞仙子不已，于锦江之旁，建造日霞行宫，极其壮丽。岁时亲往行香。

再说张员外住了三月有余，思想家乡，郑信不敢强留，安排车马，送出十里长亭之外。赠遗之厚，自不必说。又将黄金百两，托员外施舍岳庙修造炳灵公大殿。后来因金兀术入寇，天子四下征兵。郑信带领儿子郑武勤王，累败金兵。到汴京复与张俊卿相会，方才认得女婿张文，及女儿彩娘。郑信寿至五十余，白日看见日霞仙子车驾来迎，无疾而逝。其子郑武以父荫累官至宣抚使。其后金兵入寇不已，各郡县俱仿神臂弓之例，多能杀贼。到徽钦巡狩，康王渡江，为金兵所追，忽见空中有金甲神人，率领神兵，以神臂弓射贼，贼兵始退。康王见旗帜上有郑字，以问从驾之臣。有人奏言："前两川节度使郑信，曾献克敌神臂弓，此必其神来护驾耳。"康王既即位，敕封明灵昭惠王，立庙于江上，至今古迹犹存。诗曰：

郑信当年未遇时，俊卿梦里已先知。

运来自有因缘到，到手休嫌早共迟。

第三十二卷

黄秀才徼灵玉马坠

净几明窗不染尘，图书镇日与相亲。

偶然谈及风流事，多少风流误了人。

话说唐乾符年间，扬州有一秀士，姓黄名损，字益之。年方二十一岁，生得丰姿韶秀，一表人才。兼之学富五车，才倾八斗，同辈之中，推为才子。原是阀阅名门，因父母早丧，家道零落。父亲手里遗下一件宝贝，是一块羊脂白玉雕成个马儿，唤做"玉马坠"，色泽温润，镂刻精工。虽然是小小东西，等闲也没有第二件胜得他的。黄损秀才自幼爱惜，佩带在身，不曾顷刻之离。偶一日闲游市中，遇着一个老叟，生得怎生模样？

头带箬叶冠，身穿百衲袄，腰系黄丝绦，手执逍遥扇。童颜鹤发，碧眼方瞳。不是蓬莱仙长，也须学道高人。

那老者看见黄生，微微而笑。黄生见其仪容古雅，悚然起敬，邀至茶坊献茶叙话。那老者所谈，无非是理学名言，玄门妙谛，黄生不觉叹服。正当语酣之际，黄生偶然举袂，老者看见了那玉马坠儿，道："愿借一观。"黄生即时解下，双手献与老者。老者看了又看，啧啧叹赏，问道："此坠价值几何？老汉意欲奉价相求，未审郎君允否？"黄生答道："此乃家下祖遗之物，老翁若心爱，便当相赠，何论价乎！"老者道："既蒙郎君慷慨不吝，老汉何敢固辞。老汉他日亦有所报。"便将此坠悬挂在黄丝绦上，挥手而别，其去如飞。生愕然惊怪，想道："此老定是异人，恨不曾问其姓名也！"这段话阁过不题。

却说荆襄节度使刘守道，平昔慕黄生才名，差官持手书一封，白金彩币，聘为幕宾。如何叫作幕宾？但凡幕府军民事冗，要人商议，况一应章奏及书札，亦须要个代笔，必得才智兼全之士，方称其职，厚其礼币，奉为上宾，所以谓之幕宾，又谓之书记。有官职者，则谓之记室参军。黄损秀才，正当穷困无聊之际，却闻得刘节使有此美意，遂欣然许之。先写了回书，打发来人，约定了日期，自到荆州谒见。差官去了，黄生收拾衣装，别过亲友，一路搭船。

行至江州，忽见巨舟泊岸，篷窗雅洁，朱栏油幕，甚是整齐。黄生想道："我若趁得此船，何愁江中波浪之险乎？"适有一水手上岸沽酒，黄生尾其后而问之："此舟从何而来？今往何处？"水手答道："徽人姓韩，今往蜀中做客。"黄生道："此去蜀中，必从荆江而过，小生正欲往彼，未审可容附舟否？"水手道："船颇宽大，那争趁你一人。只是主人家眷在上，未知他意允否若何？"黄生取出青蚨三百，奉为酒资，求其代言。水手道："官人但少停于此，待我禀过主人，方敢相请。"须臾，水手沽酒回来，黄生复嘱其善言方便，水手应允。不一时，见船上以手相招，黄生即登舟相问，水手道："主人最重斯文，说是个单身秀士，并不推拒；但前舱货物充满，只可于艄头存坐，夜间在后火舱歇宿。主人家眷在于中舱，切须谨慎，勿取其怪。"遂引黄生见了主人韩翁，言谈之间，甚相器重。是夜，黄生在后火舱中坐了一回，方欲解衣就寝，忽闻筝声凄婉，其声自中舱而出。黄生披衣起坐，侧耳听之：

> 乍雄乍细，若沉若浮。或如雁语长空，或如鹤鸣旷野，或如清泉赴壑，或如乱雨洒窗。汉宫初奏《明妃曲》，唐家新谱《雨淋铃》。

唐时第一琵琶手是康昆仑，第一筝手是郝善素。扬州妓女薛琼琼独得郝善素指法。琼琼与黄生最相契厚。僖宗皇帝妙选天下知音女子，入宫供奉，扬州刺史以琼琼应选。黄生思之不置，遂不忍复听弹筝。今日所闻筝声，宛似琼琼所弹，黄生暗暗称奇。时夜深人静，舟中俱已睡熟。黄生推篷而起，悄然从窗隙中窥之，见舱中一幼女年未及笄，身穿杏红轻绡，云鬟半軃，娇艳非常。燃兰膏，焚凤脑，纤手如玉，抚筝而弹。须臾曲罢，兰销篆灭，杳无所闻矣。那时黄生神魂俱荡，如逢神女仙妃，薛琼琼辈又不足道也！在舱中展转不寐，吟成小词一首。词云：

> 生平无所愿，愿作乐中筝。得近佳人纤手子，研罗裙上放娇声，便死也为荣。

一夜无眠，巴到天明起坐，便取花笺一幅，楷写前词，后题"维扬黄损"四字，叠成方胜，藏于怀袖。梳洗已毕，频频向中舱观望，绝无动静。少顷，韩翁到后艄答拜，就拉往前舱献茶。黄生身对老翁，心怀幼女。自觉应对失次，心中惭悚；而韩翁殊不知也。忽闻中舱金盆声响，生意此女盥漱，急急起身，从船舷而过。偷眼窥觑

窗棂，不甚分明，而香气芬馥，扑于鼻端。生之魂已迷，而骨已软矣。急于袖中取出花笺小词，从窗隙中投入。诚恐舟人旁瞷，移步远远而立。两只眼觑定窗棂，真个是目不转睛。

却说中舱那女子梳妆洗手刚毕，忽闻窗间簌簌之响，取而观之，解开方胜，乃是小词一首。读罢，赞叹不已。仍折做方胜，藏于裙带上锦囊之中。明明晓得趁船那秀才夜来闻筝而作，情词俱绝，心中十分欣慕；但内才如此，不知外才何如？遂启半窗，舒头外望，见生凝然独立，如有所思。麟凤之姿，皎皎绝尘，虽潘安、卫玠，无以过也！心下想道："我生长贾家，耻为贩夫贩妇，若与此生得偕伉俪，岂非至愿！"本欲再看一时，为舟中耳目甚近，只得掩窗。黄生亦退于舱后，然思慕之念益切。时舟尚停泊未开，黄生假推上岸，屡从窗边往来。女闻窗外履声，亦必启窗露面，四目相视，未免彼此送情，只是不能接语。正是：

> 彼此满怀心腹事，大家都在不言中。

到午后，韩翁有邻舟相识，拉上岸于酒家相款。舟人俱整理篷楫，为明早开船之计。黄生注目窗棂，适此女推窗外望，见生，忽然退步，若含羞欲避者。少顷复以手招生。生喜出望外，移步近窗，女乃倚窗细语道："夜勿先寝，妾有一言。"黄生再欲叩之，女已掩窗而去矣。黄生大喜欲狂，恨不能一拳打落日头，把孙行者的瞌睡虫，遍派满船之人，等他呼呼睡去，独留他男女二人，叙一个心满意足。正是：

> 无情不惧良宵短，有约偏嫌此日长。

至夜韩翁扶醉而归。到船即睡。黄生到船边，守候至更深，舟子俱已安息。微闻隔壁弹指三声，黄生急整冠起视。时新月微明，轻风徐拂，女已开半户，向外而立。黄生即于船舷上作揖，女于舱中答礼。生便欲跨足下舱，女不许，向生道："慕君之才，本欲与君吐露心腹，幸勿相逼！"黄生亦不敢造次，乃矬身坐于窗口。女问生道："君何方人氏？有妻室否？"黄生答道："维扬秀才，家贫未娶。"女道："妾之母裴姓，亦维扬人也。吾父虽徽籍，浮家蜀中，向到维扬，聘吾母为侧室，止生妾一人。十二岁吾母见背，今三年丧毕，吾父移妾归蜀耳。"黄生道："既如此，则我与小娘子同乡故旧，安得无情乎？幸述芳名，当铭胸臆。"女道："妾小字玉娥，幼时吾母教以读书识字，颇通文墨。昨承示佳词，逸思新美，君真天下有心人也！愿得为伯鸾妇，效孟光举案齐眉，妾愿足矣。"黄生道："小娘子既有此心，我岂木石之比，誓当竭力图之。若不如愿，当终身不娶，以报高情。"女道："慕君才调，不羞自媒。异日富贵，勿令妾有白头之叹。"黄生道："卿家雅意，阳侯、河伯，实闻此言，如有负心，天地不宥。但小娘子乃尊翁之爱女，小生逆旅贫儒，即使通媒尊翁，未必肯从。异日舟去人离，相会不知何日？不识小娘子有何奇策，使小生得遂盟言？"女道："夜话已久，严父酒且醒矣，难以尽言。此后三月，必到涪州。十月初三日，乃水神生日，吾父每出入，必往祭赛，舟人尽行。君以是日能到舟次一会，当为决终身之策，幸勿负约，使妾望穿两眸也！"黄生道："既蒙良约，敢不趋赴。"言毕，舒手欲握女臂，忽闻韩翁酒醒呼茶，女急掩窗。黄生逡巡就寝，忽忽如有所失。

从此合眼便见此女，顷刻不能忘情，此女亦不复启窗见生矣。舟行月余，方抵荆江，正值上水顺风，舟人欲赶程途，催生登岸。生虽徘徊不忍，难以推托。将酒钱赠了舟子，别过韩翁，取包裹上岸，复伫立凝视中舱，凄然欲泪。女亦微启窗槅。停眸相送。俄顷之间，扬帆而去，迅速如飞。黄生盼望良久，不见了船，不觉堕泪。旁人问其缘故，黄生哽咽不能答一语。正是：

　　　　不如意事常八九，可与人言无二三。

黄生呆立江岸，直至天晚，只得就店安歇。次早问了守帅府前，投了名刺，刘公欣然接纳，叙起敬慕之意，即日开筵相待。黄生于席间思念玉娥，食不下咽。刘公见其精神恍惚，疑有心事，再三问之，黄生含泪不言。但云："中途有病未痊。"刘公亦好言抚慰。至晚刘公亲自送入书馆，铺设极其华整。黄生心不在焉，郁郁而已。过了数日，黄生恐误玉娥之期，托言欲往邻帮访一故友，暂假出外，月余即返。刘公道："军务倥偬，政欲请教，且待少暇，当从尊命。"又过了数日，生再开言，刘公只是不允。生度不可强，又公馆守卫严密，夜间落锁，不便出入。一连踌躇了三日夜，更无良策。忽一日问馆童道："此间何处可以散闷？"馆童道："一墙之隔，便是本府后花园中，亭台树木，尽可消遣。"

黄生命童子开了书馆，引入后园。游玩了一番，问道："花园之外，还是何处？"馆童道："墙外便是街坊，周围有人巡警。日则敲梆，夜则打更。老爷法度，好不严哩！"黄生听在肚里，暗暗打帐："除非如此如此。"是夜和衣而卧，寝不成寐。捱到五更，鼓声已绝，寂无人声，料此际司更的辛苦了一夜，必然困倦。此时不去，更待何时。近墙有石榴树一株，黄生攀援而上，耸身一跳，出了书房的粉墙，静悄悄一个大花园，园墙上都有荆棘。黄生心生一计，将石块填脚，先扒开那些棘刺，逾墙而出，并无人知觉。早离了帅府，趁此天色未明，拽开脚步便走。忙忙若丧家之狗，急急如漏网之鱼。有诗为证：

　　　　已效郗生入幕，何当干木逾垣！
　　　　岂有墙东窥宋，却同月下追韩。

次日馆中童子早起承值，叫声："奇怪！门不开，户不开，房中不见了黄秀才。"忙去报知刘公。刘公见说，吃了一惊，亲到书房看了一遍，一步步看到后园，见棘刺扒动，墙上有缺，想必那没行止的秀才，从此而去，正不知什么急务。当下传梆升帐，拘巡警员役询问，皆云："不知"，刘公责治了一番。因他说邻郡访友，差人于襄邓各府逐县挨查缉访，并无踪影，叹息而罢。

话分两头。却说黄秀才自离帅府，捱门出城，又怕有人追赶，放脚飞跑，逢人问路。晚宿早行，径望涪州而进。自古道：无巧不成话。赶到涪州，刚刚是十月初三日。且说黄秀才在帅府中，担阁多日，如何还赶得上？只因客船重大，且是上水有风则行，无风则止。黄秀才从陆路短盘，风雨无阻，所以赶着了。沿江一路找寻，只见高樯巨舰，比次凑集，如鱼鳞一般，逐只挨去，并不见韩翁之舟。心中早已着忙，莫非忙中有错，还是再捱转去。方欲回步，只见前面半箭之地，江岸有枯柳数株，下面单单泊着一只船儿。上前仔细观看,那船上寂无一人,只中舱有一女子,独倚篷窗,如有所待。那女子非别,正是玉娥。因为有黄生之约,恐众人耳目之下,相见不便,在父亲前,只说爱那柳树之下泊船,僻静有趣,韩翁爱女,言无不从。此时黄生一见,其喜非小。

> 谩说洞房花烛夜,且喜他乡遇故知。

那玉娥望见黄生,笑容可掬。其船离岸尚远,黄生便欲跳上。玉娥道:"水势甚急,须牵缆至近方可。"黄生依言,便举手去牵那缆儿,也是合当有事,那缆带在柳树根上,被风浪所激,已自松了。黄生去拿他时,便脱了结。你说巨舟在江涛汹涌之中,何等力气,黄生又是个书生,不是筋节的,一只手如何带得住?说时迟,那时快,只叫得一声"啊呀!"但见舟逐顺流下水,去若飞电,若现若隐,瞬息之间,不知几里!黄生沿岸叫呼。众船上都往水神庙祭赛去了,便有来往舟只,那涪江水势又与下面不同,离川江不远,瞿塘三峡,一路下来,如银河倒泻一般,各船过此,一个个手忙脚乱,自顾且不暇,何暇顾别人。黄生狂走约有一二十里,到空阔处,不见了那船。又走二十来里,料无觅处。欲待转去报与韩翁知道,又恐反惹其祸,对着江面,痛哭了一场。想起远路天涯,孤身无倚,欲再见刘公,又无颜面。况且盘缠缺少,有家难奔,有国难投。"不如投向江流或者得小娘子魂魄相见,也见我黄损不是负心之人。罢!罢!罢!

> 人生自古谁无死,留与风流作话文。

黄秀才方欲投江,只听得背后一人叫道:"不可!不可!"黄生回头看时,不是别人,正是维扬市上曾遇着请他玉马坠儿这个老叟。黄生见了那老叟,又羞又苦,泪如雨下。老叟道:"郎君有何痛苦?说与老汉知道,或者可以分忧一二。"黄生道:"到此地位,不得不说了。"便将初遇玉娥,及相约涪江,缆断舟行之事,备细述了一遍。老叟呵呵大笑,道:"原来如此,些须小事,如何便拚得一条性命!"黄生道:"老翁是局外之人,把这事看得小。依小生看来,比天更高,比海更阔,这事大得多哩!"老叟把十指一轮,说道:"老汉颇通数学,方才轮算,尊可命不该绝,郎君还有相会之期。此去前面一里之外,有一茅庵,是我禅兄所居,郎君但往借宿,徐以此事求之,彼必能相济,老汉不及奉陪。"黄生道:"老翁若不同去,恐禅师未必相信,不肯留宿。"老叟道:"郎君前所惠玉马坠儿,老汉佩带在身,我禅兄所常见,但以此为信可也。"说罢,从黄丝绦上解下玉马坠来,递与黄生。黄生接得在手,老叟竟自飘然去了。

黄生为心事扰乱,依旧不曾问得姓名,懊悔无及。天色已晚,且自前去。约行一里之外,果然荒野中独有个茅庵,其门半掩。黄生捱身而入,佛堂中一盏琉璃灯,半明不灭。居中放个蒲团,一位高年胡僧与塑的西番罗汉无二,盘膝打坐,双眸紧闭,如入定之状。黄生不敢惊动,端跪于前。约有一个时辰,胡僧开眼看见,喝道:"何物俗子,敢来混人!"黄生再拜奉上玉马坠,代老叟致意:"今晚求借一宿。"胡僧道:"一宿不难,但尘路茫茫,郎君此行将何底止?"黄生道:"小生黄损正有心愿,欲求圣僧指迷。"遂将玉娥涪州之约始终叙述,因叩首问计。胡僧道:"俺出家人心如死灰,那管人间儿女之事!"黄生拜求不已。胡僧道:"郎君念既至诚,可通神明。但观郎君必是仕宦中人品,大丈夫以致身青云,显宗扬名为本,此事须于成名之后,从容及之。"黄生又拜道:"小生举目无亲,口食尚然不周,那有功名之念。适间若非老翁相救,已作江中之鬼矣。"胡僧道:"佛座下有白金十两,聊助郎君路费。且往长安,俟机缘到日,当有以报命耳!"说罢,依先闭目入定去了。黄生身体亦觉困倦,就蒲团之侧,曲肱而枕之,猛然睡去。醒将转来,已是黎明时候,但见破败荒庵,墙壁俱无,并不见坐禅胡僧的踪迹。上边佛像也剥落破碎,不成模样。佛座下露出白晃晃一锭大银,锭上凿有"黄损"二字。黄生叫声"惭愧!"方知夜来所遇,真圣僧也。向佛前拜祷了一番,取了这锭银子,权为路费,径往长安。正是:人有逆天之时,天无绝人之路。

　　万事不由人计较,一生都是命安排。

　　话分两头。却说韩翁同舟人赛神回来,不见了船,急忙寻问。别个守船的看见,都说:"断了缆,被流水滚下去多时了,我们没本事救得!"韩翁大惊,一路寻将下来,闻岸上人所说,亦是如此。抓寻了两三日,并无影响,痛哭而回。不在话下。

　　再说扬州妓女薛琼琼鸨儿叫作薛媪,为女儿琼琼以弹筝充选,入宫供奉,已及二载。薛媪自去了这女儿,门户萧条,乃买舟欲往长安探女,希求天子恩泽。其舟行至汉水,见有一覆舟自上流而下,回避不迭,砰的一声,正触了船头。那只船就停止不行了。舟人疑覆舟中必有财物,遂牵近岸边,用斧劈开,其中有一女子。薛媪闻知,忙教救出,已是奄奄将尽,只有一丝未断。原来冬天水寒,但是下水便没了命。只因此女藏在中舱,船底遮盖,暖气未泄,所以不曾绝命。那船中的物件,已自漂失了,便有存留,舟人都分散去讫。

　　薛媪为去了女儿琼琼,正想没个替代,见此女容貌美丽,喜不可言,慌忙将通身湿衣解下,置于絮被之内,自己将肉身偎贴。那女子得了暖气,渐渐苏醒。然后将姜汤粥食,慢慢扶持,又将好言抚慰。女子渐能言语,索取湿衣中锦囊。薛媪问其来历,女子答道:"奴家姓韩小字玉娥,随父往蜀,舟至涪州,父亲同舟人往赛水神,奴家独守舟中,偶因缆脱,漂没到此。"薛媪道:"可曾适人吗?"玉娥道:"与维扬黄损秀才,曾有百年之约。锦囊中藏有花笺小词,即黄郎所赠也。"薛媪道:"黄秀才原是我女儿琼琼旧交,此人才貌双全,与小娘子正是一对良缘。小娘子不须忧虑,随老身同到长安,来年大比,黄秀才必来应举,那时待老身寻访他来,与娘子续秦晋之盟,岂不美乎!"玉娥道:"若得如此,便是重生父母。"自此玉娥遂拜薛媪为义母,薛媪亦如己女相待。正是:

　　休言事急且相随,受恩深处亲骨肉。

　　不一日,行到长安,薛媪赁了小小一所房子,同玉娥住下。其时琼琼入宫进御,宠幸无比。晓得假母到来,无由相会。但遣人不时馈送些东西候问。玉娥又扃户深藏,终日针指,以助薪水之费,所以薛媪日用宽然有余。光阴似箭,不觉岁尽春来。怎见得？有诗为证：

> 爆竹声中一岁除，春风送暖入屠苏。
> 千门万户瞳瞳日，总把新桃换旧符。

且说除夜，玉娥想着母死父离，情人又无消息，暗暗坠泪。是夜睡去，梦见天门大开，一尊罗汉从空中出现。玉娥拜诉衷情。罗汉将黄纸一书，从空掷下，纸上写"维扬黄损佳音"六字。玉娥大喜，方欲开看，忽闻霹雳一声，蓦然惊觉，乃是人家岁朝开门，放火炮声响。玉娥想了一回，凄然不乐。其日新年，只得强起梳妆。薛媪往邻家拜年去了。玉娥垂下竹帘，立于门内，眼觑街市上人来人往，心中想道："今年是大比之期，不知黄郎曾到长安否？若得他此地经过，重逢一面，应着夜来之梦，也不枉奴死里逃生。"方才转动念头，忽见一个胡僧当帘而立，高叫道："募化有缘男女。"玉娥从帘中仔细一看，那胡僧面貌与夜来梦中所见罗汉无异，不觉悚然起敬。孤身女子，却又不好招接他。正在踌蹰，那胡僧竟自揭帘而入，玉娥倒退几步，闪在一边。胡僧直入中庭，盘膝而坐，顶上现出毫光数道，直透天门。玉娥大惊，跪拜无数，禀道："弟子堕落火坑，有夙缘未了，望罗汉指示迷津，救拔苦海！"胡僧道："汝诚念皈依，但尚有尘劫未脱，老僧赠汝一物，可密藏于身畔，勿许一人知道，他日夫妇重逢，自有灵验。"当下取出一件宝贝，赠与玉娥，乃是玉马坠儿。玉娥收讫，即见一道金光，冲天而起，胡僧忽然不见。玉娥知是圣僧显化，望空拜谢。将玉马坠牢系襟带之上，薛媪回来，并不题起。

> 满怀心事无人诉，一炷心香礼圣僧。

再说黄损秀才，得胡僧助了盘缠，一径往长安应试。然虽如此，心上只挂着玉娥，也不去温习经史，也不去静养精神，终日串街走巷，寻觅圣僧，庶几一遇。早出晚回，终日闷闷而已。试期已到，黄生只得随例入场，举笔一挥，绝不思索。他也只当应个故事，那有心情去推敲磨练。谁知那偏是应故事的文字容易入眼。正是：

> 不愿文章中天下，只愿文章中试官。

金榜开时，高高挂一个黄损名字，除授部郎之职。其时吕用之专权乱政，引用无籍小人，左道惑众。中外嫉之如仇，然怕他权势，不敢则声。黄损独条陈他前后奸恶，事事有据。天子听信，敕吕用之免官就第。黄生少年高第，又上了这个疏，做了天下第一件快心之事，那一个不钦服他！真个名倾朝野。长安贵戚，闻黄生尚未娶妻，多央媒说合，求他为婿。黄生心念玉娥，有盟言在前，只是推托不允。那时薛媪也风闻得黄损登第，欲待去访他，到是玉娥教他："且慢！贵易交，富易妻，人情乎，未知黄郎真心何如？"这也是他把细处。

话分两头。且说吕用之闲居私第，终日讲炉鼎之事，差人四下缉访名姝美色，以为婢妾。有人夸薛媪的养女，名曰玉娥，天下绝色，只是不肯轻易见人。吕用之道"只怕求而没有，那怕有而难求。"当下差干仆数十人，以五百金为聘，也不通名道姓,竟撒向薛媪家中,直入卧房抢出玉娥,不由分说,抬上花花暖轿,望吕府飞奔而去。吓得薛媪软做一团,急忙里想不出的道理。后来晓得吕府中要人,声也不敢则了。欲待投诉黄损,恐无益于事,反讨他抱怨。只得忍气吞声,不在话下。

且说玉娥到了府中,吕用之亲自卷帘,看见姿容绝世,喜不自胜。即命丫鬟、养娘,扶至香房,又取出锦衣数箱,奇样首饰,教他装扮。玉娥只是啼哭,将首饰掷之于地,一件衣服也不肯穿。丫鬟、养娘回复吕相公。吕相公只教:"莫难为了他! 好言相劝。"众人领命,你一句,我一句,只是劝他顺从,玉娥全然不理。正是:

> 万事可将权势使,寸心不为绮罗移。
> 姻缘自古皆前定,堪笑狂夫妄用机。

却说吕家门生故吏,闻得相公纳了新宠,都来拜贺,免不得做庆贺筵席。饮至初更,只见后槽马夫喘吁吁上堂禀事:"适间有白马一匹,约长丈余,不知哪里来的,突入后槽,啮伤群马;小人持棍赶他,那马直入内宅去了。"吕用之大惊道:"那有此事?"即命干仆明火执杖,同着马夫于各房搜检,马屁也不闻得一个,都来回话。吕相公心知不祥之事,不肯信以为然,只怪马夫妄言,不老实,打四十棍,革去不用。众客咸不欢而散。

吕用之乘着酒兴,径入新房。玉娥兀自哭哭啼啼。吕用之一般也会帮衬,说道:"我富贵无比,你若顺从,明日就立你为夫人,一生受用不尽!"玉娥道:"奴家虽是女流,亦知廉耻,曾许配良人,一女不更二夫。况相公珠翠成群,岂少奴家一人。愿赐矜怜,以全名节。"吕用之哪里肯听,用起拔山之力,抱向床头按住,亲解其衣。玉娥双手拒之,气力不加,口中骂声不绝。

正在危急之际,忽有白马一匹,约长丈余,从床中奔出,向吕用之乱扑乱咬。吕用之着忙,只得放手。喝教侍婢上前,那白马在房中乱舞,逢着便咬,咬得侍婢十损九伤。吕用之惊惶逃窜。比及吕用之出了房门,那白马也不见了。吕用之明明晓得是个妖孽,暗地差人四下访求高人禳解。

次日有胡僧到门,自言:"善能望气,预知凶吉。今见府上妖气深重,特来禳解。"门上通报了用之,即日请进,甚相敬礼。胡僧道:"府上妖气深重,主有非常之祸!"吕用之道:"妖气在于何处?"胡僧道:"似在房闱之内,待老僧细查。"吕用之亲自引了胡僧,各房观看,行至玉娥房头,胡僧大惊道:"妖气在此! 不知此房中是相公何人?"吕用之道:"新纳小妾,尚未成婚。"胡僧道:"恭喜相公,洪福齐天,得遇老僧。若成亲之后,相公必遭其祸矣! 此女乃上帝玉马之精,来人间行祸者。今已到相公府中,若不早些发脱,祸必不免。"吕用之被他说着玉马之事,连呼为神人,请问如何发脱? 胡僧道:"将此女速赠他人,使他人代受其祸,相公便没事了。'吕用之虽然爱那女色,性命为重,说得活灵活现,怎的不怕? 又问道赠与谁人方好? 胡僧道:"只拣相公心上第一个不快的,将此女赠之。一月之内,此人必遭奇祸。相公可高枕无忧也。"吕用之被黄损一本劾奏罢官,心中最恨的。那时便定了个主意,即忙作礼道:"领教,领教!"吩咐干仆备斋相款,多取金帛厚赠。胡僧道:"相公天下福人,老僧特来相救,岂敢受赐!"连斋也不吃,拂衣而去。

分明一席无稽话，却认非常禳祸功。

　　吕用之当时差人唤取薛媪到府说话，薛媪不敢不来。吕用之便道："你女儿年幼，不知礼数，我府中不好收用。闻得新进士黄损尚无妻室，此人与我有言，我欲将此女送他，解释其怨，须得你亲自送去，善言道达，必得他收纳方好。"薛媪叩首道："相公钧旨，敢不遵依！"吕用之又道："房中衣饰箱笼，尽非嫁资，你可自去收拾，竟自抬去，连你女儿也不消相见了。"薛媪闻言，正中其怀。中堂自有人引进香房，玉娥见薛媪到来，认是吕用之着他来劝解，心头突突的跳。薛媪向女儿耳边低说道："你如今好了，相公不用，着我另送与一个知趣的人。"玉娥道："奴家所以贪生忍耻，跟随到此，只望黄郎一会。若转赠他人，与陷身此地何异？奴家宁死，不愿为逐浪之萍，随风之絮也！"薛媪道："方才说知趣的人儿，正是黄郎。房中衣饰箱笼，尽数相赠。快些出门，防他有翻悔之事！"玉娥道："原来如此。"当下母子二人，忙忙的收拾停当。嘱咐丫鬟养娘，寄谢相公。唤下脚力，一道烟去了。

　　鳌鱼脱却金钩去，摆尾摇头再不来。

　　却说黄损闲坐衙斋，忽见门外来报："有维扬薛妈妈求见。"黄生忙教请进。薛媪一见了黄生，连称："贺喜！"黄生道："下官何喜可贺？"薛媪道："老身到长安，已半年有余，平时不敢来冒渎，今日特奉一贵官之命，送一位小娘子到府成亲。"黄生问道："贵官是那个？"薛媪道："是新罢职的吕相公。"黄生大怒道："这个奸雄，敢以美人局戏我！若不看你旧时情分，就把你叱咤一场！"薛媪道："官人休恼！那美人

非别，却是老身的女儿，与官人有瓜葛的。"黄生闻言，就把怒容放下了五分，从容问道："令爱琼琼，久已入宫供奉，以下更有谁人？与下官有何瓜葛？"薛媪道："是老身新认的小女，姓韩，名玉娥。"黄生大惊道："你在哪里相会来？"薛媪便把汉江捞救之事，说了一遍。"近日被吕相公用强夺去，女儿抵死不从。不知何故，吩咐老身送与官人，权为修好之意。"黄生摇首道："既被吕用之这厮夺去，必然玷污，岂有白白发出之理？又如何偏送与下官？"薛媪道："只问我女儿便知。"黄生道："莫非不是那维扬韩玉娥吗？"薛媪道："这是官人所赠花笺，请看便知端的。"那花笺只因被水浸湿过的，都绉了。黄生见之，提起昔日涪江光景，不觉惨然泪下。即刻命肩舆人从，同薛媪迎接玉娥到衙相会。两下抱头大哭。哭罢，各叙衷肠。玉娥举玉马坠对生说道："妾若非此物，必为吕贼所污，当以颈血

溅其衣,不复得见君面矣。"黄生见坠,大惊道:"此玉马坠原是吾家世宝,去年涪州献与胡僧,芳卿何以得之?"玉娥道:"妾除夜曾得一梦,次日岁朝遇一胡僧,宛如梦中所见,将此坠赠我,嘱咐我夫妻相会,都在这个坠上,妾谨藏于身。那夜吕贼用强相犯,忽有白马从床头奔出,欲啮吕贼,吕贼惊惶逃去。后闻得也有个胡僧,对吕贼说:'白马为妖,不利主人!'所以将妾赠君,欲贻祸于君耳。"黄生道:"如此说,你我夫妻重会,皆胡僧之力。胡僧真神人,玉马坠真神物也!今日礼当谢之!"遂命设下香案,供养玉马坠于上,摆列酒脯之仪,夫妻双双下拜。薛媪亦从旁叩头。忽见一白马,约长丈余,从香案上跃出,腾空而起。众人急出户看之,见云端里面站着一人,须眉可辨。那人是谁?

> 维扬市上初相识,再向涪江渡口逢。
> 今日云端来显相,方知玉马主人翁。

那人便是起首说,维扬市上相遇,请那玉马坠的老翁。老翁跨上白马,须臾烟云缭绕,不知所往。黄生想起江头活命之恩,望空再拜。看案上玉马坠已不见矣!是夜黄损与玉娥遂为夫妇。薛媪养老送终。黄损又差人持书往蜀中访问韩翁,迎来奉养。岁时必设老叟及胡僧神位,焚香礼拜。后黄损官至御史中丞,玉娥生三子,并列仕途,夫妇百年谐老。有诗赞云:

> 一曲筝声江上听,知音遂缔百年盟。
> 死生离合皆前定,不是姻缘莫强争。

第三十三卷

十五贯戏言成巧祸

> 聪明伶俐自天生,懵懂痴呆未必真。
> 嫉妒每因眉睫浅,戈矛时起笑谈深。
> 九曲黄河心较险,十重铁甲面堪憎。
> 时因酒色亡家国,几见诗书误好人!

这首诗,单表为人难处。只因世路窄狭,人心叵测。大道既远,人情万端。熙熙攘攘,都为利来;蚩蚩蠢蠢,皆纳祸去。持身保家,万千反覆。所以古人云:謇有为謇,笑有为笑。謇笑之间,最宜谨慎。这回书,单说一个官人,只因酒后一时戏笑之言,遂至杀身破家,陷了几条性命。且先引下一个故事来,权做个德胜头回。

却说故宋朝中,有一个少年举子,姓魏名鹏举,字冲霄。年方一十八岁,娶得一个如花似玉的浑家。未及一年,只因春榜动,选场开,魏生别了妻子,收拾行囊,上京取应。临别时,浑家吩咐丈夫道:"得官不得官,早早回来,休抛闪了恩爱夫妻!"魏生答道:"功名二字,是俺本领前程,不索贤卿忧虑。"别后登程到京,果然一举成名,除授一甲第二名榜眼及第,在京甚是华艳动人,少不得修了一封家书,差人接取家眷入京。书上先叙了寒温及得官的事,后却写下一行,道是:"我在京中早晚无人照管,已讨了一个小老婆,专候夫人到京,同享荣华。"家人收拾书程,一径到家,见了夫人,称说贺喜,因取家书呈上。夫人拆开看了,见是如此如此,这般这般,便对家人道:"官人直恁负恩!甫能得官,便娶了二夫人。"家人便道:"小人在京,并没见有此事。想是官人戏谑之言!夫人到京,便知分晓,休得忧虑!"夫人道:"恁地说,我也罢了!"却因人舟未便,一面收拾起身,一面寻觅便人,先寄封平安家书到京中去。那寄书人到了京中,寻问新科魏榜眼寓所,下了家书,管待酒饭自回,不题。

却说魏生接书拆开来看了,并无一句闲言闲语,只说道:"你在京中娶了一个小老婆,我在家中也嫁了一个小老公,早晚同赴京师也。"魏生见了,也只道是夫人取笑的说话,全不在意。未及收好,外面报说:"有个同年相访!"京邸寓中,不比在家宽转,那人又是相厚的同年,又晓得魏生并无家眷在内,直至里面坐下,叙了些寒温。魏生起身去解手,那同年偶翻桌上书帖,看见了这封家书,写得好笑,故意朗诵起来,魏生措手不及,通红了脸,说道:"这是没理的事!因是小弟戏谑了他,他便取笑写来的。"那同年呵呵大笑道:"这节事却是取笑不得的!"别了就去。

那人也是一个少年,喜谈乐道,把这封家书一节,顷刻间遍传京邸。也有一班妒忌魏生少年登高科的,将这桩事只当做风闻言事的一个小小新闻,奏上一本,说这魏生年少不检,不宜居清要之职,降处外任。魏生懊恨无及。后来毕竟做官蹭蹬不起,把锦片也似一段美前程,等闲放过去了,这便是一句戏言,撒漫了一个美官。今日再说一个官人,也只为酒后一时戏言,断送了堂堂六尺之躯,连累两三个人,枉屈害了性命。却是为着甚的?有诗为证:

> 世路崎岖实可哀,旁人笑口等闲开。
> 白云本是无心物,又被狂风引出来。

却说南宋时,建都临安,繁华富贵,不减那汴京故里。去那城中箭桥左侧,有个官人姓刘名贵,字君荐,祖上原是有根基的人家。到得君荐手中,却是时乖运蹇。先前读书,后来看看不济,却去改业做生意,便是半路上出家的一般。买卖行中,一发不是本等伎俩,又把本钱消折去了。渐渐大房改换小房,赁得两三间房子,与同浑家王氏,年少齐眉。后因没有子嗣,娶下一个小娘子,姓陈,是陈卖糕的女儿,家中都呼为二姐。这也是先前不十分穷薄的时,做下的勾当。至亲三口,并无闲杂人在家。那刘君荐,极是为人和气,乡里见爱,都称他刘官人。"你是一时运限不好,如此落莫,再过几时,定须有个亨通的日子!"说便是这般说,那得有些些好处?只是在家纳闷,无可奈何!

却说一日闲坐家中,只见丈人家里的老王,——年近七旬,——走来对刘官人说道："家间老员外生日,特令老汉接取官人娘子,去走一遭。"刘官人便道："便是我日逐愁闷过日子,连那泰山的寿诞,也都忘了。"便同浑家王氏,收拾随身衣服,打叠个包儿,交与老王背了。吩咐二姐："看守家中,今日晚了,不能转回,明晚须索来家。"说了就去。离城二十余里,到了丈人王员外家,叙了寒温。当日坐间客众,丈人女婿,不好十分叙述许多穷相。到得客散,留在客房里宿歇。直到天明,丈人却来与女婿攀话,说道："姐夫,你须不是这般算计,坐吃山空,立吃地陷。咽喉深似海,日月快如梭。你须计较一个常便!我女儿嫁了你,一生也指望丰衣足食,不成只是这等就罢了!"刘官人叹了一口气道："是!泰山在上,道不得个上山擒虎易,开口告人难。如今的时势,再有谁似泰山这般看顾我的。只索守困,若去求人,便是劳而无功。"丈人便道："这也难怪你说。老汉却是看你们不过,今日赍助你些少本钱,胡乱去开个柴米店,撰得些利息来过日子,却不好吗?"刘官人道："感蒙泰山恩顾,可知是好。"当下吃了午饭,丈人取出十五贯钱来,付与刘官人道："姐夫,且将这些钱去,收拾起店面,开张有日,我便再应付你十贯。你妻子且留在此过几日,待有了开店日子,老汉亲送女儿到你家,就来与你作贺,意下如何?"刘官人谢了又谢,驮了钱一径出门。

到得城中,天色却早晚了,却撞着一个相识,顺路在他家门首经过。那人也要做经纪的人,就与他商量一会,可知是好。便去敲那人门时,里面有人应喏,出来相揖,便问:"老兄下顾,有何见教?"刘官人一一说知就里。那人便道:"小弟闲在家中,老兄用得着时,便来相帮。"刘官人道:"如此甚好。"当下说了些生意的勾当。那人便留刘官人在家,现成杯盘,吃了三杯两盏。刘官人酒量不济,便觉有些朦胧起来,抽身作别,便道:"今日相扰,明早就烦老兄过寒家,计议生理。"那人又送刘官人至路口,作别回家,不在话下。若是说话的同年生,并肩长,拦腰抱住,把臂拖回,也不见得受这般灾悔!却教刘官人死得不如:

> 《五代史》李存孝,《汉书》中彭越。

却说刘官人驮了钱,一步一步捱到家中。敲门已是点灯时分,小娘子二姐独自在家,没一些事做,守得天黑,闭了门,在灯下打瞌睡。刘官人打门,他那里便听见,敲了半响,方才知觉。答应一声来了,起身开了门。刘官人进去,到了房中,二姐替刘官人接了钱,放在桌上,便问:"官人何处那移这项钱来,却是甚用?"那刘官人一来有了几分酒,二来怪他开得门迟了,且戏言吓他一吓,便道:"说出来,又恐你见怪;不说时,又须通你得知。只是我一时无奈,没计可施,只得把你典与一个客人,又因舍不得你,只典得十五贯钱。若是我有些好处,加利赎你回来。若是照前这般不顺溜,只索罢了!"

那小娘子听了,欲待不信,又见十五贯钱堆在面前。欲待信来,他平白与我没半句言语,大娘子又过得好,怎么便下得这等狠心辣手!疑狐不决。只得再问道:"虽然如此,也须通知我爹娘一声。"刘官人道:"若是通知你爹娘,此事断然不成。你明日且到了人家,我慢慢央人与你爹娘说通,他也须怪我不得。"小娘子又问:"官人今日在何处吃酒来?"刘官人道:"便是把你典与人,写了文书,吃他的酒才来的。"小娘子又问:"大姐姐如何不来?"刘官人道:"他因不忍见你分离,待得你明日出了门才来,这也是我没计奈何,一言为定。"说罢,暗地忍不住笑。不脱衣裳,睡在床上,不觉睡去了。

那小娘子好生摆脱不下:"不知他卖我与甚色样人家?我须先去爹娘家里说知。就是他明日有人来要我,寻到我家,也须有个下落。"沉吟了一会,却把这十五贯钱,一垛儿堆在刘官人脚后边。趁他酒醉,轻轻的收拾了随身衣服,款款的开了门出去,拽上了门。却去左边一个相熟的邻舍,叫作朱三老儿家里,与朱三妈借宿了一夜,说道:"丈夫今日无端卖我,我须先去与爹娘说知。烦你明日对他说一声,既有了主顾,可同我丈夫到爹娘家中来,讨个分晓,也须有个下落。"那邻舍道:"小娘子说得有理,你只顾自去,我便与刘官人说知就理。"过了一宵,小娘子作别去了,不题。正是:

　　　　鳌鱼脱却金钩去,摆尾摇头再不回。

放下一头。却说这里刘官人一觉直至三更方醒,见桌上灯犹未灭,小娘子不在身边。只道他还在厨下收拾家伙,便唤二姐讨茶吃。叫了一回,没人答应,却待挣扎起来,酒尚未醒,不觉又睡了去。不想却有一个做不是的,日间赌输了钱,没处出豁,夜间出来掏摸些东西。却好到刘官人门首。因是小娘子出去了,门儿拽上不关,那贼略推一推,豁地开了。捏手捏脚,直到房中,并无一人知觉。到得床前,灯火尚明。周围看时,并无一物可取。摸到床上,见一人朝着里床睡去,脚后却有一堆青钱,便去取了几贯。不想惊觉了刘官人,起来喝道:"你须不近道理!我从丈人家借办得几贯钱来,养身活命;不争你偷了我的去,却是怎的计结!"那人也不回话,照面一拳,刘官人侧身躲过,便起身与这人相持。那人见刘官人手脚活动,便拔步出房。刘官人不舍,抢出门来,一径赶到厨房里,恰待声张邻舍起来捉贼,那人急了,正好没出豁,却见明晃晃一把劈柴斧头,正在手边,也是人急计生,被他绰起,一斧正中刘官人面门,扑地倒了,又复一斧,砍倒一边。眼见得刘官人不活了,呜呼哀哉,伏唯尚飨!那人便道:"一不做,二不休,却是你来赶我,不是我来寻你。"索性翻身入房,取了十五贯钱。扯条单被,包裹得停当,拽扎得爽俐,出门,拽上了门就走。不题。

次早邻舍起来,见刘官人家门也不开,并无人声息,叫道:"刘官人,失晓了。"里面没人答应。捱将进去,只见门也不关。直到里面,见刘官人劈死在地。"他家大娘子两日前已自往娘家去了,小娘子如何不见?"免不得声张起来。却有昨夜小娘子借宿的邻家朱三老儿说道:"小娘子昨夜黄昏时,到我家宿歇,说道刘官人无端卖了他,他一径先到爹娘家里去了,教我对刘官人说,既有了主顾,可同到他爹娘家中,也讨得个分晓。今一面着人去追他转来,便有下落。一面着人去报他大娘子到来,再作区处。"众人都道:"说得是。"先着人去到王老员外家报了凶信。

老员外与女儿大哭起来,对那人道:"昨日好端端出门,老汉赠他十五贯钱,教他将来作本,如何便恁的被人杀了?"那去的人道:"好教老员外大娘子得知,昨日刘官人归时,已自昏黑,吃得半酣,我们都不晓得他有钱没钱,归迟归早。只是今早刘官人家门儿半开,众人推将进去,只见刘官人杀死在地,十五贯钱一文也不见,小娘子也不见踪迹。声张起来,却有左邻朱三老儿出来,说道他家小娘子昨夜黄昏时分,借宿他家。小娘子说道:刘官人无端把他典与人了,小娘子要对爹娘说一声。住了一宵,今日径自去了。如今众人计议,一面来报大娘子与老员外,一面着人去追小娘子。若是半路里追不着的时节,直到他爹娘家中,好歹追他转来,问个明白。老员外与大娘子,须索去走一遭,与刘官人执命。"老员外与大娘子急急收拾起身,管待来人酒饭,三步做一步,赶入城中。不题。

却说那小娘子,清早出了邻舍人家,挨上路去,行不上一二里,早是脚疼走不动,坐在路傍。却见一个后生,头带万字头巾,身穿直缝宽衫,背上驮了一个搭膊,里面却是铜钱,脚下丝鞋净袜,一直走上前来。到了小娘子面前,看了一看:虽然没有十二分颜色,却也明眉皓齿,莲脸生春,秋波送媚,好生动人。正是:

　　野花偏艳目,村酒醉人多。

那后生放下搭膊,向前深深作揖:"小娘子独行无伴,却是往哪里去的?"小娘子还了万福,道:"是奴家要往爹娘家去,因走不上,权歇在此。"因问:"哥哥是何处来?今要往何方去?"那后生叉手不离方寸:"小人是村里人,因往城中卖了丝帐,讨得些钱,要往褚家堂那边去的。"小娘子道:"告哥哥则个,奴家爹娘也在褚家堂左侧,若得哥哥带挈奴家,同走一程,可知是好。"那后生道:"有何不可!既如此说,小人情愿伏侍小娘子前去。"

两个厮赶着,一路正行,行不到二三里田地,只见后面两个人脚不点地赶上前来。赶得汗流气喘,衣襟拽开。连叫:"前面小娘子慢走!我却有话说知。"小娘子与那后生看见赶得蹊跷,都立住了脚。后边两个赶到跟前,见了小娘子与那后生,不容分说,一家扯了一个,说道:"你们干得好事!却走往那里去?"小娘子吃了一惊,举眼看时,却是两家邻舍,一个就是小娘子昨夜借宿的主人。小娘子便道:"昨夜也须告过公公得知,丈夫无端卖我,我自去对爹娘说知。今日赶来,却有何说?"朱三老道:"我不管闲账,只是你家里有杀人公事,你须回去对理。"小娘子道:"丈夫卖我,昨日钱已驮在家中,有甚杀人公事?我只是不去。"朱三老道:"好自在性儿!你若真个不去,叫起地方有杀人贼在此,烦为一捉,不然,须要连累我们。你这里地方也不得清净。"

那个后生见不是话头,便对小娘子道:"既如此说,小娘子只索回去,小人自家去休!"那两个赶来的邻舍,齐叫起来说道:"若是没有你在此便罢,既然你与小娘子同行同止,你须也去不得!"那后生道:"却又古怪,我自半路遇见小娘子,偶然伴他行一程,路途上,有甚皂丝麻线,要勒掯我回去?"朱三老道:"他家现有杀人公事,不争放你去了,却打没对头官司!"当下怎容小娘子和那后生做主。看的人渐渐立满,都道:"后生你去不得!你日间不作亏心事,半夜敲门不吃惊。便去何妨!"那赶来的邻舍道:"你若不去,便是心虚。我们却和你罢休不得!"四个人只得厮挽着一路转来。

到得刘官人门首,好一场热闹!小娘子入去看时,只见刘官人斧劈倒在地死了,床上十五贯钱分文也不见。开了口合不得,伸了舌缩不上去。那后生也慌了,便道:"我怎的晦气!没来由和那小娘子同走一程,却做了干连人。"众人都和哄着。正在那里分豁不开,只见王老员外和女儿一步一颠走回家来,见了女婿身尸,哭了一场,便对小娘子道:"你却如何杀了丈夫? 劫了十五贯钱,逃走出去? 今日天理昭然,有何理说!"小娘子道:"十五贯钱,委是有的。只是丈夫昨晚回来,说是无计奈何,将奴家典与他人,典得十五贯身价在此,说过今日便要奴家到他家去。奴家因不知他典与甚色样人家,先去与爹娘说知,故此趁夜深了,将这十五贯钱一垛儿堆在他脚后边,拽上门,借朱三老家住了一宵,今早自去爹娘家里说知。我去之时,也曾央朱三老对我丈夫说,既然有了主儿,可同到我爹娘家里来交割。却不知因甚杀死在此?"那大娘子道:"可又来! 我的父亲昨日明明把十五贯钱与他驮来作本,养赡妻小,他岂有哄你说是典来身价之理? 这是你两日因独自在家,勾搭上了人;又见家中好生不济,无心守耐;又见了十五贯钱,一时见财起意,杀死丈夫,劫了钱。又使见识,往邻舍家借宿一夜,却与汉子通同计较,一处逃走。现今你跟着一个男子同走,却有何理说,抵赖得过!"

众人齐声道:"大娘子之言,甚是有理。"又对那后生道:"后生,你却如何与小娘子谋杀亲夫? 却暗暗约定在僻静处等候,一同去逃奔他方,却是如何计结?"那人道:"小人自姓崔名宁,与那小娘子无半面之识。小人昨晚入城,卖得几贯丝钱在这里,因路上遇见小娘子,小人偶然问起往哪里去的,却独自一个行走。小娘子说起是与小人同路,以此作伴同行,却不知前后因依。"众人哪里肯听他分说,搜索他搭膊中,恰好是十五贯钱,一文也不多,一文也不少。众人齐发起喊来道:"是天网恢恢,疏而不漏。你却与小娘子杀了人,拐了钱财,盗了妇女,同往他乡,却连累我地方邻里打没头官司!"

当下大娘子结扭了小娘子,王老员外结扭了崔宁,四邻舍都是证见,一哄都入临安府中来。那府尹听得有杀人公事,即便升堂。便叫一干人犯,逐一从头说来。先是王老员外上去,告说:"相公在上,小人是本府村庄人氏,年近六旬,只生一女,先年嫁与本府城中刘贵为妻。后因无子,娶了陈氏为妾,呼为二姐。一向三口在家过活,并无片言。只因前日是老汉生日,差人接取女儿女婿到家,住了一夜。次日,因见女婿家中全无活计,养赡不起,把十五贯钱与女婿作本,开店养身。却有二姐在家看守。到得昨夜,女婿到家时分,不知因甚缘故,将女婿斧劈死了,二姐却与一个后生,名唤崔宁,一同逃走,被人追捉到来。

望相公可怜见老汉的女婿,身死不明,奸夫淫妇,赃证现在,伏乞相公明断!"府尹听得如此如此,便叫陈氏上来:"你却如何通同奸夫,杀死了亲夫,劫了钱,与人一同逃走,是何理说?"二姐告道:"小妇人嫁与刘贵,虽是做小老婆,却也得他看承得好,大娘子又贤慧,却如何肯起这片歹心? 只是昨晚丈夫回来,吃得半酣,驮了十五贯钱进门。小妇人问他来历,丈夫说道,为因养赡不周,将小妇人典与他人,典得十五贯身价在此,又不通我爹娘得知,明日就要小妇人到他家去。小妇人慌了,连夜出门,走到邻舍家里,借宿一宵。今早一径先往爹娘家去,教他对丈夫说:既然卖我有了主顾,可到我爹妈家里来交割。才走得到半路,却见昨夜借宿的邻家赶来,捉住小妇人回来,却不知丈夫杀死的根由。"

那府尹喝道:"胡说! 这十五贯钱,分明是他丈人与女婿的,你却说是典你的身价,眼见得没巴臂的说话了。况且妇人家,如何黑夜行走? 定是脱身之计。这桩事须不是你一个妇人家做的,一定有奸夫帮你谋财害命,你却从实说来。"那小娘子正待分说,只见几家邻舍一齐跪上去告道:"相公的言语,委是青天。他家小娘子昨夜果然借宿在左邻第二家的,今早他自去了。小的们见他丈夫杀死,一面着人去赶,赶到半路,却见小娘子和那一个后生同走,苦死不肯回来。小的们勉强捉他转来,却又一面着人去接他大娘子与他丈人,到时,说昨日有十五贯钱付与女婿做生理的。今者女婿已死,这钱不知从何而去。再三问那小娘子时,说道:他出门时,将这钱一堆儿堆在床上。却去搜那后生身边,十五贯钱分文不少。却不是小娘子与那后生通同作奸?赃证分明,却如何赖得过?"

府尹听他们言言有理,便唤那后生上来道:"帝辇之下,怎容你这等胡行?你却如何谋了他小老婆,劫了十五贯钱,杀死了亲夫?今日同往何处?从实招来!"那后生道:"小人姓崔名宁,是乡村人氏,昨日往城中卖了丝,卖得这十五贯钱。今早偶然路上撞着这小娘子,并不知他姓甚名谁,哪里晓得他家杀人公事?"府尹大怒喝道:"胡说!世间不信有这等巧事!他家失去了十五贯钱,你却卖的丝恰好也是十五贯钱,这分明是支吾的说话了。况且他妻莫爱,他马莫骑,你既与那妇人没甚首尾,却如何与他同行共宿?你这等顽皮赖骨,不打如何肯招?"当下众人将那崔宁与小娘子,死去活来拷打一顿。

那边王老员外与女儿并一干邻佑人等,口口声声,咬他二人。

府尹也巴不得了结这段公案,拷讯一回,可怜崔宁和小娘子受刑不过,只得屈招了。说是一时见财起意,杀死亲夫,劫了十五贯钱,同奸夫逃走是实。左邻右舍都指画了十字,将两人大枷枷了,送入死囚牢里。将这十五贯钱,给还原主,也只好奉与衙门中人做使用,也还不够哩。府尹叠成文案,奏过朝廷,部覆申详,倒下圣旨,说:"崔宁不合奸骗人妻,谋财害命,依律处斩。陈氏不合通同奸夫,杀死亲夫,大逆不道,凌迟示众。"当下读了招状。大牢内取出二人来,当厅判一个斩字,一个剐字,押赴市曹,行刑示众。两人浑身是口,也难分说。正是:

> 哑子谩尝黄蘗味,难将苦口对人言。

看官听说,这段公事,果然是小娘子与那崔宁谋财害命的时节,他两人须连夜逃走他方,怎的又去邻舍人家借宿一宵?明早又走到爹娘家去,却被人捉住了?这段冤枉,仔细可以推详出来。谁想问官糊涂,只图了事,不想捶楚之下,何求不得。冥冥之中,积了阴骘,远在儿孙近在身。他两个冤魂,也须放你不过。所以做官的,切不可率意断狱,任情用刑,也要求个公平明允。道不得个死者不可复生,断者不可复续,可胜叹哉!

闲话休题。却说那刘大娘子到得家中,设个灵位,守孝过日。父亲王老员外劝他转身,大娘子说道:"不要说起三年之久,也须到小祥之后。"父亲应允自去。光阴迅速,大娘子在家巴巴结结,将近一年。父亲见他守不过,便叫家里老王去接他来,说:"叫大娘子收拾回家,与刘官人做了周年,转了身去吧。"大娘子没计奈何。细思:"父言亦是有理。"收拾了包裹,与老王背了,与邻舍家作别,暂去再来。一路出城,正值秋天,一阵乌风猛雨,只得落路,往一所林子去躲,不想走错了路。正是:

> 猪羊入屠宰之家,一脚脚来寻死路。

走入林子里来，只听他林子背后，大喝一声："我乃静山大王在此！行人住脚，须把买路钱与我。"大娘子和那老王吃那一惊不小，只见跳出一个人来：

> 头带乾红凹面巾，身穿一领旧战袍，腰间红绢搭膊裹肚，脚下蹬一双乌皮皂靴，手执一把朴刀。

舞刀前来。那老王该死，便道："你这剪径的毛团！我须是认得你，做这老性命着与你兑了吧！"一头撞去，被他闪过空。老人家用力猛了，扑地便倒。那人大怒道："这牛子好生无礼！"连搠一两刀，血流在地，眼见得老王养不大了。那刘大娘子见他凶猛，料道脱身不得，心生一计，叫作脱空计。拍手叫道："杀得好！"那人便住了手，睁圆怪眼，喝道："这是你什么人？"那大娘子虚心假气的答道："奴家不幸丧了丈夫，却被媒人哄诱，嫁了这个老儿，只会吃饭。今日却得大王杀了，也替奴家除了一害！"那人见大娘子如此小心，又生得有几分颜色，便问道："你肯跟我做个压寨夫人吗？"大娘子寻思，无计可施，便道："情愿伏侍大王。"那人回嗔作喜，收拾了刀杖，将老王尸首撺入涧中。领了刘大娘子到一所庄院前来，甚是委曲。只见大王向那地上，拾些土块，抛向屋上去，里面便有人出来开门。到得草堂之上，吩咐杀羊备酒，与刘大娘子成亲。两口儿且是说得着。正是：

> 明知不是伴，事急且相随。

不想那大王自得了刘大娘子之后，不上半年，连起了几主大财，家间也丰富了。大娘子甚是有识见，早晚用好言语劝他："自古道：瓦罐不离井上破，将军难免阵中亡。你我两人下半世也够吃用了，只管做这没天理的勾当，终须不是个好结果！却不道是梁园虽好，不是久恋之家。不若改行从善，做个小小经纪，也得过养身活命。"那大王早晚被他劝转，果然回心转意，把这门道路撇了。却去城市间赁下一处房屋，开了一个杂货店。遇闲暇的日子，也时常去寺院中，念佛持斋。

忽一日在家闲坐，对那大娘子道："我虽是个剪径的出身，却也晓得冤各有头，债各有主。每日间只是吓骗人东西，将来过日子。后来得有了你，一向买卖顺溜。今已改行从善，闲来追思既往，只曾枉杀了两个人，又冤陷了两个人，时常挂念，思欲做些功果，超度他们，一向未曾对你说知。"大娘子便道："如何是枉杀了两个人？"那大王道："一个是你的丈夫，前日在林子里的时节，他来撞我，我却杀了他。他须是个老人家，与我往日无仇，如今又谋了他老婆，他死也是不肯甘心的！"大娘子道："不恁地时，我却那得与你厮守？这也是往事，休题了！"又问："杀那一个，又是甚人？"那大王道："说起来这个人，一发天理上放不过去，且又带累了两个人，无辜偿命。是一年前，也是赌输了，身边并无一文，夜间便去掏摸些东西。不想到一家门首，见他门也不闩，推进去时，里面并无一人，摸到门里，只见一人醉倒在床，脚后却有一堆铜钱，便去摸他几贯。正待要走，却惊醒了。那人起来说道：这是我丈人家与我做本钱的，不争你偷去了，一家人口都是饿死。起身抢出房门，正待声张起来。是我一时见他不是话头，却好一把劈柴斧头在我脚边，这叫作人急计生，绰起斧来，喝一声道，不是我，便是你，两斧劈倒。却去房中将十五贯钱，尽数取了。

后来打听得他,却连累了他家小老婆,与那一个后生,唤做崔宁,冤枉谋财害命,双双受了国家刑法。我虽是做了一世强人,只有这两桩人命,是天理人心打不过去的!早晚还要超度他,也是该的。"那大娘子听说,暗暗地叫苦:"原来我的丈夫也吃这厮杀了,又连累我家二姐与那个后生无辜被戮。思量起来,是我不合当初执证他两人偿命;料他两人阴司中,也须放我不过。"

当下权且欢天喜地,并无他话。明日捉个空,便一径到临安府前,叫起屈来。那时换了一个新任府尹,才得半月。正值升厅,左右捉将那叫屈的妇人进来。刘大娘子到于阶下,放声大哭。哭罢,将那大王前后所为:"怎的杀了我丈夫刘贵。问官不肯推详,含糊了事,却将二姐与那崔宁,朦胧偿命。后来又怎的杀了老王,奸骗了奴家。今日天理昭然,一一是他亲口招承。伏乞相公高抬明镜,昭雪前冤。"说罢又哭。府尹见他情词可悯,即着人去捉那静山大王到来,用刑拷讯,与大娘子口词一些不差。即时问成死罪,奏过官里。

待六十日限满,倒下圣旨来勘得:"静山大王谋财害命,连累无辜。准律:杀一家非死罪三人者,斩加等,绝不待时。原问官断狱失情,削职为民。崔宁与陈氏枉死可怜,有司访其家,谅行优恤。王氏既系强徒威逼成亲,又能伸雪夫冤,着将贼人家产,一半没入官,一半给与王氏养赡终身。"刘大娘子当日往法场上,看决了静山大王,又取其头去祭献亡夫并小娘子及崔宁,大哭一场。将这一半家私,舍入尼姑庵中,自己朝夕看经念佛,追荐亡魂,尽老百年而绝。有诗为证:

善恶无分总丧躯,只因戏语酿殃危。
劝君出话须诚信,口舌从来是祸基。

第三十四卷

一文钱小隙造奇冤

世上何人会此言,休将名利挂心田。
等闲倒尽十分酒,遇兴高歌一百篇。
物外烟霞为伴侣,壶中日月任婵娟。
他时功满归何处? 直驾云车入洞天。

这八句诗,乃回道人所作。那道人是谁? 姓吕,名岩,号洞宾,岳州河东人氏。大唐咸通中应进士举,游长安酒肆,遇正阳子钟离先生,点破了黄粱梦,知宦途不足恋,遂求度世之术。钟离先生恐他立志未坚,十遍试过,知其可度。欲授以黄白秘方,使之点石成金,济世利物,然后三千功满,八百行圆。洞宾问道:"所点之金,后来还有变异否?"钟离先生答道:"直待三千年后,还归本质。"洞宾愀然不乐道:"虽然遂我一时之愿,可惜误了三千年后遇金之人,弟子不愿受此方也。"钟离先生呵呵大笑道:"汝有此好心,三千八百尽在于此。吾向蒙苦竹真君吩咐道:'汝游人间,若遇两口的,便是你的弟子。'遍游天下,从没见有两口之人,今汝姓吕,即其人也。"遂传以分合阴阳之妙。

洞宾修炼丹成,发誓必须度尽天下众生,方可上升。从此混迹尘途,自称为回道人。回字也是二口,暗藏着吕字。尝游长沙,手持小小瓷罐乞钱,向市上大言:"我有长生不死之方,有人肯施钱满罐,便以方授之。"市人不信,争以钱投罐,罐终不满,众皆骇然。忽有一僧人推一车子钱从市东来,戏对道人说:"我这车子钱共有千贯,你罐里能容之否?"道人笑道:"连车子也推得进,何况钱乎?"那僧不以为然,想着:"这罐子有多少大嘴,能容得车儿?明明是说谎!"道人见其沉吟,便道:"只怕你不肯布施,若道个肯字,不愁这车子不进我罐儿里去!"此时众人聚观者极多,一个个肉眼凡夫,谁人肯信,都去撺掇那僧人。那僧人也道必无此事,便道:"看你本事,我有何不肯?"道人便将罐子侧着,将罐口向着车儿,尚离三步之远,对僧人道:"你敢道三声'肯'吗?"僧人连叫三声:"肯!肯!肯!"每叫一声"肯",那车子便近一步。到第三个"肯"字,那车儿却像罐内有人扯拽一般,一溜子滚入罐内去了。众人一个眼花,不见了车儿,发声喊道:"奇怪!奇怪!"都来张那罐口,只见里面黑洞洞地。那僧人就有不悦之意,问道:"你那道人是神仙,还是幻术?"道人口占八句道:

> 非神亦非仙,非术亦非幻。
> 天地有终穷,桑田经几变。
> 此身非吾有,财又何足恋。
> 苟不从吾游,骑鲸腾汗漫。

那僧人疑心是个妖术,欲同众人执之送官。道人道:"你莫非懊悔,不舍得这车子钱财吗?我今还你就是。"遂索纸笔,写一道符,投入罐内。喝声:"出!出!"众人千百只眼睛,看着罐口,并无动静。道人说道:"这罐子贪财,不肯送将出来,待贫道自去讨来还你。"说声未了,耸身望罐口一跳,如落在万丈深潭,影儿也不见了。那僧人连呼:"道人出来!道人快出来!"罐里并不则声。僧人大怒,提起罐儿,向地下一掷,其罐打得粉碎,也不见道人,也不见车儿,连先前众人布施的散钱并不见一个,正不知哪里去了?只见有字纸一幅,取来看时,题得有诗四句道:

> 寻真要识真,见真浑未悟。
> 一笑再相逢,驱车东平路。

众人正在传观,只见字迹渐灭,须臾之间,连这幅白纸也不见了。众人才信是神仙,一哄而散。只有那僧人失脱了一车子钱财,意气沮丧,忽想着诗中"一笑再相逢,驱车东平路"之语,急急忙忙,行到东平路上,认得自家车儿,车上钱物依然分毫不动。那道人立于车旁,举手笑道:"相待久矣! 钱车可自收之。"又叹道:"出家之人,尚且惜钱如此,更有何人不爱钱者? 普天下无一人可度,可怜哉! 可痛哉!"言讫腾云而去。那僧人惊呆了半晌,去看那车轮上,每边各有一口字,二口成吕,乃知吕洞宾也。懊悔无及! 正是:

> 天上神仙容易遇,世间难得舍财人。

方才说吕洞宾的故事,因为那僧人舍不得这一车子钱,把个活神仙,当面挫过。有人论:这一车子钱,岂是小事,也怪那僧人不得。世上还有一文钱也舍不得的。依在下看来,舍得一车子钱,就从那舍得一文钱这一念推广上去。舍不得一文钱,就从那舍不得一车子钱这一念算计入来。不要把钱多钱少,看做两样。如今听在下说这一文钱小小的故事。列位看官们,各宜警醒,惩忿窒欲,且休望超凡入道,也是保身保家的正理。诗云:

> 不争闲气不贪钱,舍得钱时结得缘。
> 除却钱财烦恼少,无烦无恼即神仙。

话说江西饶州府浮梁县,有景德镇,是个码头去处。镇上百姓,都以烧造瓷器为业,四方商贾,都来载往苏杭各处贩卖,尽有利息。就中单表一人,叫作丘乙大,是窑户一个做手。浑家杨氏,善能描画。乙大做就磁胚,就是浑家描画花草人物,两口俱不吃空。住在一个冷巷里,尽可度日有余。那杨氏年三十六岁,貌颇不丑,也肯与人活动。只为老公厉害,只好背地里偶一为之,却不敢明当做事。所生一子,名唤丘长儿,年十四岁,资性愚鲁,尚未会做活,只在家中走跳。

忽一日杨氏患肚疼,思想椒汤吃,把一文钱教长儿到市上买椒。长儿拿了一文钱,才走出门,刚刚遇着东间壁一般做磁胚刘三旺的儿子,叫作再旺,也走出来。那再旺年十三岁,比长儿到乖巧,平日喜的是颠钱耍子。怎的样颠钱? 也有八个六个,颠出或字或背,一色的谓之浑成。也有七个五个,颠去一背一字间花儿去的,谓之背间。再旺和长儿,闲常有钱时,多曾在巷口一个空阶头上耍过来。这一日巷中相遇,同走到当初 耍钱去处,再旺又要和长儿耍子,长儿道:"我今日没有钱在身边。"再旺道:"你往哪里去?"长儿道:"娘肚疼,叫我买椒泡汤吃。"再旺道:"你买椒,一定有钱。"长儿道:"只有得一文钱。"再旺道:"一文钱也好耍,我也把一文与你赌个背字,两背的便都赢去,两字便输,一字一背不算。"长儿道:"这文钱是要买椒的,倘或输与你了,把什么去买?"再旺道:"不妨事,你若赢了是造化,若输了时,我借与你,下次还我就是。"

长儿一时不老成,就把这文钱撇在地上。再旺在兜里也摸出一个钱丢下地来。长儿的钱是个背,再旺的是个字。这撅钱也有先后常规,该是背的先颠。长儿捡起两文钱,摊在第二手指上,把大拇指掐住,曲一曲腰,叫声:"背。"撅将下去,果然两背,长儿赢了。收起一文,留一文在地。再旺又在兜肚里摸出一文钱来,连地下这文钱拣起,一般样摊在第二手指上,把大拇指掐住,曲一曲腰,叫声:"背。"撅将下去,却是两个字,又是再旺输了。长儿把两个钱都收起,和自己这一文钱,共是三个。长儿赢得顺流，动了赌兴，问再旺道："还有钱吗？"再旺道："钱尽有，只怕你没造化赢得。"当下伸手在兜肚里摸出十来个净钱，捻在手里，啧啧夸道："好钱！好钱！"问长儿："还敢擂吗？"又丢下一文来。长儿又擂了两背，第四次再旺擂，又是两字。一连擂了十来次，都是长儿赢了，共得了十二文。分明是掘藏一般，喜得长儿笑容满面，拿了钱便走。再旺那肯放他，上前拦住，道："你赢了我许多钱，走哪里去？"长儿道："娘肚疼，等椒汤吃，我去去，闲时再来。"再旺道："我还有钱在腰里，你赢得时，都送你。"长儿只是要去，再旺发起喉急来，便道："你若不肯擂时，还了我的钱便罢。你把一文钱来骗了我许多钱，如何就去？"长儿道："我是擂得有采，须不是白夺你的。"再旺索性把兜肚里钱，尽数取出，约莫有二三十文，做一垛儿堆在地下道："待我输尽了这些钱，便放你走。"

长儿是个小厮家，眼孔浅，见了这钱，不觉贪心又起，况且再旺抵死缠住，只得又擂。谁知风无常顺，兵无常胜。这番采头又轮到再旺了。照前擂了一二十次，虽则中间互有胜负，却是再旺赢得多。到结末来，这十二文钱，依旧被他复去，长儿刚刚原剩得一文钱。自古道：得以气胜。初番长儿擂赢了一两文，胆就壮了，偶然有些彩头，就连赢数次。到第二番又擂时，不是他心中所愿，况且着了个贪心，手下就觉有些矜持。到一连擂输了几文，去了个舍不得一，又添了个吝字，气便索然。怎当再旺一股愤气，又且稍长胆壮，自然赢了。

大凡人富的好过，贫的好过，只有先贫后富的，最是难过。据长儿一文钱起手时，赢得一二文也是勾了，一连得了十二文钱，一拳头捻不住，就该住手回家。可笑长儿把这钱不看做倘来之物，就认作自己东西，重复输去，好不气闷，痴心还想再像初次赢将转来。"就是输了，他原许下借我的，有何不可？"这一交，合该长儿擂了，忍不住按定心坎，再复一擂，又是二字，心里着忙，就去抢那钱，手去迟些，先被再旺抢到手中，都装入兜肚里了。长儿道："我只有一文钱，要买椒的，你原说过赢时借我，怎的都收去了？"再旺怪长儿先前赢了他十二文钱就要走，今番正好出气。君子报仇，直待三年，小人报仇，只在眼前。怎么还肯把这文钱借他？把长儿双手挡开，故意的一跳一舞，跑入巷去了。急得长儿且哭且叫，也回身进巷扯住再旺要钱，两个扭做一堆厮打。

　　　　孙庞斗智谁为胜，楚汉争锋那个强？

却说杨氏专等椒来泡汤吃，望了多时，不见长儿回来，觉得肚疼定了，走出门来张看，只见长儿和再旺扭住厮打，骂道："小杀才！教你买椒不买，到在此寻闹，还不撒开。"两个小厮听得骂，都放了手。再旺就闪在一边。杨氏问长儿："买的椒在哪里？"长儿含着眼泪回道："那买椒的一文钱，被再旺夺了去。"再旺道："他与我撇钱，输与我的。"杨氏只该骂自己儿子，不该撇钱，不该怪别人。况且一文钱，所值几何，既输了去，只索罢休。单因杨氏一时不明，惹出一场大祸，展转的害了多少人的性命。正是：

> 事不三思终有悔，人能百忍自无忧。

杨氏因等候长儿不来，一肚子恶气，正没出豁，听说赢了他儿子的一文钱，便骂道："天杀的野贼种！要钱时，何不教你娘趁汉去？却来骗我家小厮撇钱！"口里一头骂，一头便扯再旺来打。恰正抓住了兜肚，凿下两个栗暴。那小厮打急了，把身子来一挣，却挣断了兜肚带子，落下地来。索郎一声响，兜肚子里面的钱，撒了一地。杨氏道："只还我那一文便了。"长儿得了娘的口气，就势抢了一把钱，奔进自屋里去。再旺就叫起屈来。杨氏赶进屋里，喝教长儿还了他钱。长儿被娘逼不过，把钱对着街上一撒。再旺一头哭，一头骂，一头捡钱。捡起时，少了六七文钱，情知是长儿藏下，拦着门只顾骂。杨氏道："也不见这天杀的野贼种，恁地撒泼！"把大门关上，走进去了。

再旺敲了一回门，又骂了一回，哭到自屋里去。母亲孙大娘正在灶下烧火，问其缘故。再旺哭诉道："长儿抢了我的钱，他的娘不说他不是，到骂我天杀的野贼种，要钱时何不教你娘趁汉。"孙大娘不听时，万事全休，一听了这句不入耳的言语，不觉：

> 怒从心上起，恶向胆边生。

原来孙大娘最痛儿子，极是护短，又兼性暴，能言快语，是个揽事的女都头。若相骂起来，一连骂十来日，也不口干，有名叫作绰板婆。他与邱家只隔得三四个间壁居住，也晓得杨氏平日有些不三不四的毛病，只为从无口面，不好发挥出来。一闻再旺之语，太阳里爆出火来，立在街头，骂道："狗泼妇，狗淫妇！自己瞒着老公趁汉子，我不管你罢了，到来谤别人。老娘人便看不像，却替老公争气。前门不进师姑，后门不进和尚，拳头上立得人起，臂膊上走得马过，不像你那狗淫妇，人硬货不硬，表壮里不壮，作成老公带了绿帽儿，羞也不羞！还亏你老着脸在街坊上骂人。便腌臜时，也不惩般般做作！我家小厮年幼，连头带脑，也还不勾与你补空，你休得缠他！臊发时还去寻那旧汉子，是多寻几遭，多养了几个野贼种，大起来好做贼！"一声泼妇，一声淫妇，骂一个路绝人稀。

杨氏怕老公，不敢揽事，又没处出气，只得骂长儿道："都是你那小天杀的，不学好，引这长舌妇开口。"提起木柴，把长儿劈头就打，打得长儿头破血淋，嚎啕大哭。丘乙大正从窑上回来，听得孙大娘叫骂，侧耳多时，一句句都听在肚里，想道："是那家婆娘不秀气？替老公妆幌子，惹这绰板婆叫骂。"及至回家，见长儿啼哭，问起缘由,到是自家家里招揽的是非。丘乙大是个硬汉,怕人耻笑,声也不喷,气忿忿地坐下。远远的听得骂声不绝,直到黄昏后,方才住口。丘乙大吃了几碗酒,等到夜深人静,叫老婆来盘问道:"你这贱人瞒着我做的好事!趁的许多汉子,姓甚名谁?好好招将出来,我自去寻他说话。"那婆娘原是怕老公的,听得这句话,分明似半空中响一个霹雳,战兢兢还敢开口?丘乙大道:"泼贱妇!你有本事偷汉子,如何没本事说出来?若要不知,除非莫为。瞒得老公,瞒不得邻里,今日教我如何做人?你快快说来,也得我心下明白。"杨氏道:"没有这事,教我说谁来?"丘乙大道:"真个没有?"杨氏道:"没有。"丘乙大道:"既是没有时,他们如何说你,你如何凭他说,不则一声?显是心虚口软,应他不得。若是真个没有,是他们诈说你时,你今夜吊死在他门上,方表你清白,也出脱了我的丑名。明日我好与他讲话。"

那婆娘怎肯走动,流下泪来,被丘乙大三两个巴掌,拟出大门。把一条麻索丢与他,叫道:"快死快死!不死便是恋汉子了。"说罢,关上门儿进来。长儿要来开门,被乙大一顿栗暴,打得哭了一场睡去了。乙大有了几分酒意,也自睡去。单剩杨氏在门外好苦,上天无路,入地无门。千不是,万不是,只是自家不是,除却死,别无良策。自悲自怨了多时,恐怕天明,慌慌张张的取了麻索,去认那刘三旺的门首。也是将死的人,失魂颠智,刘家本在东间壁第三家,却错走到西边去,走过了五六家,到第七家。见门面与刘家相像,忙忙的把几块乱砖衬脚,搭上麻索于檐下,系颈自尽。可怜伶俐妇人,只为一文钱斗气,丧了性命。正是:

地下新添恶死鬼,人间不见画花人。

却说西邻第七家,是个打铁的匠人门首。这匠人浑名叫作白铁,每夜四更便起来打铁。偶然开了大门撒溺,忽然一阵冷风,吹得毛骨竦然,定睛看时,吃了一惊。

不是傀儡场中鲍老,竟像秋千架上佳人。

檐下挂着一件物事,不知是哪里来的?好不怕人!犹恐是眼花,转身进屋,点个火来一照,原来是新缢的妇人,咽喉气断,眼见得救不活了。欲待不去照管他,到天明被做公的看见,却不是一场飞来横祸,辨不清的官司。思量一计:"将他移在别处,与我便无干了。"耽着惊恐,上前去解这麻索。那白铁本来有些蛮力,轻轻的便取下挂来,背出正街,心慌意急,不暇致详,向一家门里撇下。头也不回,竟自归家,兀自连打几个寒噤,铁也不敢打了,复上床去睡卧。不在话下。

且说丘乙大黑早起来开门,打听老婆消息,走到刘三旺门前,并无动静,直走到巷口,也没些踪影,又回来坐地寻思:"莫不是这贱妇逃走他方去了?"又想:"他出门稀少,又是黑暗里,如何行动?"又想道:"他若不死时,麻索必然还在。"再到门前去看时,地下不见了麻绳。"定是死在刘家门首,被他知觉,藏过了尸首,与我白赖。"又想:"刘三旺昨晚不回,只有那绰板婆和那小厮在家,那有力量搬运?"又想道:"虫蚁也有几只脚儿,岂有人无帮助?且等他开门出来,看他什么光景,见貌辨色,可知就里。"等到刘家开门,再旺出来,把钱去市心里买馍馍点心,并不见有一些惊慌之意。丘乙大心中委绝不下,又到街前街后闲荡,打探一回,并无影响。回来看见长儿还睡在床上打鼾，不觉怒起，掀开被，向腿上四五下，打得这小厮睡梦里直跳起来。丘乙大道："娘也被刘家逼死了，你不去讨命，还只管睡！"这句话，分明丘乙大教长儿去惹事，看风色。长儿听说娘死了，便哭起来，忙忙的穿了衣服，带着哭，一径直赶到刘三旺门首去，骂道："狗娼根，狗淫妇！还我娘来？"那绰板婆孙大娘见长儿骂上门，如何耐得，急赶出来，骂道："千人射的野贼种，敢上门欺负老娘吗？"便揪着长儿头发，却待要打，见丘乙大过来，就放了手。这小厮满街乱跳乱舞，带哭带骂讨娘。丘乙大已耐不住，也骂起来。那绰板婆怎肯相让，旁边钻出个再旺来相帮，两下干骂一场，邻里劝开。

丘乙大教长儿看守家里，自去街上央人写了状词，赶到浮梁县告刘三旺和妻孙氏人命事情。大尹准了状词，差人拘拿原被告和邻里干证，到官审问。原来绰板婆孙氏平昔口嘴不好，极是要冲撞人，邻里都不欢喜；因此说话中间，未免偏向丘乙大几分，把相骂的事情，增添得重大了，隐隐的将这人命，射实在绰板婆身上。这大尹见众人说话相同，信以为实。错认刘三旺将尸藏匿在家，希图脱罪。差人搜检，连地也翻了转来，只是搜寻不出，故此难以定罪。且不用刑，将绰板婆拘禁，差人押刘三旺寻访杨氏下落，丘乙大讨保在外。这场官司好难结哩！有分教：

> 绰板婆消停口舌，磁器匠担误生涯。

这事且阁过不题。再说白铁将那尸首，却撇在一个开酒店的人家门首。那店主人王公，年纪六十余岁，有个妈妈，靠着卖酒过日。是夜睡至五更，只听得叩门之声，醒时又不听得，刚刚合眼，却又闻得阗阗声叩响。心中惊异，披衣而起，即唤小二起来，开门观看。只见街头上，不横不直，挡着这件物事。王公还道是个醉汉，对小二道："你仔细看一看，还是远方人，是近处人？若是左近邻里，可叫他家起来，扶了去。"小二依言，俯身下去认看，因背了星光，看不仔细。见颈边拖着麻绳，却认做是条马鞭，便道："不是近边人，想是个马夫。"王公道："你怎么晓得他是个马夫？"小二道："见他身边有根马鞭，故此知得。"王公道："既不是近处人，由他罢！"

小二欺心，要拿他的鞭子，伸手去拾时，却拿不起，只道压在身底下，尽力一扯，那尸首直竖起来，把小二吓了一跳，叫道："阿呀！"连忙放手。那尸扑的倒下去了。连王公也吃一惊，问道："这怎么说？"小二道："只道是根鞭儿，要拿他的，不想却是缢死的人，颈下扣的绳子。"王公听说，惊得魂飞天外，魄散九霄。叫道："这没头官司，叫我如何吃得起？若到了官，如何洗得清？"便与小二商议，小二道："不打紧，只教他离了我这里，就没事了。"王公道："说得有理，还是拿到那里去好？"小二道："撇他在河里罢！"当下二人动手，直抬到河下。远远望见岸上有人打着灯笼走来，恐怕被他撞见，不管三七二十一，撇在河边，奔回家去了，不在话下。

且说岸上打灯笼来的是谁？那人乃是本镇一个大户叫作朱常，为人奸诡百出，变诈多端，是个好打官司的主儿。因与一个隔县姓赵的人家争田。这一早要到田头去割稻，同着十来个家人，拿了许多扁挑索子镰刀，正来下矼。那提灯的在前，走下岸来，只见一人横倒在河边，也认做是个醉汉，便道："这该死的贪这样脓血！若再一个翻身，却不滚在河里，送了性命？"内中一个家人，叫作卜才，是朱常手下第一出尖的帮手，他只道醉汉身边有些钱钞，就蹲倒身，伸手去摸他腰下，却冰一般冷，吓得缩手不迭,便道:"原来死的了!"朱常听说是死人,心下顿生不良之念。忙叫:"不要慌,把灯来照看,是老的? 是少的?"众人在灯下仔细打灯认,却是个缢死的妇人。朱常道:"你们把他颈里绳子快解掉了,扛下艄里去藏好。"众人道:"老爹! 这妇人正不知是甚人谋死的? 我们如何却到去招揽是非?"朱常道:"你莫管,我自有用处。"众人只得依他,解去麻绳,叫起看船的扛上船,藏在艄里,将平基盖好。朱常道:"卜才,你回去,媳妇子叫五六个来。"卜才道:"这二三十亩稻,勾什么砍,要这许多人去做甚?"朱常道:"你只管叫来,我自有用处。"卜才不知是甚意见,即便提灯回去。不一时叫到,坐了一舡,解缆开船。两人荡桨,离了镇上。众人问道:"老爹载这东西去有甚用处?"朱常道:"如今去割稻,赵家定来拦阻,少不得有一场相打,到告状结杀。如今天赐这东西与我,岂不省了打官司。还有许多妙处。"众人道:"老爹怎见省了打官司? 又有妙处?"朱常道:"有了这尸首时,只消如此如此,这般这般,却不省了打官司,你们也有些财采。他若不见机,弄到当官,定然我们占个上风,可不好么!"众人都喜道:"果然妙计! 小人们怎省得?"正是:

> 算定机谋夸自己,安排圈套害他人。

这些人都是愚野村夫,晓得什么厉害? 听见家主说得都有财采,竟像瓮中取鳖,手到拿来的事,乐极了,巴不得赵家的人,这时便到船边来厮闹便好:银子既有得到手,官司又可以赢得。这船竟像生了翼翅的一般,顷刻就飞到了。此时天色渐明,朱常教把船歇在空阔无人居住之处,离田头尚有一箭之路。众人都上了岸,寻出一条一股好一股断的烂草绳,将船缆在一棵草根上,只留一人坐在艄上看守,众男女都下田砟稻。朱常远远的站在岸上打探消耗。

设起巧谋
妙自己
轻成圈套
害他人

元来这地方叫作鲤鱼桥,离景德镇止有十里多远,再过去里许,又唤做太白村,乃南直隶徽州府婺源县所管。因是两省交界之处,人人错壤而居。与朱常争田这人名唤赵完,也是个大富之家,原是浮梁县人户,却住在婺源县地方。两县俱置得有田产。那争的田,止得三十余亩,乃赵完族兄赵宁的。先把来抵借了朱常银子,却又卖与赵完,恐怕出丑,就揽来佃种,两边影射了三四年。不想近日身死,故此两家相争。这稻子还是赵宁所种。

说话的,这田在赵完屋脚跟头,如何不先砍了,却留与朱常来割? 看官有所不知,那赵完也是个强横之徒,看得自己大了,道这田是明中正契买族兄的,又在他的左近；朱常又是隔省人户，料必不敢来砟稻，所以放心托胆。那知朱常又是个专在虎头上做窠，要吃不怕死的魍魉，竟来放对。正在田中砍稻，早有人报知赵完。赵完道："这厮真是吃了大虫的心，豹子的胆，敢来我这里撩拨！"儿子赵寿道："爹！自古道：来者不惧，惧者不来。也莫轻觑了他！"赵完问报人道："他们共有多少人在此？"答道："十来个男子，六七个妇人。"赵完道："既如此，也教妇人去。男对男，女对女，都拿的来，敲断他的孤拐子，连船都拔他上岸，那时方见我的手段。即便唤起二十多人，十来个妇人，一个个粗脚大手，裸臂揎拳，如疾风骤雨而来。赵完父子随后来看。

且说众人远远的望着田中，便喊道："偷稻的贼不要走！"朱常家人媳妇，看见赵家有人来了，连忙住手，望河边便跑。到得岸旁，朱常连叫快脱衣服。众人一齐卸下，堆做一处，叫一个妇人看守，复身转来，叫道："你来你来！若打输与你，不为好汉！"赵完家有个雇工，人叫作田牛儿，自恃有些气力，抢先飞奔向前。朱家人见他势头来得勇猛，两边一闪，让他冲将过来，才让他冲进时，男子妇人，一裹转来围住。田牛儿叫声："来得好！"提起升箩般拳头，拣着个精壮村夫，赶上一拳打去。只望先打倒了一个硬的，其余便如摧枯拉朽了。谁知那人却也来得，拳到面上时，将身子打一偏，那拳便打个空，反被众人围将拢来，将田牛儿围住，险些儿动不得。急起左拳来打，手尚未起，又被一人接住，两边扯开。田牛儿便施展不得。朱家人也不打他，推的推，扯的扯，到像八抬八绰一般，脚不点地竟拿上船。那烂草绳系在草根上，有甚筋骨，初踏上船就断了。艄上人已预先将篙拦住，众人将田牛儿纳在舱中乱打。

赵家后边的人，见田牛儿捉上船去，蜂拥赶上船抢人。朱家妇女都四散走开，放他上去。说时迟，那时快，拦篙的人一等赵家男子、妇人上齐船时，急掉转篙，望岸上用力一点，那船如箭一般，向河心中直荡开去。人众船轻，三四幌便翻将转来。两家男女四十多人，尽都落水。这些妇人各自挣扎上岸，男子就在水中相打，纵横搅乱，激得水溅起来，恰如骤雨相似。把岸上看的人眼都耀花了，只叫莫打，有话上岸来说。正打之间，卜才就人乱中，把那缢死妇人尸首，直攧过去，便喊起来道："地方救护，赵家打死我家人了！"朱常同那六七个妇人，在岸边接应。一齐喊叫，其声震天动地。赵家的妇人，正绞挤湿衣，听得打死了人，带水而逃。水里的人，一个个吓得胆战心惊，正不知是那个打死的，巴不能挣脱逃走，被朱家人乘势追打，吃了老大的亏，挣上了岸，落荒逃奔！此时只恨父母少生了两只脚儿。

朱家人欲要追赶，朱常止住道："如今不是相打的事了，且把尸首收拾起来，抬放他家屋里了，再处。"众人把尸首拖到岸上，卜才认做妻子，假意啼啼哭哭。朱常又教捞起船上篙桨之类，寄顿佃户人家；又对看的人道："列位地方邻里，都是亲眼看见，活打死的，须不是诬陷赵完，倘到官司时，少不得要相烦做个证见，但求实说罢了。"这几句是朱常引人来兜揽处和的话。此时内中若有个有力量的，出来担当，不教朱常把尸首抬去赵家说和，这事也不见得后来害许多人的性命。只因赵完父子，平日是个难说话的，恐怕说而不听，反是一场没趣。况又不晓得朱常心中是甚样个意儿？故此并无一人招揽。朱常见无人招架，教众人穿起衣服，把尸首用芦席卷了，将绳索络好，四人扛着，望赵完家来。看的人随后跟来，观看两家怎地结局。

铜盆撞了铁扫帚，恶人自有恶人磨。

且说赵完父子随后走来，远望着自家人追赶朱家的人，心中欢喜。渐渐至近，只见妇女家人，浑身是水，都像落汤鸡一般，四散奔走。赵完惊讶道："我家人多，如何反被他都打下水去？"正说着，只见众人赶到，乱嚷道："阿爹不好了！快回去吧。"赵完道："你们怎地恁般没用？都被打得这模样！"众人道："打是小事，只是他家死了人却怎处？"赵完听见死了个人，吓得就酥了半边，两只脚就像钉了，半步也行不动。赵寿与田牛儿，两边挟着胳膊而行，扶至家中坐下，半晌方才开言，问道："如何就打死了人？"众人把相打翻船的事，细说一遍。又道："我们也没有打妇人，不知怎地死了？想是淹死的。"赵完心中没了主意，只叫："这事怎好？"那时合家老幼，都丛在一堆，人人心下惊慌。正说之间，人进来报："朱家把尸首抬来了。"赵完又吃这一吓，恰像打坐的禅和子，急得身色一毫不动。

自古道：物极则反，人急计生。赵寿忽地转起一念，便道："爹莫慌！我自有对付他的计较在此。"便对众人道："你们多向外边闪过，让他们进来之后，听我鸣锣为号，留几个紧守门口，其余都赶进来拿人，莫教走了一个。解到官司，见许多人白日抢劫，这人命自然从轻。"众人得了言语，一齐转身。赵完恐又打坏了人，吩咐："只要拿人，不许打人！"众人应允，一阵风出去。赵寿只留了一个心腹义孙赵一郎道："你且在此。"又把妇女妻小打发进去，吩咐："不要出来。"赵完对儿子道："虽然告他白日打抢，终是人命为重，只怕抵当不过。"赵寿走到耳根前，低低道："如今只消如此这般。"赵完听了大喜，不觉身子就健旺起来，乃道："事不宜迟，快些停当！"赵寿先把各处门户闭好，然后寻了一把斧头，一个棒槌，两扇板门，都已完备，方教赵一郎到厨下叫出一个老儿来。

那老儿名唤丁文，约有六十多岁，原是赵完的表兄，因有了个懒黄病，吃得做不得，却又无男无女，挺在赵完家烧火，博口饭吃。当下那老儿不知头脑，走近前问道："兄弟有甚话？"赵完还未答应，赵寿闪过来，提起棒槌，看正太阳，便是一下。那老儿只叫得声："阿呀！"翻身跌倒。赵寿赶上，又复一下，登时了账。当下赵寿动手时，以为无人看见，不想田牛儿的娘田婆，就住在赵完宅后，听见打死了人，恐是儿子打的，心中着急，要寻来问个仔细，从后边走出，正撞着赵寿行凶。吓得蹲倒在地，便立不起身。口中念声："阿弥陀佛！青天白日，怎做这事！"赵完听得，回头看了一看，把眼向儿子一颠，赵寿会意，急赶近前，照顶门一棒槌打倒，脑浆鲜血一齐喷出。还怕不死，又向肋上三四脚，眼见得不能够活了。只因这一文钱上起，又送了两条性命。正是：

含容终有益，任意定生灾。

且说赵一郎起初唤丁老儿时，不道赵寿怀此恶念，蓦见他行凶，惊得只缩到一壁角边去。丁老儿刚刚完事，接脚又撞个田婆来凑成一对，他恐怕这第三棒槌轮到头上，心下着忙，欲待要走，这脚上却像被千百斤石头压住，哪里移得动分毫。正在慌张，只见赵完叫道："一郎快来帮一帮！"赵一郎听见叫他相帮，方才放下肚肠挣扎得动，向前帮赵寿拖这两个尸首，放在遮堂背后，寻两扇板门压好，将遮堂都起浮了窠臼。又吩咐赵一郎道："你切不可泄漏，待事平了，把家私分一股与你受用。"赵一郎道:"小人靠阿爹洪福过日的,怎敢泄漏?"刚刚准备停当,外面人声鼎沸,朱家人已到了。赵完三人退入侧边一间屋里,掩上门儿张看。

且说朱常引家人、媳妇,扛着尸首赶到赵家,一路打将进去。直到堂中,见四面门户紧闭,并无一个人影。朱常教"把尸首居中停下,打到里边去,拿赵完这老亡八出来,锁在死尸脚上!"众人一齐动手。乒乒乓乓将遮堂乱打,那遮堂已是离了榫臼的,不消几下,一扇扇都倒下去,尸首上又压上一层.众人只顾向前,那知下面有物。赵寿见打下遮堂,把锣筛起。外边人听见,发声喊,抢将入来。朱常听得筛锣,只道有人来抢尸首,急擎身出来,众人已至堂中,两下你揪我扯,搅做一团,滚做一块。里边赵完三人大喊:"田牛儿,你母亲都被打死了,不要放走了人。"田牛儿听见,急奔来问:"我母亲如何却在这里?"赵完道:"他刚同丁老官走来问我,遮堂打下,压死在内。我急走得快,方逃得性命。若迟一步儿,这时也不知怎地了!"田牛儿与赵一郎将遮堂搬开,露出两个尸首。田牛儿看娘时,头已打开,脑浆鲜血满地,放声大哭。朱常听见,还只道是假的,急抽身一望,果然有两个尸首,着了忙,往外就跑。这些家人媳妇,见家主走了,各要摑脱逃走,一路揪扭打将出来。那知门口有人把住,一个也走不脱,都被拿住。赵完只叫:"莫打坏了人!"故此朱常等不十分吃亏。

赵寿取出链子绳索,男子妇女锁做一堂。田牛儿痛哭了一回,心中忿怒,跳起身道:"我把朱常这老王八,照依母亲打死罢了。"赵完拦住道:"不可不可! 如今自有官法究治,打死他做甚?"教众人扯过一边。此时已哄动远近村坊,地方邻里,无有不到赵家观看。赵完留到后边,备起酒饭款待,要众人具个"白昼劫杀"公呈。那众人都是赵完的亲戚佃户,俱应承了。

赵完即央人写了状词,邻里写了公呈,同往婺源县击鼓喊冤。正是:强中更遇强中手,恶人须服恶人磨。却说那婺源县大尹,姓李名正,字国材,山东历城县人。乃进士出身,为官直正廉明,雪冤辨奸。又且一清如水,分文不取。当下闻得击鼓喊冤,即便升堂,传集衙役皂快,喝教带进赵完一干人跪在丹墀下。大尹问道:"你们有甚冤枉? 从实说来。"赵完手持状词,口中直说:"老爷救命。"大尹叫手下人拿上状词看了,见是人命重事。大尹又问邻右道:"你们是什么人?"邻里道:"小人俱是赵完左右邻居。目击朱常在赵完家行凶,不得不来报明。"将呈子递上。大尹看了,就叫打轿,带领仵作一应衙役,往赵家检验。赵家已自摆设公案,迎接大尹。到了,坐定,叫仵作将三个死尸致命伤处,从实检验报来。仵作先将丁老儿、田氏看过,禀道:"这两个俱是打伤脑壳。"又将朱常的死妇遍身看过,禀道:"此妇遍身无伤处,唯有颈下一条血痕,看来不是打死,竟是勒死的。"大尹道:"可俱是实?"仵作禀道:"小人怎敢混报?"大尹心下疑惑:"既是两下相殴,为何此妇身上毫无伤处?"遂唤朱常问道:"此妇是你什么人?"朱常禀道:"是小人家卜才的妻子。"大尹便唤卜才问道:"你的妻子可是昨日登时打死了?"卜才道:"是。"大尹问了详细,自走下来把三个尸首逐一亲验,仵作人所报不差,暗称奇怪。吩咐把棺木盖上封好,带到县里听审。

大尹在轿上,一路思想,心下明白。回县坐下,发众犯都跪在仪门外。单唤朱常上去,道:"朱常,你不但打死赵家二命,连这妇人,也是你谋死的! 须从实招来。"朱常道:"这是家人卜才的妻子余氏,实被赵完打下水死的,地方上人,都是见的,如何反是小人谋死? 爷爷若不信,只问卜才便见明白。"大尹喝道:"胡说! 这卜才乃你一路之人,我岂不晓得! 敢在我面前支吾! 夹起来。"众皂隶一齐答应上前,把朱常鞋袜去了,套上夹棍,便喊起来。那朱常本是富足之人,虽然好打官司,不曾受此痛苦,只得一一吐实:"这尸首是浮梁江口不知何人撒下的。"

国学经典文库

中国二十大名著

醒世恒言

图文珍藏版

大尹录了口词，叫跪在丹墀下。又唤卜才进来，问道："死的妇人果是你妻子吗？"卜才道："正是小人妻子。"大尹道："既是你妻子，如何把他谋死了，诈害赵完？"卜才道："爷爷！昨日赵完打下水身死，地方上人，都看见的。"大尹把惊堂在桌上一连七八拍，大喝道："你这该死的奴才！这是谁家的妇人，你冒认做妻子，诈害别人！你家主已招称，是你把他弄死。你若巧辩，快夹起来！"卜才见大尹像道士打灵牌一般，把气拍一片声乱拍乱喊，将魂魄都惊落了。又听见家主已招，只得禀道："这都是家主教小人认做妻子，并不干小人之事。"大尹道："你一一从实细说。"卜才将下船遇见尸首，定计诈赵完前后事细说一过，与朱常无二。

大尹已知是实，又问道："这妇人虽不是你打死，也不该冒认为妻，诈害平人。那丁文、田婆却是你与家主打死的，这须没得说。"卜才道："爷爷！其实不曾打死，就夹死小人，也不招的。"大尹也教跪在丹墀。又唤赵完并地方来问，都执朱常扛尸到家，乘势打死。大尹因朱常造谋诈害赵完事实，连这人命也疑心是真，又把朱常夹起来。朱常熬刑不起，只得屈招。大尹将朱常、卜才各打四十，拟成斩罪，下在死囚牢里。其余十人，各打二十板，三个充军，七个徒罪，亦各下监。六个妇人，都是杖罪，发回原籍。其田断归赵完，代赵宁还原借朱常银两。又行文关会浮梁县，查究妇人尸首来历。

那朱常初念，只要把那尸首做个媒儿，赵完怕打人命官司，必定央人兜收私处，这三十多亩田，不消说起归他，还要扎诈一注大钱，故此用这一片心机。谁知激变赵寿做出没天理事来对付，反中了他计。当下来到牢里，不胜懊悔，想道："这早若不遇这尸首，也不见得到这地位！"正是：

> 早知更有强中手，却悔当初枉用心。

朱常料道："此处定难翻案。"叫儿子吩咐道："我想三个尸棺，必是钉稀板薄，交了春气，自然腐烂。你今先去会了该房，捺住关会文书。回去教妇女们莫要泄漏这缢死尸首消息。一面向本省上司去告准，捱至来年四五月间，然后催关去审，那时烂没了缢死绳痕，好与他白赖。一事虚了，事事皆虚，不愁这死罪不脱。"朱太依了父亲，前去行事，不在话下。

却说景德镇卖酒王公家小二因相帮撇了尸首，指望王公些东西，过了两三日，却不见说起。小二在口内野唱，王公也不在其意。又过了几日，小二不见动静，心中焦躁，忍耐不住，当面明明说道："阿公，前夜那话儿，亏我把去出脱了还好；若没我时，到天明地方报知官司，差人出来相验，饶你硬挣，不使酒钱，也使茶钱。就拌上十来担涎吐，只怕还不得了结哩！如今省了你许多钱钞，怎么竟不说起谢我？"大凡小人度量极窄，眼孔最浅：偶然替人做件事儿，微幸得效，便道泼天大功劳，亏我挟持成就，竟想厚报；稍不遂意，便要就翻转脸来了。所以人家用错了人，反受其茶毒。如小二不过一时用得些气力，便想要王公的银子，那王公若是个知事的，不拘多寡与他些也就罢了，谁知王公又是舍不得一文钱的悭吝老儿，说着要他的钱，恰像割他身上的肉，就面红颈赤起来了。

当下王公见小二要他银子，便发怒道："你这人忒没理！吃黑饭，护漆柱。吃了我家的饭，得了我的工钱，便是这些小事，略走得几步，如何就要我钱？"小二见他发怒，也就嚷道："嗄呀！就不把我，也是小事，何消得喉急？用得我着，方吃得你的饭，赚得你的钱，须不是白把我用的。还有一句话，得了你工钱，只做得生活，原不曾说替你拽死尸的。"王婆便走过来道："你这蛮子，真个怠懒？自古道：茄子也让三分老。怎么一个老人家，全没些尊卑，一般样与他争嚷。"小二道："阿婆，我出了力，不把银子与我，反发喉急，怎不要嚷？"王公道："什么！是我谋死的？要诈我钱！"小二道："虽不是你谋死，便是擅自移尸，也须有个罪名。"王公道："你到去首了我来。"小二道："要我首也不难，只怕你当不起这大门户。"王公赶上前道："你去首，我不怕。"望外劈颈就扠。那小二不曾提防，捉脚不定，翻筋斗直跌出门外，磕碎了脑后，鲜血直淌。小二跌毒了，骂道："你这老王八！亏了我，反打么！"就地下拾起一块砖来，望王公掷去，谁知数合当然，这砖不歪不斜，恰恰正中王公太阳，一跤跌倒，再不则声。王婆急上前扶时，只见口开眼定，气绝身亡。跌脚叫苦，便哭起天来。只因这一文钱，又断送了一条性命。

　　　　总为惜财丧命，方知财命相连。

小二见王公死了，爬起来就跑。王婆喊叫邻里赶上拿转，锁在王公脚上。问王婆："因甚事起？"王婆一头哭，一头将前情说出，又道："烦列位与老身作主则个！"众人道："这厮原来恁地可恶！先教他吃些痛苦，然后解官。"三四个邻佑走上前来，一顿拳头脚尖，打得半死，方才住手。教王婆关闭门户，同到县中告状。此时纷纷传说，远近人都来观看。且说邱乙大正访问妻子尸首不着，官司难结，心中气闷。这一日闻得小二打死王公的根由，"怎道这妇人尸首，莫不就是我妻子吗？"急走来问，见王婆锁闭要去告状。邱乙大上前问了详细，计算日子，正是他妻子出门这日，便道："怪道我家妻子尸首，当朝就不见踪影，原来却是他们丢掉了。到如今有了实据，绰板婆却自赖不得的了。"即忙赶到县前看来，只见王婆叫喊到县堂上。县主知是杀人大案，立刻出签拿了小二。不问众人，先教王婆问了备细。小二料道罪真难脱，不待用夹，一一招承。打了三十，问成死罪，下在狱中。邱乙大计算妻子被刘三旺谋死，正是此日，这尸首一定是他撇下的。证见已确，要求审结。此时婺源县知会文书未到，大尹因没有尸首，终无实据。原发落出去寻觅。再说小二，初时已被邻里打伤，那顿板子，又十分厉害。到了狱中，没有使用，又遭一顿拳脚，三日之间，血崩身死。为这一文钱起，又送一条性命。

　　　　只因贪白镪，番自丧黄泉。

　　且说邱乙大从县中回家，正打白铁门首经过，只听得里边叫天叫地的啼哭。原来白铁自那夜担着惊恐，出脱这尸首，冒了风寒，回家上得床，就发起寒热，病了十来日，方才断命。所以老婆啼哭。眼见为这一文钱，又送一条性命。

　　　　化为阴府惊心鬼，失却阳间打铁人。

邱乙大问知白铁已死，叹口气道："恁般一个好汉！有得几日，却又了账。可见世人真是没根的！"走到家里，只有这个小厮，鬼一般缩在半边，要口热水，也不能够。看了那样光景，方懊悔前日逼勒老婆，做了这桩拙事。如今又弄得不尴不尬，心下烦恼，连生意也不去做，终日东寻西觅，并无尸首下落。
　　看看捱过残年，又早五月中旬。那时朱常儿子朱太已在按院告准状词，批在浮梁县审问，行文到婺源县关提人犯尸棺。起初朱太还不上紧，到了五月间，料得尸首已是腐烂，大大送个东道与婺源县该房，起文关解。那赵完父子因婺源县已经问结，自道没事，毫无畏惧，抱卷赴理。两县解子领了一干人犯，三具尸棺，直至浮梁县当堂投递。大尹将人犯羁禁，尸棺发置官坛候检，打发婺源回文，自不必说。

不则一日，大尹吊出众犯，前去相验。那朱太合衙门通买嘱了，要胜赵完。大尹到尸场上坐下，赵完将浮梁县案卷呈上。大尹看了，对朱常道："你借尸索诈，打死二命，事已问结，如何又告？"朱常禀道："爷爷！赵完打余氏落水身死，众目共见；却买嘱了地邻仵作，妄报是缢死的。那丁文、田婆，自己情慌，谋害抵饰，硬诬小人打死。且不要论别件，但据小人主仆力量有限，赵家是何等势力，却容小人打死二命？况死的俱年七十多岁，难道恁地厉害，只拣垂死之人来打？爷爷推详这上，就见明白。"大尹道："既如此，你当时就不该招承了。"朱常道："他那衙门情熟，用极刑拷逼，若不屈招，性命已不到今日了。"赵完也禀道："朱常当日倚仗假尸，逢着的便打，合家躲避；那丁文、田婆年老，奔走不及，故此遭他毒手。假尸缢死绳痕，是婺源县太爷亲验过的，岂是仵作妄报！如今日久腐烂，巧言诓骗爷爷，希图漏网反陷。但求细看招卷，曲直立见。"大尹道："这也难凭你说。即教开棺检验。

天下有这等作怪的事？只道尸首经了许久，料已腐烂尽了，谁知都一毫不变，宛然如生。那杨氏颈下这条绳痕，转觉显明，倒教仵作人没理会。你道为何？他已得了朱常的钱财，若尸首烂坏了，好从中作弊，要出脱朱常，反坐赵完。如今伤痕见在，若虚报了，恐大尹还要亲验。实报了，如何得朱常银子？正在踌躇，大尹蚤已瞧破，就走下来亲验。那仵作人被大尹监定，不敢隐匿，一一实报。朱常在旁暗暗叫苦。大尹将所报伤处，将卷对看，分毫不差，对朱常道："你所犯已实，怎么又往上司诓告？"朱常又苦苦分诉。大尹怒道："还要强辩！夹起来！快说这缢死妇人是哪里来的？"朱常受刑不过，只得招出："本日早起，在某处河沿边遇见，不知是何人撇下。"那大尹极有记性，忽地想起："去年邱乙大告称，不见了妻子尸首；后来卖酒王婆告小二打死王公，也称是日抬尸首，撇在河沿上去了。至今尸首没有下落，莫不就是这个吗？"暗记在心。当下将朱常、卜才都责三十，照旧死罪下狱，其余家人问徒招保。赵完等发落宁家，不题。

且说大尹回到县中，吊出邱乙大状词，并王小二那宗案卷查对，果然日子相同，撇尸地处一般，更无疑惑。即着原差，唤到邱乙大、刘三旺干证人等，监中吊出绰板婆孙氏，齐到尸场认看。此时正是五月天道，监中瘟疫大作，那孙氏刚刚病好，还行走不动，刘三旺与再旺扶挟而行。到了尸场上，仵作揭开棺盖，那邱乙大认得老婆尸首，放声号恸，连连叫道："正是小人妻子！"干证地邻也道："正是杨氏！"大尹细细鞫问致死情由，邱乙大咬定："刘三旺夫妻登门打骂，受辱不过，以致缢死。"刘三旺、孙氏，又苦苦折辩。地邻俱称是孙氏起衅，与刘三旺无干。大尹喝教将孙氏拶起。那孙氏是新病好的人，身子虚弱，又行走这番，劳碌过度，又费唇费舌折辩，渐渐神色改变。经着拶子，疼痛难忍，一口气收不来，翻身跌倒，呜呼哀哉！只因这一文钱上起，又送一条性命。正是：

> 地狱又添长舌鬼，阳间少了绰板声。

大尹看见，即令放拶。刘三旺向前叫喊，喊破喉咙，也唤不转。再旺在旁哀哀啼哭，十分凄惨。大尹心中不忍，向邱乙大道："你妻子与孙氏角口而死，原非刘三旺拳手相交。今孙氏亦亡，足以抵偿。今后两家和好，尸首各自领归埋葬，不许再告，违者定行重治。"众人叩首依命，各领尸首埋葬。不在话下。

再说朱常、卜才下到狱中，想起枉费许多银两，反受一场刑杖，心中气恼，染起病来,却又沾着瘟气,二病夹攻,不够数日,双双而死。只因这一文钱上起,又送两条性命。

　　　　未诈他人,先损自己。

　　说话的,我且问你:朱常生心害人,尚然得个丧身亡家之报;那赵完父子活活打死无辜二人,又诬陷了两条性命,他却漏网安享,可见天理原有报不到之处。看官,你可晓得,古老有几句言语吗? 是那几句? 古语道:

　　　　善有善报,恶有恶报。不是不报,时辰未到。

　　那天公算报应,个个记得明白。古往今来,曾放过那个? 这赵完父子漏网受用,一来他的顽福未尽;二来时候不到;三来小子只有一张口,没有两副舌,说了那边,便难顾这边,少不得逐节儿还你个报应。闲话休题。且说赵完父子,又胜了朱常,回到家中,亲戚邻里,齐来作贺,吃了好几日酒。又过数日,闻得朱常、卜才,俱已死了,一发喜之不胜。田牛儿念着母亲暴露,领归埋葬不题。

　　时光迅速,不觉又过年余。原来赵完年纪虽老,还爱风月,身边有个偏房,名唤爱大儿。那爱大儿生得四五分颜色,乔乔画画,正在得趣之时。那老儿虽然风骚,到底老人家,只好虚应故事,怎能够满其所欲? 看见义孙赵一郎,身材雄壮,人物乖巧,尚无妻室,到有心看上了。常常走到厨房下,捱肩擦背,调嘴弄舌。你想世上能有几个坐怀不乱的鲁男子,妇人家反去勾搭,他可有不肯之理。两下眉来眼去,不一日,成就了那事。彼此俱在少年,犹如一对饿虎,那有个饱期,捉空就闪到赵一郎房中,偷一手儿。那赵一郎又有些本领,弄得这婆娘体酥骨软,魄散魂销,恨不时刻并做一块。约莫串了半年有余。

　　一日,爱大儿对赵一郎说道:“我与你虽然快活了这几多时,终是碍人耳目,心忙意急,不能够十分尽兴。不如悄地逃往远处,做个长久夫妻。”赵一郎道:“小娘子若真肯向我,就在这里也可做得长久夫妻。”爱大儿道:“你便是心上人了,有甚假意? 只是怎地在此就做得夫妻!”赵一郎道:“昔年丁老官与田婆,都是老爹与大官人自己打死,诈赖朱家的,当时教我相帮扛抬,曾许事完之日,分一分家私与我。那个棒槌,还是我藏好。一向多承小娘子相爱,故不说起。你今既有此心,我与老爹说,不要了那一分家,寻个所在住下,然后再央人说,要你为配,不怕他不肯。他若舍不得,那时你悄地径自走了出来,他可敢道个不字吗? 设或不达时务,便报与田牛儿,同去告宫,教他性命也自难保。”爱大儿闻言不胜欢喜,道:“事不宜迟,作速理会。”说罢,闪出房去。次日,赵一郎探赵完独个在堂中闲坐,上前说道:“向日老爹许过事平之后,分一分家私与我。如今朱家了账已久,要求老爹分一股儿,自去营运与我度日。”赵完答道:“我晓得了。”再过一日,赵一郎转入后边,遇着爱大儿,递个信儿道:“方才与老爹说了,娘子留心察听看,可像肯的。”爱大儿点头会意,各自开去不题。

　　且说赵完叫赵寿到一个厢房中去,将门掩上,低低把赵一郎说话,学与儿子,又道:“我一时含糊应了他,如今还是怎地计较?”赵寿道:“我原是哄他的甜话,怎么真个就做这指望?”老道道:“当初不合许出了,今若不与他些,这点念头,如何肯息?”赵寿沉吟了一回,又生起歹念,乃道:“若引惯了他,做了个月月红,倒是无了无休的诈端。想起这事,止有他一个晓得,不如一发除了根,永无挂虑!”那老儿若是个有仁心的,劝儿子休了这念,胡乱与他些小东西,或者免得后来之祸,也未可知。千不合,万不合,却说道:"我也有这念头,但没有个计策。"赵寿道:"有甚难处,明日去买些砒霜,下在酒中,到晚灌他一醉,怕道不就完事。外边人都晓得平日将他厚待的,绝不疑惑。"赵完欢喜,以为得计。

他父子商议,只道神鬼不知;那晓得却被爱大儿瞧见,料然必说此事,悄悄走来覆在壁上窥听。虽则听着几句,不当明白,恐怕出来撞着,急闪入去。欲要报与赵一郎,因听得不甚真切,不好轻事重报。心生一计,到晚间,把那老儿多劝上几杯酒,吃得醉熏熏,到了床上,爱大儿反抱定了那老儿撒娇撒痴,淫声浪说。那老儿迷魂了,乘着酒兴,未免做些没正经事体。方在酣美之时,爱大儿道:"有句话儿要说,恐气坏了你,不好开口。若不说,又气不过。"这老儿正顽得气喘吁吁,借那句话头,就停住了,说道:"是那个冲撞了你? 如此着恼?"爱大儿道:"叵耐一郎这厮,今早把风话撩拨我,我要扯他来见你,倒说:'老爹和大官人性命都还在我手里,料道也不敢难为我。'不知有甚缘故,说这般满话。倘在外人面前,也如此说,必疑我家做甚不公不法勾当,可不坏了名声? 那样没上下的人,不如寻个计策摆布死了,也省了后患。"那老儿道:"原来这厮恁般无礼! 不打紧,明晚就见功效了。"爱大儿道:"明晚怎地就见功效?"那老儿也是合当命尽,将要药死的话,一五一十说出。

那婆娘得了实信,次早闪来报知赵一郎。赵一郎闻言,吃那惊不小,想道:"这样反面无情的狠人! 倒要害我性命,如何饶得他过?"摸了棒槌,锁上房门,急来寻着田牛儿,把前事说与。田牛儿怒气冲天,便要赶去厮闹。赵一郎止住道:"若先嚷破了,反被他做了准备。不如竟到官司,与他理论。"田牛儿道:"也说得是。还到那一县去?"赵一郎道:"当初先在婆源县告起,这大尹还在,原到他县里去。"那太白村离县止有四十余里,二人拽开脚步,直跑至县中。恰好大尹早堂未退,二人一齐喊叫。大尹唤入,当厅跪下,却没有状词,只是口诉。先是田牛儿哭禀一番,次后赵一郎将赵寿打死丁文、田婆,诬陷朱常、卜才情由细诉,将行凶棒槌呈上。大尹看时,血痕虽干,鲜明如昨。乃道:"既有此情,当时为何不首?"赵一郎道:"是时因念主仆情分,不忍出首。如今恐小人泄漏,昨日父子计议,要在今晚将毒药鸩害小人,故不得不来投生。"大尹道:"他父子私议,怎地你就晓得?"赵一郎急遽间,不觉吐出实话,说道:"亏主人偏房爱大儿报知,方才晓得。"大尹道:"你主人偏房,如何肯来报信? 想必与你有奸吗?"赵一郎被问破心事,脸色俱变,强词抵赖。大尹道:"事已显然,不必强辩。"即差人押二人去拿赵完父子,并爱大儿前来赴审。到得太白村,天已昏黑,田牛儿留回家歇宿,不题。

且说赵寿早起就去买下砒霜,却不见了赵一郎,问家中上下,都不知道。父子虽然有些疑惑,那个虑到爱大儿泄漏。次日清晨,差人已至,一索捆翻,拿到县中。赵完见爱大儿也拿了,还错认做赵一郎调戏他不从,因此牵连在内。直至赵一郎说出,报他谋害情由,方知向来有奸,懊悔失言。两下辩论一番,不肯招承。怎当严刑锻炼,疼痛难熬,只得一一实招。只因他害了四命,情理可恨,赵完父子,各打六十,依律处斩。赵一郎奸骗主妾,背恩反噬;爱大儿通同奸骗,各责四十,杂犯死罪,齐下狱中。田牛儿释放回家。一面备文,申报上司,提解见证。不一日,申奏刑部,详勘号札,四人俱依拟秋后处决。只因这一文钱上,又断送了四条性命。虽然是冤各有头,债各有主,若不因那一文钱争闹,杨氏如何得死? 没有杨氏的死尸,朱常这诈害一事,也就做不成了。总为这一文钱起,共害了十三条性命。这段话叫作《一文钱小隙造奇冤》。奉劝世人,舍财忍气为上。有诗为证:

相争只为一文钱,小隙谁知奇祸连!
劝汝舍财兼忍气,一生无祸得安然。

第三十五卷

徐老仆义愤成家

犬马犹然知恋主,况于列在生人。为奴一日主人身,情恩同父子,名分等君臣。　主若虐奴非正道,奴如欺主伤伦。能为义仆是良民,盛衰无改节,史册可传神。

说这唐玄宗时,有一官人姓萧,名颖士,字茂挺,兰陵人氏。自幼聪明好学,该博三教九流,贯串诸子百家。上自天文,下至地理,无所不通,无有不晓。真个胸中书富五车,笔下句高千古。年方一十九岁,高掇巍科,名倾朝野,是一个广学的才子。家中有个仆人,名唤杜亮。那杜亮自萧颖士数龄时,就在书房中服事起来。若有驱使,奋勇直前,水火不避,身边并无半文私蓄。陪伴萧颖士读书时,不待吩咐,自去千方百计,预先寻觅下果品饮馔供奉。有时或烹瓯茶儿,助他清思;或暖杯酒儿,接他辛苦。整夜直服事到天明,从不曾打个瞌睡。如见萧颖士读到得意之处,他在旁也十分欢喜。

那萧颖士般般皆好,件件俱美,只有两桩儿毛病。你道是那两桩?第一件:乃是恃才傲物,不把人看在眼内。才登仕籍,便去冲撞了当朝宰相。那宰相若是个有度量的,还恕得过,又正冲撞了第一个忌才的李林甫。那李林甫混名叫作李猫儿,平昔不知坏了多少大臣,乃是杀人不见血的刽子手。却去惹他,可肯轻轻放过?被他略施小计,险些连性命都送了。又亏着座主搭救,止削了官职,坐在家里。

第二件是性子严急,却像一团烈火。片语不投,即暴躁如雷,两太阳火星直爆。奴仆稍有差误,便加捶挞。他的打法,又与别人不同。有甚不同?别人责治家奴,定然计其过犯大小,讨个板子,教人行杖,或打一十,或打二十,分个轻重。唯有萧颖士,不论事体大小,略触着他的性子,便连声喝骂,也不用什么板子,也不要人行杖,亲自跳起身来,一把揪翻,随地掣着一件家火,没头没脑乱打。凭你什么人劝解,他也全不作准,直要打个气息。若不像意,还要咬上几口,方才罢手。因是恁般厉害,奴仆们俱怕,都四散逃去,单单存得一个杜亮。论起萧颖士,止存得这个家人种儿,每事只该将就些才是。谁知他是天生的性儿,使惯的气儿,打溜的手儿,竟没丝毫更改,依然照旧施行。起先奴仆众多,还打了那个,空了这个。到得秃秃里独有杜亮时,反觉打得勤些。论起杜亮,遇着这般没理会的家主,也该学众人逃走去罢了,偏又寸步不离,甘心受他的责罚。常常打得皮开肉绽,头破血淋,也再无一点退悔之念,一句怨恨之言。打罢起来,整一整衣裳,忍着疼痛,依原在旁答应。

国学经典文库

中国二十大名著

醒世恒言

图文珍藏版

　　说话的，据你说，杜亮这等奴仆，莫说千中选一，就是走尽天下，也寻不出个对儿。这萧颖士又非黑漆皮灯，泥塞竹管，是那一窍不通的蠢物；他须是身登黄甲，位列朝班，读破万卷，明理的才人，难道恁般不知好歹，一味蛮打，没一点仁慈改悔之念不成？看官有所不知，常言道得好，江山易改，禀性难移。那萧颖士平昔原爱杜亮小心驯谨，打过之后，深自懊悔道："此奴随我多年，并无十分过失，如何只管将他这样毒打？今后断然不可！"到得性发之时，不觉拳脚又轻轻的生在他身上去了。这也不要单怪萧颖士性子急躁；谁教杜亮刚闻得叱喝一声，恰如小鬼见了钟馗一般，扑秃的两腿就跪倒在地！萧颖士本来是个好打人的，见他做成这个要打局面，少不得奉承几下。

　　杜亮有个远族兄弟杜明，就住在萧家左边，因见他常打得这个模样，心下到气不过，撺掇杜亮道："凡做奴仆的，皆因家贫力薄，自难成立，故此投靠人家。一来图个现成衣服，二来指望家主有个发迹日子，带挈风光，摸得些东西做个小小家业，快活下半世。像阿哥如今随了这措大，早晚辛勤服事，竭力尽心，并不见一些好处，只落得常受他凌辱痛楚。怎样不知好歹的人，跟他有何出息？他家许多人都存住不得，各自四散去了。你何不也别了他，另寻头路？有多少不如你的，投了大官府人家，吃好穿好，还要作成趁一贯两贯。走出衙门前，谁不奉承：那边才叫：'某大叔，有些小事相烦。'还未答应时，这边又叫：'某大叔，我也有件事儿劳动。'真个应接不暇，何等兴头。若是阿哥这样肚里又明白，笔下又来得，做人且又温存小心，走到势要人家，怕道不是重用？你那措大，虽然中个进士，发利市就与李丞相作对，被他弄来，坐在家中，料道也没个起官的日子，有何撇不下，定要与他缠帐？"

　　杜亮道："这些事，我岂不晓得？若有此念，早已去得多年了，何待吾弟今日劝谕。古语云：良臣择主而事，良禽择木而栖。奴仆虽是下贱，也要择个好使头。像我主人，只是性子躁急，除此之外，只怕舍了他，没处再寻得第二个出来！"杜明道："满天下无数官员宰相，贵戚豪家，岂有反不如你主人这个穷官？"杜亮道："他们有的，不过是爵位、金银二事。"杜明道："只这两桩尽够了，还要怎样？"杜亮道：那爵位乃虚花之事，金银是臭污之物。有甚希罕？如何及得我主人这般高才绝学，拈起笔来，顷刻万言，不要打个稿儿。真个烟云缭绕，华彩缤纷。我所恋恋不舍者，单爱他这一件儿！"杜明听得说出爱他的才学，不觉呵呵大笑，道："且问阿哥，你既爱他的才学，到饥时可将来当得饭吃，冷时可作得衣穿吗？"杜亮道："你又说笑话，才学在他腹中，如何济得我的饥寒？"杜明道："却原来又救不得你的饥，又遮不得你的寒，爱他何用？当今有爵位的，尚然只喜趋权附势，没一个肯怜才惜学。你我是个下人，但得饱食暖衣，寻觅些钱钞做家，乃是本等。却这般迂阔，爱什么才学，情愿受其打骂，可不是个呆子！"杜亮笑道："金银，我命里不曾带来，不做这个指望，还只

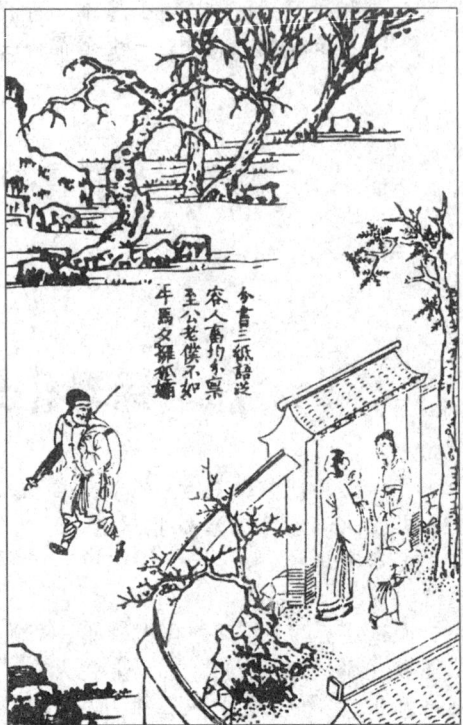

是守旧。"杜明道:"想是打得你不爽利,故此尚要捱他的棍棒。"杜亮道:"多承贤弟好情,可怜我做兄的;但我主这般博奥才学,总然打死,也甘心服事他。"遂不听杜明之言,仍旧跟随萧颖士。

不想今日一顿拳头,明日一顿棒子,打不上几年,把杜亮打得渐渐遍身疼痛,口内吐血,成了个伤痨症候。初时还勉强趋承,以后打熬不过,半眠半起。又过几时,便久卧床席。那萧颖士见他呕血,情知是打上来的,心下十分懊悔,指望还有好的日子。请医调治,亲自煎汤送药。捱了两月,呜呼哀哉!萧颖士想起他平日的好处,只管涕泣,备办衣棺埋葬。萧颖士日常亏杜亮服事惯了,到得死后,十分不便,央人四处寻觅仆从,因他打人的名头出了,那个肯来跟随。就有个肯跟他的,也不中其意。有时读书到忘怀之处,还认做杜亮在旁,抬头不见,便掩卷而泣。后来萧颖士得知了杜亮当日不从杜明这班说话,不觉气咽胸中,泪如泉涌,大叫一声:"杜亮!我读了一世的书,不曾遇着个怜才之人,终身沦落;谁想你到是我的知己。却又有眼无珠,枉送了你性命,我之罪也!"言还未毕,口中的鲜血,往外直喷。自此也成了个呕血之疾。将书籍尽皆焚化,口中不住的喊叫杜亮,病了数月,也归大梦。遗命教迁杜亮与他同葬。有诗为证:

> 纳贿趋权步步先,高才曾见几人怜?
> 当路若能如杜亮,草莱安得有遗贤?

说话的,这杜亮爱才恋主,果是千古奇人。然看起来,毕竟还带些腐气,未为全美。若有别桩希奇故事,异样话文,再讲回出来。列位看官稳坐着,莫要性急。适来小子道这段小故事,原是入话,还未曾说到正传。那正传却也是个仆人。他比杜亮更是不同:曾独力与孤孀主母,挣起个天大家事,替主母嫁三个女儿,与小主人娶两房娘子,到得死后,并无半文私蓄,至今名垂史册。待小子慢慢的道来,劝谕那世间为奴仆的,也学这般尽心尽力帮家做活,传个美名;莫学那样背恩反噬,尾大不掉的,被人唾骂。

你道这段话文,出在那个朝代?什么地方?原来就在本朝嘉靖爷年间,浙江严州府淳安县,离城数里,有个乡村,名曰锦沙村,村上有一姓徐的庄家,恰是弟兄三个。大的名徐言,次的名徐召,各生一子。第三个名徐哲,浑家颜氏,却到生得二男三女。他弟兄三人,奉着父亲遗命,合锅儿吃饭,并力的耕田。挣下一头牛儿,一骑马儿。又有一个老仆,名叫阿寄,年已五十多岁,夫妻两口,也生下一个儿子,还只有十来岁。那阿寄就是本村生长,当先因父母丧了,又无力殡殓,故此卖身在徐家。为人忠谨小心,朝起晏眠,勤于种作。徐言的父亲大得其力,每事优待。

到得徐言辈掌家,见他年纪老了,便有些厌恶之意。那阿寄又不达时务,遇着徐言弟兄行事有不到处,便苦口规谏。徐哲尚肯服善,听他一两句,那徐言、徐召是个自作自用的性子,反怪他多嘴擦舌,高声叱喝,有时还要奉承几下消食拳头。阿寄的老婆劝道:"你一把年纪的人了,诸事只宜退缩算。他们是后生家世界,时时新,局局变,由他自去主张罢了;何苦的定要多口,常讨怎样凌辱!"阿寄道:"我受老主之恩,故此不得不说!"婆子道:"累说不听,这也怪不得你了!"自此阿寄听了老婆言语,缄口结舌,再不干预其事,也省了好些耻辱。正合着古人两句言语,道是:

> 闭口深藏舌,安身处处牢。

不则一日，徐哲忽地患了个伤寒症候，七日之间，即便了账。那时就哭杀了颜氏母子，少不得衣棺盛殓，做些功果追荐。过了两月，徐言与徐召商议道："我与你各只一子，三兄弟到有两男三女，一分就抵着我们两分。便是三兄弟在时，一般耕种，还算计不就，何况他已死了，我们日夜吃辛吃苦挣来，却养他一窝子吃死饭的。如今还是小事，到得长大起来，你我儿子婚配了，难道不与他婚男嫁女，岂不比你我反多去四分。意欲即今三股分开，撇脱了这条烂死蛇，由他们有得吃，没得吃，可不与你我没干涉了。只是当初老官儿遗嘱，教道莫要分开。今若违了他言语，被人谈论，却怎么处？"

那时徐召若是个有人心的，便该劝徐言休了这念才是；谁知他的念头，一发起得久了。听见哥子说出这话，正合其意，乃答道："老官儿虽有遗嘱，不过是死人说话了，须不是圣旨，违旨不得的。况且我们的家事，那个外人敢来谈论！"徐言连称有理。即将田产家私，暗地配搭停当，只拣不好的留与侄子。徐言又道："这牛马却怎地分？"徐召沉吟半晌，乃道："不难。那阿寄夫妻年纪已老，渐渐做不动了，活时到有三个吃死饭的，死了又要赔两口棺木，把他也当作一股，派与三房里，卸了这干系，可不是好。"

计议已定，到次日备些酒肴，请过几个亲邻坐下，又请出颜氏，并两个侄儿。那两个孩子，大的才得七岁，唤做福儿，小的五岁，叫作寿儿，随着母亲，直到堂前，连颜氏也不知为甚缘故。只见徐言弟兄立起身来道："列位高亲在上，有一言相告：昔年先父原没甚所遗，多亏我弟兄，挣得些小产业，只望弟兄相守到老，传至子侄这辈分析。不幸三舍弟近日有此大变，弟妇又是个女道家，不知产业多少。况且人家消长不一，到后边多挣得，分与舍侄便好；万一消乏了，那时只道我们有甚私弊，欺他孤儿寡妇，反伤骨肉情义了。故此我兄弟商量，不如趁此完美之时，分作三股，各自领去营运，省得后来争多竞少，特请列位高亲来作眼。"遂向袖中摸出三张分书来，说道："总是一样配搭，至公无私，只劳列位着个花押。"

颜氏听说要分开自做人家，眼中扑簌簌珠泪交流，哭道："二位伯伯，我是个孤孀妇人，儿女又小，就是没脚蟹一般！如何撑持的门户？昔日公公原吩咐莫要分开，还是二位伯伯总管在那里，扶持小儿女大了，但凭胡乱分些便罢，绝不敢争多竞少。"徐召道："三娘子，天下无有不散筵席，就合上一千年，少不得有个分开日子。公公乃过世的人了，他的说话，哪里作得准。大伯昨日要把牛马分与你；我想侄儿又小，那个去看养，故分阿寄来帮扶。他年纪虽老，筋力还健，赛过一个后生家种作哩。那婆子绩麻纺线，也不是吃死饭的。这孩子再耐他两年，就可下得田了，你不消愁得！"颜氏见他弟兄如此说话，明知已是做就，料道拗他不过，一味啼哭。那些亲邻看了分书，虽晓得分得不公道，都要做好好先生，那个肯做闲冤家，出尖说话；一齐着了花押，劝慰颜氏收了进去，入席饮酒。有诗为证：

> 分书三纸语从容，人畜均分禀至公。
> 老仆不如牛马用，拥孤孀妇泣西风。

却说阿寄，那一早差他买东买西，请张请李，也不晓得又做甚事体。恰好在南村去请个亲戚，回来时里边事已停妥。刚至门口，正遇着老婆。那婆子恐他晓得了这事，又去多言多语，扯到半边，吩咐道："今日是大官人分拨家私，你休得又去闲管，讨他的怠慢！"阿寄闻言，吃了一惊，说道："当先老主人遗嘱，不要分开，如何见三官人死了，就撇开这孤儿寡妇，教他如何过活？我若不说，再有何人肯说？"转身就走。婆子又扯住道："清官也断不得家务事,适来许多亲邻,都不开口;你是他手下人,又非什么高年族长,怎好张主?"阿寄道："话虽有理,但他们分的公道,便不开口;若有些欺心,就死也说不得,也要讲个明白。"又问道："可晓得分我在那一房?"婆子道："这到不晓得。"

阿寄走到堂前,见众人吃酒,正在高兴,不好遽然问得,站在旁边。间壁一个邻家抬头看见,便道："徐老官,你如今分在三房里了。他是孤孀娘子,须是竭力帮助便好!"阿寄随口答道："我年纪已老,做不动了!"口中便说,心下暗暗道:"原来拨我在三房里,一定他们道我没用了,借手推出的意思。我偏要争口气,挣个事业起来,也不被人耻笑!"遂不问他们分析的事,一径转到颜氏房门口,听得在内啼哭。阿寄立住脚听时,颜氏哭道:"天啊! 只道与你一竹竿到底,白头相守,哪里说起半路上就抛撇了,遗下许多儿女,无依无靠! 还指望倚仗做伯伯的扶养长大,谁知你骨肉未寒,便分拨开来。如今教我没投没奔,怎生过日?"又哭道:"就是分的田产,他们通是亮里,我是暗中,凭他们分派,哪里知得好歹。只一件上,已见他们的肠子狠了。那牛儿可以耕种,马儿可雇倩与人,只拣两件有利息的拿了去;却推两个老头儿与我,反要费我的衣食。"

那老儿听了这话,猛然揭起门帘叫道:"三娘,你道老奴单费你的衣食,不及牛马的力吗?"颜氏蓦地里被他钻进来说这句话,到惊了一跳,收泪问道:"你怎地说?"阿寄道:"那牛马每年耕种雇倩,不过有得数两利息,还要赔个人去喂养跟随。若论老奴,年纪虽有,精力未衰,路还走得,苦也受得。那经商道业,虽不曾做,也都明白。三娘急急收拾些本钱,待老奴出去做些生意,一年几转,其利岂不胜似马牛数倍! 就是我的婆子,平昔又勤于纺织,亦可少助薪水之费。那田产莫管好歹,把来放租与人,讨几担谷子,做了桩主。三娘同姐姑儿们,也做些活计,将就度日,不要动那资本。营运数年,怕不挣起个事业? 何消愁闷!"颜氏见他说得有些来历,乃道:"若得你如此出力,可知好哩! 但恐你有了年纪,受不得辛苦。"阿寄道:"不瞒三娘说,老便老,健还好,眠得迟,起得早,只怕后生家还赶我不上哩。这到不消虑得。"颜氏道:"你打帐做甚生意?"阿寄道:"大凡经商,本钱多便大做,本钱少便小做。须到外边去,看临期着便,见景生情,只拣有利息的就做,不是在家论得定的。"颜氏道:"说得有理,待我计较起来。"阿寄又讨出分书,将分下的家火,照单逐一点明,搬在一处,然后走至堂前答应。众亲邻直饮至晚方散。

次日,徐言即唤个匠人,把房子两下夹断,教颜氏另自开个门户出入。颜氏一面整顿家中事体,自不必说;一面将簪钗衣饰,悄悄教阿寄去变卖,共凑了十二两银子。颜氏把来交与阿寄道:"这些少东西,乃我尽命之资,一家大小俱在此上。今日交付与你,大利息原不指望,但得细微之利也就够了。临事务要斟酌,路途亦宜小心些! 切莫有始无终,反被大伯们耻笑!"口中便说,不觉泪随言下。阿寄道:"但请放心,老奴自有见识在此,管情不负所托。"颜氏又问道:"何时起身?"阿寄回道:"今本钱已有了,明早就行。"颜氏道:"可要拣个好日?"阿寄道:"我出去做生意,便是好日了,何必又拣?"即把银子藏在兜肚之中,走到自己房里,向婆子道:"明早要出门去做生意,可将旧衣旧裳,打叠在一处。"

原来阿寄只与主母计议,连老婆也不通他知道。这婆子见蓦地说出那句话,也觉骇然,问道:"你往何处去? 做甚生意?"阿寄方把前事说与。那婆子道:"阿呀! 这是哪里说起! 你虽然一把年纪,那生意行中,从不曾着脚,却去弄虚头,说大话,兜揽这账。孤孀娘子的银两,是苦恼东西,莫要把去弄出个话靶,连累他没得过用,岂不终身抱怨。不如依着我,快快送还三娘,拚得早起晏眠,多吃些苦儿,照旧耕种帮扶,彼此到得安逸。"阿寄道:"婆子家晓道什吗? 只管胡言乱语! 那见得我不会做生意,弄坏了事,要你未风先雨。"遂不听老婆,自去收拾了衣服被窝。却没个被囊,只得打个包儿,又做起一个缠袋,准备些干粮。又到市上买了一顶雨伞,一双麻鞋。打点完备,次早先到徐言、徐召二家说道:"老奴今日要往远处做生意,家中无人照管,虽则各分门户,还要二位官人早晚看顾!"徐言二人听了,不觉暗笑,答道:"这到不消你叮嘱,只要赚了银子回来,送些人事与我们。"阿寄道:"这个自然。"转到家中,吃了饭食,作别了主母,穿上麻鞋,背着包裹雨伞,又吩咐老婆,早晚须是小心。临出门,颜氏又再三叮咛,阿寄点头答应,大踏步去了。

且说徐言弟兄等阿寄转身后,都笑道:"可笑那三娘子好没见识,有银子做生意,却不与你我商量,倒听阿寄这老奴才的说话。我想他生长已来,何曾做惯生意? 哄骗孤孀妇人的东西,自去快活。这本钱可不白白送落。"徐召道:"便是当初合家时,却不把出来营运,如今才分得,即教阿寄做客经商。我想三娘子又没甚妆奁,这银两定然是老官儿存日,三兄弟克剥下的,今日方才出豁。总之,三娘子瞒着你我做事,若说他不该如此,反道我们妒忌了。且待阿寄折本回来,那时去笑他!"正是:

> 云端看厮杀,毕竟孰输赢?
> 路遥知马力,日久见人心。

再说阿寄离了家中,一路思想:"做甚生理便好?"忽地转着道:"闻得贩漆这项道路,颇有利息,况又在近处,何不去试他一试?"定了主意,一径直至庆云山中。原来采漆之处,原有个牙行,阿寄就行家住下。那贩漆的客人,却也甚多,都是挨次儿打发。阿寄想道:"若慢慢的挨去,可不耽搁了日子,又费去盘缠!"心生一计,捉个空扯主人家到一村店中,买三杯请他,说道:"我是个小贩子,本钱短少,守日子不起的。望主人家看乡里分上,怎地设法先打发我去。那一次来,大大再整个东道请你。"也是数合当然,那主人家却正撞着个贪杯的,吃了他的软口汤,不好回得,一口应承。当晚就往各村户凑足其数,装裹停当,恐怕客人们知得嗔怪,到寄在邻家放下。次日起个五更,打发阿寄起路。那阿寄发利市,就得了便宜,好不喜欢。教脚夫挑出新安江口,又想道:"杭州离此不远,定卖不起价钱。"遂雇船直到苏州。正遇在缺漆之时,见他的货到,犹如宝贝一般,不够三日,卖个干净。一色都是见银,并无一毫赊账。除去盘缠使用,足足赚对合有余。暗暗感谢天地,即忙收拾起身。却又想道:"我今空身回去,须是趁船,这银两在身边,反担干系;何不再贩些别样货去,多少寻些利息也好。"打听得枫桥籼米到得甚多,登时落了几分价钱,乃道:"这贩米生意,量有几两赚钱。"籴了六十多担籼米,一径到杭州出脱。那时乃七月中旬,杭州有一个月不下雨,稻苗都干坏了,米价腾涌。阿寄这载米,又值在巧里,每一担长了二钱,又赚十多两银子。自言自语道:"且喜做来生意,颇颇顺溜,想是我三娘福分到了。"却又想道:"既在此间,怎不去问问漆价? 若与苏州相去不远,也省好些盘缠。"细细访问时,比苏州反胜。你道为何? 原来贩漆的,都道杭州路近价贱,俱往远处去了,杭州到时常短缺。常言道:货无大小,缺者便贵。故此比别处反胜。

阿寄得了这个消息,喜之不胜,星夜赶到庆云山。已备下些小人事,送与主人家。依旧又买三杯相请。那主人家得了些小便宜,喜逐颜开,一如前番,悄悄先打发他转身。到杭州也不消三两日,就都卖完了。算本利果然比起先这一账又多几两,只是少了那回头货的利息。乃道:"下次还到远处去。"与牙人算清了账目,收拾起程。想道："出门好几时了，三娘必然挂念，且回去回复一声，也教他放心。"又想道："总是收漆要等候两日，何不先到山中，将银子教主人家一面先收，然后回家，岂不两便！"定了主意，到山中把银两付与牙人，自己赶回家去。正是：

先收漆货两番利，初出茅庐第一功。

且说颜氏自阿寄去后，朝夕悬挂，常恐他消折了这些本钱，怀着鬼胎。耳根边又听得徐言弟兄在背后颠唇簸嘴，愈加烦恼。一日正在房中闷坐，忽见两个儿子乱喊进来道："阿寄回家了！"颜氏闻言，急走出房，阿寄早已在面前，他的老婆也随在背后。阿寄上前，深深唱个大喏。颜氏见了他，反增着一个蹬心拳头，胸前突突的乱跳，诚恐说出句扫兴话来。便问道："你做的是什么生意？可有些利钱？"阿寄又手不离方寸，不慌不忙的说道："一来感谢天地保佑，二来托赖三娘洪福，做的却是贩漆生意，赚得五六倍利息。如此如此，这般这般。恐怕三娘放心不下，特归来回复一声！"颜氏听罢，喜从天降，问道："如今银子在哪里？"阿寄道："留与主人家收漆，不曾带回，我明早就要去的。"那时合家都欢天喜地。阿寄住了一晚，次日清早起身，别了颜氏，又往庆云山去了。

且说徐言弟兄，那晚在邻家吃社酒醉倒，故此阿寄归家，全不晓得。到次日齐走过来，问道："阿寄做生意归来，趁了多少银子？"颜氏道："好教二位伯伯知得，他一向贩漆营生，倒觅得五六倍利息。"徐言道："好造化！怎样赚钱时，不够几年，便做财主哩！"颜氏道："伯伯休要笑话，免得饥寒便够了。"徐召道："他如今在哪里？出去了几多时？怎么也不来见我？这样没礼！"颜氏道："今早原就去了。"徐召道："如何去得恁般急速？"徐言又问道："那银两你可曾见见数吗？"颜氏道："他说俱留在行家买货，没有带回。"徐言呵呵笑道："我只道本利已到手了，原来还是空口说白话，眼饱肚中饥。耳边到说得热哄哄，还不知本在何处，利在哪里，便信以为真。做经纪的人，左手不托右手，岂有自己回家，银子反留在外人。据我看起来，多分这本钱弄折了，把这鬼话哄你。"徐召也道："三娘子，论起你家做事，不该我们多口。但你终是女眷家，不知外边世务，既有银两，也该与我二人商量，买几亩田地，还是长策。那阿寄晓得做甚生理？却瞒着我们，将银子与他出去瞎撞。我想那银两，不是你的妆奁，也是三兄弟的私蓄，须不是偷来的，怎看得恁般轻易！"二人一吹一唱，说得颜氏哑口无言，心下也生疑惑，委绝不下。把一天欢喜，又变为万般愁闷。按下此处不题。

再说阿寄这老儿急急赶到庆云山中，那行家已与他收完，点明交付。阿寄此番不在苏杭发卖，径到兴化地方，利息比这两处又好。卖完了货，却听得那边米价一两三担，斗斛又大。想起杭州见今荒歉，前次籴客贩的去，尚赚了钱，今在出处贩去，怕不有一两个对合。遂装上一大载米至杭州，准准籴了一两二钱一石，斗斛上多来，恰好顶着船钱使用。那时到山中收漆，便是大客人了，主人家好不奉承。一来是颜氏命中合该造化，二来也亏阿寄经营伶俐。凡贩的货物，定获厚利。一连做了几账，长有二千余金。看看捱着残年，算计道："我一个孤身老儿，带着许多财物，不是耍处！倘有差跌，前功尽弃。况且年近岁逼，家中必然悬望，不如回去，商议置买些田产，做了根本，将余下的再出来运弄！"此时他出路行头，诸色尽备；把银两逐封紧紧包裹，藏在顺袋中；水路用舟，陆路雇马，晏行早歇，十分小心。非止一日，已到家中，把行李驮入。婆子见老公回了，便去报知颜氏。

那颜氏一则以喜，一则以惧。所喜者，阿寄回来，所惧者，未知生意长短若何？

因向日被徐言弟兄奚落了一场，这番心里比前更是着急。三步并作两步，奔至外厢，望见这堆行李，料道不像个折本的，心下上就安了一半。终是忍不住，便问道："这一向生意如何？银两可曾带回？"阿寄近前见了个礼，道："三娘不要性急，待我慢慢的细说。"把行李尽搬至颜氏房中，将那些银子逐封交与颜氏。颜氏见着许多银两，喜出望外，连忙开箱启笼收藏。阿寄方把往来经营的事说出。颜氏因怕惹是非，徐言当日的话，一句也不说与他知道，但连称："都亏你老人家气力了，且去歇息则个！"又吩咐："倘大伯们来问起，不要与他讲真话。"阿寄道："老奴理会得！"

正话间，外面砰砰声叩门，原来却是徐言弟兄听见阿寄归了，特来打探消耗。阿寄上前作了两个揖。徐言道："前日闻得你生意十分旺相，今番又趁若干利息？"阿寄道："老奴托赖二位官人洪福，除了本钱盘费，干净趁得四五十两。"徐召道："阿呀！前次便说有五六倍利了，怎地又去了许多时，反少起来？"徐言道："且不要问他趁多趁少，只是银子今日可曾带回？"阿寄道："已交与三娘了。"二人便不言语，转身出去。

再说阿寄与颜氏商议，要置买田产，悄地央人寻觅。大抵出一个财主，生一个败子。那锦沙村有个晏大户，家私豪富，田产广多，单生一子名为世保，取世守其业的意思。谁知这晏世保专于嫖赌，把那老头儿活活气死。合村的人道他是个败子，将晏世保三字，顺口改为献世保。那献世保同着一班无藉，朝欢暮乐，弄完了家中财物，渐渐摇动产业。道是零星卖来不够用，索性卖一千亩，讨价三千余两，又要一注儿交银。那村中富者虽有，一时凑不起许多银子，无人上桩。延至岁底，献世保手中越觉干逼，情愿连一所庄房，只要半价。阿寄偶然闻得这个消息，即寻中人去，讨个经账，恐怕有人先成了去，就约次日成交。献世宝听得有了售主，好不欢喜。平日一刻也不着家的，偏这日足迹不敢出门，呆呆的等候中人同往。

且说阿寄料道献世保是爱吃东西的，清早便去买下佳肴美酝，唤个厨夫安排。又向颜氏道："今日这场交易，非同小可！三娘是个女眷家，两位小官人又幼，老奴又是下人，只好在旁说话，难好与他抗礼；须请间壁大官人弟兄来作眼，方是正理！"颜氏道："你就过去请一声。"阿寄即到徐言门首，弟兄正在那里说话。阿寄道："今日三娘买几亩田地，特请二位官人来张主！"二人口中虽然答应，心内又怪颜氏不托他寻觅，好生不乐。徐言说道："既要买田，如何不托你我，又教阿寄张主。直至成交，方才来说。只是这村中，没有什么零星田卖。"徐召道："不必猜疑，少顷便见着落了！"二人坐于门首，等至午前光景，只见献世保同着几个中人，两个小厮，拿着拜匣，一路拍手拍脚的笑来，望着间壁门内齐走进去。徐言弟兄看了，倒吃一吓，都道："咦！好作怪！闻得献世保要卖一千亩田，实价三千余两，不信他家有许多银子？难道献世保又零卖一二十亩？"疑惑不定。随后跟入，相见已罢，分宾而坐。

阿寄向前说道："晏官人，田价昨日已是言定，一依吩咐，不敢短少。晏官人也莫要节外生枝，又更他说。"献世保乱嚷道："大丈夫做事，一言已出，驷马难追！若又有他说，便不是人养的了！"阿寄道："既如此，先立了文契，然后兑银。"那纸墨笔砚，准备得停停当当，拿过来就是。献世保拈起笔，尽情写了一纸绝契，又道："省得你不放心，先画了花约，何如？"阿寄道："如此更好！"徐言弟兄看那契上，果是一千亩田，一所庄房，实价一千五百两。吓得二人面面相觑，伸出了舌头，半日也缩不上去。都暗想道："阿寄做生意总是趁钱，也趁不得这些！莫不做强盗打劫的，或是掘着了藏？好生难猜。"中人着完花押，阿寄收进去交与颜氏。他已先借下一副天秤砝码，提来放在桌上，与颜氏取出银子来兑，一色都是粉块细丝。徐言、徐召眼内放出火来，喉间烟也直冒，恨不得推开众人，通抢回去！不一时兑完，摆出酒肴，饮至

更深方散。次日,

　　阿寄又向颜氏道:"那庄房甚是宽大,何不搬在那边居住? 收下的稻子,也好照管。"颜氏晓得徐言弟兄妒忌,也巴不能远开一步。便依他说话,选了新正初六,迁入新房。阿寄又请个先生,教他两位小官人读书。大的名徐宽,次的名徐宏,家中收拾得十分次第。那些村中人见颜氏买了一千亩田,都传说掘了藏,银子不计其数,连坑厕说来都是银的,谁个不来趋奉。再说阿寄将家中整顿停当,依旧又出去经营。这番不专干贩漆,但闻有利息的便做。家中收下米谷,又将来腾那。十年之外,家私巨富。那献世保的田宅,尽归于徐氏。门庭热闹,牛马成群,婢仆雇工人等,也有整百,好不兴头! 正是:

　　　　富贵本无限,尽从勤里得。
　　　　请观懒惰者,面带饥寒色。

　　那时颜氏三个女儿,都嫁与邻近富户。徐宽、徐宏也各婚配。一应婚嫁礼物,尽是阿寄支持,不费颜氏丝毫气力。他又见田产广多,差役烦重,与徐宽弟兄,俱纳个监生,优免若干田役。颜氏与阿寄儿子完了姻事;又见那老儿年纪衰迈,留在家中照管,不肯放他出去,又派个马儿与他乘坐。那老儿自经营以来,从不曾私吃一些好饮食,也不曾私做一件好衣服。寸丝尺帛,必禀命颜氏,方才敢用。且又知礼数,不论族中老幼,见了必然站起。或乘马在途中遇着,便跳下来闪在路旁,让过去了,然后又行。因此远近亲邻,没一人不把他敬重。就是颜氏母子,也如尊长看承。那徐言、徐召,虽也挣起些田产,比着颜氏,尚有天渊之隔,终日眼红颈赤。那老儿揣知二人意思,劝颜氏各助百金之物。又筑起一座新坟,连徐哲父母,一齐安葬。

　　那老儿整整活到八十,患起病来,颜氏要请医人调治,那老儿道:"人年八十,死乃分内之事,何必又费钱钞。"执意不肯服药。颜氏母子,不住在床前看视,一面准备衣衾棺椁。病了数日,势渐危笃,乃请颜氏母子到房中坐下,说道:"老奴牛马力已少尽,死亦无恨。只有一事,越分张主,不要见怪!"颜氏垂泪道:"我母子全亏你气力,方有今日;有甚事体,一凭吩咐,绝不违拗!"那老儿向枕边摸出两纸文书,递与颜氏道:"两位小官人,年纪已长,日后少不得要分析,倘那时嫌多道少,便伤了手足之情。故此老奴久已将一应田房财物等件,均分停当。今日交付与二位小官人,各自去管业。"又叮嘱道:那奴仆中难得好人,诸事须要自己经心,切不可重托!"颜氏母子,含泪领命。他的老婆、儿子,都在床前啼啼哭哭,也嘱咐了几句。忽地又道:"只有大官人、二官人,不曾面别,终是欠事,可与我去请来。"颜氏即差个家人去请。徐言、徐召说道:"好时不直得帮扶我们,临死却来思想,可不扯淡! 不去不去!"那家人无法,只得转身。却见徐宏亲自奔来相请,二人灭不过侄儿面皮,勉强随来。那老儿已说话不出,把眼看了两看,点点头儿,奄然而逝! 他的老婆儿媳啼哭,自不必说。只这颜氏母子俱放声号恸,便是家中大小男女,念他平日做人好处,也无不下泪。唯有徐言、徐召反有喜色。可怜那老儿:

　　　　辛勤好似蚕成茧,茧老成丝蚕命休。
　　　　又似采花蜂酿蜜,甜头到底被人收。

　　颜氏母子哭了一回,出去支持殡殓之事。徐言、徐召看见棺木坚固,衣衾整齐,扯徐宽弟兄到一边,说道:"他是我家家人,将就些罢了! 如何要这般好断送? 就是当初你家公公与你父亲,也没恁般齐整!"徐宽道:"我家全亏他挣起这些事业,若薄了他,内心上也打不过去!"徐召笑道:"你老大的人,还是个呆子! 这是你母子命中合该有此造化,岂真是他本事挣来的哩! 还有一件,他做了许多年数,克剥的私房,必然也有好些,怕道没得结果,你却挖出肉里钱来,与他备后事。"徐宏道:"不要冤枉好人! 我看他平日,一厘一毫,都清清白白交与母亲,并不见有什么私房。"徐召又道:"做的私房,藏在哪里,难道把与你看不成? 若不信时,如今将他房中一检,极少也有整千银子!"徐宽道:"总有也是他挣下的,好道拿他的不成?"徐言道:"虽不拿他的,见个明白也好。"

徐宽弟兄被二人说得疑疑惑惑,遂听了他。也不通颜氏知道,一齐走至阿寄房中。把婆子们哄了出去,闭上房门,开箱倒笼,遍处一搜,只有几件旧衣旧裳,那有分文钱钞。徐召道:"一定藏在儿子房里,也去一检!"寻出一包银子,不上二两,包中有个账儿。徐宽仔细看时,还是他儿子娶妻时,颜氏助他三两银子,用剩下的。徐宏道:"我说他没有什么私房,却定要来看! 还不快收拾好了,倘被人撞见,反道我们器量小了!"徐言、徐召自觉乏趣,也不别颜氏,径自去了。

徐宽又把这事学向母亲,愈加伤感。令合家挂孝,开丧受吊,多修功果追荐。七终之后,即安葬于新坟旁边。祭葬之礼,每事从厚。徐宽弟兄,因念其生前如此忠义勤俭,并念其毫无私蓄,不忍要其老婆儿子伏役。祭葬已毕之后,赠以产业银两,约有千余金之数,令其妻子自己成家。里中将此事联名具呈,恳求旌奖。府县又加勘拟,申报上司,具疏奏闻,朝廷恩赐建坊,旌表其义。后来徐氏子孙繁衍,富甲淳安。阿寄子孙亦颇昌盛。诗云:

年老筋衰并马牛,千金置产出人头。
托孤寄命真无愧,羞杀苍头不义侯。

第三十六卷

蔡瑞虹忍辱报仇

酒可陶情适性,兼能解闷悄愁。三杯五盏乐悠悠,痛饮翻能损寿。　谨厚化成凶险,精明变作昏流。禹疏仪狄岂无由? 狂药使人多咎。

这首词名为《西江月》,是劝人节饮之语。今日说一位官员,只因贪杯上,受了非常之祸。话说这宣德年间,南直隶淮安府淮安卫,有个指挥姓蔡,名武。家资富厚,婢仆颇多。平昔别无所好,偏爱的是杯中之物,若一见了酒,连性命也不相顾,人都叫他做"蔡酒鬼"。因这件上,罢官在家。不但蔡指挥会饮,就是夫人田氏,却也一般善饮,二人也不像个夫妻,到像两个酒友。偏生奇怪,蔡指挥夫妻都会饮酒,生得三个儿女，却又滴酒不闻。那大儿蔡韬，次子蔡略，年纪尚小。女儿到有一十五岁，生时因见天上有一条虹霓，五色灿烂，正环在他家屋上，蔡武以为祥瑞，遂取名叫作瑞虹。那女子生得有十二分颜色，善能描龙画凤，刺绣拈花。不独女工伶俐，且有智识才能，家中大小事体，到是他掌管。因见父母日夕沉湎，时常规谏，蔡指挥哪里肯依。

　　话分两头。且说那时有个兵部尚书赵贵，当年未达时，住在淮安卫间壁，家道甚贫，勤苦读书，夜夜直读到鸡鸣方卧。蔡武的父亲老蔡指挥，爱他苦学，时常送柴米，资助赵贵。赵贵后来连科及第，直做到兵部尚书，思念老蔡指挥昔年之情，将蔡武特升了湖广荆襄等处游击将军。是一个上好的美缺，特地差人将文凭送与蔡武。

　　蔡武心中欢喜，与夫人商议，打点择日赴任。瑞虹道："爹爹，依孩儿看起来，此官莫去做吧！"蔡武道："却是为何？"瑞虹道："做官的一来图名，二来图利，故此千乡万里远去。如今爹爹在家，日日只是吃酒，并不管一毫别事。倘若到任上也是如此，那个把银子送来，岂不白白里干折了盘缠辛苦，路上还要担惊受怕。就是没得银子趁，也只算是小事，还有别样要紧事体，担干系哩！"蔡武道："除了没银子趁罢了，还有什么干系？"瑞虹道："爹爹，你一向做官时，不知见过多少了，难道这样事到不晓得？那游击官儿，在武职里便算做美任，在文官上司里，不过是个守令官，不时衙门伺候，东迎西接，都要早起晏眠。我想你平日在家，单管吃酒，自在惯了，倘到那里，依原如此，岂不受上司责罚，这也还不算厉害，或是汛地盗贼生发，差拨去捕获，或者别处地方有警，调遣去出征。那时不是马上，定是舟中，身披甲胄，手执戈矛，在生死关系之际，倘若一般终日吃酒，岂不把性命送了？不如在家安闲自在，快活过了日子，却去讨这样烦恼吃！"

　　蔡武道："常言说得好，酒在心头，事在肚里。难道我真个单吃酒不管正事不成？只为家中有你掌管，我落得快活。到了任上，你替我不得时，自然着急，不消你担隔夜忧。况且这样美缺，别人用银子谋干，尚不能够；如今承赵尚书一片好意，特地差人送上大门，我若不去做，反拂了这段来意。我自有主意在此，你不要阻当。"瑞虹见父亲立意要去，便道："爹爹既然要去，把酒来戒了，孩儿方才放心！"蔡武道："你晓得我是酒养命的，如何全戒得，只是少吃几杯吧。"遂说下几句口号：

　　　　老夫性与命，全靠水边酉。
　　　　宁可不吃饭，岂可不饮酒。
　　　　今听汝忠言，节饮知谨守。
　　　　每常十遍饮，今番一加九。
　　　　每常饮十升，今番只一斗。
　　　　每常一气吞，今番分两口。
　　　　每常床上饮，今番下地走。
　　　　每常到三更，今番二更后。
　　　　再要裁减时，性命不值狗。

　　且说蔡武次日即教家人蔡勇，在淮关雇了一只民座船，将衣饰细软，都打叠带去。粗重家伙，封锁好了，留一房家人看守。其余童仆尽随往任所。又买了许多好酒，带路上去吃。择了吉日，备猪羊祭河，作别亲戚，起身下船。艄公扯起篷，由扬州一路进发。你道艄公是何等样人？那艄公叫作陈小四，也是淮安府人，年纪三十已外，雇着一班水手，共有七人，唤做白满、李癞子、沈铁甏、秦小圆、胡蛮二、余蛤蚍、凌歪嘴。这班人都是凶恶之徒，专在河路上谋劫客商。不想今日蔡武晦气，下了他的船只。陈小四起初见发下许多行李，眼中已是放出火来，及至家小下船，又一眼瞧见瑞虹美艳，心中愈加消魂。暗暗算计："且远一步儿下手，省得在近处，容易露人眼目。"

不一日，将到黄州，乃道："此去正好行事了，且与众兄弟们说知。"走到艄上，对众水手道："舱中一注大财事，不可错过，趁今晚取了吧。"众人笑道："我们有心多日了，因见阿哥不说起，只道让同乡分上，不要了！"陈小四道："因一路来，没有个好下手处，造化他多活了几日！"众人道："他是个武官出身，从人又众，不比其他，须要用心！"陈小四道："他出名的蔡酒鬼，有什么用？少停等他吃酒到分际，放开手砍他娘罢了；只饶了这小姐，我要留他做个押舱娘子。"商议停当。少顷，到黄州江口泊住，买了些酒肉，安排起来，众水手吃个醉饱。扬起满帆，舟如箭发。那一日正是十五，刚到黄昏，一轮明月，如同白昼。至一空阔之处，陈小四道："众兄弟，就此处吧，莫向前了！"霎时间，下篷抛锚，各执器械，先向前舱而来。迎头遇着一个家人，那家人见势头来得凶险，叫声："老爷不好了！"说时迟，那时快，叫声未绝，顶门上已遭一斧，翻身跌倒，那些家人，一个个都抖衣而战，哪里动弹得。被众强盗刀砍斧切，连排直杀去！

且说蔡武自从下船之后，初时几日，酒还少吃，以后觉道无聊，夫妻依先大酌，瑞虹苦谏不止。那一晚与夫人开怀畅饮，酒量已吃到九分，忽听得前舱发喊。瑞虹急叫丫鬟来看，那丫鬟吓得寸步难移，叫道："老爷，前舱杀人哩！"蔡奶奶惊得魂不附体，刚刚立起身来，众凶徒已赶进舱。蔡武兀自朦胧醉眼，喝道："我老爹在此，那个敢？"沈铁瓮早把蔡武一斧砍倒，众男女一齐跪下，道："金银任凭取去，但求饶命。"众人道："两件俱是要的。"陈小四道："看同乡情上，饶他砍头，与他个全尸首罢了！"即教快取索子，两个奔向后艄，取出索子，将蔡武夫妻二子，一齐绑起，止空瑞虹。蔡武哭对瑞虹道："不听你言，致有今日！"声犹未绝，都掼向江中去了。其余丫鬟等辈，一刀一个，杀个干净。有诗为证：

> 金印将军酒量高，绿林暴客逞雄豪。
>
> 无情波浪兼天涌，疑是胥江起怒涛。

瑞虹见合家都杀，独不害他，料必然来污辱，奔出舱门，望江中便跳。陈小四放下斧头，双手抱住道："小姐不要惊恐！还你快活。"瑞虹大怒，骂道："你这班强盗，害了我全家，尚敢污辱我么！快快放我自尽。"陈小四拦住道："你这花容月貌，教我如何便舍得？"一头说，一头抱入后

舱。瑞虹口中千强盗，万强盗，骂不绝口。众人大怒道："阿哥，哪里不寻了一个妻子，却受这贱人之辱！"便要赶进来杀。陈小四拦住道："众兄弟，看我分上饶他吧！明日与你陪情。"又对瑞虹道："快些住口，你若再骂时，连我也不能相救！"瑞虹一头哭，心中暗想："我若死了，一家之仇，那个去报？且含羞忍辱，待报仇之后，死亦未迟！"方才住口，跌足又哭。陈小四安慰一番。众人已把尸首尽抛入江中，把船揩抹干净，扯起满帆，又使到一个沙洲边，将箱笼取出，要把东西分派。陈小四道："众兄弟且不要忙，趁今日十五团圆之夜，待我做了亲，众兄弟吃过庆喜的酒，然后自由自在均分，岂不美哉！"众人道："也说得是。"连忙将蔡武带来的好酒，打开几坛，将那些食物东西，都安排起来，团团坐在舱中，点得灯烛辉煌，取出蔡武许多银酒器，大家痛饮。

陈小四又抱出瑞虹坐而劝道："小姐，我与你郎才女貌，做夫妻也不辱没了你！今夜与我成亲，却图一个白头到老。"瑞虹掩着面只是哭。众人道："我众兄弟各人敬阿嫂一杯酒。"便筛过一杯，送在面前。陈小四接在手中，拿向瑞虹口边道："多谢众弟兄之情，你略略沾些儿。"瑞虹那理睬他，把手推开。陈小四笑道："多谢列位美情，待我替娘子饮罢。"拿起来一饮而尽。秦小圆道："哥不要吃单杯，吃个双双到老！"又送过一杯，陈小四又接来吃了。也筛过酒，逐个答还。吃了一会，陈小四被众人劝送，吃到八九分醉了。众人道："我们畅饮，不要难为新人。哥，先请安置罢。"陈小四道："既如此，列位再请宽坐，我不陪了。"抱起瑞虹，取了灯火，径入后舱。放下瑞虹，闭上舱门，便来与他解衣。那时瑞虹身不由主，被他解脱干净，抱向床中，任情取乐。可惜千金小姐，落在强徒之手。

> 暴雨摧残娇蕊，狂风吹损柔芽。
> 那是一宵恩爱，分明凤世冤家。

不题陈小四。且说众人在舱中吃酒，白满道："陈四哥此时正在乐境了。"沈铁鬓道："他便乐，我们却有些不乐。"秦小圆道："有甚不乐。"沈铁鬓道："皆是同样做事，他到独占了第一件便宜。明日分东西时，可肯让一些吗？"李癞子道："你道是乐，我想这一件，正是不乐之处哩。"众人道："为何不乐？"李癞子道："常言说得好，斩草不除根，萌芽依旧发。杀了他一家，恨不得把我们吞在腹内，方才快活，岂肯安心与陈四哥做夫妻？倘到人烟凑聚所在，叫喊起来，众人性命，可不都送在他的手里！"众人尽道："说得是，明日与陈四哥说明，一发杀却，岂不干净！"答道："陈四哥今日得了甜头，怎肯杀他？"白满道："不要与陈四哥说知，悄悄竟行了。"李癞子道："若瞒着他杀了，弟兄情上就到不好开交。我有个两得其便的计儿在此：趁陈四哥睡着，打开箱笼，将东西均分，四散去快活。陈四哥已受用了一个妙人，多少留几件与他，后来露出事来，只他自己受累，与我众人无干。或者不出丑，也是他的造化，怎样又不伤了弟兄情分，又连累我们不着，可不好吗？"众人齐称道："好！"立起身把箱笼打开，将出黄白之资，衣饰酒器，都均分了，只拣用不着的留下几件。各自收拾，打了包裹，把舱门关闭，将船使到一个通官路所在泊住，一齐上岸，四散而去。

> 筐中黄白皆公器，被底红香偏得意。
> 蜜房割去别人甜，狂蜂犹抱花心睡。

且说陈小四专意在瑞虹身上，外边众人算计，全然不知。直至次日巳牌时分，方才起身来看，一人不见，还只道夜来中酒睡着。走至艄上，却又不在；再到前舱去看，那里有个人的影儿？惊骇道："他们通往何处去了？"心内疑惑。复走到舱中，看见箱笼俱已打开，逐只检看，并无一物，止一只内存些少东西，并书帙之类。方明白众人分去，敢怒而不敢言。想道："是了，他们见我留着这小姐，恐后事露，故都悄然去了。"又想道："我如今独自个又行不得这船，住在此，又非长策，到是进退两难。欲待上涯，村中觅个人儿帮行，到有人烟之处，恐怕这小姐喊叫出来，这性命便休了，势在骑虎，留他不得了，不如斩草除根吧！"提起一柄板斧，抢入后舱。瑞虹还在床上啼哭，虽则泪痕满面，愈觉千娇百媚。那贼徒看了，神荡魂迷，臂垂手软，把杀人肠子，顿时熔化。一柄板斧，扑秃的落在地下。又腾身上去，捧着瑞虹淫媾。可怜嫩蕊娇花，怎当得风狂雨骤！那贼徒恣意轻薄了一回，说道："娘子，我晓得你劳碌了，待我去收拾些饮食与你将息。"跳起身，往艄上打火煮饭。忽地又想起道："我若迷恋这女子，性命定然断送；欲要杀他，又不忍下手。罢，罢，只算我晦气，弃了这船，向别处去过日。倘有彩头，再觅一注钱财，原旧挣个船儿，依然快活。那女子留在船中，有命时便遇人救了，也算我一点阴骘。"却又想道："不好不好！如不除他，终久是个祸根。只饶他一刀，与个全尸吧！"煮些饭食吃饱，将平日所积囊资，并留下的些小东西，叠成一个大包，放在一边。寻一条索子，打个圈儿，赶入舱来。这时瑞虹恐又来淫辱，已是穿起衣服，向着里床垂泪，思算报仇之策，不提防这贼徒来谋害。说时迟，那时快，这贼徒奔近前，左手托起头儿，右手就将索子套上。瑞虹方待喊叫，被他随手扣紧，尽力一收，瑞虹疼痛难忍，手足乱动，扑的跳了几跳，直挺挺横在床上便不动了。那贼徒料是已死，即放了手，速到外舱，拿起包裹，提着一根短棍，跳上涯，大踏步而去！正是：

　　　　虽无并枕欢娱，落得一身干净。

　　原来瑞虹命不该绝，喜得那贼打的是个单结，虽然被这一收时，气绝昏迷；才放下手，结就松开；不比那吊死的越坠越紧。咽喉间有了一线之隙，这点气回复透出，便不致于死。渐渐苏醒，只是遍体酥软，动掸不得，倒像被按摩的捏了个醉杨妃光景。喘了一回，觉得颈下难过，勉强挣起手扯开，心内苦楚，暗哭道："阿爹当时若听了我的言语，那有今日？只不知与这伙贼徒，前世有甚冤业，合家遭此惨祸。"又哭道："我指望忍辱偷生，还图个报仇雪耻，不道这贼原放我不过。我死也罢了，但是冤沉海底，安能瞑目！"转思转哭，愈想愈哀。

　　正哭之间，忽然艄上，扑通的响亮一声，撞得这船幌上几幌，睡的床铺，险些撷翻。瑞虹被这一惊，哭也倒止住了。侧耳听时，但闻得隔船人声喧闹，打号撑篙，本船不见一些声息。疑惑道："这班强盗为何被人撞了船，却不开口？莫非那船也是同伙？"又想道："或者是捕盗船儿，不敢与他争论。"便欲喊叫，又恐不能了事。方在惶惑之际，船仓中忽然有人大惊小怪，又齐拥入后舱。瑞虹还道是这班强盗，暗道："此番性命定然休矣！"只听众人说道："不知何处官府，打劫得如此干净？人样也不留一个！"瑞虹听了这话，已知不是强盗了，挣扎起身，高叫："救命！"众人赶向前看时，见是个美貌女子，扶持下床，问他被劫情由。瑞虹未曾开言，两眼泪珠先下。乃将父亲官爵籍贯，并被难始末，一一细说。又道："列位大哥，可怜我受屈无伸，乞引到官司告理，擒获强徒正法，也是一点阴骘。"众人道："原来是位小姐，可恼受着苦了！但我们都做主不得，须请老爹来与你计较。"内中一个便跑去相请。

　　不多时，一人跨进舱中，众人齐道："老爹来也！"瑞虹举目看那人面貌魁梧，服饰齐整，见众人称他老爹，料必是个有身家的，哭拜在地，那人慌忙扶住道："小姐何消行此大礼？有话请起来说。"瑞虹又将前事细说一遍。又道："求老爹慨发慈悲，救护我难中之人，生死不忘大德！"那人道："不必烦恼。我想这班强盗，去还未远，即今便同你到官司呈告，差人四处追寻，自然逃走不脱。"瑞虹含泪而谢。那人吩咐手下道："事不宜迟，快扶蔡小姐过船去吧。"众人便来搀扶。瑞虹寻了鞋儿穿起，走出舱门观看，乃是一只双开篷顶号货船。过得船来，请入舱中安息。众水手将贼船上家火东西，尽力搬个干净，方才起篷开船。

你道那人是谁？原来姓卞，名福，汉阳府人氏。专在江湖经商，挣起一个老大家业，打造这只大船。众水手俱是家人。这番在下路脱了粮食，装回头货归家，正趁着顺风行走，忽地被一阵大风，直打向到岸边去。艄公把舵务命推挥，全然不应，径向贼船上当艄一撞。见是座船，恐怕拿住费嘴，好生着急。合船人手忙脚乱，要撑开去，不道又阁在浅处；牵扯不动，故此打号用力。因见座船上没个人影，卞福以为怪异，教众水手过船来看。已后闻报，只有一个美女子，如此如此，要求搭救。卞福即怀下不良之念，用一片假情，哄得过船，便是买卖了，哪里是真心肯替他伸冤理枉。那瑞虹起初因受了这场惨毒，正无门伸诉，所以一见了卞福，犹如见了亲人一般，求他救济，又见说出那班言语，便信为真，更不疑惑。到得过船心定，想起道："此来差矣！我与这客人非亲非故，如何指望他出力，跟着同走？虽承他一力担当，又未知是真是假。倘有别样歹念，怎生是好？"正在疑虑，只见卞福，自去安排着佳肴美馔，承奉瑞虹，说道："小娘子一定饿了，且吃些酒食则个。"瑞虹想着父母，哪里下得咽喉。卞福坐在旁边，甜言蜜语，劝了一回，乃开言道："小子有一句说话，不知小姐可肯听否？"瑞虹道："老客有甚见谕？"卞福道："适来小子一时义愤，许小姐同到官司告理，却不曾算到自己这船货物。我想那衙门之事，原论不定日子的。倘或牵缠半年六月，事体还不能完妥，货物又不能脱去，岂不两下耽搁。不如小姐且随我回去，先脱了货物，然后另换一个小船，与你一齐下来理论这事，就盘桓几年，也不妨得。更有一件，你我是个孤男寡女，往来行走，必惹外人谈议，总然彼此清白，谁人肯信？可不是无丝有线？况且小姐举目无亲，身无所依；小子虽然是个商贾，家里颇颇得过，若不弃嫌，就此结为夫妇。那时报仇之事，水里水去，火里火去，包在我身上，一个个缉获来，与你出气，但未知尊意若何？"

瑞虹听了这片言语，暗自心伤，簌簌的泪下，想道："我这般命苦！又遇着不良之人。只是落在套中，料难摆脱。"乃叹口气道："父母冤仇事大，辱身事小。况已被贼人玷污，总如今就死也算不得贞节了。且到报仇之后，寻个自尽，以洗污名可也！"踌躇已定，含泪答道："官人果然真心肯替奴家报仇雪耻，情愿相从。只要发个誓愿，方才相信。"卞福得了这句言语，喜不自胜，连忙跪下设誓道："卞福若不与小姐报仇雪耻，翻江而死。"道罢起来，吩咐水手："就前途村镇停泊，买办鱼肉果品之类，合船吃杯喜酒。"到晚成就好事。

不则一日，已至汉阳。谁想卞福老婆是个拈酸的领袖，吃醋的班头。卞福平昔极惧怕的，不敢引瑞虹到家，另寻所在安下。叮嘱手下人，不许泄漏。内中又有个请风光博笑脸的，早去报知。那婆娘怒气冲天，要与老公厮闹。却又算计，没有许多闲工夫淘气。倒一字不提，暗地教人寻下掠贩的，定了日期，一手交钱，一手交人。到了是日，那婆娘把卞福灌得烂醉，反锁在房。一乘轿子，抬至瑞虹住处。掠贩的已先在彼等候，随那婆娘进去，教人报知瑞虹道："大娘来了。"瑞虹无奈，只得出来相迎。掠贩的在旁，细细观看，见有十二分颜色，好生欢喜。那婆娘满脸堆笑，对瑞虹道："好笑官人，作事颠倒，既娶你来家，如何又撇在此，成何体面。外人知得,只道我有甚缘故。适来把他埋怨一场,特地自来接你回去,有甚衣饰快些收拾!"瑞虹不见卞福,心内疑惑,推辞不去。那婆娘道:"既不愿同住,且去闲玩几日,也见得我亲来相接之情。"瑞虹见这句说得有理,便不好推托,进房整饰。

那婆娘一等他转了身,便与掠贩的议定身价,教家人在外兑了银两,唤乘轿子,哄瑞虹坐下,轿夫抬起,飞也似走,直至江边一个无人所在,掠贩的引至船边歇下。瑞虹情知中了奸计,放声号哭,要跳向江中。怎当掠贩的两边扶夹,不容转动。遂推入舱中,打发了中人、轿夫,急忙解缆开船,扬着满帆而去。且说那婆娘卖了瑞虹,将屋中什物收拾归去,把门锁上。回到家中,卞福还正酣睡。那婆娘三四个把掌打醒,数说一回,打骂一回,整整闹了数日,卞福脚影不敢出门。一日捉空趄到瑞虹住处,看见锁了门户,吃了一惊。询问家人,方知被老婆卖去久矣。只气得发昏章第十一。那卞福只因不曾与瑞虹报仇,后来果然翻江而死,应了向日之誓。那婆娘原是个不成才的烂货,自丈夫死后,越发恣意把家业倾完,又被奸夫拐去,卖与烟花门户。可见天道好还,丝毫不爽。有诗为证:

> 忍耻偷生为父仇,谁知奸计觅风流。
> 劝人莫设虚言誓,湛湛青天在上头。

再说瑞虹被掠贩的纳在船中,一味悲号。掠贩的劝慰道:"不必啼泣,还你此去丰衣足食,自在快活!强如在卞家受那大老婆的气。"瑞虹也不理他,心内暗想道:"欲待自尽,怎奈大仇未报;将为不死,便成淫荡之人。"踌躇千百万遍,终是报仇心切,只得宁耐,看个居止下落,再作区处。行不多路,已天晚泊船。掠贩的逼他同睡,瑞虹不从,和衣缩在一边。掠贩的便来搂抱,瑞虹乱喊杀人。掠贩的恐被邻船听得,弄出事来,放手不迭,再不敢去缠他。径载到武昌府,转卖与乐户王家。那乐户家里先有三四个粉头,一个个打扮的乔乔画画,傅粉涂脂,倚门卖俏。瑞虹到了其家,看见这般做作,转加苦楚。又想道:"我今落在烟花地面,报仇之事,已是绝望,还有何颜在世!遂立意要寻死路,不肯接客。偏又作怪,但是瑞虹走这条门路,就有人解救,不致伤身。乐户与鸨子商议道:"他既不肯接客,留之何益!倘若三不知,做出把戏,倒是老大厉害,不如转货与人,另寻一个吧。"常言道:事有凑巧,物有偶然。恰好有一绍兴人,姓胡名悦,因武昌太守是他的亲戚,特来打抽丰的,倒也作成寻觅了一大注钱财。那人原是贪花恋酒之徒,住的寓所,近着妓家,闲时便去串走,也曾见过瑞虹是个绝色丽人,心内着迷,几遍要来入马。因是瑞虹寻死觅活,不能到手。今番听得乐户有出脱的消息,情愿重价讨他。胡悦央人说合,对媒人说道:"你上心说成,除谢媒之外,另奉银一两,与你买茶吃。"万嘱千托,媒人应去了。胡悦眼巴巴望他回话,真如热盘上蚂蚁。媒人想他丰重谢仪去说,不想果是天就良缘,一说就成。

胡悦娶瑞虹到了寓所,当晚整备着酒肴,与瑞虹叙情。那瑞虹只是啼哭,不容亲近。胡悦再三劝慰不止,到没了主意,说道:"小娘子,你在娼家,或者道是贱事,不肯接客;今日与我成了夫妇,万分好了,还有甚苦情,只管悲泣!你且说来,若有疑难事体,我可以替你分忧解闷。倘事情重大,这府中太爷,是我舍亲,就转托他与你料理,何必自苦如此。"瑞虹见他说话有些来历,方将前事,一一告诉。又道:"官人若能与奴家寻觅仇人,报冤雪耻,莫说得为夫妇,便做奴婢,亦自甘心。"说罢又哭。胡悦闻言答道:"原来你是好人家子女,遭此大难,可怜可怜!但这事非一时可毕,待我先教舍亲出个广捕到处挨缉;一面同你到淮安告官,拿众盗家属追比,自然有个下落。"瑞虹拜倒在地道:"若得官人肯如此用心,生生世世,衔结报效。"胡悦扶起道:"既为夫妇,事同一体,何出此言!"遂携手入寝。

那知胡悦也是一片假情哄骗。过了几日,只说已托太守出广捕缉获去了。瑞虹信以为实,千恩万谢。又住了数日,雇下船只,打叠起身,正遇着顺风顺水,那消十日,早至镇江,另雇小船回家。把瑞虹的事,搁过一边,毫不题起。瑞虹大失所望,但到此地间,无可奈何,遂吃了长斋,日夜暗祷天地,要来报仇。在路非止一日,已到家中。胡悦老婆见娶个美人回来,好生妒忌,时常厮闹,瑞虹总不与他争论,也不要胡悦同房,这婆娘方才少解。

原来绍兴地方,惯做一项生意:凡有钱能干的,都到京中买个三考吏名色,钻谋好地方选一个佐贰官出来,俗名唤做"飞过海"。怎么叫个"飞过海"? 大凡吏员考满,依次选去,不知等上几年;若用了钱,它选在别人前面,指日便得做官,这谓之"飞过海"。还有独自无力,四五个合做伙计,一人出名做官,其余坐地分赃。到了任上,先备厚礼,结好堂官,叩揽事管,些小事体,经他衙里,少不得要诈一两五钱。到后觉道声息不好,立脚不住,就悄地逃之夭夭。十个里边,难得一两个来去明白,完名全节。所以天下衙官,大半都出绍兴。那胡悦在家住了年余,也思量到京干这桩事体。更兼有个相知,见在当道,写书相约,有扶持他的意思,一发喜之不胜。即便处置了银两,打点起程。单虑妻妾在家不睦;与瑞虹计议,要带他同往居中,谋选彼处地方,访觅强盗踪迹。瑞虹已被哄过一次,虽然不信,也还希冀出外行走,或者有个真心觅盗,只得应允。胡悦大老婆恁地与老公相打相骂,胡悦全不作准。择了吉日,雇下船只,同瑞虹径自起程。

一路无话,直至京师寻寓所,安顿了瑞虹。次日整备礼物,去拜那相知官员。谁想这官人一月前暴病身亡,合家慌乱,打点扶枢归乡。胡悦没了这个倚靠,身子就酥了半边。思想银子带得甚少,相知又死,这官职怎能弄得到手? 欲待原复归去,又恐被人笑耻,事在两难,狐疑不决。寻访同乡一个相识商议。这人也是走那道儿的,正少了银两,不得完成,遂设计哄骗胡悦,包揽替他图个小就,设或短少,寻人借债。胡悦合该晦气,被他花言巧语,说得热闹,将所带银两一包儿递与。那人把来完成了自己官职,悄地一溜烟径赴任去了。胡悦只剩得一双空手,日逐时需,渐渐欠缺。寄书回家取索盘缠,老婆正恼着他,那肯应付分文。自此流落京师,逐日东走西撞,与一班京花子合了伙计,骗人财物。

一日商议要大大寻一注东西,但没甚为由,却想到瑞虹身上,要把来认做妹子,做个美人局。算计停当,胡悦又恐瑞虹不肯,生出一段说话哄他道:"我向日指望到此,选得个官职,与你去遍访仇人。不道时运乖蹇,相知已死,又被那天杀的,盗去银两;沦落在此,进退两难。欲待回去,又无处设法盘缠。昨日与朋友们议得个计策,到也尽通。"瑞虹道:"是甚计策?"胡悦道:"只说你是我的妹子,要与人为妾。倘有人来相看,你便见他一面。等哄得银两到手,连夜悄然起身,他们哪里来寻觅。顺路先到淮安,送你到家,访问强徒,也了我心上一件事情。"瑞虹初时本不欲得,次后听说顺路送归家,却方才许允。胡悦讨了瑞虹一个肯字,欢喜无限,教众光棍四处去寻主顾。正是:

安排地网天罗计,专待落坑堕堑人。

话分两头。却说浙江、温州府有一秀士,姓朱名源,年纪四旬以外,尚无子嗣,娘子几遍劝他取个偏房,朱源道:"我功名淹蹇,无意于此。"其年秋榜高登,到京会试。谁想福分未齐，春闱不第，羞归故里。与几个同年相约，就在京中读书，以待下科。那同年中晓得朱源还没有儿子，也苦劝他娶妾。朱源听了众人说话，教人寻觅。刚有了这句口风，那些媒人互相传说，几日内便寻下若干头脑，请朱源逐一相看拣择，没有个中得意。那众光棍缉着那个消息，即来上桩，夸称得瑞虹姿色绝世无双，古今罕有。哄动朱源期下日子，亲去相看。此时瑞虹身上衣服，已不十分整齐；胡悦教众光棍借来妆饰停当。众光棍引着朱源到来，胡悦向前迎接，礼毕就坐，献过一杯茶，方请出瑞虹站在遮堂门边。朱源走上一步，瑞虹侧着身子，道个万福，朱源即忙还礼。用目仔细一觑，端的娇艳非常，暗暗喝彩道："真好个美貌女子！"瑞虹也见朱源人材出众，举止闲雅，暗道："这官人到好个仪表，果是个斯文人物。但不知什么晦气，投在网中。"心下存了个懊悔之念，略站片时，转身进去。众光棍从旁衬道："相公，何如？可是我们不说谎吗？"朱源点头微笑道："果然不谬。可到小寓议定财礼，择吉行聘便了。"道罢起身，众人接脚随去，议了一百两财礼。朱源也闻得京师骗局甚多，恐怕也落了套儿，讲过早上行礼，到晚即要过门。众光棍又去与胡悦商议。胡悦沉吟半晌，生出一计。恐瑞虹不肯，教众人坐下，先来与他计较道："适来这举人已肯上桩，只是当日便要过门，难做手脚。如今只得将计就计，依着他送你过去。少不得备下酒肴，你慢慢的饮至五更时分，我同众人便打入来，叫破地方，只说强占有夫妇女，就引你同来，声言要往各衙门呈告。想他是个举人，怕干碍前程，自然反来求伏。那时和你从容回去，岂不美哉！"瑞虹闻言，愀然不乐，答道："我前生不知作下甚业？以至今世遭如此大难！如何又做恁般没天理的事害人？这个断然不去。"胡悦道："娘子，我原不欲如此，但出于无奈，方走这条苦肉计。千万不要推托！"瑞虹执意不从。胡悦就双膝跪下道："娘子，没奈何将就做这一遭，下次再不敢相烦了。"瑞虹被逼不过，只得应允。胡悦急急跑向外边，对众人说知就里。众人齐称妙计，回覆朱源，选起吉日，将银两兑足，送与胡悦收了。众光棍就要把银两分用，胡悦道："且慢着，等待事妥，分也未迟。"到了晚间，朱源叫家人雇乘轿子，去迎瑞虹，一面吩咐安排下酒馔等候。不一时，已是娶到。两下见过了礼，邀入房中。叫家人管待媒人酒饭，自不必说。

　　单讲朱源同瑞虹到了房中，瑞虹看时，室中灯烛辉煌，设下酒席。朱源在灯下细观其貌，比前更加美丽，欣欣自得，道声："娘子请坐。"瑞虹羞涩不敢答应，侧身坐下。朱源叫小厮斟过一杯酒，恭恭敬敬递至面前放下，说道："小娘子，请酒。"瑞虹也不敢开言，也不回敬。朱源知道他是怕羞，微微而笑。自己斟上一杯，对席相陪。又道："小娘子，我与你已为夫妇，何必害羞！多少饮一盏儿。小生候干。"瑞虹只是低头不饮。朱源想道："他是个女儿家，一定见小厮们在此，所以怕羞。"即打发出外，掩上门儿，走至身边道："想是酒寒了，可换热的饮一杯，不要拂了我的敬意。"遂自斟一杯，递与瑞虹。瑞虹看了这个局面，转觉羞惭，蓦然伤感。想起幼时父母何等珍惜，今日流落至此，身子已被玷污，大仇又不能报，又强逼做这般丑态骗人，可不辱没祖宗。柔肠一转，泪珠簌簌乱下。

　　朱源看见流泪，低低道："小娘子，你我千里相逢，天缘会合，有甚不足，这般愁闷？莫不宅上有甚不堪之事，小娘子记挂吗？"连叩数次，并不答应。觉得其容转戚，朱源又道："细观小娘子之意，必有不得已事，何不说与我知，倘可效力，绝不推故！"瑞虹又不则声。朱源到没个理会，只得自斟自饮。吃勾半酣，听谯楼已打二鼓。朱源道："夜深了，请歇息吧！"瑞虹也全然不睬。朱源又不好催逼，到走去书桌上，取过一本书儿观看，陪他同坐。瑞虹见朱源殷勤相慰，不去理他，并无一毫愠怒之色。转过一念道："看这举人到是个盛德君子，我当初若遇得此等人，冤仇申雪久矣!"又想道:"我看胡悦这人,一味花言巧语,若专靠在他身上,此仇安能得报?他今明明受过这举人之聘,送我到此,何不将计就计,就跟着他,这冤仇或者到有报雪之期。"左思右想,疑惑不定。朱源又道:"小娘子请睡吧!"瑞虹故意又不答应。朱源依然将书观看。

看看三鼓将绝,瑞虹主意已定。朱源又催他去睡,瑞虹才道:"我如今方才是你家的人了。"朱源笑道:"难道起初还是别家的人吗?"瑞虹道:"相公那知就里,我本是胡悦之妾,只因流落京师,与一班光棍生出这计,哄你银子。少顷即打入来,抢我回去,告你强占良人妻女。你怕干碍前程,还要买静求安。"朱源闻言大惊道:"有恁般异事!若非小娘子说出,险些落在套中。但你既是胡悦之妾,如何又泄漏与我?"瑞虹哭道:"妾有大仇未报,观君盛德长者,必能为妾伸雪,故愿以此身相托!"朱源道:"小娘子有何冤抑,可细细说来,定当竭力为你图之。"瑞虹乃将前后事泣诉,连朱源亦自惨然下泪。正说之间,已打四更。瑞虹道:"那一班光棍,不久便到,相公若不早避,必受其累。"朱源道:"不要着忙!有同年寓所,离此不远,他房屋尽自深邃。且到那边暂避过一夜,明日另寻所在,远远搬去,有何患哉!"当下开门,悄地唤家人点起灯火,径到同年寓所,敲开门户。那同年见半夜而来,又带着个丽人,只道是来历不明的,甚以为怪。朱源一一道出,那同年即移到外边去睡,让朱源住于内厢。一面教家人们相帮,把行李等件,尽皆搬来,止存两间空房。不在话下。

且说众光棍一等瑞虹上轿,便逼胡悦将出银两分开。买些酒肉,吃到五更天气,一齐赶至朱源寓所,发声喊打将入去。只见两间空屋,那有一个人影。胡悦到吃了一惊,说道:"他如何晓得?预先走了!"对众光棍道:"一定是你们倒勾结来捉弄我的,快快把银两还了便罢!"众光棍大怒,也翻转脸皮,说道:"你把妻子卖了,又要来打抢,反说我们有甚勾当,须与你干休不得!"将胡悦攒盘打够臭死。恰好五城兵马经过,结扭到官,审出骗局实情,一概三十,银两追出入官,胡悦短递回籍。有诗为证:

牢笼巧设美人局,美人原不是心腹。
赔了夫人又打臀,手中依旧光陆秃。

且说朱源自娶了瑞虹,彼此相敬相爱,如鱼似水。半年之后,即怀六甲。到得十月满足,生下一个孩子,朱源好不喜欢,写书报知妻子。光阴迅速,那孩子早又周岁。其年又值会试,瑞虹日夜向天祷告,愿得丈夫黄榜题名,早报蔡门之仇。场后开榜,朱源果中了六十九名进士,殿试三甲,该选知县。恰好武昌县缺了县官,朱源就讨了这个缺。对瑞虹道:"此去仇人不远,只怕他先死了,便出不得你的气。若还在时,一个个拿来沥血祭献你的父母,不怕他走上天去!"瑞虹道:"若得相公如此用心,奴家死亦瞑目!"朱源一面先差人回家,接取家小在扬州伺候,一同赴任;一面候吏部领凭。不一日领了凭限来,辞朝出京。

原来大凡吴、楚之地作官的,都在临清张家湾雇船,从水路而行,或径赴任所,或从家乡而转,但从其便。那一路都是下水,又快又稳;况带着家小,若没有勘合脚力,陆路一发不便了。每常有下路粮船运粮到京,交纳过后,那空船回去,就揽这行生意,假充座船,请得个官员坐舱,那船头便去包揽他人货物,图个免税之利,这也是个旧规。却说朱源同了小奶奶到临清雇船,看了几个舱口,都不称怀,只有一只整齐,中了朱源之意。船头递了姓名手本,磕头相见。管家搬行李安顿舱内,请老爷奶奶下船。烧了神福,船头指挥众人开船。瑞虹在舱中,听得船头说话,是淮安声音,与贼头陈小四一般无二。问丈夫什么名字,朱源查那手本写道:"船头吴金禀叩。"姓名都不相同。瑞虹走到船舱边,听他声口越听越像。心中暗想,这声音明明是陈小四,为何手本上写着吴金。朱源扯瑞虹背后私认他面貌,又与陈小四无异。只是姓名不同,好生奇怪。欲待盘问,又没个因由。

偶然这一日,朱源的座师船到,过船去拜访,那船头的婆娘进舱来拜见奶奶,送茶毕,瑞虹看那妇人:

> 虽无十分颜色,也有一段风流。

瑞虹有心问那妇人道:"你几岁了?"那妇人答道:"二十九岁了。"又问:"哪里人氏?"答道:"池阳人氏。"瑞虹道:"你丈夫不像个池阳人。"那妇人道:"这是小妇人的后夫。"瑞虹道:"你几岁死过丈夫的?"那妇人道:"小妇人夫妇为运粮到此,拙夫一病身亡。如今这拙夫是武昌人氏,原在船上做帮手,丧事中亏他一力相助,小妇人孤身无倚,只得就从了他,顶着前夫名字,完这场差使。"瑞虹问在肚里,暗暗点头。将香帕赏他,那妇人千恩万谢的去了。瑞虹等朱源下船,将这话述与他听了。眼见吴金即是陈小四,正是贼头。朱源道:"路途不可造次,且忍耐他到地方上施行,还要在他身上追究余党。"瑞虹道:"相公所见极是明理,只是仇人相见,分外眼睁,这几日如何好过!"恨不得借滕王阁的顺风,一阵吹到武昌!

> 饮恨亲冤已数年,枕戈思报叹无缘。
> 同舟敌国今相遇,又隔江山路几千。

却说朱源舟至扬州,那接取大夫人的还未曾到,只得停泊码头等候,瑞虹心上一发气闷。等到第三日,忽听得岸上鼎沸起来。朱源叫人问时,却是船头与岸上两个汉子扭做一团厮打。只听得口口声声说道:"你干得好事!"朱源见小奶奶气闷,正没奈何,今番且借这个机会,敲那贼头几个板子,权发利市。当下喝教水手:"与我都拿过来!"原来这班水手,与船头面和意不和,也有个缘故。当初陈小四缢死了瑞虹,弃船而逃,没处投奔,流落到池阳地面,偶值吴金这只粮船起运,少个帮手。陈小四就上了他的船。见吴金老婆像个爱吃枣儿汤的,岂不正中下怀,一路行奸卖俏,搭识上了。两个如胶似漆,反多那老公碍眼。船过黄河,吴金害了个寒症,陈小四假意殷勤,赎药调理,那药不按君臣,一服见效,吴金死了!妇人身边取出私财,把与陈小四,只说借他的东西,断送老公。过了一两个七,又推说欠债无偿,就将身子白白的嫁了他。虽然备些酒食,暖住了众人,却也中心不伏。为此缘由,所以面和意不和。听得舱里叫一声:"都拿过来!"蜂拥的上岸,将两个人一齐扣下船来,跪于将军柱边。

朱源问道:"为何厮打?"船头禀道:"这两个人原是小人合本撑船伙计,因盗了资本,背地逃走,两三年不见面。今日天遣相逢,小人与他取讨。他倒图赖小人,两个来打一个。望老爷与小人做主!"朱源道:"你二人怎么说?"那两个汉子道:"小人并没此事,都是一派胡言!"朱源道:"难道一些影儿也没有,平地就厮打起来?"那两个汉子道:"有个缘故。当初小的们,虽然与他合本撑船,只为他迷恋了个妇女,小的们恐误了生意,把自己本钱收起,各自营运,并不曾欠他分文。"朱源道:"你两个叫什么名字?"那两个汉子道不曾开口,倒是陈小四先说道:"一个叫沈铁甕,一个叫秦小圆。"

朱源却待再问，只见背后有人扯拽，回头看时，却是丫鬟，悄悄传言，说道："小奶奶请老爷说话。"朱源走进后舱，见瑞虹双行流泪，扯住丈夫衣袖，低声说道："那两个汉子的名字，正是那贼头一伙同谋打劫的人，不可放他走了！"朱源道："原来如此！事到如今，等不得到武昌了。"慌忙写了名帖，吩咐打轿，喝叫地方，将三人一串儿缚了，自去拜扬州太守，告诉其事。太守问了备细，且教把三个贼徒收监，次日面审。朱源回到船中，众水手已知陈小四是个强盗，也把谋害吴金的情节，细细禀知。朱源又把这些缘由，备写一封书帖，送与太守，并求究问余党。太守看了，忙出飞签，差人拘那妇人，一并听审。扬州城里传遍了这出新闻，又是盗案，又是奸淫事情，有妇人在内，那一个不来观看。临审之时，府前好不热闹！正是：

好事不出门，恶事传千里。

却说太守坐堂，吊出三个贼徒，那妇人也提到了。跪于阶下。陈小四见那婆娘也到，好生惊怪，道："这厮打小事，如何连累家属？"只见太守却不叫吴金名字，竟叫陈小四，吃了这一惊非小，凡事逃那实不过，叫一声不应，再叫一声不得不答应了。太守相公冷笑一声道："你可记得三年前蔡指挥的事吗？天网恢恢，疏而不漏。今日有何理说！"三个人面面相觑，却似鱼胶粘口，一字难开。太守又问："那时同谋还有李癞子、白满、胡蛮二、凌歪嘴、余蛤蚆，如今在哪里？"陈小四道："小的幼习水手趁食，不合误投歹船。至于谋劫之夜，小的睡熟，实不知情。及至醒时，众盗分账各窜，只得奔投远方，偶遇吴金船上缺人，扣留在船。后因吴金病死，他妻子赘我，顶名运船度日。小的其时虽在那里，一些财帛也不曾分受，都是他这几个席捲而去，只问他两个便知。"沈铁瓮、秦小圆道："小的虽然分得些金帛，不像陈小四强奸了他家小姐。"太守已知就里，恐伤了朱源体面，便喝住道："不许闲话！只问你那几个贼徒，今在何处？"秦小圆说："当时分了金帛，四散去了。闻得李癞子、白满随着山西客人，贩买绒货，胡蛮二、凌歪嘴、余蛤蚆三人，逃在黄州撑船过活。小的们也不曾相会。"太守相公又叫妇人上前问道："你与陈小四奸密，毒杀亲夫，遂为夫妇，这也是没得说了。"妇人方欲抵赖，只见阶下一班水手都上前禀话，如此如此，这般这般，说得那妇人顿口无言。太守相公大怒，喝教选上号毛板，不论男妇，每人且打四十，打得皮开肉绽，鲜血迸流。当下录了口词，三个强盗通问斩罪，那妇人问了凌迟。齐上刑具，发下死囚牢里。一面出广捕，挨获白满、李癞子等。太守问了这桩公事，亲到船上答拜朱源，就送审词与看。朱源感激不尽，瑞虹闻说，也把愁颜放下七分。

又过几日，大奶奶已是接到，瑞虹相见。一妻一妾，甚是和睦。大奶奶又见儿子生得清秀，愈加欢喜。不一日，朱源于武昌上任，管事三日，便差的当捕役缉访贼党胡蛮二等。果然胡蛮二、凌歪嘴在黄州江口撑船，手到拿来。招称："余蛤蚆一年前病死，白满、李癞子见跟陕西客人，在省城开铺。"朱源权且收监，待拿到余党，一并问罪。省城与武昌县相去不远，捕役去不多日，把白满、李癞子二人一索子捆来，解到武昌县。朱源取了口词，每人也打四十。备了文书，差的当公人，解往扬州府里，以结前卷。

朱源做了三年县宰，治得那武昌县道不拾遗，犬不夜吠，行取御史，就出差淮扬地方。瑞虹嘱咐道："这班强盗，在扬州狱中，连岁停刑，想未曾决。相公到彼，可了此一事；就与奴家沥血祭奠父亲，并两个兄弟。一以表奴家之诚，二以全相公之信。还有一事，我父亲当初曾收用一婢，名唤碧莲，曾有六个月孕，因母亲不容，就嫁出与本处一个朱裁为妻。后来闻得碧莲所生，是个男儿。相公可与奴家用心访问。

若这个儿子还在,可主张他复姓,以续蔡门宗祀,此乃相公万代阴功。"说罢,放声大哭,拜倒在地。朱源慌忙扶起道:"你方才所说二件,都是我的心事。我若到彼,定然不负所托,就写书信报你得知。"瑞虹再拜称谢。

再说朱源赴任淮扬,这是代天子巡狩,又与知县到任不同。真个:

> 号令出时霜雪凛,威风到处鬼神惊。

其时七月中旬,未是决囚之际。朱源先出巡淮安,就托本处府县访缉朱裁及碧莲消息,果然访着。那儿子已八岁了,生得堂堂一貌。府县奉了御史之命,好不奉承。即日香汤沐浴,换了衣履,送在军卫供给,申文报知察院。朱源取名蔡续,特为起奏一本,将蔡武被祸事情,备细达于圣聪。"蔡氏当先有汗马功劳,不可令其无后。今有幼子蔡续,合当归宗,俟其出幼承袭。其凶徒陈小四等,秋后处决。"圣旨准奏了。其年冬月,朱源亲自按临扬州,监中取出陈小四与吴金的老婆,共是八个,一齐绑赴法场,剐的剐,斩的斩,干干净净。正是:

> 善有善报,恶有恶报。若还不报,时辰未到。

朱源吩咐刽子手,将那几个贼徒之首,用漆盘盛了,就在城隍庙里设下蔡指挥一门的灵位,香花灯烛,三牲祭醴,把几颗人头,一字儿摆开。朱源亲制祭文拜奠。又于本处选高僧做七七功德,超度亡魂。又替蔡续整顿个家事,嘱咐府县青目。其母碧莲一同居住,以奉蔡指挥岁时香火。朱裁另给银两别娶,诸事俱已停妥,备细写下一封家书,差个得力承舍,赍回家中,报知瑞虹。

瑞虹见了书中之事,已知蔡氏有后,诸盗尽已受刑,沥血奠祭;举手加额,感谢天地不尽。是夜,瑞虹沐浴更衣,写下一纸书信,寄谢丈夫;又去拜谢了大奶奶。回房把门栓上,将剪刀自刺其喉而死。其书云:

> 贱妾瑞虹百拜相公台下:虹身出武家,心娴闺训。男德在义,女德在节;女而不节,行禽何异!虹父韬矜不戒,曲蘖迷神。诲盗亡身,祸及母弟,一时并命。妾心胆俱裂,浴泪弥年。然而隐忍不死者,以为一人之廉耻小,合门之仇怨大。昔李将军忍耻降虏,欲得当以报汉;妾虽女流,志窃类此。不幸历遭强暴,衷怀未申。幸遇相公,拔我于风波之中,谐我以琴瑟之好。识荆之日,便许复仇。皇天见怜,宦游早遂。诸奸贯满,相次就缚;而且明正典刑,沥血设饷。蔡氏已绝之宗,复蒙披根见本,世禄复延。相公之为德于衰宗者,天高地厚,何以喻兹。妾之仇已雪而志已遂矣!失节贪生,贻玷阀阅,妾且就死,以谢蔡氏之宗于地下。儿子年已六岁,嫡母怜爱,必能成立。妾虽死之日,犹生之年。姻缘有限,不获面别,聊寄一笺,以表衷曲。

大奶奶知得瑞虹死了,痛惜不已,殡殓悉从其厚。将他遗笔封固,付承舍寄往任上。朱源看了,哭倒在地,昏迷半晌方醒。自此患病,闭门者数日,府县都来候问。朱源哭诉情由,人人堕泪,俱赞叹其节孝,今古无比,不在话下。后来朱源差满回来,历官至三边总制。瑞虹所生之子,名曰朱懋,少年登第,上疏表陈生母蔡瑞虹一生之苦,乞赐旌表。圣旨准奏,特建节孝坊,至今犹在。有诗赞云:

报仇雪耻是男儿，谁造裙钗有执持。
堪笑硁硁真小谅，不成一事枉嗟咨。

第三十七卷

杜子春三入长安

想多情少宜求道，想少情多易入迷。
总是七情难断灭，爱河波浪更堪悲。

话说隋文帝开皇年间，长安城中有个子弟姓杜，双名子春，浑家韦氏，家住城南，世代在扬州做盐商营运。真有万万贯家资，千千顷田地。那杜子春倚借着上祖资业，那晓得稼穑艰难。且又生性豪侠，要学那石太尉的奢华，孟尝君的气概。宅后造起一座园亭，重价构取名花异卉，巧石奇峰，妆成景致。曲房深院中，置买歌儿舞女，艳妾妖姬，居于其内。每日开宴园中，广召宾客。你想那扬州乃是花锦地面，这些浮浪子弟，轻薄少年，却又尽多。有了杜子春怎样撒漫财主，再有那个不来。虽无食客三千，也有帮闲几百。相交了这般无藉，肯容你在家受用不成？少不得引诱到外边游荡。杜子春心性又是活的，有何不可？但见：

> 轻车驾马，春陌游行；走狗擎鹰，秋田较猎。青楼买笑，缠头那惜千缗；博局呼卢，一掷常输十万。画船萧管，恣意逍遥；选胜探奇，任情散诞。风月场中都总管，烟花寨内大主盟。

杜子春将银子认做没根的，如土块一般挥霍。那韦氏又是掐得水出的女儿家，也只晓得穿好吃好，不管闲账。看看家中金银搬完，屯盐卖完，手中干燥，央人四处借债。扬州城中那个不晓得杜子春是个大财主，才说得声，东也送至，西也送至，又落得几时脾胃。到得没处借时，便去卖田园，货屋宅。那些债主，见他产业摇动，都来取索。那时江中芦洲也去了，海边盐场也脱了，只有花园住宅，不舍得与人，到把衣饰器皿变卖。他是用过大钱的，这些少银两，犹如吃碗泡茶，顷刻就完了。

你想杜子春自幼在金银堆里滚大起来，使滑的手，若一刻没得银用，便过不去。难道用完了这项，却就罢休不成，少不得又把花园住宅出脱。大凡东西多的时节，便觉用之不尽，若到少来，偏觉得易完。卖了房屋，身子还未搬出，银子早又使得干净。那班朋友，见他财产已完，又向旺处去了，谁个再来趋奉。就是奴仆，见家主弄到恁般地位，赎身的赎身，逃走的逃走，去得半个不留。姬妾女婢，标致的准了债去，粗蠢的卖来用度，也自各散去讫。单单剩得夫妻二人相向，几间接脚屋里居住，渐渐衣服凋敝，米粮欠缺。莫说平日受恩的不来看觑他，就是杜子春自己也无颜见人，躲在家中。正是：

床头黄金尽，壮士无颜色。

杜子春在扬州做了许多时豪杰，一朝狼狈，再无面目存坐得住，悄悄的归去长安祖居，投托亲戚。原来杜陵、韦曲二姓，乃是长安巨族，宗支十分蕃盛。也有为官作宦的，也有商贾经营的，排家都是至亲至戚，因此子春起这念头；也不指望他资助，若肯借贷，便好度日。岂知亲眷们都道，子春泼天家计，尽皆弄完，是个败子，借贷与他，断无还日。为此只推着没有，并无一个应承。便十二分至戚，情不可却，也有周济些的；怎当得子春这个大手段，就是热锅头上，洒着一点水，济得甚事！好几日，饭不得饱吃，东奔西趁，没个头脑。偶然打向西门经过，时值十二月天气，大雪初晴，寒威凛烈，一阵西风，正从门圈子里刮来。身上又无绵衣，肚中又饿，刮起一身鸡皮栗子，把不住的寒颤。叹口气道："我杜子春岂不枉然！平日攀这许多好亲好眷，今日见我沦落，便不理我，怎么受我恩的也做这般模样？要结那亲眷何用？要施那仁义何用？我杜子春也是一条好汉，难道就没再好的日子？"正在那里自言自语，偶有一老者从旁经过，见他叹气，便立住脚问道："郎君为何这般长叹？"杜子春看那老者，生得：

童颜鹤发，碧眼庞眉。声似铜钟，须如银线。戴一顶青蓝唐巾，披一领茶褐道袍，腰系丝绦，脚穿麻履。若非得道仙翁，定是修行长者。

杜子春这一肚子气恼，正莫发脱处，遇着这老者来问，就从头备诉一遍。那老者道："俗语有云：世情看冷暖，人面逐高低。你当初有钱是个财主，人自然趋奉你；今日无钱，是个穷鬼，便不礼你，又何怪哉！虽然如此，天不生无禄之人，地不长无根之草；难道你这般汉子，世间就没个慷慨仗义的人周济你的？只是你目下须得银子几何，才勾用度？"子春道："只三百两足矣。"老者笑道："量你好大手段，这三百两干得甚事？再说多些。"子春道："三千两。"老者摇手道："还要增些。"子春道："若得三万两，我依旧到扬州去做财主了。只是难讨这般好施主。"老者道："我老人家虽不甚富，却也一生专行好事，便助你三万两！"袖里取出三百个钱，递与子春聊备一饭之费。"明日午时，可到西市波斯馆里会我，郎君勿误！那老者说罢，径直去了。

子春心中暗喜道："我终日求人，一个个不肯周济，只道一定饿死；谁知遇着这老者发个善心，一送便送我三万两，岂不是天上吊下来的造化！如今且将他赠的钱，买些酒饭吃了，早些安睡。明日午时，到波斯馆里，领他银子去。"走向一个酒店中，把三百钱都先递与主人家，放开怀抱，吃个醉饱，

回至家中去睡，却又想道："我杜子春聪明一世，懵懂片时。我家许多好亲好眷，尚不礼我。这老者素无半面之识，怎么就肯送我银子？况且三万两，不是当耍的，便作石头也老重一块。量这老者有多大家私，便把三万两送我？若不是见我嗟叹，特来宽慰我的；必是作耍我的，怎么信得他？明日一定是不该去！"却又想道："我细看那老者，是个至诚的。我又不曾与他求乞，他没有银子送我便罢了，说那谎话怎的？难道是舍真财调假谎，先送我三百文钱，买这个谎说？明日一定是该去去也是，不去也是。"想了一会，笑道："是了，是了！那里是三万两银子，敢只把三万个钱送我，总是三万之数，也不见得。俗谚道得好：饥时一粒，胜似饱时一斗。便是三

万个钱,也值得三十多两,勾我好几日用度,岂可不去?"

子春被这三万银子在肚里打搅,整整一夜不曾得睡。巴到天色将明,不想精神困倦,到一觉睡去。及至醒来,早已日将中了,忙忙的起来梳洗。他若是个有见识的,昨日所赠之钱,还存下几文,到这早买些点心吃了去也好;只因他是松溜的手儿,撒漫的性儿,没钱便烦恼,及至钱入手时,这三百文又不在他心上了。况听见有三万银子相送,已喜出望外,哪里算计至此。他的肚皮,两日到饿服了,却也不在心上。梳裹完了,临出门又笑道:"我在家也是闲,那波斯馆又不多远,做我几步气力不着,便走走去何妨。若见那老者,不要说起那银子的事,只说昨夜承叨铜钱,今日特来相谢。大家心照,岂不美哉!"

原来波斯馆,都是四夷进贡的人在此贩卖宝货,无非明珠美玉,文犀瑶石,动是上千上百的价钱,叫作金银窠里。子春一心想着要那老者的银子,又怕他说谎,这两只脚虽则有气没力的,一步步荡到波斯馆来,一双眼却紧紧望那老者在也不在。到得馆前,正待进门,恰好那老者从里面出来,劈头撞见。那老者嗔道:"郎君为甚的爽约? 我在辰时到此,渐渐的日影挫西,还不见来,好守得不耐烦! 你岂不晓得秦末张子房曾遇黄石公于圯桥之上,约后五日五更时分,到此传授兵书。只因子房来迟,又约下五日。直待走了三次,半夜里便去等候,方才传得三略之法,辅佐汉高祖平定天下,封为留侯。我便不如黄石公,看你怎做得张子房? 敢是你疑心我没银子把你吗? 我何苦讨你的疑心。你且回去,我如今没银子了!"只这一句话,吓得子春面如土色,懊悔不及。恰像折翅的老鹤,两只手不觉直掉了下去。想道:"三万银子到手快了,怎么恁样没福,到熟睡了去,弄到这时候! 如今他却不肯了。"又想道:"他若也像黄石公肯再约日子,情愿隔夜打个铺儿睡在此伺候!"又想道:"这老官儿既有心送我银子,早晚总是一般的,又吊什么古今,论什么故事?"又想道:"还是他没有银子,故把这话来遮掩。"

正在胡猜乱想,那老者恰像在他腹中走过一遭的,便晓得了,乃道:"我本待再约个日子,也等你走几遭儿则是,你疑我道一定没有银子,故意弄这腔调。罢! 罢! 罢! 有心做个好事,何苦又要你走,可随我到馆里来。"子春见说原与他银子,又像一个跳虎拨着关捩子,直竖起来。急松松跟着老者径到西廊下第一间房内,开了壁橱,取出银子,一划都是五十两一个元宝大锭,整整的六百个,便是三万两,摆在子春面前,精光耀目。说道:"你可将去,再做生理,只不要负了我相赠的一片意思。"你道杜子春好不莽撞,也不问他姓甚名谁? 家居哪里? 刚刚拱手,说得一声:"多谢,多谢!"便雇三十来个脚夫,竟把银子挑回家去。

杜子春到明日绝早,就去买了一匹骏马,一付鞍辔,又做几件时新衣服,便去夸耀众亲眷,说道:"据着你们待我,我已饿死多时了。谁想天无绝人之路,却又有做方便的送我好几万银子。我如今依旧往扬州去做盐商,特来相别。有一首《感怀诗》在此,请政。"诗云:

> 九叩高门十不应,耐他凌辱耐他憎。
> 如今骑鹤扬州去,莫问腰缠有几星。

那些亲眷们一向讪笑杜子春这个败子,岂知还有发迹之日。这些时见了那首《感怀诗》,老大的好没颜色。却又想道:"长安城中,那有这等一舍便舍三万两的大财主? 难道我们都不晓得? 一定没有这事。"也有说他祖上埋下的银子,想被他掘着了。也有说道,莫非穷极无计,交结了响马强盗头儿,这银子不是打劫客商的,便是偷窃库藏的。都在半信半不信之间。这也不在话下。

且说子春那银子装上几车，出了东都门，径上扬州而去。路上不则一日，早来到扬州家里。浑家韦氏迎着道："看你气色这般光彩，行李又这般沉重，多分有些钱钞。但不知那一个亲眷借贷你的？"子春笑道："银倒有数万，却一分也不是亲眷的。"备细将西门下叹气，波斯馆里赠银的情节，说了一遍。韦氏便道："世间难得这等好人！可曾问他什么名姓？等我来生也好报答他的恩德！"子春却呆了一晌，说道："其时我只看见银子。连那老者也不看见，竟不曾问得。我如今谨记你的言语，倘或后来再赠我的银子时节，我必先问他名姓便了！"

那子春平时的一起宾客，闻得他自长安还后，带得好几万银子来，依旧做了财主，无不趋奉，似蝇攒蚁附一般，因而撺掇他重妆气象，再整风流。只他是使过上百万银子的，这三万两能够几时挥霍，不及两年，早已罄尽无余了。渐渐卖了马骑驴，卖了驴步走，熬枯受淡，度过日子。岂不知坐吃山空，立吃地陷，终是没有来路。日久岁长，怎生揢得！悔道："千错万错，我当初出长安别亲眷之日，送什么《感怀诗》，分明与他告绝了，如今还有甚嘴脸好去干求他？便是干求，料他也绝不礼我。弄得我有家难奔，有国难投，教我怎处！"韦氏道："倘或前日赠银子的老儿尚在，再赠你些，也不见得。"子春冷笑道："你好痴心妄想！知那老儿生死若何？贫富若何？怎还望他赠银子！只是我那夫妇都是肺腑骨肉，到底割不断的。常言：傍生死如傍熟。我如今没奈何，只得还至长安去，求那亲眷。"正是：

> 要求生活计，难惜脸皮羞。

杜子春重到长安，好不卑词屈体，去求那众亲眷。岂知亲眷们如约会的一般，都说道："你还去求那顶尖的大财主，我们有甚力量扶持得你起？"只这冷言冷语，带讥带讪的，教人怎当得！险些把子春一气一个死。忽一日打从西门经过，劈面遇着老者，子春不胜感愧，早把一个脸都挣得通红了。那老者问道："看你气色，像个该得一注横财的。只是身上衣服，怎么这般褴褛？莫非又消乏了？"子春谢道："多蒙老翁送我三万银子，我只说是用不尽的。不知略撒漫一撒漫，便没有了。想是我流年不利，故此没福消受，以至如此。"老者道："你家好亲好眷，遍满长安，难道更没周济你的？"子春听见说亲眷周济这句话，两个眉头，就攒着一堆，答道："亲眷虽多，一个个都是一钱不舍的悭吝鬼，怎比得老翁这般慷慨。"老者道："我如今本当再赠你些才是，只是你三万银子不够用得两年，若活了一百岁，教我哪里去讨那百多万赠你？休怪！休怪！"把手一拱，望西去了。正是：

> 须将有日思无日，休想今人似昔人。

那老者去后，子春叹道："我受了亲眷们许多讪笑，怎么那老者最哀怜我的，也发起说话来。敢是他硬做好汉，送了我三万银子，如今也弄得手头干了。只是除了他，教我再望着那一个搭救。"正在那里自言自语，岂知老者去不多远，却又转来，说道："人家败子也尽有，从不见你这个败子的头儿，三万银子，恰像三个铜钱，霎霎眼就弄完了。论起你怎样会败，本不该周济你了，只是除了我，再有谁周济你的？你依旧饥寒而死，却不枉了前一番功劳。常言道：杀人须见血，救人须救彻。还只是废我几两银子不着，救你这条穷命！"袖里又取出三百个铜钱，递与子春道："你可将去买些酒饭吃，明日午时仍到波斯馆西廊下相会。既道是三万银子不勾用度，今次须送你十万两。只是要早来些,莫似前番又要我等你。"且莫说那老者发这样慈悲心,送过了三万,还要送他十万,倒不亏杜子春好一副厚面皮,明日又去领受他的。

当下子春见老者不但又肯周济,且又比先反增了七万,喜出望外,双手接了三百铜钱,深深作了个揖起来,举举手,大踏步就走。一直径到一个酒店中,依然把三百个钱做一垛儿先付与酒家。走上酒楼,拣副座头坐下,酒保把酒肴摆将过来。子春一则从昨日至今,还没饭在肚里;二则又有十万银子到手,欢喜过望,放下愁怀,恣意饮啖。那酒家只道他身边还有铜钱,嘎饭案酒,流水搬来。子春又认做三百钱内之物,并亦不推辞,尽情吃个醉饱,将剩下东西,都赏了酒保。那酒保们见他手段来得大落,私下议道:"这人身上便褴褛,到好个撒漫主顾!"子春下楼,向外便走。酒家道:"算明了酒钱去!"子春只道三百钱还吃不了,乃道:"余下的赏你吧,不要算了!"酒家道:"这人好混账,吃透了许多东西,到说这样冠冕话。"子春道:这却不干我事,你自送我吃的。"彻身又走,酒家上前一把扯住道:"说得好自在!难道再多些,也是送你吃的!"两下便争嚷起来。旁边走过几个邻里相劝,问:"吃透多少?"酒家把账一算,说:"还该二百。"子春呵呵大笑道:"我只道多吃了几万,怎般着忙!原来只得二百文,乃是小事,何足为道。"酒家道:"正是小事,快些数了走开。"子春道:"却今日带得钱少,明日送来还你。"酒家道:"认得你是那个,却赊与你?"杜子春道:"长安城中,谁不晓得我城南杜子春是个大财主?莫说这二百文,再多些,绝不少你的。若不相托,写个票儿在此,明日来取。"众人见他自称为大财主,都忍不住笑,把他上下打料。内中有个闻得他来历的,在背后笑道:"原来是这个败子,只怕财主如今轮不着你了。"子春早又听见,便道:"老丈休得见笑!今日我便是这个嘴脸,明午有个相识,送我十万银子,怕我不依旧做财主吗?"众人闻得这话,一发都笑倒了,齐道:"这人莫不是疯了,天下那有送十万银子的,相识在哪里?"酒家道:"我也不管你有十万二十万,只还了我二百钱走路。"子春道:"要,便明日多赏了你两把,今日却一文没有。"酒家道:"你是什么鸟人?吃了东西,不肯还钱。"当胸揪住,却待要打。

子春正摔脱不开,只听有人叫道:"莫打,有话讲理。"分开众人,捱身进来。子春睁睛观看,正好是西门老者,忙叫道:"老翁来得恰好!与我评一评理。"老者问道:"你们为何揪住这位郎君厮闹?"酒家道:"他吃透了二百钱酒,却要白赖,故此取索。"子春道:"老翁所赐三百文,先付与他,然后饮酒,他自要多把东西与人吃,干我甚事?今情愿明日多还他些,执意不肯,反要打我。老翁,你且说谁个的理直?"老者向酒家道:"既是先交钱后饮酒,如何多把与他吃?这是你自己不是。"又对子春道:"你在穷困之乡,也不该吃这许多。如今通不许多说,我存得二百钱在此,与你两下和了吧!"袖里摸出钱来,递与酒家。酒家连称多谢。子春道:"又蒙老翁周全,无可为报。若不相弃,就此小饮三杯,奉酬何如?"老者微微笑道:"不消得,改日扰你吧!"向众人道声谢了,原覆转身而去。子春也自归家。

这一夜,杜子春心下想道:"我在贫窘之中,并无一个哀怜我的,多亏这老儿送我三万银子,如今又许我十万。就是今日,若不遇他来周全,岂不受这酒家罗唣。明日到波斯馆里,莫说有银子,就做没有,也不可不去。况他前次既不说谎,难道如今却又弄谎不成?"巴不到明日早,一径的投波斯馆来,只见那老者已先在彼,依旧引入西廊下房内,搬出二千个元宝锭,便是十万两,交付子春收讫。叮嘱道:"这银子难道不许你使用;但不可一造的用尽了,又来寻我。"子春谢道:"我杜子春若再败时,老翁也不必看觑我了!"即便顾了车马,将银子装上,向老者叫声聒噪,押着而去。

原来偷鸡猫儿到底不改性的，刚刚挑得银子到家，又早买了鞍马，做了衣服，去辞别那众亲眷，说道："多承指示，教我去求那大财主。果然财主手段，略不留难，又送我十万银子。我如今有了本钱，便住在城中，也有坐位了。只是我杜子春天生败子，岂不玷辱列位高亲？不如仍往扬州与盐商合伙，到也稳便。"这个说话，明明是带着刺儿的。那亲眷们却也受了子春一场呕气，敢怒而不敢言。

且说子春，整备车马，将那十万银子，载的载，驮的驮，径往扬州。韦氏看见许多车马，早知道又弄了些银子回来了，便问道："这行李莫非又是西门老儿资助你的？"子春道："不是那老儿，难道还有别人？"韦氏道："可曾问得名姓吗？"子春睁着眼道："哎呀！他在波斯馆里搬出十万银子时节，明明记得你的吩咐，正待问他，却被他婆儿气，再四叮嘱我，好做生理，切不可浪费了，我不免回答他几句。其时一地的元宝锭，又要顾车顾马，看他装载；又要照顾地下，忙忙的收拾不迭，怎讨得闲工夫，又去问他名姓。虽然如此，我也甚是懊悔，万一我杜子春旧性发作，依先用完了，怎么又好求他？却不是天生定该饿死的。"韦氏笑道："你今有了十万银子，还怕穷哩！"

原来子春初得银子时节，甚有做人家的意思。及到扬州，豪心顿发，早把穷愁光景尽皆忘了。莫说旧时些帮闲不作家的朋友，又来撺哄，只那韦氏出自大家，不把银子放在眼里，也只图好看，听其所为。真个银子越多，用度越广，不上三年，将这十万两荡得干干净净，倒比前次越穷了些。韦氏埋怨道："我教你问那老儿名姓，你偏不肯问，今日如何？"子春道："你埋怨也没用。那老儿送了三万，又送十万，便问得名姓，也不好再求他了。只是那老儿不好求，亲眷又不好求，难道杜子春便是这等坐守死了！我想长安城南祖居，尽值上万多银子。众亲眷们，都是图谋的，我既穷了，左右没有面孔在长安住，还要这宅子怎吗？常言道：有千年产，没千年主，不如将来变卖，且作用度，省得靠着米囤却饿死了！"这叫作杜子春三入长安，岂不是天生的一条的痴汉！有诗为证：

> 莫恃黄金积满阶，等闲费尽几时来？
> 十年为侠成何济，万里投人谁见哀！

却表子春到得长安，再不去求众亲眷，连那老儿也怕去见他，只住在城南宅子里，请了几个有名的经纪，将祖遗的厅房上座几所，下连基地，时值价银一万两，二面议定，亲笔填了文契，托他绝卖。只道这价钱是瓮中捉鳖，手到拿来。岂知亲眷们量他穷极，故意要死他的货，偏不肯买。那经纪都回来了。子春叹道："我杜子春直恁的薄命低！似这寸金田地，偏有卖主，没有受主。敢则经纪们不济，须自家出去寻个头脑。"刚刚到至大街上，早望见那老者在前面来了，连忙的躲在众人丛里，思量避他。岂知那老者却从背后一把曳住袖子，叫道："郎君，好负心也！"只这一声，羞得杜子春再无容身之地。老者道："你全不记在西门叹气之日乎！老夫虽则凉薄，也曾两次助你好几万银子，且莫说你怎么样报我，难道喏也唱不得一个？见了我到躲了去。我何不把这银子摺在水里，也砰地的响一声？"

子春谢罪道："我杜子春，单只不会做人家，心肝是有的，宁不知感老翁大恩！只是两次银子，都一造的荡废，望见老翁，不胜惭愧，就恨不得立时死了。以此躲避，岂敢负心！"那老者便道："既是这等，则你回心转意；肯做人家，我还肯助你！"子春道："我这一次，若再败了，就对天设下个誓来。"老者笑道："誓到不必设，你只把做人家勾当，说与我听着。"子春又道："我祖上遗下海边上盐场若干所，城里城外冲要去处，居房若干间，长江上下芦洲若干里，良田若干顷，极是有利息的。我当初要银子用，都烂贱的典卖与人了。我若有了银子，尽数取赎回来，不消两年，便可致富。然后兴建义庄，开辟义冢，亲故们羸老的养膳他，幼弱的抚育他，孤孀的存恤他，流离颠沛的拯救他，尸骸暴露的收埋他，我于名教复圆矣！"老者道："你果有此心，我依旧助你。"便向袖里一摸，却又摸出三百个钱，递与子春，约道："明日午时到波斯馆里来会我，再早些便好！"子春因前次受了酒家之气，今番也不去吃酒，别了老者，一径回去。一头走，一头思想道："我杜子春天生莽汉，幸遇那老者两次赠我银子，我不曾问得他姓名，被妻子埋怨一个不了。如今这次，须不可不问。"

只待天色黎明，便投波斯馆去。在门上坐了一会，方才那老者走来。此时尚是辰牌时分。老者喜道："今日来得恰好！我想你说的做人家勾当，若银子少时，怎济得事？须把三十万两助你。算来三十万，要六千个元宝锭，便数也数得一日，故此要你早些来。"便引子春入到西廊下房内，只一搬，搬出六千个元宝锭来，交付明白，叮嘱道："老夫一生家计，尽在此了。你若再败时节，也不必重来见我。"子春拜谢道："敢问老翁高姓大名？尊府哪里？"老者道："你待问我怎的？莫非你思量报我吗？"子春道："承老翁前后共送了四十三万，这等大恩，还有甚报得？只是狗马之心，一毫难尽。若老翁要宅子住，小子卖契尚在袖里，便敢相奉！"老者笑道："我若要你这宅子，我只守了自家的银子却不好。"子春道："我杜子春贫乏了，平时亲识没有一个看顾我的，独有老翁三次周济。想我杜子春若无可用之处，怎肯便舍这许多银子？倘或要用我杜子春，敢不水里水里去，火里火里去。"老者点着头道："用便有用你去处，只是尚早。且待你家道成立，三年之后，来到华山云台峰上，老君祠前，双桧树下，见我便了！"有诗为证：

> 四十三万等闲轻，末路犹然讳姓名。
> 他日云台虽有约，不知何事用狂生？

却说子春把那三十万银子，扛回家去，果然这一次顿改初心，也不去整备鞍马，也不去制备衣服，也不去辞别亲眷，悄悄的雇了车马，收拾停当，径往扬州。原来有了银子，就天上打一个霹雳，满京城无有不知的。那亲眷们都说道："他有了三十万银子，一般财主体面，况又沾亲，岂可不去钱行！"也有说道："他没了银子时节，我们不曾礼他，怎么有了银子便去钱别？这个叫作前倨后恭，断不可小觑了我们！"到底愿送者多，不愿送者少，少的拗不过多的，一齐备了酒出东都门外，与子春钱行。只见酒到三巡，子春起来谢道："列位高亲远送，小子信口诌得个曲儿，将回敬一杯，休得见笑！"你道是什么曲儿？原来都是叙述穷苦无处求人的意思，只教那亲眷们听着，坐又坐不住，去又去不得，倒是不来送行也罢了，何苦自讨这场没趣！曲云：

> 我生来的是富家，从幼的喜奢华，财物撒漫贱如沙。觑着囊资渐寡，看看手内光光乍，看看身上丝丝挂。欢娱博得叹和嗟，枉教人作话靶。
> 待求人难上难，说求人最感伤。朱门走遍自彷徨，没半个钱儿到掌。若没有城西老者宽洪量，三番相赠多情况；这微躯已丧路途旁，请列位高亲主张。

子春唱罢，拍手大笑，向众亲眷说声请了，洋洋而去。心里想道："我当初没银子时节，去访那亲眷们，莫说请酒，就是一杯茶也没有；今日见我有了银子，便都设酒出门外送我。原来银子这般不可少的，我怎么将来容易荡费了！"一路上好生感叹。到得扬州，韦氏只道他止卖得些房价在身，不勾撒漫，故此服饰舆马，比前十分收敛。岂知子春在那老者跟前，立下个做人家的誓愿，又被众亲眷们这席酒识破了世态，改转了念头，早把那扶兴不扶败的一起朋友，尽皆谢绝，影也不许他上门。方才陆续的将典卖过盐场客店，芦洲稻田，逐一照了原价，取赎回来。果然本钱大，利钱也大。不上两年，依旧泼天巨富。又在两淮南北，直到瓜州地面，造起几所义庄，庄内各有义田、义学、义冢。不论孤寡老弱，但是要养育的，就给衣食供膳他；要讲读的，就请师傅教训他；要殡殓的，就备棺椁埋葬他。莫说千里内外，感被恩德，便是普天下，那一个不赞道："杜子春这等败子，还挣起人家。才做得家成，又干了多少好事，岂不是天生的豪杰！"

原来子春牢记那老者期约在心，刚到三年，便把家事一齐交付与妻子韦氏，说道："我杜子春三入长安，若没那老者相助，不知这副穷骨头死在哪里？他约我家道成立，三年之外，可到华山云台峰上，老君祠前，双桧树下，与他相见，却有用着我的去处。如今已是三年时候，须索到华山去走一遭。"韦氏答道："你受他这等大恩，就如重生父母一般，莫说要用着你，便是要用我时，也说不得了。况你贫穷之日，留我一个在此，尚能支持。如今现有天大家私，又不怕少了我吃的，又不怕少了我穿的。你只管放心，自去便了。"当日整治一杯别酒，亲出城西饯送子春上路。

竹叶杯中辞少妇，莲花峰上访真人。

子春别了韦氏，也不带从人，独自一个上了牲口，径往华山路上前去。原来天下名山，无如五岳。你道那五岳？

中岳嵩山、东岳泰山、北岳恒山、南岳衡山、西岳华山。

这五岳都是神仙窟宅。五岳之中，唯华山最高。四面看来，都是方的，如刀斧削成一片，故此俗人称为"削成山"。到了华山顶上，别有一条小路，最为艰险，须要攀藤附葛而行。约莫五十余里，才是云台峰。子春抬头一望，早见两株桧树，青翠如盖，中间显出一座血红的山门，门上竖着匾额，乃是"太上老君之祠"六个老大的金字。此时乃七月十五，中元令节，天气尚热。况又许多山路，走得子春浑身是汗，连忙拭净敛容，向前顶礼仙像。只见那老者走将出来，比前大是不同，打扮得似神仙一般。但见他：

戴一顶玲珑碧玉星冠，被一领织绵绛绡羽衣，黄丝绦腰间婉转，红云履足下蹒跚。颔下银须洒洒，鬓边华发斑斑。两袖香风飘瑞霭，一双光眼露朝星。

那老者遥问道："郎君果能不负前约，远来相访乎！"子春上前纳头拜了两拜，躬身答道："我这身子，都是老翁再生的。既蒙相约，岂敢不来！但不知老翁有何用我杜子春之处？"老者道："若不用你，要你冲炎冒暑来此怎的！"便引着子春进入老君祠后。这所在，乃是那老者炼药去处。子春举目看时，只见中间一所大堂，堂中一座药灶，玉女九人环灶而立，青龙白虎分守左右。堂下一个大瓮，有七尺多高，瓮口有五尺多阔，满瓮贮着清水。西壁下铺着一张豹皮。老者教子春靠壁向东盘膝坐下，却去提着一壶酒一盘食来。你道盘中是甚东西？乃是三个白石子。子春暗暗想道："这硬石子怎生好吃？"原来煮熟的，就如芋头一般，味尤甘美。子春走了许多山路,正在饥渴之际,便把酒食都吃尽了。其时红日沉西,天色傍晚。那老者吩咐道:"郎君不远千里,冒暑而来,所约用你去处,单在于此。须要安神定气,坐到天明。但有所见,皆非实境。任他怎生样凶险,怎生样苦毒,都容你看,不可惊慌!"吩咐已毕,自向药灶前去,却又回头叮嘱道:"郎君切不可忘了我的吩咐,便是一声也则不得的。牢记!牢记!"

子春应允。刚把身子坐定,鼻息调得几口,早看见一个将军,长有一丈五六,头戴凤翅金盔,身穿黄金铠甲,带领着四五千人马,鸣锣击鼓,呐喊摇旗,拥上堂来,喝问:"西壁下坐的是谁?怎么不回避我?快通名姓!"子春全不答应。激得将军大怒,喝教人攒箭射来,也有用刀夹背斫的,也有用枪当心戳的,好不厉害!子春谨记老者吩咐,只是忍着,并不做声。那将军没奈何他,引着兵马也自去了。金甲将军才去,又见一条大蟒蛇,长可十余丈,将尾缠住子春,以口相向,焰焰的吐出两个舌尖,抵入鼻孔中。又见一群狼虎,从头上扑下,咆哮之声,振动山谷,那獠牙就如刀锯一般锋利,遍体咬伤,流血满地。又见许多凶神恶鬼,都是铜头铁角,狰狞可畏,跳跃而前。子春任他百般簸弄,也只是忍着。猛地里又起一阵怪风,刮得天昏地黑,大雨如注,堂下水涌起来,直浸到胸前。轰天的霹雳,当头打下,电火四掣,须发都烧。子春一心记着老者吩咐,只不做声。渐渐的雷收雨息,水也退去。

子春暗暗喜道:"如今天色已霁,想再没有什么惊吓我了。"岂知前次那金甲大将军,依旧带领人马,拥上堂来,指着子春喝道:"你这云台山妖民,到底不肯通名姓,难道我就奈何不得你?"便令军士,疾去扬州,擒他妻子韦氏到来。说声未毕,韦氏已到,按在地上,先打三百杀威棒,打得个皮开肉绽,鲜血迸流。韦氏哀叫道:"贱妾虽无容德,奉事君子有年,岂无伉俪之情。乞赐一言,救我性命!"子春暗想老者吩咐,说是"随他所见,皆非实境,安知不是假的?况我受老者大恩,便真是妻子,如何顾得。"并不开言。激得将军大怒,遂将韦氏千刀万剐。韦氏一头哭,一头骂,只说:"枉做了半世夫妻,忍心至此!我死在九泉之下,誓必报冤。"子春只做不听得一般。将军道:"这贼妖术已成,留他何用?便可一并杀了!"只见一个军士,手提大刀,走上前来,向子春颈上一挥,早已身首分为两处。你看杜子春,刚才挣得成家,却又死于非命,岂不痛惜可怜!

　　游魂渺渺归何处?遗业忙忙付甚人?

那子春颈上被斫了一刀,已知身死,早有夜叉在旁,领了他魂魄竟投十地阎君殿下。都道:"子春是个云台峰上妖民,合该押赴酆都地狱,遍受百般苦楚,身躯靡烂!"原来被业风一吹,依然如旧。却又领子春魂魄,托生在宋州原任单父县丞叫作王勘家做个女儿。从小多灾多病,针灸汤药,无时间断。渐渐长成,容色甚美。只是说不出一句说话来,是个哑的。同乡有个进士,叫作卢珪,因慕他美貌,要求为妻。王家推辞,哑的不好相许。卢珪道:"与我做媳妇,只要有容有德,岂在说话?便是哑,不强似长舌的!"却便下了财礼,迎取过门,夫妻甚是相得。早生下儿子,已经两岁,生得眉清目秀,红的是唇,白的是齿,真个可爱!

忽一日卢珪抱着抚弄,却问王氏道:"你看这样儿子,生得好吗?"王氏笑而不答。卢珪怒道:"我与你结发三载,未尝肯出一声。这是明明鄙贱着我,还说甚恩情那里,总要儿子何用?"到提着两只脚,向石块上只一扑,可怜掌上明珠,扑做一团肉酱。子春却忘记了王家哑女儿,就是他前身。看见儿子被丈夫活活扑死了,不胜爱惜,刚叫得一个"噫"字,岂知药灶里迸出一道火光,连这所大堂险些烧了。

其时天已将明，那老者忙忙向前提着子春的头发，将他浸在水瓮里，良久方才火息。老者跌脚叹道："人有七情，乃是喜、怒、忧、惧、爱、恶、欲。我看你六情都尽，唯有爱情未除。若再忍得一刻，我的丹药已成，和你都升仙了。今我丹药还好修炼，只是你的凡胎，却几时脱得？可惜老大世界，要寻一个仙才，难得如此！"子春懊悔无地，走到堂上，看那药灶时，只见中间贯着手臂大一根铁柱，不知仙药都飞在哪里去了？老者脱了衣服，跳入灶中，把刀在铁柱上，刮得些药末下来，教子春吃了，遂打发下山。子春伏地谢罪，说道："我杜子春不才，有负老师嘱咐。如今情愿跟着老师出家，只望哀怜弟子，收留在山上吧！"老者摇手道："我这所在，如何留得你？可速回去，不必多言！"子春道："既然老师不允，容弟子改过自新，三年之后，再来效用。"老者道："你若修得心尽时，就在家里也好成道。若修心不尽，便来随我，亦有何益。勉之！勉之！"

子春领命，拜别下山。不则一日，已至扬州。韦氏接着问道："那老者要你去，有何用处？"子春道："不要说起，是我不才，负了这老翁一片美情！"韦氏问其缘故，子春道："他是个得道之人，教我看守丹灶，嘱咐不许开言。岂知我一时见识不定，失口叫了一个'噫'字，把他数十年辛勤修命的丹药，都弄走了。他道我再忍得一刻，他的丹药成就，连我也做了神仙。这不是坏了他的事，连我的事也坏了？以此归来，重加修省。"韦氏道："你为甚却道这'噫'字？"子春将所见之事，细细说出，夫妻不胜嗟叹。

自此之后，子春把天大家私，丢在脑后，日夕焚香趺坐，涤虑凝神，一心思想神仙路上。但遇孤孀贫苦之人，便动千动百的舍与他，虽不比当初败废，却也渐渐的十不存一。倏忽之间，又是三年。一日对韦氏说道："如今待要再往云台求见那老者，超脱尘凡。所余家私，尽着勾你用度，譬如我已死，不必更想念了！"那韦氏也是有根器的，听见子春要去，绝无半点留念，只说道："那老者为何肯舍这许多银子送你，明明是看你有神仙之分，故来点化，怎么还不省得？"明早要与子春饯行。岂知子春这晚题下一诗，留别韦氏，已潜自往云台去了。诗云：

骤兴骤败人皆笑，旋死旋生我自惊。
从今撒手离尘网，长啸一声归白云！

你道子春为何不与韦氏面别，只因三年斋戒，一片诚心，要从扬州步行到彼，恐怕韦氏差拨伴当跟随，整备车马送他，故此悄地出了门去。两只脚上，都走起茧子来，方才到得华州地面。上了华山，径奔老君祠下，但见两株桧树，比前越加葱翠。堂中绝无人影，连那药灶也没了踪迹。子春叹道："一定我杜子春不该做神仙，师父不来点化我了！虽然如此，我发了这等一个愿心，难道不见师父就去了不成？今日死也死在这里，断然不回去了！"便住在祠内，草衣木食，整整过了三年。守那老者不见，只得跪在仙像前叩头祈告云：

窃唯弟子杜子春，下土愚民，尘凡俗子。奔逐货利之场，迷恋声色之内。蒙本师慨发慈悲，指叛大道，奈弟子未断爱情，难成正果。遣归修省，三载如初。再叩丹台，一诚不二。洗心涤虑，六根清净元为；养性修真，万缘去除都尽。伏愿道缘早启，仙驭速临。拔凡骨于尘埃，开迷踪于觉路。云云。

子春正在神前祷祝，忽然祠后走出一个人来，叫道："郎君，你好至诚也！"子春听见有人说话，抬起头来看时，却正是那老者。又惊又喜，向前叩头道：“师父，想杀我也！弟子到此盼望三年，怎的再不能一面？”老者笑道：“我与你朝夕不离，怎说三年不见？”子春道：“师父既在此间，弟子缘何从不看见？”老者道：“你且看座上神像，比我如何？”子春连忙走近老君神像之前，定睛细看，果然与老者全无分别。乃知向来所遇，即是太上老君，便伏地请罪，谢道：“弟子肉眼怎生认得？只望我师哀怜弟子，皈依大师！”老君笑道：“我因怕汝处世日久，尘根不断，故假摄七种情缘，历历试汝。今汝心下已皆清净，又何言哉！我想汉时淮南王刘安，专好神仙，真感得八公下界，与他修合丹药。炼成之日，合宅同升，连那鸡儿狗儿舐了鼎中药末，也得相随而去，至今鸡鸣天上，犬吠云间。既是你做神仙，岂有妻子偏不得道。我有神丹三丸，特相授汝，可留其一，持归与韦氏服之。教他免堕红尘，早登紫府。”子春再拜，受了神丹，却又禀道：“我弟子贫穷时节，投奔长安亲眷，都道我是败子，并无一个慈悲我的。如今弟子要同妻韦氏，再往长安，将城南祖居舍为太上仙祠，祠中铸造丈六金身，供奉香火。待众亲眷聚集，晓喻一番，也好打破他们这重魔障。不知我师可容许我弟子否？”老君赞道：“善哉！善哉！汝既有此心，待金像铸成之日，吾当显示神通，挈汝升天，未为晚也！”正是：

十年一觉扬州梦，赢得人间败子名。

话分两头。却说韦氏自子春去后，却也一心修道，屏去繁华，将所遗家私尽行布施，只在一个女道士观中，投斋度日。满扬州人见他夫妻云游的云游，乞丐的乞丐，做出这般行径，都莫知其故。忽一日子春回来，遇着韦氏，两个俱是得道之人，自然不言而喻。便把老君所授神丹，付与韦氏服了，只做抄化模样，径赴长安去投见那众亲眷。呈上一个疏簿，说把城南祖居，舍作太上老君神庙，特募黄金十万两，铸造丈六金身，供奉殿上。要劝那众亲眷，共结善缘。其时亲眷都笑：“他两次得了横财，尽皆废败，这不必说了；后次又得一大注，做了人家，如何三年之后，白白的送与人去？只他丈夫也罢了，怎么韦氏平时既不谏阻，又把分拨与他用度的，亦皆散舍？岂不夫妻两个都是薄福之人，消受不起，致有今日。眼见得这座祖宅，还值万数银子，怎么又要舍作道院；别来募化黄金，兴铸仙像！这等痴人，便是募得些些，左右也被人骗去，我们礼他则甚！”尽都闭了大门，推辞不管闲事。子春夫妻含笑而归。那亲眷们都量定杜子春夫妻，断然铸不起金像的，故此不肯上疏。岂知半月之后，子春却又上门，递进一个请帖儿，写着道：

子春不自量力，谨舍黄金六千斤，铸造老君仙像。仰仗众缘，法相完成，拟于明日奉像升座。特备小斋，启请大德，同观胜事，幸勿他辞！

那亲眷们看见，无不惊讶，叹道：“怎么就出得这许多金子？又怎么铸造得这般神速？”连忙差人前去打听，只见众亲眷的请帖，家家都有了。大家说道：“我们看一个杜子春亲送请帖，也不知杜子春有多少身子。”，都道：“这事有些跷蹊。”到次日，没一个不来。到得城南，只见人山人海，填街塞巷，合城男女，都来随喜。早望见门楼已都改造过了，造得十分雄壮，上头写着栲栳大金字，是“太上行宫”四个字。进了门楼，只见殿宇廊庑，一划的金碧辉煌，耀睛夺目，俨如天宫一般。再到殿上看时，真个黄金铸就的丈六天身，庄严无比。众亲眷看了，无不摇首咋舌道：“真个他弄起怎样大事业！但不知这些金子是何处来的？”又见神座前，摆下一大盘蔬菜，一厄子酒,暗暗想道:"这定是他办的斋了。纵便精洁,无过有一两器,不消一个人,便一口吃完了。怎么下个请帖,要遍斋许多人?"众亲道:"好不不古怪!"只见子春夫妇,但遇着一个到金像前瞻礼的,便捧过斋来请他吃些,没个不吃,没个不赞道甘美!

那亲眷们正在惊叹之际,忽见金像顶上,透出一道神光,化做三朵白云,中间的坐了老君,左边坐了杜子春,右边坐了韦氏,从殿上出来,升到空里,约莫离地十余丈高。只见子春举手与人众作别,说道:"横眼凡民,只知爱惜钱财,焉知大道。但恐三灾横至,四大崩摧,积下家私,抛于何处?可不省哉!可不惜哉!"晓喻方毕,只听得一片笙箫仙乐,响振虚空,旌节导前,幡盖拥后,冉冉升天而去!满城士庶,无不望空合掌顶礼。有诗为证:

千金散尽贫何惜,一念皈依死不移。
慷慨丈夫终得道,白云朵朵上天梯。

第三十八卷

李道人独步云门

尽说神仙事渺茫,谁人能脱利名缰?
今朝偶读云门传,阵阵薰风透体凉。

话说昔日隋文帝开皇初年,有个富翁,姓李名清,家住青州城里,世代开染坊为业。虽则经纪人家,宗族到也蕃盛,合来共有五六千丁,都是有本事,光着手赚得钱的。因此家家饶裕,远近俱称为李半州。一族之中,唯李清年齿最尊,推为族长。那李清天性仁厚,族中不论亲疏远近,个个亲热,一般看待,再无两样心肠。为这件上,合族长幼男女,没一个不把他敬重。每年生日,都去置办礼物,与他续寿。宗族已是大了,却又好胜,各自搜觅异样古物器玩,锦绣绫罗馈送。他生平省俭惜福,不肯过费,俱将来藏置土库中。逐年堆积上去,也不计其数。只有一件事,再不吝惜。你道是那一件?他自幼行善,利人济物,兼之慕仙好道,整千贯价布施。若遇个云游道士,方外全真,即留至家中供养,学些丹术,讲些内养。谁想那班人都是走方光棍,一味说骗钱财,何曾有真实学问!枉自费过若干东西,便是戏法讨不得一个。然虽如此,他这点精诚,终是不改,每日焚香打坐,养性存心,有出世之念。

其年恰好齐头七十。那些子孙们,两月前便在那里商议,说道:"七十古稀之年,是人生最难得的,须不比平常诞日。各要寻几件希奇礼物上寿,祝他个长春不老!"李清也料道子孙辈必然如此,预先设下酒席,分着一支一支的,次第请来赴宴。因对众人说:"赖得你等勤力,各能生活,每年送我礼物,积至近万。衣装器具,华侈的东西,也无用处;我因不好拂尔等盛情,所以有受无却。然而一向贮在土库,未尝

一阅，多分已皆朽坏了。费你等钱帛，做我的粪土，岂不可惜！今日幸得天曹尚未录我魂气，生日将到，料你等必然经营庆生之礼，甚非我的本意！所以先期相告，切莫为此！"子孙辈皆道："庆生的礼，自古叫作续寿。况兼七十岁，人生能有几次，若不庆贺，何以少展儿子孝顺之心？这可是少得的？"李清道："既你等主意难夺，只凭我所要的，将来送我何如？"子孙辈欣然道："愿闻尊命！"李清道："我要生日前十日，各将手指大麻绳百尺送我，总算起来约有五六万丈，以此续寿，岂不更为长远！"众人闻声，暗暗称怪，齐问道："太公吩咐，敢不奉命！但不知要他做甚？"李清笑道："且待你等都送齐了，然后使你等知之，今犹未可轻言也。"众子孙领了李清吩咐之后，真个一传十，十传百，都将麻绳百尺，赶在生日前交纳。地上叠得高高的，竟成一座绳山。只是不知他要这许多绳何用？

原来离着青州城南十里，有一座山叫作云门山，那山顶上分做两个，俨如斧劈开的。青州城里人家，但是向南的，无不看见这山飞云度鸟，窍儿内经过，皆历历可数。俗人又称为劈山。山顶中间，却有个大穴，颒颒洞洞的，不知多少深。也有好事的，把大石块投下，从不曾听见些声响。以此人都道是没底的。只见李清受了麻绳之后，便差人到那山上紧靠着穴，竖起两个大橛子，架上辘轳。家里又唤打竹家火的，做一个结结实实的大竹篮，又到铜铺里买上大小铜铃好几百个，也不知道弄出什么勾当？子孙辈一齐的都来请问，李清方才答道："我原说终使你等知之，难道我就瞒着去了。我自幼好道，今经五十余年，一无所得。常见《图经》载那云门山是神仙第七个洞府。我年已七十，便活在世上，也不过两三年了。趁今手足尚还强健，欲于生日这一日，借你等所送的麻绳，用着四根，悬在大竹篮四角，中间另是一根，系上铜铃，待我坐于篮内，却慢慢的绞下。若有些不虞去处，见我摇动中间这绳，或听见铃响，便好将我依旧盘上。万一有缘，得与神仙相遇，也少不得回来，报知你等！"

说犹未毕，只见子孙辈都叩头谏道："不可！不可！这个大穴里面，且莫说山精木魅，毒蛇怪兽，藏着多少；只是那一道乌黑的臭气，也把人熏死了。高年之人，怎么禁得这般厉害？"李清道："我意已决，便死无悔！你等若不容我，必然私自逃去，从空投下。不得麻绳竹篮，永无出来的日子！"内中也有老成的，晓得他生平是个执性的人，便道："恭敬不如从命。只是这等天大的事，岂可悄然便去？须要遍告亲戚，同赴云门山相送。也使四海流传，做个美谈，不亦可乎！"李清道："这却使得！"那李家一姓子孙，原有五六千，又去通知亲眷，同来拜送。只算一人一个，却不就是上万的人了。到得李清生辰这一日，无不陈着鼓乐，携了酒馔，一齐的捧着李清，竟往云门山去。随着去看的人，也不知有多少，几乎把青州城都空出了。不一时，到了云门山顶，众人举目四下一望，果然好景。但见：

众峰朝拱,列嶂环围。响泠泠流泉幽咽,密茸茸乱草迷离。崖边怪树参天,岩上奇花映日。山径烟深,野色过桥。青霭近冈形势远,松声隔水白云连。渐渐但闻林坠露,萧萧只听叶吟风。

那竹篮绳索等件,俱已整备停当。众亲眷们都更递的上前奉酒。内中也有一样高年的说道:"老亲家! 你好道之心,这般决烈,必然是神仙路上人,此去保无他虑;但我等做事也要老成,方无后悔。我想这等黑洞洞深穴,从来没人下去,怎把千金之体,轻投不测? 今日既有竹篮绳索,不若先取一个狗来,放下去看。若是这狗无事,再把一个伶俐些家人下去,看道有什么仙迹在那里。待他上来说了,方才送老亲家下去,岂不万全!"李清笑道:"承教,承教! 只是要求道的,长拼个死,才得神仙可怜,或肯收为弟子。这个穴内,相传是神仙第七洞府,又不比砒霜毒药,怎么要试他厉害? 似此疑惑,便是退悔道心,怎能够超凡脱浊? 我主意已定,好歹要下去走遭,不消列位高亲担忧。老汉信口诌得四句俚言,在此留别,望勿见笑!"众亲眷齐道:"愿闻珠玉。"李清随念出一首诗来,诗云:

久拼残命已如无,挥手云门愿不孤。
翻笑壶公曾得道,犹烦市上有悬壶。

众人听了这诗,无不点头嗟叹,勉强解慰道:"老亲家道心恁般坚固,但愿一下去,便得逢仙!"李清道:"多谢列位祈祝,且看老汉缘法何如。"遂起来向空拜了两拜,便去坐在竹篮内,挥手与众亲眷子孙辈作别,再也不说甚话,一径的把麻绳轳轳辘辘放将下去。莫说众亲眷子孙辈,都一个个面色如土,连那看的人也惊呆了! 摇头咋舌道:"这老儿好端端的在家受用到不好,却痴心妄想,往恁样深穴中去求仙! 可不是讨死吃吗?"噫! 李清这番下去了,不知几时才出世哩? 正是:

神仙本是凡人做,只为凡人不肯修。

却说李清放下也不知有几千多丈,觉得到了底上,便爬出竹篮,去看那里面有何仙迹。岂知穴底黑洞洞的,已是不见一些高低。况是地下有水一般,又滑又烂。还不曾走得一步,早跌上一跤。那七十岁老人家,有甚气力,才挣得起,又闪上一跤。只两跤,就把李清跌得昏晕了去。那上面亲眷子孙辈,看看日色傍晚,又不见中间的麻绳曳动,又不听得铜铃响,都猜着道:"这老人家被那股阴湿的臭气相触,多分不保了!"且把辘轳绞上竹篮看时,只见一个空篮,不见了李清。其时就着了忙,只得又把竹篮放下。守了一会,再绞上来,依旧是个空篮。那伙看的人,也有嗟叹的,也有发笑的,都一哄走了。

子孙辈向着穴口,放声大哭,埋怨道:"我们苦苦谏阻,只不肯听,偏要下去! 七十之人,不为寿夭,只是死便死了,也留个骸骨,等我们好办棺椁葬他。如今弄得尸首都没了,这事怎处?"那亲眷们人人哀感,无不洒泪。内中也有达者说道:"人之生死,无非大数。今日生辰,就是他数尽之日,便留在家里,也少不得是死的。况他志向如此,纵死已遂其志,当无所悔。虽然没了尸首,他衣冠是有的,不若今晚且回去,明早请几个有法力的道士,重到这里,招他魂去。只将衣冠埋葬,也是古人一个葬法。我闻轩辕皇帝得了大道,已在鼎湖升天去了,还留下一把剑,两只履,装在棺内,葬于桥山。又安知这老翁不做了神仙,也要教我们与他做个空冢? 只管对着穴口啼啼哭哭,岂不惑哉!"子孙辈只得依允,拭了眼泪,收拾回家。到明日重来山顶,招魂回去。一般的设座停棺,少不得诸亲众眷都来祭奠。过了七七四十九日,造坟下葬,不在话下。

且说李清被这两跌,晕去好几时,方才醒得转来,又去细细的摸看。元来这穴底,也不多大,只有一丈来阔,周围都是石壁,别无甚奇异之处。况且脚下烂泥,又滑得紧,不能举步,只得仍旧去寻那竹篮坐下,思量曳动绳索,摇响铜铃,待他们再绞上去。伸手遍地摸着,已不见了竹篮,叫又叫不应,飞又飞不去,真个来时有路,去日无门,教李清怎么处置?只得盘膝儿坐在地下。也不知捱了几日,但觉饥渴得紧,一时难过。想道古人啮雪吞毡,尚且救了性命;这里无雪无毡,只有烂泥在手头,便去抓一把来咽下。岂知神仙窟宅,每遇三千年才一开,底里迸出泥来,叫作"青泥",专是把与仙人做饭吃的,尽也有些味道,可解饥渴。吃了几口,觉得精神好些。却又去细细摸看,只见石壁擦底下,又有个小穴,高不上二尺。心下想道:"只管坐在泥中,有何了期!左右没命的人了,便这里面有甚毒蛇妖怪,也顾不得,且是爬将进去,看个下落。只因这番,直教黑茫茫断头之路,另见个境界风光;活喇喇拼命之夫,重开个铺行生理。正是:

> 阎王未注今朝死,山穴宁无别道通。

李清不顾性命,钻进小穴里去,约莫的爬了六七里,觉得里面渐渐高了二尺来多,左右是立不直的,只是爬着地走。那老人家也不知天晓日暗,倦时就睡上一觉,饥时就把青泥吃上几口,又爬了二十余里。只见前面透出星也似一点亮光。想道:"且喜已有出路了!"再把青泥吃些,打起精神,一钻钻向前去,出了穴口,但见青的山,绿的水,又是一个境界。李清起来伸一伸腰,站一站脚,整衣拂履,望空谢道:"惭愧!今朝脱得这一场大难!"依着大路,走上十四五里,腹中渐渐饥馁,路上又没一个人家卖得饭吃。总有得买,腰边也没钱钞,穴里的青泥,又不曾带得些出来,看看走不动了。只见路旁碧靛青的流水,两岸覆着菊花,且去捧些水吃。岂知这水也不是容易吃的,仙家叫作"菊泉",最能延年却病。那李清才吃得几口,便觉神清气爽,手脚都轻快了。

又走上十多里,忽望见树顶露出琉璃瓦盖造的屋脊,金碧闪烁,不知什么所在?飞捻的赶到那里去看,却是血红的观门,周围都是白玉石砌就台基座。共有九层,每一层约有一丈多高。又没个阶坡,只得攀藤扪葛,拼命吊将上去。那门儿又闭着,不敢擅自去扣,只得屏气而待。直等到一佛出世,二佛升天,方才有个青衣童子开门出来,喝道:"李清;你来此怎吗?"李清连忙的伏地叩头,称道:"青州染匠李清不揣凡庸,冒叩洞府,伏乞收为弟子,生死难忘!"那童子笑道:"我怎好收留得你!且引你进去恳求我主人便了。"那青衣童子入去不久,便出来引李清进去。到玉墀之下,仰看壁上华丽如天宫一般,端的好去处。但见:

> 朱甍耀日,碧瓦标霞。起百尺琉璃宝殿,鳌九层白玉瑶台。隐隐雕梁镌玳瑁,行行绣柱嵌珊瑚。琳宫贝阙,飞檐长接彩云浮;玉宇琼楼,画栋每含苍雾宿。曲曲栏干围玛瑙,深深帘幕挂珍珠。青鸾玄鹤双双舞,白鹿丹麟对对游。野外千花开烂漫,林间百鸟啭清幽。

李清去那殿中看时,只见正居中坐着一位仙长,头戴碧玉莲冠,身披缕金羽衣,腰系黄涤，足穿朱舄，手中执着如意，有神游八极之表。东西两旁，每边又坐着四位，一个个仙风道骨，服色不一。满殿祥云缭绕，香气氤氲，真个万籁无声，一尘不到，好生严肃。李清上前，逐位叩了头，依旧将这冒死投见的情节，表诉一遍。只见中间的仙长说道："李清！你未该来此，怎么就擅自投到？我这里没有你的坐位，快回去吧！"李清便涕泣禀道："我李清一生好道，不曾有些儿效验。今日幸得到了仙宫，面见仙长，岂肯空手回去？我已是七十岁的人，左右回去，也没多几时活，难道还再来得成？情愿死便死在阶下，断然不回去了！"那仙长只是摇头不允。却得旁边的替他禀道："虽则李清未该到此，但他一片虔诚，亦自可怜！我今若不留他，只道神仙到底修不得的了。况我法门中，本以度人为第一功德。姑且收留门下，若是不堪受教，再遣他回去，亦未迟也！"那仙长才点着头道："也罢！也罢！姑容他在西边耳房暂住。"

李清连忙拜谢。一头走到耳房里去，一头想道："我若没有些道气，怎得做仙家弟子？只是当初曾与子孙们约道，遇得仙时，少不得给假回去，报知你等。今我再三哀禀，又得旁边这几位仙长相劝，才许收留，怎么又请回去？万一触忤了他，嗔责我尘缘未净，如何是好？且自安心静坐，再过几时，另作区处。"那李清走到西边耳房下，尚未坐定，只见一个老者，从门外进来，禀道："蓬莱山霞明观丁尊师初到，西王母特启瑶池大宴，请群真同赴。"并不见有人陈设，早已九乘鹤驾鸾车，齐齐整整，摆列殿下。其时中间的仙长在前，两旁的八位在后，次第步出殿来。那李清也免不得随着那伙青衣童子，在丹墀里候送。只见仙长觑着李清吩咐道："你在此，若要观山玩水，任意无拘；唯有北窗，最是轻易开不得的，谨记谨记！"说罢，各各跨上鸾鹤，腾空而起。自然有云霞拥护，萧管喧阗，这也不能备述。

岂知李清在耳房下，凭窗眺望，看见三面景致。幽禽怪鸟，四时有不绝之音；异草奇花，八节有长春之色。真个观之不足，玩之有余。渐渐转过身来，只见北窗斜掩，想道："既是三面都好看得，怎么偏生一个北窗，却看不得？必定有甚奇异之处，故不把与我看。如今仙长已去赴会，不知多少程途，未必就回，且待我悄悄的开来看看，仙长那里便知道了？"走向前轻轻把手一推，呀的一声，那窗早已开了。举目仔细一观，有恁般作怪的事！一座青州城正临在北窗之下。见州里人家，历历在目。又见所住高房大宅，渐已残毁，近族旁支，渐渐零落，不胜慨叹道："怎么我出来得这几日，家里便是这等一个模样了？俗语道得好，家无主，屋倒柱。我若早知如此，就不到得这里也罢！何苦使我子孙恁般不成器，坏了我的门风！"不觉归心顿然而起。岂知叹声未毕，众仙长已早回来了。只听得殿上大叫："李清！李清！"

那李清连忙掩上北窗，走到阶下。中间的仙长大怒道："我吩咐你不许偷开北窗，你怎么违命，擅自开了？又嗟叹懊悔，思量回去。我所以不肯收留者，正为你尘心不断故也。今日如何还容得你在此！便可速回，无得溷我洞府。"那李清无言可答，只是叩头请罪，哀告道："我来时不知吃了多少苦楚，真个性命是毫厘丝忽上挣来的。如今回去，休说竹篮绳索，已被家里人绞上；就是这三十多里小小穴道中，我老人家怎么还爬得过？"仙长笑道："这不必忧虑，我另有个路径，教人指引你出去！"那李清方才放下了这条肚肠，起来拜谢出门。只见东手头一位，向着仙长不知说甚话。仙长便唤李清："你且转来！"李清想道："一定的又似前番相劝，收留我了。"不胜欣然。急急走转去跪下，听候法旨。你道那仙长唤李清回来，说些什么？说道："我遣便遣你回去，只是你没个生理，何以度日？我书架上有的是书，你可随意取一本去。若是要觅衣饭，只看这书上，自然有了！"李清口里答应，心里想道："原来仙长也只晓得这里的事，不晓得我青州郡里的事。我本有万金家计，就是子孙辈连年送的生日礼物，也有好几千，怎么刚出来得这两日，便回去没有饭吃了？"只是难得他一片好意，不免走近书架上，取了一本最薄的，过去拜谢。那仙长问道："书有了吗？"李清道："有了！"仙长道："既有了书，去吧！"李清正待出门，只见西手头一位，向着仙长，也不知说甚话。那仙长把头一点，又叫道："李清你且转来！"李清想道："难道这一番不是劝他收留我的？"岂知仍旧不是。只见仙长道："你回去也要走好些路，才到得家里。便到了家里，也不能够就有饭吃，你可吃饱了去。"早有童子，拿出两个大芋头来，递与李清吃。原来是煮熟的鹅卵石，就似芋头一般，软软的，嫩嫩的，又香又甜，比着云门穴底的青泥，越加好吃。再走过去拜谢。那仙长道："李清！你此去，也只消七十多年，还该到这里的。但是青州一郡，多少小儿的性命，都还在你身上！你可广行方便，休得堕落。我有四句偈语，把与你一生受用，你紧记着！"偈语：

　　　　见"石"而行，听"简"而问，
　　　　傍"金"而居，先"裴"而遁。

　　李清再拜受了这偈语，却教初来时原引进的童子送他回去。竟不知又走出个甚的路径来，总便不消得万丈麻绳，难道也没有一些险处？原来那童子指引的路径，全不是旧时来的去处，却绕着这一所仙院，倒转向背后山坡上去。只见一个所在，出得好白石头，有许多人在那里打他。李清问道："仙家要这石头何用？"童子道："这个是白玉，因为早晚又有一个尊师该来，故此差人打去，要做第十把交椅。"李清便问道："这个尊师，是甚么名姓？"童子道："连我们也只听得这等说。怎么知道？便知道，也不好说得。恐怕泄漏天机，被主人见罪！"一头说，一头走，也行了十四五里，都是龟背大路，两旁参天的古树，间着奇花异卉，看不尽的景致，便再走两里，也不觉的。又走过一座高山，这路径渐渐僻小，童子把手指道："此去不上十里，就是青州北门了。"李清道："我前日来时，是出南门的，怎么今日却进北门了。我生长在青州已七十岁了，那晓得这座云门山是环着州城的。可知道开了北窗，便直看见青州城里。但不知那一边是前路？那一边是后路？可指示我，等我日后再来叩见仙长，只打这条路上来，却不省费许多麻绳吊去云门穴里去？"问未绝口，岂知飕飕的一阵风起，托地跳出一个大虫来，向着李清便扑。惊得李清魂胆俱丧，叫声："苦也！"望后便倒，吓死在地。可怜：

　　　　身名未得登仙府，支体先归虎腹中。

　　说话的，我且问你："尝闻得古老传说，那青泥白石，乃仙家粮糗，凡人急切难遇，若有缘的尝一尝，便疾病不能侵，妖怪不能近，虎狼不能伤。这李清两件既已都曾饱食，况又在洞府中住过，虽则道心不坚，打发回去，却又原许他七十年后，还归洞府，分明是个神仙了，如何却送在大虫口里？看官们莫要性急，待在下慢慢表白出来。那大虫不是平常吃人的虎，乃是个神虎，专与仙家看山守门的。是那童子故意差来把李清惊吓，只教他迷了来路，原非伤了性命！"

　　那李清死去半晌，渐渐的醒转来，口里只叫："救命！救命！"慢慢挣扎坐起看时，大虫已是不见，连青衣童子也不知去向。跌足道："罢了！罢了！这童子一定被大虫驮去吃了，可怜！可怜！"却又想道："那童子是侍从仙长的，料必也有些仙气，大虫如何敢去伤他？决无此理。只是因甚不送我到家，半路就撇了去！"心下好生疑惑，爬将起来，把衣服整顿好了，忽地回头观看，又吃一惊：怎么那来路一划都是高山陡壁，全无路径？连称："奇怪！奇怪！"口里便说，心中只怕又跳出一个大虫来，却不丧了这条老命。且自负命跑去，约莫走上四五里，却是三叉路口，又没一个行人来往，可以问信。看看日色傍晚，万一走差路头怎了！正在没摆布处，猛然看见一条路上，却有块老大的石头，支出在那里，因而悟道："仙长传授我的偈语，有句道：'见石而行。'却不是教我往这条路去？"果然又走上四五里，早是青州北门了。

进了城门，觉得街道还略略可认，只是两边的屋宇，全比往时不同，莫测其故。欲要问人，偏生又不遇着一个熟的，渐渐天色又黑，只得赶回家去。岂知家里房子，也都改换，却另起了大门楼，两边八字墙，好不雄壮！李清暗道："莫非错走到州前来了？"仔细再看："像便像个衙门，端只是我家里。难道这等改换了，我便认不得。想我离家去，只在云门穴里，不知耽搁了几日，也是有数的。后面钻出小穴来，总是今日这一日，怎么便有这许多差异的事？莫非州里见我不在，就把我家房子，白白的占做衙门？可道凡事也不问个主。只可惜今日晚了，拚到明日，打进状词，与他理会。随你官府，也少不得给官价还我！"只得寻个客店安歇，怎奈身边一个钱也没有，不免解件衣服下来，换了一贯钱。还觉腹中是饱的，只买一角酒来吃了。便待去睡，终久心下徬徨，这夜如何睡得着？李清在床上翻来覆去，自嗟自叹，悔道："我怎么倒去抱怨仙长？他明明说我回去将何度日？教我取书一本，别做生理。又道是：我回去，就也未有饭吃，把两个煮熟的石子与我，岂不是预知已有今日了。"便去袖里把书一摸，且喜得尚在，只如今未有工夫去看。

待到天明，还了房钱，便遍著青州大街上都走转来。莫说众亲眷子孙没有一个，连那染坊铺面，也没一间留下的。只得陪个小心，逢人便问。岂知个个摇头，人人努嘴，都说道："我们并不知道有甚李清，也并不曾见说云门山穴里有人下去得的。"只教李清茫然莫知所以。看看天晚，只得又向客店中安歇。

到第二日，又向小巷儿里，东抄西转，也不曾遇着一个。但是问人，都与大街上说话一般。一发把李清弄呆了，想道："我也怪前日出来的路径，有些差异，莫非这座青州城是新建的？不是我旧青州，故此没个熟人相遇。天下云门山只有一个，绝无两个。我何不出了南门，径到云门山上一看，若云门山无异，这便是我旧青州了。再慢慢的访问，好歹究出甚的缘故来！"

忙忙的奔出南门，径往云门山去。将至山顶，早见一座亭子，想道："这路径明明是云门山的，几时有个亭子在这里？且待我看是什么亭？"原来题着"烂绳亭。开皇四年立。"李清道："是了，昔日樵夫曾遇见仙人下棋，他看得一局棋完，不知已过了多少年岁，这斧柄坐在身下，已烂坏了，至今世人传说烂柯的故事。多分是我众子孙，道我将这麻绳吊下云门穴底，也去遇了神仙，把绳都烂掉在山上，故建立这座亭子，名为烂绳亭。无非要四方流传，做个美谈的意思。看他后面写着开皇四年立，却不仍是今年的日月，怎么城里人家就是这等改换了？且再到上边去看。"只见当着穴口，竖个碑石，题道："李清招魂处。"李清吓了一跳道："我现今活活的在此，又不曾死，要招我的魂做什么？"又想了一想道："是了，是了！见我下到这般险处，提起竹篮上来，又不见了我，疑心道死了，故在此招我的魂。"又想一想道："咦！莫非是我真个死了，今日是魂灵到此？"心下反徬徨起来，不能自决。想道："既是招魂，必有个葬处；若是葬，必在祖茔左右。人家虽有改换之日，祖宗坟墓，却千年不改换的。何不再去祖坟上一看，或者倒有个明白。"

下了云门山，一径的转过东门，远远望见祖坟上，山势活似一条青龙，从天上飞将下来的。想起："《葬经》上面有云'山如凤翥，或似龙蟠，一千年后当出仙官。'看我家祖坟上有这般风水,怎么刚出得我一个,才遇见仙人,又被赶逐回家,焉能够升天日子。却不知这风水,毕竟应在那个身上?"到了祖坟,不免拜了两拜。只见许多合抱的青松白杨,尽被人伐去。坟上的碑石,也有推倒的,也有打断的,全不似旧时模样。不胜凄感,叹道:"我家众子孙,真个都死断了,就没一个来到坟上照管?"单有一个碑,倒还是竖着的,碑上字迹,仿佛可认,乃是"故道士李清之墓"七个字。李清道:"既是招魂葬,无过把些衣冠埋在里面,料必是个空冢。只是碑石已被苔藓驳蚀几尽,须不是开皇四年立的,可知我死已多时了。今日来家的,一定是我魂灵,故此幽冥间隔,众亲眷子孙都不得与我相见。不然,这上千上万的人,怎么就没一个在的?"那李清满肚子疑心:"只当青天白日,做梦一般。又不知是生,又不知是死,教我哪里去问个明白?"

正在徬徨之际,忽听得隐隐的渔鼓简响,走去看时,却是东岳庙前一个瞎老儿,在那里唱道情,聚着人掠钱。方才想起:"临出山时,仙长传授我的偈语,第二句道:'听简而问。'这个不是渔鼓简? 我该问他的。且自站在一边,待众人散后,过去问他便了。"只见那瞎老儿,止掠得十来文钱,便没人肯出。内中一个道:"先生,你且说唱起来,待我们敛足与你。"瞽者道:"不成,不成! 我是个瞎子,倘说完了,都一溜走开,哪里来寻讨?"众人道:"岂有此理! 你是个残疾人,哄了你也不当人子。"那瞽者听信众人,遂敲动渔鼓简板,先念出四句诗来道:

暑往寒来春复秋,夕阳桥下水东流。将军战马今何在? 野草闲花满地愁。

念了这四句诗,次第敷衍正传,乃是"庄子叹骷髅"一段话文,又是道家故事,正合了李清之意。李清挤近一步,侧耳而听,只见那瞽者说一回,唱一回,正叹到骷髅皮生肉长,复命回阳,在地下直跳将起来。那些人也有笑的,也有嗟叹的,却好是个半本,瞽者就住了鼓简。待掠钱足了,方才又说。此乃是说平话的常规。谁知众人听话时一团高兴,到出钱时,面面相觑,都不肯出手。又有身边没钱的,假意说几句冷话,佯佯的走开去了。刚刚又只掠得五文钱。那掠钱的人,心中焦躁,发起喉急,将众人乱骂。内中有一后生出尖揽事,就与那掠钱的争嚷起来。一递一句,你不让,我不让,便要上交厮打。把前后掠的十五文钱,撒做一地。众人发声喊,都走了。有几个不走的,且去劝厮打,单撇着瞽者一人。

李清动了个恻隐之心,一头在地上捡起那十五文钱,交付与瞽者,一头口里叹道:"世情如此硗薄,钱财恁般珍重!"瞽者接钱在手,闻其叹语,问道:"你是兀谁?"李清道:"老汉是问信的,你若晓得些根由,到送你几十文酒钱。"瞽者道:"问什么信?"李清道:"这青州城内,有个做染匠的李家,你可晓得吗?"瞽者道:"在下正姓李,敢问老翁高姓大名?"李清道:"我叫作李清,今年七十岁了。"瞽者笑道:"你怎么欺我瞎子,就要讨我的便宜。我也不是个小伙了,年纪倒比你长些,今年七十六岁了。只我嫡堂的叔曾祖,叫作李清,你怎么也叫作李清?"李清见他说话有些来历,便改着口道:"天下尽有同名同姓的,岂敢讨你的便宜? 我且问你,那令曾叔祖,如今到哪里去了?"

瞽者道:"这说话长哩。直在隋文帝开皇四年,我那叔曾祖也是七十岁,要到云门山穴里,访什么神仙洞府,备下了许多麻绳,一吊吊将下去。你道这个穴里,可是下去得的,自然死了。原来我家合族全仗他一个的福。自他死后,家事都零落;况又遭着兵火,遂把我合族子孙,都灭尽了。单留得我一个现世报,还在这里;却又无男无女,靠唱道情度日。"李清暗忖道:"原来都认我死在云门穴里了。"又问道:

"他吊下云门穴去,也只一年里面,怎么家事就这等零落得快?合族的人,也这等死灭得尽?"瞽者道:"哎呀!敢是你老翁说梦哩!如今须不是开皇四年,是大唐朝高宗皇帝永徽五年了。隋文帝坐了二十四年天下,传与炀帝,也做了十四年,被宇文化及谋杀了,因此天下大乱。却是唐太宗打了天下,又让与父亲做皇帝,叫作高祖,坐了九年;太宗自家坐了二十三年;如今皇帝就是太宗的太子,又登基五年了。从开皇四年算起,共是七十二年。我那叔曾祖去世时节,我只有得五岁,如今现活七十六岁了,你还说道快哩。"

李清又道:"闻得李家族里,有五六千丁,便隔得七十二年,也不该就都死灭,只剩得你一个。"瞽者道:"老翁你怎知这个缘故?只因我族里人,都也有些本事,会光着手赚得钱的。不料隋炀帝死后,有个王世充造反,到我青州,看见我家族里,人丁精壮,尽皆拿去当军。那王世充又十分不济,屡战屡败,遂把手下军马,都消折了。我那时若不亏着是个带残疾的,也留不到今日!"李清听了这一篇说话,如梦初觉,如醉方醒,把一肚子疑心,才得明白。身边只有三四十文钱,尽数送与瞽者,也不与他说明这些缘故,便作别转身,再进青州城来。

一路想道:"古诗有云:'山中方七日,世上已千年。'果然有这等异事!我从开皇四年,吊下云门穴去,往还能得几日,岂知又是唐高宗永徽五年,相隔七十二年了。人世光阴,这样容易过的!若是我在里面多住几时,却不连这青州城也没有了。如今我的子孙已都做故人,自己住的高房大屋,又皆属了别姓,这也不必说起。只是我身边没有半分钱钞,眼前又别无熟识可以挪借,教我把什么度日?左右也是个死,那仙长何苦定要赶我回来怎的?"叹了几声,想了一会,猛然省道:"我李清这般懵懂,怎么思量还要做仙哩?我临出门时,仙长明明说我回家来,怕没饭吃,曾教我到他书架上拿本书去。如今现在袖里,何不取出书来,看道另做什么生意?"

你道这本书是什么书?原来是本医书,专治小儿的病症,也不多几个方子在上面。那李清看见,方才悟道:"仙长曾对我说,此去不消七十多年,依旧容我来到那里。我想这七十年,非比云门穴底下,须在人世上好几时,不是容易过的。况我老人家,从来药材行里,不曾着脚,怎便莽莽广广的要去行医!且又没些本钱,置办药料,不如到药铺里寻个老成人,与他商量,好做理会。"刚刚走得三百余步,就有一个白粉招牌,上写着道:"积祖金铺出卖川广道地生熟药材。"

当下李清看见,便大喜道:"仙长传授我的第三句偈语,说道:'傍金而居。'这不是姓金的了?世称神仙未卜先知,岂不信哉!岂不信哉!"只见铺中坐的,还不上二十多岁,叫作金大郎。李清连忙向前,与他唱个喏,问道:"你这药材,还是现卖,也肯赊卖?"金大郎道:"别人家买药的,就要现钱才卖。只有行医开铺的,是长久主顾,但要药料,只上个账簿取去,或一季、或一月一算,总数还钱,叫作半赊半现。"李清便扯个谎道:"我原是个幼科医人,一向背着包,沿村走的。如今年纪老了,也要开个铺面,坐地行医,不知哪里有空房,可以赁住?乞赐指引,也好与贵铺做个主顾。"金大郎道:"就是我家隔壁,有一间空房,不见门上贴着'招赁'两字吗?只怕窄狭,不够居住。"李清道:"我老身别无家小,便一间也尽勾了。只是铺前须要竖面招牌,铺内须要药厢药刀,各色家伙,方才像个行医的。这几件,都在哪里去置办?不知可也赊得否?"金大郎道:"我铺里尽有现成余下的在此,我一发都借了你去。待生意兴旺时,连那药帐,一总算还与我,岂不两得其便!"

那李清亏得金大郎一力周旋,就在他药铺间壁住下。想起:"当初在云门山上,与亲族告别之时,曾有诗云:'翻笑壶公曾得道,犹烦市上有悬壶。'不意今日回来,又要行医,却不应了两句谶语。"遂在门前横吊起一面小牌,写着"悬壶处"三个字。

直竖起一面大牌，写着"李氏专医小儿疑难杂症"十个字。铺内一应什物家伙，无不完备。真个装一佛像一佛，自然像个专门的太医起来。

恰好这一年青州城里，不论大小人家，都害时行天气，叫作小儿瘟，但沾着的便死。那幼科就没请处，连大方脉的，也请了去。岂知这病，偏生厉害，随你有名先生下的药，只当投在水里，眼睁睁都看他死了。只有李清这老儿古怪，不消自到病人家里切脉看病，只要说个症候，怎生模样，便随手撮上一帖药，也不论这药料，有贵有贱，也不论见效不见效，但是一帖，要一百个钱。若讨他两帖的，便道："我的药，怎么还用两帖？"情愿退还了钱，连这一帖也不发了。那讨药的人，都也半信半不信。无奈病势危急，只得也赎一帖回去吃看。你道有这等妙药？才到得小儿口里，病就好一半，一咽咽下肚里去，便全然好了。还有拿得药回去，小儿已是死了的，但要煎的药香，冲在那个儿鼻孔内，就醒将转来。这名头就满城传遍，都称他做李一帖。

从此后，也不知医好了多少小儿，也不知赚过了多少钱钞。你想李清是个单身子，日逐用度有限，除算还了房钱药钱，和那什物家伙钱以外，赢余的难道似平时积攒生日礼一般，都烂着在家里？毕竟有个来处，也有个去处。原来李清这一次回来，大不比当初性子，有积无散。除还了金大郎铺内赊下各色家伙，并生熟药料的钱，其余只勾了日逐用度，尽数将来赈济贫乏，略不留难。这叫作广行方便，无量功德。以此声名，越加传播。莫说青州一郡，遍齐鲁地方，但是要做医的，闻得李一帖名头，那一个不来拜从门下，希图学些方术。只见李清再不看甚医书，又不亲到病人家里诊脉，凡遇讨药人来，收了铜钱便撮，只一帖药，又不多几样药味。也有说来病症是一样的，倒与他各样的药，也有说来病症是各样的，倒与他一样药。但见拿药去吃的，无有不效。众皆茫然，莫测其故，只得觅个空间，小心请教。李清道："你等疑我不曾看脉，就要下药。不知医道中，本以望闻问切，目为神圣工巧，可见看脉是医家第四等，不是上等。况小儿科与大方脉不同，他气血未全，有何脉息，可以看得。总之，医者意也。无过要心下明，指下明，把一个意思揣摩将去。怎么靠得死方子，就好疗病？你等但看我的下药，便当想我所以下药的意思。那《大观本草》这部书，却不出在我山东的，你等熟读本草，先知了药性，才好用药。上者要看本年是甚司天，就与他分个温凉。二者看害病的是那地方人，或近山或近水，就与他分个燥湿。三者看是甚等样人家，富贵的人，多分柔脆，贫贱的人，多分坚强，就与他分个消补。细细的问了症候，该用何等药味，然后出些巧思，按着君臣佐使，加减成方，自然药与病合，病随药去。所以古人将用药比之用兵，全在用得药当，不在药多，赵括徒读父书，终致败灭，此其鉴也！"众等皆拜谢教而退。岂知李清身边，自有薄薄的一本仙书，怎肯轻易泄漏？正是：

> 小儿有命终须救，老子无书把甚看。

李清自唐高宗永徽五年行医开铺起，真个光阴迅速，不觉过了第六年，又是显庆五年，龙朔三年，麟德二年，乾封二年，总章二年，咸亨四年，上元二年，仪凤三年，调露一年，永隆一年，开耀一年，一总共是二十七年了。这一年却是永淳元年，忽然有个诏书下来，说御驾亲幸泰山，要修汉武帝封禅的故事。你道如何叫作封禅？只为天下五座名山，称做五岳。五岳之中无如泰山，尤为灵秀，上通于天，云雨皆从此出。故有得道的皇帝，遇着天下太平，风调雨顺，亲到泰山顶上，祭祀岳神，刻下一篇纪功德的颂，告成天地。那碑上刻的字，都是赤金填的，叫作"金书"。碑外又有个白玉石的套子,叫作"玉检"。最是朝廷盛举。那天帝是不好欺的,颂上略有些不实,便起怪风暴雨,不能终事。这也不是汉武帝一个创起的,直从大禹以前,就有七十九代,都曾封禅。后来只有秦始皇和汉武帝两个,这怎叫得有道之君?无非要粉饰太平,侈人观听。毕竟秦始皇遇着大雨,只得躲避松树底下;汉武帝下山,也被伤了左足。故此武帝之后,再没有敢去封禅的。那唐高宗这次诏书,已是第三次了。青州地方,正是上泰山的必由去处,刺史官接了诏,不免点起排门夫,填街砌路,迎候圣驾。那李清既有铺面,便也编在人夫数内,催去着役。

其时青州自有了李清行医,羞得那幼科先生,都关了铺门,再没个敢出头的。若教他去做夫砌路,万一小儿们有个急病,一时怎么就请得他到,讨得药吃?因此合郡的人,都到州里去替他禀脱。少不得推几个能言会语的做头,向前禀道:"现今行医的李清,已是九十七岁近百的人,有什么气力当夫?我们情愿替他出钱,另雇精壮少年应役,仍留他在铺里,也好保全我一州的小儿性命?"原来李清开铺这一年,依还说是七十岁。因此人只认他九十七岁,那知他已是一百六十八岁了。从来律上凡七十以上的,即系是年老,准免差役。所以合郡的人,借这个名色,要与他雇工替役,仍留他在铺行医。

岂知州刺史是岭南人,他那地方,最是信巫不信医的,说道:"虽然李清已有九十七岁,想他筋力强健,尽好做工,怎么手里撮得药,偏修不得路?不见姜太公八十二岁,还要辅佐周武王,兴兵上阵。既做了朝廷的百姓,死也则索要做,躲避到哪里去?总便他会医小儿,难道偌大一座青州,只有他幼科一个?查他开铺以来,只得二十七年,以前的青州人家小儿,也不曾见都死绝了。怎么独独除下他一个名字,何以服众?"随他合郡的人,再三苦禀,只是不听。急得那许多人,就没个处置。都走到李清铺前商议,要央个紧要的分上,再去与州官说。李清道:"多谢列位盛情!以我老朽看来,到不去说也罢。你道一些小事,有何难听。那州官这等拘执,无过虑着圣驾亲来,非寻常上司之比,少有不当,便是砍头的罪过。故此只要正身著役。恐怕雇工的做出事来,以后不好查究。做官的肚肠,大概如此,断然不肯再听人说。但我揣度事势,这诏书也多分要停止的。在麟德二年一次,调露元年又一次。如今却是第三次。既是前两次不来,难道这一次又来得成?包你五日里面,就有决裂。不若且放下胆,凭他怎生样差拨便了!"

众人听了这篇说话,都怪道:"眼见得州里早晚就要佥了牌,分了路数,押夫着役,如火急一般,那老儿倒说得冰也似冷。若是诏书一日不停止,怕你一日不做夫!我们倒思量与他央个分上,保求顶替,他偏生自要去当。想是在铺里收钱不迭,只要到州里去领他二分一日的工食哩!"都冷笑一声,各自散去。岂知高宗皇帝这一次,已是决意要到泰山封禅,诏下礼部官,草定了一应仪注,只待择个黄道吉日,御驾启行;忽然患了个痿痹的症候,两只脚都站不起来,怎么还去行得这等大礼!因此青州上司,隔不得三日之内,移文下来,将前诏停止。那合郡的人,方信李清神见,越加叹服!

原来山东地面,方术之士最多。自秦始皇好道,遣徐福载了五百个童男童女到蓬莱山,采不死之药,那徐福就是齐人。后来汉武帝也好道,拜李少君为文成将军,栾大为五利将军,日逐在通天台、竹宫、桂馆,祈求神仙下降,那少君、栾大也是齐人。所以世代相传,常有此辈。一向看见李清自七十岁开医铺起,过了二十七年,已是近百的人,再不见他添了一些儿老态,反觉得精神颜色,越越强壮,都猜是有内养的。如今又见他预知往过未来之事,一定是得道之人,与董奉、韩康一般,隐名卖药。因此那些方士,纷纷然都来拜从门下,参玄访道,希图窥他底蕴。屡屡叩问李清,求传大道。李清只推着老朽,原没甚知觉,唯有三十岁起,便绝了欲,万事都不营心,图个静养而已,所以一向没病没痛,或者在此。

方士们疑他隐讳,不肯轻泄。却又问道:"寿便养得,那过去未来之事,须不是容易晓得的。不知老师有何法术,就预期五日内当有停止诏书消息?"李清道:"我哪里真是活神仙,能未卜先知的人。岂不知孔夫子萍实商羊故事!只是平日里,听得童谣,揣度将去,偶然符合。盖因童谣出于无心,最是天地间一点灵机,所以有心的试他,无有不验。我从永徽五年,在此开医铺起,听见龙朔年间,就有个童谣,料你等也该记得的。那童谣上说道:

　　'上泰山高,高几层?不怕上不得,到怕不得登。三度征兵马,旁道打腾腾',三度去,登不得。

果然前两度已验,故知此回必无登理。大抵老人家闻见多,经验多,也无过因此识彼,难道有甚的法术不成!"这方士们见他不肯说,又常是收钱撮药,忙忙的没个闲暇,还有那伙要赈济的来打搅,以此渐渐的也散了去。明年高宗皇帝晏驾,却是武则天皇后临朝。坐了二十一年,才是太子中宗皇帝。坐了六年,又被韦皇后谋乱。却是睿宗皇帝除了韦后,也坐了六年,传位玄宗皇帝。初年叫作开元,不觉又过了九年。总共四十三年。满青州城都晓得李清已是一百四十岁。一来见他医药神效如旧,二来容颜不老,也如旧日,虽或不是得道神仙,也是个高年人瑞。因此学医的,学道的,还有真实信他的,只在门下不肯散去。正是:

　　神仙原在阎浮界,骨肉还须凤世成。

话分两头,却说玄宗天子,也志慕神仙,尊崇道教。拜着两个天师,一个叶法善,一个邢和璞,皆是得道的,专为天子访求异人,传授玄素赤黄及还婴溯流之事。这一年却是开元九年,邢、叶二天师奏道:"现有三个真仙在世,一个叫作张果,是恒州条山人。一个叫作罗公远,是邢州人。一个叫作李清,是北海人。虽然在烟霞之外,无意世上荣华,若是朝廷虔心遣使聘他,或者肯降体而来,也未可知。"因此玄宗天子,差中书舍人徐峤去聘张果,太常博士崔仲芳去聘罗公远,通事舍人裴晤聘李清。三个使臣辞朝别圣,捧着玺书,各自去征聘不题。

原来李清尘世限满,功行已圆,自然神性灵通,早已知裴舍人早晚将到,省起昔日仙长吩咐的偈语:"第四句说道:'先裴而遁。'这个'遁'字,是逃遁之遁,难道叫我逃走不成?明明是该尸解去了。"你道怎么叫作尸解?从来仙家成道之日,少不得该离人世,有一样白日飞升的谓之羽化,有一样也似世人一般死了的,只是棺中到底没尸骸,这为之尸解。唯有尸解这门,最是不同,随他五行,皆可解去。以此世人都有不知道他是神仙的。

且说李清一个早起,教门生等休挂牌面,说道:"我今日不卖药了,只在午时,就要与汝等告别!"众门生齐吃一惊,道:"师父好端端的,如何说出这般没正经话来?况弟子辈久侍门下,都不曾传授得师父一毫心法,怎的就去了?还是再留几时,把玄妙与弟子们细讲一讲,那时师父总然仙去,道统流传,使后世也知师父是个有道之人。"李清笑道:"我也没甚玄秘可传,也不必后人晓得。今大限已至,岂可强留。只是隔壁金大郎又不在此,可烦汝等为我买具现成棺木,待我气绝之后,即便下棺,把钉钉上,切不可停到明日。我铺里一应家伙什物,都将来送与金大郎,也见得我与他七十年老邻老舍，做主顾的意思。"众门生一一领命，流水去买办棺木等件，顷刻都完。那金大郎也年八十九岁了。筋骨亦甚强健，步履如飞，挣了老大家业，儿孙满堂，人都叫他是金阿公。只有李清还在少年时看他老起来的，所以原呼他为大郎。那日起五更往乡间去了，所以不在。

李清到了午时，香汤沐浴，挨了新衣，走入房中。那些门生，都紧紧跟着。李清道："你们且到门首去，待我静坐片时，将心境清一清，庶使临期不乱。问："金大郎回了，请来面别，也不枉一向相处之情。"众门生依言，齐走出门，就问金大郎，却还未回。隔了片时，进房观看李清，已是死了。众门生中，也有相从久的，一般痛哭流涕，也有不长俊的，只顾东寻西觅，搜索财物。乱了一回，依他吩咐，即便入棺。原来这尸，也有好些异处。但见他一双手，两只脚，都交在胸前，如龙蟠一般，怎好便放下去？待要与他扯一扯直，岂知是个僵尸，就如一块生铁打成，动也动不得。只得将就抬入棺中，钉上材盖，停在铺里。李清是久名向知的，顷刻便传遍了半个青州城，主顾人家都来吊探。众门生迎来送往，一个个弄得口苦舌干，腰驼背曲。有诗为证：

百年踪迹混风尘，一旦辞归御白云。
羽盖霓裑何处在？空留药臼付门人。

却说通事舍人裴晤，一路乘传而来，早到青州境上。那刺史官已是知得，帅着合郡父老，香烛迎接。直到州堂开读诏书，却是征聘仙人李清。刺史官茫然无知，遂问众父老。父老们禀道："青州地方，但有个行小儿科的李清。他今年一百四十岁，昨日午时，无病而死。此外并不曾闻有甚仙人李清在那里。"裴舍人见说，倒吃了一惊，叹道："下官受了多少跋涉，赍诏到此，正聘行医的仙人李清，指望敦请得入朝，也叫作不辱君命。偏生不遇巧，刚刚的不先不后，昨日死了，连面也不曾得见。这等无缘，岂不可惜！我想汉武帝时，曾闻得有人修得神仙不死之药，特差中大夫去求他药方，这中大夫也是未到前，适值那人死了。武帝怪他去迟，不曾求得药方，要杀这大夫。亏着东方朔谏道：'那人既有不死之药，定然自己吃过，不该死了；既死了，药便不验，要这方也没用。'武帝方悟。今幸我天子神明，胜于汉武，纵无东方朔之谏，必不至有中大夫之恐。但邢、叶二天师既称他是仙人，自当后天不老，怎么会死？若果死，就不是仙人了。虽然如此，一百四十岁的人，无病而死，便不是仙人，却也难得！"即便吩咐州官，取左右邻不扶结状，见得李清平日有何行谊，怎地修行的，于某年月某日时，已经身死，方好复命。

刺史不敢怠慢，即唤李清左近邻佑，责令具结前来，好送天使起身。那些邻舍领命出去。内中一个道："我们尽是后生，不晓得他当初来历详细，如何具结？闻说止有金阿公是他起头相处的，必然知他始末根由。昨日往乡间去了，少不得只在今日明早便归，待他斟酌写一张同去呈递，也好回答。"众人齐称有理。同回家去。恰好金老儿从乡间归来，一个人背着一大包草头跟着，劈面遇见。众人迎住道："好了，金阿公回也！你昨日不到乡间去，也好与你老友李太医作别！"金老儿道："他往哪里去，要作别？"众人道："他昨日午时，已辞世了！"金老儿道："罪过！罪过！我昨日在南门遇见的，怎说怎样话咒他？"众人反吃一惊道："人也死了，怎么你又看见？想是他的魂灵了。"金老儿也惊道："不信有这等奇事！"也不回家，一径奔到李清铺里，只见摆着灵柩，众门生一片都带着白，好些人在那里吊问。金老儿只管摇首道："怪哉！怪哉！"众门生向前道："我师父昨日午时归天了，因为你老人家不在，这灵柩还停在此。"又递过一张单来，道："铺内一应什物家伙，遗命送与你做遗念的。"

金老儿接了单，也不观看，只叫道："难道真个死了！我却不信。"众邻舍问道："金阿公，你且说昨日怎的看见他来？"金老儿道："昨日我出门虽早，未出南门，就遇了一个亲戚，苦留回去吃饭，直弄到将晚，方才别得。走到云门山下，已是午牌时分。因见了几种好草药，方在那里收采，撞见一个青衣童子，捧个香炉前走，我也不在其意。不上六七十步，便是你师父来，不知何故，左脚穿着鞋子，右脚却是赤的。我问他到哪里去？他说道：'我因云门山上烂绳亭子里，有九位师父师兄专等我说话，还有好几日，未得回来哩。'他又在袖里取出一封书，一个锦囊，囊里像是个如意一般，递与我，教带到州里，好好的送甚裴舍人，不要误了他事。即今书与锦囊现在我处，如何却是死了？"便向袖中摸出来看。

众门生起初疑心金老捣鬼，还不肯信，直待见了所寄东西，方才信道："且莫论午时不午时；只是我师父从不见出铺门，怎有这东西寄送？岂不古怪！"众邻舍也道："真也是希见的事！他已死了，如何又会寄东西？却又先晓得裴舍人来聘他，便做道魂灵出现，也没恁般显然！一定是真仙了。"金老儿问道："什么裴舍人聘他？"众邻舍将朝廷差裴舍人征聘，州官知得已死，着令结状之事说出。金老儿道："原来如此。如今他既有信物，何必又要结状。我同你们去叩见州官，转达天使。"众人依着金老儿说话，一齐跟来。金老儿持了书与锦囊，直至州中，将李清昨日遇见寄书的话禀知。州官也道奇异，即带一干人同去回覆天使。那裴舍人正道此行没趣，连催州里结状，就要起身。只见州官引众人捧着书礼，禀是李清昨日午时，转托邻佑金老儿送上天使的，请自启看。裴舍人就教拆开书来，却是一通谢表，表上说道：

> 陛下玉书金格，已简于九清矣。真人降化，保世安民，但当法唐虞之无为，守文景之俭约。恭候运数之极，便登蓬阆之庭。何必木食草衣，刳心灭智，与区区山泽之流，学习方术者哉！无论臣初窥大道，尚未证入仙班；即张果仙尊，罗公远道友，亦将告还方外，皆不能久侍清朝，而共佐至理者也。昔秦始皇远聘安期生于东海之上，安期不赴，因附使者回献赤玉舄一双。臣虽不才，敢忘答效？谨以绿玉如意一枚，聊布鄙忱，愿陛下鉴纳。

裴舍人看罢，不胜叹异，说道："我闻神仙不死，死者必尸解也。何不启他棺看？若果系空的，定为神仙无疑。却不我回朝去，好复圣上，连众等亦解了无穷之惑！"合州官民皆以为然。即便同赴铺中，将棺盖打开看时，棺中止有青竹杖一根，鞋一只，竟不知昨日尸首在哪里去了？倒是不开看也罢，既是开看之后，更加奇异。但见一道青烟，冲天而起，连那一具棺木，都飞向空中，杳无踪影。唯闻得五样香气，遍满青州，约莫三百里内外，无不触鼻。裴舍人和合州官民，尽皆望空礼拜。少不得将谢表锦囊，好好封裹，送天使还朝去讫。到得明年，普天下疫疠大作，只有青州但闻的这香气的，便不沾染。方知李清死后，为着故里，犹留下这段功果。至今云门山上立祠，春秋祭祀不绝。诗云：

> 观棋曾说烂柯亭，今日云门见烂绳。
> 尘世百年如旦暮，痴人犹把利名争。

第三十九卷

汪大尹火焚宝莲寺

> 削发披缁修道，烧香礼佛心虔。不宜潜地去胡缠，致使清名有玷。　　念佛持斋把素，看经打坐参禅。逍遥散诞胜神仙，万贯腰缠不羡。

话说昔日杭州金山寺，有一僧人，法名至慧，从幼出家，积资富裕。一日在街坊上行走，遇着一个美貌妇人，不觉神魂荡漾，遍体酥麻，恨不得就抱过来，一口水咽下肚去。走过了十来家门面，尚回头观望，心内想道："这妇人不知是甚样人家？却生得如此美貌！若得与他同睡一夜，就死甘心！"又想道："我和尚一般是父娘生长，怎地剃掉了这几茎头发，便不许亲近妇人。我想当初佛爷，也是扯淡！你要成佛作祖，只戒自己罢了，却又立下这个规矩，连后世的人都戒起来。我们是个凡夫，哪里打熬得过！又可恨昔日置律法的官员，你们做官的出乘骏马，入罗红颜，何等受用！也该体恤下人，积点阴骘，偏生与和尚做尽对头，设立恁样不通理的律令！如何和尚犯奸，便要责杖，难道和尚不是人身？就是修行一事，也出于各人本心，岂是捉缚加拷得的！"又归怨父母道："当时既是难养，索性死了，倒也干净！何苦送来做了一家货，今日教我寸步难行。恨着这口怨气，不如还了俗去，娶个老婆，生男育女，也得夫妻团聚。"又想起做和尚的不耕而食，不织而衣，住下高堂精舍，烧香吃茶，恁般受用，放掉不下。

一路胡思乱想，行一步，懒一步，慢腾腾的荡至寺中。昏昏闷坐，未到晚便去睡卧，心上记挂这美貌妇人，难得到手，长吁短叹，怎能合眼。想了一回，又叹口气道："不知这佳人姓名居止，我却在此痴想，可不是个呆子！"又想道："不难，不难，女娘弓鞋小脚，料来行不得远路，定然只在近处。拼几日工夫，到那答地方，寻访消息，或者姻缘有分，再得相遇，也未可知。那时暗地随去，认了住处，寻个熟脚，务要弄他到手！"算计已定，盼望天明，起身洗盥，取出一件新做的绸绢褊衫，并着干鞋净袜，打扮得轻轻薄薄，走出房门。正打从观音殿前经过，暗道："我且问问菩萨，此去可能得遇。"遂双膝跪倒，拜了两拜。向桌上拿过签筒，摇了两三摇，扑的跳出一根，取起看时，乃是第十八签，注着上上二字。记得这四句签诀云：

天生与汝有姻缘，今日相逢岂偶然。
莫惜勤劳问贪懒，管教目下胜从前。

　　求了这签，喜出望外，道："据这签诀上，明明说只在早晚相遇，不可错过机会。"又拜了两拜，放下签筒，急急到所遇之处，见一妇人，冉冉而来。仔细一觑，正是昨日的欢喜冤家。身伴并无一人跟随。这时又惊又喜，想道菩萨的签，果然灵验，此番必定有些好处，紧紧的跟在后边。那妇人向着侧边一个门面，揭起斑竹帘儿，跨脚入去，却又掉转头，对他嘻嘻的微笑，把手相招。这和尚一发魂飞天外，喜之不胜。用目四望，更无一人往来，慌忙也揭起帘儿径钻进去问讯。那妇人也不还礼，绰起袖子望头上一扑，把僧帽打下地来，又赶上一步，举起尖趫趫小脚儿一蹴，谷碌碌直滚开在半边，口里格格的冷笑。这和尚唯觉得麝兰扑鼻。说道："娘子休得取笑！"拾起帽子戴好。那妇人道："你这和尚，青天白日，到我家来做甚？"至慧道："多感娘子错爱，见招至此，怎说这活！"此时色胆如天，也不管他肯不肯，向前搂抱，将衣服乱扯。那妇人笑道："你这贼秃！真是不见妇人面的，怎的就恁般粗卤！且随我进来。"弯弯曲曲，引入房中。彼此解衣，抱向一张榻上行事。

　　刚刚肤肉相凑，只见一个大汉，手提钢斧，抢入房来，喝道："你是何处秃驴？敢至此奸骗良家妇女！"吓得至慧战做一团，跪倒在地下道："是小僧有罪了！望看佛爷面上，乞饶狗命，回寺去诵十部《法华经》，保佑施主福寿绵长！"这大汉哪里肯听，照顶门一斧，砍翻在地。你道被他一斧，还是死也不死？原来想极成梦，并非实境。这和尚撒然惊觉，想起梦中被杀光景，好生害怕。乃道："此偷情路险，莫去惹他，不如本分还俗，倒得安稳。"自即蓄发娶妻，不上三年，痨疾而死。离寺之日，曾作诗云：

少年不肯戴儒冠，强把身心赴戒坛。
雪夜孤眠双足冷，霜天剃发髑髅寒。
朱楼美女应无分，红粉佳人不许看。
死后定为惆怅鬼，西天依旧黑漫漫。

　　适来说这至慧和尚，虽然破戒还俗，也还算做完名全节。如今说一件故事，也是佛门弟子，只为不守清规，弄出一场大事，带累佛面无光，山门失色。这话文出在何外？出在广西南宁府永淳县，在城有个宝莲寺。这寺从前朝至今，累世相传，房廊屋舍，数百多间，田地也有上千余亩。钱粮广盛，衣食丰富，是个有名的古刹。本寺住持，法名佛显，以下僧众，约有百余，一个个都分派得有职掌。凡到寺中游玩的，便有个僧人来相迎，先请至净室中献茶，然后陪侍遍寺随喜一过，又摆设茶食果品，相待十分尽礼。虽则来者必留，其中原分等则。若遇官宦富豪，另有一般延款，这也不必细说。

　　大凡僧家的东西，赛过吕太后的筵宴，不是轻易吃得的！却是为何？那和尚们，名虽出家，利心比俗人更狠，这几瓯清茶，几碟果品，便是钓鱼的香饵。不管贫富，就送过一个疏簿，募化钱粮，不是托言塑佛妆金，定是说重修殿宇。再没活讲，便把佛前香灯油为名，若遇着肯舍的，便道是可扰之家，面前千般谄谀，不时去说骗。设遇着不肯舍的，就道是鄙吝之徒，背后百样诋毁，走过去还要唾几口涎沫。所以僧家再无个餍足之期。又有一等人，自己亲族贫乏，尚不肯周济分文，到得此辈募缘，偏肯整几两价布施，岂不是舍本从末的痴汉！有诗为证：

　　人面不看看佛面，平人不施施僧人。
　　若念慈悲分缓急，不如济苦与怜贫。

　　唯有宝莲寺与他处不同，时常建造殿宇楼阁，并不启口向人募化。为此远近士庶，都道此寺和尚善良，分外敬重，反肯施舍，比募缘的倒胜数倍。况兼本寺相传有个子孙堂，极是灵应，若去烧香求嗣的，真个祈男得男，祈女得女。你道是怎地样这般灵感？原来子孙堂两旁，各设下净室十数间，中设床帐，凡祈嗣的，须要壮年无病的妇女，斋戒七日，亲到寺中拜祷，向佛讨筶。如讨得圣筶，就宿于净室中一宵，每房只宿一人。若讨不得圣筶，便是举念不诚，和尚替他忏悔一番，又斋戒七日，再来祈祷。那净室中四面严密，无一毫隙缝，先教其跟来的仆从，四周点检一过。但凭拣择停当，至晚送妇女进房安歇，亲人仆从睡在门外看守，为此并无疑惑。那妇女回去，果然便能怀孕，生下男女，且又魁伟肥大，疾病不生。因有这些效验，不论士宦民庶眷属，无有不到子孙堂求嗣。就是邻邦隔县闻知，也都来祈祷。这寺中每日人山人海，好不热闹，布施的财物不计其数。

　　有人问那妇女，当夜菩萨有甚显应。也有说梦佛送子的，也有说梦罗汉来睡的，也有推托没有梦的，也有羞涩不肯说的，也有祈后再不往的，也有四时不常去的。你且想：佛菩萨昔日自己修行，尚然割恩断爱，怎肯管民间情欲之事，夜夜到这寺里托梦送子？可不是个乱话。只为这地方，原是信巫不信医的，故此因邪入邪，认以为真，迷而不悟，白白里送妻女到寺，与这班贼秃受用。正是：

　　　　分明断肠草，错认活人丹。

　　原来这寺中僧人，外貌假作谦恭之态，却到十分贪淫奸恶。那净室虽然紧密，俱有暗道可入，俟至钟声定后，妇女睡熟，便来奸宿。那妇女醒觉时，已被轻薄，欲待声张，又恐反坏名头，只得忍羞而就。一则妇女身无疾病，且又斋戒神清；二则僧人少年精壮，又重价修合种子丸药，送与本妇吞服，故此多有胎孕，十发九中。那妇女中识廉耻的，好似哑子吃黄连，苦在心头，不敢告诉丈夫。有那一等无耻淫荡的，倒借此为由，不时取乐。如此浸淫，不知年代。

　　也是那班贼秃恶贯已盈，天遣一位官人前来。那官人是谁？就是本县新任大尹，姓汪名旦，祖贯福建泉州晋江县人氏。少年科第，极是聪察。晓得此地夷汉杂居，土俗慓悍，最为难治。莅任之后，摘伏发隐，不畏豪横。不上半年，治得县中奸宄敛迹，盗贼潜踪，人民悦服。访得宝莲寺有祈嗣灵应之事，心内不信。想道："既是菩萨有灵，只消祈祷，何必又要妇女在寺宿歇，其中定有情弊。但未见实迹，不好轻举妄动，须到寺亲验一番，然后相机而行。"择了九月朔日，特至宝莲寺行香，一行人从簇拥到寺前。汪大尹观看那寺，周围都是粉墙包裹，墙边种植高槐古柳，血红的一座朱漆门楼，上悬金书匾额，题着"宝莲禅寺"四个大字。山门对过，乃是一带照墙，傍墙停下许多空轿。山门内外，烧香的往来挤拥，看见大尹到来，四散走去。那些轿夫，也都手忙脚乱，将轿抬开。汪大尹吩咐左右，莫要惊动他们。住持僧闻知本县大爷亲来行香，撞起钟鼓，唤齐僧众，齐到山门口跪接。汪大尹直至大雄宝殿，方才下轿。看那寺院，果然造得齐整，但见：

　　层层楼阁，叠叠廊房。大雄殿外，彩云缭绕罩朱扉；接众堂前，瑞气氤氲笼碧瓦。老桧修篁,掩映画梁雕栋;苍松古柏,荫遮曲槛回栏。果然净土人间少,天下名山僧占多。

汪大尹向佛前拈香礼拜,暗暗祷告,要究求嗣弊窦。拜罢,佛显率众僧向前叩见,请入方丈坐下。献茶已毕,汪大尹向佛显道:"闻得你合寺僧人,焚修勤谨,戒行精严,都亏你主持之功。可将年贯开来,待我申报上司,请给度牒与你,就署为本县僧官,永持此寺!"佛显闻言,喜出意外,叩头称谢。汪大尹又道:"还闻得你寺中祈嗣,最是灵感,可有这事吗?"佛显禀道:"本寺有个子孙堂,果然显应的!"汪大尹道:"祈嗣的可要做甚斋醮?"佛显道:"并不要设斋诵经,止要求嗣妇女,身无疾病,举念虔诚,斋戒七日,在佛前祷祝,讨得圣签,就旁边净室中安歇,祈得有梦,便能生子。"汪大尹道:"妇女家在僧寺安歇,只怕不便!"佛显道:"这净室中,四围紧密,一女一室,门外就是本家亲人守护,并不许一个闲杂人往来,原是稳便的!"汪大尹道:"原来如此!我也还无子嗣,但夫人不好来得。"佛显道:"老爷若要求嗣,只消亲自拈香祈祷,夫人在衙斋戒,也能验。"汪大尹道:"民俗都要在寺安歇,方才有效,怎地夫人不来也能灵验?"佛显道:"老爷乃万民之主,况又护持佛法,一念之诚,便与天地感通,岂是常人可比!"

你道佛显为何不要夫人前来?俗语道得好:贼人心虚。他做了这般够当,恐夫人来时,随从众多,看出破绽,故此阻当。谁知这大尹也是一片假情,探他的口气。当下汪大尹道:"也说得是!待我另日竭诚来拜,且先去游玩一番。"即起身教佛显引导,从大殿旁穿过,便是子孙堂。那些烧香男女,听说知县进来,四散潜躲不迭。汪大尹看这子孙堂,也是三间大殿,雕梁绣柱,画栋飞甍,金碧耀目。正中间一座神厨,内供养着一尊女神,珠冠璎珞,绣袍彩帔,手内抱着一个孩子,旁边又站四五个男女,这神道便叫作子孙娘娘。神厨上黄罗绣幔,两下银钩挂开,舍下的神鞋,五色相兼,约有数百余双。绣幡宝盖,重重叠叠,不知其数。架上画烛火光,照彻上下。炉内香烟喷薄,贯满殿庭。左边供的是送子张仙,右边便是延寿星官。汪大尹向佛前作个揖,四下闲走一回,又教佛显引去观宿歇妇女的净室。原来那房子是逐间隔断,上面天花顶板,下边尽铺地平,中间床帏桌椅,摆设得甚是济楚。汪大尹四遭细细看觑,真个无丝毫隙缝。就是鼠虫蚂蚁,无处可匿,汪大尹寻不出破绽,原转出大殿上轿。佛显又率众僧到山门外跪送。

汪大尹在轿上一路沉吟道:"看这净室,周回严密,不像个有情弊的。但一块泥塑木雕的神道,怎地如此灵感?莫不有甚邪神,托名诳惑?"左想右算,忽地想出一个计策。回至县中,唤过一个令史,吩咐道:"你悄地去唤两名妓女,假妆做家眷,今晚送至宝莲寺宿歇。预备下朱墨汁两碗,夜间若有人来奸宿,暗涂其头,明早我亲至寺中查勘。切不可走漏消息!"令史领了言语,即去接了两个相熟婊子来家,唤做张媚姐、李婉儿。令史将前事说与,两个妓女见说县主所差,怎敢不依?捱到傍晚,妓女妆束做良家模样,雇下两乘轿子,仆从扛抬铺盖,把朱墨汁藏在一个盒子中,跟随于后,一齐至宝莲寺内。令史拣了两间净室,安顿停当,留下家人,自去回复县主。不一时,和尚教小沙弥来掌灯送茶。是晚祈嗣的妇女,共有十数余人,那个来查考这两个妓女是不曾烧香讨签过的。须臾间,钟鸣鼓响,已是起更时分,众妇女尽皆入寝。亲戚人等,各在门外看守。和尚也自关闭门户进去不题。

且说张媚姐掩上门儿,将银珠碗放在枕边,把灯挑得明亮,解衣上床,心中有事,不敢睡着,不时向帐外观望。约莫一更天气,四下人声静悄,忽听得床前地平下,格格的响,还道是鼠虫作耗,抬头看时,见一扇地平板,渐渐推过在一边,地下钻

433

出一个人头，直立起来，乃是一个和尚。到把张媚姐吓了一跳，暗道："原来这些和尚，设下恁般贼计，奸骗良家妇女。怪道县主用这片心机。"且不做声，看那和尚轻手轻脚，走去吹灭灯火，步到床前，脱卸衣服，揭开帐幔，捱入被中。张媚姐只做睡着。那和尚到了被里腾身上去，款款托起双股，就弄起来。张媚姐假作梦中惊醒，说道："你是何人？黄夜至此淫污！"举手推他下去。那和尚双手紧紧搂抱，说道："我是金身罗汉，特来送子与你！"口中便说，下边恣意狂荡。那和尚颇有本领，云雨之际，十分勇猛。张媚姐是个宿妓，也还当他不起，顽得个气促声喘。趁他情浓深处，伸手蘸了银硃，向和尚头上尽都抹到。这和尚只道是爱他，全然不觉。一连要了两次，方才起身下床，递过一个包儿道："这是调经种子丸，每服三钱，清晨滚汤送下，连服数日，自然胎孕坚固，生育快易。"说罢而去。

张媚姐身子已是烦倦，朦胧合眼，觉得身边又有人捱来。这和尚更是粗卤，方到被中，双手流水拍开两股，望下乱掇。张媚姐还道是初起的和尚，推住道："我顽了两次，身子疲倦，正要睡卧，如何又来？怎地这般不知餍足？"和尚道："娘子不要错认了，我是方到的新客，滋味还未曾尝，怎说不知餍足？"张媚姐看见和尚轮流来宿，心内惧怕，说道："我身体怯弱，不惯这事，休得只管胡缠！"和尚道："不打紧，我有绝妙春意丸在此，你若服了，就通宵玩耍，也不妨得！"即伸手向衣服中，摸个纸包递与。张媚姐恐怕药中有毒，不敢吞服。也把银硃涂了他头上。那和尚比前的又狠，直戏到鸡鸣时候方去。原把地平盖好不题。

再说李婉儿才上得床，不想灯火被火蛾儿扑灭，却也不敢合眼。更余时候，忽然床后簌簌的声响，早有一人扯起帐子，钻上床来，捱身入被，把李婉儿双关抱紧，一张口就凑过来做嘴。李婉儿伸手去摸他头上，乃是一个精光葫芦，却又性急，便蘸着墨汁满头摩弄，问道："你是那一房长老？"这和尚并不答言，径来行事。那话儿长大坚硬，犹如一根浑铁刚鞭，李婉儿年纪比张媚姐还小几年，性格风骚，经着这件东西，又惊又喜，想道："一向闻得和尚极有本事，我还未信，不想果然。"不觉兴动，遂耸身而就。这场云雨，端的快畅：

> 一个是空门释子，一个是楚馆佳人。空门释子，假作罗汉真身；楚馆佳人，错认良家少妇。一个似积年石臼，经几多碎捣零捶；一个似新打木桩，尽耐得狂风骤浪。一个不管佛门戒律，但恣欢娱；一个虽奉县主叮咛，且图快乐。浑似阿难菩萨逢魔女，犹如玉通和尚戏红莲。

云雨刚毕，床后又钻一个人来，低低说道："你们快活得够了，也该让我来玩玩！难道定要十分尽兴。"那和尚微微冷笑，起身自去。后来的和尚到了被中，轻轻款款，把李婉儿满身抚摸。李婉儿假意推托不肯，和尚捧住亲个嘴道："娘子想是适来被他顽倦了，我有春意丸在此，与你发兴。"遂嘴对嘴吐过药来，李婉儿咽下肚去，觉得香气透鼻，交接之间，体骨酥软，十分得趣。李婉儿虽然淫乐，不敢有误县主之事，又蘸了墨汁，向和尚头上周围摸转，说道："倒好个光头。"和尚道："娘子，我是个多情知趣的妙人，不比那一班粗蠢东西，若不弃嫌，常来走走。"李婉儿假意应承。云雨之后，一般也送一包种子丸药。到鸡鸣时分，珍重而别。正是：

> 偶然僧俗一宵好，难算夫妻百夜恩。

话分两头。且说那夜汪大尹得了令史回话，至次日五鼓出衙，唤起百余名快手民壮,各带绳索器械,径到宝莲寺前。吩咐伏于两旁,等候呼唤,随身止带十数余人。此时天已平明,寺门未开,教左右敲开。里边住持佛显知得县主来到,衣服也穿不及,又唤起十数个小和尚,急急赶出迎接。直到殿前下轿,汪大尹也不拜佛,径入方丈坐下,佛显同众僧叩见。汪大尹讨过众僧名簿查点。佛显教道人撞起钟鼓,唤集众僧。那些和尚都从睡梦中惊醒,闻得知县在方丈中点名,个个慌忙奔走,不一时都已到齐。汪大尹教众僧把僧帽尽皆除去,那些和尚怎敢不依,但不晓得有何缘故?当时不除,到也罢了,才取下帽子,内中显出两个血染的红头,一双墨涂的黑顶。汪大尹喝令左右,将四个和尚锁住,推至面前跪下,问道:"你这四人为何头上涂抹红朱、黑墨?"那四僧还不知是哪里来的,面面相觑,无言可对,众和尚也各骇异。汪大尹连问几声!没奈何,只得推称同伴中取笑,并非别故。汪大尹笑道:"我且唤取笑的人来,与你执证。即教令史去唤两个妓女。谁知都被那和尚们盘桓了一夜,这时正好熟睡。那令史和家人险些敲折臂膊,喊破喉咙,方才惊觉起身,跟至方丈中跪下。汪大尹问道:"你二人夜来有何所见?从实说来。"二妓各将和尚轮流奸宿,并赠春意种子丸药,及朱、墨涂顶前后事,一一细说。袖中摸出种子春意丸呈上。众僧见事已败露,都吓得胆战心惊,暗暗叫苦!那四个和尚,一味叩头乞命。

汪大尹喝道:"你这班贼驴!焉敢假托神道,哄诱愚民,奸淫良善!如今有何理说?"佛显心生一计,教众僧徐徐跪下,禀道:"本寺僧众,尽守清规。只有此四人贪淫奸恶,屡训不悛。正欲合词呈治,今幸老爷察出,罪实该死!其余实是无干,望老爷超拔。"汪大尹道:"闻得昨晚求嗣的甚众,料必室中都有暗道。这四个奸淫的,如何不到别个房里,恰恰都聚在一处,入我彀中?难道有这般巧事?"佛显又禀道:"其实净室唯此两间有个私路,别房俱各没有。"汪大尹:"这也不难,待我唤众妇女来问,若无所见,便与众僧无干!"即差左右,将祈嗣妇女,尽皆唤至盘问,异口同声俱称并无和尚奸宿。汪大尹晓得他怕羞不肯实说,喝令左右搜检身边,各有种子丸一包。汪大尹笑道:"既无和尚奸宿,这种子丸是何处来的?"众妇人个个羞得面红颈赤。汪大尹又道:"想是春意丸,你们通服过了。"众妇人一发不敢答应。汪大尹更不穷究,发令回去。那些妇女的丈夫亲属,在旁听了,都气得遍身麻木,含着羞耻,领回不题。

佛显见搜出了众妇女种子丸,又强辩是入寺时所送。两个妓女又执是奸后送的。汪大尹道:"事已显露,还要抵赖!"教左右唤进民壮快手人等,将寺中僧众,尽都绑缚。只空了香公道人,并两个幼年沙弥。佛显初时意欲行凶,因看手下人众,又有器械,遂不敢动手。汪大尹一面吩咐令史将两个妓女送回。起身上轿,一行人押着众僧在前。那时哄动了一路居民,都随来观看。汪大尹回到县中,当堂细审,用起刑具。众和尚平日本是受用之人,如何熬得?才套上夹棍,就从实招称。汪大尹录了口词,发下狱中监禁,准备文书,申报上司,不在话下。

且说佛显来到狱中,与众和尚商议一个计策,对禁子凌志说道:"我们一时做下不是,悔之无及!如今到了此处,料然无个出头之期。但今早拿时,都是空身,把什么来使用?我寺中向来积下的钱财甚多,若肯悄地放我三四人回寺取来,禁牌的常例,自不必说,分外再送一百两雪花!"那凌志见说得热闹动火,便道:"我们同辈人多,不由一人作主,这百金四散分开,所得几何,岂不是有名无实。如出得二百两与众人,另外我要一百两偏手,若肯出这数,即今就同你去!"佛显一口应承:"但凭禁牌吩咐罢了,怎敢违拗!"凌志即与众禁子说知,私下押着四个和尚回寺,到各房搜括,果然金银无数。佛显先将三百两交与凌志。众人得了银子,一个个眉花眼笑。佛显又道:"列位再少待片时,待我收拾几床铺盖进去,夜间也好睡卧。"众人连称："有理！"纵放他们去打叠。这四个和尚把寺中短刀斧头之类，裹在铺盖之中，收拾完备，教香公唤起几个脚夫，一同抬入监去。又买起若干酒肉，遍请合监上下，把禁子灌得烂醉，专等黄昏时候，动手越狱。正是：

> 打点劈开生死路，安排跳出鬼门关。

且说汪大尹，因拿出了这个弊端，心中自喜。当晚在衙中秉烛而坐，定稿申报上司，猛地想起道："我收许多凶徒在监，倘有不测之变，如何抵当？"即写朱票，差人遍召快手，各带兵器到县，直宿防卫。约莫更初时分，监中众僧，取出刀斧，一齐呐喊，砍翻禁子，打开狱门，把重囚尽皆放起，杀将出来，高声喊叫："有冤报冤，有仇报仇。只杀知县，不伤百姓。让我者生，挡我者死！"其声震天动地。此时值宿兵快，恰好刚到，就在监门口战斗。汪大尹衙中闻得，连忙升堂。旁县百姓听得越狱，都执枪刀前来救护。和尚虽然拚命，都是短兵，快手俱用长枪，故此伤者甚多，不能得出。佛显知事不济，遂教众人住手，退入监中，把刀斧藏过。扬言道："谋反的只是十数余人，都已当先被杀，我等俱不愿反，容至当堂禀明！"

汪大尹见事已定，差刑房吏带领兵快，到监查验，将应有兵器，尽数搜出，当堂呈看。汪大尹大怒，向众人说道："这班贼驴，淫恶滔天，事急又思谋反。我若没有防备，不但我一人遭他凶手，连满城百姓，尽受荼毒了。若不尽诛，何以儆后？"唤过兵快，将出的刀斧，给散与他，吩咐道："恶僧事虽不谐，久后终有不测，难以防制。可乘他今夜反狱，除一应人犯，留明日审问，其余众僧，各砍首级来报！"众人领了言语，点起火把，蜂拥入监。佛显见势头不好，连叫："谋反不是我等！"言还未毕，头已落地。须臾之间，百余和尚，齐皆斩讫，犹如乱滚西瓜。正是：

> 善恶到头终有报，只争来早与来迟。

汪大尹次日吊出众犯，审问狱中缘何藏得许多兵器？众犯供出禁子凌志等得了银子，私放僧人回去，带进兵器等情。汪大尹问了详细，原发下狱，查点禁子凌志等，俱已杀死。遂连夜备文，申详上司，将宝莲寺尽皆烧毁。其审单云：

> 看得僧佛显等，心沉欲海，恶炽火坑。用智设机，计哄良家祈嗣；穿墉穴地，强邀信女通情。紧抱着娇娥，兀的是菩萨从天降；难推去和尚，则索道罗汉梦中来。可怜嫩蕊新花，拍残狂蝶；却恨温香软玉，抛掷终风。白练受污，不可洗也。黑夜忍辱，安敢言乎！乃仗李婉儿朱抹其顶，又遣张媚姐墨涅其颠。红艳欲流，想长老头横冲经水；黑煤如染，岂和尚颈倒浸墨池。收送福堂，波罗蜜自做甘受；陷入色界，磨兜坚有口难言。乃藏刀剑于皮囊，寂灭翻成贼虐；顾动干戈于圆棘，慈悲变作强梁。夜色正昏，护法神通开奸狡；钟声甫定，金刚勇力破拘挛。釜中之鱼，既漏网而又跳厗；柙中之虎，欲走矿而先噬人。奸窃窕，淫善良，死且不宥；杀禁子，伤民壮，罪欲何逃！反狱奸淫，其罪已重；戮尸枭首，其法允宜。僧佛显众恶之魁，粉碎其骨；宝莲寺藏奸之薮，火焚其巢。庶发地藏之奸，用清无垢之佛。

这篇审单一出，满城传诵，百姓尽皆称快。往时之妇女，曾在寺求子，生男育女者，丈夫皆不肯认，大者逐出，小者溺死。多有妇女怀羞自缢，民风自此始正。各省直州府传闻此事，无不出榜戒谕，从今不许妇女入寺烧香。至今上司往往明文严禁，盖为此也！后汪大尹因此起名，遂钦取为监察御史。有诗为证：

> 子嗣原非可强求，况于入寺起淫偷。
> 从今勘破鸳鸯梦，泾渭分源莫混流。

第 四 十 卷

马当神风送滕王阁

> 山藏异宝山含秀，沙有黄金沙放光。
> 好事若藏人肺腑，言谈话语不寻常。

这四句诗，单说着自古至今，有那一等怀才抱德，韬光晦迹的文人秀才，就比那奇珍异宝，良金美玉，藏于土泥之中；一旦出世，遇良工巧匠，切磋琢磨，方始成器。故秀才二字，不可乱称。秀者江山之秀，才者天下之才。但凡人胸中藏秀气，腹内有才识，出言吐语，自是一般。所以谓之不寻常。

说话的，兀的说这才学则甚！因在下今日要说一桩“风送滕王阁”的故事。那故事出在大唐高宗朝间，有一秀士，姓王名勃，字子安，祖贯山西晋州龙门人氏。幼有大才，通贯九经，诗书满腹。时年一十三岁，常随母舅游于江湖。一日从金陵欲往九江，路经马当山下，此乃九江第一险处。怎见得？有陆鲁望《马当山铭》为证：

> 山之险莫过于太行，水之险莫过于吕梁，合二险而为一，吾又闻乎马当。

王勃舟至马当，忽然风涛乱滚，碧波际天，云阴罩野，水响翻空。那船将次倾覆，满船的人尽皆恐惧，虔诚祷告江神，许愿保护；唯有王勃端坐船上，毫无惧色，朗朗读书。舟人怪异，问道：“满船之人，死在须臾，今郎君全无惧色，却是为何？”王勃笑道：“我命在天，岂在龙神！”舟人大惊道：“郎君勿出此言！”王勃道：“我当救此数人之命！”道罢，遂取纸笔，吟诗一首，掷于水中。须臾云收雾散，风浪俱息。其诗曰：

> 唐圣非狂楚，江渊异汨罗。
> 平生仗忠节，今日任风波。

此时满船人相贺道：“郎君奇才，能动江神，乃得获安；不然，诸人皆不免水厄！”王勃道：“生死在天，有何可避！”众人深服其言。少顷，船皆泊岸，舟人视时，即马当山也。舟人皆登岸。王勃上岸，独自闲游。正行之间，只见当道路边，青松影里，绿桧阴中，见一古庙。王勃向前看时，上面有朱红漆牌金篆书字，写着："勅赐中源水府行宫。"王勃一见，就身边取笔，吟诗一首于壁上。诗曰：

> 马当山下泊孤舟，岸侧芦花簇翠流。
> 忽睹朱门斜半掩，层层瑞气锁清幽。

诗罢，走入庙中，四下看时，真个好座庙宇。怎见得？有诗为证：

> 碧瓦连云起，朱门映日开。
> 一团金作栋，千片玉为街。
> 帝子亲书额，名人手篆碑。
> 庇民兼护国，风雨应时来。

王勃行至神前，焚香祝告已毕，又赏玩江景多时。正欲归舟，忽于江水之际，见一老叟，坐于块石之上。碧眼长眉，须鬓皤然，颜如莹玉，神清气爽，貌若神仙。王勃见而异之，乃整衣向前，与老人作揖。老叟道："子非王勃乎！"王勃大惊道："某与老叟素不相识，亦非亲旧，何以知勃名姓？"老叟道："我知之久矣！"王勃知老叟不是凡人，随拱手立于块石之侧。老叟命勃同坐，王勃不敢，再三相让方坐。老叟道："吾早来闻尔于船内作诗，义理可观。子有如此清才，何不进取，身达青云之上，而困于家食，受此旅况之凄凉乎？"王勃答道："家寒窘迫，缺乏盘费，不能特达，以此流落穷途，有失青云之望。"

老叟道："来日重阳佳节，洪都阎府君欲作《滕王阁记》。子有绝世之才，何不竟往献赋，可获资财数千，且能垂名后世。"王勃道："此到洪都，有几多路程？"老叟道："水路共七百余里。"王勃道："今已晚矣！止有一夕，焉能得达？"老叟道："子但登舟，我当助清风一帆，使子明日早达洪都。"王勃再拜道："敢问老丈，仙耶？神耶？"老叟道："吾即中源水君，适来山上之庙，便是我的香火。"王勃大惊，又拜道："勃乃三尺童稚，一介寒儒，肉眼凡夫，冒渎尊神，请勿见罪！"老叟道："是何言也！但到洪都，若得润笔之金，可以分惠。"王勃道："果有所赠，岂敢自私。"老叟笑道："吾戏言耳！"须臾有一舟至，老叟令王勃乘之。勃乃再拜，辞别老叟上船。方才解缆张帆，但见祥风缥缈，瑞气盘旋，红光罩岸，紫雾笼堤。王勃骇然回视江岸，老叟不知所在，已失故地矣！只见：

> 风声飒飒，浪势淙淙。帆开若翅展，舟去似星飞。回头已失却千山，眨眼如趋百里。晨鸡未唱，须臾忽过鄱阳；漏鼓犹传，仿佛已临江右。这叫作：运去雷轰荐福碑，时来风送滕王阁。

顷刻天明，船头一望，果然已到洪都。王勃心下且惊且喜，吩咐舟人："只于此相等。"揽衣登岸，徐步入城，看那洪都果然好景。有诗为证：

> 洪都风景最繁华，仿佛参差十万家。
> 水绿山蓝花似锦，连城带阁锁烟霞。

是日正是九月九日，王勃直诣帅府，正见本府阎都督果然开宴，遍请江左名儒，士夫秀士,俱会堂上。太守开筵命坐,酒果排列,佳肴满席,请各处来到名儒,分尊卑而坐。当日所坐之人,与阎公对席者,乃新除滰州牧学士宇文钧,其间亦有赴任官,亦有进士刘祥道、张禹锡等。其他文词超绝,抱玉怀珠者百余人,皆是当世名儒。王勃年幼,坐于席末。

少顷,阎公起身对诸儒道:"帝子旧阁,乃洪都绝景。是以相屈诸公至此,欲求大才,作此《滕王阁记》,刻石为碑,以记后来,留万世佳名,使不失其胜迹。愿诸名士勿辞为幸!"遂使左右朱衣吏人,捧笔砚纸至诸儒之前。诸人不敢轻受,一个让一个,从上至下,却好轮到王勃面前。王勃更不推辞,慨然受之。满座之人,见勃年幼,却又面生,心各不美。相视私语道:"此小子是何氏之子?敢无礼如是耶!"此时阎公见王勃受纸,心亦快快。遂起身更衣,至一小厅之内。阎公口中不言,自思道:"吾有婿乃长沙人也,姓吴,名子章,此人有冠世之才。今日邀请诸儒作此记,若诸儒相让,则使婿作此文,以光显门庭也!是何小子,辄敢欺在堂名儒,无分毫礼让!"吩咐吏人,观其所作,可来报知。良久,一吏报道:"南昌故郡,洪都新府。"阎公道:"此乃老生常谈,谁人不会!"一吏又报道:"星分翼轸,地接衡庐。"阎公道:"此故事也。"又一吏报道:"襟三江而带五湖,控蛮荆而引瓯越。"阎公不语。又一吏报道:"物华天宝,龙光射斗牛之墟;人杰地灵,徐孺下陈蕃之榻。"阎公道:"此子意欲与吾相见也。"又一吏报道:"雄州雾列,俊彩星驰。台隍枕夷夏之邦,宾主接东南之美。"阎公心中微动,想道:"此子之才,信亦可人!"数吏分驰报句,阎公暗暗称奇。又一吏报道:"落霞与孤鹜齐飞,秋水共长天一色。"阎公听罢,不觉以手拍几道:"此子落笔若有神助,真天才也!"遂更衣复出至座前。宾主诸儒,尽皆失色。阎公视王勃道:"观子之文,乃天下奇才也!欲邀勃上座。王勃辞道:"待俚语成篇,然后请教。"须臾文成,呈上阎公。公视之大喜。遂令左右,从上至下,遍示诸儒,一个个面如土色,莫不惊伏,不敢拟议一字。其全篇刻在古文中,至今为人称诵。阎公乃自携王勃之手,坐于左席道:"帝子之阁,风流千古,有子之文,使吾等今日雅会,亦得闻于后世。从此洪都风月,江山无价,皆子之力也!吾当厚报。"

正说之间,忽有一人,离席而起,高声道:"是何三尺童稚,将先儒遗文,伪言自己新作,瞒昧左右,当以盗论;兀自扬扬得意耶!"王勃闻言大惊。太守阎公举目视之,乃其婿吴子章也。子章道:"此乃旧文,吾收之久矣!"阎公道:"何以知之?"子章道:"恐诸儒不信,吾试念一遍。"当下子章遂对众客之前,朗朗而诵,从头至尾,无一字差错。念毕,座间诸儒失色,阎公亦疑,众犹豫不决。王勃听罢,颜色不变,徐徐说道:"观公之记问,不让杨修之学,子建之能,王平之阅市,张松之一览。"吴子章道:"乃是先儒旧文,吾素所背诵耳。"王勃又道:"公言先儒旧文,别有诗乎?"子章道:"无诗。"道罢,王勃遂起身离席,对诸儒问道:"此文果新文旧文乎?后有诗八句,诸公莫有记之者否?"问之再三,人皆不答。王勃乃拂纸如飞,有如宿构。其诗曰:

> 滕王高阁临江渚,珮玉鸣鸾罢歌舞。
> 画栋朝飞南浦云,珠帘暮卷西山雨。
> 闲云潭影日悠悠,物换星移几度秋。
> 阁中帝子今何在?槛外长江空自流!

诗罢呈上,太守阎公、并座间诸儒、其婿吴子章看毕。王勃道:"此新文旧文乎?"子章见之大惭,惶恐而退。众宾齐起坐向阎公道:"王子之作性,令婿之记性,皆天下罕有，真可谓双璧矣！"阎公曰："诸公之言诚然也！"于是吴子章与王勃互相钦敬，满座欢然。饮宴至暮方散。众宾去后，阎公独留勃饮。

次日王勃告辞，阎公乃赐五百缣及黄白酒器，共值千金，勃拜谢辞归。阎公使左右相送下船，舟人解缆而行。勃但闻水声潺潺，疾如风雨。诘旦，船复至马当山下，维舟泊岸，王勃将阎公所赠金帛，携至庙中，陈于中源水君之前，叩头称谢。起身，见壁上所题之诗，宛然如新。遂依前韵，复作诗一首：

> 好风一夜送轻舟，倏忽征帆达上流。
> 深感神功知凤契，来生愿得伴清幽。

王勃题诗已毕，步出庙门，欲买牲牢酒礼以献。看岸边船已不见了，其舟人亦不知所在。正犹豫间，忽然祥云瑞霭，笼罩庙堂，香风起处，见一老人坐于石矶之上，即前日所见中源水君。勃向前再拜，谢道："前日得蒙上圣助一帆之风，到于洪都，使勃得获厚利。勃当备牲牢酒礼至于庙下，拜谢尊神，以表吾心。"老人见说，俛首而笑："子适来言供备牲牢者，何牢也？吾闻少牢者羊，大牢者牛。礼，诸侯无故不杀牛，大夫无故不杀羊。吾岂可以一帆风，而受子之厚献乎！吾水府以好生为德，杀生以祀，吾亦不敢享也，更不必费子措置。适来观子庙下留题，有伴我清幽之意，吾亦甚喜。但子命数未终，凡限未绝，更俟数年，吾当图相会耳！"王勃遂稽首拜谢道："愿从尊命！然勃之寿算前程，可得闻乎？"老叟道："寿算者阴府主之，不敢轻泄天机，而招阴祸。吾言子之穷通，无害也。吾观子之躯，神强而骨弱，气清而体羸，况子脑骨亏陷，目睛不全。子虽有子建之才，高士之俊，终不能贵矣！况富贵乃神主之，人之一钟一粟，皆由分定，何况卿相乎？昔孔子大圣，为帝王师范，尚不免陈蔡之厄。所谓秀而不实者也！子但力行善事，自有天曹注福，穷通寿夭，皆不足计矣！子切记之！"于是与勃作别。

叟行数步，复又走回，对王勃道："吾有少意相托：子若过长芦之祠，当买钱帛，与我焚之。"王勃道："此何由也？"老叟道："吾昔负长芦之神薄债未偿，子可与吾偿之。"王勃道：非勃不舍，适来观上圣殿上，金钱堆积如山，何不以此还之？"老叟道："汝不知殿上之钱，皆是贪利酷求之人，害物私心之辈，损人益己，克众成家。偶一过此，妄求非祸，神不危而心自危之，所以求献于庙。此乃枉物，譬如吾之赃矣，焉敢用哉！"王勃再拜受教。老叟即化清风而去。

王勃骇然，仍携金帛之类，离马当山，趁船径往长芦。每思神所说脑骨亏陷，目睛不全，终不能贵，心怀怏怏不乐。船至长芦，正忘神叟所嘱，化财还债之言。忽然寒风大作，雪浪翻空，群鸦绕船，噪声不绝。其鸦或歇桅橹，或落船头，船不能进。

满船人莫不惊骇畏惧，王勃亦自骇然。乃问舟人："此是何处？"舟人道："此是长芦地方。"王勃听了，方想江神之言，遂焚香默祷江神，候风息上岸，买金钱答还。祝毕，香烟未绝，群鸦皆散，浪息风平。于是一船人莫不欣喜。次日，舟人以船泊岸，王勃买金钱十万下船，复至夜来风起之处焚化，船乃前进。后来罗隐先生到此，曾作八句诗道：

> 江神有意怜才子，倏忽威灵助去程。
> 一夕清风雷电疾，满碑佳句雪冰清。
> 直教丽藻传千古，不但雄名动两京。
> 不是明灵祐词客，洪都佳景绝无声。

王勃亲远任海隅，策骑往省，至一驿舍，欲求暂歇。方询问驿吏，忽闻驿堂上一人口呼："王君，久不拜见，今日何由至此？"王勃闻言大惊，视之，略有面善，似曾相识，忘其姓名。只见其人道："王君何忘乎？昔日洪府相会，学士宇文钧也。"勃大喜，乃整衣而揖。遂邀王勃同坐，叙话间，命驿吏献茶。茶罢，学士道："某想洪府之乐，安知今日有海道之忧，岂不悲哉！"王勃道："学士因何至此！"学士道："钧累任教授，后越阙为右司谏官。唐天子欲征高丽，钧直谏，触犯龙颜，将钧迁于海岛。千里独行，方悲寂寞！何期旅邸得遇故人。某有《迁客》诗一首，为君诵之。诗曰：

> 万里为迁客，孤舟泛渺芒。
> 湖田多种藕，海岛半收粮。
> 愿遂归秦计，劳收辟瘴方。
> 每思缄口者，帝德在君旁。

王勃道："有犯无隐，事君之礼。学士虽为迁客，直声播于千古矣！"遂答诗一首。诗曰：

> 食禄只忧贫，何名是直臣！
> 能言真为国，获罪岂惭人。
> 海驿程程远，霜髯日日新
> 史官如下笔，应也泪沾巾。

当夜二人互相吟咏，至半夜同宿于驿舍。次日学士置酒管待王勃毕。至第三日学士邀勃同行，俄然天色下雨，复留海驿。二人谈论，终日不倦。至第五日，方始天晴，二人同下海船，饮食宿卧，皆于一处。船开数日，至大洋深波之中，忽然狂风怒吼，怪浪波番，其舟在水，飘飘如一叶，似欲倾覆，舟人皆大恐。学士宇文钧心中大惊骇，叹道："远谪海隅，不想又遭风波，此实命也！"王勃面不改容，因述昔年马当山遇风始末，并叙中源水君两次相遇之语，真个是死生有命，富贵在天。风波虽大，不足介意！谈论方终，却见波涛暂息，风浪不生，舟人皆喜。

满船之人，忽闻水上仙乐飘然而至，五色祥云从天降下，浮于水面，看看来到王勃船边，众人皆惊。只见祥云影里，幢幡宝盖，绛节旌旗，锦衣对对，绣袄攒攒，花帽双双，朱衣簇簇，两行摆开。前面有数十人，皆仙娥玉女，仙衣灼灼，玉珮珊珊。前有一青衣女童，手执碧符，遂呼王勃道："奉娘娘之命，特来召子！"王勃愕然，问女童道:"娘娘是何人也?"女童道:"乃掌天下水籍文簿,上仙高贵玉女吴彩鸾便是。今于蓬莱方丈,翠华居止,其内有马当山水君,举子文章贯古今,特来请子同往蓬莱方丈,作词文记,以表蓬莱之佳景。可速往,不可违娘娘之命!"王勃道:"与君人神异途,焉有相召之言?我闻生死分定于天,寿算乃阴府所主,岂有玉女召我作文?何召之有?吾实不从!"道罢,女童道:"君如不去,中源水君必自至矣!"

　　道犹未了,只见一朵乌云,自东南角上而来,看看至近,到于船边,从空坠下。就水面之上,见一神人,头戴黄罗包巾,身穿百花绣袍,手仗除妖七星剑,高声大叫:"王勃!吾奉蓬莱仙女救,召汝作文词,何不往也?况中源水君亦在蓬莱赴会,今众仙等之久矣!子亦有仙骨之分,昔日你曾庙下题诗,愿伴清幽,岂可忘之!"王勃猛然自思:"马当山中源水君曾言日后遇于海岛,岂非前定乎?"遂忻然道:"愿从命矣!"神人见说,遂召鬼卒牵马来至舟侧。王勃甚喜,亦忘深渊,意为平地。乃回身与学士及满船之人相别,牵衣出舱,望水面攀鞍上马。但见乌云惨惨,黑雾漫漫,云霄隐隐,满船之人及宇文钧学士无不惊骇!回视王勃,不知所在。须臾,雾散云收,风恬浪静,满船之人俱各无事,唯有王勃乃作神仙去矣!

　　　　从来才子是神仙,风送南昌岂偶然!
　　　　赋就滕王高阁句,便随仙仗伴中源。